# 新 완전절친 토익 RC

황장연 지음

더원 The One

新 완전절친
# 토익 RC

개정판 1쇄 발행 2019년 2월 20일
　　　 2쇄 발행 2020년 3월 20일

지은이 황장연
기획 및 편집 유효정
디자인 나인플럭스
마케팅 정병건

펴낸곳 ㈜글로벌21
출판등록 2019년 1월 3일
주소 서울시 종로구 삼일대로15길 19 글로벌빌딩
전화 02)6365-5169　팩스 02)6365-5179
www.global21.co.kr

ISBN 978-89-8233-306-4 13740

20년이 넘는 기간 동안 수많은 TOEIC 수강생들을 접하고 교육하면서 많은 보람을 느낌과 동시에 새로운 도전을 경험하고 있습니다. 현장에서 시험을 준비하는 학생들에게 도움을 주고, 그들이 강의로 인해 많은 힘을 얻었다는 이야기들을 할 때 매우 행복합니다.

현장에서 오랜 기간 동안 TOEIC 학습자들의 욕구를 충족시키기 위해 열의를 다해 강의하면서 수강생들이 가졌던 어려움을 해결해주고 싶은 간절한 마음과 강의를 통해 축적해온 TOEIC에 대한 노하우를 담아 『완전절친 TOEIC RC』를 출간하게 되었습니다. TOEIC의 기초를 다진 분들이 이 책으로 충실하게 학습한다면 700점에서 900점에 이르는 점수를 받을 수 있다고 확신합니다.

지금까지 많은 책을 써왔고, 앞으로도 많은 책을 통해 학습자 여러분들께 도움을 드리고 싶습니다. 한 권의 책으로 TOEIC의 모든 것을 이해하는 것이 어려울 수도 있지만 『완전절친 TOEIC RC』는 대기업 취업에 필요한 750점대 이상의 점수를 짧은 기간 안에 받을 수 있도록 TOEIC의 핵심만을 다룬 실전에 충실한 책입니다.

이 책의 모든 문제와 단어는 실전에서 가장 많이 출제되었던 데이터를 바탕으로 수록하였습니다. 시험을 위한 학습서일 뿐만 아니라 전반적인 영어 학습에 도움이 되는 책을 만들기 위한 애정과 노력들을 담았습니다.

TOEIC은 아주 잘 만들어진 영어평가 시험입니다! TOEIC을 학습할 때 점수가 아닌 실력위주의 학습방법으로 준비하셔서 많은 분들이 영어를 잘할 수 있기를 희망합니다. 책이 나오기까지 도움을 주신 모든 분들께 진심으로 감사 드립니다.

황장연

# Contents



## Part 5 & 6 ● 단문 & 장문 공란 메우기

# 책의 특징

## 1 토익 고득점을 얻기 위한 필수 학습서

● 토익 시험에 대비해 공부하고 응시해본 적은 있으나 아직 고득점을 얻지 못한 학습자들을 위한 필수 학습서입니다. 최근 출제된 토익 시험을 분석하여, 자주 출제되는 주제, 어휘, 질문, 답변, 오답으로 교재를 구성하였습니다. 실전 난이도에 가까운 문제들도 수록하였으니, 열심히 학습한다면 토익 고득점을 얻을 수 있을 것입니다.

## 2 신토익 신유형 출제 경향 완벽 반영

● 2016년부터 새롭게 출제된 신토익 신유형 출제 경향을 반영하였습니다. 학습자들은 토익 리딩 Part 6에 새로 추가된 문장 삽입 문제, Part7에 새로 추가된 의도 파악 문제, 문장 삽입 문제, 문자 메시지와 온라인 채팅 지문, 3중 지문 유형을 이 책으로 학습할 수 있습니다. 신유형이라고 해서 무조건 더 어려운 것은 아니니, 미리 겁먹지 말고 신유형을 파악해보기 바랍니다.

## 3 진단평가를 통한 실력진단과 맞춤학습

● 각 Unit의 첫 부분은 진단평가로 시작합니다. 진단평가로 본인의 실력을 확인한 뒤, 이어지는 문법 이론으로 맞춤학습을 해보세요. 각 문법 이론에 그에 맞는 진단평가와 예문이 나와 있으므로, 이론을 바로 실전에 적용해보며 학습할 수 있습니다.

## 4 토익 리딩 필수 어휘로 구성한 빈출 어휘집 수록

● 토익 리딩에서 고득점을 얻으려면, 가장 기본이 되는 어휘 학습을 꾸준히 해야 합니다. 교재 뒷부분 빈출 어휘집에 그 동안 토익에서 많이 출제된 어휘들을 명사, 형용사, 부사, 동사로 분류하여 예문과 함께 수록하였습니다. 시간이 날 때마다 암기하여, 이 어휘들을 완벽하게 숙지하기 바랍니다.

**5**    어디서든 학습 가능한 빈출 어휘집 mp3 제공

● 교재 뒷부분에 수록되어 있는 빈출 어휘집의 어휘와 예문을 모두 mp3 파일로 제공합니다. 등하굣길이나 출퇴근 길, 기타 자투리 시간에 이 mp3 파일을 들으며 학습해보세요. 토익 고득점에 조금 더 빨리 다가갈 수 있을 것입니 다.

**6**    혼자서도 학습할 수 있는 해설과 해석 제공

● 이 교재는 학습자가 혼자서도 학습할 수 있도록 해설과 해석을 제공하고 있습니다. 각 문제의 해설 상단에 문제유 형을 표시하여 어떤 문제인지 알 수 있게 하였고, 정답의 단서가 되는 문장은 별색으로 표시하여 정답이 왜 정답인 지, 오답이 왜 오답인지를 쉽게 이해할 수 있도록 하였습니다.

**7**    체계적 학습을 위한 학습캘린더 제공

● 혼자서도 의지를 가지고 학습할 수 있도록 '유닛별', '월별' 학습캘린더를 제공합니다. 스스로 학습계획을 세워보고 계획에 따라 꾸준하게 공부해보세요. 언어는 하루에 몰아서 몇 시간씩 비정기적으로 학습하는 것보다 하루에 1시 간씩이라도 꾸준히 하는 것이 더 효과적입니다. 따라서 조금씩이라도 매일매일 학습하기를 권장합니다.

**8**    학습 효과를 높여주는 동영상 강의

● 조금 더 즐겁고 효과적으로 학습하고 싶다면, 글로벌21(www.global21.co.kr)의 동영상 강의를 들으며 학습하세 요. 실력 있는 선생님이 여러분의 토익 공부를 좀 더 재미있고 쉽게 만들어드릴 것입니다.

# 토익 소개

## 1 토익이란?

- TOEIC(Test of English for International Communication)은 영어가 모국어가 아닌 사람들을 대상으로 언어 본래의 기능인 커뮤니케이션 능력에 중점을 두고 일상생활, 또는 국제업무 등에 필요한 실용영어 능력을 평가하는 시험입니다. 1979년 미국 ETS(Educational Testing Service)에 의해 개발된 이래 전 세계 150개 국가 14,000개의 기관에서 승진 또는 해외파견 인원 선발 등의 목적으로 널리 활용되고 있으며 우리나라에는 1982년 도입되었습니다. 현재 전 세계적으로 해마다 약 600만 명 이상이 응시하고 있습니다.

## 2 토익 시험의 구성

| 구성 | Part | Part별 출제 내용 | | 문항 수 | 제한 시간 | 배점 |
|---|---|---|---|---|---|---|
| **Listening Comprehension** | 1 | 사진 묘사 | | 6 | | |
| | 2 | 질의 응답 | | 25 | 100 | 45분 | 495점 |
| | 3 | 짧은 대화 | | 39 | | | |
| | 4 | 짧은 담화 | | 30 | | | |
| **Reading Comprehension** | 5 | 단문 공란 채우기(문법/어휘) | | 30 | | | |
| | 6 | 장문 공란 채우기 | | 16 | 100 | 75분 | 495점 |
| | 7 | 독해 | 단일 지문 | 29 | | | |
| | | | 복수 지문 | 25 | | | |
| **Total** | | 7개 파트 | | 200문항 | 120분 | 990점 |

## 3 토익 시험 출제 분야

- TOEIC 시험에서는 주로 일상 생활과 회사 업무 등에서 사용되는 어휘, 표현, 대화, 문장들을 다루며, 크게는 다음과 같은 분야와 관련된 문제들이 출제됩니다.

  - ▶ **전문적인 비즈니스** | 계약, 협상, 마케팅, 세일즈, 비즈니스 계획, 회의
  - ▶ **제조** | 공장 관리, 조립 라인, 품질 관리
  - ▶ **금융과 예산** | 은행, 투자, 세금, 회계, 청구
  - ▶ **개발** | 연구, 제품 개발
  - ▶ **사무실** | 임원 회의, 위원 회의, 편지, 메모, 전화, 팩스, e-mail, 사무 장비와 가구
  - ▶ **인사** | 구인, 채용, 퇴직, 급여, 승진, 취업 지원과 자기 소개
  - ▶ **주택/기업 부동산** | 건축, 설계서, 구입과 임대, 전기와 가스 서비스

▶ **여행** | 기차, 비행기, 택시, 버스, 배, 유람선, 티켓, 일정, 역과 공항 안내, 자동차 렌트, 호텔, 예약, 연기와 취소

## 4 토익 시험 접수

● 온라인으로 exam.ybmnet.co.kr에 접속하여 시험 일정 및 접수 기간 등 세부 내용을 확인할 수 있습니다. 정기시험과 추가시험 일정을 확인하고, 원하는 시험 날짜를 선택해 접수하면 됩니다.

## 5 토익 시험장 준비물

● 신분증 : 규정된 신분증 (주민등록증, 운전면허증, 기간 만료 전의 여권, 공무원증 등)
● 필기구 : 연필, 지우개 (볼펜이나 사인펜은 사용할 수 없음)
● 시계 : 아날로그 손목시계 (전자식 시계는 사용할 수 없음)

## 6 토익 시험 시간표

| 오전 시험 | 오후 시험 | 시험 진행 |
| --- | --- | --- |
| ~ 9:20 | ~ 14:20 | 입실 |
| 9:30 ~ 9:45 | 14:30 ~ 14:45 | 답안지 작성 오리엔테이션 |
| 9:45 ~ 9:50 | 14:45 ~ 14:50 | 휴식 |
| 9:50 ~ 10:05 | 14:50 ~ 15:05 | 신분증 확인 |
| 10:05 ~ 10:10 | 15:05 ~ 15:10 | 문제지 배부 및 파본 확인 |
| 10:10 ~ 10:55 | 15:10 ~ 15:55 | 듣기 평가(LC) |
| 10:55 ~ 12:10 | 15:55 ~ 17:10 | 독해 평가(RC) |

## 7 토익 시험 성적 확인

● 시험일로부터 통상 12일 후, 오전 6시부터 인터넷과 ARS(060-800-0515)로 성적을 확인할 수 있습니다. TOEIC 성적표는 우편으로 수령하거나 온라인으로 발급받을 수 있습니다. 우편 수령 시 성적 발표 후 약 7~10일 정도가 소요되며, 온라인으로 발급받을 경우 자신의 토익 성적 유효 기간 내에 홈페이지에 접속하여 직접 출력할 수 있습니다. TOEIC 성적은 해당 시험 시행일로부터 2년 간 유효합니다.

# 학습캘린더



## 1 유닛별 학습캘린더

● 목표점수와 학습시작일, 완료일을 정한 뒤, 각 Unit별로 학습날짜를 정해 학습해보세요. 하나의 Unit을 하루에 끝내기 어려울 경우, Unit당 학습기간을 정하는 것도 좋습니다.

| 목표 점수 | 점 |
|---|---|
| 학습 시작일 | 년    월    일 |
| 학습 완료일 | 년    월    일 |

| | 학습 내용 | 학습 날짜 | | 학습 내용 | 학습 날짜 |
|---|---|---|---|---|---|
| **Part 5 & 6** | **Unit 01** ● 명사 | / | **Part 7** | **Unit 01** ● 메모 | / |
| | **Unit 02** ● 대명사 | / | | **Unit 02** ● 편지 & 이메일 | / |
| | **Unit 03** ● 동사 | / | | **Unit 03** ● 공지 & 발표문 | / |
| | **Unit 04** ● 수동태와 능동태 | / | | **Unit 04** ● 광고 | / |
| | **Unit 05** ● 수 일치 | / | | **Unit 05** ● 기사 & 뉴스 | / |
| | **Unit 06** ● 시제 | / | | **Unit 06** ● 기타 양식 | / |
| | **Unit 07** ● to부정사 | / | **단어장** | 명사 | / |
| | **Unit 08** ● 동명사 | / | | 형용사 | / |
| | **Unit 09** ● 분사 | / | | 부사 | / |
| | **Unit 10** ● 형용사 | / | | 동사 | / |
| | **Unit 11** ● 부사 | / | | | |
| | **Unit 12** ● 비교구문 | / | | | |
| | **Unit 13** ● 관계사 | / | | | |
| | **Unit 14** ● 전치사 | / | | | |
| | **Unit 15** ● 접속사 | / | | | |

● 목표점수와 학습시작일, 완료일을 정한 뒤, 스스로 일정을 계획해서 학습해보세요. 8주에 걸쳐 모든 Unit을 학습하는 방법, 또는 4주에 걸쳐 모든 Unit을 학습한 뒤 나머지 4주 동안 복습하는 방법이 있습니다.

| 목표 점수 | 점 | | |
|---|---|---|---|
| 학습 시작일 | 년 | 월 | 일 |
| 학습 완료일 | 년 | 월 | 일 |

| 월 | 화 | 수 | 목 | 금 | 토 | 일 |
|---|---|---|---|---|---|---|
| | | | | | | |
| | | | | | | |
| | | | | | | |
| | | | | | | |
| | | | | | | |
| | | | | | | |
| | | | | | | |
| | | | | | | |

新 완전절친
TOEIC
Part
5 & 6

# 단문 & 장문 공란 메우기
## Incomplete Sentences & Text Completion

# Unit 01 명사

명사는 토익 정기시험에서 매달 4~6개 문항이 출제되는 가장 중요한 품사다. 명사 문제는 크게 두 가지가 있다. 하나는 명사의 형태에 관한 문법 문제이고, 다른 하나는 명사의 의미를 묻는 어휘 문제이다. 토익 시험에서 관사가 정답이 되는 경우는 없지만, 명사와 함께 쓰이는 관용표현을 중심으로 학습을 해야 한다.

## 진단평가

**1** An ------- from Ms. Krause's award-winning novel, *Twilight Zone*, was printed on the department newspaper.

  (A) extracted      (B) extractable

  (C) extractability      (D) extract

**2** Mr. Blacks has left ------- for his staff to follow while he is attending an annual conference in New York.

  (A) instruct      (B) instructing

  (C) instructions      (D) instructional

**3** Owing to the ------- of the existing facility, we were able to produce more products.

  (A) expand      (B) expansive

  (C) expansion      (D) expanding

**4** Mr. Nelson expressed his ------- for the retiring vice president, who was his immediate supervisor when he joined the company.

  (A) respect      (B) respecting

  (C) respected      (D) respectable

**5** There are three experienced mechanical ------- who are working in our factory.

  (A) engineer      (B) engineering

  (C) engineers      (D) engine

**6** The local factory recently issued its ------- regulations for all their employees.

  (A) safely      (B) safety

  (C) safe      (D) safeties

**7** During next Tuesday's scheduled maintenance work, there may be a brief ------- in the electrical supply.

  (A) circulation      (B) interruption

  (C) distinction      (D) submission

**8** Johnson&Johnson signed a three-million-dollar ------- with KSU last week.

  (A) contracting      (B) contracted

  (C) contracts      (D) contract

**9** Genesis, an energy-efficient convertible sedan, has extraordinary ------- for global sales.

  (A) potent      (B) potentiality

  (C) potentially      (D) potential

**10** The president wanted to recognize the factory division that had demonstrated the highest ------- over the past three years.

  (A) product      (B) productivity

  (C) production      (D) productive

**정답**   1 (D)   2 (C)   3 (C)   4 (A)   5 (C)   6 (B)   7 (B)   8 (D)   9 (D)   10 (B)

### 주어 역할

**진단평가 1** ● An **extract** from Ms. Krause's award-winning novel, *Twilight Zone*, was printed on the department newspaper.

Krause씨가 상을 받은 소설 Twilight Zone에서 발췌된 글이 그 부서의 회보에 실렸다.

(A) extracted  (B) extractable
(C) extractability  **(D) extract**

▶ 빈칸 앞에 부정관사 An이 있으므로, 셀 수 있는 단수명사 extract(발췌문)가 정답이다.

**Confirmation** for your online order will be sent automatically by the night the order is made.
온라인 주문을 위한 확인서가 주문이 이루어진 당일 밤에 자동으로 발송될 것이다.

### 목적어 역할

**진단평가 2** ● Mr. Blacks has left **instructions** for his staff to follow while he is attending an annual conference in New York.

Blacks씨는 자신이 뉴욕 연례 회의에 참석하고 있는 동안 그의 직원이 따라야 할 지시사항들을 남겨두었다.

(A) instruct  (B) instructing
**(C) instructions**  (D) instructional

▶ 빈칸은 동사 has left의 목적어 자리로 명사 instructions를 써야 한다.

The technical support department received **questions** regarding our high-speed Internet service.
기술 지원 부서는 우리의 고속 인터넷 서비스에 관한 질문들을 받았다.

### 보어 역할

The Picturesque Corporation is the main **distributor** of EUI Enterprises' products.
Picturesque 기업은 EUI 기업 제품의 주요 배급업체이다.



### 한정사(관사, 지시형용사, 수량형용사, 소유격) + 명사

**진단평가 3** ● Owing to the **expansion** of the existing facility, we were able to produce more products.

기존 시설을 확장했기 때문에, 우리는 더 많은 제품을 생산할 수 있었다.

(A) expand  (B) expansive
**(C) expansion**  (D) expanding

▶ 정관사 the 다음에는 명사를 써야 한다.

▶ 타동사인 express의 목적어 자리이고 소유격 his 다음이니 명사 respect가 정답이 된다.

All <u>information</u> about the company's upcoming merger with RC Electronics' is strictly confidential.
곧 있을 RC 전자회사와의 합병에 관한 모든 정보는 엄격하게 기밀에 부쳐지고 있다.

## ■ 전치사 + 명사

The post office requires one form of <u>identification</u> from anyone picking up registered mail.
우체국은 등기우편물을 수령해 가는 사람들에게 (신분 확인을 위한) 신분증 한 가지를 요구한다.

## ■ 형용사 + 명사

<u>New</u> **employees** receive a detailed training manual from the human resources department.
신입 직원들은 인사팀으로부터 세부적인 직원 교육 매뉴얼을 받는다.

## ■ 명사 + 관계대명사





▶ 빈칸 뒤에 관계대명사 who가 있고 동사 are가 있으므로 복수명사 engineers가 정답이다.

## ■ 명사 + 명사 = 복합명사





▶ 일반적으로 형용사가 명사를 수식하지만 종종 '명사 + 명사'의 형태인 복합명사가 정답이 되는 경우도 있다.

I would like to transfer money from my <u>**savings account**</u> into my checking account.
저축계좌에서 수표계좌로 돈을 이체하고 싶습니다.

| 접미사 | | | | |
|---|---|---|---|---|
| **-tion** | accommodation 숙박시설<br>authorization 권한 부여, 위임<br>completion 완성<br>direction 관리, 감독, 방향<br>expectation 예상, 기대<br>instruction 설명서, 지시사항<br>negotiation 협상<br>production 생산<br>regulation 규칙, 규정<br>signification 의미, 의의 | application 지원(서), 신청(서)<br>caution 조심, 주의<br>construction 건설, 공사<br>distribution 배급, 분배<br>implementation 이행, 수행<br>intention 의향, 목적, 의도<br>operation 영업, 경영, 작동<br>promotion 승진, 홍보, 판매촉진<br>repetition 되풀이, 반복<br>variation 변화, 변동 | appreciation 감사<br>collaboration 협력, 협동<br>consumption 소비<br>evaluation 평가<br>information 정보<br>interaction 상호작용<br>participation 참가<br>publication 출판, 출판물<br>reputation 평판, 명성 | approximation 접근<br>competition 경쟁<br>contribution 공헌, 기여<br>exception 제외, 예외<br>innovation 혁신, 쇄신, 일신<br>motivation 열의, 동기부여, 자극<br>preparation 준비<br>qualification 자격요건, 능력<br>satisfaction 만족(감) |
| **-sion** | admission 입장, 입학<br>exclusion 제외, 배척, 추방<br>permission 허락, 허가 | conclusion 결론<br>extension 연장, 확장<br>profession (전문적인) 직업 | confusion 혼동<br>impression 인상, 감동<br>succession 계승, 연속 | decision 결정<br>occasion (특정한) 때, 경우 |
| **-ing** | advertising 광고<br>marketing 마케팅 | clothing 의류<br>parting 분할 | funding 펀딩, 자금제공<br>shipping 선적 | manufacturing 제조<br>spending 지출 |
| **-ery/-ry** | jewelry 보석 | machinery 기계류 | stationery 문구류 | |
| **-al** | approval 승인 | periodical 정기간행물 | proposal 제안 | removal 제거　　renewal 갱신 |
| **-f** | belief 신념 | proof 증거 | relief 경감, 안심 | |
| **-ment** | advertisement 광고<br>accomplishment 성과, 성취 | management 경영<br>compliment 칭찬 | amendment 개정<br>retirement 퇴직, 은퇴 | statement 성명, 성명서 |
| **-dom** | freedom 자유 | kingdom 왕국 | stardom 주역 | |
| **-ance** | acceptance 수락<br>performance 실행, 성과<br>attendance 참석, 출석, (집합적) 출석자, 청중 | assurance 확신<br>resistance 저항, 반대 | insurance 보험<br>reliance 신뢰, 신임 | maintenance 보존, 보수유지 |
| **-ence** | experience 경험 | preference 선호 | evidence 증거 | essence 본질 |
| **-tude** | attitude 태도 | solitude 고독 | latitude 위도 | aptitude 소질 |
| **-y** | discovery 발견 | modesty 겸손 | destiny 운명 | warranty 보증 |
| **-sis** | analysis 분석 | crisis 위기 | paralysis 마비 | |
| **-ity** | ability 능력<br>productivity 생산성<br>positivity 적극성, 확실함 | creativity 창조성<br>diversity 다양성 | authority 권위<br>stability 안정성 | priority 우선권<br>reliability 신뢰성 |
| **-logy** | biology 생물학 | ecology 생태학 | penology 형벌학 | psychology 심리학 |
| **-ness** | happiness 행복 | eagerness 열의, 열망 | brightness 빛남 | |
| **-th** | growth 성장 | strength 힘, 세기 | length 길이 | |

Part 5&6　Part 7

| | | | |
|---|---|---|---|
| **-ship** | partnership 동업, 공동, 협력 | internship 인턴사원 근무, 인턴직 | censorship 검열 | leadership 리더십, 통솔력 |
| **-ism** | capitalism 자본주의 | optimism 낙천주의 | criticism 비평 | socialism 사회주의 |
| **-cracy** | democracy 민주주의 | autocracy 독재정치 | aristocracy 귀족정치 | |
| **-hood** | childhood 어린 시절 | likelihood 있음 직함, 가망성 | motherhood 모성 | brotherhood 형제애 |
| **-ics** | economics 경제학<br>ethics 윤리학 | statistics 통계학<br>politics 정치학 | mathematics 수학<br>physics 물리학 | linguistics 언어학 |
| **-er** | engineer 엔지니어<br>employer 고용주<br>retailer 소매상인 | manager 매니저, 경영자<br>developer 개발업자<br>volunteer 자원봉사자, 지원자 | writer 작가<br>reformer 개혁가 | waiter 웨이터<br>manufacturer 제조업자 |
| **-ee** | employee 직원, 종업원 | attendee 참석자 | interviewee 면접받는 사람 | refugee 피난민 |
| **-or** | actor 연기자<br>editor 편집자 | advisor 조언자<br>contributor 공헌한 사람 | author 작가<br>inspector 조사관, 감독관 | benefactor 후원자<br>negotiator 협상가 |
| **-ic** | comic 희극 배우 | critic 비평가 | fanatic 열광자 | lunatic 미치광이 |
| **-ian** | comedian 희극 배우 | politician 정치가 | technician 기술자 | |
| **-ant** | applicant 지원자<br>participant 참가자 | assistant 조수, 보조자 | attendant 참여자 | consultant 상담가 |
| **-ist/-yst** | dramatist 극작가 | economist 경제학자 | psychologist 심리학자 | analyst 분석가 |

 ● During next Tuesday's scheduled maintenance work, there may be a brief **interruption** in the electrical supply.

다음 주 화요일로 잡혀 있는 유지보수작업 동안 전기공급이 일시 중단될 것이다.

(A) circulation      **(B) interruption**
(C) distinction      (D) submission

▶ 문맥상 일시적인 정전이 있을 것이라는 내용이므로 interruption을 써서 문장을 완성한다.

## 4  복합명사

복합명사는 두 개 이상의 단어로 이루어진 새로운 명사를 말한다. 앞에 있는 명사는 대부분 단수로 쓰지만, 예외적으로 복수로 쓰기도 한다. 복합명사의 가산/불가산, 단수/복수는 뒤에 있는 명사를 기준으로 결정한다.

| 명사 + 명사 | | | |
|---|---|---|---|
| acceptance speech | 수락 연설 | interest rates | 이자율 |
| account number | 계좌번호 | jewelry store | 보석상 |
| advertising strategy | 광고 전략 | job performance | 업무 수행 |
| apartment complex | 아파트 단지 | keynote speaker | 기조 연설자 |
| application fee | 등록비, 신청비 | keynote speech | 기조 연설 |

| | | | |
|---|---|---|---|
| application form | 지원서 | maintenance staff | 시설 관리 직원 |
| assembly line | 조립 라인 | maternity leave | 출산 휴가 |
| attendance records | 출석률 | media coverage | 언론 보도 |
| baggage allowance | 수하물 제한량 | membership fee | 회비 |
| bottom line | 결론, 요점 | office furniture | 사무용 가구 |
| building material | 건축 자재 | opening address | 개회 연설 |
| career growth | 경력 성장 | performance appraisal | 업무 수행 평가 |
| communication skill | 의사소통 기술 | planning session | 기획 회의 |
| complaint form | 불만 접수 서류 | product availability | 제품 이용성 |
| confirmation number | 예약 번호 | product recognition | 제품 인지도 |
| construction site | 건설 현장 | product reliability | 제품 신뢰도 |
| consumer loan | 소비자 대출 | production schedule | 생산 일정 |
| customer satisfaction | 고객 만족(도) | profit margin | 이윤 |
| delivery company | 배송업체 | promissory note | 약속어음 |
| dress-code regulation | 복장 규정 | property tax | 재산세 |
| emergency exit | 비상 출구 | registration form | 등록 양식 |
| employee participation | 직원 참여 | retirement party | 은퇴식 |
| employee productivity | 직원 생산성 | return policy | 반품 정책 |
| expiration date | 만기일 | safety inspection | 안전 검사 |
| face value | 액면가 | safety precautions | 안전 예방 조치들 |
| fringe benefits | 부가 급여, 특별수당 | safety procedure | 안전 절차 |
| gender discrimination | 성차별 | safety standard | 안전 기준 |
| home improvement | 주택 개조 | service desk | 서비스 데스크 |
| hotel reservation | 호텔 예약 | shipping charge | 선적 비용, 배송 비용 |
| identification card | 신분증 | staff productivity | 직원 생산성 |
| information desk | 안내 데스크 | stationery store | 문구점 |
| installment payment | 할부금 | tax return | 납세를 위한 소득 신고 |
| insurance coverage | 보험 보상 범위 | time constraint | 시간 제약 |
| insurance premium | 보험료 | travel itinerary | 여행 일정 |

### -s형 명사 + 명사

| | | | |
|---|---|---|---|
| awards ceremony | 시상식 | sales department | 영업부 |
| benefits package | 복지 혜택 | sales figures | 판매 실적 |
| communications satellite | 통신위성 | sales projection | 예상 매출액 |
| customs declaration | 세관 신고 | sales promotion | 판매 촉진 |
| customs official | 세관원 | sales representative | 영업 담당자 |
| customs regulation | 세관 규정 | savings account | 저축 계좌 |
| economics professor | 경제학 교수 | savings bank | 저축 은행 |
| human resources department | 인사부서 | savings plan | 저축 계획 |
| overseas trip | 해외여행 | sports car | 스포츠 카 |
| public relations department | 홍보부 | sports complex | 종합경기장 |

명사는 크게 가산명사와 불가산명사로 나뉜다. 가산명사는 부정관사 a, an과 함께 단수형을 만들고, 복수형 어미에 -(e)s를 붙여서 복수형을 만든다.

## ■ 가산명사

**❶ 가산명사의 단수형은 관사와 함께 써야 한다.**

Company policy requires that every new employee hand in **a copy** of either **a driver's license** or **a passport** on the first day of work.
회사 정책상 모든 신입 직원들은 근무 첫날 운전면허증이나 여권의 사본을 제출해야 한다.

**❷ 가산명사 앞에 부정관사(a/an)가 없을 경우 복수형으로 써야 한다.**

Delta Airlines offers special **discounts** to customers who fly more than once a month.
델타 항공사는 한 달에 한 번 이상 비행하는 손님들에게 특별 할인을 제공한다.

**❸ 'one, some, most, several, many + of the/소유격 + 복수명사'의 형태로 쓰일 수 있다.**

The electronics company has recruited staff from several of its **competitors**.
그 전자 회사는 여러 경쟁사에서 직원들을 영입했다.

**❹ 필수 가산명사**

| | | | | | |
|---|---|---|---|---|---|
| costs 비용 | prices 가격 | discounts 할인 | refunds 환불 | values 가치 | goods 상품 |
| earnings 수익 | accounts 계정 | funds 기금 | applicants 지원자 | employees 직원들 | officials 공무원들 |
| standards 기준 | guidelines 지침 | precautions 예방책 | belongings 소지품 | benefits 혜택 | representatives 직원들 |

**진단평가 8** ● Johnson&Johnson signed a three-million-dollar **contract** with KSU last week.
Johnson&Johnson사는 지난주 KSU와 3백만 달러 계약에 서명했다.

(A) contracting      (B) contracted
(C) contracts      **(D) contract**

▶ 부정관사 a가 있으므로 단수명사 contract가 정답이다. three-million-dollar는 복합형용사이다.

## ■ 불가산명사

**❶ 불가산명사는 단수로 취급한다.**

**The equipment** you ordered is scheduled to be delivered on August 26.
당신이 주문한 장비는 8월 26일에 배달될 예정입니다.

**❷ 불가산명사는 부정관사(a/an)와 함께 쓸 수 없다.**

**Equipment** will be purchased at the end of the year.
장비는 연말에 구입될 것이다.

❸ 필수 불가산명사

| | | | | | |
|---|---|---|---|---|---|
| advertising 광고 | advice 충고 | clothing 의류 | employment 고용 | equipment 장비 | furniture 가구 |
| homework 숙제 | knowledge 지식 | information 정보 | machinery 기계류 | money 돈 | merchandise 상품 |
| pollution 오염 | recreation 오락 | scenery 경치 | stationery 문구 | traffic 교통 | news 뉴스, 소식 |
| economics 경제학 | interest 관심 | establishment 설립 | luggage/baggage 수하물 | | |

## ■ 의미가 비슷한 가산명사와 불가산명사

| 가산명사 | 불가산명사 | 가산명사 | 불가산명사 |
|---|---|---|---|
| accounts 회계, 계좌 | accounting 회계학 | advertisements 광고 | advertising 광고(업) |
| assignments 과제 | homework 숙제 | clothes 옷 | clothing 의류 |
| funds 기금, 자금 | funding 자금지원 | furnishings 가구 | furniture 가구 |
| goods 상품 | merchandise 상품 | letters 편지 | mail 우편(물) |
| permits 허가서 | permission 허가 | processes 과정 | processing 절차 |
| seats 좌석 | seating 좌석 | tickets 티켓 | ticketing 발권 |

**진단평가 9** ● Genesis, an energy-efficient convertible sedan, has extraordinary **potential** for global sales.

(A) potent　　(B) potentiality　(C) potentially　**(D) potential**

에너지 효율이 좋은 컨버터블 세단인 Genesis는 세계적인 판매에 엄청난 가능성을 지니고 있다.

▶ 빈칸 앞에 형용사 extraordinary가 있으므로 뒤에 명사가 와야 한다. potentiality는 '가능성, 잠재적인 것 (잠재성을 의미할 때 가산명사로 쓰임)'을 의미하고, potential은 '가능성, 잠재력'을 의미한다.

## 6 혼동하기 쉬운 명사

### ■ 일반명사와 사람명사의 구별

선택지에 명사가 두 개 있을 경우, 해석을 통해서 정답을 결정해야 한다. 아래의 빈출 일반명사와 사람명사를 미리 학습하여 실제 시험에서 혼동하는 일이 없도록 하자.

| 일반명사 | 사람명사 | 일반명사 | 사람명사 |
|---|---|---|---|
| accounting 회계(학) | accountant 회계사 | advice 충고 | advisor 조언자 |
| agency 대행사 | agent 대행인 | application 지원 | applicant 지원자 |
| architecture 건축술 | architect 건축가 | assistance 원조, 보조 | assistant 조수 |
| attendance 출석 | attendant 참석자 | benefit 혜택 | beneficiary 수혜자 |
| competition 경쟁 | competitor 경쟁자 | consultation 상담 | consultant 상담자 |

| | | | |
|---|---|---|---|
| contribution 공헌, 기여 | contributor 기부자 | directions 명령, 지시 | director 감독자, 지휘자 |
| distribution 배급, 배포 | distributor 배급업자 | donation 기증 | donor 기부자 |
| employment 고용 | employee 피고용인 | engineering 공학 | engineer 기술자 |
| foundation 설립 | founder 설립자 | illustration 삽화 | illustrator 삽화가 |
| inspection 검사 | inspector 검사관 | instruction 교육 | instructor 강사, 교사 |
| management 경영 | manager 매니저, 관리자 | manufacturing 제조 | manufacturer 제조업자 |
| membership 회원 (자격) | member 구성원 | negotiation 협상 | negotiator 협상가 |
| ownership 소유권 | owner 소유자 | participation 참여 | participant 참가자 |
| performance 공연 | performer 공연자 | photograph 사진 | photographer 사진사 |
| regulation 규칙, 규정 | regulator 통제자 | residence 거주 | resident 거주자 |
| subscription 구독 | subscriber 구독자 | supervision 감독 | supervisor 감독자 |
| translation 번역 | translator 번역가 | writing 작문 | writer 작가 |

[**Competition** / Competitor] in the automotive industry is expected to increase because of the Free Trade Agreement between two countries.
두 나라 사이의 자유 무역 협정의 체결로 자동차 산업의 경쟁이 증가할 것으로 예상된다.

## ■ 형태가 비슷한 명사

다음은 형태가 비슷하면서 각기 다른 의미를 가지고 있는 명사어휘들이다.

| | | | |
|---|---|---|---|
| commitment 약속, 공약 | committee 위원회 | objection 반대 | objective 목표 |
| communion 공유, 친교 | community 공동체 | percent 비율 | percentage 백분율 |
| complex 단지 | complexity 복잡성 | permission 허가 | permit 허가증 |
| entry 참가, 입장 | entrance 입구 | produce 농산물 | product 생산품 |
| identification 신원확인, 신분증명 | identity 정체성 | production 생산 | productivity 생산성 |
| delivery 배달 | deliverance 구조 | remainder 나머지 | remains 유물 |
| coverage 범위 | cover 표지 | responsibility 책임 | responsiveness 반응 |
| expectancy 예상 | expectation 기대 | segment 부분 | segmentation 분할 |
| interest 관심 | interests 이익 | sense 감각 | sensation 감동 |
| meaning 의미 | means 수단, 방법, 자산 | utility 효용, 실리 | utilization 이용, 활용 |

진단평가 10 ● The president wanted to recognize the factory division that had demonstrated the highest **productivity** over the past three years.

사장은 지난 3년에 걸쳐 가장 높은 생산성을 보여준 공장 부문에 표창하기를 원했다.

(A) product      (B) **productivity**
(C) production      (D) productive

▶ 문맥상 '생산성'을 의미하는 productivity를 써서 문장을 완성해야 한다.

The board of directors showed great [**interest** / interests] in new marketing strategies.
이사회는 새로운 마케팅 전략들에 큰 관심을 보였다.

The [objection / **objective**] of this position is to improve productivity levels through the provision of training and other services to employees.
이 직책의 목표는 직원들에게 교육 및 기타 서비스의 제공을 통해 생산성을 높이는 것입니다.

Approximately twenty [**percent** / percentage] of people who ask for our catalog and free samples end up ordering from our company.
우리 회사의 카탈로그와 무료 샘플을 요구하는 사람들의 대략 20퍼센트가 물건을 주문한다.

**1** -------- in medical technology have allowed doctors to diagnose illnesses more accurately than in the past.

(A) Advances
(B) Advance
(C) Advancement
(D) Advancing

**2** The new quality-assistance -------- will investigate the recent problems with defective replacement parts.

(A) advise
(B) advice
(C) advisor
(D) advising

**3** -------- of the lab result revealed no connection between hair loss and the material used in Anderson Construction's hard hats.

(A) Analysis
(B) Analyst
(C) Analyze
(D) Analytical

**4** Needless to say, ambition is an important -------- of all successful businessmen.

(A) characteristic
(B) characterize
(C) characterizing
(D) characteristically

**5** Mr. Smith has a good chance of getting the senior marketing management position although -------- for it will be fierce.

(A) competition
(B) competes
(C) competitive
(D) competitively

**6** The Better Business Bureau has received numerous -------- about that company's refund policy.

(A) complaining
(B) complain
(C) complainer
(D) complaints

**7** Mr. Garcia called earlier today for -------- that the package he sent on Monday had been received.

(A) confirmation
(B) confirm
(C) confirming
(D) confirmed

**8** In an effort to reduce the -------- of work, Peninsula Manufacturing's processing and shipping departments will be merged.

(A) duplicate
(B) duplicated
(C) duplicator
(D) duplication

**9** No one anticipated such a rapid -------- in customer demand for Hallway Electronics' latest cell phone.

(A) grow
(B) grower
(C) growth
(D) grown

**10** Most German cars offer exceptional --------, and many drivers prefer the speed and reliability they experience with those cars.

(A) performance
(B) performing
(C) performed
(D) performer

**11**  Please review the -------- for new safety procedures thoroughly and let us know if you want to change something.

(A) propose

(B) proposes

(C) proposal

(D) proposing

**12**  When you place an order, be sure to include your -------- at the bottom of the order form.

(A) to sign

(B) signature

(C) signed

(D) signing

**13**  All research proposals should be submitted electronically and must include a budget, timeframe, and a one-page --------.

(A) excursion

(B) belief

(C) abstract

(D) meaning

**14**  To take -------- of our offer of a free software-upgrade, customers should contact us before the end of June.

(A) service

(B) merit

(C) advantage

(D) improvement

**15**  Patients who wish to reschedule their -------- must give advance notice of at least twenty-four hours to avoid being charged a penalty.

(A) appointments

(B) positions

(C) assignments

(D) subscriptions

**16**  Director Smith would like to personally thank individuals who have made significant -------- to our charity fund.

(A) evaluations

(B) medicines

(C) attempts

(D) contributions

**17**  Due to unfavorable weather --------, we cannot guarantee that the shuttle bus will arrive at the airport by 8 o'clock.

(A) condition

(B) conditioned

(C) conditional

(D) conditioning

**18**  The Tower Apartments Complex is going to be completed next month, and it will accommodate a swimming pool and other --------.

(A) categories

(B) qualities

(C) conventions

(D) facilities

**19**  Preferred customers will receive a special gift if they renew their -------- to *Exercise Magazine*.

(A) subscription

(B) prescription

(C) description

(D) inscription

**20**  Please accept our -------- for the delay in payment of $2,000 for the new computers we received last month.

(A) apologies

(B) appreciation

(C) description

(D) charges

Jacob Oaks, ------- of Shine-Skin Cosmetics, announced that he will donate $100,000 to
**21.**
the city's new community center. The funds derived from the sale of tickets to a party held
last night at his company's -------. Mr. Oaks will present a check to the center tomorrow
**22.**
at its opening ceremony. ------- the past ten years, Mr. Oaks has organized several fund-
**23.**
raising events at his store for charitable institutions and community services. -------.
**24.**

21  (A) founder
   (B) foundation
   (C) founded
   (D) founding

22  (A) museum
   (B) hotel
   (C) factory
   (D) store

23  (A) Despite
   (B) For
   (C) Between
   (D) While

24  (A) The opening ceremony will begin at 9AM.
   (B) The community center offers classes for adults and children.
   (C) Last night's event was the most successful thus far.
   (D) Mr. Oaks plans to open a new location in Seattle next year.

**Questions 25-28 refer to the following memo.**

**From**: Sam Krause, Vice President of Operations
**To**: All staff members
**Date**: March 12
**Subject**: Payroll changes

Beginning on April 25, we will be using a new payroll service that will affect a number of current payroll ------- . First, weekly payroll checks will be mailed on Wednesday instead
**25.**
of Friday. Direct deposit payroll payment will be also processed two days earlier. Second, pay stubs for direct deposit payments will be no longer e-mailed. Instead, all employees will be able to ------- this information by accessing their payroll account online.
**26.**
All other procedures will remain the same. All time cards will continue to be due to payroll department by Monday at 8 PM. ------- . An updated list of ------- will be distributed to
**27.** **28.**
employees on or before April 1. If you have any questions before then, please contact Mr. Kimball at ext. 3344.

**25** (A) process
   (B) processing
   (C) processes
   (D) processed

**27** (A) Please note the change of date and time.
   (B) Most employees begin work at 8 AM.
   (C) Payroll department is not operational.
   (D) Old time card forms also still are valid.

**26** (A) view
   (B) correct
   (C) reject
   (D) enter

**28** (A) projects
   (B) completion
   (C) instructions
   (D) distribution

▶ ▶ ▶ 정답 및 해설 p2

# 대명사

대명사는 명사의 반복을 피하기 위해서 명사 대신 사용하는 품사로, 매달 정기시험에서 1문제 이상 출제된다. 인칭대명사의 격을 구분하는 문제 중에서 소유격 문제가 거의 매달 빠짐없이 출제되며, 재귀대명사 및 부정대명사와 관련된 문제도 두 달에 한 번 정도 출제된다.

| | | |
|---|---|---|
| 인칭대명사 | I, you, she, he, we, they 등 | 사람이나 사물을 대신한다. |
| 지시대명사 | this, these, that, those | 특정 사물이나 사람을 대신한다. |
| 의문대명사 | who, what, which 등 | 의문의 뜻을 나타내는 대명사다. |
| 부정대명사 | one, another, some, any 등 | 불특정한 사람, 사물을 대신할 때 사용한다. |

## 진단평가

**1** The project engineer cannot continue the work until she receives a definite answer about the changes ------- proposed.

   (A) she
   (B) that
   (C) were
   (D) until

**2** Ms. Clinton has made changes to ------- car insurance policy in order to reduce insurance premiums.

   (A) herself
   (B) she
   (C) her
   (D) hers

**3** Tom and Jerry are planning to make a presentation on a recent project, but Jenny may join -------.

   (A) their
   (B) they
   (C) them
   (D) themselves

**4** Mr. Smith completed his budget report ahead of schedule and he offered to help Ms. Anderson to finish -------.

   (A) her
   (B) hers
   (C) herself
   (D) she

**5** Mr. Newman said he will complete the quarterly report ------- since most of the accounting staff is on vacation.

(A) he

(B) his

(C) him

(D) himself

**6** James and Gabriella Quinn decided to retire from the company where they had both worked for twenty years and start a business of -------.

(A) them

(B) theirs

(C) themselves

(D) their own

**7** In his address, President Nagano compared the recent performance of Ted Finance ------- Depth Accounting Services.

(A) as opposed to

(B) when in fact

(C) what is more

(D) to that of

**8** ------- who are planning to move to a new house need to sign the contract and pay the security deposit.

(A) Whose

(B) Themselves

(C) Those

(D) Whichever

**9** If the printer goes out of order within 2 months, we replace it with ------- or provide a refund to requesters.

(A) all other

(B) other

(C) another

(D) each other

**10** Although we no longer work for the same company, my co-workers and I still keep in touch with ------- and have done for a number of years.

(A) the other

(B) another

(C) other

(D) one another

---

정답 **1** (A)  **2** (C)  **3** (C)  **4** (B)  **5** (D)  **6** (D)  **7** (D)  **8** (C)  **9** (C)  **10** (D)

| 대명사 | 대명사의 격과 역할 | 주격 (주어) | 소유격 (한정사) | 목적격 (목적어) | 소유대명사 (주어/목적어/보어) | 재귀대명사 (목적어/강조) |
|---|---|---|---|---|---|---|
| | 의미 | ~은, 는, 이, 가 | ~의 | ~을(를), ~에게 | ~의 것 | ~자신 |
| 단수 | 1인칭 | I | my | me | mine | myself |
| | 2인칭 | you | your | you | yours | yourself |
| | 3인칭(남자) | he | his | him | his | himself |
| | 3인칭(여자) | she | her | her | hers | herself |
| | 3인칭(중성) | it | its | it | --- | itself |
| 복수 | 1인칭 | we | our | us | ours | ourselves |
| | 2인칭 | you | your | you | yours | yourselves |
| | 3인칭 | they | their | them | theirs | themselves |

■ **주격: 주어 자리에 위치하며 '~은/는/이/가'로 해석된다.**

**진단평가 1** ● The project engineer cannot continue the work until she receives a definite answer about the changes **she** proposed.

프로젝트 엔지니어는 그녀가 제안한 변경사항에 대해서 확답을 받기 전까지는 일을 계속할 수 없다.

**(A) she**　　(B) that　　(C) were　　(D) until

▶ 빈칸 앞에 관계대명사 that이 생략된 문장으로, 빈칸에는 동사 proposed를 받는 주어가 있어야 하므로 she가 정답이 된다. (B) that이 정답이 되려면 수동태 형식으로 that were proposed라고 써야 한다.

Mr. Johnson will review the applicants' résumés before **he** meets with them on Wednesday.
Johnson씨는 수요일에 지원자들을 만나기 이전에 그들의 이력서를 검토할 것이다.

■ **소유격(소유 형용사): 명사 앞에 위치하며 '~의'로 해석된다.**

**진단평가 2** ● Ms. Clinton has made changes to **her** car insurance policy in order to reduce insurance premiums.

Clinton씨는 보험료를 줄이기 위해 그녀의 자동차 보험약관을 변경했다.

(A) herself　　(B) she　　**(C) her**　　(D) hers

▶ 매월 빠짐없이 출제되는 문제로 빈칸 뒤에 복합명사 car insurance policy가 쓰였으므로 이를 수식하는 소유격(소유 형용사)을 써서 문장을 완성해야 한다.

■ **목적격: 타동사, 수여동사, 전치사의 목적어 자리에 위치하며 '~을(를), ~에게'로 해석된다.**



▶ 빈칸 앞에 타동사 join이 있으므로 뒤에는 목적어 역할을 할 수 있는 목적격 대명사 them을 써야 한다.

❖ 전치사의 목적어 자리에도 목적격 대명사를 써야 한다.

Ms. Black will supervise a company restructuring project, so all group leaders will report back to **her**.
Black씨가 회사 구조조정 프로젝트를 감독할 것이기 때문에, 모든 그룹 지도자들은 그녀에게 보고할 것이다.

■ **소유대명사: '소유격 + 명사'를 대신할 수 있고, 문장에서 주어, 목적어, 보어 역할을 하며 '~의 것'으로 해석된다.**



▶ 빈칸 앞에 쓰인 동사 finish의 목적어로 일단 (A), (B)가 가능한데 의미적으로 her는 말이 안 되고 빈칸에 있어야 할 her budget report를 받을 수 있는 hers가 정답이다.

■ **대명사의 수 일치**

대명사는 명사를 대신하는 품사이므로 선행하는 명사가 단수이면 단수 대명사를, 선행하는 명사가 복수면 복수 대명사를 써야 한다.

| 대명사 | 주격 | | 목적격 | | 소유격 | |
|---|---|---|---|---|---|---|
| | 단수 | 복수 | 단수 | 복수 | 단수 | 복수 |
| 사 람 | she, he | they | her, him | them | her, his | their |
| 사 물 | it | they | it | them | its | their |

The manager has submitted **his** final report on the progress of the marketing project to the president.
매니저는 마케팅 프로젝트 진척에 관한 그의 최종 보고서를 사장에게 제출했다.

➡ 문장의 주어 The manager가 단수이므로 his나 her를 쓸 수 있다.

The trainer told the participants that **they** must follow the rules during the training.
트레이너는 참가자들에게 훈련 동안 규칙을 따라야 한다고 말했다.

➡ 선행하는 명사 the participants가 복수이므로 뒤에 나오는 주격 대명사도 수를 일치시켜 they를 써야 한다.

■ **재귀 용법:** 문장의 주어와 목적어가 동일할 때 목적어 자리에 재귀대명사를 사용한다. 이때 재귀대명사는 목적어 역할을 하므로 생략할 수 없다. 재귀대명사는 전치사의 목적어 자리에 올 수 있다.

The job applicant introduced **herself** to the executive members at the job interview.
입사 지원자는 면접에서 그녀 자신을 중역들에게 소개했다.

Panel members should introduce **themselves** to the audience at the start of the session.
패널들은 세션 시작 시 청중에게 자기소개를 해야 합니다.

■ **강조 용법:** 주어, 목적어, 혹은 보어 뒤에서 그 말의 의미를 강조하기 위해서 사용되며, 생략이 가능하다.

**진단평가 5** ● Mr. Newman said he will complete the quarterly report **himself** since most of the accounting staff is on vacation.

(A) he          (B) his          (C) him          **(D) himself**

대부분의 회계 직원이 휴가 중이기 때문에 Newman씨는 분기보고서를 직접 마무리할 것이라고 말했다.

▶ 목적어 뒤에 나오는 재귀대명사 문제로, 생략이 가능한 강조 용법의 재귀대명사다.

Customers should request assistance from staff members instead of removing products from the top shelves **themselves**.
고객들은 스스로 맨 위 선반에서 제품을 내리는 대신 직원들에게 도움을 요청해야 한다.

■ **관용적 용법:** 전치사 + 재귀대명사

| | |
|---|---|
| by oneself 홀로(= alone) | for oneself 혼자 힘으로(= without any help) |
| on one's own 스스로, 홀로 | in itself 그 자체로 |
| of one's own 자기 소유의, 자기 자신의 | of itself 저절로(= naturally) |

**진단평가 6** ● James and Gabriella Quinn decided to retire from the company where they had both worked for twenty years and start a business of **their own**.

(A) them          (B) theirs
(C) themselves          **(D) their own**

James와 Gabriella Quinn 둘 다 20년간 일한 회사에서 퇴직하기로 했고 자신들의 사업을 시작할 것이다.

▶ of one's own은 '자기 자신의'라는 의미를 가지는 관용적 용법이다.

Mr. Oaks began the research project **by himself** but later he was assisted by two colleagues.
Oaks씨는 연구 프로젝트를 혼자서 시작했으나 나중에 두 동료로부터 도움을 받았다.

The Enterprise Institute is offering a variety of workshops for those who want to start up businesses **for themselves**.
Enterprise Institute는 자신들의 힘으로 사업을 시작하기를 원하는 사람들을 위해 다양한 워크숍을 제공한다.

■ **that/those:** 한 문장 내에서 앞에 나온 명사의 반복을 피하기 위해 **that**이나 **those**를 쓰는데, 앞에 나온 명사가 단수이면 **that**을, 복수이면 **those**를 쓴다. 주로 **that[those] of** ～의 형태로 쓰이며, **this[these] of** ～로는 쓰지 않는다.

**진단평가 7** ● In his address, President Nagano compared the recent performance of Ted Finance **to that of** Depth Accounting Services.

(A) as opposed to
(B) when in fact
(C) what is more
**(D) to that of**

Nagano사장은 연설에서 Ted Finance의 최근 실적을 Depth 회계서비스의 실적과 비교했다.

▶ 'Ted Finance의 최근 실적을 Depth Accounting Services의 실적에 비교했다'라는 문장으로, to that of가 가장 적절한 선택이다.

Because of Ms. Black's valuable sales experience and **that** of her associates, the manager put them on the marketing outreach team.
Black씨와 동료들의 소중한 영업 경력으로 부장은 그들을 영업 확장 팀에 배치했다.

■ **those who: who 이하의 사람들**

**진단평가 8** ● **Those** who are planning to move to a new house need to sign the contract and pay the security deposit.

(A) Whose
(B) Themselves
**(C) Those**
(D) Whichever

새집으로 이사하려고 계획하고 있는 사람들은 계약시에 서명하고 보증금을 지불해야 한다.

▶ those who는 '～하는 사람들'의 의미로 관용적인 표현이다.

If the camping trip is canceled, **those who** prepaid the registration fee will receive a full refund.
만약 캠핑 여행이 취소되면, 미리 등록비를 지불한 사람들은 전액 환불받을 것이다.



■ **one, another, the other, the others, some**

| one, the other | ◆ ○ | 두 개 중에 ◆이 one이면, ○는 the other |
|---|---|---|
| one, another, the other | ◆ ○ ★ | 셋 중 ◆이 one이면, ○는 another, ★는 the other |
| one, the others | ◆ ● ★ ▷ | 셋 이상에서 ◆이 one이면, 나머지 모두인 ● ★ ▷는 the others |
| one, another | ◆ ● ★ ▷ ○ ◇ | 셋 이상에서 ◆이 one이면, 또 다른 불특정한 하나인 ▷는 another |
| some, the others | ◆ ● ★ ▷ ○ ◇ | 많은 것 중에서 일부인 ◆ ●이 some이면, 나머지 모두인 ★ ▷ ○ ◇ 는 the others |

▶ 여러 개 중에서 불특정한 하나를 지칭할 때 부정대명사 another를 쓴다.

If you lose your parking card, the parking garage manager will deactivate it and issue **another**.
주차 카드를 분실하신 경우에는, 주차장 관리자가 그것을 정지시키고 다른 주차 카드를 발급해 줍니다.

Pro Action's golf shoe is the lightest **one** on the market right now.
Pro Action의 골프화는 시중에 나와 있는 골프화 중에서 제일 가볍다.

## ■ 관용적 표현

| | |
|---|---|
| each other (둘이서) 서로 | one another (셋 이상) 서로 |
| one after the other (= in turn, alternately) (둘이서) 교대로, 번갈아 | one after another (= in succession) (셋 이상) 차례로, 번갈아 |
| A is one thing and B is another (= A is different from B) A와 B는 별개의 것이다 | |



▶ 동료들과 '서로' 연락을 취한다는 내용으로 one another가 정답이 된다.

Because small businesses can benefit from working with **each other**, many owners find it helpful to join local business associations.
중소기업들은 함께 일함으로써 혜택을 볼 수 있기 때문에, 많은 비즈니스 오너들은 지역 기업 협회에 가입하는 것이 도움이 된다고 생각한다.

## ■ most/one/each/some/all/no

❶ most/one/each/some/all/no가 형용사로 쓰일 때: 'most/one/each/some/all/no + 명사'의 형태로 명사를 꾸민다.

**Most** employees have been working at the company for a minimum of five years.
대부분의 직원들은 그 회사에서 적어도 5년간 일해왔다.

❷ most/one/each/some/all/none이 대명사일 때: 'most/one/each/some/all/none of the + 명사'의 형태로서, 이때 of 다음에 정관사 the를 꼭 써야 한다.

Before driving buses, drivers must ensure that **each** of the passengers is properly seated.
버스를 운전하기 전에, 운전기사들은 각각의 승객들이 제대로 자리에 앉을 수 있도록 해야 한다.

**Most** of the candidates for the opening position have completed their Master's degree in economics.
공석인 자리에 대한 후보자들 대부분은 경제학 석사학위를 수료했다.

## ■ 수량을 나타내는 부정대명사 one/both/many/none

We could not order replacement parts for the computers because the local suppliers have **none** in stock.
지역 공급업체들이 재고를 가지고 있지 않기 때문에, 우리는 컴퓨터를 위한 대체 부속품을 주문할 수 없다.

Mr. Powell presented two proposals for preserving the historic building, but the city council rejected **both**.
Powell씨는 역사적인 건물을 보존하기 위한 두 가지 제안을 했지만, 시 의회는 둘 다 거부했다.

**1** Only -------- with valid photo identification may enter the laboratory building.

(A) this
(B) which
(C) whose
(D) those

**2** Please notify the board members when you are ready for -------- to review the budget report.

(A) their
(B) them
(C) they
(D) themselves

**3** The weekly rail pass is the most economic option for commuters, but -------- are available.

(A) other
(B) others
(C) the other
(D) another

**4** -------- of the musicians in the group attended Julliard Music School.

(A) Someone
(B) The one
(C) One
(D) As one

**5** It is a great pleasure to inform Mr. Smith that -------- entry has been selected as the best article.

(A) he
(B) him
(C) his
(D) himself

**6** Sonia Rivera has found that it is easy to sell -------- specialty handbags because their designs are unique and creative.

(A) hers
(B) her
(C) herself
(D) she

**7** Mr. Anderson who oversees dozens of people in -------- department was recently promoted to the vice-president.

(A) him
(B) his
(C) he
(D) himself

**8** Mr. Kim took Mr. Krause's portfolio because he mistakenly thought that it was --------.

(A) him
(B) himself
(C) he
(D) his

**9** We sincerely apologize for the temporary failure of -------- telephone service that happened last week.

(A) our
(B) ours
(C) ourselves
(D) us

**10** Lucy Smith's time as a student volunteer at the local hospital made -------- interested in going to medical school.

(A) she
(B) her
(C) herself
(D) hers

**11** All general managers are requested to bring
-------- files on the company's merger to the
monthly staff meeting.

(A) their             (B) they

(C) theirs          (D) themselves

**12** The phone manufacturers asked the
members of public to answer a survey on
how they use -------- phones.

(A) theirs          (B) they

(C) their           (D) themselves

**13** The government has unveiled -------- new
plan to build affordable housing in city
centers for the low income family.

(A) them          (B) they

(C) their           (D) those

**14** Parents wishing to cancel -------- appointment
must notify the school at least two days in
advance.

(A) themselves     (B) their

(C) theirs          (D) them

**15** The recently introduced Magnum Electronics'
toaster oven guarantees the best cooking
results of -------- kind.

(A) your           (B) our

(C) their           (D) its

**16** Mr. Graham prefers to schedule
appointments -------- instead of having his
secretary do it.

(A) he             (B) himself

(C) his            (D) him

**17** Ms. Hanson worked on the budget summary
by -------- until Ms. Black was free to help.

(A) her            (B) herself

(C) she           (D) hers

**18** To increase reliability and validity of the
survey all respondents must answer the
questions by --------.

(A) itself         (B) herself

(C) himself      (D) themselves

**19** For safety purposes, make sure that the
machine points in a direction away from
--------.

(A) your           (B) yours

(C) your own     (D) yourself

**20** A colleague of -------- will represent Sams
Company at the marketing conference.

(A) my            (B) me

(C) mine          (D) I

17 June

Sarah Lopez, Director
Nephi Architects
B9 Banksia Street
BRISBANE OLD 4000

Dear Ms. Lopez:

My supervisor, Jane Smith, recently spoke to ------- **21.** about a job opening for an interior specialist in our Sydney office. -------. **22.** Therefore, I would like you to consider my request for a transfer to the Sydney office. This transfer would allow me the opportunity to work again with Jamie Nelson, the interior design manager in Sydney. Mr. Nelson and I collaborated on the Marston Towers project when ------- **23.** was working here in Brisbane. Ms. Smith has ------- **24.** full support for the transfer and she has offered to put her endorsement in writing for you. I have enclosed my résumé and thank you in advance for your consideration.

Sincerely,

Jack Turner
Interior Design Specialist
Enclosure

21  (A) I
    (B) my
    (C) me
    (D) myself

22  (A) She completed all the necessary courses last week.
    (B) She mentioned that the company made a lot of profits last month.
    (C) She thought that I would be the perfect person for the job.
    (D) She stated that she would consider benefits package.

23  (A) he
    (B) him
    (C) his
    (D) himself

24  (A) questioned
    (B) relied
    (C) wanted
    (D) expressed

**Questions 25-28 refer to the following letter.**

July 15

Jason Fox
Delta Properties
2260 University Ave.
Ogden, UT 84601

Dear Mr. Fox,

I am writing about the lease for 3000 Center Street, which is set to ------- on July 30. I
                                                                    **25.**
would like to ------- an extension to the lease. ------- new office will not be ready before
            **26.**                              **27.**
August. If possible,

I would like to occupy the current space until August 30. -------. I would be happy to
                                                          **28.**
speak with you on the phone or visit you in the leasing office if necessary.

Sincerely,
Cynthia Helen
Helen Law Office

25  (A) install
    (B) expire
    (C) begin
    (D) last

26  (A) prohibit
    (B) call off
    (C) request
    (D) purchase

27  (A) Her
    (B) His
    (C) My
    (D) Their

28  (A) I have already begun moving from Center
        Street.
    (B) Please let me know what options are
        available to me.
    (C) I want you to show me the office on
        University Avenue.
    (D) I have not yet received a copy of the
        lease agreement.

▶ ▶ ▶ 정답 및 해설 p4

# 03 동사

동사는 일반적으로 문장의 형식에 의해서 분류된다. 반드시 숙지해야 할 형식은 2형식이다. be동사 뒤에 형용사 보어가 쓰이는 문제가 매달 빠짐없이 출제된다. 또한 자동사와 타동사의 차이점을 숙지하고, 5형식에 대해서도 꼼꼼하게 정리할 필요가 있다.

## 진단평가

**1** The customer service representative -------- angry and ran toward the manager to complain about the customer.

(A) remained     (B) became
(C) kept     (D) mentioned

**2** Company workers given a variety of assignments perform better than those whose tasks are --------.

(A) repeat     (B) repetition
(C) repetitive     (D) repetitively

**3** The directors are holding a meeting to -------- changes that will be occurring throughout the company.

(A) discuss     (B) discuss about
(C) talk     (D) speak

**4** John received a poor evaluation from his professor since he failed to -------- weekly class discussions.

(A) participate     (B) engage
(C) attend     (D) consent

**5** The personnel manager -------- to the employees that there would be changes in personnel.

(A) informed     (B) announced
(C) answered     (D) offered

**6** Ms. Smith -------- Mr. Hartman to publish the results of his current project before he requests a promotion.

(A) advised     (B) designed
(C) suggested     (D) proposed

**7** Companies should create a training program that allows their staff -------- the knowledge and skills necessary to be a good employee.

(A) develop     (B) to develop
(C) developing     (D) develops

**8** Before you leave the hotel, please -------- a customer satisfaction survey.

(A) complete     (B) completion
(C) completely     (D) completed

**9** The finance department is predicting that we will -------- yearly financial target well in advance.

(A) exceed     (B) exceeding
(C) exceeded     (D) to exceed

**10** Director Jade has already -------- to boost New Skin Corporation's profits by 10 percent in the foreseeable future.

(A) promised     (B) promise
(C) promising     (D) promises

정답 1 (B)    2 (C)    3 (A)    4 (C)    5 (B)    6 (A)    7 (B)    8 (A)    9 (A)    10 (A)

1형식 문장은 주어와 동사로만 만들어진 문장을 말하며, 동사가 보어나 목적어가 없이도 주어의 상태나 동작을 완전하게 서술하기 때문에 완전자동사라 부른다.

### ■ 1형식 문장의 형태

❶ 주어 + 완전자동사 + (부사구)

Mr. Perry **arrived** (at the airport). Perry씨가 (공항에) 도착했다.

❷ 유도부사 There + be동사 + 주어 + (부사구)

**There is** a book (on the table).  (탁자 위에) 책이 한 권 있다.

❸ There + 완전자동사(remain, appear, seem, come, go 등) + 주어

There still **remain** a lot of unemployed graduates. 고용되지 못한 대학졸업생들이 아직도 많이 남아 있다.



2형식 문장은 불완전자동사가 쓰인 문장이다. 동사로 주어를 설명하기에는 부족해서 뒤에 보어를 통해 부족한 점을 보충해 준다. 보어 자리에 형용사, 명사, 부정사, 동명사 등이 쓰인다.

### ■ 불완전자동사의 종류

❶ 지각동사

| appear, seem, look ~처럼 보이다 | feel ~처럼 느끼다 | smell ~한 냄새가 나다 | sound ~처럼 들리다 | taste ~한 맛이 나다 |
| --- | --- | --- | --- | --- |

Although the two models of computer feature different options, they **look** nearly identical.
비록 두 모델의 컴퓨터가 다른 옵션들을 갖추고 있지만, 그것들은 거의 비슷해 보인다.

Heavily discounted airfare rates may **seem** attractive, but they have some restrictions.
대폭 할인된 항공요금은 매력적으로 보이지만, 약간의 제약을 가지고 있다.

❷ 상태변화 동사

| become ~이 되다 | grow ~인 상태가 되다 | turn ~인 상태가 되다 | get ~인 상태가 되다 | run ~인 상태가 되다 |
| --- | --- | --- | --- | --- |

**진단평가 1** ● The customer service representative **became** angry and ran toward the manager to complain about the customer.

고객서비스 담당 직원은 화가 나서 관리자에게 달려가 손님에 대해 불평했다.

(A) remained　　　　　**(B) became**
(C) kept　　　　　　　(D) mentioned

▶ 빈칸 뒤에 형용사 angry가 나와 있으므로 문맥에 알맞은 2형식 동사 became이 정답이다.

Her face **turned** red when the teacher pointed out her mistake.
선생님이 그녀의 실수를 지적하자 그녀의 얼굴이 빨개졌다.

❸ 유지, 정지 동사

remain ~인 상태로 남다    stay ~인 채로 머물다    keep ~인 상태를 유지하다

The marketing manager position has **remained** vacant since Mr. Johnson retired.
광고부서장 직책은 Johnson씨가 퇴직한 이후로 공석으로 남아 있었다.

## ■ 보어의 종류

❶ 형용사 보어: 형용사가 보어로 쓰일 경우 주어의 상태나 성격을 설명해 준다.

진단평가 2 ● Company workers given a variety of assignments perform better than those whose tasks are **repetitive**.

(A) repeat
(B) repetition
(C) repetitive
(D) repetitively

다양한 업무를 지시받은 직원들이 반복적인 일들을 지시받은 직원들보다 더 우수한 실적을 올린다.

▶ 빈칸 앞에 be동사가 있으므로 보어 자리에 쓸 수 있는 형용사 repetitive가 정답이 된다.

Yesterday's seminar was especially **useful** for new employees because the speakers explained company policies clearly.  연사가 명확하게 회사 정책을 설명해줬기 때문에 어제 세미나는 특별히 신입 직원들에게 유용했다.

❷ 명사 보어: 명사가 보어 자리에 올 경우 보어는 주어와 동격이 된다.

Solar energy has become **a key factor** in development of additional energy resources throughout the region.  태양열 에너지는 지역 전역에 걸쳐 추가적인 에너지원 개발에 있어 주요한 요인이 되었다.

## 3 3형식 문장: 주어 + 완전타동사 + 목적어

타동사 다음에는 목적어를 써야 한다. 타동사의 목적어로는 명사, 대명사, 부정사, 동명사 등을 쓸 수 있으며, 타동사는 뒤에 전치사를 쓸 수 없다. 하지만 '자동사 + 전치사'가 타동사 역할을 하기도 한다.

## ■ 자동사로 오해하기 쉬운 타동사

| 타동사 | 의미 | 틀린 표현 |
| --- | --- | --- |
| access | ~에 접속하다 | access to (x) |
| accompany | ~을 동반하다 | accompany with (x) |
| approach | ~에 다가가다 | approach to (x) |
| approve | ~을 승인하다 | approve for (x) |
| check | ~을 점검하다 | check for (x) |
| disclose | ~을 드러내다, 폭로하다 | disclose about (x) |
| discuss | ~에 관해 토론하다 | discuss about (x) |
| exceed | ~을 능가하다 | exceed at (x) |

| | | |
|---|---|---|
| explain | ~을 설명하다 | explain about (x) |
| express | ~을 표현하다 | express about (x) |
| join | ~에 가입하다 | join into (x) |
| marry | ~와 결혼하다 | marry with (x) |
| mention | ~을 언급하다 | mention about (x) |
| overcome | ~을 극복하다 | overcome with (x) |
| provide | ~을 제공하다 | provide with (x) |
| reach | ~에 도달하다 | reach to (x) |
| regret | ~에 대해 유감스럽게 생각하다 | regret for (x) |
| require | ~을 요구하다 | require to (x) |
| resemble | ~을 닮다 | resemble with (x) |

**진단평가 3** ● The directors are holding a meeting to **discuss** changes that will be occurring throughout the company.

이사들은 전사적으로 발생할 변경사항에 대해 토론하기 위해 회의를 열 것이다.

**(A) discuss**　　　　(B) discuss about
(C) talk　　　　　　　(D) speak

▶ 빈칸 뒤에 목적어 changes가 나왔으므로 타동사 discuss가 정답이다.

The president **mentioned** the road construction work that started last month.
사장은 지난달에 시작된 도로 건설을 언급했다.

### ■ '자동사 + 전치사'의 타동사

다음에 나오는 '자동사 + 전치사'는 타동사 역할을 하고, 따라서 뒤에 목적어를 동반한다.

| | | | |
|---|---|---|---|
| abide by | ~을 준수하다 | look for | ~을 찾다 |
| account for | ~을 밝히다, 설명하다 | look into | ~을 조사하다 |
| add to | ~을 더하다 | object to | ~에 반대하다 |
| agree on[with] | ~에 동의하다 | participate in | ~에 참여하다 |
| apologize to | ~에게 사과하다 | proceed with | ~을 계속하다 |
| arrive at | ~에 도착하다 | react to | ~에 반응하다 |
| benefit from | ~에서 이득을 얻다 | refer to | ~을 참조하다 |
| compete with | ~와 경쟁하다 | refrain from | ~을 삼가다 |
| consent to | ~에 동의하다 | rely on | ~을 신뢰하다 |
| contribute to | ~에 기여[공헌]하다 | reply to | ~에 응답하다 |
| deal with | ~을 다루다, 취급하다 | respond to | ~에 답하다 |
| depend on | ~에 달려있다 | return to | ~로 돌아오다 |
| dissent from | ~에 반대하다 | speak to[with] | ~에게 말을 걸다 |
| graduate from | ~을 졸업하다 | subscribe to | ~을 구독하다 |
| head for | ~로 향하다 | succeed in | ~에 성공하다 |
| insist on | ~을 고집하다 | sympathize with | ~을 동정하다 |
| interfere with | ~을 방해하다 | talk about | ~에 대해 이야기하다 |
| listen to | ~의 말에 귀 기울이다 | talk to | ~에게 이야기하다 |

<table>
<tr><td>look at</td><td>~을 보다</td><td>think of</td><td>~을 생각하다</td></tr>
<tr><td></td><td></td><td>wait for</td><td>~을 기다리다</td></tr>
</table>

**진단평가 4 ●** John received a poor evaluation from his professor since he failed to **attend** weekly class discussions.

(A) participate      (B) engage

**(C) attend**      (D) consent

> John은 주간 수업 토론에 참여하지 않아서 교수로부터 낮은 평가를 받았다.

▶ 빈칸 뒤에 목적어 weekly class discussions가 나왔으므로 타동사 attend가 정답이 된다. 나머지 동사들은 자동사로, 타동사 역할을 할 경우 뒤에 전치사를 써야 한다.

The manager will **talk about** the upcoming project with the employees.
부장은 직원들과 다가오는 프로젝트에 대해서 이야기할 것이다.

## 4   4형식 문장: 주어 + 수여동사 + 간접목적어 + 직접목적어

4형식 문장에는 간접목적어(~에게)와 직접목적어(~을)를 둘 다 취하는 수여동사가 쓰인다.

Sultan Company **grants** employees an extra week of vacation when they have worked for five years.
Sultan Company는 5년 근무를 한 직원들에게 1주 휴가를 추가로 제공한다.

### ■ 수여동사의 종류

수여동사는 두 목적어의 위치를 바꾸어 쓸 수도 있는데, 이때 간접목적어 앞에 오는 전치사의 종류에 따라 다음과 같이 분류된다.

❶ 주어 + give/bring/send/offer/show/tell/teach/write 등 + 직접목적어 + to + 간접목적어

Human resources department **offers** leadership training to its recently hired employees.
인사부는 최근에 고용된 직원들에게 리더십 연수를 제공한다.

❷ 주어 + buy/choose/get/find/leave/make/provide 등 + 직접목적어 + for + 간접목적어

The president wants to **buy** one of the brightest lamps for all the employees.
사장은 모든 직원들에게 가장 밝은 램프 중의 하나를 사주고 싶어 한다.

❸ 주어 + ask/beg/inquire 등 + 직접목적어 + of + 간접목적어

I **asked** advice of my teacher.   나는 선생님에게 조언을 구했다.

### ■ 수여동사로 착각하기 쉬운 타동사들

다음 타동사들은 수여동사가 아니므로 '주어 + 동사 + 간접목적어 + 직접목적어'의 어순으로 쓸 수 없고, 간접목적어를 쓸 때는 간접목적어 앞에 전치사 to를 넣어야 한다.

| 맞는 표현 | 의미 | 틀린 표현 |
|---|---|---|
| explain **to** me that절 | 나에게 ~을 설명하다 | explain me that절 (x) |
| describe **to** me that절 | 나에게 ~을 묘사하다 | describe me that절 (x) |
| suggest **to** me that절 | 나에게 ~을 제안하다 | suggest me that절 (x) |
| introduce **to** me that절 | 나에게 ~을 소개하다 | introduce me that절 (x) |
| announce **to** me that절 | 나에게 ~을 알리다 | announce me that절 (x) |
| mention **to** me that절 | 나에게 ~을 언급하다 | mention me that절 (x) |
| propose **to** me that절 | 나에게 ~을 제안하다 | propose me that절 (x) |
| recommend **to** me that절 | 나에게 ~을 추천하다 | recommend me that절 (x) |

**진단평가 5** ● The personnel manager **announced** to the employees that there would be changes in personnel.

(A) informed (B) **announced**
(C) answered (D) offered

인사부장은 인사에 있어서 변동사항이 있을 것이라고 직원들에게 발표했다.

▶ announced는 3형식 동사이지만 4형식 동사처럼 쓸 경우 간접목적어 앞에 to를 써야 한다.

John **mentioned** (to me) that he might resign at the end of the month.
John은 월말에 사임할지도 모른다고 (나에게) 말했다.

## 5 5형식 문장: 주어 + 불완전타동사 + 목적어 + 목적보어

5형식 문장에서 목적어와 목적보어는 주술 관계로, 목적보어 자리에는 명사, 형용사, 분사, 부정사, 동사원형 등이 올 수 있다.

### 목적보어의 종류

❶ 명사 목적보어

The president **appointed** him manager. 사장은 그를 부장으로 임명했다.
▶ 목적보어 자리에 명사가 나올 경우 목적어와 목적보어는 동격이 된다.

❷ 형용사 목적보어

You have to **keep** the food fresh. 음식을 신선하게 보관해야 합니다.
▶ 목적보어 자리에 형용사가 나올 경우 형용사는 목적어의 상태나 성격을 설명해 준다.

## ■ 동사에 따른 목적보어의 형태

**❶ 사역동사들**

> 주어 + make/let + 목적어 + 동사원형

Mr. Kim **lets** me <u>drive</u> his car.  Kim씨는 내가 그의 차를 운전하게 해준다.

> 주어 + have + 사람목적어 + 동사원형

The manager **had** employees <u>finish</u> the project on time.  부장은 직원들이 프로젝트를 정시에 끝마치게 시켰다.

> 주어 + help + 목적어 + 동사원형/to부정사

Our consultants are experienced at **helping** management teams <u>(to) diagnose</u> problems that might affect a company's performance.  우리 컨설턴트들은 관리 팀이 회사 실적에 영향을 미칠 수도 있는 문제들을 진단하는 것을 돕는 데 경험이 있습니다.

> 주어 + get + 사람목적어 + to부정사

The students **got** the teacher <u>to dismiss</u> class early.  학생들은 선생님이 수업을 일찍 끝내게 했다.

> 주어 + have/get + 사물목적어 + 과거분사

John **had** his watch <u>repaired</u> (by someone).  John은 (다른 사람에게) 그의 시계 수리를 맡겼다.

**❷ 분사를 목적보어로 취하는 동사들**

목적어와 목적보어의 관계가 능동인 경우에는 현재분사를, 수동인 경우에는 과거분사를 사용한다.

> 주어 + find, keep, see, watch, hear, listen to, feel, smell 등 + 목적어 + 분사

The purpose of this report is to make it easier for your service department to **keep** us <u>informed</u> of product problems.  이 보고서의 목적은 당신의 서비스 부서에서 제품에 관한 문제를 저희 쪽에 알리는 데 있어 수고를 덜기 위함입니다.

We are very sorry to have **kept** you <u>waiting</u>.  기다리게 해서 미안합니다.

**❸ to부정사를 목적보어로 취하는 동사들**

> 주어 + advise, allow, ask, encourage, expect, force, invite, order, remind, tell 등 + 목적어 + to부정사

Our online service **allows** you <u>to view</u> your account, pay bills, and even transfer funds from one account to another.  저희 온라인 서비스를 통해 고객님은 계좌 확인, 공과금 납부, 심지어 한 계좌에서 다른 계좌로 이체를 할 수도 있습니다.

We **encourage** employees <u>to volunteer</u> in their communities.
우리는 근로자들에게 자신들의 지역사회에서 자원봉사하라고 권장하고 있다.

---

**진단평가 6 ●** Ms. Smith **advised** Mr. Hartman to publish the results of his current project before he requests a promotion.

Smith씨는 Hartman씨에게 승진을 요청하기 전에 현재 프로젝트의 결과를 발표하라는 조언을 했다.

**(A) advised**　　(B) designed　　(C) suggested　　(D) proposed

▶ 빈칸 뒤에 목적어 Mr. Hartman과 부정사 to publish가 있으므로 빈칸에는 to부정사를 목적어로 취하는 advised 가 정답이다.

진단평가 7 ● Companies should create a training program that allows their staff **to develop** the knowledge and skills necessary to be a good employee.

(A) develop  **(B) to develop**  (C) developing  (D) develops

회사는 자사의 직원들이 훌륭한 직원이 되는 데 필요한 지식과 기술을 개발하도록 연수 프로그램을 만들어야 한다.

▶ 동사 allow는 to부정사를 목적보어로 취하는 동사다.

## ■ 형태에 따른 동사의 쓰임

❶ 명령문에는 동사원형이 온다.

주어 You가 생략되고 동사원형으로 시작하는 문장을 명령문이라 한다.

진단평가 8 ● Before you leave the hotel, please **complete** a customer satisfaction survey.

(A) complete  (B) completion  (C) completely  (D) completed

호텔을 떠나기 전에 고객만족 설문지를 작성해 주세요.

▶ please는 공손한 명령문을 이끄는 단어이므로 다음에 동사원형을 써야 한다.

❷ 조동사 및 조동사처럼 쓰이는 표현들 뒤에는 동사원형이 온다.

| 조동사 | must, shall, should, may, might, can, could, will, would |
| --- | --- |
| 조동사처럼 쓰이는 표현들 | have to, would like to, be going to, ought to 등 |

진단평가 9 ● The finance department is predicting that we will **exceed** yearly financial target well in advance.

(A) exceed  (B) exceeding  (C) exceeded  (D) to exceed

재무부서는 우리가 연간 재정 목표치를 조기에 초과할 것이라고 예상하고 있다.

▶ 빈칸 앞에 조동사 will이 있으므로 뒤에는 동사원형을 써야 한다.

The Wynn Hotel's facilities, which include several restaurants and conference rooms, **can** easily accommodate a large tour group.  여러 개의 레스토랑과 회의실을 포함하고 있는 Wynn 호텔은 대규모의 단체 여행객들을 쉽게 수용할 수 있다.

Ben & Jerry's **is able to** negotiate good deals with its supplier.
Ben & Jerry's는 공급자와 좋은 거래를 협상할 수 있다.

❸ 완료시제를 표현하는 has/have/had/will have 뒤에는 과거분사가 온다.

진단평가 10 ● Director Jade has already **promised** to boost New Skin Corporation's profits by 10 percent in the foreseeable future.

(A) promised  (B) promise  (C) promising  (D) promises

Jade부장은 이미 가까운 미래에 New Skin사의 수익을 10퍼센트 끌어올리겠다고 약속했다.

▶ 'has/have + 부사(already) + 과거분사'의 형태이므로 과거분사 promised를 써야 한다.

The music concert **had** already started before I reached the concert hall.
내가 콘서트 홀에 도착했을 때 음악 공연은 이미 시작됐다.

**1** According to one survey, San Francisco -------- one of the top vacation destinations among the flight attendants.

(A) suggests    (B) remains

(C) elects    (D) receives

**2** Mortgage brokers should -------- a copy of all sales documents for their records.

(A) retain    (B) imitate

(C) support    (D) resist

**3** When Longman Books -------- Princeton House Press in October, several overlapping departments of the two publishing companies will be restructured.

(A) mergers    (B) remains

(C) acquires    (D) anticipates

**4** Next week's workshop is intended to help small business owners -------- their marketing plans.

(A) proceed    (B) remark

(C) develop    (D) persuade

**5** Ms. Johnson should -------- the updated files by e-mail this afternoon.

(A) receivable    (B) receiving

(C) receive    (D) receives

**6** The author's extemporaneous remarks appear to have been -------- by some of his readers.

(A) misinterpret    (B) misinterpretation

(C) misinterpreting    (D) misinterpreted

**7** Some fans lined up outside of the box office for hours to -------- a ticket for the concert.

(A) replace    (B) support

(C) achieve    (D) purchase

**8** Even though the Madrix company -------- the stairway lighting only two months ago, the light bulbs are flashing on and off continuously.

(A) installed    (B) entered

(C) called    (D) hired

**9** The results of the new marketing and promotional campaign remain -------- seen, but the sales figures are encouraging.

(A) being    (B) have been

(C) been    (D) to be

**10** The August shipment has just -------- from our overseas department one week ahead of schedule, so notify your unloading crew immediately.

(A) sent    (B) arrived

(C) delayed    (D) examined

**11** Provided you can ensure delivery within two weeks, we intend to -------- our orders with your textile company.

(A) cause             (B) contact

(C) elect              (D) place

**12** We require all visitors to -------- photo identification at the Security Checkpoint before entering the courthouse.

(A) present         (B) assign

(C) notify           (D) permit

**13** The president has decided not to let the recent problems with foreign sales -------- the company's long-term export plans.

(A) have affected    (B) to affect

(C) affect           (D) affecting

**14** Call Mr. Davis from the airport, so he can -------- his boss of your arrival.

(A) notify           (B) speak

(C) report          (D) attend

**15** If you wish to be considered for the internship, please -------- an application to the director, which should include a cover letter and your résumé.

(A) advise          (B) submit

(C) urge            (D) comply

**16** The manager wanted to -------- to each employee about the new direction the company was taking.

(A) say              (B) tell

(C) speak          (D) express

**17** At the weekly meeting, senior management officials discussed new ways to keep employees -------- to do their best.

(A) have inspiration    (B) be inspired

(C) inspiring           (D) inspired

**18** The president will have his secretary -------- the minutes of the annual meeting before making them available to the press.

(A) transcribe        (B) transcribed

(C) be transcribing    (D) to be transcribed

**19** The grocery store gave out several samples of frozen foods to keep customers --------.

(A) satisfaction      (B) satisfy

(C) satisfyingly     (D) satisfied

**20** When customers are shopping for a new car, the sales associates often help -------- choose the best vehicle for their lifestyle.

(A) they             (B) them

(C) themselves     (D) their

The Springville City Public Library is scheduled for renovation starting Jan. 2 and ending in late May. This project ------- storage space for our growing collections. ------- **21.** **22.** . Nevertheless, some library collections will be temporarily ------- to on-site researchers. **23.** A list of these inaccessible collections will be posted on our Web site at www. springvillelibrary.org. Researchers are ------- to check the list or contact the library before **24.** visiting.

21 (A) to increase
   (B) increasing
   (C) increased
   (D) will increase

23 (A) unavailable
   (B) understood
   (C) refrained
   (D) related

22 (A) We will be taking donations to expand our library collection.
   (B) The library is to remain open during the process.
   (C) The library will be closed during the renovation.
   (D) The library appreciates the cities' cooperation.

24 (A) accounted
   (B) forced
   (C) notified
   (D) advised

Carter Convention Center
Exhibitor Access

Vendors who are delivering supplies to the Carter Convention Center's exhibition hall should

-------- the Howard Avenue entrance to the parking garage. Clearance at this entry is 3
**25.**

meters. --------. Please plan -------- to avoid the need to restock your company display
**26.**             **27.**

booth. Vendors who require the use of the loading dock while the event is in progress

may -------- significant wait times.
**28.**

25  (A) use
    (B) to use
    (C) used
    (D) using

27  (A) around
    (B) again
    (C) ahead
    (D) near

26  (A) Only civilian vehicles are allowed through this entrance, other vehicles must use the main dock.
    (B) Vehicles that exceed this height must make deliveries through the main loading dock.
    (C) All vehicles delivering materials must wait outside for additional instruction.
    (D) Vehicles must come in and out at a timely manner to reduce traffic inside the dock.

28  (A) face
    (B) facing
    (C) to face
    (D) faces

▶ ▶ ▶ 정답 및 해설 p7

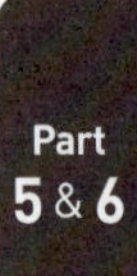

# Unit 04 수동태와 능동태



수동태에 관한 문제는 매달 1문제 정도 출제된다. 수동태 관련 문제는 주어와 동사의 관계가 능동인지 수동인지를 고르는 기본적인 문제가 대부분이다. 중요한 것은 주어가 '동사의 주체로 쓰였는지' 아니면 '동사의 대상으로 쓰였는지'를 구분하는 것이다. 수동태 문장은 대부분 사물 주어이고, 동사 뒤에 목적어가 없는 경우가 많다. 시제나 수일치와 연계해서 출제되므로 주의할 필요가 있다.

## 진단평가

**1** The road maintenance expenses are ------- into three distinct categories.

(A) division
(B) divider
(C) divided
(D) divides

**2** Due to a problem with our assembly line, employees will be ------- to leave earlier than usual.

(A) permit
(B) permissive
(C) permission
(D) permitted

**3** Designers were fully ------- to answer questions about the newly released products.

(A) prepare
(B) prepared
(C) prepares
(D) preparation

**4** Any questions or concerns regarding the seminar schedule should be ------- to Ms. Anderson in the planning department.

(A) direction
(B) directs
(C) directed
(D) director

**5** Ms. Miller is respected ------- her colleagues and business clients alike.

(A) plus
(B) from
(C) in
(D) by

**6** No one without a ticket will be granted ------- to the performance.

(A) admission
(B) is admitted
(C) admitted
(D) to admit

**7** The renovation of the city's historical building is ------- to continue for the remainder of the year.

(A) told
(B) expected
(C) advised
(D) warned

**8** Ms. Parker would like to thank everyone for the gift basket that was ------- to her house.

(A) delivers
(B) delivering
(C) delivery
(D) delivered

**9** It is very important to have the documents ------- by the supervisor prior to implementation.

(A) sign
(B) are signing
(C) signed
(D) been signed

**10** Office supplies are to be ------- only when conducting business-related tasks.

(A) used
(B) uses
(C) usage
(D) using

---

정답 **1** (C) **2** (D) **3** (B) **4** (C) **5** (D) **6** (A) **7** (B) **8** (D) **9** (C) **10** (A)

## 수동태와 능동태의 구분

**❶** 사물이 주어인 경우, 일반적으로 수동태를 쓴다.

> **진단평가 1 ●** The road maintenance expenses are **divided** into three distinct categories.
>
> (A) division      (B) divider
> **(C) divided**      (D) divides

도로 유지보수비는 3개의 뚜렷한 카테고리로 나뉜다.

▶ 빈칸 앞에 be동사 are가 있으므로 뒤에는 과거분사를 써서 문장을 완성한다.

**❷** 주어가 동사의 주체로 쓰이고 사람일 경우 능동태를 쓴다.

Mr. Gore **has made** considerable contributions to New Skin, Inc., throughout his ten-year career.

Gore씨는 New Skin사에 10년이라는 근무 기간에 걸쳐 상당한 기여를 했다.

**❸** 주어가 사람이더라도 어떤 행위를 당하거나 받는 경우 수동태를 쓴다.

> **진단평가 2 ●** Due to a problem with our assembly line, employees will be **permitted** to leave earlier than usual.
>
> (A) permit      (B) permissive
> (C) permission      **(D) permitted**

우리 조립 라인의 문제 때문에 직원들이 평소보다 일찍 퇴근하는 것이 허용될 것이다.

▶ 문맥상 '직원들이 평소보다 일찍 퇴근하도록 허용되는 것이므로' 수동태의 문장으로 완성해야 한다.

> **진단평가 3 ●** Designers were fully **prepared** to answer questions about the newly released products.
>
> (A) prepare      **(B) prepared**
> (C) prepares      (D) preparation

새로 출시된 제품에 대한 질문에 답할 수 있도록 디자이너들이 완전히 준비되었다.

▶ be prepared to는 '~할 준비가 되다'라는 의미로 쓰인다.

## 능동태의 수동태 전환

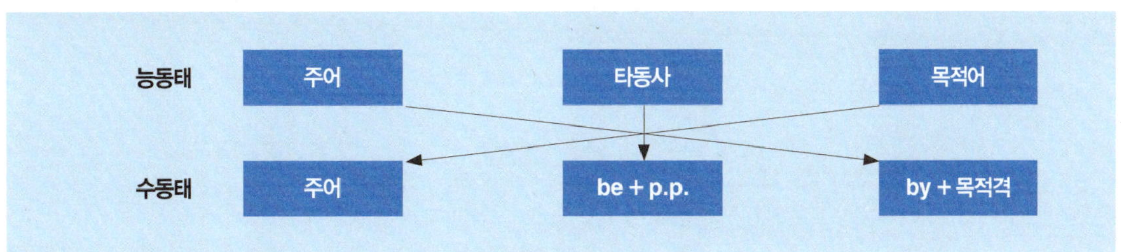

❶ 능동태 문장의 목적어는 수동태 문장의 주어가 된다.

❷ 능동태 문장의 타동사는 수동태 문장의 'be + p.p.(과거분사)'가 된다.

❸ 능동태 문장의 주어는 수동태 문장의 'by + 목적격'이 된다.

❹ 능동태 문장의 '자동사 + 전치사'는 수동태 문장의 'be + p.p. + 전치사'가 된다.

## ■ 시제별 수동태의 형태

| 시제 | 주어 | 동사 | | 과거분사 |
| --- | --- | --- | --- | --- |
| | | 단수 | 복수 | |
| 단순현재 | | is | are | |
| 단순과거 | | was | were | |
| 단순미래 | | will be | will be | |
| 현재완료 | The car/cars | has been | have been | designed |
| 과거완료 | | had been | had been | |
| 미래완료 | | will have been | will have been | |
| 현재진행 | | is being | are being | |
| 과거진행 | | was being | were being | |

**진단평가 4** ● Any questions or concerns regarding the seminar schedule should be **directed** to Ms. Anderson in the planning department.

(A) direction　　　　(B) directs
**(C) directed**　　　(D) director

세미나 일정에 관한 질문이나 우려는 기획부서에 있는 Anderson씨에게 보내야 한다.

▶ 조동사가 들어있는 문장의 수동태 형태를 묻는 문제로 문장의 주어 Any questions or concerns가 사물주어이므로 동사는 '조동사 + be + 과거분사'의 형태로 완성해야 한다. 따라서 directed가 정답이다.

The safety workshops **are offered** in both traditional and online formats.
안전 워크숍은 기존 방식과 온라인 방식 둘 다 제공됩니다.

### ■ 타동사로 착각하기 쉬운 자동사

자동사가 포함된 1형식과 2형식의 문장은 수동태 문장의 주어가 되는 목적어가 없기 때문에 수동태로 쓸 수 없다.
다음은 수동태 문제를 풀 때 타동사로 착각하기 쉬운 자동사들이니 주의하도록 하자.

| | | | | | |
|---|---|---|---|---|---|
| **appear** 나타나다 | **disappear** 사라지다 | **arrive** 도착하다 | **become** 되다 | **come** 오다 | **deteriorate** 악화되다 |
| **exist** 존재하다 | **function** 작용하다 | **happen** 일어나다 | **look** 보다 | **occur** 발생하다 | **prove** 증명되다 |
| **remain** 남아 있다 | **rise** 오르다 | **seem** ~처럼 보이다 | **stay** 머물다 | **take place** 일어나다, 발생하다 | |

One of the items that I ordered **arrived** a week later because it was sold out.
내가 주문한 제품 중 한 가지 품목은 매진되어서 일주일 늦게 도착했다.

An unexpected problem **occurred** during the press conference. 기자 회견을 하는 동안 예상치 못한 문제점이 발생했다.

### ■ 자동사 + 전치사 + by

기본적으로 자동사는 수동태로 쓸 수 없지만, 다음에 나오는 '자동사 + 전치사'는 하나의 타동사로 간주하기 때문에
수동태로 쓰일 수 있다.

| | |
|---|---|
| **account for** 설명하다 | be accounted for by ~에 의해서 설명되다 |
| **attend to** 보살피다 | be attended to by ~에 의해서 보살펴지다 |
| **deal with** 다루다, 취급하다 | be dealt with by ~에 의해서 취급되다 |
| **focus on** 집중하다 | be focused on by ~에 집중되다 |
| **laugh at** 비웃다 | be laughed at by ~에 의해서 비웃음을 당하다 |
| **look after** 돌보다 | be looked after by ~에 의해서 돌보아지다 |
| **rely on** 의지하다 | be relied on by ~에 의해서 의지되다 |

The sales figures for the last quarter **were accounted for by** the sales manager.
지난 분기의 판매 수치가 영업 부장에 의해서 설명되었다.

## ■ 수동태에서 행위자를 나타낼 때는 기본적으로 전치사 **by**를 사용한다.

**진단평가 5** ● Ms. Miller is respected **by** her colleagues and business clients alike.

(A) plus      (B) from      (C) in      **(D) by**

Miller씨는 동료와 비즈니스 고객들에게서 똑같이 존경받는다.

▶ 수동태 문장이므로 행위자를 나타내는 전치사 by가 정답이다.

## ■ 전치사 **at**을 쓰는 관용표현 [감정의 원인]

| | | | |
|---|---|---|---|
| be alarmed at | ~에 깜짝 놀라다 | be amazed at | ~에 깜짝 놀라다 |
| be amused at | ~에 즐거워하다 | be annoyed at | ~에 곤란해 하다 |
| be disappointed at | ~에 실망하다 | be frightened at | ~에 겁을 먹다 |
| be gratified at [with] | ~에 만족하다 | be grieved at | ~을 슬퍼하다 |
| be relieved at | ~에 안심하다 | be shocked at | ~에 깜짝 놀라다 |
| be surprised at | ~에 깜짝 놀라다 | | |

He **was** so **disappointed at** the decision of the board of directors concerning merger between two companies.   두 회사의 합병에 관한 이사회의 결정에 그는 매우 실망했다.

## ■ 전치사 **in**을 쓰는 관용표현 [분야의 한정]

| | | | |
|---|---|---|---|
| be absorbed in | ~에 열중하다 | be dressed in | ~을 차려입다 |
| be engaged in | ~에 종사하다 | be indulged in | ~에 몰두하다 |
| be interested in | ~에 관심을 갖다 | be involved in | ~에 관여하다 |
| be skilled in | ~에 노련하다, 숙련되다 | | |

Sams Limited **is involved in** the manufacture, sale, and distribution of its food products.
Sams Limited는 식료품의 제조, 판매, 그리고 유통에 종사하고 있다.

## ■ 전치사 **with**를 쓰는 관용표현 [이유, 원인]

| | | | |
|---|---|---|---|
| be bored with | ~에 지루하다 | be contented with | ~에 만족하다 |
| be covered with | ~으로 덮여 있다 | be crowded with | ~으로 붐비다 |
| be exhausted with | ~으로 지쳐버리다 | be fatigued with | ~으로 지치다 |
| be gratified with | ~에 만족하다 | be pleased with | ~에 기쁘다 |
| be satisfied with | ~에 만족하다 | be tired with | ~으로 피로하다 |
| be worn out with | ~으로 지쳐버리다 | be equipped with | ~으로 장비를 갖추다 |

The manager **was satisfied with** the presentation.   부장은 프레젠테이션에 만족했다.

## 기타 관용적인 표현들

| | | | |
|---|---|---|---|
| be ashamed of | ~을 부끄러워하다 | be based on | ~에 근거하다 |
| be convinced in[of] | ~을 확신하다 | be dedicated to | ~에 헌신하다 |
| be exposed to | ~에 노출되다 | be possessed of | ~을 소유하다 |
| be related to | ~에 관계가 있다 | be tired of | ~으로 피곤하다 |
| be worried about | ~을 걱정하다 | be composed of | ~으로 구성되다 |

Our department **is composed of** the best employees in our company.
우리 부서는 회사에서 가장 훌륭한 직원들로 구성되어 있다.


## 4   4형식의 수동태

수여동사가 쓰인 4형식의 문장은 간접목적어와 직접목적어를 둘 다 주어로 할 수 있으므로 두 개의 수동태 문장을 만들 수 있다. 일반적으로 수동태 동사 뒤에 명사(구)가 나오지 않지만, 4형식의 문장에서 간접목적어가 주어가 될 경우 동사 뒤에 명사(구)가 나올 수 있다.


### 능동태

Our supplier **gave** us a discount of the price of flour.
공급업체는 우리에게 밀가루 가격을 할인해 주었다.


### 간접목적어가 주어인 수동태

We **were given** a discount of the price of flour by our supplier.    우리는 공급업체에 의해 밀가루 가격을 할인받았다.


### 직접목적어가 주어인 수동태

A discount of the price of flour **was given** to us by our supplier.
밀가루 가격 할인이 공급업체에 의해 우리에게 주어졌다.


> **진단평가 6** ● No one without a ticket will be granted **admission** to the performance.    표가 없는 사람은 공연에 입장하실 수 없습니다.
>
> **(A) admission**     (B) is admitted
> (C) admitted     (D) to admit

▶ 일반적으로 수동태 다음에는 명사(구)가 올 수 없지만 grant와 같은 수여동사는 목적어를 두 개 가지므로 빈칸에는 직접목적어 admission이 와야 한다.

## 능동태

The manager **asked** employees **to finish** the project no later than Friday.

부장은 직원들에게 늦어도 금요일까지 프로젝트를 끝마칠 것을 요청했다.

## 수동태

Employees **were asked to finish** the project no later than Friday by the manager.

직원들은 프로젝트를 늦어도 금요일까지 마무리하도록 부장에 의해 요청받았다.

| | | | |
|---|---|---|---|
| be advised to | ~하도록 충고를 듣다 | be allowed to | ~하도록 허가받다 |
| be asked to | ~하도록 요청받다 | be encouraged to | ~하도록 권고받다 |
| be expected to | ~하리라 기대되다 | be permitted to | ~하도록 허가받다 |
| be instructed to | ~하도록 지시되다 | be requested to | ~하도록 요청받다 |
| be reminded to | ~하도록 상기되다 | be told to | ~하라는 말을 듣다 |
| be required to | ~하도록 요구되다 | be warned to | ~하도록 경고받다 |
| be urged to | ~하도록 요구받다 | | |

**진단평가 7** ● The renovation of the city's historical building is **expected** to continue for the remainder of the year.

역사적인 건물을 개조하는 시의 작업이 올해까지 계속될 것으로 예상된다.

(A) told  (B) **expected**
(C) advised  (D) warned

▶ 수동태 동사 선택 문제로 의미상 '개조 작업이 올해까지 계속될 것으로 예상된다'로 문장을 완성해야 하므로 expected가 정답이다.

All of the participants in the seminar **are kindly requested to** arrive no later than Wednesday.

세미나의 모든 참석자들이 늦어도 수요일까지 도착하도록 정중하게 요청된다.

### ■ 사물 선행사 + 관계대명사(that, which) + be + p.p.

관계대명사 앞의 선행사가 사물일 경우 관계대명사 뒤에 나오는 동사는 수동태의 형태를 취한다.

> **진단평가 8** ● Ms. Parker would like to thank everyone for the gift basket that was **delivered** to her house.
>
> (A) delivers　　　　　　(B) delivering
> (C) delivery　　　　　　**(D) delivered**

Parker씨는 집으로 배달된 선물바구니에 대해 모든 사람에게 고마워하고 싶다.

▶ basket 다음에 오는 관계대명사 뒤에 was가 왔으니 동사는 -ing나, p.p. 형태가 와야 한다. '~을 배달하다'라는 뜻의 타동사 deliver가 쓰였는데 뒤에 와야 할 목적어가 없으니 수동태를 써야 한다.

### ■ 사역동사의 수동태: have + 사물 + 과거분사

사역동사 have가 문장에 쓰일 경우 뒤에 목적어가 나오는데, 목적어가 사람이면 뒤에 동사원형을 쓰지만 목적어가 사물이면 과거분사를 써야 한다.

> **진단평가 9** ● It is very important to have the documents **signed** by the supervisor prior to implementation.
>
> (A) sign　　　　　　(B) are signing
> **(C) signed**　　　　(D) been signed

시행 전에 서류에 감독자의 서명을 받는 것이 매우 중요하다.

▶ 빈칸 뒤에 서명을 하는 행위자를 나타내는 전치사 by가 있으므로 수동태로 문장을 완성해야 한다.

### ■ to부정사의 수동태: to + 동사원형 → to be + 과거분사

> **진단평가 10** ● Office supplies are to be **used** only when conducting business-related tasks.
>
> **(A) used**　　(B) uses　　(C) usage　　(D) using

사무용품은 사무에 관련된 업무를 수행할 때에만 사용해야 한다.

▶ to부정사의 수동태 형태로 써야 하므로 과거분사 used가 가장 적절한 선택이다.

**1** All of the holiday merchandise should -------- at the front of the store so that customers will encounter it as soon as they come in.

(A) have displayed      (B) displays

(C) displaying      (D) be displayed

**2** Power to the whole building -------- when the tree fell against the electric pole.

(A) is lost      (B) loses

(C) was lost      (D) losing

**3** Interviews -------- all day Tuesday in the third-floor conference room.

(A) conduct      (B) have conducted

(C) will be conducted      (D) are conducting

**4** After production -------- by a mechanical failure, the manufacturing team had to work extra hours to fill the orders on time.

(A) interrupts      (B) was interrupted

(C) to interrupt      (D) be interrupted

**5** The computer training guidelines were completely -------- by the technology department.

(A) revised      (B) revising

(C) revise      (D) revision

**6** The monthly staff meeting will be -------- on July 2 in the main conference room.

(A) hold      (B) held

(C) holding      (D) is holding

**7** An exhibition of Andrea Lenin's paintings -------- in the Noya Gallery.

(A) holds      (B) is being held

(C) has held      (D) is holding

**8** Please be aware that the main entrance to the parking garage -------- on the east side of the building.

(A) was locating      (B) is located

(C) locates      (D) locating

**9** Please make sure that Ms. Anderson's order -------- before 5 PM because she is leaving the office early today.

(A) is delivered      (B) delivery

(C) is delivering      (D) delivered

**10** The Dyson vacuum cleaner was specially -------- to remove even the smallest dust and dirt particles.

(A) to design      (B) design

(C) designed      (D) designing

11  Mr. Bush has been highly -------- for the web developer's position by one of our senior executives.

(A) recommendation
(B) recommended
(C) recommend
(D) recommending


12  The construction of Taylor building -------- because of modifications in architectural plans.

(A) postponed
(B) postponing
(C) will postpone
(D) has been postponed


13  Every customer service representative is thoroughly -------- to handle all calls regarding product services.

(A) train
(B) trains
(C) trained
(D) trainer


14  The Delta office building has been -------- at more than 120 percent of its original purchase price.

(A) appraiser
(B) appraise
(C) appraised
(D) appraisal


15  The use of social media for advertising is -------- although traditional methods are still used.

(A) expand
(B) expands
(C) expanded
(D) expanding


16  Please print another copy of the evaluation form that --------.

(A) misplaces
(B) misplacing
(C) misplaced
(D) was misplaced


17  The special sale on stationery -------- on the Write Best Web site yesterday.

(A) was announced
(B) announcing
(C) was announcing
(D) to announce


18  Ms. Moore is reviewing the training manual to see if updates --------.

(A) have need
(B) needing
(C) are needed
(D) to be needed


19  Strict parking rules -------- in the downtown business district.

(A) to enforce
(B) are enforced
(C) has enforced
(D) are enforcing


20  Employees -------- to use the copier on the second floor until our machine is fixed.

(A) are adjusted
(B) are instructed
(C) are responded
(D) are respected

**Date:** July 8
**From**: Richards Scott, Building Supervisor
**To**: All employees
**Subject**: Repair update

We have scheduled repairs to the air-conditioning system tomorrow. The repair crew is

------- **21.** to begin the work early in the morning, which may continue into the afternoon. ------- **22.** . In turn, please allow them ------- **23.** their jobs. You may direct any questions about the process to me. I will be supervising the building throughout the day tomorrow to inspect the progress of the work. We will inform everyone when the repairs ------- **24.**, so until then please refrain from calling the maintenance department with any cooling concerns.

Thanks for your cooperation.

**21**  (A) visualized
    (B) expected
    (C) specialized
    (D) established

**23**  (A) did
    (B) to be done
    (C) doing
    (D) to do

**22**  (A) The crew will take a lunch break at 12PM.
    (B) They will take volunteers to help with the repair.
    (C) They will do their best not to disrupt office operations.
    (D) The office will be closed during repair hours.

**24**  (A) completed
    (B) have completed
    (C) have been completing
    (D) have been completed

Megan Robinson
770 E Cortelyou Rd
Brooklyn, New York

Dear Megan,

I'm writing to let you know about an exciting new journal, which ------- **25.** by Oxford University Press. *Huntsman Journal of Public Health* is a highly ------- **26.** peer-reviewed journal that focuses on issues related to health education and public health research. Each ------- **27.** features full-length articles by world renowned scientists and other leaders in the medical field. ------- **28.**. If you subscribe now by completing this form, you'll be eligible to receive a 20% discount of the original price. Please post it to us.

Sincerely,
Parker Young
Chief Editor
Oxford University Press

**25** (A) to publish
    (B) publishing
    (C) is published
    (D) published

**26** (A) respect
    (B) respected
    (C) respectful
    (D) respecting

**27** (A) program
    (B) issue
    (C) conference
    (D) assignment

**28** (A) We ask you to review the *Huntsman Journal*.
    (B) We honor you as a trusted member.
    (C) I have included other advertisements.
    (D) I have enclosed an order slip.

▶ ▶ ▶ 정답 및 해설 p9

# 수 일치

● 주어와 동사의 수 일치 문제는 정기시험에서 매회 1문항 정도 꾸준하게 출제되는 문제로, 문장의 필수 지식이라 말할 수 있다. 수의 일치는 단수 주어 역할을 하는 것들은 단수형 동사를, 복수 주어 역할을 하는 단어들은 복수형 동사를 쓰는 것을 말한다. 주로 동사나 주어 자리를 빈칸으로 만들어서 출제되지만, 때로는 수량형용사와 뒤에 나오는 명사의 수 일치에 관련된 문제도 출제된다.

## 진단평가

**1** Mr. Carter ------- your report and was very impressed, so he said you'll be promoted within six months.

(A) see  
(B) has seen  
(C) seen  
(D) seeing

**2** ------- current client files is one of the regional sales manager's vital tasks.

(A) To maintain  
(B) Maintenance  
(C) Maintain  
(D) Maintaining

**3** Our research results ------- recently published in one of the most famous science magazines.

(A) was  
(B) to be  
(C) were  
(D) being

**4** Copies of private health information ------- not distributed to the third parties without prior authorization from the patient.

(A) being  
(B) will be  
(C) was  
(D) are

**5** The ------- which were proposed by the research and development team are small but will have a significant impact on energy efficiency.

(A) change  
(B) changes  
(C) changed  
(D) changing

**6** A free bicycle lock is available to anyone who ------- a mountain bike before September 30.

(A) purchase  
(B) purchases  
(C) purchaser  
(D) purchasing

**7** Widely publicized reviews criticizing the books for its ------- faults have had a negative impact on sales.

(A) many  
(B) much  
(C) so  
(D) such

**8** Both full-time and part-time business programs ------- advantages, so students should weigh each option carefully against the other.

(A) has  
(B) have  
(C) having  
(D) to have

정답 **1** (B)　**2** (D)　**3** (C)　**4** (D)　**5** (B)　**6** (B)　**7** (A)　**8** (B)

아래 주어들은 단수로 취급되어 뒤에 단수동사가 온다.

| | |
|---|---|
| 불가산명사<br>one of the + 복수명사<br>each/every + 단수명사<br>the number of + 복수명사<br>복수 형태로 된 국가, 기관, 단체, 기업 | there is + 단수명사<br>동명사/부정사/명사절<br>부정대명사 [every/some/any/no] + [-one/-body/-thing] |

**진단평가 1 ●** Mr. Carter **has seen** your report and was very impressed, so he said you'll be promoted within six months.

Carter씨가 당신의 보고서를 보고 매우 감명을 받아서 당신이 6개월 안에 승진될 거라고 말했습니다.

(A) see　　(B) has seen　(C) seen　　(D) seeing

▶ 주어 Mr. Carter가 3인칭 단수이므로 has seen이 정답이다. seen과 seeing은 준동사이므로 동사로 쓸 수 없다.

**진단평가 2 ●** **Maintaining** current client files is one of the regional sales manager's vital tasks.

현재 고객 파일을 유지하는 것은 지방 영업관리자의 중요한 업무 중 하나다.

(A) To maintain　　　　　(B) Maintenance
(C) Maintain　　　　　　(D) Maintaining

▶ 문장의 동사 is가 단수이므로 단수 주어 역할을 하는 동명사 Maintaining이 정답이다. (A) To maintain도 단수 주어 역할을 할 수 있지만, 의미상 '유지하기 위해서'는 정답이 될 수 없다.

**Every supervisor** needs to evaluate his or her employees periodically.
모든 관리자는 자기 직원들을 주기적으로 평가해야 한다.

**The number of employees** hired by our company on a yearly basis is relatively small.
우리 회사에 의해서 연간 고용되는 직원들의 숫자는 비교적 적다.



아래 주어들은 복수로 취급되어 뒤에 복수동사가 온다.

| | |
|---|---|
| the + 형용사 (~한 사람들)<br>some (of) + 복수명사<br>a lot of + 복수명사<br>a number of + 복수명사 | there are + 복수명사<br>a variety of(various) + 복수명사<br>일반 복수명사 |

**진단평가 3** ● Our research results **were** recently published in one of the most famous science magazines.

(A) was        (B) to be        **(C) were**        (D) being

최근에 우리의 연구 결과가 가장 유명한 과학잡지 중 하나에 실렸다.

▶ 문장의 주어 results가 복수이므로 동사 were가 정답이다.

**A lot of methods** are used to get up-to-date information.  최신의 정보를 얻기 위해서 많은 방법들이 사용되었다.

**A number of mistakes** were made by the entry-level employee.  그 말단 사원은 많은 실수를 했다.

## 3　'주어 + [전치사구, 절] + 동사'의 수 일치

주어 뒤에 동사가 바로 오지 않고 전치사구, 분사구, 형용사절, 관계사절 등 주어를 수식하는 구(phrase)나 절(clause)이 사이에 끼어들 경우, 주어와 동사의 거리가 멀어지므로 이에 유의한다. 또한, along with, in addition to, as well as와 같은 주어와 동사 사이에 오는 삽입구나 수식어들은 주어와 동사의 수에 아무런 영향을 미치지 않는다.

**진단평가 4** ● Copies of private health information **are** not distributed to the third parties without prior authorization from the patient.

(A) being        (B) will be        (C) was        **(D) are**

개인의 건강정보 사본은 환자의 사전 승인 없이 제3자에게 배포되지 않는다.

▶ 문장의 앞에 쓰인 Copies가 주어이므로 동사는 현재형 복수 형태로 써야 한다.

**진단평가 5** ● The **changes** which were proposed by the research and development team are small but will have a significant impact on energy efficiency.

(A) change        (B) **changes**
(C) changed        (D) changing

연구개발부서에서 제안한 변경내용들은 미미하지만 에너지 효율에 상당한 영향을 미칠 것이다.

▶ 동사가 are이므로 주어 자리에는 복수형 명사 changes를 써야 한다.

The manufacturer [of these vacuum cleaners] **guarantees** that the quality of materials will last well over a year.
이 진공청소기 제조업체는 제품의 품질이 1년 이상 지속될 것이라고 보장한다.

The main reason [why the new camera failed to appeal to customers] **is** not its price, but its quality.
그 새로운 카메라가 소비자의 관심을 끄는 데 실패한 주된 이유는 가격이 아니고 품질 때문이다.

주격 관계대명사 뒤에 나온 동사 자리에 밑줄이 있을 경우, 관계대명사 앞에 있는 명사의 단복수를 확인해서 수를 일치 시켜야 한다.

---

단수명사 + [주격 관계대명사(who, which, that)] + 단수동사

복수명사 + [주격 관계대명사(who, which, that)] + 복수동사

---

**진단평가 6** ● A free bicycle lock is available to anyone who **purchases** a mountain bike before September 30.

(A) purchase　　　　　　　　(B) purchases
(C) purchaser　　　　　　　 (D) purchasing

9월 30일 전에 산악자전거를 구입하는 분은 무료 자전거 자물쇠를 받으실 수 있습니다.

▶ 주격 관계대명사 who 앞에 있는 선행사 anyone이 단수 부정대명사이므로 단수동사 purchases가 정답이다.

The copying machines that **were** bought a year ago do not work.　일 년 전에 구입한 복사기들이 작동하지 않는다.

---



지시형용사나 수량형용사가 명사 앞에 쓰일 때의 수 일치 규칙은 다음과 같다.

---

| | |
|---|---|
| this/that + 단수명사 | another + 단수명사 |
| these/those + 복수명사 | other + 복수명사 |
| many/several/all + 복수명사 | |

---

**진단평가 7** ● Widely publicized reviews criticizing the books for its **many** faults have had a negative impact on sales.

**(A) many**　　　(B) much　　　(C) so　　　(D) such

그 책이 가진 많은 결점에 대해 비난하는 평이 널리 알려져 판매에 부정적인 영향을 미쳤다.

▶ 빈칸 뒤에 복수명사 faults가 있으므로 수량형용사 many가 정답이다.

The company made a huge profit **this** year thanks to the aggressive advertising campaign.
회사는 올해 적극적인 광고 전략 덕택에 큰 이윤을 낼 수 있었다.

**All** monthly reports should be handed in on time.　모든 월별 보고서들은 제시간에 제출되어야 한다.

| 상관접속사 | 동사 수 일치 | 의미 |
| --- | --- | --- |
| both A and B | 항상 복수 취급 | A와 B 둘 다 |
| either A or B | B에 수 일치 | A나 B 둘 중 하나 |
| neither A nor B | B에 수 일치 | A와 B 둘 다 아닌 |
| A as well as B | A에 수 일치 | B뿐만 아니라 A도 |
| not only A but also B | B에 수 일치 | A뿐만 아니라 B도 |

**진단평가 8** ● Both full-time and part-time business programs **have** advantages, so students should weigh each option carefully against the other.

(A) has          **(B) have**          (C) having          (D) to have

풀타임과 파트타임 비즈니스 프로그램 둘 다 장점이 있기 때문에 학생들은 각 옵션을 다른 옵션과 신중하게 따져보아야 한다.

▶ 문장의 주어 Both full-time and part-time business programs가 복수이므로 복수동사 have가 정답이다.

**Both she and I** are employed in the personnel department.  그녀와 나는 둘 다 인사부에서 근무한다.

**Either you or your secretary** has to attend the monthly staff meeting.
당신이나 당신의 비서 둘 중의 한 사람은 월례 직원 회의에 참여해야 한다.

1  The directors -------- the use of corporate funds for promotional campaign.

(A) regulates          (B) regulate
(C) is regulated       (D) regulating

2  Most cities have regulations that -------- how much water resources should be spent on each day.

(A) determine          (B) determining
(C) determines         (D) determiner

3  The president of the company was really pleased to hear that the annual -------- have been rising steadily for the last two years.

(A) profit             (B) profitable
(C) profits            (D) profited

4  The company announced that its annual operating costs at the Detroit plant -------- steady compared with last year's costs.

(A) have remained      (B) is remaining
(C) to remain          (D) were remained

5  Johnson Electronics has a new line of compact appliances designed for customers who -------- in small apartments.

(A) residence          (B) resident
(C) reside             (D) residing

6  The increase in retail sales last month indicates that -------- is rising at a faster rate than expected.

(A) spend              (B) spenders
(C) spent              (D) spending

7  The printer in the mailroom does not work, since the ink cartridges it requires -------- currently unavailable.

(A) are                (B) being
(C) been               (D) is

8  Before Mr. Scarcella -------- a new study, the documents for his previous one should be properly filed.

(A) begin              (B) begins
(C) beginning          (D) began

9  Applicants -------- to submit two letters of recommendation and a résumé in order to be considered for the position.

(A) require            (B) requires
(C) is requiring       (D) are required

10  The popularity of handheld games is growing rapidly and meeting customer demand for new games -------- a challenge.

(A) will be remaining
(B) are remaining
(C) remain
(D) remains

Part 5&6  Part 7

11  Discount -------- for Thursday evening's jazz concert are available in Ms. Klein's office.

(A) ticket
(B) tickets
(C) ticketing
(D) ticketed


12  -------- of the employees was given a blue folder for storing their own documents.

(A) Every
(B) Each
(C) Most
(D) All


13  Many advertisers prefer to give out pencils instead of -------- promotional items.

(A) other
(B) each other
(C) another one
(D) another


14  To fill two vacant positions on its sales division, Adobe Systems -------- employees who are ready for a challenge.

(A) seeking
(B) is seeking
(C) are sought
(D) have been sought


15  On his weekly radio show, *Trade Biz*, Ann Thompson -------- business news from all over the globe.

(A) analysis
(B) analyze
(C) analyzes
(D) analyzing


16  The Bridgestone Web site will be temporarily unavailable on July 20 while it -------- scheduled maintenance.

(A) undergoes
(B) undergo
(C) has undergone
(D) was undergoing


17  Since industry analysts -------- that car purchases will increase next year, Buick Auto will market its hybrid vehicle sooner.

(A) predict
(B) predictable
(C) predicting
(D) predictors


18  -------- at the newest laboratory at DEC focuses primarily on solar energy.

(A) Researched
(B) Researchers
(C) Research
(D) Researches


19  Students are attending the Moore's exhibition because it -------- ancient European artifacts.

(A) feature
(B) features
(C) featured
(D) featuring


20  There are several -------- in the area that sell health supplements.

(A) store
(B) stores
(C) storing
(D) stored

---

**To**: Amanda Guzman
**From**: welcome@linkmaster.ca
**Date**: 24 August
**Subject**: Link Registration

Dear Ms. Guzman,

Welcome to the Link Master jobs network, the leading online career matching service. Your e-mail address, work experience, and job preferences -------- in our database. This
**21.**
information will be used to identify employers who -------- job candidates just like you. In the
**22.**
future, you will receive periodic notifications about open positions in your area.

Privacy is important to us. Therefore, --------. At any point, you can select the link at the bottom
**23.**
of any e-mail that you -------- from us to unsubscribe or change your e-mail preferences.
**24.**

Thank you for registering. If you have any questions or comments, feel free to contact us.

Sincerely,

The Link Master Tech Team

---

**21** (A) have been recording
    (B) has been recorded
    (C) have recorded
    (D) have been recorded

**22** (A) looked for
    (B) is looking for
    (C) are looking for
    (D) looking for

**23** (A) we will not share your name or address with anyone.
    (B) you must not join our network.
    (C) our workers will have access to your private information.
    (D) we will only share non-sensitive information.

**24** (A) to receive
    (B) receiving
    (C) receives
    (D) receive

▶ ▶ ▶ 정답 및 해설 p12

**Questions 25-28 refer to the following e-mail.**

---

**To**: Harrison Gilbert <hgilbert@dtech.net.bm>
**From**: Tiffany Lawson <tlawson2014@mgmcorp.com.bm>
**Subject**: Information
**Date**: 12 November

Dear. Mr. Gilbert,

I was in the audience when you spoke at the International Business Expo in Las Vegas this past October. I was really impressed with your wonderful presentation, "Motivating Employees to Succeed." -------, it inspired me to reassess my own business interaction. **25.** This greatly improved the morale in our office. Our revenue ------- too! Would you **26.** consider giving a talk at the Europe Hospitality Conference in Millan this coming May? -------. I've attached a flyer ------- additional details. **27.** **28.**

Sincerely,

Tiffany Lawson
Head Marketing Director
MGM Group

---

25 (A) In fact
(B) At first
(C) On the contrary
(D) In the meantime

26 (A) increasing
(B) to increase
(C) have increased
(D) has increased

27 (A) We really appreciated your presentation.
(B) Our conference will be sold out.
(C) More than a thousand industry professionals are expected to attend.
(D) The hospitality members are expecting great results from this conference.

28 (A) is providing
(B) that provides
(C) which provide
(D) having provided

# Unit 06 시제

시제와 관련한 문제는 정기시험에서 매회 1~2문제 정도 출제된다. 영어의 시제에는 12시제가 있지만, 주로 단순과거와 단순미래, 현재완료에 관한 문제가 출제된다. 시제 문제는 동사의 태, 수 일치와 연계해서 출제되기도 한다.

영어에는 12개의 시제가 있다. 시제란 시간을 제한하는 말로, 시간의 선후 관계를 명확히 하는 말이다.

|  | 단순 | 진행 | 완료 | 완료진행 |
|---|---|---|---|---|
| 과거 | 단순과거<br>동사원형 + (e)d | 과거진행<br>was + v -ing<br>were + v -ing | 과거완료<br>had + p.p. | 과거완료진행<br>had been + v -ing |
| 현재 | 단순현재<br>동사원형 + (e)s | 현재진행<br>am + v -ing<br>are + v -ing<br>is + v -ing | 현재완료<br>has + p.p.<br>have + p.p. | 현재완료진행<br>has been + v -ing<br>have been + v -ing |
| 미래 | 단순미래<br>will + 동사원형<br>be going to + 동사원형 | 미래진행<br>will be + v -ing | 미래완료<br>will have + p.p. | 미래완료진행<br>will have been + v -ing |

## 진단평가

**1** Please complete the form and sign the contract before you ------- the room.

  (A) leaving

  (B) have left

  (C) leave

  (D) to leave

**2** The department heads ------- a better understanding of the upcoming project through last week's staff meeting.

  (A) will gain

  (B) gaining

  (C) have been gained

  (D) gained

**3** The board of trustees ------- sometime next week to evaluate the proposed project.

(A) will convene

(B) convened

(C) to convene

(D) convening

**4** Hilton Hotel ------- a complimentary breakfast that will be served in the lounge every day from 6 to 10 AM.

(A) offering

(B) is offering

(C) be offered

(D) to offer

**5** We have just received your change-of-address form and ------- our previous records accordingly.

(A) updating

(B) update

(C) are updated

(D) updated

**6** By the time the technicians discovered the computer problem, several files -------.

(A) are disappearing

(B) had disappeared

(C) will have disappeared

(D) disappear

**7** Next month, Mr. Anderson will ------- at Delta Publishing Company for fifteen years.

(A) work

(B) working

(C) has worked

(D) have been working

**8** Ms. Smith described the proposed project while she ------- a lunch meeting with the new clients.

(A) has

(B) was having

(C) will have

(D) having

**9** Ms. Anderson requests that contract writers ------- the final drafts to her before 10 AM.

(A) fax

(B) faxed

(C) to fax

(D) have faxed

**10** It is ------- that the results of the research study remain confidential until they are released to the public.

(A) essential

(B) secluded

(C) competent

(D) spontaneous

단순현재시제는 현재의 동작이나 상태, 규칙적인 습관, 일반적인 사실이나 진리를 말할 때 쓰인다. 또한, always, usually 등과 같은 빈도부사가 문장에 있을 때도 쓰인다.

**진단평가 1 ●** Please complete the form and sign the contract before you **leave** the room.

(A) leaving    (B) have left    **(C) leave**    (D) to leave

방을 나서기 전에 양식을 완성하고 계약서에 서명해 주십시오.

▶ 빈칸 앞에 나오는 주어 you에 대한 동사가 필요하고, 앞 문장에 명령문이 쓰였으므로 before절에는 현재시제가 가장 적절한 선택이 된다. 명령문에서는 일반적으로 주어가 생략되고 현재시제를 쓰는 것이 일반적이다.

The office manager **purchases** office supplies <u>once every three months</u> for the use of a company.
관리자는 3개월에 한 번씩 회사에서 사용할 수 있도록 사무용품을 구입한다.

Orders <u>usually</u> **go** directly from the warehouse to the buyer.
주문은 일반적으로 창고에서 구매자에게 직접 간다.

**2**  단순과거시제

단순과거시제는 과거의 한 시점에서 발생한 사실이나 습관에 쓰인다. 단순과거시제는 다음에 나오는 과거의 시점을 나타내는 단어나 구와 함께 쓰인다.

| | | | |
|---|---|---|---|
| **last + 시간, 요일, 주, 달, 해** | last night 어젯밤<br>last month 지난달 | last Wednesday 지난 수요일<br>last year 지난해 | last week 지난주 |
| **시간 명사구 + ago** | several days ago 며칠 전에<br>many years ago 몇 년 전에 | a week ago 한 주 전에<br>ten years ago 10년 전에 | a month ago 한 달 전에 |
| **previous + 주, 달, 해** | previous night 전날 밤<br>previous year 지난해 | previous week 지난주 | previous month 지난달 |
| **on, in + 과거 날짜, 과거연도** | on September 27 9월 27일에 | in 1965 1965년에 | |
| **과거의 시간 부사(구)** | yesterday 어제 | at that time 그때 | those days 그 당시에 |

**진단평가 2 ●** The department heads **gained** a better understanding of the upcoming project through last week's staff meeting.

(A) will gain         (B) gaining
(C) have been gained    **(D) gained**

지난주의 직원 회의를 통해서 부서장들은 다가올 프로젝트에 대해 더 잘 이해하게 되었다.

▶ 문장에 과거의 시점을 나타내는 last week's staff meeting이 있으므로 과거시제 gained를 써서 문장을 완성해야 한다.

<u>Last year</u>, the airline company **carried** 10 million passengers.   지난해 항공사는 1000만 명의 탑승객들을 수송했다.

The general manager **reviewed** the annual report several times <u>yesterday</u>. 부장은 어제 연례보고서를 여러 번 검토했다.

## 3 단순미래시제

단순미래시제는 미래의 한 시점에서 발생할 일을 말할 때 사용하는 시제로, 일반적으로 조동사 will을 사용한다. 단순미래시제는 다음에 나오는 미래의 시점을 나타내는 단어나 구와 함께 쓰인다.

| | |
|---|---|
| tomorrow 내일 | next week/month/year 다음 주/달/해 |
| within the next three weeks 앞으로 3주 안에 | as of + 미래시점 ~자로 |
| two weeks from now 지금부터 2주 후에 | in the upcoming(forthcoming) year 다가오는 해에 |
| at the end of the week/month/year 주/월/연말에 | |
| until + 미래시점(next Monday/week/month/year) 다음 월요일/주/달/해 까지 | |

**진단평가 3** ● The board of trustees **will convene** sometime next week to evaluate the proposed project.

이사회는 제안된 프로젝트를 평가하기 위해 다음 주 중에 회동할 것이다.

**(A) will convene**    (B) convened
(C) to convene    (D) convening

▶ 문장에 미래의 시점을 나타내는 next week이 있으므로 미래시제를 써서 문장을 완성해야 한다.

Apple **will announce** the financial results of this quarter <u>at the end of the month</u>.
Apple사는 월말에 이번 분기 재정 결과를 발표할 것이다.

## 4 진행시제

진행시제는 현재, 과거, 미래진행이 있는데 현재진행은 현재 시점의 진행 중인 동작을 표현할 때, 과거진행은 과거 시점의 진행 중이었던 동작을 표현할 때, 미래진행은 미래시점의 진행 중일 동작을 표현할 때 쓴다.

**진단평가 4** ● Hilton Hotel **is offering** a complimentary breakfast that will be served in the lounge every day from 6 to 10 AM.

Hilton 호텔은 매일 오전 6시부터 10시까지 라운지에서 아침식사를 무료로 제공하고 있다.

(A) offering    **(B) is offering**
(C) be offered    (D) to offer

▶ offering과 to offer는 준동사이므로 동사 자리에 들어갈 수 없고, be offered는 앞에 조동사 등이 있어야 쓸 수 있는 수동태 형태의 동사다.

현재완료는 어떤 사건이나 동작이 과거에서 시작되어 현재까지 그 상태나 동작이 영향을 미치거나 이어지는 경우에 쓰인다. 현재완료는 경험, 완료, 계속, 혹은 결과를 말할 때 사용하는 시제다. 현재완료시제는 다음에 나오는 과거의 시점이나 기간을 나타내는 단어나 구와 함께 쓰인다.

---

in the past year(s) 지난해에(지난 몇 년 간)       for the past(last) two years 지난 2년 동안
over the last three years 지난 3년 동안에 걸쳐서       during the last fiscal year 지난 회계연도 동안에
throughout the year 일 년 내내       up to the present 현재까지
since ~이래로    recently 최근에    lately 최근에    just 막    already 벌써/아직    so far 지금까지    up to now 지금까지

---

**진단평가 5 ●** We have just received your change-of-address form and **updated** our previous records accordingly.

(A) updating           (B) update
(C) are updated        **(D) updated**

저희는 귀하의 주소변경양식을 이제 막 받아서 이전 기록을 그에 알맞게 갱신했습니다.

▶ 동사의 병렬구조 문제로, 앞에 있는 시제가 현재완료이므로 등위접속사 and 뒤에도 현재완료 시제를 써야 한다.

The demand for exports **has risen** steadily throughout the year, which led to a corresponding increase in our gross annual profit.
수출 수요가 일 년 내내 꾸준하게 증가했고, 그에 따라 우리의 총 연간 수익이 늘어났다.

The company **has** already **decided** to implement new hiring procedures.
회사는 이미 새로운 고용절차를 시행하기로 결정했다.

More than 200 applicants **have submitted** their résumés up to the present.
현재까지 200명이 넘는 지원자들이 이력서를 제출했다.

---



대과거에서 시작해서 과거까지 영향을 미친 일을 표현할 때 과거완료를 쓴다. 즉 과거에 발생한 두 가지 사건에 대해 먼저 일어난 일을 표현할 때 과거완료를 쓴다.

**진단평가 6 ●** By the time the technicians discovered the computer problem, several files **had disappeared**.

(A) are disappearing        **(B) had disappeared**
(C) will have disappeared    (D) disappear

기술자가 컴퓨터의 문제를 발견했을 때에는 파일이 여러 개 사라져 있었다.

▶ 부사절의 동사 discovered가 과거동사이고 주절의 시제는 이보다 한 시제 앞서므로 과거완료 시제로 문장을 완성해야 한다.

Mr. Smith **had** already **finished** his internship at the hospital by the time I got hired.
내가 고용되었을 때 Smith씨는 병원에서 그의 인턴 과정을 이미 끝마쳤다.

과거나 현재에 일어나고 있는 동작이 미래의 일정한 시점에 완료되거나 그때까지 영향을 미칠 때 미래완료시제를 쓴다.

**진단평가 7** ● Next month, Mr. Anderson will **have been working** at Delta Publishing Company for fifteen years.

다음 달에는 Anderson씨가 Delta 출판사에서 일한 지 15년이 된다.

(A) work
(B) working
(C) has worked
**(D) have been working**

▶ 시간의 기간(for fifteen years)과 미래시점(Next month)이 문장에 나올 경우 미래완료나 미래완료진행형 시제를 쓸 수 있다.

Mr. Park **will have served** on the board of directors of Johnson Corporation for 25 years by the time he retires.　Park씨는 그가 은퇴할 때쯤이면 Johnson Corporation의 이사회에서 25년 동안 일한 것이 될 것이다.



문장이 주절과 종속절로 구성되어 있을 때, 주절의 시제가 현재일 경우 종속절의 시제에 영향을 미치지 않지만, 주절의 시제가 과거일 경우 종속절의 시제는 과거나 과거완료로 써야 한다.

**진단평가 8** ● Ms. Smith described the proposed project while she **was having** a lunch meeting with the new clients.

Smith씨는 새로운 고객들과 오찬 미팅을 하면서 제안 프로젝트에 대해 설명했다.

(A) has
**(B) was having**
(C) will have
(D) having

▶ 주절의 동사 described가 과거이므로 종속절에는 과거나 과거완료가 알맞다. 그러므로 was having이 정답이다.

Because the number of participants **was** inaccurately estimated, the organizers **had** to reserve the larger venue.　참석자의 숫자가 부정확하게 추정되었기 때문에, 조직 위원들은 더 큰 개최지를 예약했어야만 했다.



■ **시간과 조건의 부사절에서는 현재(완료)가 미래(완료)를 대신한다.**

시간과 조건의 부사절에서는 '미래시제' 대신 '현재시제'를, '미래완료시제' 대신 '현재완료시제'를 써야 한다. 따라서 시간과 조건의 부사절을 이끄는 접속사가 나오면 미래시제 대신 현재시제가 쓰였는지 확인해야 한다.

| 시간의 부사절 | once, when, after, before, as soon as, until |
|---|---|
| 조건의 부사절 | if, unless, in case, provided that |

When you **finish** the training course, a certificate of attendance will be sent to your department.
연수과정을 마치면, 수료증을 부서로 보내드릴 것입니다.

If you **want** more information on our product, we will send you a brochure.
우리 제품에 관한 더 많은 정보를 원하시면, 안내 책자를 보내드리겠습니다.

## ■ 제안, 주장, 요구, 소망, 명령의 동사 뒤에 오는 **that**절에서는 '(should) + 동사원형'을 쓴다.

| | | | | | |
|---|---|---|---|---|---|
| suggest 제안하다 | propose 제안하다 | insist 주장하다 | urge 강권하다 | ask 요청하다 | demand 요구하다 |
| require 요구하다 | request 요청하다 | order 명령하다 | commend 명령하다 | recommend 추천하다 | |

**진단평가 9** ● Ms. Anderson requests that contract writers **fax** the final drafts to her before 10 AM.

Anderson씨가 계약서 작성자들은 최종안을 오전 10시 전에 팩스로 보내 달라고 요청하십니다.

**(A) fax**　　　(B) faxed　　　(C) to fax　　　(D) have faxed

▶ 요구의 동사 requests 뒤에 나오는 that절의 동사는 동사원형을 써야 하므로 fax가 정답이다.

The librarian has requested that any overdue books **be returned** by the end of the week.
사서는 연체된 모든 책들이 주말까지 반납되기를 요청했다.

## ■ '중요한, 필수의, 의무의'란 뜻의 형용사 뒤에 오는 **that**절에서는 '(should) + 동사원형'을 쓴다.

| | | | | |
|---|---|---|---|---|
| difficult 어려운 | imperative 필수적인 | vital 극히 중대한 | urgent 긴급한 | mandatory 의무적인 |
| important 중요한 | necessary 필요한 | essential 필수적인 | compulsory 의무적인 | |

**진단평가 10** ● It is **essential** that the results of the research study remain confidential until they are released to the public.

대중에 공개되기 전까지는 연구결과를 비밀로 유지하는 것이 필수이다.

**(A) essential**　　　　　(B) secluded
(C) competent　　　　　(D) spontaneous

▶ 문맥상 that절 이하가 '필수적'이라는 의미이므로 빈칸에는 essential이 가장 알맞다.

It is necessary that you (should) **follow** the standard procedures for shutting down your computer.
당신의 컴퓨터를 끌 때 표준절차를 따르는 것은 필요하다.

It is important that no person **be admitted** to the workstation after office hours unless he or she has a permit.
허가 없이 근무시간 이후에 아무도 작업장에 들어가도록 허용해서는 안 된다.

**1** Mr. Jackson -------- office supplies every Wednesday, so you need to submit your order form by Tuesday.

(A) order
(B) orders
(C) to order
(D) ordered

**2** The CEO and many other executives recently -------- a one-month tour of their new satellite offices in Europe and Southeast Asia.

(A) will conduct
(B) to conduct
(C) conducted
(D) conduct

**3** Stores on the Northeast are reporting that our brand of fall sweaters -------- very well right now.

(A) selling
(B) sold
(C) is selling
(D) are sold

**4** It is important that employees -------- attentive to ensure personal safety as well as overall productivity.

(A) stay
(B) to stay
(C) staying
(D) stays

**5** We are pleased to announce that Ms. Vieri, the new vice president, -------- her position on October 1.

(A) has been starting
(B) will be starting
(C) is started
(D) is being started

**6** After the current model year, the automobile manufacturer -------- all four-door sedans and introduce a new line of sports cars.

(A) discontinued
(B) have discontinued
(C) to discontinue
(D) will discontinue

**7** Mr. Smith is asking the computer services department to take the necessary steps to -------- another computer system failure.

(A) upgrade
(B) ignore
(C) improve
(D) prevent

**8** The new trade law -------- to a wider distribution area, higher quality products and stronger economics in San Francisco.

(A) contributor
(B) contributed
(C) contribution
(D) contribute

**9** Engineers -------- the historic Vince Theater next month to ensure the building is still architecturally sound.

(A) inspect
(B) has inspected
(C) inspected
(D) will inspect

**10** The final fulfillment in the popular mystery series -------- due to arrive in stores yesterday, but unexpected shipping problems caused delays.

(A) are
(B) was
(C) is
(D) were

**11** We are -------- whether to expand or relocate our current facility to accommodate increasing customers.

(A) considers　　　　(B) consider

(C) considering　　　(D) considered

**12** Last weekend, sales associates from all over the world -------- at the conference center.

(A) convened　　　　(B) convening

(C) convenes　　　　(D) convene

**13** As of next month, the employee cafeteria -------- closing at 2 during weekdays.

(A) has been　　　　(B) are

(C) was　　　　　　 (D) will be

**14** After Noriko Tamaguchi -------- the skills for her job, her manager asked her to train new employees.

(A) has mastered　　　(B) masters

(C) is mastering　　　(D) had mastered

**15** Considering his work experience and qualifications, the board of directors -------- Mr. Krause for the marketing manager position.

(A) recommended　　　(B) recommends

(C) recommending　　　(D) to recommend

**16** Janice Vochringer -------- sports stories for the newspaper and magazines until her retirement in 2013.

(A) writes　　　　　(B) write

(C) wrote　　　　　(D) written

**17** Weather forecasters -------- that there would be heavy rain in New York throughout the day.

(A) predicted　　　　(B) prediction

(C) predictable　　　(D) predictably

**18** Sales at James Tire&Wheel Company -------- last quarter when its competitors cut prices.

(A) suffering　　　　(B) suffers

(C) suffered　　　　(D) suffer

**19** Dr. Reza Sherman, who -------- a tireless advocate of educational policy reform since last year.

(A) is　　　　　　　(B) was

(C) will be　　　　　(D) has been

**20** All candidates should indicate how many languages they speak and degrees they --------.

(A) possess　　　　　(B) possessing

(C) had possessed　　(D) will possess

Part 5&6　Part 7

20 June

Ray Harrison
3000 Howard Parkway
Ogden, ID 84602

The Midvale Neighborhood Association is proud to ------- a summer event called Park
**21.**
Summer Fest, to be held at Central Park on 20 July, from 2 to 9 PM. Park Summer Fest
will feature numerous family-friendly activities and a delicious picnic dinner to be served
at 7 PM. A per person fee of five dollars will be collected. The proceeds will ------- go
**22.**
towards a park enhancement project. The plan is to hire a contractor to landscape the
park grounds, while a smaller portion will be spent on an advertisement campaign. This
event ------- to be great fun. -------.
**23.**          **24.**

Regards,
Austin

Director, The Midvale Neighborhood Association

21  (A) announce
    (B) admit
    (C) recall
    (D) state

23  (A) promise
    (B) promises
    (C) promising
    (D) promised

22  (A) entirely
    (B) often
    (C) primarily
    (D) together

24  (A) You can help by disposing of all rubbish.
    (B) The park was established 75 years ago.
    (C) We hope that you will be able to attend.
    (D) Fern Park attracts over 20,000 visitors a
        year.

**Questions 25-28 refer to the following e-mail.**

**Date**: 20 March
**To**: David Parker <dparker@hotmail.com>
**From**: Sam Roberts <sroberts@epson.com>
**Subject**: Product recall

Dear Mr. Parker,

Thank you for your recent ------- **25.** of the Epson ESP-2 camera. We are contacting everyone who has recently bought this product to inform them that certain models are being recalled for repair. In these models, the electronic chip that enables the digital conversion of light is faulty. ------- **26.** . Please ------- **27.** whether your camera has this problem by checking the serial number on the bottom of the camera. If it ends with the letters SPE, a repair will be required. Epson will pay all shipping costs for sending your ESP-2 back to us. In addition, we will repair ------- **28.** free of charge.

Thank you,

Sam Roberts, Customer Service Manager
Epson Industries



**25** (A) purchase
   (B) review
   (C) gift
   (D) demonstration

**27** (A) verification
   (B) verified
   (C) verify
   (D) verifies

**26** (A) We hope you will enjoy the product for many years to come.
   (B) It is covered in the troubleshooting section of the manual.
   (C) This defect will eventually interfere with the clarity of your images.
   (D) This special feature is unavailable on some older models.

**28** (A) mine
   (B) it
   (C) theirs
   (D) those

▶ ▶ ▶ 정답 및 해설 p14

# Unit 07 to부정사

**Part 5 & 6**

to부정사는 2회에 1문제 정도 출제된다. to부정사는 'to + 동사원형'의 형태로, 동사의 성질을 지니고 있으면서 문장 안에서 명사, 형용사, 부사의 역할을 한다. to부정사의 용법 중에서는 부사적 용법의 목적의 의미를 묻는 문제의 출제 빈도가 가장 높다. 또한 to부정사를 목적어로 취하는 동사와 부정사 관용표현도 잘 정리할 필요가 있다.

## 진단평가

**1** The Costco Company wants to ------- its cost by reducing its overall expenses by 10% at the beginning of the next year.

(A) reduction      (B) reduce

(C) reduced      (D) reduces

**2** The Armani Group expects all of its employees ------- themselves in a professional manner when speaking with the clients.

(A) conduct      (B) to conduct

(C) conducting      (D) conductor

**3** Take the time ------- these details, and call your agent if you have questions about the insurance package.

(A) to review      (B) reviewing

(C) review      (D) reviewed

**4** Travelers should call the airline ------- confirm flight reservations at least 24 hours in advance.

(A) for      (B) to

(C) so      (D) when

**5** ------- change your seat assignment, visit the reservations page on our Web site.

(A) For      (B) Across

(C) With      (D) To

**6** The actors held an additional rehearsal ------- perfect their performance in the final scene.

(A) so that      (B) in order to

(C) moreover      (D) as a result of

**7** It's very important ------- us to pass this piece of legislation so as to stabilize the situation.

(A) to      (B) for

(C) of      (D) about

**8** The engineers are able ------- the failing generator without replacing it with a new one.

(A) repaired      (B) repairing

(C) to repair      (D) repair

---

**정답** 1 (B)    2 (B)    3 (A)    4 (B)    5 (D)    6 (B)    7 (B)    8 (C) to부정사는 문장에서 명사처럼 주어, 목적어, 그리고 보어 역할을 할 수 있다

### ■ 주어 역할

to부정사는 문장에서 주어 역할을 할 수 있다.

**To improve** the quality of the product is really important.
(=It is really important to improve the quality of the product.)
제품의 품질을 향상시키는 것은 매우 중요하다.

### ■ 목적어 역할

아래에 나오는 동사들 다음에는 to부정사가 목적어로 쓰인다.

| | | | |
|---|---|---|---|
| afford to부정사 | ~ 할 여유가 있다 | learn to부정사 | ~하는 것을 배우다 |
| agree to부정사 | ~하는 데 동의하다 | manage to부정사 | ~하는 것을 관리하다 |
| aim to부정사 | ~하는 것을 목표로 하다 | need to부정사 | ~하는 것이 필요하다 |
| arrange to부정사 | ~하는 것을 마련하다 | offer to부정사 | ~하는 것을 제안하다 |
| ask to부정사 | ~하는 것을 부탁하다 | plan to부정사 | ~하는 것을 계획하다 |
| care to부정사 | ~하는 것을 애쓰다 | prepare to부정사 | ~하는 것을 준비하다 |
| choose to부정사 | ~하는 것을 선택하다 | promise to부정사 | ~하는 것을 약속하다 |
| consent to부정사 | ~하는 것을 동의하다 | refuse to부정사 | ~하는 것을 거절하다 |
| decide to부정사 | ~하는 것을 결정하다 | seem to부정사 | ~인 것처럼 보이다 |
| decline to부정사 | ~하는 것을 거절하다 | strive to부정사 | ~하려고 노력하다 |
| desire to부정사 | ~하는 것을 열망하다 | struggle to부정사 | ~하는 것을 고군분투하다 |
| expect to부정사 | ~하는 것을 기대하다 | tend to부정사 | ~하는 경향이 있다 |
| fail to부정사 | ~하는 것을 실패하다 | wait to부정사 | ~하는 것을 기다리다 |
| hesitate to부정사 | ~하는 것을 망설이다 | want to부정사 | ~하는 것을 원하다 |
| hope to부정사 | ~하는 것을 희망하다 | wish to부정사 | ~하는 것을 바라다 |
| intend to부정사 | ~하는 것을 의도하다 | would like to부정사 | ~하는 것을 원하다 |

**진단평가 1** ● The Costco Company wants to **reduce** its cost by reducing its overall expenses by 10% at the beginning of the next year.

Costco사는 내년 초에 전체 지출비용을 10퍼센트까지 줄여서 비용을 절감하기를 원한다.

(A) reduction    **(B) reduce**    (C) reduced    (D) reduces

▶ 동사 want는 to부정사를 목적어로 취하는 동사이므로 (B)가 정답이다.

다음에 나오는 동사들은 to부정사를 목적보어로 취한다. 충고, 강요, 요구, 상기, 지시, 묻고 말하는 의미를 가진 동사들이 주를 이룬다.

| 능동태 (동사 + 목적어 + to부정사) | | 수동태 (목적어 + be p.p. + to부정사) | |
|---|---|---|---|
| advise A to부정사 | A가 ～하라고 충고하다 | be advised to부정사 | ～하도록 충고받다 |
| allow A to부정사 | A가 ～하도록 허락하다 | be allowed to부정사 | ～하도록 허락되다 |
| ask A to부정사 | A가 ～하도록 요청하다 | be asked to부정사 | ～하도록 요청받다 |
| encourage A to부정사 | A에게 ～하라고 격려하다 | be encouraged to부정사 | ～하라고 격려받다 |
| expect A to부정사 | A가 ～하리라 기대하다 | be expected to부정사 | ～하리라 기대되다 |
| force A to부정사 | A에게 ～하라고 강요하다 | be forced to부정사 | ～하도록 강요받다 |
| invite A to부정사 | A에게 ～하라고 요청하다 | be invited to부정사 | ～하라고 요청받다 |
| instruct A to부정사 | A에게 ～하라고 지시하다 | be instructed to부정사 | ～하라고 지시받다 |
| order A to부정사 | A에게 ～하라고 명령하다 | be ordered to부정사 | ～하라고 명령받다 |
| remind A to부정사 | A에게 ～하라고 상기시키다 | be reminded to부정사 | ～하라고 상기되다 |
| require A to부정사 | A에게 ～하라고 요구하다 | be required to부정사 | ～하라고 요구받다 |
| tell A to부정사 | A에게 ～라고 말하다 | be told to부정사 | ～라고 듣다 |
| warn A to부정사 | A에게 ～하라고 경고하다 | be warned to부정사 | ～하라고 경고받다 |

**진단평가 2** ● The Armani Group expects all of its employees **to conduct** themselves in a professional manner when speaking with the clients.

(A) conduct
(B) to conduct
(C) conducting
(D) conductor

Armani 그룹은 전 직원들이 고객과 대화할 때 그들 스스로 전문가답게 행동하기를 기대한다.

▶ 동사 expect는 to부정사를 목적보어로 취하는 동사이므로 (B)가 정답이다.

## 2 to부정사의 형용사적 용법

to부정사가 형용사적 용법으로 쓰일 경우, 명사 다음에 to부정사가 와서 앞에 있는 명사를 형용사처럼 꾸미는 역할을 한다. to부정사가 형용사적 용법으로 쓰일 때에는 '～하는, ～할'의 뜻을 가진다.

| | | | |
|---|---|---|---|
| ability to부정사 | ～ 할 능력 | opportunity to부정사 | ～할 기회 |
| attempt to부정사 | ～하려는 시도 | permission to부정사 | ～하는 허락 |
| decision to부정사 | ～한다는 결정 | right to부정사 | ～할 권리 |
| effort to부정사 | ～하려는 노력 | time to부정사 | ～할 시간 |

**진단평가 3** ● Take the time **to review** these details, and call your agent if you have questions about the insurance package.

**(A) to review**　　(B) reviewing　　(C) review　　(D) reviewed

이 세부사항들을 천천히 검토해 보시고, 보험상품에 관한 질문이 있다면 귀하의 보험설계사에게 전화해 주십시오.

▶ 빈칸 앞에 나온 명사 time을 뒤에서 수식할 수 있는 to부정사 (A)가 정답이다. 여기에 쓰인 to부정사는 앞에 있는 명사를 수식해서 to부정사의 형용사적 용법으로 쓰였다.

**The CEO announced his decision to appoint Mr. Graham as a vice president of marketing.**
최고 경영자는 Graham씨를 마케팅 부사장으로 임명하기로 한 자신의 결정을 발표했다.

**Audience members will have an opportunity to ask questions immediately following the Neal Anderson's research presentation.**
청중들은 Neal Anderson의 연구 발표 직후에 질문을 할 기회를 가지게 될 것이다.

## 3 to부정사의 부사적 용법

to부정사가 부사적 용법으로 쓰일 경우, 부사처럼 형용사, 동사, 그리고 부사를 수식하며 목적, 결과, 원인, 조건, 판단의 근거를 나타낸다.

### ■ 목적(~하기 위하여, ~할 목적으로)

**진단평가 4 ●** Travelers should call the airline **to** confirm flight reservations at least 24 hours in advance.

(A) for　　　　(B) to　　　　(C) so　　　　(D) when

여행객들은 항공예약을 확인하기 위해 적어도 24시간 전에 항공사로 전화해야 한다.

▶ to부정사의 부사적 용법 중 목적의 의미로 사용된 문장이다. 빈칸 뒤에 동사원형이 쓰였고, 문맥상 '항공예약을 확인하기 위해서'라는 내용이므로 (B)가 정답이다.

**진단평가 5 ● To** change your seat assignment, visit the reservations page on our Web site.

(A) For　　　　(B) Across　　　　(C) With　　　　(D) To

자리배정 변경을 원하시면 저희 웹사이트의 예약페이지를 방문해 주세요.

▶ 빈칸은 동사를 문장 맨 앞에 위치하도록 하는 to부정사의 부사적 용법 자리이다. 따라서 (D)가 정답이다.

### ■ 결과(~해서 ~하다)

**The customer called to electronics store only to find out that his warranty has already expired.**
고객은 전자제품 가게에 전화했지만 그의 품질보증 기간이 이미 종료되었다는 것을 알게 되었을 뿐이다.

### ■ 원인( ~해서, ~하니까, ~하고)

감정을 나타내는 형용사 및 동사 뒤에 to부정사(be pleased to, be glad to, be surprised to 등)가 와서 감정의 원인을 나타낸다.

**We are pleased to offer our clients 20% discount from the original price on purchases of $200 or more.**
우리는 200달러 이상의 구매를 하는 우리 고객들에게 정가의 20% 할인을 제공하게 되어 기쁩니다.

■ **판단의 근거(∼하다니, ∼로 보아, ∼하는 것을 보아)**

He must be honest **to say** it like that.
그렇게 말하는 걸로 봐서 그는 정직한 게 틀림없다.

■ **목적의 의미를 강조하는 in order to(= so as to)**

**진단평가 6 ●** The actors held an additional rehearsal **in order to** perfect their performance in the final scene.

(A) so that           **(B) in order to**
(C) moreover         (D) as a result of

배우들은 마지막 장면의 연기를 완벽하게 하기 위해 추가로 리허설을 했다.

▶ 빈칸 뒤에 동사 perfect가 있으므로 목적을 나타내는 in order to가 정답이다.

**In order to** assemble your C&T product, first read all instructions and gather all required tools.
C&T 제품을 조립하기 위해서는 먼저 모든 지시사항들을 읽고 필요한 모든 도구를 챙기세요.

## 4   to부정사의 의미상의 주어

일반동사가 주어를 필요로 하듯이 to부정사도 주어를 필요로 하는 경우가 있다. 이 경우 to부정사의 주어를 의미상의 주어라고 부른다.

■ **의미상의 주어가 'for + 목적격'인 경우**

It + be동사 + difficult, possible, necessary, important, impossible + for + 목적어 + to부정사

**진단평가 7 ●** It's very important **for** us to pass this piece of legislation so as to stabilize the situation.

(A) to       **(B) for**       (C) of       (D) about

상황을 안정시키기 위해 우리가 이 법률안을 통과시키는 것이 매우 중요하다.

▶ to부정사의 의미상의 주어를 쓸 때는 앞에 전치사 for를 써야 한다. 따라서 (B)가 정답이다.

It is necessary **for us** to take measures to deal with the new situation.
우리는 새로운 상황에 대처하기 위해서 대책을 강구할 필요가 있다.

■ **의미상의 주어가 'of + 목적격'인 경우**

부정사 앞에 사람의 성질을 나타내는 형용사가 쓰일 경우 전치사 of를 쓴다.

| | | | |
|---|---|---|---|
| kind 친절한 | wise 현명한 | careful 조심스러운 | foolish 어리석은 |
| stupid 어리석은 | polite 공손한 | cruel 잔인한 | careless 부주의한, 조심성 없는 |

It is very kind **of you** to help me.
저를 도와주시다니 친절하시군요.

다음에 나오는 표현들은 형용사를 수식하는 to부정사 표현들이다.

| | | | |
|---|---|---|---|
| be able to부정사 | ~할 수 있다 | be eager to부정사 | 간절히 ~하고 싶어 하다 |
| be about to부정사 | 막 ~하려고 한다 | be easy to부정사 | ~하기 쉽다 |
| be eligible to부정사 | ~할 자격이 있다 | be pleased to부정사 | ~하게 되어 기쁘다 |
| be glad to부정사 | ~해서 기쁘다 | be reluctant to부정사 | ~하기를 꺼려하다 |
| be unable to부정사 | ~할 수 없다 | be sorry to부정사 | ~해서 유감이다 |
| be liable to부정사 | ~하기 쉽다 | be willing to부정사 | 기꺼이 ~하다 |
| be likely to부정사 | ~할 것 같다 | | |

**진단평가 8** ● The engineers are able **to repair** the failing generator without replacing it with a new one.

엔지니어들은 고장 난 발전기를 새것으로 교체하지 않고 수리할 수 있다.

(A) repaired    (B) repairing    **(C) to repair**    (D) repair

▶ 형용사 다음에 나오는 부정사에 관한 문제로 (C)가 정답이다. 'be able to + 동사원형'은 '~할 수 있는(= be capable of + 동명사)'의 의미를 가지고 있다.

**1** All surveyors are required -------- to the regulations stated in the safety manual given by the local government.

(A) adhere  
(B) to adhere  
(C) adhering  
(D) have adhered

**2** -------- enhance their professional image, Hewitt-Levy office managers have instituted a new dress code regulation.

(A) For  
(B) To  
(C) As  
(D) With

**3** Tommy&Associates announced yesterday that it plans to -------- several properties to expand its restaurant business.

(A) acquire  
(B) acquired  
(C) acquiring  
(D) acquires

**4** Johnson&Johnson Corporation would like all staff members -------- together and complete the project by the due date.

(A) works  
(B) be working  
(C) to work  
(D) will work

**5** In an effort -------- sales, we sent questionnaires to previous customers on our products and service.

(A) improved  
(B) to improve  
(C) has improved  
(D) improving

**6** If you have any questions or concerns about the monthly statement, please contact our office and ask -------- to your account representative.

(A) speaking  
(B) spoke  
(C) has spoke  
(D) to speak

**7** Place the document -------- copied face down in the upper right corner of the glass plate.

(A) to be  
(B) is  
(C) was  
(D) has been

**8** Getting sufficient rest can greatly decrease the time it takes -------- from a minor cold.

(A) will recover  
(B) to recover  
(C) be recovered  
(D) has recovered

**9** The company plans to -------- stocks in more than 200 countries in the upcoming fiscal year.

(A) purchase  
(B) purchases  
(C) purchased  
(D) purchasing

**10** -------- its 50th anniversary, the Cineplex Theater prepared a banquet at a hotel.

(A) Celebration  
(B) To celebrate  
(C) Celebrate  
(D) Celebrated

**11** Mr. Park has asked his assistant -------- the report by tomorrow afternoon.

(A) type      (B) was typing
(C) will type      (D) to type

**12** Fred Cargas is widely considered the most likely person -------- Maya Bruno as vice president of the research and development department.

(A) succession      (B) successive
(C) successor      (D) to succeed

**13** The city of Provo has repaired its main street -------- find that pipes under this street need to be replaced.

(A) in order that      (B) only to
(C) so as      (D) even though

**14** The new medication has been used -------- a persistent flu virus prevalent throughout the region.

(A) treated      (B) to treat
(C) treatment      (D) having treated

**15** -------- receive appropriate uniforms, employees must indicate the size of their uniform.

(A) As if      (B) Such that
(C) In order to      (D) In spite of

**16** The statisticians were able -------- potential uses of the data.

(A) to be defined      (B) to define
(C) defines      (D) defined

**17** We are waiting -------- evaluate Ms. Schmidt's performance until we have heard back from all her colleagues.

(A) for      (B) toward
(C) to      (D) before

**18** -------- ensure company-wide distribution of company policy updates, please send relevant information to Gisele Durand in the communications office.

(A) Because      (B) Due to
(C) In order to      (D) By means of

**19** In an effort -------- accuracy, technicians are encouraged to review the works at least twice.

(A) ensured      (B) ensuring
(C) to ensure      (D) ensures

**20** There are many books on the market that can help -------- to start a business.

(A) you      (B) your
(C) yourself      (D) yourselves

**To**: All division heads
**From**: Josie Palmer, President, Rochester Foundation
**Date**: September 5th
**Subject**: Communication plan

To my dismay, it seems that the general public is getting their information about the organizational restructuring of the Rochester Foundation exclusively by word of mouth or from Internet blogs. These sources are often inaccurate. Thus, it is our top priority to ------- correct information to the public regarding the foundation's restructuring process.
**21.**
It is also important for the public to realize that we do not intend to ------- the foundation's
**22.**
core mission.

With this in mind, the Rochester Foundation's Public Relations Committee is working hard on a communication plan ------- positive and accurate information to the media and
**23.**
the public in a timely manner. You will be seeing some rough drafts of press releases next week. -------.
**24.**

Josie Palmer

21  (A) provides
(B) provide
(C) providing
(D) provided

22  (A) change
(B) return
(C) oversee
(D) close

23  (A) to show
(B) to relay
(C) it relays
(D) having relayed

24  (A) Feel free to release our statement to the press.
(B) Please let me know if you speak with any of our staff members.
(C) The foundation thanks you all for your patience.
(D) I welcome your thoughts and suggestions.

**Questions 25-28 refer to the following letter.**

Ulster Bank Adjustment Department
2200 Lincoln Ave.
Seattle, Washington 60234
www.ulsterbank.com

15 May

Susan Patterson
500 Elm Street
Seattle, Washington 60234

Dear Ms. Patterson,

On 4th May, per your -------, we reviewed your electronic deposit of $520 made through our remote
**25.**

deposit system on 2nd May. This item was accidentally processed and deposited a second time through

another channel. As a result, on 5th May, we made an adjustment. On that date, we ------- $520 from your
**26.**

account. Please update your records ------- the adjustment for this duplicated entry. -------. If you have any
**27.**                                          **28.**

questions, please call 1-800-333-2323 and mention adjustment reference number B-77643.


Sincerely,
Ulster Bank Adjustment Department

---

25  (A) request
    (B) requesting
    (C) to request
    (D) are requested

26  (A) deduct
    (B) deducted
    (C) will deduct
    (D) are deducting

27  (A) to reflect
    (B) reflecting in
    (C) reflection
    (D) reflect on

28  (A) Customers can verify documentation in
       monthly statements.
    (B) Ulster Bank offers checking and saving
       accounts to meet all of your needs.
    (C) Service representatives are waiting to
       help you select the right credit card.
    (D) We apologize for this error and appreciate
       your patronage.

▶ ▶ ▶ 정답 및 해설 p17

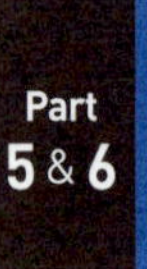

# Unit 08 동명사

동명사는 동사의 특성은 그대로 유지하면서 문장에서 명사의 역할을 하는 것으로, 정기시험에서 2회당 1문제 정도 출제된다. 동명사는 문장에서 '~하는 것, ~하기'의 의미로 사용된다. 시험에서 전치사와 동사의 목적어로 쓰이는 동명사 문제가 가장 많이 출제되고, 주어 자리의 동명사나 관용어구 뒤에 나오는 동명사 문제도 가끔 출제된다.

## 진단평가

**1** ------- probable competitor business is an important early step for aspiring entrepreneurs.

(A) Identify
(B) Identified
(C) Identifying
(D) Identification

**2** Delta Tech, Inc., entered the computing industry by ------- database solutions for small businesses.

(A) provide
(B) provides
(C) provided
(D) providing

**3** Industry analysts recommended ------- touch pad cell phones in order to satisfy customers' increasing demand.

(A) develop
(B) developed
(C) developing
(D) development

**4** The advertising department is responsible for ------- the hotel's image.

(A) promotes
(B) promoting
(C) promote
(D) promoted

**5** Despite ------- additional supplies from the suppliers, Mr. Smith and his staff found it difficult to complete the project on time.

(A) having received
(B) has received
(C) be receiving
(D) received

**6** Members of the planning committee look forward to ------- representatives from Seattle on May 7.

(A) host
(B) hosts
(C) hosting
(D) will host

**7** Ms. Strong-Krause is an accomplished violinist who enjoys spending her free time ------- music.

(A) composes
(B) composed
(C) composing
(D) composer

---

정답 **1** (C)  **2** (D)  **3** (C)  **4** (B)  **5** (A)  **6** (C)  **7** (C)

### 주어 역할

동명사는 주어 역할을 하는데, 동명사 주어는 항상 단수 취급을 한다.

> **진단평가 1 ●** **Identifying** probable competitor business is an important early step for aspiring entrepreneurs.
>
> (A) Identify　　　　　　　　(B) Identified
> **(C) Identifying**　　　　　 (D) Identification
>
> 있음직한 사업경쟁상대를 알아보는 것은 출세지향적인 기업가를 위한 중요한 초기 단계가 될 수 있다.

▶ 밑줄 뒤로 동명사 주어의 목적어 probable competitor business가 나오고, 단수동사 is가 쓰였으므로 빈칸에는 동명사가 와야 한다. 동명사는 명사 역할을 하지만 동사의 성격을 가지고 있기 때문에, 목적어를 취하거나 부사의 수식을 받을 수 있다.

### 보어 역할

주어와 동격의 의미를 갖는 주격 보어 자리에 동명사가 올 수 있다.

His key to success is **acknowledging** his own imperfections.　그의 성공의 열쇠는 자신의 불완전함을 인정하는 것이다.

### 목적어 역할

동명사는 특정한 동사, 전치사의 목적어가 될 수 있다.

**❶ 동사의 목적어**

Since the price is expected to fall further, I recommend **postponing** the purchase for a month.
가격이 더 떨어질 것으로 예상되기 때문에, 구입을 한 달 미룰 것을 권유합니다.

**❷ 전치사의 목적어**

> **진단평가 2 ●** Delta Tech Inc., entered the computing industry by **providing** database solutions for small businesses.
>
> (A) provide　　(B) provides　　(C) provided　　**(D) providing**
>
> Delta Tech사는 중소기업을 위한 데이터베이스 솔루션을 제공함으로써 컴퓨팅 업계에 진출했다.

▶ 전치사 by와 동명사를 함께 써서 '~함으로써'라는 의미를 나타낸다.

## ■ 동명사를 목적어로 취하는 동사

| | | | |
|---|---|---|---|
| avoid -ing | ~를 피하다 | keep -ing | ~를 유지하다 |
| consider -ing | ~를 고려하다 | mind -ing | ~를 꺼리다 |
| delay -ing | ~를 지연시키다 | postpone -ing | ~를 연기하다, 미루다 |
| deny -ing | ~를 거부하다 | practice -ing | ~를 실행하다, 연습하다 |
| discontinue -ing | ~를 그만두다 | put off -ing | ~를 미루다 |
| dislike -ing | ~를 싫어하다 | quit -ing | ~를 그만두다 |
| enjoy -ing | ~를 즐기다 | recommend -ing | ~를 추천하다 |
| finish -ing | ~를 끝마치다 | resist -ing | ~를 저항하다 |
| give up -ing | ~를 포기하다 | stop -ing | ~를 중단하다 |
| hate -ing | ~를 싫어하다 | suggest -ing | ~를 제안하다 |

**진단평가 3** ● Industry analysts recommended **developing** touch pad cell phones in order to satisfy customers' increasing demand.

(A) develop　　　　　　(B) developed
**(C) developing**　　　(D) development

업계분석가들은 고객의 커지는 요구를 만족시키기 위해 터치스크린 휴대전화를 개발할 것을 추천했다.

▶ 동사 recommend는 동명사를 목적어로 취하므로 (C)가 정답이다.

## ■ 전치사 뒤 동명사

| | | |
|---|---|---|
| before -ing ~하기 전에 | despite -ing ~에도 불구하고 | for -ing ~하는 데에, ~했기 때문에 |

**진단평가 4** ● The advertising department is responsible for **promoting** the hotel's image.

(A) promotes　　　　　**(B) promoting**
(C) promote　　　　　(D) promoted

광고부서는 호텔의 이미지를 향상시키는 데 책임이 있다.

▶ 전치사 뒤에는 명사, 명사구, 혹은 동명사가 쓰이는데, 빈칸 뒤에 목적어 역할을 하는 명사구가 있으므로 빈칸에는 목적어를 취할 수 있는 동명사를 써야 한다.

**진단평가 5** ● Despite **having received** additional supplies from the suppliers, Mr. Smith and his staff found it difficult to complete the project on time.

**(A) having received**　　(B) has received
(C) be receiving　　　　(D) received

공급자들에게서 추가로 공급물자를 받았음에도 불구하고, Smith씨와 직원들은 기한에 맞춰 일을 완료하는 게 어렵다는 것을 깨달았다.

▶ 전치사 뒤에는 명사, 명사구 혹은 동명사가 올 수 있다. 선택지 중에서 (A)를 제외한 나머지는 모두 전치사 뒤에 쓸 수 없는 동사이므로 정답은 (A)이다.

### ■ 동명사와 to부정사를 각각 목적어로 취할 때, 의미가 달라지는 동사

| 동명사를 목적어로 취할 때 | | to부정사를 목적어로 취할 때 | |
|---|---|---|---|
| stop -ing | ~하는 것을 멈추다 | stop to부정사 | ~하기 위해 멈추다 |
| try -ing | 시험 삼아 ~하다 | try to부정사 | ~하려고 노력하다 |
| remember -ing | 이전에 ~한 것을 기억하다 | remember to부정사 | ~해야 하는 것을 기억하다 |
| forget -ing | 이전에 ~한 것을 잊다 | forget to부정사 | ~해야 할 것을 잊다 |

I stopped **smoking**.　나는 담배를 끊었다.

I stopped **to smoke**.　나는 담배를 피우기 위해서 멈추었다.

### ■ 동명사나 to부정사를 목적어로 취할 때, 의미가 똑같은 동사

| | |
|---|---|
| 시작하다 | start, begin |
| 싫어하다 | hate, dislike, can't bear, can't stand |
| 좋아하다 | love, prefer, like |
| 계속하다 | continue |

Most Web site developers prefer **to charge** a flat fee for designing and developing a Web site, rather than an hourly rate.

= Most Web site developers prefer **charging** a flat fee for designing and developing a Web site, rather than an hourly rate.

대부분의 웹사이트 개발업자들은 웹사이트의 디자인과 개발 비용을 시간당 요금으로 책정하기보다는 정액 요금으로 청구하는 것을 선호한다.

**4** 　동명사 관용표현

### ■ 전치사 to + 동명사

| be committed to -ing | ~하도록 결심하다 | be[become] used to -ing | ~에 익숙하다 |
|---|---|---|---|
| be dedicated to -ing | ~하는 데 헌신하다 | look forward to -ing | ~을 기대하다 |
| be opposed to -ing | ~에 반대하다 | object to -ing | ~에 반대하다 |
| be[become] accustomed to -ing | ~에 익숙해지다 | with a view to -ing | ~할 목적으로 |

**진단평가 6** ● Members of the planning committee look forward to **hosting** representatives from Seattle on May 7.

기획위원회 구성원들은 5월 7일에 시애틀에서 오는 대표자들을 맞이할 것을 기대하고 있습니다.

(A) host　　(B) hosts　　**(C) hosting**　　(D) will host

▶ look forward to에 쓰인 to는 전치사이므로 뒤에 동명사를 써야 한다.

Our company is dedicated to **creating** a network environment for startup businesses.
우리 회사는 신생 회사들을 위한 네트워크 환경을 만드는 데 전념하고 있습니다.

Many customers object to **having** their personal data collected.
많은 고객들은 그들의 개인 정보가 수집되는 것을 반대한다.

### ■ 빈출 동명사 관용표현

| | | | |
|---|---|---|---|
| in spite of -ing | 비록 ~이지만 | have difficulty (in) -ing | ~하는 데 어려움을 겪다 |
| despite -ing | 비록 ~이지만 | prevent[prohibit] + 목적어 + from -ing | ~하지 못하게 하다 |

We were unable to locate our destination in spite of **having** GPS.
GPS를 가지고 있었지만 우리는 목적지를 찾을 수 없었다.

The airline industry has been prevented from **expanding** into emerging markets by government regulations.
항공산업은 정부의 규제로 신생 시장으로 확장하지 못했다.

### ■ 빈출 –ing 표현

| | | | |
|---|---|---|---|
| spend + 시간/돈 + -ing | ~하는 데 시간/돈을 쓰다 | find + 명사/대명사 + -ing | 명사/대명사가 ~하는 것을 발견하다 |
| waste + 시간/돈 + -ing | ~하는 데 시간/돈을 낭비하다 | catch + 명사/대명사 + -ing | 명사/대명사가 ~하는 것을 알아차리다 |

진단평가 7 ● Ms. Strong-Krause is an accomplished violinist who enjoys spending her free time **composing** music.

(A) composes  (B) composed
(C) **composing**  (D) composer

Strong-Krause씨는 뛰어난 바이올리니스트로, 한가한 시간에는 음악을 작곡하면서 시간을 보내는 것을 좋아한다.

▶ spending 다음에 시간 her free time이 나왔으므로, 빈칸에는 동명사가 들어가야 한다.

The board of directors wasted a lot of time **discussing** over the recent issues on marketing.
이사회는 많은 시간을 마케팅에 관한 최근 문제를 토론하느라 허비했다.

When I walked into my office, I found Peter **using** my telephone.
사무실에 들어갔을 때 나는 Peter가 내 전화를 쓰고 있는 것을 보았다.

**1** Straights Airlines reserves the right to change the ticket prices without -------- passengers in advance.

(A) notified
(B) notifies
(C) notifying
(D) notification

**2** For optimum performance, avoid -------- the food processor on an uneven surface.

(A) operated
(B) operation
(C) operating
(D) operates

**3** BLS industries will be replacing an existing air-conditioner with a new one, so it does a better job of -------- the temperature.

(A) regulate
(B) regulator
(C) regulation
(D) regulating

**4** Mr. Graham has asked his assistant to review the contract before -------- with the legal team.

(A) to consult
(B) consulting
(C) consults
(D) consulted

**5** The largest train company in Fukuoka has decided to reduce fares on some routes as a way of -------- customers.

(A) attracts
(B) attraction
(C) attractive
(D) attracting

**6** Youth Networking is a nonprofit organization committed to -------- part-time job opportunities for students.

(A) arrangement
(B) arrangements
(C) arranging
(D) arranges

**7** -------- our customers satisfied requires the highest commitment from the staff at all levels.

(A) Bringing
(B) Helping
(C) Keeping
(D) Promoting

**8** In addition to -------- recent phone numbers, the callback menu of the latest cell phone includes a list of the numbers most commonly dialed.

(A) displayed
(B) display
(C) displaying
(D) displays

**9** The new campus environmental club is currently in the process of -------- a set of goals and events for the organization.

(A) established
(B) establishing
(C) establishes
(D) establish

**10** Mr. Smith would like to make a final decision about who to hire for the senior accountant position after -------- the candidates.

(A) interview
(B) interviews
(C) interviewing
(D) interviewed

**11** The company made a huge profit last year by -------- in real estate.

(A) invests

(B) invested

(C) invest

(D) investing

**12** Several customers have suggested -------- later on Saturday nights, but employees prefer to keep the same hours.

(A) to close

(B) closing

(C) closed

(D) would close

**13** The president of Centrum Pharmaceuticals is considering -------- the company headquarters to Montreal.

(A) to relocate

(B) relocation

(C) has relocated

(D) relocating

**14** OfficeMax Stores, Inc. has launched an advertising campaign aimed at -------- customers to trade in their old computer printers for new ones.

(A) to encourage

(B) encouraging

(C) encourages

(D) encourage

**15** The editors of *The Orem Herald* decided that -------- the publication's online content was the best way to attract more readers.

(A) affecting

(B) compromising

(C) representing

(D) enhancing

**16** After -------- the promotion to CEO, Mr. Nelson began outlining plans to increase the number of staff across all departments.

(A) acceptable

(B) accepted

(C) accepting

(D) accepts

**17** -------- providing superior products at reasonable prices, the owners of Eagle Housewares have quickly established the company as one of the best in the province.

(A) Between

(B) To

(C) By

(D) Within

**18** -------- to *Home Updates Magazine* can be renewed online or by telephone.

(A) Subscribes

(B) Subscribers

(C) Subscriptions

(D) Subscribing

**19** The Blachut Foundation aims to promote clean energy -------- sponsoring wind and solar power initiatives.

(A) from

(B) by

(C) to

(D) of

**20** Mr. Sasaki was given the task of -------- the perfect location for the Davley company picnic.

(A) find

(B) finds

(C) finding

(D) found

**Questions 21-24 refer to the following memo.**

**To**: Bruno Designs Sales Staff
**From**: Alex Willis
**Date**: 7 June
**Subject**: Textile Expo

As you know, I will be attending the Pacific Region Textile Exposition in Sydney from 13 June through 17 June. I expect to be very busy ------- our products and taking new **21.** orders while I am away. Thankfully, some colleagues have offered to ------- some of my **22.** responsibilities around the office. During my -------, June Miller will monitor my sales **23.** approvals, and Jason Martin will answer my customer calls and letters. -------. Finally, **24.** the monthly sales meeting previously scheduled for 15 June will take place on 22 June instead.



**21** (A) to present
(B) presenting
(C) presented
(D) has presented

**23** (A) search
(B) tenure
(C) absence
(D) transition

**22** (A) assume
(B) explain
(C) determine
(D) promote

**24** (A) Please accommodate them in any way possible.
(B) I have a doctor's appointment.
(C) Please keep a close watch on my employees during my absence.
(D) Jason is excellent with monitoring sales.

▶▶▶ 정답 및 해설 p19

**Questions 25-28 refer to the following letter.**

March 25

Susan Williams
981 University Avenue
Springville, UT 84602

Dear Ms. Williams,

With this letter, I am pleased to ------- **25.** you a position as front-desk assistant at Aviva Financial Services headquarters. The job ------- **26.** on April 1. ------- **27.**. Your payment rate and benefits are specified in the enclosed contract, according to the policies I outlined at your interview last week. As we discussed, your responsibilities include addressing customer questions, answering phones, and directing complaints to the appropriate department representatives. If you find everything in order, please sign the contract and return it for our files. We are looking forward to ------- **28.** with you at Aviva.

Sincerely,

Mark Nixon, Manager
Human Resources Department
Enclosure

25 (A) request
   (B) offer
   (C) prefer
   (D) impress

26 (A) began
   (B) beginning
   (C) will begin
   (D) to begin

27 (A) Please report to work at 9 AM.
   (B) If you wish to know additional interview details, please contact the human resources department.
   (C) Our team will be in close contact throughout this whole hiring process.
   (D) Additional job openings will be posted on our employment site.

28 (A) working
   (B) work
   (C) worked
   (D) has worked

# 분사

분사는 정기시험에서 매회 1문제 정도 출제된다. 분사는 동사적 성질을 가지고 있으면서, 명사의 앞뒤에 나와 명사를 수식하는 형용사 역할과 보어 역할을 한다. 분사가 들어가는 위치에 관련된 문제와 현재분사와 과거분사를 구별하여 정답을 선택하는 문제가 주로 출제된다.

## 진단평가

**1** Because of ------- rents in the city center, people are living on the outskirts and commuting to work.

(A) rise
(B) arisen
(C) rising
(D) rose

**2** The attached document summarizes ------- staffing changes including the new working hours and pay.

(A) proposed
(B) propose
(C) proposes
(D) to proposing

**3** A panel ------- of business and community leaders will be meeting on Thursday to discuss city planning projects.

(A) consisting
(B) will consist
(C) consists
(D) to be consisted

**4** It is imperative that all employees attend the annual meeting ------- for March 21.

(A) scheduled
(B) has been scheduled
(C) schedules
(D) will schedule

**5** Unfortunately, the permit request submitted by Clark Construction lacks one required signature, ------- it invalid.

(A) will render
(B) has rendered
(C) rendered
(D) rendering

**6** Although the reviews on newly developed products have largely been favorable, sales of the item have thus far been -------.

(A) disappoint
(B) disappointing
(C) disappointed
(D) disappointment

**7** Mr. Davis has been affiliated with Pacific Star Airlines in the role of field manager since ------- the company last October.

(A) joined

(B) to join

(C) has joined

(D) joining

**9** When ------- the marketing brochure, be sure to use the new company logo instead of the old one.

(A) designed

(B) designs

(C) designing

(D) design

**8** ------- the chief executive officer, Ms. Smith has access to employees' confidential performance reports.

(A) Has been

(B) Being

(C) Be

(D) To be

분사는 문장에서 형용사 역할을 하므로 명사를 수식하거나, 2형식 문장에서 주격 보어 또는 5형식 문장에서 목적격 보어 역할을 한다.

### ◼ 명사수식

Employees **requesting** vacation time should turn in their forms.
휴가를 요청하는 직원들은 신청서를 제출해야 한다.

### ◼ 주격보어

John sat at his desk **writing** a letter.　John은 그의 책상에 앉아 편지를 썼다.

### ◼ 목적격 보어

I found the book **interesting**.　나는 그 책이 재미있다는 것을 알았다.




### ◼ 자동사 분사

❶ 현재분사: '～하고 있는' 진행의 뜻을 가진다.

There are many **swimming** boys in the pool. (= There are many boys who are swimming in the pool.)
수영장에는 수영하고 있는 많은 소년들이 있다.

❷ 과거분사: '～해 버린, ～한'의 뜻을 가지며 완료나 상태를 나타낸다.

The road was filled with **fallen** leaves. (= The road was filled with leaves which have fallen.)
도로는 떨어진 잎(낙엽)으로 가득 차 있다.

### ◼ 타동사 분사

❶ 현재분사: '～시키는, ～하게 하는'이라는 능동 또는 사역의 의미를 가진다.

The president announced the **disappointing** results to the staff members.
사장은 직원들에게 실망스러운 결과를 발표했다.

❷ 과거분사: '～된, ～당한, ～받은'이라는 수동의 의미를 가진다.

There were five **recorded** messages on my answering machine.
자동 응답기에는 5개의 녹음된 메시지가 있었다.

## ■ 과거분사의 용법

❶ 과거분사가 단독으로 명사를 수식하는 경우에는 명사 앞에 온다.

We were really satisfied with the newly **purchased** products.
우리는 새로 구입한 상품들에 매우 만족했다.

❷ 과거분사에 뒤따르는 어구가 있으면 수식하는 명사 뒤에 온다.

When you use information **provided** on the Internet, be sure to check whether the information is outdated or not.  인터넷에서 제공되는 정보를 사용할 때에는 그 정보가 시대에 뒤진 것인지 아닌지 확인해야 한다.

❸ 과거분사가 명사 뒤에 나와서 형용사 역할을 할 경우, 앞에 있는 '주격 관계대명사 + be동사'는 생략이 가능하다.

When you use information **(which is) provided** on the Internet, be sure to check whether the information is outdated or not.

## ■ 명사 앞에서 수식하는 현재분사

| | | | |
|---|---|---|---|
| accelerating distribution costs | 급격히 오르는 유통 비용 | growing business | 커져가는 사업 |
| approaching storm | 다가오는 폭풍 | lasting impression | 지속되는 인상 |
| confusing problem | 혼동시키는 문제 | leading company | 선도하는 회사 |
| declining demand | 감소하는 수요 | misleading information | 오도하는 정보 |
| declining price | 떨어지는 가격 | mounting pressure | 점증하는 압력 |
| demanding supervisor | 까다로운 상관 | remaining staff | 남아있는 직원 |
| discouraging survey result | 실망스러운 조사 결과 | rising cost | 상승하는 비용 |
| existing equipment | 기존의 장비 | visiting professor | 방문 교수 |

**진단평가 1 ●** Because of **rising** rents in the city center, people are living on the outskirts and commuting to work. 도심의 증가하는 임대료 때문에 사람들은 교외에 살면서 직장에 통근한다.

(A) rise　　(B) arisen　　**(C) rising**　　(D) rose

▶ 빈칸 뒤에 명사 rents가 나왔으므로, 이를 수식하는 현재분사를 써서 문장을 완성해야 한다.

## ■ 명사 앞에서 수식하는 과거분사

| | | | |
|---|---|---|---|
| attached schedule | 첨부된 스케줄 | increased competition | 증가된 경쟁 |
| completed project | 완성된 프로젝트 | guided tour | 가이드가 딸린 여행 |
| confirmed reservations | 확인된 예약 | limited capacity | 제한된 수용력 |
| customized products | 주문 생산된 제품 | proposed construction | 제안된 건설 |
| damaged buildings | 파손된 빌딩 | qualified workers | 자격이 갖추어진 일꾼들 |
| damaged luggage | 손상된 화물 | requested documentation | 요청된 서류 |
| detailed information | 자세한 정보 | stamped envelope | 우표가 붙여진 봉투 |

| demonstrated ability | 증명된 능력 | trained workforce | 훈련된 인력 |
| endangered species | 멸종위기의 종 | written consent | 쓰여진 동의(서면 동의) |
| finished products | 완성된 제품(완제품) | | |

진단평가 2 ● The attached document summarizes **proposed** staffing changes including the new working hours and pay.

첨부된 서류는 새로운 작업시간과 급여를 포함하여 제안된 직원변경내용들을 요약하고 있다.

**(A) proposed**　(B) propose　(C) proposes　(D) to proposing

▶ 빈칸 뒤에 명사 staffing changes가 있으므로 앞에는 형용사 역할을 할 수 있는 과거분사 proposed가 와야 한다.

Please affix the **enclosed** mailing label to the side of the shipping box.
동봉된 우편 라벨을 선적박스 옆쪽에 부착해 주세요.

## ■ 명사 뒤에서 수식하는 분사

| a reception welcoming the new director | employees seeking reimbursement　상환을 요청하는 직원들 |
| --- | --- |
| 새로운 이사를 환영하는 리셉션 | |
| a thunderstorm accompanied by gusty winds | factors contributing to globalization　세계화에 기여하는 요인들 |
| 돌풍을 동반한 천둥번개 | |
| annual meeting scheduled　예정된 연례회의 | inconvenience caused　야기된 불편함 |
| construction associated with the replacement | initiative suggested　제안된 계획 |
| 교체와 관련된 공사 | |
| donations collected by the city council　시의회가 모은 기부금 | the door connecting the conference room 회의실과 연결된 문 |
| employees interested in the workplace fitness program | the password provided to you　당신에게 제공된 비밀번호 |
| 직장 피트니스 프로그램에 관심 있는 직원들 | |

진단평가 3 ● A panel **consisting** of business and community leaders will be meeting on Thursday to discuss city planning projects.

비즈니스와 지역사회 지도자들로 구성되는 위원회가 시 계획 프로젝트를 토론하기 위해서 목요일에 만날 것이다.

**(A) consisting**　(B) will consist
(C) consists　(D) to be consisted

▶ 문장의 주어가 A panel, 동사가 will be meeting이다. 빈칸에는 주어 A panel을 꾸며주는 현재분사 consisting을 써야 한다.

## ■ 과거분사와 현재분사의 구별

분사 뒤에 목적어가 있으면 현재분사를 쓰고 목적어가 없으면 과거분사를 써야 한다.

진단평가 4 ● It is imperative that all employees attend the annual meeting **scheduled** for March 21.

3월 21일로 예정된 연례회의에 모든 직원들이 필수적으로 참여해야 한다.

**(A) scheduled**　(B) has been scheduled
(C) schedules　(D) will schedule

▶ 빈칸 뒤에 전치사구 for March 21, 빈칸 앞에 명사 the annual meeting이 있으므로 뒤에서 앞의 명사를 수식하는 과거분사 scheduled를 써서 문장을 완성해야 한다.

**진단평가 5** ● Unfortunately, the permit request submitted by Clark Construction lacks one required signature, **rendering** it invalid.

(A) will render      (B) has rendered
(C) rendered      **(D) rendering**

안타깝게도 Clark건설이 제출한 허가요청서는 필요한 서명이 누락되어 효력을 상실했다.

▶ 빈칸 뒤에 목적어가 있으므로 현재분사가 정답이다.

Music N TV will launch a new program **dedicated** to showcasing amateur musicians from around the globe.
Music N TV는 세계 전역에 있는 아마추어 음악가들을 소개하는 데 전념하는 새로운 프로그램을 시작할 것이다.

The high cost of imported fuel can be a serious problem for countries **lacking** a sufficient supply of natural resources.
수입된 연료의 높은 비용은 천연자원의 충분한 공급이 부족한 나라들에 심각한 문제가 될 수 있다.

### ■ 감정동사의 현재분사와 과거분사

감정을 나타내는 동사는 주어에 의해서 분사의 종류가 결정된다. 주어가 감정의 원인이 되면 현재분사를 쓰고 주어가 감정을 느끼면 과거분사를 쓴다.

| 동사 | | 현재분사 | | 과거분사 | |
| --- | --- | --- | --- | --- | --- |
| amaze | 깜짝 놀라게 하다 | amazing | 놀라게 하는 | amazed | 놀란 |
| astonish | 놀라게 하다 | astonishing | 놀라게 하는 | astonished | 놀란 |
| challenge | 힘들게 하다 | challenging | 힘들게 하는 | challenged | 힘든 |
| confuse | 혼동하다 | confusing | 혼란을 주는 | confused | 혼란스러운 |
| disappoint | 실망시키다 | disappointing | 실망을 주는 | disappointed | 실망한 |
| embarrass | 당황하게 하다 | embarrassing | 당황하게 하는 | embarrassed | 당황한 |
| excite | 흥분시키다 | exciting | 흥분시키는 | excited | 흥분된 |
| fascinate | 매혹시키다 | fascinating | 매혹적인 | fascinated | 매혹된 |
| frighten | 놀라게 하다 | frightening | 놀라게 하는 | frightened | 놀란 |
| interest | 흥미를 일으키다 | interesting | 흥미로운 | interested | 흥미를 느끼는 |
| involve | 관여시키다 | involving | 관여케 하는 | involved | 관여된 |
| please | 기쁘게 하다 | pleasing | 기쁘게 하는 | pleased | 기쁜 |
| shock | ~에게 충격을 주다 | shocking | 충격을 주는 | shocked | 충격을 받은 |
| overwhelm | 압도하다 | overwhelming | 압도하는 | overwhelmed | 압도당한 |

**진단평가 6** ● Although the reviews on newly developed products have largely been favorable, sales of the item have thus far been **disappointing**.

(A) disappoint      **(B) disappointing**
(C) disappointed      (D) disappointment

새롭게 개발된 제품에 대한 평이 주로 호의적이었지만 아직까지는 제품의 판매가 다소 실망스럽다.

▶ 감정을 나타내는 동사가 분사로 쓰일 때, 주어가 사람이면 과거분사를 쓰고 주어가 사물이면 현재분사를 써야 한다. 주절에 쓰인 주어 sales가 사물이므로 빈칸에 현재분사를 써서 문장을 완성해야 한다.

We were really **excited** because this seminar was really interesting.
이 세미나가 아주 재미있어서 우리는 아주 기뻤다.


## 4 분사구문

분사구문은 분사를 이용해서 부사절(시간, 이유, 조건, 부대상황, 양보)을 줄여 만든 구문이다.

### ■ 분사구문의 용법

**분사구문의 특징**
① 주절과 부사절의 주어가 같을 경우, 부사절의 주어를 생략한다.
② 주어를 생략할 경우 더 이상 절의 역할을 할 수 없으므로 문장 앞에 쓰인 접속사를 생략한다. 단, 접속사를 생략해서 의미가 애매모호해질 경우에는 생략하지 않는다.
③ 현재분사는 동사원형에 –ing를 붙인다.
④ 종속절의 동사가 능동일 경우 현재분사를 사용하고, 수동일 경우에는 'being + 과거분사' 형태로 되는데 여기서 being을 생략하는 것이 일반적이므로 과거분사만 남게 된다.

❶ 시간: when, while, as, since, after, until ∼하는 때에, ∼한 후에

When I arrived at the station, I found the train just going out.
→ **Arriving at the station**, I found the train just going out.
내가 역에 도착했을 때, 열차가 막 떠나는 것을 발견했다.

❷ 이유: as, since, because, now that ∼때문에, ∼해서

Because I was tired, I went to bed early.
→ **Being tired**, I went to bed early.
나는 피곤했기 때문에 일찍 잠자리에 들었다.

❸ 조건: if, unless, in case, provided that ∼라면, ∼한다면

If they anticipate arriving late to work, employees are asked to contact their immediate supervisor.
→ **Anticipating arriving late to work**, employees are asked to contact their immediate supervisor.
직원들은 직장에 늦게 도착할 것 같다고 예상할 경우, 그들의 직속상관에게 연락하도록 요구된다.

❹ 양보: though, although, even though ∼일지라도, 비록 ∼이지만

Although she is happily employed, the applicant would like to work in a larger company in the future.
→ **(Being) happily employed**, the applicant would like to work in a larger company in the future.
운 좋게 회사에 고용되었지만, 그녀는 미래에 더 큰 회사에서 일하고 싶어 한다.

❺ 부대 상황(동시 동작): and, while ∼하면서, ∼한 채

Employees from over 10 departments stayed until late into the night, and spent considerable time to write the budget report.

→ Employees from over 10 departments stayed until late into the night, **spending** considerable time to write the budget report.

10개가 넘는 부서의 직원들이 저녁 늦게까지 머물렀고, 상당한 시간을 예산보고서를 쓰기 위해 사용했다.

---

**진단평가 7** ● Mr. Davis has been affiliated with Pacific Star Airlines in the role of field manager since **joining** the company last October.

(A) joined            (B) to join
(C) has joined       **(D) joining**

Davis씨는 지난 10월 Pacific Star 항공에 입사한 이래로 현장관리자의 역할을 하고 있다.

▶ since he joined the company last October를 분사구문으로 만들면, 주어가 생략되고 '동사원형 + –ing'가 되므로 joining이 정답이 된다.

### ■ 분사구문의 형태

❶ 단순형 분사구문: 주절과 종속절의 시제가 같을 때

As the manager had nothing to do, he went home earlier.
→ **Having nothing to do**, the manager went home earlier.
매니저는 할 일이 없었기 때문에 일찍 집에 갔다.

❷ 완료형 분사구문: 종속절의 시제가 주절의 시제보다 한 시제 더 과거일 때

After he had checked the time schedule for the conference, he went to the conference center.
→ **Having checked the time schedule for the conference**, he went to the conference center.
그는 회의 일정을 검토하고 난 후에, 회의센터로 갔다.

---

**진단평가 8** ● **Being** the chief executive officer, Ms. Smith has access to employees' confidential performance reports.

(A) Has been    **(B) Being**      (C) Be      (D) To be

Smith씨가 회사의 최고경영자이기 때문에 직원의 기밀 실적 보고서에 접근할 수 있는 권한이 있다.

▶ Because she is the chief executive officer, Ms. Smith has access to employees' confidential performance reports. 문장에서 접속사 Because와 주어 she가 생략되고, be동사에 –ing가 붙어서 분사구문이 된 것이다. (D)는 '~하기 위해서'라는 목적의 의미를 가지므로 문맥상 어울리지 않는다.

### ■ 다양한 형태의 분사구문

❶ 접속사 + 분사구문

분사구문에서 의미를 명확하게 하기 위해서 접속사를 유지할 수 있다.

---

**진단평가 9** ● When **designing** the marketing brochure, be sure to use the new company logo instead of the old one.

(A) designed     (B) designs     **(C) designing**   (D) design

마케팅 소책자를 디자인할 때 반드시 옛날 로고 대신 새로운 회사 로고를 사용하도록 하세요.

▶ 절 When you design the marketing brochure를 분사구문으로 바꾸면 When designing the marketing brochure가 된다. 여기서는 의미를 명확하게 하기 위해 접속사 When을 유지했다.

❷ 주어가 다를 때

주절의 주어와 종속절의 주어가 동일하지 않을 경우 종속절의 주어를 생략할 수 없다.

If the weather permits, we are going on a picnic tomorrow as scheduled.
→ **The weather permitting**, we are going on a picnic tomorrow as scheduled.
만약 날씨가 허용한다면, 예정대로 내일 소풍을 갈 것이다.

❸ 수동태 문장의 분사구문

수동태의 종속절을 분사구문으로 만들 경우 being/having been은 주로 생략된다.

Because they were faced with petroleum shortages, engineers in the United States stepped up their efforts to develop more efficient heating systems.
→ **(Being) faced with** petroleum shortages, engineers in the United States stepped up their efforts to develop more efficient heating systems.
석유 부족에 직면했기 때문에, 미국의 기술자들은 더욱 효율적인 난방장치를 개발하려는 노력을 증대시켰다.

**1** The more we work with Mr. Smith, the more -------- we are his commitment and loyalty to the company.

(A) impression  (B) impresses

(C) impressed  (D) impress

**2** The city council is -------- a new residential area where the sugar factory used to be.

(A) revising  (B) achieving

(C) contributing  (D) developing

**3** Bayone Media Group, formerly -------- as one of the most promising companies, is now on the verge of bankruptcy.

(A) was known  (B) known

(C) know  (D) knowing

**4** The president of the company has -------- that the department meeting be postponed until everyone returns from the holiday.

(A) suggest  (B) suggestion

(C) suggested  (D) suggesting

**5** All orders for office supplies must be -------- to Ms. Krause before 2 PM, in order to receive the products the following day.

(A) submitting  (B) submitted

(C) submit  (D) submission

**6** A thunderstorm -------- by gusty winds is expected to affect the entire county region.

(A) to accompany  (B) will accompany

(C) accompanying  (D) accompanied

**7** The Nutley Company apologizes for any inconvenience -------- by the ongoing renovations to the reception area.

(A) cause  (B) causes

(C) causing  (D) caused

**8** As -------- in our telephone conversation, Mr. Fox will arrive at your factory this afternoon to go over safety precautions.

(A) discuss  (B) discussing

(C) discussion  (D) discussed

**9** All SAMS employees are expected to familiarize themselves with company polices by reading the handbook -------- out at orientation.

(A) gave  (B) giving

(C) gives  (D) given

**10** The corporate travel office has asked all sales representatives to make their reservations for the upcoming business trips before the -------- rate increase.

(A) predict  (B) predicting

(C) predicted  (D) prediction

**11** After -------- requests by local residents, the city council finally agreed to erect a town monument.

(A) repeatedly      (B) repetition

(C) repeated      (D) repeating

**12** Employees -------- reimbursement for business-related expenses should submit all the receipts to the accounting department.

(A) seeks      (B) seek

(C) seeking      (D) will seek

**13** The initiative -------- by the Ministry of Tourism to reduce unnecessary fees at the airport has been very well-received.

(A) suggest      (B) suggests

(C) suggested      (D) suggesting

**14** The parking area behind the Krasner Building will remain closed unless spaces in the two main parking areas are all --------.

(A) take      (B) took

(C) taking      (D) taken

**15** *Sun Times* announced that the decrease in tourism in the region could have -------- consequences for the economy.

(A) worries      (B) worried

(C) worrying      (D) worry

**16** Contest applicants should send their forms to the Technology Board using the mailing label --------.

(A) provides      (B) provided

(C) is provided      (D) providing

**17** Travelers -------- the local airport in Las Vegas complain that the security checkpoints take too much time.

(A) use      (B) using

(C) used      (D) will use

**18** *The Western Courier Newspaper* welcomes letters from anyone, but unsigned letters will not be --------.

(A) publishing      (B) publication

(C) published      (D) publish

**19** The trip to Treasure Island will leave visitors quite -------- about its beauty.

(A) excite      (B) excitement

(C) exciting      (D) excited

**20** Planning authorities assured residents that the historic town center will be -------- even though a shopping center is to be constructed nearby.

(A) observed      (B) preserved

(C) agreed      (D) prolonged

**To**: Peter Kaminski <pkaminski@westfordmarketing.com>
**From**: Mei Ding <MDing@becofurniture.com>
**Date**: April 8
**Subject**: New Marketing Campaign
**Attachment**: Photos

Hello Peter,
Beco Furniture Store will receive its summer inventory shortly. -------, I would like to
**21.**

begin another print and online advertisement campaign to promote our new items.

I would like to feature Country Peak outdoor furniture line, ------- from 100 percent
**22.**

recycled materials. Beco Furniture Store is one of only two local retailers to offer this line,

so we want it ------- in our ads. I have attached some photos of the furniture pieces for
**23.**

you. -------. Thank you.
**24.**

Mei Ding
Vice President of Sales, Beco Furniture Store

---

**21** (A) Accordingly
   (B) Likewise
   (C) Moreover
   (D) Nevertheless

**22** (A) make
   (B) making
   (C) made
   (D) to make

**23** (A) emphasis
   (B) emphasizes
   (C) emphasized
   (D) emphasizing

**24** (A) Beco Furniture appreciates your purchase.
   (B) Our store image is very important to us.
   (C) You may use these images at will.
   (D) Our ads must emphasize the recycling process.

Red's Automotive Repair Shop is open Monday through Friday from 7 AM to 6 PM. If you need to, you may leave your car at the shop before or after hours. On a counter conveniently

------- next to the office door, you will find envelopes and service request cards. After
**25.**
looking your car, fill in a card with your name, your daytime contact information, and a brief description of the problem with your car. Then seal your key in an envelope -------
**26.**
your request card and drop the envelope into a special slot in the office door. -------.
**27.**
Then we will call you to discuss

------- findings and recommended repairs.
**28.**

25  (A) to locate
   (B) locating
   (C) located
   (D) locates

26  (A) above
   (B) across
   (C) out of
   (D) along with

27  (A) Our staff will conduct additional repairs as your car requires.
   (B) We will look over your vehicle thoroughly.
   (C) We will mail your vehicle inspection.
   (D) Our shop provides rent cars for customers that need them.

28  (A) your
   (B) their
   (C) his
   (D) our

▶ ▶ ▶ 정답 및 해설 p22

# Unit 10 형용사

형용사 문제는 정기시험에서 매회 4~6문제 출제된다. 형용사 자리에 관한 문제가 2~3문제, 형용사 어휘 문제가 2~3문제 차지한다.
명사 앞에 형용사를 넣거나 2형식과 5형식 문장에서 보어 자리에 오는 형용사 어형 문제도 거의 매달 출제된다.

## 진단평가

**1** The city's decision regarding whether to grant a permit is ------- on the inspection results.

(A) dependent
(B) depends
(C) dependable
(D) depended

**2** Ms. Krause makes sure all employees she supervises have a ------- understanding of the future trends they will face in 2020.

(A) clear
(B) clearly
(C) cleared
(D) more clear

**3** Cisco Agency provides the local businesses with ------- clerical, technical, and industrial workers.

(A) experience
(B) experiencing
(C) experiences
(D) experienced

**4** Ms. Robinson is looking for a dress that is both ------- and comfortable to wear to her store's grand opening celebration.

(A) elegance
(B) elegantly
(C) elegant
(D) more elegantly

**5** Mr. Smith is an extremely ------- member of the sales team in recent years.

(A) value
(B) values
(C) valuable
(D) valuing

**6** It is ------- to develop a variety of communication skills to communicate with clients all over the world.

(A) advice
(B) advisable
(C) advise
(D) advisor

**7** Most customers prefer to shop at Kwon's Auto Parts because the store offers an unconditional guarantee on ------- purchases.

(A) any of
(B) each
(C) all
(D) every

**8** Olive Garden's Café now has three ------- in Orem, including two on University Avenue.

(A) locals
(B) locally
(C) locate
(D) locations

**9** Emergency exit doors will be opened after the performance to allow the audience to leave the concert hall in an ------- fashion.

(A) orderly
(B) accomplished
(C) enduring
(D) apparent

**10** For over 20 years, Good Health Hospital has offered ------- services, with the most up-to-date technology available in the health-care industry.

(A) impending
(B) comprehensive
(C) unaccustomed
(D) comprehensible

---

**정답** **1** (A)  **2** (A)  **3** (D)  **4** (C)  **5** (C)  **6** (B)  **7** (C)  **8** (D)  **9** (A)  **10** (B)

### ■ 명사 수식(한정적 용법)

Digital Equipment Corporation had an **exceptional** year, surpassing its competitors in sales.
Digital Equipment사는 판매에 있어 경쟁자들을 능가하는 이례적인 한 해를 보냈다.

### ■ 보어(서술적 용법)

**❶ 주격 보어**

The president looked **great** yesterday.  사장은 어제 좋아 보였다.

**❷ 목적격 보어**

We must keep vegetables **fresh and cool**.  우리는 야채를 신선하고 시원하게 보관해야 한다.

---

**진단평가 1** ● The city's decision regarding whether to grant a permit is **dependent** on the inspection results.

허가를 허용할지에 관한 시의 결정은 검사결과에 달려 있다.

**(A) dependent**   (B) depends   (C) dependable   (D) depended

▶ 빈칸 앞에 be동사 is가 있으므로 보어 자리에 쓸 수 있는 형용사 dependent가 정답이다.

---



### ■ 명사 수식(한정적 용법)

| | | | |
|---|---|---|---|
| administrative assistant | 행정 보조원 | persuasive argument | 설득력 있는 주장 |
| corporate manager | 기업 관리자 | potential customers | 잠재 고객들 |
| cost-effective way | 비용 절감 방법 | professional attire | 직업(에 맞는) 복장 |
| early retirement | 조기 퇴직 | prospective customer | 잠재 소비자 |
| immediate supervisor | 직속 상관 | protective equipment | 보호 장비 |
| initial negotiation | 1차 협상 | protective gear | 보호 장비 |
| local supporter | 지역 후원자 | regular morning meeting | 정기 조례회의 |

---

**진단평가 2** ● Ms. Krause makes sure all employees she supervises have a **clear** understanding of the future trends they will face in 2020.

Krause씨는 자신이 감독하는 모든 근로자들이 2020년에 직면할 미래의 경향에 대해 명료한 이해력을 가지고 있다는 것을 확실히 하고 있다.

**(A) clear**   (B) clearly   (C) cleared   (D) more clear

▶ 관사와 명사 사이에는 형용사를 써야 하므로 clear가 정답이다.

When riding a mountain bike, people should wear a helmet and other **protective** gear.
산악용 자전거를 탈 때에는 헬멧과 보호장비를 착용해야 한다.

The company posted **impressive** profits last year because of the **aggressive** advertising campaign.
회사는 지난해 적극적인 광고 캠페인 덕분에 대단한 이윤을 올렸다.

| 영어 | 한국어 | 영어 | 한국어 |
|---|---|---|---|
| demanding job | 요구사항이 많은 직업 | installed machines | 설치된 기계 |
| demanding supervisor | 요구사항이 많은 상관 | limited warranty | 제한적인 보증 |
| high ranking official | 정부 고위 관리 | listed stock | 상장된 주식 |
| lasting impression | 지속적인 인상 | manufacturing firm | 제조 회사 |
| vested interest | 기득권(이권) | marketing strategy | 마케팅 전략 |
| advertising plan | 광고 계획(전략) | misleading information | 잘못된 정보 |
| approaching storm | 다가오는 폭풍 | missing luggage | 잃어버린 짐 |
| enclosed letter | 동봉된 편지 | operating funds | 운영비 |
| increasing need | 커져가는 요구(필요) | operating hours | 운영시간 |
| opposing point of view | 반대하는 관점(입장) | preceding years | 지난 몇 년 |
| attached schedule | 첨부된 일정표 | preferred jobs | 선호되는 직업 |
| challenging job | 도전적인(모험적인) 일 | preferred means | 선호되는 방법들 |
| confirmed reservation | 확인된 예약 | pressing supplies | 인쇄 기계 |
| consulting company | 컨설팅 회사 | proposed project | 제안된 프로젝트 |
| damaged luggage | 손상된 짐 | remaining paperwork | 남아있는 서류작업 |
| dedicated workers | 헌신적인 근로자들 | rewarding job | 보람을 주는 일 |
| demanding position | 까다로운 직책 | shipping division | 선적 부서 |
| designated hotel | 지정 호텔 | deserved retirement | 받아 마땅한 퇴직 |
| designated port | 지정된 항구 | driving force | 추진력 |
| desired job | 선망되는 직종 | involved issues | 관련된 문제들 |
| detailed information | 세부적인(상세화된) 정보 | outstanding debt | 미해결 부채 |
| disappointing revenues | 실망스러운 수입 | written consent | 서면 동의 |
| discouraging survey results | 실망스러운 조사결과 | unbiased advice | 공정한(편견 없는) 충고 |
| drinking water | 마시는 물 | unlimited access | 무제한적인 접근 |
| existing equipment | 기존 장비 | unlimited miles | 무제한적인 거리 |
| existing program | 기존 프로그램 | untapped market | 미개척 시장 |
| expected delivery date | 예상되는 배송날짜 | unused vacation | 쓰지 않은 휴가 |
| finished product | 완성된 제품(완제품) | updated interior design | 새롭게 단장한 실내 디자인 |
| injured people | 부상당한 사람들 | updated manual | 최신 사용설명서 |

**진단평가 3** ● Cisco Agency provides the local businesses with **experienced** clerical, technical, and industrial workers.

(A) experience   (B) experiencing   (C) experiences   **(D) experienced**

Cisco 에이전시는 경험 있는 사무직과 기술직, 산업근로자들을 현지의 회사에 제공한다.

▶ 빈칸 앞에 전치사 with, 뒤에 명사구 clerical, technical, and industrial workers가 있으므로, 빈칸에는 형용사 experienced가 들어가야 한다.

The price of the **finished** product increased slightly last month.
완제품의 가격이 지난달 약간 올랐습니다.

Transport will be provided for representatives from the **designated** hotels to the venue of the opening ceremony. 대표자들을 위해 지정 호텔에서 개회식 장소까지 교통편이 제공될 것이다.

## ■ 형용사 and 형용사 + 명사

다음과 같이 명사 앞에 형용사가 나란히 오는 경우가 있다.

affordable and effective method 저렴하고 효율적인 방법

dedicated and talented employee 헌신적이고 재능있는 직원

fresh and innovative idea 신선하고 혁신적인 아이디어

outgoing and athletic person 외향적이고 활발한 사람

overworked and underpaid worker 일은 많이 하고 보수는 적게 받는 직원

spacious and well-lit conference room 널찍하고 조명이 밝은 회의실

inaccurate and questionable information 부정확하고 의문의 소지가 있는 정보

bold and original marketing plan 대담하고 독창적인 마케팅 기획

experienced and dynamic instructor 숙련되고 열정적인 강사

informative and interesting lecture 유익하고 재미있는 강의

oversized and heavy item 크기가 크고 무거운 물건

---

**진단평가 4** ● Ms. Robinson is looking for a dress that is both **elegant** and comfortable to wear to her store's grand opening celebration.

(A) elegance

(B) elegantly

**(C) elegant**

(D) more elegantly

Robinson씨는 자신의 가게 개업식에 입을 우아하면서도 편안한 원피스를 찾고 있다.

▶ 상관접속사 both A and B에서 접속사 and 전후에는 똑같은 품사를 써서 문장을 완성해야 한다. 접속사 and 뒤에 형용사 comfortable이 쓰였으므로 이와 등위 구조를 이루는 형용사 elegant가 정답이 된다.

Lisa Harris wrote a **wise and insightful** article about marketing.
Lisa Harris는 마케팅에 관한 현명하고 통찰력 있는 기사를 썼다.

The company used a **fresh and innovative** marking strategy which proved to be successful not only in the domestic market, but also in the foreign market as well.
회사는 국내 시장은 물론 해외 시장에서도 성공적이라고 입증된 참신하고 혁신적인 마케팅 전략을 사용했다.

## ■ 부사 + 형용사 + 명사

conveniently placed store 편리한 곳에 위치한 가게

fully operational factory 전면 가동 중인 공장

bitterly disappointed candidate 매우 실망한 후보자

genetically modified foods 유전자 변형 식품

entirely reliable product 전적으로 믿을 수 있는 제품

strictly prohibited rules 엄격하게 금지된 규칙들

quite impressive earning figures 꽤 인상적인 이윤 수치

highly qualified candidate 자격요건을 높이 갖춘 후보자

---

**진단평가 5** ● Mr. Smith is an extremely **valuable** member of the sales team in recent years.

(A) value　　　(B) values　　　**(C) valuable**　　　(D) valuing

Smith씨는 근년에 영업팀의 아주 귀중한 직원이다.

▶ '부사 + 형용사 + 명사'의 어순을 가지므로 빈칸에 형용사 valuable을 써서 문장을 완성해야 한다. 빈칸은 부사 extremely의 수식을 받고 명사 member를 수식하는 형용사 valuable 자리이다.

Of the many applicants, John is the most highly **qualified** candidate for the management position.
많은 후보자 중에서 John이 관리직 자리에 자격요건을 가장 잘 갖춘 후보다.



Part 5&6

Part 7

## ■ 관사 + (부사) + 형용사 + 명사

| | |
|---|---|
| an introductory chapter 서문 | a certified technician 공인 기술자 |
| a renowned engineer 명성 있는 기술자 | a tentative agreement 잠정적 합의 |
| a (very) diversified machine 매우 다양한 기능을 가진 기계 | a (differently) colored pattern 다르게 채색된 패턴 |
| a rich source of information 풍부한 정보원 | a significant number of people 상당히 많은 사람들 |

This problem can easily be repaired by a **certified** technician.
이 문제는 공인된 기술자에 의해서 쉽게 수리될 수 있다.

## ■ 한정사 + 형용사 + 명사

| | |
|---|---|
| many construction-related industries 여러 건설 관련 산업들 | many experienced workers 숙련된 많은 직원들 |
| any associated charges 어떤 관련된 경비 | |

## 3  보어 역할을 하는 형용사

형용사는 2형식 문장에서 주격 보어, 5형식 문장에서 목적격 보어 역할을 할 수 있다.

## ■ be동사(2형식 동사) + 형용사

형용사가 be동사 혹은 자동사 뒤에서 단독으로 쓰일 경우, 앞의 명사를 설명해 주기 때문에 형용사의 서술적 용법이라고 한다.

**진단평가 6** ● It is **advisable** to develop a variety of communication skills to communicate with clients all over the world.

전 세계에 있는 고객과 대화할 수 있도록 다양한 대화기술을 발전시키는 것이 바람직하다.

(A) advice    (B) advisable    (C) advise    (D) advisor

▶ 빈칸 앞에 be동사가 있으므로, 빈칸에는 형용사가 들어갈 수 있다. 문맥상 '~이 바람직하다'가 어울리므로 advisable이 정답이다.

He remained **silent** at the meeting.  그는 회의에서 침묵을 지켰다.

An application form is **available** at the human resources department.
지원서는 인사부에서 입수할 수 있습니다.

Because of the recession, the government remains **ready** to lower interest rates to stimulate the economy.
불경기 때문에 정부는 경기를 활성화하기 위해 금리를 낮출 준비가 되어 있다.

| | | | |
|---|---|---|---|
| be accustomed to | ~에 익숙하다 | be made of | ~으로 만들어지다 |
| be associated with | ~와 관련되다 | be necessary for | ~을 위해 필요하다 |
| be available for | ~에 이용할 수 있다 | be perfect for | ~을 위해 최적이다 |
| be aware of | ~을 인식하고 있다 | be preferable to | ~에 선호되어지다 |
| be capable of | ~할 능력이 있다 | be related to | ~에 관련되다 |
| be cognizant of | ~을 인식하다 | be responsible for | ~할 책임이 있다 |
| be comparable for | ~에 필적할만하다 | be satisfied with | ~으로 만족하다 |
| be confident of | ~을 확신하다 | be similar to | ~과 비슷하다 |
| be conscious of | ~을 의식하다 | be subject to | ~하기 쉽다 |
| be consistent with | ~와 일관되다 | be suitable for | ~에 알맞다 |
| be different from | ~와 다르다 | be surprised at[by] | ~으로 놀라다, ~을 보고 놀라다 |
| be eligible for | ~할 자격이 있다 | be superior to | ~에 월등하다 |
| be familiar with | ~에 익숙하다 | be pleased with | ~으로 기뻐하다 |
| be intended for | ~을 위해 의도되다 | | |

We are very **satisfied** with the design and features of these products.
이 제품들의 디자인과 특징들이 아주 마음에 듭니다.

The manager will be **responsible** for economic development and communications programs.
부장은 경제 개발과 의사소통 프로그램들을 책임질 것입니다.

## 4　수량형용사

수량형용사는 뒤에 나오는 명사의 양과 수를 한정하는 형용사를 말한다. 단수/복수 가산명사와 함께 쓰는 수량형용사, 불가산명사와 함께 쓰는 수량형용사, 그리고 가산명사와 불가산명사와 함께 쓰는 수량형용사가 있다.

| | |
|---|---|
| 수량형용사 + 단수 가산명사 | one, each, every |
| 수량형용사 + 복수 가산명사 | two, both, a couple of, (a) few, several, various, a number of, many, numerous |
| 수량형용사 + 불가산명사 | (a) little, much, a great deal of, a large amount of |
| 수량형용사 + 가산명사/불가산명사 | no, some/any, a lot of/lots of, plenty of, most, all |

**진단평가 7** ● Most customers prefer to shop at Kwon's Auto Parts because the store offers an unconditional guarantee on **all** purchases.

(A) any of　　　(B) each　　　**(C) all**　　　(D) every

Kwon's 자동차 부품은 모든 구매에 대해 무조건적으로 품질을 보증하기 때문에 대부분의 고객이 그곳에서 쇼핑하는 것을 선호한다.

▶ 빈칸 뒤에 복수명사가 쓰였으며, 문맥상 '모든 구매에 대한'이 되어야 하므로 (C)가 정답이 된다.

**진단평가 8 ●** Olive Garden's Café now has three **locations** in Orem, including two on University Avenue.

(A) locals　　　(B) locally　　　(C) locate　　　**(D) locations**

> Olive Garden's 카페는 대학가에 있는 두 매장을 포함해서 Orem에 현재 3개의 매장이 있다.

▶ 빈칸 앞에 숫자 three가 있으므로 뒤에는 복수명사 locations를 써야 한다.

**Every** employee must attend the monthly meeting.　모든 직원들은 월간 회의에 참석해야 한다.

If we send merchandise through containership, we can cut down on **a great deal of** the shipping expense.　만약 우리가 컨테이너선을 이용하여 상품을 보낸다면, 운송비를 상당히 줄일 수 있다.

## 5　형용사와 대명사 둘 다 가능한 단어들

| **each** 각각(의) | **most** 대부분(의) | **all** 모두(모든) | **much** 많은(양) | **several** 몇몇(의) | **some** 약간(의) |
|---|---|---|---|---|---|

**형용사: Several** employees are laid off because of the recession.　몇몇의 직원들은 불경기 때문에 해고되었다.

**대명사: Several** of the employees are laid off because of the recession.　직원 몇몇은 불경기 때문에 해고되었다.

## 6　복합형용사

두 개 이상의 단어가 연결되어 하나의 형용사 역할을 하는 것을 복합형용사라 한다. 복합형용사는 형용사이므로 복수 형태로 쓸 수 없다.

Geneva Manufacturing offers a **three-week** vacation to all employees after their first year of employment.　Geneva 제조사는 전 직원에게 1년차가 되면 3주간의 휴가를 제공한다.

The receptionist recommended a **three-room** suite but we couldn't afford it.
접수담당자는 방이 세 개 딸린 스위트룸을 권했지만 우리는 (비용을) 감당할 수 없었다.

## 7　혼동하기 쉬운 형용사

### ■ 부사처럼 보이는 형용사

'명사 + ly'는 형용사, '형용사 + ly'는 부사이다.

| costly | 비용이 많이 드는 | lonely | 외로운 |
|---|---|---|---|
| daily | 매일의 | lovely | 사랑스러운 |
| deadly | 치명적인 | orderly | 질서 있는 |
| elderly | 나이든 | silly | 어리석은 |
| friendly | 친절한, 다정한 | timely | 시기 적절한 |

▶ '명사 + ly'는 부사가 아니고 형용사다. 문맥상 '질서 정연하게'라는 문장으로 완성을 해야 하므로 in an orderly manner(fashion)와 같이 표현할 수 있다.

In order to serve you in a **timely** manner, we need this application to be complete.
당신을 시기 적절하게 도와줄 수 있도록, 이 지원서가 완성되어야 합니다.

The customer service representatives working at the service center are very **friendly**.
서비스 센터에서 일하는 고객 서비스 담당자들은 아주 친절하다.

## ■ 의미를 혼동하기 쉬운 형용사

| | | | |
|---|---|---|---|
| appreciable | 인지할 수 있는, 상당한 | memorable | 중대한, 기억할 만한 |
| appreciative | 감사해 하는 | memorial | 기념의 |
| arguable | 논의할 수 있는 | momentary | 순간의 |
| argumentative | 논쟁적인 | momentous | 중요한, 소중한 |
| comprehensible | 알기 쉬운 | numerical | 수의, 수적인 |
| comprehensive | 포괄적인 | numerous | 다수의, 수많은 |
| considerable | 상당한 | persuadable | 설득될 수 있는 |
| considerate | 이해심 있는 | persuasive | 설득력 있는 |
| economic | 경제의 | reliant | 의존하는(= dependent) |
| economical | 경제적인, 검소한 | reliable | 신뢰할 만한(= dependable) |
| favorable | 유리한 | respectful | 정중한, 예의 바른 |
| favorite | 좋아하는 | respective | 각각의, 개개의 |
| healthful | 건강에 좋은 | responsible | 책임 있는 |
| healthy | 건강한 | responsive | 반응하는 |
| informed | 박식한, 세련된 | sensible | 분별 있는 |
| informative | 유익한 | sensitive | 민감한, 예민한 |
| industrial | 산업의 | successful | 성공한 |
| industrious | 근면한, 부지런한 | successive | 계속적인 |

▶ 빈칸 뒤에 나오는 명사 services와 가장 잘 어울리는 형용사는 '포괄적인'을 뜻하는 comprehensive이다.

Although she has not had retail sales experience in our firm, her position did require **considerable** customer contact.  비록 그녀는 우리 회사에서 소매 영업을 해 본 경험은 없지만, 그녀의 자리는 상당히 많은 고객 접촉을 요구한다.

The manager will be **responsible** for the start-up and continued operation of our California auto manufacturing facility.  매니저는 우리 캘리포니아 자동차 제조 공장의 설립 및 운영을 맡게 될 것입니다.

## 8 형용사를 만드는 접미사

| 접미사 | | | | |
|---|---|---|---|---|
| **-able, -ible** | able ~할 수 있는<br>considerable 상당한<br>responsible 책임이 있는<br>suitable 적절한, 타당한 | accountable 설명할 수 있는<br>inevitable 피할 수 없는<br>sensible 분별 있는<br>affordable (가격이) 적당한, 입수 가능한 | advisable 현명한<br>respectable 존경할 만한<br>terrible 무서운 | comfortable 편안한<br>compatible 양립할 수 있는<br>valuable 가치 있는, 값비싼 |
| **-ful** | awful 지독한<br>respectful 경의를 표하는 | beautiful 아름다운<br>painful 아픈 | harmful 유해한<br>successful 성공한 | hopeful 희망에 찬<br>thoughtful 사려 깊은 |
| **-less** | careless 부주의한<br>thoughtless 경솔한 | harmless 해롭지 않은<br>valueless 하찮은 | hopeless 희망을 잃은<br>worthless 가치 없는 | reckless 무모한 |
| **-ate** | considerate 동정심이 많은<br>legitimate 합법적인 | deliberate 신중한<br>moderate 절제 있는 | fortunate 운이 좋은, 행운의<br>private 사적인 | illiterate 무식한 |
| **-ant** | important 중요한<br>resistant 견디는, 저항하는 | significant 중요한<br>reliant 의지하는, 신뢰하는 | malignant 악의 있는, 해로운 | pleasant (사물, 일이) 즐거운 |
| **-ent** | competent 유능한<br>current 지금의<br>intelligent 지적인 | convenient 편리한<br>diligent 근면한 | confident 확신하고 있는<br>excellent 우수한 | consistent 일관된<br>frequent 자주 일어나는, 빈번한 |
| **-y** | cloudy 흐린<br>sunny 양지바른 | healthy 건강한<br>windy 바람이 센 | risky 위험한<br>lengthy 긴 | sleepy 졸린<br>lucky 행운의 |
| **-ous** | anonymous 익명의<br>monotonous 단조로운<br>spontaneous 자발적인<br>spacious 넓은 | conscious 의식하고 있는<br>notorious 악명 높은<br>various 가지각색의, 다양한<br>cautious 조심성 있는, 조심하는 | industrious 근면한<br>ominous 불길한<br>vigorous 정력적인 | momentous 중대한<br>serious 진지한<br>unanimous 동의하는 |
| **-ic** | athletic 활발한, 체육의<br>exotic 이국적인<br>terrific 굉장한 | domestic 국내의<br>economic 경제학의<br>toxic 유독한 | dramatic 극적인<br>patriotic 애국의 | energetic 활기찬<br>periodic 주기적인, 정기적인 |
| **-al** | additional 추가적인<br>medicinal 약용으로 쓰이는<br>substantial 상당한 | exceptional 예외적인<br>motivational 동기부여의<br>environmental 환경의, 환경보호의 | frugal 절약하는<br>normal 표준의 | legal 합법의<br>rural 시골의 |
| **-cal** | classical 고전적인 | economical 경제적인 | logical 논리학의 | political 정치의 |

| 접미사 | | | | |
|---|---|---|---|---|
| **-ing** | amazing 놀랄만한, 굉장한<br>interesting 흥미 있는 | demanding 요구가 지나친<br>satisfying 만족을 주는 | disappointing 실망시키는<br>qualifying 자격을 주는 | exciting 흥분시키는 |
| **-ed** | bored 지루한 | tired 피곤한 | complicated 복잡한 | recognized 인정받는 |
| **-ial** | beneficial 유익한 | industrial 산업의 | memorial 기념의 | remedial 치료하는 |
| **-ory** | advisory 조언하는<br>sensory 감각의 | compulsory 강제적인<br>satisfactory 만족스러운 | mandatory 의무적인 | participatory 참여의 |
| **-ary** | imaginary 상상의 | momentary 순식간의 | necessary 필요한 | voluntary 자발적인 |
| **-ive** | collaborative 협력하는<br>prospective 예기된<br>appreciative 감사의, 감상하는<br>responsive 응답하는, 반응하는<br>permissive 허용된, 허락하는 | competitive 경쟁의<br>productive 생산적인 | intensive 집약적인, 집중적인<br>respective 각각의<br>attentive 주의 깊은, 조심성 있는<br>repetitive 반복적인, 되풀이하는 | imperative 긴급한<br>successive 연속하는 |
| **-ish** | childish 어린애 같은 | sluggish 나태한 | boorish 촌티 나는 | |
| **-ly** | costly 값비싼<br>lively 활발한<br>disorderly 혼란한 | elderly 나이가 지긋한<br>lonely 고독한 | friendly 친한<br>lovely 사랑스러운 | likely ~할 것 같은<br>orderly 차례로 된 |
| **-some** | awesome 대단한, 멋진 | bothersome 귀찮은 | handsome 잘생긴 | irksome 귀찮은, 성가신 |
| **-like** | alike 비슷한 | childlike 어린이다운 | businesslike 사무적인 | |

**1** The -------- laboratory safety inspections are conducted once every three months.

(A) absent         (B) probable

(C) eventual       (D) routine

**2** Of the four computer software programs they tested, one made by Dell is the least --------.

(A) expending     (B) expenditure

(C) expenses      (D) expensive

**3** Although a sufficient number of rooms were reserved in advance, several participants decided to stay at a -------- hotel.

(A) closest        (B) nearby

(C) next          (D) brief

**4** Jewelry based on -------- works of art will be displayed at the art museum for the remainder of the week.

(A) authentic      (B) authenticate

(C) authenticity    (D) authentically

**5** Due to -------- weather conditions, the outdoor activity will be postponed until further notice.

(A) functional     (B) prompted

(C) unfavorable   (D) incomplete

**6** Allstate company is aggressively seeking ideal workers with -------- skills in accounting.

(A) specializing     (B) specialized

(C) specialization   (D) specialize

**7** All expense reports for the -------- fiscal year must be submitted by December 31.

(A) late         (B) current

(C) closed      (D) direct

**8** Because houses in Shady Dell are comparatively --------, many people have moved there from the city.

(A) affordable     (B) potential

(C) directed      (D) approximate

**9** Our investment consultant reminded us that new properties are usually easy to maintain and require -------- repairs.

(A) quite        (B) often

(C) any         (D) few

**10** The security officers are -------- by their bright blue uniform.

(A) identify      (B) identifies

(C) identity      (D) identifiable

11 Of all the candidates for manager of sales
department, Mr. Johnson is by far the most
-------- and experienced.

(A) qualified      (B) conditional
(C) requisite      (D) secured

12 Compared to the previous version, the
new version places -------- emphasis on the
quality.

(A) greatly        (B) greater
(C) more greatly   (D) as great as

13 In a rapidly growing city like Dallas, --------
use of office space has been increasing over
the last ten years.

(A) economical     (B) economy
(C) economist      (D) economize

14 It became quite -------- that Mr. Hernandez
needed more assistance after his team failed
to finish their project on time.

(A) contingent     (B) apparent
(C) negligible     (D) prerequisite

15 Construction safety guidelines suggest that
workers should wear gloves and helmets at
-------- times.

(A) full           (B) complete
(C) total          (D) all

16 Mr. Smith, who has only been with Anderson
Consulting for three months, has shown
himself to be a very -------- employee.

(A) valuably       (B) valuable
(C) valuing        (D) value

17 The main train station located in the middle
of the city is -------- from major bus routes.

(A) retainable     (B) presentable
(C) accessible     (D) capable

18 Auditions for the upcoming opera will be held
at the newly -------- Benson Theater.

(A) renovate       (B) renovated
(C) renovating     (D) renovation

19 New employees are required to submit their
-------- paperwork to the human resources
department by the end of the month.

(A) conclusive     (B) absolute
(C) completed      (D) exhausted

20 Kingston Corporation employees must
get a permission to enter the company's
storage facilities because numerous --------
documents are filed there.

(A) limiting       (B) proportionate
(C) confidential   (D) surrounding

**Questions 21-24 refer to the following e-mail.**

**From**: John Perez
**To**: Jennifer Anderson
**Subject**: Job Offer
**Date**: June 6

Dear Ms. Anderson,

Thank you very much for offering me the position of Marketing Manager with Hatfield Industries. However, after ------- consideration, -------. I have accepted a position with
**21.** **22.**
another company. It was a really difficult decision to make, and I really appreciate your taking the time to meet with me and discuss the ------- at your company. I am ------- by
**23.** **24.**
your company's goals, mission and commitment to the best service and products. Again, thank you for your consideration.

Sincerely,
John Perez

21  (A) careful
    (B) carefully
    (C) carefulness
    (D) careless

22  (A) I do not feel qualified for the marketing manager position.
    (B) it seems best that we must proceed with the hiring process.
    (C) I regret to inform you that I must decline your job offer.
    (D) I am very excited for this new opportunity.

23  (A) reception
    (B) position
    (C) celebration
    (D) contribution

24  (A) relieved
    (B) impressed
    (C) understood
    (D) agreed

**Questions 25-28 refer to the following letter.**

May 20

Dear Dudley,

Thank you for purchasing your new T&T mobile phone. -------. The enclosed brochure
provides a ------- summary of your service plan and an explanation of fees. If for any
reason you are

------- with your phone, you will be issued a refund. All of our products come with a 30-
day money-back guarantee. If you have ------- questions about the mobile service or
equipment, please contact us, and we will be happy to assist you.

Jamie Barker
Regional Sales Representative

**25** (A) T&T mobile has been serving our
neighbors since 1990.

(B) We are committed to provide our
employees with the best benefits.

(C) If you are interested in becoming a part of
T&T, please contact the main office line.

(D) We are committed to providing you with
affordable and reliable wireless service.

**26** (A) detailed

(B) details

(C) detail

(D) detailing

**27** (A) impulsive

(B) dissatisfied

(C) overstated

(D) uncommon

**28** (A) furthering

(B) furthered

(C) further

(D) furthers



▶▶▶ 정답 및 해설 p24

# 부사

부사는 정기시험 매회 4문제 이상 꾸준하게 출제되는 아주 중요한 품사다. 시험에서 부사 관련 문제는 대부분 동사의 앞, 뒤나 형용사의 앞에 나오는 문제이므로, 형용사 앞이나 동사의 앞뒤에 빈칸이 있을 경우 부사를 선택해서 쉽게 정답을 고를 수 있다. 또한, 부사 어휘에 관련된 문제는 부사가 수식하는 품사와의 관계를 따져서 풀어야 한다.

## 진단평가

**1** The amount of time dedicated to advertising on the BBC television channel has increased ------- since last quarter.

(A) notice      (B) noticing
(C) noticeable      (D) noticeably

**2** Steel production has ------- been an important part of Levington County's industrial development.

(A) history      (B) historian
(C) historically      (D) historical

**3** Mr. Johnson is ------- employed in the marketing department as Mr. Maxwell's executive assistant.

(A) present      (B) presently
(C) presenter      (D) presentation

**4** Applicants have been informed that the selection process is ------- competitive, and only five positions will be awarded.

(A) highly      (B) high
(C) heighten      (D) highness

**5** Throughout the training period, all newly hired technicians will work very ------- with one another.

(A) close      (B) closure
(C) closed      (D) closely

**6** Please note that it will take ------- 5 to 7 hours to complete all the necessary courses for the safety training.

(A) immediately      (B) approximately
(C) quickly      (D) carefully

**7** Although Mr. Taylor's promotion took place two months ago, his previous position has ------- to be filled.

(A) like      (B) never
(C) yet      (D) even

**8** The accounting office ------- released its annual sales figures at the stockholders meeting.

(A) ever      (B) just
(C) lately      (D) soon

**9** John Smith always works -------, so I would like to recommend him to your company.

(A) hardly      (B) hard
(C) harden      (D) hardened

**10** Mr. Smith's bakery has been ------- successful in spite of the recent increase in the price of flour.

(A) only      (B) very
(C) well      (D) soon

---

**정답**   **1** (D)    **2** (C)    **3** (B)    **4** (A)    **5** (D)    **6** (B)    **7** (C)    **8** (B)    **9** (B)    **10** (B)

## ▪ 부사 + 일반동사/일반동사 + 부사

The personnel manager **clearly** emphasized the importance of simple guidelines for new trainees.
인사 부장은 새로운 연수자를 위한 간단한 지침의 중요성을 분명히 강조했다.

When you give a speech, you should speak **loudly** and **clearly**.
연설을 할 때는 크고 명확하게 말해야 한다.

## ▪ 빈출 동사 + 부사

| | | |
|---|---|---|
| decrease 감소하다 | increase 증가하다 | |
| rise 오르다 | fall 내리다 | |
| grow 성장하다 | improve 향상되다 | |

| | |
|---|---|
| rapidly 급속히 | steadily 꾸준히 |
| considerably 상당히 | noticeably 눈에 띄게 |
| significantly 상당히 | slightly 약간 |
| sharply 급격히 | |

---

**진단평가 1 ●** The amount of time dedicated to advertising on the BBC television channel has increased **noticeably** since last quarter.

BBC 텔레비전의 광고에 투입된 시간이 지난 분기 이후로 두드러지게 증가했다.

(A) notice  
(B) notlclng  
(C) noticeable  
**(D) noticeably**

▶ 자동사 has increased 다음에는 이를 수식하는 부사를 써야 한다. 동사 뒤에 빈칸이 있을 경우, 동사가 자동사인지 타동사인지 구별해야 한다. 자동사의 경우, 현재 문장처럼 부사가 올 수 있지만, 타동사 뒤에는 목적어 역할을 하는 명사 상당어구가 올 수 있다.

Since Mr. Garcia restructured the sales department, profits have risen **considerably**.
Garcia씨가 영업 부서를 재구성한 이후로 수익은 꾸준히 증가했다.

## ▪ 조동사 + 부사 + 동사원형

Delivery companies will **fully** reimburse the cost of any products damaged during shipment.
배송업체는 운송 중 손상된 상품의 비용을 전액 변상할 것이다.

## ▪ have + 부사 + p.p.

---

**진단평가 2 ●** Steel production has **historically** been an important part of Levington County's industrial development.

철강생산은 Levington 카운티의 산업 개발에서 역사적으로 중요한 부분이 되었다.

(A) history  
(B) historian  
**(C) historically**  
(D) historical

▶ 현재, 과거, 미래완료 사이에는 부사를 써야 한다.

The restaurant has **recently** begun to look for a new supplier for fresher ingredients.
그 식당은 신선한 재료를 위해 최근에 새로운 공급업자를 찾기 시작했다.

## ■ be + 부사 + 과거분사


진단평가 3 ● Mr. Johnson is **presently** employed in the marketing department as Mr. Maxwell's executive assistant.

(A) present
(B) **presently**
(C) presenter
(D) presentation

Johnson씨는 현재 Maxwell씨의 보좌관으로 마케팅부에 고용되어 있다.

▶ be동사와 과거분사 사이 즉, 수동태 문장 사이에는 부사를 써야 하므로 presently가 정답이다.

This computer is **highly** recommended by those who have already used it.
이 컴퓨터는 이미 사용해 본 사람들이 적극 추천하는 제품입니다.

## ■ 부사 + 형용사

진단평가 4 ● Applicants have been informed that the selection process is **highly** competitive, and only five positions will be awarded.

(A) **highly**　　(B) high　　(C) heighten　　(D) highness

지원자들은 선발 경쟁이 매우 치열하며 오직 다섯 개의 일자리가 주어질 것이라고 통보받았다.

▶ 빈칸 앞에는 be동사, 뒤에는 competitive라는 형용사가 있으므로, 빈칸에는 부사 highly가 들어간다.

Although the two models of cameras feature different options, they look **nearly** identical.
두 카메라 모델이 서로 다른 옵션을 갖추고 있지만, 외양은 거의 비슷해 보인다.

## ■ 부사 + 부사

진단평가 5 ● Throughout the training period, all newly hired technicians will work very **closely** with one another.

(A) close　　(B) closure　　(C) closed　　(D) **closely**

새로 고용된 모든 신입 기술자들은 연수기간 내내 서로 긴밀히 일할 것이다.

▶ 빈칸 앞에 나오는 동사 will work를 수식하면서, 동시에 부사 very의 수식을 받는 품사는 부사이므로 closely가 정답이다.

John speaks **extremely** carefully when talking to his boss.
John은 상사에게 말할 때 아주 조심스럽게 말한다.

## ■ 일반동사 + as 부사 as

In order to finish the project on time, we need to use our time as **efficiently** as possible.
정시에 프로젝트를 끝마치기 위해서, 우리는 가능한 한 효율적으로 시간을 사용해야 한다.

## ■ 부사 + 문장 전체

다음에 나오는 부사들은 문장 전체를 수식하는 부사들이다.

| | | | |
|---|---|---|---|
| **apparently** 명백하게 | **clearly** 분명히, 명확하게 | **increasingly** 점차적으로 | **unfortunately** 유감스럽게도 |
| **more importantly** 더욱 중요하게 | **presumably** 가정상, 아마도 | **regrettably** 유감스럽게도 | **recently** 최근에 |

**Unfortunately**, I won't be able to attend the meeting.
유감스럽게도 저는 그 회의에 참석할 수 없을 거예요.

## 2 부사의 종류

### ■ 수사를 수식하는 부사

다음에 나오는 부사들은 뒤에 나오는 숫자를 수식할 수 있는 부사들이다.

| | | | | | |
|---|---|---|---|---|---|
| almost 거의 | nearly 거의 | about 약 | roughly 대략 | at least 적어도 | over 이상 |
| up to ~까지 | more than 이상으로 | exactly 정확하게 | approximately 대략 | | |

**진단평가 6** ● Please note that it will take **approximately** 5 to 7 hours to complete all the necessary courses for the safety training.

(A) immediately      **(B) approximately**
(C) quickly      (D) carefully

교육훈련에 필요한 모든 과정을 수료하는 데는 대략 5~7시간이 걸린다는 것을 명심하세요.

▶ 빈칸 뒤에 숫자가 나왔으므로 숫자를 수식하는 부사 approximately가 정답이 된다.

All staff members should attend **at least** two professional development seminars a year.
모든 직원들은 적어도 일 년에 두 번 전문 개발 세미나에 참여해야 한다.

Despite earning **nearly** $5 million in profits on advertising sales, the company still struggles to compete with rival company Ads Pro.
광고 매출로 거의 500만 달러의 흑자를 내고 있지만, 그 회사는 여전히 경쟁사인 Ads Pro와 힘든 경쟁을 벌이고 있다.

### ■ 자주 출제되는 부사

❶ already 이미, 벌써

Several of the employees have **already** been laid off because of the recession.
불경기 때문에 몇몇 직원들은 이미 해고되었다.

❷ yet (긍정문에서) 아직도, 여전히, (의문문에서) 이미, (부정문에서) 아직까지

Although the economy is slowly recovering, the job market has **yet** to bounce back.
경제가 서서히 회복되고 있지만, 취업 시장은 아직 완전히 회복되지 못하고 있다.

❸ still 아직도, 여전히

Company employees are **still** putting in many hours of overtime to catch up on paperwork and are not being compensated for their work.
회사 직원들은 여전히 밀린 서류작업을 마치려고 여러 시간 초과근무를 했지만, 그들이 한 일에 대한 보상을 받지 못하고 있다.

❹ ever 지금까지, 이전에

Have you **ever** been to New York? 뉴욕에 가보신 적 있나요?

**⑤ even** ~도 조차

Our goal is that no customer will have to wait more than ten minutes for service, **even** when the bakery is very busy.

우리의 목표는 제과점이 매우 바쁠 때조차도 고객이 10분 이상 서비스를 기다리지 않도록 하는 것이다.

**진단평가 7** ● Although Mr. Taylor's promotion took place two months ago, his previous position has **yet** to be filled.

Taylor씨의 승진이 2달 전이었음에도 불구하고 그의 이전 직책이 아직까지도 채워지지 않고 있다.

(A) like　　　　(B) never　　　**(C) yet**　　　　(D) even

▶ have yet to는 '아직 ~하지 않다'라는 의미의 관용 표현이다.

### ■ 시제와 함께 쓰는 부사

**❶ just** 틀림없이, 꼭, 방금

Management announced that all salespeople would be receiving a bonus this year, **just** in time for summer vacation.　경영진은 여름 휴가철에 꼭 맞춰 모든 판매 직원들이 올해 보너스를 받을 것이라고 발표했다.

**❷ now** 지금

We are able to process your order because the materials you requested are **now** in stock.

요청하신 자재들은 이제 재고가 있으므로 귀하의 주문을 처리할 수 있게 되었습니다.

**❸ soon** 이내, 곧

Ireland's largest software producer will be **soon** opening a large facility in Clarksville.

아일랜드의 최대 소프트웨어 생산 업체는 Clarksville에 대규모 시설을 곧 개장할 예정입니다.

**❹ finally** 결국, 드디어

Because the contract has **finally** been approved, staff members and managers must report to work immediately.　마침내 계약이 승인되었으므로 직원들과 매니저들은 즉시 직장에 출근해야 한다.

**진단평가 8** ● The accounting office **just** released its annual sales figures at the stockholders meeting.

회계부서는 방금 주주총회에서 회사의 연례판매수치를 공개했다.

(A) ever　　　　**(B) just**　　　(C) lately　　　(D) soon

▶ 과거 시제와 함께 쓸 수 있는 부사를 선택하는 문제로 just가 가장 적절한 부사다. just는 현재완료 시제와도 자주 쓰이는 부사다.

### ■ −ly가 붙으면 의미가 달라지는 부사

| close | 접하여, 바로 곁에 | closely | 자세히, 면밀히 |
|---|---|---|---|
| hard | 힘들게, 열심히 | hardly | 거의 ~하지 않다 |
| high | 높이, 높게 | highly | 고도로, 아주 |
| late | 늦게, 늦도록 | lately | 최근에 |
| near | 가까이 | nearly | 거의(= almost) |

| short | 짧게, 간단히 | shortly | 바로 |
| most | 매우, 가장 많이 | mostly | 대체로, 주로 |
| great | 잘 | greatly | 매우 |

**진단평가 9** ● John Smith always works **hard**, so I would like to recommend him to your company.

(A) hardly　　(B) hard　　(C) harden　　(D) hardened



▶ 동사 뒤에 빈칸이 있으므로 부사를 써야 한다. 선택지에 부사가 두 개 있지만 hardly는 부정의 의미를 가지는 부정부사이므로 문맥상 어울리지 않는다. '항상 열심히 일한다'는 내용으로 문장을 써야 하므로 hard가 가장 적절하다.

T&R Bank's online service has been in high demand **lately**.
T&R Bank의 온라인 서비스는 최근 수요가 많아졌다.

We have chosen Ms. Robinson for the position of assistant editor because Mr. Tenner spoke so **highly** of her work ethic.　우리는 Tenner씨가 그녀의 직업 윤리에 관해서 매우 높이 평가했기 때문에 Robinson씨를 부 편집장으로 선택했다.

## ■ 부정부사

부정의 의미를 가지는 부정부사가 들어간 문장에서는 not이 필요 없다. 또한 부정부사가 문두에 나오면 'Seldom + 동사 + 주어 ~'처럼 수어와 동사의 어순이 도치된다.

| hardly, seldom, scarcely, barely 거의 ~하지 않다 | hardly ever 지금까지 거의 ~하지 않다 |

There are **barely** enough employees to cover shifts during the vacation season.
휴가 기간에는 교대할 직원들이 충분하지 않다.

## ■ 빈도부사

일반적으로 빈도부사는 조동사와 be동사 뒤, 일반동사 앞에 위치한다. 단, 횟수를 나타내는 빈도부사는 보통 문장 뒤에 위치한다.

❶ always 항상, usually 보통, frequently 빈번하게, often 자주

Ms. Brown **usually** arrives at the office at 9 o'clock, but she was delayed this morning.
Brown씨는 사무실에 보통 9시에 도착하는데, 오늘 아침에는 늦게 출근했다.

❷ sometimes, occasionally 때때로, rarely 드물게

I play tennis **occasionally**.　나는 때때로 테니스를 친다.

❸ never 결코 ~하지 않는

My monthly utility bill has **never** exceeded $150.　나의 월 공과금은 결코 150달러를 초과하지 않는다.

❹ 횟수의 빈도부사

| | | | |
|---|---|---|---|
| every day 매일 | weekly 매주 | bi-weekly 2주마다 | monthly 매달 |
| semi-annually 반년마다 | annually/yearly 매년 | | |

The contract will be renewed **annually**. 계약은 매년 갱신될 것입니다.

## ■ too much, much too, enough, very, much

❶ too much + 명사: 너무 많은

Children should not spend **too much time** watching TV. 아이들은 텔레비전을 보는 데 너무 많은 시간을 보내면 안 된다.

❷ much too + 형용사/부사: 너무 ～한

It would be great but it's **much too expensive**. 좋긴 하지만 너무 비싸요.

❸ much to one's + 추상명사: 너무 ～하게도

**Much to my surprise**, the steps involved in posting new information and deleting old news were simple.
너무나 놀랍게도 새로운 정보를 공지하고 이전 뉴스를 삭제하는 방법들은 간단했다.

❹ 형용사 + enough + to부정사: 충분히 ～한

Dr. Johnson is very popular among his patients because he is **kind enough to help** them overcome any problems whether they are rich or poor.
Johnson 박사는 환자들이 부자든 가난하든 그들이 문제를 극복하도록 도와줄 만큼 친절하기에 환자들 사이에서 인기가 아주 많다.

❺ very: (일반 형용사, 부사, 분사형 형용사 수식) 매우

We are **very** pleased to welcome Louis Smith, Human Resources Director of Industry, to answer all your questions. 여러분의 모든 질문에 대답을 드리기 위해 산업 부문 인사담당 이사인 Louis Smith씨를 모시게 되어 매우 기쁩니다.

❻ much: (동사, 형용사, 비교급, 최상급, 과거분사 수식) 매우

Even though they may look very **much** alike, there are some distinguishing features that you can identify. 비록 그들이 매우 흡사해 보일지 모르지만, 구별 가능한 몇몇 두드러진 특징이 있다.

진단평가 10 ● Mr. Smith's bakery has been **very** successful in spite of the recent increase in the price of flour. 최근 밀가루 가격 상승에도 불구하고 Smith씨의 제과점은 매우 성공적이다.

(A) only　　　**(B) very**　　　(C) well　　　(D) soon

▶ 어휘 문제로 문맥상 '밀가루 가격 상승에도 불구하고 Smith씨의 제과점은 매우 성공적이다.'는 문장으로 써야 한다.

## ■ 반드시 알아 두어야 할 빈출 부사

| | | | |
|---|---|---|---|
| accordingly | 따라서, 적절히 | inflexibly | 확고하게, 완고히 |
| adamantly | 단호히, 완고하게 | inherently | 본질적으로 |
| additionally | 부가적으로, 게다가 | innocently | 흠이 없이, 순진하게 |

| 영어 | 뜻 | 영어 | 뜻 |
| --- | --- | --- | --- |
| adequately | 충분히 | insincerely | 성의 없이 |
| admiringly | 감탄하여 | knowingly | 고의로 |
| adversely | 거꾸로, 불리하게 | largely | 주로, 대량으로 |
| aggressively | 적극적으로 | lastingly | 오래 지속하여 |
| amply | 충분히, 상세히 | lightly | 가볍게, 민첩하게 |
| approvingly | 찬성하는, 만족스럽게 | minimally | 최소한으로 |
| brightly | 밝게 | movingly | 감동적으로 |
| certainly | 확실히, 틀림없이 | notably | 현저히, 뚜렷하게 |
| clearly | 명확하게 | noticeably | 두드러지게 |
| collectively | 일괄하여 | objectively | 객관적으로 |
| completely | 완전히, 철저히 | originally | 원래, 독창적으로 |
| consecutively | 연속하여 | perfectly | 완전히, 매우 |
| considerably | 상당히, 꽤 | personally | 몸소, 직접 |
| continually | 계속해서, 번번히 | poorly | 초라하게, 불충분하게 |
| conveniently | 편리하게 | precisely | 정밀하게, 정확히 |
| cooperatively | 합심하여, 협동하여 | presently | 곧 |
| cordially | 진심으로, 정중히 | preventively | 예방적으로 |
| correspondingly | 일치하게 | previously | 이전에, 미리 |
| courteously | 정중히 | promptly | 재빨리, 즉각적으로 |
| currently | 지금, 현재 | properly | 적당히 |
| customarily | 습관적으로, 관례상 | quickly | 빨리, 서둘러서 |
| deeply | 깊이, 철저히 | rapidly | 빨리, 신속히 |
| dimly | 어렴풋이 | readily | 언제라도, 당장 |
| directly | 직접, 곧장 | realistically | 현실적으로 |
| dramatically | 엄청나게, 급격하게 | recently | 최근에 |
| easily | 용이하게, 쉽게 | regrettably | 유감스럽게 |
| efficiently | 효율적으로 | regularly | 규칙(정기)적으로 |
| electronically | 전자상으로 | respectfully | 공손(정중)하게 |
| equally | 똑같이, 평등하게 | responsibly | 확실하게, 틀림없이 |
| eventually | 결국에는 | right | 즉시, 바로 |
| evidently | 분명히 | rightfully | 올바르게, 정당하게 |
| exactly | 정확히 | safely | 안전하게 |
| expensively | 비싸게 | slowly | 천천히 |
| extremely | 극단적으로, 대단히 | strictly | 엄격히 |
| faintly | 희미하게 | substantially | 상당히 |
| favorably | 우호적으로, 호의적으로 | tightly | 단단히, 꽉 |
| frequently | 자주 | timelessly | 영원히 |
| highly | 대단히, 몹시 | unconditionally | 아무런 조건 없이 |
| increasingly | 더욱더, 점점 | vaguely | 막연히, 모호하게 |
| indefinitely | 막연히, 무기한으로 | | |

1   Since the restaurant has been -------- busy, the owner is planning to recruit more staff.

   (A) unexpectedly
   (B) attentively
   (C) immediately
   (D) exactly

2   All employees have been instructed to report to the auditorium -------- at 5 PM for the safety training.

   (A) inwardly
   (B) promptly
   (C) highly
   (D) extremely

3   Mr. Johnson will reorganize his schedule because he has -------- many appointments next month.

   (A) too
   (B) much
   (C) highly
   (D) mostly

4   Novell Soft is -------- regarded as the leading software-development company in the country.

   (A) wider
   (B) widely
   (C) widened
   (D) widening

5   The jacket Mr. Anderson wants to order is -------- out of stock.

   (A) rapidly
   (B) extremely
   (C) promptly
   (D) temporarily

6   During the factory renovation project, Ms. Smith -------- came in early and did not leave the office until midnight.

   (A) soon
   (B) recently
   (C) often
   (D) shortly

7   Delta Company -------- announced that it will hire an outside consultant.

   (A) recently
   (B) financially
   (C) hardly
   (D) permanently

8   City planners must -------- find a way to reduce the cost of building the conference center.

   (A) quicker
   (B) quickest
   (C) quickly
   (D) quickness

9   The Seven Peaks Recreation Center is -------- seeking full-time swimming instructors.

   (A) urgent
   (B) most urgent
   (C) urgently
   (D) urgency

10   The new backpack is -------- designed for travelers who need a large but lightweight bag.

   (A) quite
   (B) seldom
   (C) profoundly
   (D) specially

**11** The health equipment at Springville Fitness Center is checked -------- to ensure that it is clean and safe.

(A) almost    (B) every

(C) regularly   (D) recently

**12** The Winston Baking Company has -------- produced high-quality baked goods since it was founded.

(A) lightly    (B) briefly

(C) consistently  (D) enormously

**13** The design plans for the new convention center must be examined extremely -------- before they can be implemented.

(A) careful    (B) carefully

(C) care     (D) more carefully

**14** By the time the participants arrived, the annual meeting had -------- started so they had to be seated in the reception area until the first break.

(A) already    (B) still

(C) before    (D) nearly

**15** Now that our busiest season is at hand, we hope that staff members check the stock of the merchandise more --------.

(A) accessibly   (B) regularly

(C) essentially   (D) primarily

**16** Both tasty and healthy, the tomato salad at Sam's Bistro is also large -------- to be served as a main dish.

(A) enough    (B) fully

(C) nearly    (D) well

**17** The company offers potential customers an initial consultation -------- free of charge.

(A) continually   (B) exclusively

(C) extremely   (D) completely

**18** The Cordial Corporation is -------- offering discounted prices to all first-time customers.

(A) currently   (B) partially

(C) rarely    (D) desirably

**19** We recommend that the paint be used -------- on metallic surfaces because it will be absorbed into wooden surfaces.

(A) doubly    (B) exactly

(C) only     (D) nearly

**20** Mr. Manning's articles in the company newsletter are so -------- well written that all employees are looking forward to reading it.

(A) exceptional   (B) exceptionally

(C) exception   (D) exceptions

August 4

Mr. Claude Hudson
Manager
Donnelly Networks, Inc.
350 Fourth Street
Washington, DC

Mr. Hudson,

Thank you very much for your ------- **21.** for the position of assistant projects coordinator for the technology department of the Donnelly Networks, Inc. After ------- **22.** consideration of the opportunity and my current career goals, I, unfortunately, have decided to decline. ------- **23.** However, I have agreed to accept the position of chief director of the research department of Milton&Sons Company already. I have thoroughly enjoyed getting together with you as a candidate, and do hope we will have the opportunity to work ------- **24.** in the future.

Sincerely yours,
Maria Castro

21 (A) return
   (B) acceptance
   (C) offer
   (D) admission

22 (A) carefully
   (B) care
   (C) cared
   (D) careful

23 (A) It has been a very difficult working for your company.
   (B) I do appreciate the hospitality your company has given me.
   (C) I am very excited to keep growing in this company.
   (D) Milton&Sons have offered me a better wage.

24 (A) unless
   (B) nearly
   (C) certainly
   (D) together

Canyon Park wishes to acknowledge the many individuals who have ------- contributed **25.** more than $30,000 to the Canyon Park Society. These ------- are too numerous to list **26.** here, but they can be found on our Web site at canyonpark.com. This first fund drive will enable us to complete a number of park-improvement projects that city residents have been requesting for years. Renovations include upgrades to the main entrance and the creation of a walkway ------- the large pavilion. -------. Thank you! **27.** **28.**

25 (A) briefly
   (B) annually
   (C) collectively
   (D) thoroughly

26 (A) donors
   (B) concerns
   (C) developers
   (D) approvals

27 (A) surrounds
   (B) surrounded
   (C) surrounding
   (D) will surround

28 (A) The funds will be distributed evenly to the city residents.
   (B) We are currently recruiting workers to be part of Canyon Parks team.
   (C) Our department is working harder to raise more funds.
   (D) We could not have done any of this without your generous support.

▶▶▶ 정답 및 해설 p27

# 비교구문

비교구문 문제는 정기시험 2회당 1문제 정도 출제된다. ① 원급 사이에 오는 부사와 형용사(as + 형용사/부사 + as), ② 비교급의 환경(부사/형용사의 비교급 + than), ③ 최상급의 환경(the + 형용사/부사의 최상급), ④ 라틴계 비교급에서는 than 대신에 to를 사용하는 것, ⑤ 비교급이나 최상급에 관련된 관용표현에 관련된 문제가 출제된다.

## 진단평가

**1** Researchers at Durable Synthetics are working on a new material that will be twice as ------- as ordinary glass.

(A) durable　　　　(B) durably

(C) durability　　　(D) durableness

**2** Moving our headquarters to the suburbs would be more convenient and less expensive ------- settling in the congested urban area.

(A) than　　　(B) and

(C) but　　　(D) while

**3** Of the two applicants, Mr. Anderson is the ------- qualified to work on the company restructuring project.

(A) better　　　(B) much

(C) too　　　　(D) well

**4** This award recognizes Grace Jackson for having worked the ------- of all the employees at the company this month.

(A) hardly　　　(B) harder

(C) hardest　　　(D) hard

**5** Exquisite craftsmanship and the world's finest materials make Longman Furniture ------- to other leading brands.

(A) superior　　　(B) better

(C) advanced　　　(D) improved

**6** This year's annual report should be ------- more helpful than under our previous management, who offered only sales percentages.

(A) too　　　(B) such

(C) very　　　(D) much

**7** John Smith will instruct the new team members tomorrow ------- return next week to lead the second training session.

(A) even though　　　(B) rather than

(C) as long as　　　　(D) so that

---

**정답** 1 (A)　　2 (A)　　3 (A)　　4 (C)　　5 (A)　　6 (D)　　7 (B)

원급 비교는 'as + 형용사/부사 + as'를 뜻하는데, as ~ as 사이에는 항상 형용사나 부사의 원급만 쓰일 수 있다. 형용사가 올지 부사가 올지는 as ~ as 앞에 나오는 동사에 의해서 결정된다. 즉, be동사가 나오면 형용사를 써야 하고, 일반동사가 나오면 부사를 써야 한다.

### ■ be동사 + as 형용사 as: ~와 마찬가지로 ~하다, ~만큼 ~하다

To achieve the most efficient company, the employers will keep watch on the workers to ensure that they **are as productive as** possible.

가장 효율성있는 회사가 되기 위해, 고용주들은 직원들이 가능한 한 생산적일 수 있도록 그들을 주시할 것이다.

### ■ 일반동사 + as 부사 as: ~와 마찬가지로 ~하다, ~만큼 ~하다

Our existing copy machine **works as efficiently as** a new one.

우리의 기존 복사기는 새 복사기 못지 않게 효율적으로 작동한다.

### ■ 형용사나 부사의 원급을 수식하는 almost, nearly, just

John is **just as qualified as** the other candidates for that position.

John은 다른 후보자들만큼 그 일자리에 필요한 자격 요건을 질 깆추었다.

---

**진단평가 1** ● Researchers at Durable Synthetics are working on a new material that will be twice as **durable** as ordinary glass.

**(A) durable**　　　　(B) durably
(C) durability　　　　(D) durableness

Durable합섬의 연구원들은 일반 유리보다 두 배 내구성이 강한 새로운 물질에 대해 연구하고 있다.

▶ 원급 앞에 be동사가 있으므로 빈칸에는 형용사를 써야 한다.

---



비교급은 서로 다른 둘을 직접 비교할 때 사용할 수 있다.

### ■ 형용사/부사 –er + than

Using a combination of rail and road transportation would be **cheaper than** using road transportation only.

철도와 도로 교통을 병행하는 것이 도로 교통수단만 이용하는 것보다 더 저렴할 것이다.

### ■ more + 형용사/부사 + than

Modern technology makes our living much **more convenient than** the past.

현대 과학 기술은 우리 생활을 과거보다 훨씬 더 편리하게 만든다.

▶ 비교급에 쓰이는 more와 less가 있으므로 이와 짝을 이룰 수 있는 than이 정답이다.

## ■ the + 비교급

일반적으로 정관사 the는 최상급과 함께 쓰이지만 다음의 경우는 정관사 the와 함께 쓰는 특별한 용법이므로 잘 숙지해 두도록 하자.

❶ The + 비교급, the + 비교급: ~하면 할수록 더욱 ~하다

**The closer** you live to a city, **the more expensive** your home insurance premiums will be.
당신이 도시에 가까이 살면 살수록, 주택 보험료가 더 비싸질 것이다.

❷ Of the two + 명사, 주어 + 동사 + the + 비교급: 둘 중에서 ~가 더 ~하다

**Of the two products**, the shoe was **the more expensive** than the shirt.
두 제품 중에서 신발이 셔츠보다 더 비쌌다.

❸ the + 비교급 of the two + 명사

Johnson Corporation, **the larger of the two manufacturing companies**, is presently advertising several job openings for accountants.
두 제조 회사 중 더 큰 Johnson사는 현재 회계사를 몇 명 구한다는 구인광고를 냈다.



▶ 정관사 the가 있는 비교급 문제로, 두 사람 중에서 한 사람이 자격 요건을 '더 잘' 갖추었다는 내용이 알맞다. 따라서 better가 정답이다.

## 3　최상급

### ■ the 형용사/부사 -est

Even though there is plenty of room in the car, **the easiest** way for all of us to travel is to take the train.
자동차에 충분한 공간이 있지만, 우리 모두가 다 함께 여행할 수 있는 가장 쉬운 방법은 기차를 타는 것이다.

### ■ the most + 형용사/부사

This is **the most beautiful** museum I have ever visited.　이곳은 내가 방문해 본 곳 중에서 가장 아름다운 박물관이다.

**■ the + 최상급 + of all the + 복수명사(~중 가장 ~한)**

The one that is displayed at the clothing store is **the most popular of all the items**.
옷 가게에 전시되어 있는 품목이 전 품목 중 가장 인기있다.

---

**진단평가 4 ●** This award recognizes Grace Jackson for having worked the **hardest** of all the employees at the company this month.

(A) hardly　　　(B) harder　　　**(C) hardest**　　　(D) hard

이 상은 Grace Jackson씨가 이번 달 회사의 전 직원 중 가장 열심히 일했음을 격려하기 위한 것입니다.

▶ 빈칸 앞에 최상급에 쓰이는 정관사 the가 쓰였고 뒤에는 of all the employees가 있으므로 부사의 최상급 hardest가 정답이 된다.

---

## 4　라틴계 비교급

라틴계 어원의 형용사는 than을 대신해서 전치사 to를 사용한다.

| | |
|---|---|
| **junior to**<br>~보다 나이가 아래인 | My brother is **junior to** me by three years.<br>남동생은 나보다 3살 어리다. |
| **senior to**<br>~보다 나이가 위인 | My sister is **senior to** me by three years.<br>언니는 나보다 3살 많다. |
| **inferior to**<br>~보다 열등한 | She felt she was **inferior to** her sister.<br>그녀는 자기 언니보다 열등하다고 느꼈다. |
| **superior to**<br>~부다 우수한 | Our new line of products is far **superior to** existing lines.<br>우리의 신제품은 종전의 제품에 비해 월등히 우수하다. |
| **posterior to**<br>~보다 뒤의 | Our department met the annual sales goals a month **posterior to** the due date.<br>우리 부서는 마감 한 달 후에 연간 판매 목표를 달성했다. |
| **prior to**<br>~보다 앞선 | You must confirm your flight reservation at least 3 days **prior to** the date of departure.<br>적어도 출발 3일 전에 당신의 항공편 예약을 확인해야 한다. |
| **prefer A to B**<br>B보다 A를 더 선호하다 | Our company **prefers** an enthusiastic worker **to** a person of quiet personality.<br>저희 회사는 조용한 성격의 직원보다 열정적인 직원을 더 선호합니다. |

---

**진단평가 5 ●** Exquisite craftsmanship and the world's finest materials make Longman Furniture **superior** to other leading brands.

**(A) superior**　　　(B) better　　　(C) advanced　　　(D) improved

훌륭한 장인의 솜씨와 세계 최고의 재료가 Longman가구를 다른 선도 브랜드들보다 더 월등하게 한다.

▶ superior는 '우수한, 탁월한'이란 뜻으로 자체에 비교급의 뜻을 포함하고 있다. 그리고 '~보다'라는 의미로, to를 사용한다.

다음에 나오는 부사들은 비교급과 최상급 앞에 위치하여 그 뜻을 강조하는 역할을 한다.

| much | far | by far | a lot | even | still | a little |
| --- | --- | --- | --- | --- | --- | --- |

**진단평가 6** ● This year's annual report should be **much** more helpful than under our previous management, who offered only sales percentages.

올해의 연례보고서는 단지 판매비율만을 제공한 이전 경영진의 것보다 훨씬 더 도움이 되어야 한다.

(A) too          (B) such          (C) very          **(D) much**

▶ 빈칸 뒤에 나오는 비교급을 강조하는 부사 문제로, 빈칸에 much를 써서 문장을 완성해야 한다.

Many studies show that wind power potential is **a lot higher than** current estimates.
많은 연구들은 풍력발전의 가능성이 현재 추정하고 있는 것 보다 훨씬 크다는 것을 보여준다.



| at the latest | 늦어도 | no sooner ~ than | ~하자마자 |
| --- | --- | --- | --- |
| no later than | 늦어도 ~까지 | other than | ~ 이외에 |
| no longer than | 더 이상 ~않다 | rather than | 차라리 ~하다 |
| no more than | ~에 불과하다 | would rather ~ than | ~하느니 차라리 ~하다 |

**진단평가 7** ● John Smith will instruct the new team members tomorrow **rather than** return next week to lead the second training session.

John Smith는 다음 주에 2차 연수교육을 주관하기 위해 돌아오기보다는 내일 신규 팀원들을 지도할 것이다.

(A) even though          **(B) rather than**
(C) as long as          (D) so that

▶ 비교급 관용표현 문제로 문맥상 rather than을 써서 문장을 완성해야 한다.

As announced at this morning's meeting, this year's appraisal forms have to be filled out and returned to the personnel department **no later than** December 15.
오늘 아침 회의에서 발표된 것처럼 늦어도 12월 15일까지 금년도 평가서를 작성해 인사부로 제출해야 한다.

You need to send all receipts to the payroll department to get reimbursed your travel expenses by the end of this week **at the latest**.
출장 경비에 대한 환불을 받으시려면 늦어도 이번 주말까지는 모든 영수증을 경리부로 보내야 합니다.

| 원급 | 비교급 | 최상급 |
| --- | --- | --- |
| good 좋은  well 잘 | better than | the best |
| bad 나쁜  ill 건강이 나쁜 | worse than | the worst |
| many 수가 많은  much 양이 많은 | more than | the most |
| little 크기가 작은 | less than | the least |

Customers who bought the new equipment said that they had expected that it would perform **better than** the old one.
새 장비를 구매한 소비자들은 신형이 구형보다 성능이 향상되었을 것으로 예상했다고 말했다.

The city of Cleveland was once considered **the worst** city in the United States because of its poor health services.
클리브랜드 시는 한때 빈약한 의료시설 때문에 미국에서 최악의 도시로 간주되었다.

**1** SAM's newest cell phone is smaller -------- the competitor's model with a lot of convenient features.

(A) at  
(B) than  
(C) with  
(D) for

**2** Mr. Robinson's flight from Los Angeles to Houston was delayed for -------- three hours due to inclement weather.

(A) now that  
(B) within  
(C) more than  
(D) still

**3** Due to ongoing competition with other companies, we must find ways to deliver goods -------- than we did last year.

(A) fast  
(B) too fast  
(C) faster  
(D) so fast

**4** In accordance with a client survey of Provo City Restaurants, the Debbie's Shrimp Delight offers the -------- quality in seafood.

(A) high  
(B) highest  
(C) higher  
(D) highly

**5** The company's financial situation was -------- than they had expected because of the recession.

(A) more difficult  
(B) difficulty  
(C) difficult  
(D) much difficulty

**6** Ainsley Arena is -------- larger than the Benson Convention Center, making it more appropriate for major events.

(A) such  
(B) too  
(C) very  
(D) much

**7** When washing dishware, kitchen personnel should use plastic brushes -------- clothes or sponges.

(A) rather than  
(B) so that  
(C) whereas  
(D) although

**8** The HDS 200 is more sensitive than -------- humidity detector available on the market.

(A) other ones  
(B) one another  
(C) each other  
(D) any other

**9** The last quarterly report showed that Radio Electronics' earnings were -------- than anticipated.

(A) lowest  
(B) lowering  
(C) lower  
(D) low

**10** Mr. Allen noted that his career as a biologist had been -------- more rewarding than he had expected.

(A) soon  
(B) alone  
(C) about  
(D) even

**11** After our company expanded into the international market, our revenue -------- doubled.

(A) ever          (B) much more

(C) more than      (D) even more

**12** For years, Lewis Corporation has been gaining market share and is now Thomas Security's -------- competitor.

(A) strongly       (B) strength

(C) strongest      (D) most strongly

**13** In the last quarter, the company managed to boost its total income to its -------- level in nearly 5 years.

(A) highest        (B) widest

(C) most expensive      (D) most gradual

**14** No one at the Alco Corporation campaigned -------- for expansion of the internship program than Melcom Smith.

(A) energetic

(B) more energetic

(C) energetically

(D) more energetically

**15** The marketing manager has requested that the analysts examine trends -------- in order to satisfy customers.

(A) more attentively      (B) attentions

(C) attentive       (D) more attentive

**16** Independent tests reveal that tires manufactured by Extra Wheelworks last significantly longer -------- those made by competitors.

(A) to           (B) within

(C) between      (D) than

**17** To their credit, the architects have paid -------- attention to functionality as to aesthetics in this design.

(A) as much       (B) the most

(C) so many       (D) more than

**18** Managers at Miller Design Consultants are observing employee performance even -------- than usual this quarter to determine how customer service can be improved.

(A) most careful      (B) more careful

(C) most carefully     (D) more carefully

**19** The enhanced weaving process results in fabrics of -------- quality than what Moore Textiles was previously able to produce.

(A) higher        (B) raised

(C) large        (D) excellent

**20** Of the eight members of the financial group, Ms. Young is the -------- about the new accounting software.

(A) knowledgeable

(B) knowledge

(C) more knowledge

(D) most knowledgeable

Popular Café Makes a Bold Move

SPRINGVILLE – Popular eatery Ground Up Café has made an unexpected change. After receiving an increase in -------, the cafe's owners decided to try an unusual policy. Since
21.
last month, customers are ------- allowed to use laptops while dining in the restaurant.
22.
This policy is the first of its kind in the city and is meant to encourage customers to spend

------- time at the tables once they have finished their beverages or meals. That way,
23.
open tables are available for new customers more quickly. -------. Now, other popular
24.
restaurants in the area are considering a similar policy change in the upcoming months.

21  (A) staff
    (B) prices
    (C) complaints
    (D) deliveries

22  (A) sooner
    (B) later than
    (C) no longer
    (D) latest

23  (A) some
    (B) less
    (C) any
    (D) much

24  (A) Ground Up Café also offers outdoor seating.
    (B) Diners have indicated that they approve of the new rule.
    (C) Managers believe that increasing staff training will improve service.
    (D) Free tea will be given to customers for the trial period.

**Questions 25-28 refer to the following memo.**

### MEMO

The management team has recently decided to ------- the company dress code.
**25.**
Employees will now be required to wear solid red T-shirts imprinted with the company

name and logo.

All employees will receive two T-shirts free of charge and will be expected to wear them

during their work shifts. -------. Please find an order form attached on which you are
**26.**
------- to indicate the size and number of shirts you want. Enclose payment if applicable.
**27.**
Orders must be submitted to Carol Milner in the administration office no ------- than
**28.**
Friday, May 6.

Part 5&6<br>Part 7

25  (A) discuss
   (B) abolish
   (C) survey
   (D) revlse

27  (A) offered
   (B) hired
   (C) relocated
   (D) asked

26  (A) Additional shirts may be purchased for
      $10.00 each.
   (B) The only accepted payment will be
      through cash.
   (C) All employees are required to purchase
      additional shirts.
   (D) If you do not wish to follow our dress
      code, feel free to choose your own.

28  (A) lately
   (B) later
   (C) latest
   (D) late

▶ ▶ ▶ 정답 및 해설 p29

# 13 관계사

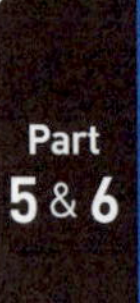

관계대명사 문제는 정기시험 2회마다 1문제 정도가 출제된다. 주로 격(주격, 소유격, 목적격)에 관한 문제가 대다수를 차지하며, 종종 다른 접속사 문제와 연계되어 출제된다. 한편 선행사와 뒤따르는 관계대명사절의 동사 수 일치 문제도 있다.

## 진단평가

**1** We would like to thank Dr. Graham, ------- has agreed to deliver an address at the annual convention for the stockholders.

  (A) anyone      (B) who
  (C) whose      (D) whichever

**2** The company's financial advisor recommended an investment into mutual funds ------- have risen steadily in value since last year.

  (A) when      (B) what
  (C) they      (D) that

**3** We wish to become partners with an information technology company ------- products and services meet our needs.

  (A) whose      (B) that
  (C) his      (D) which

**4** The employee instruction manual explains ------- new employees need to know concerning company benefits.

  (A) which      (B) where
  (C) how      (D) what

**5** The hotel ------- the reception is being held is located at the corner of Main Street and University Avenue.

  (A) where      (B) in it
  (C) in that      (D) when

**6** ------- is the last person to leave the office must turn off the lights and lock the door.

  (A) Whenever      (B) Wherever
  (C) Whoever      (D) Whatever

**7** Participants are permitted to bring ------- they like on the hiking trip, unless it is on the list of prohibited items.

  (A) wherever      (B) however
  (C) whomever      (D) whatever

**8** All employees who ------- drilling equipment must wear safety glasses.

  (A) operate      (B) operates
  (C) to operate      (D) are operated

---

**정답**   **1** (B)    **2** (D)    **3** (A)    **4** (D)    **5** (A)    **6** (C)    **7** (D)    **8** (A)

### ■ 관계대명사의 역할

❶ 관계대명사는 다음과 같이 두 문장을 한 문장으로 연결할 때 사용한다.

I know the man, <u>and he</u> works in a shipping company.

→ I know the man **who** works in a shipping company.

나는 한 남자를 알고 있는데, 그는 선적 회사에서 일한다.

❷ 관계대명사는 형용사절을 이끌며 앞에 나오는 명사(선행사)를 수식한다.

The man **who** <u>complained about his wages</u> was fired without warning.

월급에 대해서 불평한 남자는 경고 없이 해고되었다.

### ■ 관계대명사의 종류

| 선행사 | 주격 | 소유격 | 목적격 |
| --- | --- | --- | --- |
| 사람 | who | whose | whom |
| 사물, 동물 | which | whose, of which | which |
| 사람, 사물, 동물 | that | — | that |
| 선행사를 포함할 경우 | what | — | what |

❶ 선행사가 사람일 경우 관계대명사 who나 that을 쓴다.

Most of the <u>people</u> **who** were surveyed said that they were very satisfied with the product.

설문조사를 한 대부분의 사람들은 제품에 매우 만족했다고 말했다.

❷ 선행사가 사물일 경우 관계대명사는 which나 that을 쓴다.

The laptop computer is a portable personal <u>computer</u> **which** can be easily carried with you and used anywhere.   노트북은 쉽게 들고 다닐 수 있고 어디서나 사용할 수 있는 이동식 개인용 컴퓨터이다.

❸ 관계대명사 that은 선행사가 사람일 경우나, 사물일 경우에 모두 쓸 수 있다.

Our sales department will be unable to process purchase <u>orders</u> **that** are not complete.

우리 영업부는 완성되지 않은 구매 주문서는 처리할 수 없을 것이다.

---

**진단평가 1 ●** We would like to thank Dr. Graham, **who** has agreed to deliver an address at the annual convention for the stockholders.

(A) anyone    **(B) who**    (C) whose    (D) whichever

저희는 주주들을 위한 연례총회에서 연설하는 데 동의한 Graham박사에게 감사를 표하고 싶습니다.

▶ 빈칸 앞에 선행사 Dr. Graham이 사람이고 뒤에는 동사가 있으므로 주격 관계대명사 who를 써서 문장을 완성해야 한다.

▶ 빈칸 앞에 선행사 역할을 하는 mutual funds가 있고 뒤에는 동사 have risen이 있으므로 사물에 쓰이는 주격 관계대명사 that을 써야 한다.

## 2　관계대명사의 격

뒤에 나오는 동사, 명사, 혹은 '주어 + 동사'의 쓰임에 따라 알맞은 격의 관계대명사를 써야 한다.

### ■ 선행사 + 주격 관계대명사 + 동사

주격 관계대명사는 주어 자리에 오는 관계대명사를 말한다.

Employees **who** wish to use the company's fitness facilities must register at the reception desk.
회사 운동시설을 이용하고자 하는 직원들은 안내 데스크에서 등록해야 한다.

### ■ 선행사 + 소유격 관계대명사 + 명사

명사 앞에 오는 관계대명사는 소유격을 사용한다.

The second training session is for employees **whose** responsibilities include processing payroll forms.
두 번째 교육 세션은 급여 양식 처리를 담당하는 직원을 대상으로 합니다.

### ■ 선행사 + 목적격 관계대명사 + 주어 + 동사

목적격 관계대명사 뒤에는 '주어 + 동사'가 나온다.

The computer software **which** I bought was expensive.　내가 샀던 컴퓨터 소프트웨어는 비쌌다.



▶ 관계대명사의 격 문제로, 빈칸 뒤에 명사가 있으므로 소유격 whose나 of which를 써야 한다.

관계대명사 what은 다음과 같이 선행사를 포함한 관계대명사로 쓰이기도 하고 명사절을 이끄는 접속사로도 쓰인다.

### ■ 선행사를 포함한다. (what = the thing(s) which)

If you desire to get some additional information about **what** was discussed at the meeting, please contact our office during business hours.

회의에서 논의된 내용에 대해 추가적인 정보를 얻길 원하신다면, 근무시간에 저희 사무실로 연락해 주세요.

### ■ 명사절을 이끌며 주어, 목적어, 보어 역할을 한다.

주어   **What he said** was unbelievable. 그가 말한 것은 믿을 수 없었다.

목적어   I don't understand **what John is talking about**. 나는 John이 무슨 얘기를 하고 있는지 이해할 수 없다.

보어   This is just **what she wants**. 이것이 바로 그녀가 원하는 것이다.

---

**진단평가 4** ● The employee instruction manual explains **what** new employees need to know concerning company benefits.

직원용 지침은 회사의 복지혜택과 관련해 신입직원들이 알아야 하는 것들을 설명하고 있다.

(A) which        (B) where        (C) how        **(D) what**

---

▶ 빈칸 뒤에 '주어 + 동사'가 쓰였으므로 절을 이끌면서 타동사 explains의 목적절을 이끌 수 있는 접속사 what이 정답이다.



관계부사는 문장에서 접속부사의 역할을 하며, '전치사 + 관계대명사 which'로 바꾸어 쓸 수 있다. 또한, 관계부사 다음에는 항상 완전한 문장이 온다.

| 선행사 | 관계부사 | 전치사 + 관계대명사 which |
| --- | --- | --- |
| 시간과 날짜 | when | at/in/on which |
| 장소 | where | at/in/on which |
| 이유 | why | for which |
| 방법 | how | in which |

### ■ when

I can clearly remember the day **when** I met you.

= I can clearly remember the day **on which** I met you.

너를 만났던 날을 명확하게 기억할 수 있다.

### where

The hall **where** the conference about company policies will be held is located in the headquarters.

= The hall **in which** the conference about company policies will be held is located in the headquarters.

회사 정책에 관한 회의가 열릴 회관은 본사에 위치해 있다.

### why

Please tell me the reason **why** she was disappointed.

= Please tell me the reason **for which** she was disappointed.

그녀가 왜 실망했는지 내게 말해 주세요.

### how

The technician tried to figure **how** the program works.

= The technician tried to figure **the way** the program works.

그 기술자는 프로그램이 어떻게 작용하는지 알아내기 위해 노력했다.

---

**진단평가 5** ● The hotel **where** the reception is being held is located at the corner of Main Street and University Avenue.

**(A) where**　　　(B) in it　　　(C) in that　　　(D) when

리셉션이 열리는 호텔은 중앙로와 대학가가 만나는 모퉁이에 위치해 있다.

▶ 선행사로 장소(hotel)가 나왔으므로 where이 정답이 된다.

## 5　복합관계대명사

복합관계사는 '선행사 + 관계대명사'의 역할을 한다.

### whoever ～하는 사람은 누구나

**Whoever** would like to assist the anniversary committee should contact Mr. Smith before July twenty-first.

= **Anyone who** would like to assist the anniversary committee should contact Mr. Smith before July twenty-first.

기념식 준비 위원회를 돕고 싶은 분들은 7월 21일 이전에 Smith씨에게 연락해 주시기 바랍니다.

### whichever ～하는 것은 어느 것이나

There are ten flights to London every day. We can take **whichever** fits in best with our schedule.

= There are ten flights to London every day. We can take **anything that** fits in best with our schedule.

London으로 가는 비행기가 매일 10편 있다. 우리는 그중에서 어떤 비행기든 우리 일정에 가장 잘 맞는 걸 탈 수 있다.

# whatever ~하는 것은 무엇이나

When the economy is slow, companies try to get more out of their marketing dollars, and will use **whatever** strategies that work.

= When the economy is slow, companies try to get more out of their marketing dollars, and will use **anything that** strategies that work.

경기가 침체되면, 회사들은 마케팅에 들이는 돈에서 더 많은 효과를 얻으려고 하고, 통하기만 한다면 무슨 전략이든 사용하게 된다.

---

**진단평가 6** ● __Whoever__ is the last person to leave the office must turn off the lights and lock the door.

(A) Whenever   (B) Wherever   **(C) Whoever**   (D) Whatever

누구든 사무실을 마지막으로 떠나는 사람은 불을 끄고 문을 잠가야 한다.

▶ 복합관계사 문제로 의미상 Whoever가 정답이다.

---

**진단평가 7** ● Participants are permitted to bring **whatever** they like on the hiking trip, unless it is on the list of prohibited items.

(A) wherever   (B) however   (C) whomever   **(D) whatever**

하이킹 여행에 참가하는 사람들은 금지품목 리스트에 들어 있지 않은 물건에 한해, 좋아하는 것은 무엇이든 가져올 수 있다.

▶ 문맥상 참가자들은 좋아하는 것은 '무엇이든' 가져올 수 있도록 허용된다는 내용이므로 whatever가 정답이 된다.

## 6 복합관계부사

# whenever ~할 때는 언제나

**Whenever** you call a rental car company to make a reservation, they are always sure to tell you to make the reservation right now.

= **At any time that** you call a rental car company to make a reservation, they are always sure to tell you to make the reservation right now.

예약을 위해 렌터카 업체에 전화할 때는 언제든지 그들은 항상 지금 당장 예약하라고 말할 것이다.

# wherever ~하는 곳은 어디나

She was warmly received **wherever** she went.

= She was warmly received **anyplace that** she went.

그녀는 가는 곳마다 환대를 받았다.

# however ~하는 방법은 무엇이나

The students may dress **however** they please.

= The students may dress **in any way that** they please.

학생들은 자기가 원하는 방식으로 옷을 입을 수 있습니다.

### ■ 단수 선행사 + 관계대명사 + 단수동사

Small businesses prefer a system **that** has salespeople working on commission.
소규모 사업들은 영업사원들이 수수료를 받고 일하는 시스템을 선호한다.

### ■ 복수 선행사 + 관계대명사 + 복수동사

The supervisor showed a noticeable dislike for employees **who** were late.
관리자는 지각하는 직원들에 대해 눈에 띄게 불쾌함을 표시했다.

**진단평가 8 ●** All employees who **operate** drilling equipment must wear safety glasses.

드릴 장비를 작동하는 모든 근로자들은 보호안경을 착용해야 한다.

**(A) operate**　　(B) operates　　(C) to operate　　(D) are operated

▶ 선행사가 복수(All employees)이므로 복수동사인 operate가 정답이다.



분사 앞에 '주격 관계대명사 + 동사'가 있었던 문장에서 관계대명사를 생략할 경우, 뒤따르는 be동사도 생략해야 한다.

Those candidates who meet all of the qualifications (that are) **listed** in the job descriptions will be considered.
업무 설명서에 열거된 모든 자격을 갖춘 후보자들이 고려될 것입니다.



일반적으로 선행사는 관계대명사 바로 앞에 오지만, 선행사와 관계대명사 사이에 수식어구(전치사구)가 있는 경우 선행사는 수식어구에 있는 명사가 아니라 관계대명사의 수식을 받는 명사(구)가 된다.

There are **several employees** (in this department) **who** work for the new development project.
이 부서에는 새로운 개발 프로젝트를 위해서 일하는 몇 명의 직원들이 있다.

There are several **stores** (in the area) **that** sell the Master Print brand of printer paper.
지역에 Master Print 브랜드 인쇄용지를 판매하는 몇몇의 가게가 있다.

**1** Most customers surveyed were familiar with the products by Albertson Foods, -------- advertisement appears on TV and in print.

(A) what      (B) whose

(C) which      (D) who

**2** Mozy has embarked on a project -------- will convert an old warehouse into a modern laboratory.

(A) that      (B) nor

(C) yet      (D) unless

**3** -------- several paper companies have recently advertised for additional personnel may suggest that the industry is experiencing growth.

(A) The fact that

(B) In keeping with

(C) Under the condition that

(D) In regard to

**4** Dr. Martinez, a leading chemist -------- work has been published in numerous journals, will give a speech at the next week's conference.

(A) whose      (B) which

(C) that      (D) their

**5** All new employees receive training folders that -------- information about their assignments.

(A) containing      (B) contained

(C) contain      (D) contains

**6** The new hospital, -------- is scheduled to open on July 17, is now near completion.

(A) which      (B) that

(C) when      (D) who

**7** Managers -------- have the time should serve on the committee to review quality control procedures.

(A) whoever      (B) whose

(C) which      (D) who

**8** The names of the department heads to -------- the monthly reports should be sent were Included in the memo which was handed out at the last meeting.

(A) whoever      (B) whom

(C) what      (D) where

**9** Attached please find the note from last week's budgeting seminar -------- you requested.

(A) when      (B) then

(C) that      (D) what

**10** Anyone -------- experiences problems with video equipment should contact the maintenance department.

(A) who      (B) which

(C) whom      (D) whose

Part 5&6   Part 7

**11** Any customers -------- purchase merchandise from Sears Web site will receive 10% discount until September.

(A) whom            (B) whose

(C) who             (D) whomever

**12** Please confirm receipt of the signed invoice -------- was included in the shipping package.

(A) there          (B) that

(C) why            (D) any

**13** When conducting a search for new employees, employers prefer to interview candidates -------- résumés are well written and clearly organized.

(A) that            (B) than

(C) whose         (D) which

**14** Michael Saders and Olivia Lilm, the artists -------- paintings are currently on display at the Vidhsla Gallery, both attended Brigham Young University.

(A) who            (B) their

(C) whose         (D) they

**15** The teams -------- members finish their project earlier than expected should notify the general manager.

(A) its             (B) that

(C) which          (D) whose

**16** Jeanne Marlette has been selected to replace Henri Valois, -------- is retiring as president and executive officer of the Texco Corporation.

(A) he             (B) who

(C) his            (D) whose

**17** Career consultant William Manning, -------- latest book was published last month, will be speaking at the job fair this afternoon.

(A) whatever      (B) whom

(C) what           (D) whose

**18** -------- who wants to participate in the seminar December 15 must contact Ms. Gunderson by Monday.

(A) Others         (B) They

(C) Herself        (D) Anyone

**19** The city council offers entrepreneurs a favorable tax rate, making Mesa a great city in -------- to start a new business.

(A) what           (B) which

(C) where         (D) whose

**20** If you want more information about our new product, you can contact us by telephone or e-mail, -------- you prefer.

(A) whoever       (B) whichever

(C) however      (D) whatever

*Union Pacific(March 22)*

Yesterday, Union Pacific Railroad won a $50 million grant from the Federal Transit Agency. Thanks to the -------, construction of the proposed train terminal in Utah Valley
**21.**
can now begin. The expansion of the rail system is certainly good news for many in the community. -------. Drivers, too, are pleased about the grant. James Brown, ------- lives
**22.** **23.**
near the planned Utah Valley Station, says, *"What a relief for commuters like me. We have had to endure steadily worsening road traffic ------- sometime now. I anticipate*
**24.**
*taking the train instead of my car to work every day as soon as the station opens."*

21  (A) funding
   (B) policy
   (C) design
   (D) strategy

23  (A) whose
   (B) which
   (C) then
   (D) who

22  (A) Drivers will no longer be able to park their cars at the terminal.
   (B) The terminal construction has been postponed indefinitely.
   (C) The cost of a monthly train pass is expected to increase.
   (D) The project will create about 100 permanent jobs at the station.

24  (A) for
   (B) with
   (C) about
   (D) on

**Questions 25-28 refer to the following article.**

---

*The Washington Times - Business Briefs*

*Washington (22 August)*

Jenny Huston has been promoted to managing editor of *The Washington Times*. The editorial board ------- the promotion on Wednesday. **25.** -------. **26.** In her new position, she will oversee the news desk and photos. -------, **27.** she will oversee operations for washingtontimes.com, the newspaper's popular online edition. Ms. Huston is the staff member ------- **28.** the development of washingtontimes.com last year.

---

**25** (A) reversed
    (B) earned
    (C) confirmed
    (D) intended

**27** (A) Additionally
    (B) Otherwise
    (C) Instead
    (D) As a result

**26** (A) The managing editor position will remain open until filled.
    (B) *The Washington Times* has just launched its online edition.
    (C) The board members welcome Ms. Huston to *The Washington Times*.
    (D) Ms. Huston has been assistant editor for three years.

**28** (A) that coordinates
    (B) who coordinated
    (C) coordinating that
    (D) whose coordination

▶ ▶ ▶ 정답 및 해설 p32

# 전치사

전치사 문제는 정기시험 매회 3~6문제가 출제된다. 전치사에 관한 문제는 세 가지로 압축할 수 있다. ① 전치사와 접속사의 구별 문제로, 문장의 구조를 파악해야 한다. 전치사 뒤에는 명사 상당어구(명사, 대명사, 동명사)가 오지만, 접속사 뒤에는 〈주어 + 동사〉가 오므로, 빈칸 뒤를 잘 파악해야 한다. ② 적절한 전치사를 선택하는 문제로, 각 전치사가 가진 의미와 숙어적인 표현을 정리해 두어야 한다. ③ 전치사에 관련된 관용표현이 출제된다.

## 진단평가

**1** Allstate is opening its new office ------- the northern part of the country.

(A) in (B) up
(C) against (D) during

**2** The results of the manufacturer's survey will be released ------- three months.

(A) by (B) with
(C) from (D) in

**3** Scott, who was just named Employee of the Month of October, will be eligible for special parking privileges ------- Wednesday.

(A) outside (B) afterward
(C) instead of (D) starting on

**4** The Hilton Hotel requests that its guests check in at the reception desk ------- arrival.

(A) ever (B) as
(C) into (D) on

**5** Johnson Foods Group is committed to providing fresh seasonal fruits and vegetables ------- a low cost.

(A) in (B) at
(C) on (D) after

**6** We expect the ceremony to be over ------- 11:30 AM.

(A) on (B) in
(C) by (D) of

**7** Handyman-Maintenance Inc., has been providing maintenance service on office equipment ------- over 20 years.

(A) among (B) since
(C) with (D) for

**8** Please sign the contract and return it to the office ------- 10 days.

(A) even (B) behind
(C) still (D) within

**9** Taxi is the only mode of public transportation ------- the hotel to the convention center.

(A) off

(B) from

(C) on

(D) next to

**10** The manager submitted her plan for the company's restructuring ------- the board of directors.

(A) on

(B) to

(C) by

(D) during

**11** Mr. Graham has requested a transfer to the New York branch to be ------- to his extended family.

(A) regular

(B) close

(C) thankful

(D) contained

**12** The company asked employees to participate in the workshop to promote better communication ------- its staff members.

(A) between

(B) under

(C) among

(D) past

**13** ------- a prior engagement, Mr. Lindstrom will not be able to participate in the forthcoming conference.

(A) Due to

(B) Not only

(C) As much as

(D) In fact

**14** Magazine subscribers can save up to 20 percent ------- subscribing to *PGA Golf* before the end of this month.

(A) by

(B) at

(C) in

(D) as

**15** Access to the plant is not permitted, ------- for approved visitors with authorization from the security office.

(A) except

(B) while

(C) so

(D) as

**16** The director ------- the sales division, James is in charge of overseeing employees and marketing their products overseas.

(A) to

(B) of

(C) on

(D) by

**17** Requests for further information ------- the conference schedule will be fulfilled as soon as the schedule is completed.

(A) concerning

(B) relating

(C) referring

(D) connecting

**18** ------- waiting for written reports, the president decided to call each of the regional managers.

(A) However

(B) Further

(C) According to

(D) Instead of

**19** The tickets for the rock concert may be reserved by calling 24 hours ------- advance.

(A) at

(B) of

(C) in

(D) for

**20** She was ------- to leave when I asked for her opinion on the new procedures implemented last week.

(A) about

(B) nearly

(C) off

(D) close

### ■ 전치사의 위치

전치사는 명사, 명사구, 동명사, 대명사, 명사절 앞에 쓰인다.

### ■ 전치사의 역할

❶ 명사 뒤에 나오는 전치사구는 형용사 역할을 한다.

Please identify your printer by the <u>model number</u> **on the bottom of your unit**.
귀하의 프린터 하단부에 있는 모델 번호로 프린터를 식별하십시오.

❷ 동사 뒤에 나오는 전치사구는 부사 역할을 한다.

Customers <u>can wait</u> **in the reception area** while our mechanics complete the car repairs.
고객들은 정비공이 자동차 수리를 마치는 동안 리셉션 구역에서 기다릴 수 있습니다.

**2**　전치사 in, on, at

### ■ 전치사 in

❶ 일반적으로 막연하고, 넓고, 포괄적인 시간 및 공간 앞에서 쓰인다.

| 시간 | 장소 | 기타 |
| --- | --- | --- |
| • **in + 연도, 세기, 연대**<br>in 2012 2012년에<br>in the 1990s 1990년대에<br>• **in + 달, 계절**<br>in July 7월에<br>in summer 여름에<br>• **in + 하루의 때**<br>in the morning 아침에<br>• **in + 시간의 기간**<br>in five days 5일 후에<br>in a month 한 달 후에 | • **in + 광활한 장소**<br>in the world 세계에<br>in the universe 우주에<br>• **in + 오대양, 육대주**<br>in the Pacific 태평양에<br>in Europe 유럽에<br>• **in + 나라, 주, 도시**<br>in Mexico 멕시코에<br>• **in + 주변, 외곽의 장소**<br>in the neighborhood 근처에 | • **in + 언어**<br>in English 영어로<br>• **in + 신문, 잡지**<br>in the newspaper 신문에<br>• **in + 학문, 전문, 산업 분야**<br>in science 과학 분야에서<br>• **in + 부서**<br>in the accounting department<br>경리부에서<br>• **in + 교통, 운송 수단**<br>in(on) a taxi 택시 안에서 |

❷ 관용어구

| | | | |
| --- | --- | --- | --- |
| in a row | 연달아서 | in place | 제자리에, 적소에 |
| in advance | 미리 | in the coming year | 다음 해에 |
| in danger of | ~의 위험에 처해 있는 | in the end | 결국에는 |
| in detail | 세부적으로 | in the foreseeable future | 가까운 장래에 |
| in front of | ~의 앞에 | in the future | 장차, 미래에 |

| | | | |
|---|---|---|---|
| in general | 일반적으로 | in the meantime | 그러는 사이에, 한편 |
| in line | 줄을 선 | in the middle of | ~의 중간에 |
| in my opinion | 내 의견으로는 | in the past | 과거에 |
| in part | 부분적으로 | in the rear of | ~의 뒤쪽에 |
| in particular | 특별히 | in time | 시간 안에 |
| in person | 본인이 직접, 스스로 | | |

**진단평가 1** ● Allstate is opening its new office **in** the northern part of the country.

Allstate는 북부 지역에 새 지사를 연다.

**(A) in**　　　　(B) up　　　　(C) against　　　　(D) during

▶ 전치사 어휘 문제로, 넓은 장소 명사 앞에 쓰는 in이 정답이 될 수 있다. 전치사 in은 장소 앞에 쓰이는 전치사로 쓰일 때 시, 지방, 주, 나라, 대륙 앞에 쓰인다.

**진단평가 2** ● The results of the manufacturer's survey will be released **in** three months.

제조업자의 설문조사결과는 3개월 후에 공개될 것입니다.

(A) by　　　　(B) with　　　　(C) from　　　　**(D) in**

▶ 미래시제에서 함께 쓸 수 있는 전치사를 선택하는 문제이다. three months를 동사에 연결시켜 설문조사의 결과가 발표될 시점을 나타내 줄 전치사가 필요한데, in을 쓰면 '3개월 후에'의 의미가 되므로 가장 적절한 표현이 된다. by 뒤에는 정확한 시점이 와야 하므로 불가능하다.

## ■ 전치사 on

❶ 전치사 on은 특정 날짜, 요일에 쓰고 장소와 관련해서는 거리이름 앞에 쓰인다.

| 시간과 때 | 장소와 공간 |
|---|---|
| • **on + 구체적 날짜, 때**<br>　on October 10 10월 10일에<br>　on that day 그날에<br>• **on + 요일**<br>　on Thursday 목요일에 | • **on + 거리**<br>　on Wall Street wall 가에서<br>• **on + 접촉이 강조되는 장소, 표면**<br>　on the wall 벽에<br>　on the floor 바닥에 |

❷ 관용어구

| | | | |
|---|---|---|---|
| on a business trip | 출장 중인 | on schedule | 예정대로 |
| on a diet | 다이어트 중인 | on strike | 파업 중인 |
| on a map | 지도상에 | on the market | (시장에) 팔려고 내놓은 |
| on air | 방송 중인 | on the other hand | 다른 한편으로는 |
| on arrival | 도착 시 | on the recommendation of | ~의 추천으로 |
| on duty | 근무 중인 | on the waiting list | 대기자 명단에 |
| on foot | 도보로, 걸어서 | on the wane | 하락하는, 약해지는 |

| on leave | 부재 중인 | on time | 제시간에 |
| on purpose | 고의로, 의도적으로 | on vacation | 휴가 중인 |
| on sale | 세일로 | | |



▶ 문맥상 수요일부터 '시작해서'라는 의미를 가지므로 starting on을 써야 한다.



▶ upon arrival, on arrival, upon arriving, on arriving 등은 '~ 시, ~ 후 바로'의 의미를 갖는 표현들이다.

## ■ 전치사 at

❶ 특정적, 한정적, 구체적인 좁은 개념의 시간, 때, 장소를 표현한다.

| 시간 | 장소 | 기타 |
|---|---|---|
| • **at + 구체적 시간, 때**<br>at 7:30 7시 30분에<br>at noon 정오에<br>at the beginning of the month 월초에<br>at the end of this month 월말에<br>at the end of this year 올해 말에 | • **at + 번지**<br>at 200 Center Street<br>Center Street 200번지에서<br>• **at + 구체적인 장소**<br>at the airport 공항에서<br>at work 직장에서<br>• **at + 행사**<br>at the party 파티에서<br>at the reception 리셉션에서 | • **at + 가격**<br>at a low price/cost 낮은 가격으로<br>at one's expense ~의 비용으로<br>• **at + 속도**<br>at high speed 급속도로<br>at a good pace 상당한 속도로<br>• **at + 비율**<br>at the rate of ~의 비율로 |

❷ 관용어구

| | | | |
|---|---|---|---|
| at a later time | 나중에 | at rest | 쉬고 있는 |
| at a low price | 낮은 가격에 | at risk | 위험에 처해 있는 |
| at all times | 항상, 언제나 | at table | 식사 중인 |
| at best | 기껏해야 | at the latest | 늦어도 |
| at first | 최초에 | at the moment | 지금, 그때 |
| at last | 최후에 | at the rate of | ~의 비율로 |
| at least | 적어도 | at the same time | 동시에 |
| at most | 많아야 | at times | 때때로 |
| at one's expense | ~의 비용으로 | at work | 작업 중인 |

| at present | 현재 | at your earliest convenience | 가능한 빨리 |
| at random | 무작위로 | | |

**진단평가 5** ● Johnson Foods Group is committed to providing fresh seasonal fruits and vegetables __at__ a low cost.

(A) in　　　　**(B) at**　　　　(C) on　　　　(D) after

Johnson Foods그룹은 신선한 계절 과일과 채소를 싼 가격에 공급하기로 약속했다.

▶ 명사 cost 앞에 적당한 전치사를 선택하는 문제이다. 속도와 비율, 가격, 시간 등을 표현할 때 쓰는 전치사 at이 정답이다.

Mr. Johnson's presentation is scheduled to begin **at** five o'clock this afternoon in the conference room.
Johnson씨의 발표는 오늘 오후 5시에 회의실에서 시작하기로 일정이 잡혀 있다.

## 3　시점과 기간의 전치사

| 시점 | 기간 |
|---|---|
| • **since** ~이래로<br>　since 1990 1990년 이래로<br>• **from** ~부터<br>　from yesterday 어제부터<br>• **until** ~까지 계속(동작, 상태의 계속)<br>　until Tuesday 화요일까지 계속<br>• **by** 적어도 ~까지(특정 시간까지 동작이 완료)<br>　by Saturday 적어도 토요일까지<br>• **prior to/before** ~전에<br>　before March 10th 3월 10일 전에<br>• **after/following** ~후에, ~에 이어<br>　after construction 공사 이후에 | • **for + 구체적인 시간** ~하는 동안<br>　for two hours 2시간 동안<br>• **during + the + 특정기간** ~하는 동안<br>　during the vacation 휴가 동안<br>• **over** ~내내, 걸쳐서<br>　over the last few years 지난 몇 년간에 걸쳐서<br>• **throughout** ~내내<br>　throughout the year 1년 내내<br>• **within** ~이내에<br>　within this week 이번 주 이내에 |

**진단평가 6** ● We expect the ceremony to be over **by** 11:30 AM.

(A) on　　　　(B) in　　　　**(C) by**　　　　(D) of

우리는 식이 오전 11시 30분에는 끝날 것으로 예상한다.

▶ 문맥상 식이 오전 11시 30분 '까지' 끝날 것이라는 내용이므로 전치사 by(= no later than)를 써야 한다.

**진단평가 7** ● Handyman-Maintenance Inc., has been providing maintenance service on office equipment **for** over 20 years.

(A) among　　　　(B) since　　　　(C) with　　　　**(D) for**

Handyman-Maintenance사는 20년 넘게 사무실 장비에 대한 유지보수 서비스를 제공했다.

▶ 현재완료 시제에서 기간 앞에 쓸 수 있는 전치사를 선택하는 문제로 정답은 for이다. 전치사와 접속사로 사용할 수 있는 since는 기간을 표시할 수 없다.

Business analysts expect that economic recovery and the upward trend in spending is likely to continue **until** next year. 비즈니스 분석가들은 경제 회복과 소비 추세가 내년까지 계속될 것으로 전망한다.

### 전치사 within

| | | | |
|---|---|---|---|
| within walking distance | 도보 거리에 | within the company | 회사 내에서 |
| within five days | 5일 이내에 | within the city limit | 도시 안에서 |
| within the budget | 예산 이내에 | within one's reach | ~가 미치는 범위 내에 |

**진단평가 8** ● Please sign the contract and return it to the office **within** 10 days.

계약서에 사인해서 10일 안에 사무실로 돌려보내주세요.

(A) even      (B) behind      (C) still      **(D) within**

▶ 빈칸 뒤에 시간의 기간을 나타내는 10 days가 쓰였으므로 전치사 within이 가장 적절한 정답이 된다.

## 4   방향과 위치의 전치사

| 방향 | 위치 |
|---|---|
| • **to** ~쪽으로<br>go to + 장소 장소 쪽으로 가다<br>return A to B A를 B에게 반납하다<br>send A to B A를 B에게 보내다<br>• **for** ~를 향해서(목적지)<br>leave for 행선지 행선지를 향해 떠나다<br>depart for 행선지 행선지를 향해 출발하다<br>• **towards** ~쪽으로, 무렵에<br>towards the coast 해안 쪽으로<br>• **from A to B** A로부터 B까지<br>from the station to the library 역으로부터 도서관까지 | • **by, next to, close to, near, beside** ~옆에, ~가까이<br>near the convention center 컨벤션 센터 가까이<br>• **above, over** ~위에<br>• **behind** ~뒤에<br>• **below, under** ~아래에<br>• **around** ~주위에<br>• **between** 둘 사이에<br>between A and B A와 B 사이에<br>between two + 복수명사 ~ 두 개 중에<br>• **among** 셋 이상 중에<br>among + 복수명사 ~ 중에 |

**진단평가 9** ● Taxi is the only mode of public transportation **from** the hotel to the convention center.

택시가 호텔에서 컨벤션 센터까지 가는 유일한 대중교통 수단이다.

(A) off      **(B) from**      (C) on      (D) next to

▶ from A to B는 'A에서 B까지'라는 관용표현이다.

**진단평가 10** ● The manager submitted her plan for the company's restructuring **to** the board of directors.

부장은 회사의 구조조정에 관한 계획을 이사회에 제출했다.

(A) on      **(B) to**      (C) by      (D) during

▶ submit A to B는 'A를 B에 제출하다'라는 의미이다.

진단평가 11 ● Mr. Graham has requested a transfer to the New York branch to be **close** to his extended family.

Graham씨는 친척들과 가까이 있기 위해 뉴욕 지사로 전근을 요청했다.

(A) regular　　**(B) close**　　(C) thankful　　(D) contained

▶ '그의 친척하고 인접한(close) 곳에 있을 수 있도록 하기 위해서'라는 문맥으로 완성해야 한다.

진단평가 12 ● The company asked employees to participate in the workshop to promote better communication **among** its staff members.

회사는 직원들 간의 보다 나은 소통을 위해 직원들에게 워크숍에 참여하도록 요청했다.

(A) between　　(B) under　　**(C) among**　　(D) past

▶ 빈칸 뒤에 복수 명사 staff members가 있으므로 복수명사 앞에 오는 전치사 among이 정답이다.

## 5 이유 · 양보 · 목적의 전치사

### ■ 이유 · 양보의 전치사

|  | 전치사 + 명사/명사구/동명사 | 접속사 + 주어 + 동사 |
|---|---|---|
| ~에도 불구하고 | despite, in spite of, notwithstanding | although, though, even though, even if |
| ~ 때문에 | because of, due to, owing to, on account of | because, as, since, now that |

진단평가 13 ● **Due to** a prior engagement, Mr. Lindstrom will not be able to participate in the forthcoming conference.

Lindstrom씨는 선약 때문에 곧 있을 회의에 참석할 수 없을 것이다.

**(A) Due to**　　(B) Not only　　(C) As much　　(D) In fact

▶ 빈칸 뒤에 명사구 a prior engagement가 나왔으므로 문맥에 알맞은 전치사 Due to를 써야 한다.

Fortunately, there will be no substantial delay in train service **in spite of** the severe snowstorm in the region.
다행스럽게도, 그 지역의 심한 눈보라에도 불구하고 열차 운행에 있어 실질적인 지연이 없을 것이다.

### ■ 목적의 전치사

❶ 전치사 for는 '~을 위해서'라는 의미로 자주 출제되고, 현재완료 문장에서 기간을 나타내는 의미로도 종종 출제된다.

The company has reserved the banquet hall at the Mirage Hotel **for** the annual holiday party.
회사는 연례 휴일 파티를 위해서 Mirage 호텔 연회실을 예약했다.

❷ 관용어구

| | | | |
|---|---|---|---|
| for free | 공짜로 | for sale | 매물로 나온 |
| for good | 아주, 완전히, 영원히 | for rent | 임대용의, 셋방 있음 |
| for more information | 더 많은 정보를 위해서 | for more details | 더 상세한 내용을 위해서 |

<table>
<tr><td>for you reference</td><td>당신이 참고할 수 있도록</td><td>for safety reasons</td><td>안전상의 이유로</td></tr>
<tr><td>for additional information</td><td>추가적인 정보를 위해서</td><td>for a limited time</td><td>제한된 기간 동안만</td></tr>
</table>

## 6 기타 전치사

### ■ 전치사 by

| 교통 및 통신수단 | 'by + 동명사', '수동태 + by' | 기타 |
|---|---|---|
| by plane 비행기로<br>by credit card 신용카드로 | by + 동명사 ~함으로써<br>수동태 + by ~에 의해서 | by chance 우연히<br>by far 비교급, 최상급 강조 |

**진단평가 14** ● Magazine subscribers can save up to 20 percent **by** subscribing to *PGA Golf* before the end of this month.

잡지 구독자들은 이번 달 말까지 PGA Golf를 구독함으로써 20퍼센트까지 돈을 절약할 수 있다.

**(A) by**　　　(B) at　　　(C) in　　　(D) as

▶ 'by + 동명사'는 '~함으로써'라는 뜻의 관용표현이다.

### ■ 전치사 except

| ~을 제외하고는, ~이 없다면, ~이 없이 | |
|---|---|
| except (for) + 명사/명사구<br>barring + 명사/명사구<br>aside from | except that + 절 (주어 + 동사)<br>without + 명사/명사구<br>but for + 명사/명사구 |

**진단평가 15** ● Access to the plant is not permitted, **except** for approved visitors with authorization from the security office.

경비실의 승인을 받은 방문객을 제외하고는 공장출입이 허용되지 않는다.

**(A) except**　　(B) while　　(C) so　　(D) as

▶ except for는 '~을 제외하고'라는 뜻의 표현이다.

**Barring** an extreme fluctuation in the exchange rate, the current foreign car prices will remain in effect until the end of the year.　환율에 극심한 변동이 없다면, 현재 수입차의 가격은 연말까지 유지될 것이다.

### ■ 전치사 under

| ~ 아래서, ~의 관리 · 통제 하에, ~하는 중인 | |
|---|---|
| under the new management 새로운 경영진 아래서 | under construction 공사 중인 |
| under consideration 고려 중인 | under discussion 토론 중인 |
| under warranty 품질보증 기간 중인 | under way 진행 중인 |
| under investigation 조사 중인 | under control 통제하에 |

The new shopping center which is now **under construction** will have been completed by the end of this summer.  현재 건설 중인 새로운 쇼핑센터는 이번 여름 말에는 완성될 것이다.

**Under** your current subscription plan, you will receive a copy of our paper edition each month.
현재 구독 플랜에 따라, 귀하는 매달 책자를 받을 것입니다.

### ■ 전치사 of

전치사 of는 명사(구)와 명사(구)를 연결시키는 주격, 소유격, 목적격, 동격의 역할을 한다.

| | |
|---|---|
| **진단평가 16** ● The director **of** the sales division, James is in charge of overseeing employees and marketing their products overseas.<br><br>(A) to　　　　(B) of　　　　(C) on　　　　(D) by | 영업부 이사인 James는 직원들을 감독하고 제품을 해외에 판매하는 책임을 지고 있다. |

▶ 명사구 The director와 명사구 the sales division을 연결해 줄 수 있는 전치사 of를 써서 문장을 완성해야 한다. 여기에 쓰인 전치사 of는 소유의 의미(~의)로 사용된 것이다.

The application **of** refined animation techniques was needed to create the new film.
세련된 애니메이션 기술 적용이 새로운 영화를 만드는 데 필요했다.

### ■ ~에 관하여

| | | | | |
|---|---|---|---|---|
| on | as to | about | concerning | regarding |
| with/in regard to | with respect to | with/in reference to | pertaining to | |

| | |
|---|---|
| **진단평가 17** ● Requests for further information **concerning** the conference schedule will be fulfilled as soon as the schedule is completed.<br><br>**(A) concerning**　　　(B) relating<br>(C) referring　　　(D) connecting | 회의일정에 관한 추가적인 정보 요청은 일정이 마무리되는 대로 처리될 것이다. |

▶ 문맥상 '회의 일정에 관한 정보'이므로 전치사 concerning이 가장 적절하다.

You can contact the accounting department at any time if you have not received information **regarding** company reimbursement procedures.
당신이 상환 절차에 관한 정보를 받지 않았다면, 언제든지 회계 부서에 연락할 수 있습니다.

## 7　전치사구와 관용표현

### ■ 동사 + 전치사

| | | | |
|---|---|---|---|
| account for | ~을 설명하다 | deprive of | ~을 제거하다, 빼앗다 |
| add to | ~을 더하다 | face with | ~에 직면하다 |
| agree with/to | ~에 동의하다 | interfere with | ~을 간섭하다 |

| | | | |
|---|---|---|---|
| approve of | ~을 승인하다 | invest in | ~에 투자하다 |
| assist with | ~을 돕다 | recover from | ~에서 회복하다 |
| break down | 고장 나다 | replace with | ~을 대신[대체]하다 |
| comply with | ~을 준수하다 | subscribe to | ~을 구독하다 |
| consist of | ~로 구성되다 | sympathize with | ~을 동정하다 |
| contribute to | ~에 기여하다 | wait for | ~을 기다리다 |
| depend on | ~에 의존하다 | | |

Homeowners are advised to use genuine GE Electronics accessories in order to **comply with** the building regulations.  주택 소유자들은 건물 규정을 준수하기 위해 정품 GE Electronics 액세서리를 사용해야 합니다.

### ■ 명사 + 전치사

| | | | |
|---|---|---|---|
| access to | ~에의 접근, 출입 | in accordance with | ~에 따라 |
| appointment with | ~와의 약속 | in anticipation of | ~을 기대하여 |
| approach to | ~에의 접근 | in comparison with | ~와 비교하여 |
| at one's expense | ~의 비용 부담으로 | in cooperation with | ~와 협력하여 |
| be on the rise | 증가하다 | in observance of | ~을 준수하여 |
| by means of | ~을 이용해서 | lack of | ~의 부족 |
| cause of | ~의 이유 | on behalf of | ~을 대표하여 |
| concern over | ~에 대한 걱정 | out of business | 폐업한, 폐업의 |
| demand for | ~에 대한 요구 | out of print | 절판된 |
| effect on | ~에 대한 영향 | problem with | ~에의 문제 |
| guarantee of | ~의 보장 | tax on | ~에 대한 세금 |

Due to the increased **demand for** these models, our stocks have almost been exhausted.
이 모델은 수요가 증가하여 재고가 거의 소진되었습니다.

### ■ be동사 + 형용사/과거분사 + 전치사

| | | | |
|---|---|---|---|
| be accustomed to | ~에 익숙하다 | be equal to | ~와 동등하다(같다) |
| be angry with | ~에게 화나다 | be equipped with | ~을 갖추다 |
| be appreciative of | ~에 감사하다 | be famous/known for | ~로 유명하다 |
| be attached to | ~에 부착(첨부)돼 있다 | be inferior to | ~보다 열세(하급)하다 |
| be aware of | ~을 알고(인식하고) 있다 | be known as | ~로서 유명하다 |
| be capable of | ~을 할 수 있다 | be known for | ~으로 유명하다 |
| be comparable with | ~와 비교되다 | be pleased with | ~에 만족하다 |
| be consistent with | ~와 일관되다 | be polite to | ~에게 친절하다 |
| be dedicated to | ~에 전념(헌신)하다 | be responsible for | ~에 책임이 있다 |
| be eligible for | ~할 자격이 있다 | be similar to | ~와 비슷하다 |
| be enthusiastic about | ~에 열정적이다 | | |

Our hospital **is fully equipped with** state-of-the-art medical equipment.
저희 병원은 최신 의료 장비를 완벽하게 갖추고 있습니다.

## ■ 전치사구

| | | | |
|---|---|---|---|
| apart from | ~ 외에는 | in light of | ~로 비추어 보아 |
| as a result of | ~의 결과로 | in place of | ~을 대신하여 |
| aside from | ~이외에, ~뿐만 아니라 | in spite of | ~에도 불구하고 |
| at all times | 항상 | in view of | ~을 고려하여 |
| at the rate of | ~의 비율/속도로 | in violation of | ~을 위반하여 |
| by the end of | ~말까지 | instead of | ~대신에 |
| due to | ~때문에 | on behalf of | ~을 대신하여 |
| in accordance with | ~을 따라서 | on the recommendation of | ~의 추천으로 |
| in advance | 미리, 사전에 | on top of | ~뿐만 아니라 |
| in comparison with | ~와 비교해 볼 때 | with regard to | ~에 대하여 |
| in honor of | ~에게 경의를 표하여 | | |

We plan to send sample to customers **by the end of** this week.
우리는 이번 주말까지 고객들에게 샘플을 발송할 예정이다.

---

**진단평가 18** ● **Instead of** waiting for written reports, the president decided to call each of the regional managers.

(A) However　　(B) Further　　(C) According to　　**(D) Instead of**

보고서를 기다리는 대신에 사장은 각 지역의 관리자들에게 전화하기로 했다.

▶ 문맥상 보고서를 기다리는 '대신에' 각 지역의 관리자들에게 전화하기로 결정했다는 내용이고 빈칸 뒤에 전치사의 목적어인 동명사가 쓰였으므로 전치사 Instead of가 가장 적절하다.

---

**진단평가 19** ● The tickets for the rock concert may be reserved by calling 24 hours **in** advance.

(A) at　　(B) of　　**(C) in**　　(D) for

록 콘서트 티켓은 24시간 전에 전화로 예약할 수 있다.

▶ in advance는 '미리'라는 의미의 관용표현이다.

---

**진단평가 20** ● She was **about** to leave when I asked for her opinion on the new procedures implemented last week.

**(A) about**　　(B) nearly　　(C) off　　(D) close

지난주에 적용된 새로운 절차에 대해 의견을 물었을 때 그녀는 막 떠나려던 참이었다.

▶ 'be about to + 동사'는 '막 ~하려고 하다'라는 의미의 관용표현이다.

**1** Applications must be received by December 30 -------- prospective students to be considered for admission to the business school.

(A) which  
(B) in order for  
(C) yet  
(D) so that

**2** Our company will be able to deliver all orders from customers -------- a week of receiving a request.

(A) within  
(B) over  
(C) into  
(D) underneath

**3** Thanks to the engineering team's hard work and dedication, the project was completed -------- schedule.

(A) ahead of  
(B) depending on  
(C) in exchange for  
(D) aside from

**4** -------- Ms. King's absence, the marketing team will meet with the client on May 2.

(A) Nonetheless  
(B) Insofar as  
(C) Simultaneously  
(D) Regardless of

**5** Hotel guests are reminded to return all key cards -------- checking out at the end of their stay.

(A) before  
(B) around  
(C) from  
(D) within

**6** The temperature will climb -------- the day with a high of 35 degree Celsius today.

(A) throughout  
(B) considering  
(C) unless  
(D) least

**7** Martin Manufacturing reserves the right to delay further deliveries -------- the customer has made all outstanding payments.

(A) until  
(B) next  
(C) then  
(D) later

**8** -------- delivering his speech at 7 PM as previously scheduled, Tony Nesmith will be giving It at 8:30 PM.

(A) Beyond  
(B) Among  
(C) Due to  
(D) Instead of

**9** Customers' telephone inquiries may be recorded -------- the purpose of training our customer service representatives.

(A) because  
(B) for  
(C) to  
(D) while

**10** Shipping documents must be prominently displayed -------- the outside of the container.

(A) on  
(B) to  
(C) for  
(D) with

11  -------- a full-service restaurant on the fourth
floor, there is a cafeteria serving casual fare
on the ground floor.

(A) Just as          (B) Because
(C) Otherwise        (D) In addition to


12  If the advertisement does not elicit a
response -------- seven days, consider
modifying it to increase consumer interest.

(A) toward           (B) instead of
(C) within           (D) apart from


13  The kit comes complete with everything
needed to build your own bunk bed --------
tools.

(A) unlike           (B) outside
(C) despite          (D) except


14  As executive liaison, Mr. Fujita's primary
duty is to facilitate cooperation -------- Dekan
Corporation's numerous directors.

(A) above            (B) onto
(C) inside           (D) among


15  Oaks Law office employees are prohibited
from parking their vehicles in the restricted
area -------- prior authorization.

(A) owing to         (B) without
(C) around           (D) as opposed to


16  Modern Teen Apparel plans to open 25 new
stores across the country -------- the next six
months.

(A) from             (B) over
(C) to               (D) out


17  Flight schedules will change as Golden Hawk
and Pandey Airways are gradually integrated
-------- a single airline company.

(A) of               (B) until
(C) on               (D) into


18  Not far -------- the financial district is the
Adorack Grill, which is an excellent place to
take clients for lunch.

(A) on               (B) with
(C) about            (D) from


19  Movie Air provides a complimentary breakfast
to passengers on flights departing --------
9AM.

(A) below            (B) with
(C) before           (D) inside


20  Jerry-Maguire Agency is -------- the country's
leading providers of adventure tourism
packages.

(A) toward           (B) among
(C) around           (D) along

**To** : All support employees
**From** : Jeff Gilman, clients services supervisor
**Subject** : Web site functioning
**Date** : February 4

I would like to update you ------- the problems our clients have been experiencing while
**21.**
using our Web site, particularly, -------. The technical team is working to learn the cause
**22.**
of the problem, and they hope to have it corrected in a day or two. In the meantime, here
is a temporary solution to ensure uninterrupted service. All calls ------- clients who report
**23.**
difficulties with our Web site should be transferred to sales manager's office immediately.
Additional staff members there have been instructed on how to handle these calls and
support clients with any ------- they may have.
**24.**

Thank you for your cooperation.

21 (A) regard
   (B) regards
   (C) regarded
   (D) regarding

23 (A) since
   (B) from
   (C) without
   (D) until

22 (A) when they set up their laptops
   (B) when they try to fix the mechanical
       problems
   (C) when they attempts to click certain Web
       site links
   (D) when the system is crashed

24 (A) problems
   (B) estimates
   (C) terms
   (D) practices

May 20

Dear Mr. Jefferson,

Thank you for the opportunity to visit your office last week. I found observing a larger branch's operations to be -------. I have already described some of your ideas and methods to my colleagues here in the hopes that we can use them to improve our performance. Please relay my gratitude ------- your staff for organizing my busy agenda. -------. I hope you'll be able to visit us in Seattle -------. I would be happy to show you around the city.

Sincerely,

Robert Haddad
Manager of Operations
Rowles Industries-Seattle

---

**25** (A) amusing
(B) worthwhile
(C) repetitive
(D) relaxing

**26** (A) over
(B) during
(C) to
(D) at

**27** (A) It was a very frustrating process to plan out everything accordingly.
(B) I hope that we can use your ideas to further improve our performance.
(C) I especially appreciate the help your assistant gave me with my travel arrangements.
(D) I would like to know more on how you run your operations.

**28** (A) soon
(B) lately
(C) afterward
(D) more

▶ ▶ ▶ 정답 및 해설 p34

# Unit 15 접속사

접속사 문제는 정기시험 매회 1문제 정도 출제된다. 접속사는 크게 등위접속사, 상관접속사, 종속접속사로 나눌 수 있다. 등위접속사는 문법상 대등한 관계에 있는 단어, 구, 절, 문장을 연결한다. 상관접속사는 단어 전후에서 서로 짝을 이루어 쓰이는 접속사이며, 종속절을 이끄는 접속사에는 크게 명사절과 형용사절, 부사절을 이끄는 접속사가 있다. 이중 부사절을 이끄는 접속사의 출제가 가장 빈번하다.

## 진단평가

**1** As the place has been selected ------- the date confirmed, Mr. Johnson will start printing invitations for the annual awards ceremony.

(A) but  (B) and
(C) yet  (D) if

**2** Please update your time sheet properly, ------- we can process your monthly wage.

(A) even  (B) yet
(C) also  (D) so

**3** Day's Inn does not refund deposits, ------- does it guarantee availability to all advertised facilities.

(A) and  (B) whether
(C) which  (D) nor

**4** Tickets to the art museum can be purchased ------- online or by phone.

(A) both  (B) neither
(C) whether  (D) either

**5** It is ------- necessary nor cost-effective to implement new procedures in the company.

(A) neither  (B) nevertheless
(C) therefore  (D) if

**6** Both Mr. Smith ------- Ms. Anderson will attend the international conference on trade and development.

(A) either  (B) or
(C) and  (D) nor

**7** ------- research indicates that a store's atmosphere greatly influences profits, many store owners are designing appealing stores to attract shoppers.

(A) Despite  (B) Unless
(C) Since  (D) So

**8** The company will go on with its plans to open two more branch offices ------- its profits decreased dramatically last year.

(A) instead of  (B) still
(C) however  (D) even though

**9** ------- contacting technical support staff about a computer problem, please remember to include your name and telephone number on the service form.

(A) During  (B) Until
(C) After  (D) When

**10** The architect is considering redesigning the building ------- the meeting rooms will be on the first and third floors.

(A) just as  (B) because of
(C) so that  (D) in order to

---

**정답** 1 (B)  2 (D)  3 (D)  4 (D)  5 (A)  6 (C)  7 (C)  8 (D)  9 (D)  10 (C)

등위접속사는 단어, 구, 문장을 동등하게 연결하는 접속사로 and, but, or, nor, yet, so, for가 있다. 등위접속사에 관련된 문제로는, 등위접속사 앞뒤에 빈칸을 만들어 동일한 품사를 선택하는 문제가 있고, 구와 구, 문장과 문장을 의미에 따라 연결하는 등위접속사에 관련된 문제가 있다.

### ■ 등위접속사의 종류

| | | | | |
|---|---|---|---|---|
| **for** 왜냐하면, ~이니까 | **and** 그리고, ~와 | **nor** 둘 다 아닌 | **but** 그러나, 하지만 | **or** 또는 |
| **yet** 하지만, 그렇지만 동시에(=but at the same time) | | **so** 그래서, 그러므로 | | |

### ■ 등위접속사의 특징

❶ 등위접속사는 등위구조를 이룰 때 쓴다. 단어와 단어, 구와 구, 문장과 문장을 연결할 수 있다.

> **진단평가 1** ● As the place has been selected **and** the date confirmed, Mr. Johnson will start printing invitations for the annual awards ceremony.
>
> (A) but      **(B) and**      (C) yet      (D) if

장소가 선정되고 날짜가 확정되었기 때문에 Johnson씨는 연례시상식 초대장을 인쇄하기 시작할 것이다.

▶ 빈칸 앞뒤에 완전한 문장이 쓰였으므로 등위접속사를 써야 한다.

❷ 등위접속사에 관련된 문제는 구조적으로 먼저 파악한 후, 문맥에 알맞은 접속사를 써야 한다.

> **진단평가 2** ● Please update your time sheet properly, **so** we can process your monthly wage.
>
> (A) even      (B) yet      (C) also      **(D) so**

귀하의 월급을 처리할 수 있도록 귀하의 근무시간기록표를 알맞게 갱신해 주세요.

▶ 주어진 문장의 빈칸은 목적의 부사절을 이끄는 종속접속사의 위치로 'so that(~할 수 있도록 하기 위해)'이 적당하며 that은 생략 가능하므로 so가 정답이 된다.

❸ 등위접속사 nor를 쓸 경우 접속사 뒤에 나오는 어순은 도치되어 '동사 + 주어'의 형태로 나온다.

> **진단평가 3** ● Day's Inn does not refund deposits, **nor** does it guarantee availability to all advertised facilities.
>
> (A) and      (B) whether      (C) which      **(D) nor**

Day's 여관은 보증금을 돌려주지 않을 뿐만 아니라, 광고된 모든 부대시설의 이용을 보장하지도 않는다.

▶ 빈칸 뒤에 '동사(does) + 주어(it)'가 도치된 문장이므로 부정의 의미를 가지는 등위접속사 nor를 써야 한다.

상관접속사는 두 개 이상의 단어가 짝을 이루어 한 문장 안의 다른 어구들을 연결해주는 것을 말한다. 문제를 풀 때, 서로 짝을 이루는 어구를 찾는 문제가 많이 출제되므로, 선택지를 확인한 후 문장에 있는 짝을 찾아 완성한다.

| either A or B | A 또는 B 중의 하나 | |
|---|---|---|
| neither A nor B | A도 B도 아닌 | B에 동사의 수 일치 |
| not A but B | A가 아닌 B | |
| not only A but also B (= B as well as A) | A뿐만 아니라 B 역시 | |
| A as well as B | B뿐만 아니라 A도 | A에 동사의 수 일치 |
| both A and B | A와 B 둘 다 | 항상 복수동사 |

**진단평가 4** ● Tickets to the art museum can be purchased **either** online or by phone.

미술관 입장표는 온라인이나 전화로 구매할 수 있다.

(A) both     (B) neither     (C) whether     **(D) either**

▶ 빈칸 뒤에 or이 있는 것으로 봐서 either A or B 'A나 B 둘 중의 하나' 구문이 쓰였음을 알 수 있다.

**진단평가 5** ● It is **neither** necessary nor cost-effective to implement new procedures in the company.

회사에 새로운 절차를 적용하는 것은 필요하지 않고 비용적으로 효율적이지도 않다.

**(A) neither**       (B) nevertheless
(C) therefore       (D) if

▶ 빈칸 뒤에 nor가 있으므로 neither A nor B 'A와 B 둘 다 아니다' 구문에 맞게 답을 고른다.

**진단평가 6** ● Both Mr. Smith **and** Ms. Anderson will attend the international conference on trade and development.

Smith씨와 Anderson씨 둘 다 무역과 개발에 관한 국제회의에 참석할 것이다.

(A) either     (B) or     **(C) and**     (D) nor

▶ 상관접속사 짝 찾기 문제로, both와 짝을 이루는 and가 정답이다.



종속접속사는 문장에서 종속절을 이끌며 부사절이라는 다른 이름으로도 사용된다. 다음과 같이 접속사의 의미에 따라 이유, 양보, 시간, 조건, 목적, 결과 등의 종속접속사가 있다.

| 이유 | because ~이기 때문에 | since ~이기 때문에 | as ~이기 때문에 | now that ~이기 때문에 |
|---|---|---|---|---|
| 양보 | though 비록 ~에도 불구하고 | although 비록 ~이지만 | even though 비록 ~이지만 | even if 비록 ~이지만 |
| 시간 | after ~한 후에<br>until ~할 때까지<br>when ~할 때 | before ~하기 전에<br>since ~한 이래로 | as soon as ~하자마자<br>while ~하는 동안에 | by the time ~할 때까지<br>as ~할 때 |
| 조건 | if 만약 ~라면<br>providing/provided (that) ~만약 ~한다면<br>in case (that) ~한 경우에 대비해 | | as long as ~하는 한<br>once 일단 ~하면<br>unless 만약 ~이 아니라면(= if ~ not) | |
| 목적 | so that ~하기 위해서 | | in order that ~하기 위해서 | |
| 결과 | so + 형용사/부사 + that 너무 ~해서 ~하다 | | such + 명사 + that 너무 ~해서 ~하다 | |

**진단평가 7** ● **Since** research indicates that a store's atmosphere greatly influences profits, many store owners are designing appealing stores to attract shoppers.

(A) Despite　　(B) Unless　　**(C) Since**　　(D) So

연구는 매장의 분위기가 수익에 크게 영향을 미친다는 것을 나타내기 때문에 많은 점주들이 손님을 유치하기 위해 점포를 매력 있게 디자인하고 있다.

▶ 접속사와 전치사를 구별하는 문제로, 빈칸 뒤에 절이 있으므로 문맥상 알맞은 Since를 써서 문장을 완성한다.

**진단평가 8** ● The company will go on with its plans to open two more branch offices **even though** its profits decreased dramatically last year.

(A) instead of　　　　(B) still
(C) however　　　　**(D) even though**

지난해에 회사의 이윤이 급격하게 떨어졌음에도 불구하고 회사는 두 개의 지사를 열 계획을 계속 추진할 것이다.

▶ 절과 절을 연결하는 종속접속사 자리이다. 문맥상 이윤이 떨어졌음에도 '불구하고' 새 지사를 연다는 내용이므로 (D)가 답이 된다.

**진단평가 9** ● **When** contacting technical support staff about a computer problem, please remember to include your name and telephone number on the service form.

(A) During　　(B) Until　　(C) After　　**(D) When**

컴퓨터 문제로 기술지원팀에 연락할 때에는 서비스 양식에 당신의 이름과 전화번호를 적는 것을 잊지 마세요.

▶ 빈칸 뒤에 나온 현재분사 구문 contacting technical support staff about a computer problem을 이끌 수 있는 것은 부사절 접속사다. 따라서 정답은 부사절 접속사인 When(~할 때)이다.

**진단평가 10** ● The architect is considering redesigning the building **so that** the meeting rooms will be on the first and third floors.

(A) just as　　　　(B) because of
**(C) so that**　　　　(D) in order to

회의실이 1층과 3층에 위치하도록 건축가는 건물을 다시 설계하는 것을 고려하고 있다.

▶ 문맥상 목적 부사절을 이끄는 so that을 써서 문장을 완성해야 한다.

### ■ that + 주어 + 동사

'~라는 것'의 뜻으로, 문장에서 절이 주어, 목적어, 보어의 역할을 한다.

**❶ 주어 역할**

**That** he got promoted surprised us.　우리는 그가 승진했다는 것에 놀랐다.

**❷ 목적어 역할**

I believe **that** John is an excellent teacher.　나는 John이 훌륭한 선생님이라는 것을 믿는다.

**❸ 보어 역할**

One of the characteristics of this cell phone is **that** it has a digital music function.
이 휴대전화의 특징 하나는 디지털 음악 기능을 가지고 있다는 것이다.

### ■ if/whether + 주어 + 동사

'~인지 아닌지'의 뜻으로 문장에서 명사절을 이끄는 역할을 한다.

The patient asked **if** he could postpone his appointment until 4 o'clock.
환자는 약속을 4시까지 연기할 수 있는지 물었다.

**Whether** you have won the prize or not will be posted on our Web site by next Friday.
귀하의 수상 여부는 다음 주 금요일까지 저희 웹사이트에 게시될 것입니다.



다음에 나오는 전치사와 접속사는 같은 의미를 갖고 있지만, 종속접속사 다음에는 절(주어 + 동사)이 오고, 전치사 다음에는 명사(구), 대명사, 동명사 등이 온다는 차이가 있다.

| 전치사 + 명사(구), 대명사, 동명사 | 접속사 + 주어 + 동사 | 의미 |
| --- | --- | --- |
| because of, due to, owing to, on account of | because, since, as, now that | ~ 때문에 |
| despite, in spite of, notwithstanding | although, even though, though, even if | ~에도 불구하고 |
| during | while | ~하는 동안 |
| except | except that | ~을 제외하고 |
| without | unless | ~이 없다면 |
| in case of, in the event of | if, provided that | ~의 경우에 |
| following, after | after | ~ 후에 |

품사는 부사이면서 접속사의 의미와 역할을 하는 단어를 접속부사라고 한다. 부사이기 때문에 절을 이끌 수는 없지만 세미콜론(;)과 콤마(,) 사이에서 두 문장을 연결하는 역할을 할 수 있다. 접속부사는 한 문장에서 다른 문장으로 분위기를 자연스럽게 전환할 수 있는 연결고리 역할을 한다.

| | 등위접속사 | 접속부사 | |
|---|---|---|---|
| 부가 | and 그리고<br>and then 그러고 나서 | additionally 게다가, 더구나<br>besides 게다가<br>furthermore 게다가, 더군다나<br>indeed 실로, 사실상<br>moreover 게다가, 더구나<br>what's more 게다가 | as well as ~외에도<br>further 게다가, 더 나아가<br>in addition (to) ~외에도<br>likewise 유사하게<br>together with ~와 함께 |
| 대조 | but 그러나<br>yet 그러나 | although ~에도 불구하고(= even though, though)<br>however 그러나<br>in spite of (that) ~임에도 불구하고<br>nonetheless 그럴더라도<br>on the other hand 반대로<br>unlike ~와 달리<br>while 반면에 | conversely 반대로<br>in contrast 대조적으로<br>nevertheless 그럼에도 불구하고<br>on the contrary 반대로<br>otherwise 그렇지 않으면<br>whereas 반면에, ~에 반해서 |
| 결과 | so 그래서 | accordingly 따라서<br>consequently 그 결과로<br>therefore 그러므로 | as a result 결과적으로<br>hence 이 때문에<br>thus 그래서 |
| 시간 | | after a while 잠시 후에<br>as time goes by 시간이 흐름에 따라<br>at the same time 동시에<br>meanwhile 한편<br>presently 현재<br>thereafter 그 후 | afterward(s) 나중에<br>at last 마침내<br>in the meantime 한편<br>nowadays 현재는, 요즘에<br>simultaneously 동시에 |
| 강조 | | definitely 분명히<br>indeed 실로, 사실상<br>in fact 사실상<br>particularly 특히 | in any event 좌우간<br>in especial 특히<br>in particular 특히<br>specifically 구체적으로 |

다음에 나오는 단어는 전치사와 접속사 둘 다 사용이 가능하다.

| 전치사 + 명사(구), 대명사, 동명사 | | 접속사 + 주어 + 동사 | |
|---|---|---|---|
| since | after | before | until |

### ■ 전치사로 쓰였을 때

The manager has been working at the company **since** 2005.
부장은 2005년부터 회사에서 일해 왔다.

Mr. Benson will return from vacation tomorrow but the project-planning committee will not meet with him **until** next week.
Benson씨는 내일 휴가에서 돌아올 것이지만 프로젝트 기획 위원회는 다음 주까지 그를 만나지 않을 것이다.

### ■ 접속사로 쓰였을 때

The manager has been working at the company **since** he was graduated from university.
그는 대학을 졸업한 이래로 회사에서 일해 왔다.

This parking area will be closed **until** construction on Bernard Street has ended.
이 주차장은 Bernard가에서 공사가 끝날 때까지 폐쇄될 것이다.

1. Representatives from McDougal Industries will attend the job fair in Brigham City -------- not the one in Sun Valley.

   (A) either      (B) but
   (C) or      (D) as

2. At tonight's employee-appreciation banquet, dinner will be served -------- the company president delivers her speech.

   (A) almost      (B) more
   (C) once      (D) away

3. -------- the company's holiday calendar is posted online, paper copies will no longer be distributed.

   (A) Regardless of      (B) Since
   (C) In case of      (D) Besides

4. -------- the cafeteria is undergoing renovation, sandwiches and salads will be available from the snack bar.

   (A) Throughout      (B) Within
   (C) During      (D) While

5. Both Pine Street -------- Orchard Lane will be closed for repairs next Tuesday.

   (A) and      (B) or
   (C) so      (D) like

6. Although we expect cancellations due to bad weather, our preparations for the conference should continue -------- there will be full attendance.

   (A) if only      (B) as if
   (C) if any      (D) than if

7. Most borrowed materials may be renewed twice -------- they have been requested by another library user.

   (A) during      (B) likewise
   (C) unless      (D) instead

8. According to a recent study, enrollment at private universities is declining, -------- public universities are enjoying steady growth.

   (A) likewise      (B) namely
   (C) whereas      (D) indeed

9. -------- that Mr. Gunderson has taken over the department, sales are expected to increase.

   (A) From      (B) For
   (C) Still      (D) Now

10. Brockton Playhouse is not only the oldest -------- the largest theater in Marienville.

    (A) while      (B) in addition
    (C) nor      (D) but also

11  Internet service may be canceled by --------
T&C Communications or the subscriber.

(A) both            (B) however
(C) either          (D) plus


12  The staff will gather today to celebrate the
achievements of Emile Smith -------- to wish
him well in his retirement.

(A) for             (B) but
(C) yet             (D) and


13  Replacement keys for your automobile may
be ordered from our dealership, -------- you
can demonstrate car ownership.

(A) provided that   (B) as though
(C) in fact         (D) rather than


14  -------- eliminating its television manufacturing
division last year, Hwang Tech has directed
more resources to new product development.

(A) As              (B) Until
(C) Under           (D) Since


15  -------- the Internet is a good tool for seeking
qualified candidates, many employers now
post job openings online.

(A) Because         (B) When
(C) After           (D) So


16  Vincent Lang's presentation was so
persuasive -------- the transit board swiftly
approved his plan.

(A) which           (B) about
(C) that            (D) during


17  Mr. Davis asked -------- Ms. Adamson would
be available to photograph the product
launch party in December.

(A) whether         (B) whenever
(C) either          (D) although


18  A study released today indicates --------
Madara Sunscreen protects skin longer than
other brands do.

(A) that            (B) but
(C) what            (D) like


19  Please inform the workshop instructor of your
anticipated absences -------- alternate dates
can be scheduled.

(A) ever since      (B) due to
(C) in spite of     (D) so that


20  From Ogden Terminal, travelers have
access to buses -------- taxis to get to their
destinations.

(A) to start with   (B) as well as
(C) moreover        (D) similarly

Seafood lovers, Macaroni Grill has moved!

Now you can enjoy spectacular ocean views while you dine on the finest seafood in San Francisco. Experience the delights of the ocean, -------- on your plate and all around you,
**21.**
at O'hana Grill's new waterfront location on Sand Alcove Beach. Rest assured, we have changed more than just our address. --------. For example, he is going to feature lighter
**22.**
dishes prepared from more of the seafood found right in Sand Alcove Bay. It cannot get much fresher than that! --------, O'hana Grill will now open ever earlier, at 11 AM, to serve
**23.**
lunch. Come and see all the changes

-------- have made.
**24.**

21  (A) past
　　(B) both
　　(C) nor
　　(D) these

22  (A) The design team did an outstanding job emphasizing San Alcove beach.
　　(B) Our new location will be posted on our site shortly.
　　(C) Chef Laurent Neville has created new lunch menus.
　　(D) You will not be disappointed with your visit at O'hana grills.

23  (A) In contrast
　　(B) Even if
　　(C) Instead
　　(D) In addition

24  (A) us
　　(B) we
　　(C) our
　　(D) ourselves

Overdue Materials

Fines for all overdue materials are twenty cents a day ------- patrons are entitled to a
25.
two-day grace period. ------- a return is made by the end of the second day following the
26.
date on which materials are due, no fine will be assessed. -------. In the event such a
27.
charge is incurred, the patron's account information will need to be updated accordingly.
Additionally, for any fines totaling $15.00 or more, a hold is to be placed on the account.
The patron must also be informed by telephone or in writing of the temporary ------- of all
28.
borrowing privileges.

**25** (A) though
    (B) because
    (C) so that
    (D) despite

**26** (A) Yet
    (B) Now that
    (C) If
    (D) Even

**27** (A) All fines must be paid before checking out additional items.
    (B) Please visit or call our front desk to pay late fees.
    (C) We are not responsible for any damaged material.
    (D) Charges for any item past due date should be calculated on their record.

**28** (A) suspension
    (B) suspends
    (C) suspended
    (D) suspend

▶▶▶ 정답 및 해설 p37

# 독해
## Reading Comprehension

# 01 메모

메모(memo/memorandum)는 회사나 단체 내에서 다수의 구성원들에게 어떤 내용을 알리거나 상기시키는 역할을 하는 짧은 글을 말한다. 메모는 격식을 덜 차린 글의 종류로, 편지에서처럼 결구 같은 인사말을 쓸 필요가 없다. 일반적으로 메모는 도입부에서 메모의 목적을 명확하게 명시하고 메모의 후반부에 원하는 조치를 요구하는 형식으로 작성된다. 따라서 정답을 선택할 때 일반적인 질문에 관련된 정답은 초반부에서 찾고, 구체적인 내용에 관한 것은 중반부에서, 그리고 메모를 읽은 다음 취해야 할 행동에 관련된 질문은 마지막 부분에서 정답을 찾으면 된다.

### ■ 회사 관련 메모

- 인사이동, 회의, 행사 관련 사항
- 직원들에게 알리는 사내 정책 변화, 공사 안내글
- 세미나, 교육 및 직무 연수에 관련된 글

### ■ 지역공동체 관련 메모

- 지역 행사, 고속도로 보수 공사 안내, 새 기차 선로 공사 안내 등
- 박물관, 미술관, 혹은 도서관에서 방문자들에게 알리는 글

---

**메모의 구성**

To(받는 사람)
From(보내는 사람)
Date(날짜)
Subject(제목)

First Sentence(첫 번째 문장)
Reason for the memo(메모를 쓰는 이유) – 주제나 목적에 관한 정답
* I am writing to ～ / We are pleased to ～ / We wanted to～ / We regret to ～

Second Sentence(두 번째 문장)
Any instructions or information(어떤 지침이나 정보) – 구체적인 내용에 관한 정답

Closing Sentence(끝맺는 문장)
What is required of the reader e.g. confirmation, answers or feedback
(읽은 사람들이 취해야 할 행동 [예] 확인, 회신이나 피드백) – 취할 행동에 관한 정답
* All employees are encouraged to ～ / Come in and join us in ～

---

### ■ 주제나 목적 혹은 대상을 묻는 문제유형

Why was the memo written? 이 메모를 쓴 이유는 무엇인가?

What is the purpose of the memo? 이 메모의 목적은 무엇인가?

For whom is this memo written? 누구를 대상으로 한 메모인가?

▶ 주제, 목적, 대상을 묻는 문제의 단서는 주로 지문의 첫 부분에 있다.

### ■ 구체적인 정보를 묻는 문제유형

How long will the event last? 이 행사는 얼마나 오래 계속될 것인가?

What is scheduled in the company cafeteria? 사내 식당에서 예정된 일은 무엇인가?

Who should be contacted about the matter? 이 사안에 대하여 누구에게 연락해야 하는가?

▶ 구체적인 정보를 묻는 문제의 단서는 주로 지문의 중간 부분이나 해당 키워드 주변에 있다.

### ■ 특정 날짜와 장소를 묻는 문제유형

Where will the event be held? 행사는 어디에서 개최될 것인가?

Where can people get a ticket? 사람들은 어디에서 티켓을 받을 수 있는가?

When can employees use the new facility? 직원들은 새 시설을 언제 이용할 수 있는가?

▶ 특정 날짜와 장소를 묻는 문제의 단서는 주로 지문의 중간 부분이나 해당 키워드 주변에 있다.

### ■ True/Not True 문제유형

What is true about this memo? 이 메모에 대해 사실인 것은 무엇인가?

What is NOT recommended in the memo? 이 메모에서 권고되지 않은 것은 무엇인가?

What is NOT true about the company? 이 회사에 대해 사실이 아닌 것은 무엇인가?

▶ True/Not True를 묻는 문제는 지문의 내용과 선택지를 하나씩 대조하여 정답을 선택한다.

### ■ 요청사항을 묻는 문제유형

When should Mr. Johnson be contacted? Johnson씨에게 언제 연락해야 하는가?

What are recipients of this memo asked to do? 이 메모를 읽은 사람들은 무엇을 해야 하는가?

▶ 요청사항을 묻는 문제의 단서는 주로 지문의 끝부분에 있다.

### ■ 문장 삽입을 묻는 문제유형

In which of the positions marked [1], [2], [3], and [4] does the following sentence best belong?
"Even the property's decor consists of mostly recycled materials."
[1], [2], [3], [4] 중에서 다음 문장이 들어가기에 가장 적합한 곳은 어디인가? "심지어 건물의 장식도 대부분 재활용된 재료로 이루어져 있다."

▶ 지문의 흐름을 파악하고, 삽입되는 문장과의 맥락을 고려하여 정답을 선택한다.

**Questions 1-2 refer to the following memo.**

**To**: Janine Chen
**From**: Harry Dalton
**Date**: January 19
**Subject**: Las Vegas Conference

I have just been informed by my Senior Sales Agent, Jim Hawn, that he will be unable to attend the conference due to a family emergency. I am proposing that we send Nancy Moore instead as our company representative. Nancy has been with the company for almost three years, and has had a remarkable sales record. I believe she will continue to be a great asset to this company and that it would be to our benefit to send her to this informational conference. Please notify me by the end of today if you approve of my recommendation, so I may notify Ms. Moore about her assignment during my staff meeting tomorrow morning.

1    What is the main purpose of this memo?

   (A) To notify a replacement

   (B) To withdraw from the conference

   (C) To recommend Jim Hawn

   (D) To cancel the staff meeting

2    Which of the following is NOT true about Nancy Moore?

   (A) She has over two years of experience.

   (B) She has a good sales record.

   (C) She has a family emergency.

   (D) She is part of Mr. Dalton's staff.

# While You Were Away

**To**: Nancy Owen

**Time**: 3:30 PM

**Who**: Postal Express Services

**Message taken by**: Sarah Doyle

**Message**:

A courier from Postal Express Services visited the office today with a special delivery from Hanson Jewelers. I was unable to sign for the delivery. Due to the sensitive contents of the package, Hanson Jewelers specified that only you would be authorized to sign for the receipt of the package.

The closest Postal Express Services Center is on the corner of Brookhurst and Palm Ave. The center is open until 5 PM. You can either stop by the center before closing to sign for the package, or you can call them tomorrow to request delivery.

Also, Jonathon Crew from Hanson Jewelers called to inquire about the package. He would like for you to call him back immediately on his cellular phone.



**3**  Why did Mr. Crew call Nancy Owen?

(A) To request a delivery

(B) To apply for a position

(C) To authorize payment

(D) To ask about a delivery

**5**  Who wrote the memo?

(A) Nancy Owen

(B) Sarah Doyle

(C) Jonathon Crew

(D) Hanson Jewelers

**4**  What should Ms. Owen do immediately?

(A) Apply to Postal Express

(B) Contact Jonathon Crew

(C) Deliver a jewelry package

(D) Purchase a cellular phone

**Date**: April 25
**To**: Roxanne Beale
**From**: Cody Neilson
**RE**: Computer surveillance

Productivity has been lagging for the past year. It has been suggested that increased personal computer use may be one factor. As you know, earlier this year all computers were upgraded to have Internet access.

I have spoken with our network administrators to address this problem. They have organized a plan to help restrict unnecessary personal computer use. On May 5, computer staff members will work on each computer to install certain software and make adjustments to the settings. Please note that we will now be monitoring web-browsing and e-mail use. A log of visited Web sites and time spent there will be created. Also, employees will no longer be able to download software programs for personal use, such as games or messenger services. We will evaluate the first set of logs one week later to establish a baseline.

Please notify your staff of these important changes. Also, if employees have any concerns regarding these new policies (such as privacy issues), have them address their concerns directly to me.

6  What is the purpose of this memo?

   (A) To express concerns over privacy
   (B) To announce a new workplace policy
   (C) To approve of personal computer use
   (D) To suggest a new software program

8  What is the purpose of the computer restrictions?

   (A) To analyze customer Internet preferences
   (B) To increase employee productivity
   (C) To protect an employee's privacy
   (D) To make computer use more fun

7  When will the first set of logs be reviewed?

   (A) April 25
   (B) May 2
   (C) May 5
   (D) May 12

**Questions 9-10 refer to the following memo.**

**To**: All staff
**From**: Tiffaney Nelson, Human Resources Manager
**Date**: November 15
**Subject**: Vacation Policy

Due to the high number of requests submitted for time off during holiday seasons, we would like to remind staff to submit requests in advance. Our policy is that no more than five employees can be out during any specific workdays. Please use the online application form. If you have not requested vacation time by the end of the month, your requests may not be approved. We apologize for the inconvenience, but in order to deliver the quality of work Miller Architecture Group is known for, it is essential that we have sufficient staff to work on current projects and to communicate with clients. Please direct any questions to your immediate supervisor.

**9**    What is the purpose of the memo?

(A) To publicize a change in procedure

(B) To report a problem with a computer application

(C) To request information about current projects

(D) To remind employees about scheduling vacation time

**10**    What should employees do if they have a concern?

(A) Resubmit an application

(B) Send an e-mail to Ms. Nelson

(C) Write a formal complaint

(D) Contact their supervisor

**To**: Provo Financial Services Staff

**From**: John Gray, CEO

**Subject**: Important Announcement

**Date**: April 21

As some of you are aware, our current advertising manager, Sarah Osteen, has taken a job in New York. — [1] —. We will be having a farewell gathering in the staff room at 6 PM on Friday, May 4, Ms. Osteen's final day at Provo. All are invited to attend.

— [2] —. Sean Covey will join us on May 8. Mr. Covey has previously worked as advertising manager at both Orem Financial and A&T Financial Group, where he received a number of leadership and service awards. — [3] —. I look forward to welcoming him to our team.

Mr. Covey will be introduced at a 10 AM meeting on May 8 in conference room 100. At the meeting, he and vice president Sunny Kimball will present their visions for Provo over the coming year. — [4] —. The meeting will be open to everyone, however, managers are required to attend.

---

**11** What is the memo announcing?

(A) A change in personnel

(B) News about a company merger

(C) Job openings for advertising staff

(D) A change to a meeting agenda

**12** According to the memo, what will happen on May 4?

(A) Mr. Gray will conduct an interview.

(B) Ms. Kimball will receive an award.

(C) Mr. Covey will lead a meeting.

(D) Ms. Osteen will attend a gathering.

**13** In which of the positions marked [1], [2], [3], and [4] does the following sentence best belong?

"I would also like to announce that a new advertising manager has been appointed."

(A) [1]

(B) [2]

(C) [3]

(D) [4]

**Questions 14-16 refer to the following memo.**

**To**: All Zion Bank Employees
**From**: James Perry, Manger, Information Technology
**Date**: December 8
**Re**: Mail Pro software

Beginning on January 1, all employees will be required to use the latest version of Mail Pro to send and receive e-mail on work computers. — [1] —. The latest version of this software has an automatic secure archiving function that we must use in order to comply with Zion Bank's confidentiality policy revisions released last week. In addition, this version has a more secure feature for resetting passwords. — [2] —.
If you do not have the program installed on your computer, or if you are uncertain whether it is configured properly, please submit a service request form to the Technical Support Department. — [3] —. Allow approximately ten business days for your request to be addressed, as Technical Support will be busy with these requests over the next three or four weeks. — [4] —. For dates and times, contact Mark Peterson at extension 4210.

**14** Why are employees required to use the latest version of Mail Pro?

(A) It was designed exclusively for Zion's Bank financial advisors.

(B) It is particularly designed to store confidential e-mail.

(C) Its company-wide use will allow Zion's Bank to save money.

(D) It is less likely to encounter errors than previous versions.

**15** About how long should employees expect to wait for a response from Technical Support?

(A) Three days

(B) One week

(C) Two weeks

(D) One month

**16** In which of the positions marked [1], [2], [3], and [4] does the following sentence best belong?

"Employees unfamiliar with the Mail Pro program may take a two-hour training class."

(A) [1]

(B) [2]

(C) [3]

(D) [4]

| Food Storage Guidelines | | |
|---|---|---|
| **Product Type** | **Storage Method** | **Notes** |
| Condensed milk (in cans) | Shelf at room temperature | Refrigerate after opening using plastic bottle with cap. Freezing not recommended. |
| Canned beans (in cans) | Shelf at room temperature | Refrigerate after opening using plastic bowl with cap. |
| Chicken (in sealed plastic) | Freezer | Keep unused portion in original bag resealed. |
| Frozen fish (in sealed plastic) | Freezer | Before use, thaw in refrigerator inside vacuum-sealed bag. |
| Frozen vegetables (in plastic bag) | Freezer (keep frozen until preparation) | Keep unused portion in original bag resealed. |
| Fruit (in small packages) | Shelf at room temperature | Dried fruit: freezing is not required. |

# Memorandum

**To**: researchers and storage staff
**Date**: Tuesday, 11 November
**Subject**: Food Storage at Midwood Facility

As we know, the remoteness of our station requires long-term storage of food items.
All staff must follow the official Food Storage Guidelines to ensure the health and safety of all personnel and visitors. Here are some changes to our guidelines that need to be addressed temporarily.

1) Currently the Midwood Cooling system is out of order. All items that are stored in these facilities must be checked thoroughly. After which they must be transported to our neighboring facility in Queens. The trucks will arrive at approximately 10 AM. The repair will start immediately and will be resolved by the end of this week. We apologize for any inconvenience.

2) Any food items that are spoiled must be discarded properly by check the Food Control Log. Since most of our financial support comes from governments and private foundations, this is required for their record-keeping purposes.

Allen Snyder
Allen Snyder, Director of Field Programs

**17** According to the chart, how is the chicken stored?

(A) In cans

(B) In cartons

(C) In sealed plastic

(D) In small packages

**18** In the memo, the word "thoroughly" in paragraph 2, line 2 is closest in meaning to

(A) previously

(B) usually

(C) carefully

(D) lightly

**19** According to the memo, why must they remove all items from the freezer?

(A) Some storage unit is broken.

(B) The storage unit is empty.

(C) The station is waiting for supplies.

(D) The station is closing for two days.

**20** What item will be removed from the Midwood storage unit?

(A) Milk

(B) Beans

(C) Fish

(D) Fruit

**21** In the memo, what is indicated about the Food Control Log?

(A) It is used to track details of how food is stored.

(B) It is monitored by the storage unit.

(C) It can be accessed only by the government.

(D) It is used to track profit.

▶ ▶ ▶ 정답 및 해설 p40

# 편지 & 이메일

편지(letter)와 이메일(e-mail)은 비즈니스 영어에서 활용도가 높기 때문에 토익 시험에서 매월 빠짐없이 출제되는 유형일 뿐만 아니라 실질적인 회사 업무에도 많은 도움이 되는 실용적인 지문이라고 할 수 있다. 여러 종류의 서신이 있지만 주로 업무에 관련된 편지가 주류를 이룬다.

---

**편지의 구성**

Return Address(회신 주소)

Date(날짜)

Inside Address(받는 사람의 주소)


Salutation(인사)


본문내용

* I am writing to ～ / I am happy to ～ / We are pleased to ～

* We have enclosed ～ / We will send with ～

* Would you mind ～ / Please let me know ～ / I would be grateful if you could ～


Closing(결구)


Signature(서명)

Typed Name and Position(이름과 직책)

---

### ■ 주제나 목적을 묻는 문제유형

Why was the letter/e-mail written? 이 편지/이메일을 쓴 이유는 무엇인가?

What is the (main) purpose of this letter/e-mail? 이 편지/이메일의 (주된) 목적은 무엇인가?

▶ 주제, 목적을 묻는 문제의 단서는 주로 지문의 첫 부분에 있다.

### ■ 구체적 정보를 묻는 문제유형

What is stated in the letter/e-mail? 편지/이메일에서 언급된 것은 무엇인가?

Who should be contacted about the problem? 그 문제에 대해 연락해야 할 사람은 누구인가?

Which of these is NOT a problem mentioned in this letter/e-mail? 이 편지/이메일에 언급된 문제가 아닌 것은 무엇인가?

▶ 구체적인 정보를 묻는 문제의 단서는 주로 지문의 중간 부분이나 해당 키워드 주변에 있다.

### ■ 편지에 동봉된 것을 확인하는 문제유형

What is enclosed with the letter? 이 편지에 동봉된 것은 무엇인가?

What did Graham send with the letter? Graham씨는 이 편지와 함께 무엇을 보냈는가?

What accompanies the letter? 이 편지에 동봉된 것은 무엇인가?

▶ 편지에 동봉된 것을 확인하는 문제의 단서는 주로 지문의 끝부분 enclosed, send with, accompanied 주변에 있다.

### ■ 요청사항을 묻는 문제유형

What are employees asked to do? 직원들은 무엇을 하라고 요청받는가?

What does Ms. Smith want the company to do? Smith씨가 회사에서 해주길 원하는 것은 무엇인가?

What does John Smith ask Peter Anderson to do? John Smith가 Peter Anderson에게 요청한 것은 무엇인가?

▶ 요청사항을 묻는 문제의 단서는 주로 지문의 끝부분, 'Would you mind -ing ~', 'Please let me know if you ~', 'I would be grateful if you could ~' 표현을 포함한 문장에 있다.

### ■ 의미상 가장 가까운 단어를 묻는 문제유형

The word "appointment" in paragraph 2, line 5, is closest in meaning to
두 번째 단락의 다섯 번째 줄 appointment와 의미상 가장 가까운 단어는?

▶ 사전적 동의어가 아닌 문맥상의 동의어를 묻는 질문이므로 하나씩 대입해서 문제를 푸는 것이 안전하다.

**Questions 1-2 refer to the following letter.**

US West Tel Incorporated
800 Alta Drive, Houston, TX 73023
Date: January 5

Kenneth Perry
58 North Bay Drive
San Diego, CA 94812

Dear Mr. Perry

We will be having our annual company conference at the Hilton Hotel in Dallas from May 14-16. The theme of our conference this year is "Employee Morale as a Higher Priority." Nearly 200 employees from 20 branches throughout the nation are expected to attend.
Given the great success and popularity of your speech at our conference last year, we would like to extend another invitation to you to speak at our event this year. We would like you to speak on the subject of "Office Politics." Thanks to some successful fundraising efforts this past year, we are prepared to offer you $1,000 for your services. Please let me know if you have any issues with this offer.
For your information, I have enclosed a draft of the program, which is still subject to change. Your speech is scheduled for May 16. You are, of course, welcome to attend the entire event. Please notify me of your plans so I can arrange for your accommodations, free of charge. Also, let me know if you require any visual aids equipment so I can reserve it with the hotel conference services. We look forward to hearing from you, and hope that you will accept the invitation.

Sincerely,

Linda Beverly
Senior Managing Director

**1** Why was this letter written?

(A) To reserve a space for the conference

(B) To cancel accommodations at the hotel

(C) To accept an invitation to speak

(D) To invite a speaker to present a speech

**2** Who should Mr. Perry contact if he needs visual aids equipment?

(A) The Summit House Hotel

(B) A sales representative

(C) Linda Beverly

(D) The Ameri Tel Dallas branch

**Questions 3-4 refer to the following e-mail.**

**To**: All Employees
**From**: Kari Fletcher
**Date**: March 10
**Re**: Employee entry

As announced at our last meeting, Eagle Gate Travel will be switching from paper forms to using the electronic database to store customer information, effective today.

Below is an example of a template to be used when entering information into our database. Please follow this format as it will help us stay organized and keep track of the cash flow.

| Eagle Gate Bus Tours | Eagle Gate Bus Tours |
|---|---|
| Name : Last Name, First Name | Name : Chapman, Gary |
| Address : Street Address | Address : 483 N Valley Ave. |
| City : City, State Postal Code | City : Park City, UT 84060 |
| Country : Country | Country : United States |
| Phone : XXX-XXX-XXXX | Phone : 703-224-1565 |
| Paid Fee : $XXX | Paid Fee : $800 |
| Tour : XXXX | Tour : 3577 |

Please feel free to contact me with any questions.

Kari Fletcher
Eagle Gate Travel

**3**  What did the company recently change?

(A) The contact information
(B) The tour schedule
(C) The hiring process
(D) The method of recording data

**4**  Who is Mr. Chapman?

(A) An employee
(B) A business partner
(C) A tourist
(D) A tour guide

**To**: Pamela Redd
**From**: Advance Electronics
**Subject**: Password
**Date**: February 5

Dear Ms. Redd,

This is a notification that the password associated with your account has been changed. If you did not make this change, please call (432) 775-1632 immediately within the next 24 hours. — [1] —. To help protect your account, please do not reply to this e-mail or forward it to a third party. — [2] —. If you did make the information change, ignore this message. — [3] —. This notice is being sent as part of ongoing efforts to ensure your safety and security. — [4] —.

Sincerely,

Advance Electronics

*For all your electronic needs!
Shop online or visit one of our stores.
For more information, visit our Web site: www.advanceelectronics.com

---

**5** Why was the e-mail sent to Ms. Redd?

(A) To notify her about a new policy

(B) To inform her of a recent account activity

(C) To respond to an e-mail she sent

(D) To confirm a purchase she made

**6** What is Ms. Redd advised to do?

(A) Update her password

(B) Cancel her order

(C) Call if she did not make changes

(D) Change her address

**7** In which of the positions marked [1], [2], [3], and [4] does the following sentence best belong?

"A customer service representative will evaluate the situation and go over possible options with you."

(A) [1]

(B) [2]

(C) [3]

(D) [4]

To: Casey Natel <c.natel@westtech.com>
From: Nora Millet <n.millet@vantageconference.com>
Re: Information Systems Conference
Date: June 10

Dear Mr. Natel,

I'm writing this e-mail to inform you that the Information Systems Conference originally scheduled for June 11-14 will be postponed until July 2-5 due to the renovation of the O'Leary Conference Center. According to our records, your workshop, Coding for All Ages was scheduled to be on June 14. Instead, it will be rescheduled to July 3. We sincerely apologize for the inconvenience this may cause you.

To make this transition as smooth as possible, we've recruited volunteers to assist in rescheduling and make accommodations for the participants. Please let us know if you will still be able to participate, and we will send out the newly updated schedule as well as all the information you need regarding the conference.

Sincerely,

Nora Millet, Vantage Conference Coordinator

**8** What is the purpose of the e-mail?

(A) To reserve an auditorium
(B) To confirm a hotel booking
(C) To approve a renovation project
(D) To announce a schedule change

**9** What most likely is Mr. Natel's area of expertise?

(A) Computer programming
(B) Biotechnology
(C) Recreation management
(D) Linguistics

**10** What does Ms. Millet ask Mr. Natel to do?

(A) Reschedule his workshop
(B) Confirm his availability
(C) Send in his materials
(D) Substitute for another speaker

**To**: gcarson@titanfurnishing.com

**From**: dfullmer@titanfurnishing.com

**Date**: April 12

**Subject**: Workshop

**Attachment**: flyer.docx

Dear Mr. Carson,

I have attached a copy of a flyer of a workshop that I'd like to attend. I believe that this workshop will help improve our products and services.

Although we design our products to be simple and easy to assemble, it appears that the instructions give off the opposite impression. The most common criticism we received from our customers indicate that the assembly instructions are unnecessarily long and complicated. I believe we can improve on this issue by learning to write more concise instructions, thus appealing to a wider customer base.

The total estimated cost for my participation in this workshop is about $520. This is a sum of the $115 registration fee, $160 for meals and overnight accommodations, and transportation costs. I hope you consider this request and agree that attending this workshop would be beneficial to our company. Thank you for taking your time with this request.

Best regards,
David Fullmer

---

**Business Training Course: Advanced Technical Writing for Professionals**

Rogen Center / 276 Orchard Rd, Portland / September 4-5 / 9 AM – 2:30 PM

This workshop is designed to teach professionals how to write complex information in a concise, easy-to-understand way. From writing maintenance manuals to machine operating instructions or other technical documents, there is something for everyone.

Kurt Allred, the main instructor is a seasoned expert with over 20 years of experience in technical writing. He began his career as a maintenance manual writer for Lenco Electronics but now does freelance work locally in the Portland area.

Participants will receive one-on-one feedback from course instructors at all of Rogen Center's training courses. Additional content such as concept handbooks, lesson plans and training exercises are also available 24-hours on our Web site at your convenience.

For individuals the workshop fee is $130. Receive a discount by signing up with a friend or colleague for $120 each. To register, visit www.rogencenter.com

**11** What is the purpose of the e-mail?

(A) To respond to a feedback

(B) To attend a workshop

(C) To address a concern

(D) To request funds

**12** In the e-mail, the word "concise" in paragraph 2, line 4, is closest in meaning to

(A) brief

(B) main

(C) direct

(D) initial

**13** What is indicated about Mr. Fullmer?

(A) He wants to attend a workshop.

(B) He works as a freelancer.

(C) He sells electronics.

(D) He wants a raise.

**14** What has Mr. Fullmer misunderstood about the course?

(A) The date

(B) The price

(C) The skills taught

(D) The location

**15** What is suggested about Mr. Allred?

(A) He reviews products online.

(B) He writes columns in a magazine.

(C) He trains workshop participants.

(D) He currently works for Lenco Electronics.

**Questions 16-20 refer to the following letter and invitation.**

Dear Reader,

We would like to announce an upcoming best seller called *Dreamland* from one of the area's most talented young writers! Additionally, we have enclosed an invitation only sent to three hundred people in the area. Mark Davis is a popular columnist in *The London Times*, and he has published three books, including the widely popular novel *Blue Sunrise*. His writing has appeared in *The New Yorker* and twice he has been a finalist for the Boston Critics' Book of the Year Award.

His writing has been called everything from hilarious to devastating. In addition, he uses a unique style of narrative that readers are sure to remember and carry with them after finishing any one of his novels. He lives in Yorkshire and will travel Europe and North America promoting his new book during the months of January and February.

We encourage you to read *Dreamland* and judge for yourself. It will be out in bookstores on Wednesday, and we hope to see you there! Thanks for reading *The Times*.

Joy Pearson
Literary Publicist

**Come meet Mark Davis and get a signed copy of *Dreamland*!**

Our records indicate that you live in the London area, and we would like to formally invite you to a public book signing on Tuesday, December 16. This invitation guarantees you a spot in the autograph line, and it also reserves an early copy of the novel for you! *Dreamland* won't be available to the public for another day, but if you use this invitation and buy an early copy, you will also get it autographed by the author!

Mr. Davis will also offer a reading from an excerpt of his book, and there will be a brief question-and-answer period following that. The event will occur at the Crystal Ballroom beginning at noon and will last for approximately three hours.

We hope to see you there, and we hope you enjoy the new novel!

Your friends at *The Times*

▶ ▶ ▶ 정답 및 해설 p44

**16** What is the purpose of the letter?

   (A) To inform about a book signing

   (B) To promote an upcoming novel

   (C) To publicize the newspaper

   (D) To advertise a book award

**17** What does the letter say about Mr. Davis?

   (A) He is traveling to Africa.

   (B) He lives with his family.

   (C) He has written several successful essays.

   (D) He is a newspaper columnist.

**18** When will Mr. Davis' new book be released to the public?

   (A) December 16

   (B) December 17

   (C) January 4

   (D) February 22

**19** What is true about the invitation?

   (A) It can be used to ask the author one question during the question-and-answer portion.

   (B) It is a guarantee to receive an early, signed copy.

   (C) It can be used to receive free copies of *The Times*.

   (D) It is a free coupon for the book.

**20** At least how many early copies of the book must there be?

   (A) 20

   (B) 100

   (C) 200

   (D) 300

# 공지 & 발표문

공지와 발표문은 정보 전달을 목적으로 회사나 관공서 등의 조직에서 사람들에게 어떤 내용을 알리는 글이다. 공지와 발표문의 구성을 살펴보면, 초반에는 전반적인 사항을 얘기하고, 중반에는 구체적인 내용을 언급하고, 마지막에는 글을 읽고 난 후 취해야 할 행동에 관련된 내용이 포함된다.

## ■ 공지와 발표문의 구성

공지와 발표문은 특별한 형식이 없이 자유롭게 작성할 수 있지만, 육하원칙에 근거해서 언제, 어디서, 누가, 무엇을, 어떻게, 왜 작성했는지 정확하고 상세하게 설명할 필요가 있다.

## ■ 공지와 발표문의 종류

- 인사이동
- 사내 정책의 변화
- 회의 일정의 변경
- 회사 행사의 변경

- 세금 정책의 변화
- 정책이나 제정의 변경
- 지역 행사에 관한 공지

- 공사 안내
- 도로 보수 공사 안내
- 새 기차 선로 공사 안내

- 행사 안내
- 가격의 변경사항
- 서비스의 변경사항
- 항공사 마일리지 프로그램의 변화
- 박물관이나 도서관에서 방문자들에게 알리는 글

### ■ 주제나 목적 혹은 공지 대상을 묻는 문제유형

Why was the notice/announcement written? 이 공지/발표문을 쓴 이유는 무엇인가?

What is this notice/announcement mainly about? 이 공지/발표문의 주된 내용은 무엇인가?

What is the purpose of the notice/announcement? 이 공지/발표문의 목적은 무엇인가?

What kind of notice is this? 이 공지는 어떤 종류의 것인가?

For whom is this notice/announcement written? 누구를 대상으로 한 공지/발표문인가?

Who issued the notice? 누가 이 공지를 발표했는가?

Who is the recipient of the notice? 공지의 수령자는 누구인가?

▶ 주제, 목적, 대상을 묻는 문제의 단서는 주로 지문의 첫 부분에 있다.

▶ 종종 공지나 발표문의 제목에 주제나 목적이 언급되기도 한다.

### ■ 구체적인 정보를 묻는 문제유형

What happened in the meeting? 회의에서 무슨 일이 일어났는가?

What is included in the event? 이 행사에 포함되는 것은 무엇인가?

What is scheduled in the company cafeteria? 사내 식당에서 예정된 일은 무엇인가?

Who should be contacted about the matter? 이 사안에 대하여 누구에게 연락해야 하는가?

What does the manager request all staff to do? 부장은 모든 직원에게 무엇을 하라고 요청하는가?

What does the notice say about the company? 이 공지는 회사에 대해 무엇을 언급하는가?

What does the notice say about the event? 이 공지는 행사에 대하여 무엇을 언급하는가?

What is mentioned about the library? 도서관에 대하여 언급된 것은 무엇인가?

What is mentioned as a benefit of the new facility? 새 시설의 혜택으로 언급된 것은 무엇인가?

What is mentioned in the notice? 공지에서 언급된 것은 무엇인가?

What is needed to register for the event? 행사에 등록하려면 무엇이 필요한가?

What is scheduled in the company cafeteria? 사내 식당에서 예정된 일은 무엇인가?

What is the first step of the procedure? 이 절차의 첫 단계는 무엇인가?

Who can attend the competition? 누가 대회에 참석할 수 있는가?

Who should be contacted about the matter? 이 문제에 대하여 누구에게 연락해야 하는가?

Who would most likely be interested in the program? 누가 이 프로그램에 가장 관심을 가질 것 같은가?

▶ 구체적인 정보를 묻는 문제의 단서는 주로 지문의 중간 부분이나 해당 키워드 주변에 있다.

### ■ True/Not True 문제유형

**What is mentioned as a benefit of the new facility?** 새 시설의 혜택으로 언급된 것은 무엇인가?

**What is true about this notice?** 이 공지에 대해 사실인 것은 무엇인가?

**What is NOT recommended in the notice?** 이 공지에서 권고되지 않은 것은 무엇인가?

**What is NOT true about the company?** 이 회사에 대하여 사실이 아닌 것은 무엇인가?

▶ True/Not True를 묻는 문제는 지문의 내용과 선택지를 하나씩 대조하여 정답을 선택한다.

### ■ 특정 날짜와 장소를 묻는 문제유형

**Who arranged the event on December 24?** 12월 24일 행사는 누가 준비했는가?

**Where will the event be held?** 행사는 어디에서 개최될 것인가?

**Where can people get a ticket?** 사람들은 어디에서 티켓을 받을 수 있는가?

**When can employees use the new facility?** 직원들은 새 시설을 언제 이용할 수 있는가?

**When should the maintenance department be contacted?** 관리부에는 언제 연락해야 하는가?

▶ 특정 날짜와 장소를 묻는 문제의 단서는 주로 지문의 중간 부분이나 해당 키워드 주변에 있다.

### ■ 요청사항을 묻는 문제유형

**When should Mr. Johnson be contacted?** Johnson씨에게 언제 연락해야 하는가?

**What are recipients of this notice asked to do?** 공고문을 읽고 사람들은 무엇을 해야 하는가?

▶ 요청사항을 묻는 문제의 단서는 주로 지문의 끝부분에 있다.

▶ 'Would you mind -ing ～', 'Please let me know if you ～', 'I would be grateful if you could ～' 등의 표현을 포함한 문장에 단서가 있다.

**Questions 1-2 refer to the following notice.**

**Simple Tips for Better Trips with Our Eurail Pass**

**Don't be left behind.**
Always allow plenty of time to catch your train. The train conductor can provide you with the train schedule.

**Save time.**
Have your money, ticket, passport ready before you go to the station.

**Be safe.**
Be careful to look out  for any gap when you get on and off the train.

**Be courteous.**
Use your earphones with your radio or MP3 player. Be seated quickly, and do not block the aisle with your belongings.

Thanks for using the National Railroad.



1   What is the purpose of the notice?

(A) To make suggestions to passengers

(B) To sell train tickets

(C) To reschedule the boarding time

(D) To notify passengers of the revised
     schedule


2   According to the notice, what can the
    passengers obtain from the train conductor?

(A) Train schedules

(B) Boarding passes

(C) Tickets

(D) Maps

**Jacksonvil Villas and Apartment**

We have been looking for our new director for the last 3 months. After an extensive search, we are finally able to find a right person, Claudia Marino who will be taking over for the former director, Karen Tate. Claudia Marino brings twenty years of experience. Formerly, Claudia Marino was director of the Richvil Housing Complex and student advisor of Kingstown University where she received her degree in Marketing.

If you need her help, please drop by her apartment 25. After April 30th she will move into her newly refurbished apartment 8. As requested, the auditorium for residents will be equipped with new air conditioning systems and ventilation systems. We will install light fixtures to improve lighting at the Trafalgar Lounge. In the back of Trafalgar Lounge, an enclosed and designated play area will be prepared for young children.

**3**  What is the purpose of the information?

(A) To advertise an opening position

(B) To provide information to the residents

(C) To raise some money for renovation

(D) To notify residents of building a new auditorium

**4**  Who is Claudia Marino?

(A) Newly appointed director

(B) President of the Richvil Hosuing Complex

(C) Current student advisor of Kingstown University

(D) Former director of Jacksonvil community

**5**  Where can residents find Claudia Marino before April 30?

(A) Apartment 8

(B) Apartment 10

(C) Apartment 25

(D) Apartment 30

**6**  What is NOT mentioned in the notice?

(A) A play area for children will be prepared.

(B) The manager will move to another city.

(C) New facilities will be added to the auditorium.

(D) Some lighting equipment will be installed.

**GET YOUR EVENT ADVERTISED FREE**

"Weekend Agenda" is published every Friday in the weekend edition of the *Geneva Times*. As a public service, we will announce your event for free so that the community in the Oak Hills area knows about what is going on over the weekend. To announce your event in the "Weekend Agenda," please contact us by e-mail at weekendagenda@genevatimes.com; by fax at 801-222-8484; or by regular mail at the following address: *Geneva Times*, 675 N State Street, Oak Hills, WA 72341. There is no submission deadline; however, we only guarantee to print announcements received before 2 PM on Wednesdays.

**7**  What does the notice contain?

(A) Advice for creating an agenda
(B) Description of events in Oak Hills
(C) Directions to the *Geneva Times* office
(D) Instructions for sending announcements

**8**  What does the notice suggest about the *Geneva Times*?

(A) It has a strict deadline policy.
(B) It publicizes events every day of the week.
(C) It does not accept submissions by phone.
(D) It is not located in Oak Hills.

**Questions 9-12 refer to the following notice.**

---

**NOTICE**

The All-Pro Tennis Club reminds members that it is time to renew your membership for next year and also that our annual maintenance period is approaching.

Please keep the following dates in mind:

- December 1-15    Membership renewal and locker rental renewal
- December 16      Locker cleanout deadline
- December 17-25   Closed for resurfacing courts and Christmas Holiday
- December 26      Club reopens

For important events and dates for next year, please check out our Web site at www.allprotennis.com. You can also renew your membership online with a credit card or by visiting the service center in room 210 by December 15. Memberships renewed by that date will cost the same as this year, but memberships for next year will by 10% higher for those who do not renew by the deadline. Also, patrons will be charged a fine of $50 to get personal belongings back if they have not cleaned out their lockers by the deadline. So please remember to clean out your locker and renew your membership by the dates listed in the schedule above. If you have questions, please feel free to call John Harper at 623-8814, extension 210.

---

**9** For whom at the All-Pro Tennis Club is this notice probably intended?

(A) Instructors
(B) Members
(C) Maintenance staff
(D) Administrative staff

**10** When will the maintenance work probably begin?

(A) On December 1
(B) On December 15
(C) On December 16
(D) On December 17

**11** How should memberships be renewed?

(A) In person or on the Internet
(B) Only on the Internet
(C) By phone
(D) By fax

**12** What will happen if a locker is not cleaned out by December 16?

(A) Renewal will cost 10% more.
(B) It will be assigned to someone else.
(C) It will cost money to retrieve.
(D) A warning notice will be sent.

**Announcement**

From: Geneva Industries
To: All Plant Managers
Date: 20 July

Utah Utilities, our electricity provider, has informed us that demand in southern Utah is extremely high due to the current heat wave, and they are struggling to meet the area's needs. The entire Geneva Industries may experience power outages in August.

Local officials have also requested that all businesses work to reduce electricity use during this time to help avoid a blackout. Therefore, we will voluntarily reduce our use by shutting down the elevators and some of the factory equipment. In order to fulfill our contracts with bookstores and stationery stores, the notebook production facilities will continue to run. Please help us by keeping the curtains and blinds closed on all windows to help maintain a cooler temperature inside the building. Also, we will be replacing all lightbulbs with ones that use 20 percent less power. When maintenance employees arrive, please help them complete this task. In addition, factory floor workers must continue reporting to work as scheduled, while all support staff members are encouraged to work from home during this period.

Thank you for your cooperation.

13 The word "requested" in paragraph 2, line 1, is closest in meaning to

(A) advised
(B) demanded
(C) interested
(D) excited

14 What type of company is Geneva Industries?

(A) An electricity provider
(B) A lightbulb company
(C) A stationery manufacturer
(D) A cleaning service

15 What are employees asked to do?

(A) Help maintenance workers do their work
(B) Replace all lightbulbs with new ones
(C) Rearrange production deadlines with clients
(D) Complete work ahead of schedule

16 What does Geneva Industries NOT plan to do to save electricity?

(A) Close window blinds
(B) Replace light bulbs
(C) Turn off elevators
(D) Give employees time off from work

Due to extreme weather conditions and worsening forecasts in the Jakarta area, this year's International Education Conference has been cancelled. There has been a steady rainfall for almost a week and the pipes and waterways are flooding even worse than in the past. Even after the rain stops, the city will be set back several months. We regret to inform you of this, and we intend to refund each of your companies the registration fee you already paid, and will offer a voucher for next year's conference, as an apology for any inconvenience.

We have been in frequent contact with the airports and weather forecasters, and the situation is continually declining. Even if your plane tickets are nonrefundable, we strongly discourage you from still traveling to this area, given the uncertainty of the conditions. We again apologize for having to cancel this year's conference, and we hope to see you next year!

Dear Employees,

I have just received this announcement from representatives of the International Education Conference in Jakarta. It seems very dangerous there right now, and even though we were all looking forward to attending this event – especially those of us who would have been attending it for the first time – there is nothing we can do at this point. I think it's too late to cancel the flight reservations, but all seven of you are entitled to refunds from the company's insurance policy, but you'll need to show documentation to prove that the airline would not reimburse you for the cost of the ticket. Please give this to Ms. Ulrich, my secretary.

You'll also need to cancel your own hotel rooms, since they were all reserved in your individual names instead of to the company. I just tried to call the Hotel Condor and their phone lines are down (probably a result of the storm), so you'll have to send an e-mail and hope they get it. Send a cancellation request to <lodging@condor.net> as soon as possible. As long as they receive notice twenty-four hours in advance, they do not charge a cancellation fee. I don't know if they will extend that period if we are unable to get a hold of them.

As mentioned in the announcement, please do not consider using your ticket anyway. The company will pay you back, and traveling there is just too risky right now. I'd much rather lose a little bit of money than feel responsible should something happen to any of you. Instead, take this week off from work, and I'll see you next Monday. Enjoy your vacation!

Jackie Studebaker
President

**17** What is dangerous about the weather in Jakarta?

(A) A hurricane

(B) A tornado

(C) A flood

(D) High temperatures

**18** What will the companies get back from the hosts of the conference?

(A) The registration fees

(B) The hotel bills

(C) The airfares

(D) The voucher for next year

**19** What is the cancellation policy for Hotel Condor?

(A) The company must cancel each room separately.

(B) They do not accept cancellations.

(C) There is no charge if made a day in advance.

(D) They only accept a formal cancellation received by fax.

**20** What should an employee do if the airline will not refund their ticket?

(A) Give proof to Ms. Studebaker's secretary

(B) Demand a refund from the conference

(C) Call Ms. Studebaker

(D) Ask Ms. Ulrich's secretary

**21** What is NOT a purpose of the e-mail?

(A) To explain what employees should do about their reservations

(B) To express concerns about travel safety

(C) To give employees a vacation

(D) To encourage employees to call the Hotel Condor immediately

**England Professional Association**

England Professional Association is proud to announce this year's winner of the National Service Award. For over three decades, author Harrison Hunter has been an advocate of adult literacy and history education. Please join the event to celebrate Mr. Hunter on 13 September at 6 PM in the ballroom at the Marriott Hotel in London. A performance by Simpson Ensemble will follow the ceremony.

Harrison Hunter's works are precious to our understanding of the country in which we live. His first novel, *London Rails*, shows how railroads helped change and expansion in the 1900s, highlighting their role in the growth of commerce. *The Boy of the River*, his next publication, is a novel that offers a young boys' perspective on the country's nineteenth-century gold rush in London. His next novel, *The Photographs of the City*, traces the early years of London.

To reserve the seats for the event, please visit www.marriothotellondon/epa.co.uk. The Marriott Hotel in London has set aside rooms at a special rate for the event. Visit www.augustushotelmelbourne.co.uk for more information.

---

http://www.marriothotellondon.co.uk

---

**Special Event: England Professional Association Awards Ceremony**

Reserve your room now for the awards ceremony on 13 September. Attendees are invited to book rooms at a discounted rate available from 12 September to 14 September, and this rate includes dinner and entertainment at the award ceremony. For more information about this rate and room availability, call (802) 3388-5678.

While making your reservation, download our new mobile app and receive 3,000 reward points in the Marriott Hotel Reward Program. Our app allows you to check in and check out of our hotel easily with your cell phone. This offer is valid until 30 September, and is open to new and established reward program members.

**Marriott Hotel London**

Receipt Date: 15 September
Guest: Alice Young
Address: 500 State Avenue London, IG11 8GG
Check in: 13 September
Check out: 14 September
Room number: 705
Rewards points: 3,000 (Bonus promotion)
Special price: $150/night (England Professional Association) + Tax
Total: $165.00
Credit card: 3789-2333-12-XXXX

We hope you enjoyed your stay with us!

**22** What is featured in all of Mr. Hunter's listed works?

(A) A story with a river theme

(B) Photos of the country

(C) A focus on the history of England

(D) Discussions of railroad technology

**23** In the notice, the word "advocate" in paragraph 1, line 2, is closest in meaning to

(A) advisor

(B) supporter

(C) teacher

(D) trainer

**24** What is indicated about a special room rate?

(A) It is part of an annual promotion.

(B) It is available only to rewards program members.

(C) It can be further reduced with other discounts.

(D) It is being offered for a limited time only.

**25** What is suggested about Ms. Young?

(A) She downloaded the hotel's mobile application.

(B) She had a problem using her credit card at the hotel.

(C) She decided not to join the hotel's rewards program.

(D) She plans to return to the hotel on September 30.

**26** What is included in the cost of a room booked for an award ceremony?

(A) A musical performance

(B) A reading by a local author

(C) Admission to a photography exhibit

(D) Lunch in the hotel's dining room

▶ ▶ ▶ 정답 및 해설 p47

# 광고

영리를 목적으로 하는 특정 제품이나 서비스 광고를 비롯해서 구인광고 등이 있다. 광고에 관련된 글은 Part 7에서 비교적 쉬운 지문에 속한다. 광고문을 읽을 때는 누가(광고주), 누구를 위해(광고의 대상), 그리고 무엇을(광고하는 품목 또는 사실) 광고하고 있는지를 기본적으로 파악해야 한다. 더 나아가서 제품이 가지는 특징이나 장점 등을 염두에 두고 읽으면 보다 쉽게 정답을 찾을 수 있다.

---

**구인광고의 구성**

구인 대상

* We need someone to ~ / Operations Manager with ~

회사 소개

* We are ~ / A small, fast-growing design consultancy ~ / Based in East London

담당 업무

* You will be expected to ~ / Manage and update ~

자격 요건

* You should have ~ / At least three years' experience in ~ / Knowledge of the ~ preferred but not essential

대우

* We can offer ~ / A full-time, permanent position / Salary of between ~ and ~, depending upon age and experience

지원 방법

* By e-mailing us your CV with a covering letter to ~ / By 31 April 2020

---

**상품/서비스 광고의 구성**

광고대상

* These condominium units are tailor-made for enjoyable retirement living ~

제품의 특징

* All new members get free ~ / Additional features include ~

제품의 혜택

* Save 15 percent off our rates during ~ / We offer 20 percent off all orders 10 or more items ~

---

## ■■ 광고의 주제나 목적 혹은 대상을 묻는 문제유형

**What is the advertisement about?** 무엇에 대한 광고인가?

**What is the purpose of the advertisement?** 이 광고의 목적은 무엇인가?

**For whom is the advertisement intended?** 누구를 대상으로 한 광고인가?

▶ 주제, 목적, 대상을 묻는 문제의 단서는 주로 지문의 첫 부분에 있다.

## ■■ 구체적인 정보를 묻는 문제유형

**When does the special discount apply?** 특별 할인이 언제 적용되는가?

**What is stated about the suggested package tours?** 제시된 패키지 여행에 관해 언급된 것은 무엇인가?

**How long has the company been in business?** 이 회사는 몇 년 동안 사업을 해 왔는가?

**What does this advertisement ask the applicant to do?** 이 광고가 지원자에게 요구하는 바는 무엇인가?

**Where can the product be purchased?** 제품은 어디에서 구입할 수 있는가?

▶ 구체적인 정보를 묻는 문제의 단서는 주로 지문의 중간 부분이나 해당 키워드 주변에 있다.

## ■■ True/Not True 문제유형

**What is NOT mentioned in the advertisement?** 광고에서 언급되지 않은 것은 무엇인가?

**What benefit is NOT mentioned in the advertisement?** 광고에 언급되지 않은 이점은 무엇인가?

**What is NOT a feature of the item?** 이 제품의 특징이 아닌 것은 무엇인가?

**What is NOT stated as an advantage of the company?** 회사의 장점으로 언급되지 않은 것은 무엇인가?

▶ True/Not True를 묻는 문제는 지문의 내용과 선택지를 하나씩 대조하여 정답을 선택한다.

## ■■ 제품의 특징을 묻는 문제유형

**What is a feature of the product?** 제품의 특징은 무엇인가?

**What does advertisement say about the product?** 광고는 제품에 대해 뭐라고 설명하는가?

**What is a strength of the product(service)?** 제품(서비스)의 장점은 무엇인가?

▶ 제품의 특징을 묻는 문제의 단서는 주로 지문의 중간 부분이나 해당 키워드 주변에 있다.

## ■■ 지원자격, 지원방법 및 제출서류를 묻는 문제유형

**What is a requirement for the position?** 지원 자격 요건은 무엇인가?

**What should people submit to apply for the position?** 입사지원을 위해 사람들이 제출해야 하는 것은 무엇인가?

**How can people apply for the position?** 사람들은 어떻게 지원할 수 있나?

▶ 지원자격, 지원방법 및 제출서류를 묻는 문제의 단서는 주로 지문의 마지막 부분에 있다.

**Questions 1-2 refer to the following advertisement.**

Impact Incorporated is searching for motivated individuals with strong communication and promotional event marketing skills to lead an 18-week summer national tour for a top brand. Must be able to start early June and travel through early October. All travel expenses and vehicles will be covered by the company. As Public Relations Manager, you must travel with others throughout the tour. We are looking for applicants who match the following criteria:

• Minimum 6 years of solid public relations experience
• Valid driver's license and clean driving record
• Expertise in working with national radio, TV, and print media.
• Bachelor's degree in Marketing, Communications, or Public Relations (M.B.A. preferred)

Interested persons should send their résumé and photograph to Marcus Glick, Senior PR Director. E-mail: marcus@impact.com or fax to Attention: Marcus Glick at 1-888-837-0810. Subject line: PR Manager opening. No phone calls please.

**1** What position is this job listing for?

(A) Senior PR Director
(B) National guide
(C) Marketing director
(D) PR Manager

**2** How should people apply for the position?

(A) In person
(B) By e-mail
(C) By phone
(D) By mail

**Questions 3-5 refer to the following advertisement.**

### DELTA BUSINESS CENTER

**The Most Valuable Place for Entrepreneurs in England (Since 2010)**

    Premier Business Locations (Near US & Japanese Embassies and Finance District)

    24-hour Access

**IT support & 100MB E1 Exclusive Line for High Speed Internet Access**

    Offices and Meeting & Board Rooms with Video Conferencing Facilities

    Multi Office LAN Facility

    Short & Long Term

**Start Your Business TODAY**

**Available Now!**

Call us now at 801-3381.

DELTA Business Center, Oxford Street, London WC1E 9BT, UK

Web site: www.deltabc.com

**3**  Who is this advertisement intended for?

  (A) Business owners

  (B) Tourists

  (C) Landlords

  (D) Embassy employees

**4**  When was this center probably established?

  (A) In 2010

  (B) In 2011

  (C) In 2012

  (D) In 2013

**5**  Which of the following is mentioned in the advertisement?

  (A) The center has a sauna facility.

  (B) The center is far away from the banking district.

  (C) The center guarantees fast Internet access.

  (D) The center prefers a long-term contract.

As you know, employee training is very important to maximize your business potential. A poorly written letter to a business associate, potential customer, or dissatisfied user can be extremely costly. Why don't you use our magazine to train your employees periodically? Our quarterly magazine *Effective Writing* offers the reader the opportunity to compare the good letter with the bad, to put himself in the place of the recipient and judge for himself the kind of reaction he would have on receiving that type of correspondence.

We are so confident that you will enjoy our publication and we are offering you the opportunity to inspect and read, if you like, this magazine for 15 days prior to making your commitment to either purchase or return it to us. By returning the enclosed card, we will mail your first copy of *Effective Writing* to you immediately. Do not send any money. If you decide to keep this book after 15 days, we will bill you for the purchase.

Please fill out your card today.

**6** Who is this advertisement intended for?

(A) Writing class students

(B) Company presidents

(C) College professors

(D) Publishing company workers

**8** How often is the magazine published?

(A) Every week

(B) Every month

(C) Every three months

(D) Every year

**7** How can people order the magazine?

(A) Call the publishing company

(B) Visit near bookstore

(C) Complete the card provided

(D) E-mail the company training center

**Questions 9-12 refer to the following advertisement.**

**SRA EVENTS**

Los Angeles, CA 35847
Fax: 347-2568   Tel: 347-2560
SRA Events Co. is a dynamic and growing organization that provides professional development events for textile-industry professionals and executives. We are currently moving our headquarters to New York and, simultaneously, expanding our operations. Our firm has job openings in our marketing department for marketing researchers. The working hours are from 9 AM to 6 PM, Monday through Friday.

This will be a permanent position and the applicant must:
• Possess a university degree in Economics
• Have an aptitude for analytical reasoning and problem solving
• Have a minimum of two years of marketing experience
• Have experience with databases

Ability to speak Spanish is preferred. Interested candidates should send their current résumé and a cover letter highlighting their experience and salary requirements to sparker@sraevents.com. We regret we are not able to respond to every application received. Only those chosen will be contacted 2~3 weeks before an interview.

**9** What is NOT a stated requirement for the jobs?

(A) Analytical skills

(B) College diploma

(C) Relevant job experience

(D) Language proficiency

**10** What is indicated about the company?

(A) It has a prestigious reputation.

(B) It is relocating.

(C) It is an employment agency.

(D) It specializes in technology.

**11** What position is being advertised?

(A) Marketing researcher

(B) Sales director

(C) Magazine editor

(D) Program host

**12** What are candidates asked to do?

(A) Send in a reference letter before the deadline.

(B) Check the company Web site for contact information.

(C) Indicate the salary they would like to earn.

(D) Wait for 2 weeks before calling for an interview.

**Questions 13-17 refer to the following advertisement and facsimile.**

**Quick-n-Clean Carpet Service**

Before your guests arrive for the holiday season, get your carpets sparkling clean. We have the most up-to-date equipment to make your carpets look like new.

We offer:

- high tech no residue carpet cleaning
- fast service within 3 days of your request
- well-trained, polite, non-smoking technicians

For an estimate of the cost to get your carpets cleaned, please call us at 906-333-5454 or send a fax to 906-333-5455. You can visit our Web site at http://www.quicknclean.com for more information.

SPECIAL OFFER

For every 2 rooms we clean, you can get a third room cleaned free. Please mention this advertisement when asking for an estimate. The offer is good through December 20.

FACSIMILE

Date: November 1

To: Quick-n-Clean Carpet Service

From: Nancy Williams

Subject: Carpet quote

Comments: I would like to get an estimate for cleaning my carpets. I will be having a party at the end of this month with lots of kids, so I actually want to arrange to clean my carpets after the party but before Christmas. December 3rd or 4th would work well for me. I have six rooms to clean and a stairway. Would you be willing to do the stairs free in addition to the 2 free rooms for the 4 paid rooms that you mention in your promotion?

Please call me at 906-221-8545 and let me know. Thank you for your consideration.

Nancy Williams

**13** What is NOT advertised by Quick-n-Clean Carpet Service?

(A) The speed of their service

(B) The skills of their cleaning crew

(C) The quality of their service

(D) The variety of their service

**14** When is Ms. Williams' event taking place?

(A) At the beginning of December

(B) Around Christmas

(C) At the end of November

(D) At the beginning of November

**15** What is Ms. Williams requesting?

(A) Information about the service

(B) A phone number

(C) An additional service

(D) A party for kids

**16** Why might Ms. Williams request fail to qualify for the promotion?

(A) The request is scheduled too late.

(B) The promotion is not intended for children.

(C) The request asks for a benefit not included in the promotion.

(D) The promotion does not include more than 3 rooms.

**17** How will Quick-n-Clean Carpet Service probably respond to Ms. Williams?

(A) By fax

(B) By phone

(C) By mail

(D) In person

### Grand Opening of Family Dental Clinic

Family Dental Clinic, with popular locations in Smithfield and Newburg, is opening a clinic in Pickford on July 1. Dr. James has worked in both of our other locations, so he is the best doctor to head our new clinic. To celebrate our grand opening, we are offering unheard of discounts for all of your dental care needs. Examinations and x-rays will be free for the first 50 customers. In addition, customers will receive 20% off any dental procedure until the end of the month. Children receive a free toothbrush with their favorite cartoon character on it along with flavored toothpaste.

501 22nd Street, Pickford OH 35412

Tel: (201) 473-2897

E-mail: james@familydentalpickford.com

Business Hours: 8 AM — 5 PM, Monday through Thursday. Closed Fridays and weekends.

Call or e-mail for an appointment. Immediate openings are available for most days but they are filling up fast, so contact us soon.

---

To: Dr. James <james@familydentalpickford.com>
From: June Hammond
Sent: July 5
RE: Appointment

Dear Dr. James,

I have family in both Smithfield and Newburg who highly recommended Family Dental Clinic. They especially recommended you, Dr. James. I live in Springville, so it is more convenient if I go to your new office. I am anxious to get some dental work done as soon as possible. Please tell me when your first available appointment is and whether I will be one of the first fifty customers who gets a free examination.

**18**  In the advertisement, what is NOT stated?

(A) Only the first 50 customers will receive free service.

(B) Only the first 50 customers will receive a 20% discount.

(C) The discount will not be available next month.

(D) Children receive something to help them take care of their teeth.

**19**  In the e-mail, the word "anxious" in line 3, is closest in meaning to

(A) interested

(B) scared

(C) happy

(D) eager

**20**  What does Ms. Hammond's e-mail suggest about Dr. James?

(A) He has many years of experience.

(B) He has done dental work for her relatives.

(C) He has family in Smithfield.

(D) He has examined her teeth before.

**21**  What benefit will Ms. Hammond probably receive?

(A) She will get free x-rays.

(B) She will get her examination at no charge.

(C) She will receive a discount at the very least.

(D) She will get a free toothbrush and toothpaste.

**22**  Where will Ms. Hammond want to have her dental work done?

(A) Pickford

(B) Springville

(C) Smithfield

(D) Newburg

**Receptionist Wanted**

Keith Gore & Payne LF, a leading law firm, is seeking a receptionist to join our team at our location in downtown Seattle. The ideal candidate for this position should have previous experience as a receptionist, preferably in a law firm. Responsibilities include greeting clients, answering phone calls, processing mail, and other clerical work. This part-time position is 15 hours a week including occasional evening hours, which are paid at our overtime rate. Interested individuals should send résumés to hr@keithgorepayne.com.

| To | hr@keithgorepayne.com |
|---|---|
| From | biverson@vmail.com |
| Date | 4 August |
| Subject | Receptionist position |
| Attachment | Iverson_resume; Iverson_portfolio |

Dear Human Resources,

I'm writing in response to the job posting for the receptionist position. Even though I'm a professional painter, I have two years of office work experience. When I attended art school, I worked as an assistant to the department chair for two years. I have also done processing in a mailroom of a large corporation. In addition, I'm skillful at several software programs that can be used in clerical work.

I currently work as a receptionist at a museum. Since I only work two mornings a week, I want additional hours to fill out my schedule. Though this would be my first job in a law office, I'm willing to learn new skills. Also, I believe my current skills can be an asset to yours. I'm sending in my résumé as well as my portfolio highlighting my skills in graphic design. I appreciate your time and consideration, and hope to hear back soon.

Sincerely,
Brett Iverson

<table>
<tr><td>To</td><td>Job Interview Panel</td></tr>
<tr><td>From</td><td>Beth Konger</td></tr>
<tr><td>Date</td><td>8 August</td></tr>
<tr><td>Subject</td><td>Filling for the receptionist position</td></tr>
</table>

Hello everyone,

We will be meeting with Mr. Iverson for our final interview tomorrow at 11 AM. Please review the materials he submitted, so everything is fresh in your mind before the interview. I know some of you are uncertain of his past work experience, but he can be trained to do routine office tasks. Also, based on the materials he submitted, his skills seem impressive, and it would benefit us. I think he would make an excellent addition to our team. If you would like to go over anything before the interview, contact me.

Beth



**23** According to the advertisement, what is a duty of the receptionist position?

(A) Scheduling meetings

(B) Consulting clients

(C) Purchasing office supplies

(D) Answering phone calls

**24** What aspect of the position is likely the most appealing to Mr. Iverson?

(A) The firm's reputation

(B) The downtown location

(C) The job responsibilities

(D) The job schedule

**25** What is indicated about Mr. Iverson?

(A) He is currently displaying his work in a museum.

(B) He will work at the art gallery.

(C) He has never worked in a law office before.

(D) He will move to Seattle.

**26** What is the purpose of the second e-mail?

(A) To request more interviewers to participate in the panel

(B) To ask interviewers to review an applicant's material

(C) To inform employees that an interview has been canceled

(D) To tell staff members about a training session

**27** What does Ms. Konger think makes Mr. Iverson a good candidate for the position?

(A) His skills as a graphic designer

(B) His availability for extended work hours

(C) His experience working in a legal office

(D) His expertise as a computer programmer

▶ ▶ ▶ 정답 및 해설 p52

Part 7 · Unit 05

# 기사 & 뉴스

기사와 뉴스는 토익 학습자들이 가장 어렵게 생각하는 유형이다. 다른 유형들과는 다르게 일정한 형식이 없을 뿐만 아니라 다양한 주제의 기사와 뉴스가 출제되기 때문에 어휘 실력이 요구된다. 기사문과 뉴스는 주로 두괄식으로 서두에 주제가 나오고 그다음에 세부사항을 설명하는 경우가 많다. 따라서 구체적 사실에 관한 질문의 힌트는 서두의 주제문 다음에 나와 있는 경우가 대부분이다. 이 유형의 문제를 풀 때, 무엇보다도 한 지문당 독해 시간을 너무 많이 할애하지 않도록 주의해야 한다. 또한, 질문의 키워드를 정확히 파악한 후 지문에서 이 키워드를 재빨리 찾아내고 단서를 확인하여, 선택지와 대조하면서 정답을 선택하도록 한다. 평소 경제, 사회, 문화, 스포츠 등 다양한 분야의 어휘들을 꾸준히 익혀두는 것도 필수적이다.

> **기사와 뉴스의 구성**
>
> 기사나 뉴스는 사실에 근거한 내용으로 육하원칙에 입각해서 작성한다. 기사나 뉴스의 정답을 선택할 때 육하원칙을 염두에 두고 읽으면, 정답을 보다 효과적으로 찾을 수 있다.
>
> 초반: 기사의 주제나 목적이 나온다. 간혹 주제가 지문 전체에 걸쳐 제시되거나 마지막 부분에 제시되는 경우도 있다.
>
> 중반: 주제나 목적에 관련된 세부사항을 육하원칙에 입각해서 나열한다.
>
> 후반: 주로 부가적인 설명으로 마무리된다.

### ■ 주제나 목적을 묻는 문제유형

**What is the article/news (mainly) about?** 이 기사/뉴스는 (주로) 무엇에 관한 것인가?

**What is the main topic/idea of this article?** 이 기사의 주된 주제는 무엇인가?

**What is the purpose of the article/news?** 이 기사/뉴스의 목적은 무엇인가?

**What is the theme of the article/news?** 이 기사/뉴스의 주제는 무엇인가?

▶ 주제, 목적을 묻는 문제의 단서는 주로 지문의 첫 부분에 있다.

### ■ 유추가 필요한 문제유형

**Where could this article/news be found?** 이 기사/뉴스는 어디에서 볼 수 있는가?

**What is a possible title for this article/news?** 이 기사/뉴스의 제목이 될 만한 것은 무엇인가?

**Which of the following is the best title for the article/news?** 다음 중 이 기사/뉴스의 제목으로 가장 적합한 것은 무엇인가?

▶ 유추가 필요한 문제의 단서는 주로 지문의 중간 부분에 나온다. 지문에 쓰인 사실을 토대로 유추한 후, 선택지에서 정답을 선택하자.

### ■ 구체적인 정보를 묻는 문제유형

**According to the article, what will happen in the future?** 기사에 따르면, 앞으로 어떤 일이 일어날 것인가?

**How long has the company been in business?** 이 회사는 몇 년 동안 사업을 해 왔는가?

**How many employees will the company dismiss?** 회사는 몇 명의 직원들을 해고할 것인가?

**In what field is the company engaged?** 이 회사는 어떤 분야와 관련이 있는가?

**What are readers advised to do?** 독자들에게 무엇을 충고하는가?

**What prompted a change at the company?** 무엇이 회사의 변화를 촉진했는가?

**When did the problem occur?** 문제는 언제 발생했는가?

**When is the project scheduled to begin?** 프로젝트는 언제 시작될 것인가?

**Why did the company recruit people who had retired?** 이 회사는 왜 은퇴한 사람들을 채용하였는가?

**Why do the bookstores sell coupons?** 서점들이 쿠폰을 파는 이유는 무엇인가?

▶ 구체적인 정보를 묻는 문제의 단서는 주로 지문의 중간 부분이나 해당 키워드 주변에 있다.

### ■ True/Not True 문제유형

**What is NOT stated(mentioned) in the article?** 이 기사에서 언급되지 않은 것은 무엇인가?

**What is NOT reported as a goal of Delta Airlines?** Delta 항공사의 목표로 언급되지 않은 것은 무엇인가?

**What is mentioned as a common problem of renting a house?** 주택 임대의 일반적인 문제점으로 언급된 것은 무엇인가?

**What is mentioned in the passage?** 기사에서 언급된 것은 무엇인가?

**What is true about this article?** 이 기사에 대해 사실인 것은 무엇인가?

▶ True/Not True를 묻는 문제는 지문의 내용과 선택지를 하나씩 대조하여 정답을 선택한다.

**Questions 1-2 refer to the following article.**

The National Health Board is currently monitoring outbreaks of gastrointestinal illness in cruise ship travel. Since October, there have been five outbreaks of gastrointestinal illness on cruise ships sailing out of, or sailing to, the state of Florida, USA. All outbreaks have been confirmed as cause of Norwalk virus. It is spread through fecal/oral exposure. Transmission may occur through contaminated water supplies or food (e.g., contaminated shell fish, such as clams and oysters), and through food handled by someone who is ill with Norwalk or has been exposed to Norwalk without exercising proper hand-washing procedures. Transmission can also occur person to person if there has been exposure to contaminated feces, or to any contaminated surface, followed by contact with one's mouth.

The National Health Board would like to urge cruise ship travelers to wash their hands after using the bathroom and before handling food, as hand-washing breaks the chain of transmission of the virus. There is no vaccine or specific treatment for Norwalk virus. Generally, the virus causes only minor illness, such as diarrhea and vomiting lasting from 1 to 4 days. Dehydration may be a serious health risk though, especially for the young and the elderly.

**1**　What specific problem has been identified recently among cruise ships?

(A) Poorly cooked oysters

(B) A virus outbreak

(C) A vaccine shortage

(D) Improper treatment

**2**　How are travelers advised to protect themselves?

(A) Take dehydration pills

(B) Cancel all cruise ship travel

(C) Wash hands before eating

(D) Avoid eating any seafood

---

**Do It Yourself Furniture Falls Apart**

By Conan Breeze

I bought a patio furniture kit a few years ago from Harvey Darnell's handmade furniture store and loved how easy it went together and how nice it looked. So when I heard that Harvey was writing a book about furniture, *Do It Yourself Furniture* (Wisdom Press, $59.95), I was anxious to read it and try out some of his ideas. I must admit to being disappointed. I concede that the finished products look fantastic, but unless you have a state-of-the-art workshop and plenty of experience using lathes and routers and what not, you will find this book too sophisticated to follow. What I'm saying is that the average person will be overwhelmed by this book. A professional carpenter probably could understand the procedures, but we amateurs are just confused. My advice is to save the money on the book and use it towards a nice piece of furniture at Harvey's handmade furniture store instead.

**3**  What is the purpose of the article?

(A) To explain how to make furniture

(B) To sell handmade furniture

(C) To discuss making patio furniture

(D) To evaluate a recent publication

**4**  What does the article imply about the furniture store?

(A) It advertises in magazines.

(B) It sells furniture kits.

(C) It has been operation for a long time.

(D) Its prices are lower than those of other furniture stores.

Provo City Business Monitor - Friday, September 14

A Temp Service that is not Temporary

By Jamie Cook

Executive Temporary Services is celebrating five years of service in the Provo City area. The president and owner, Sandra Adams, notes that what is unique about her company's service: "Usually temp services provide mostly non-skilled workers while we supply highly skilled workers like accountants, lawyers, and architects." She explains that most of her clients need professionals for short term projects and she supplies the temporary workers from a long list of recently retired professionals. "Our professionals have a lot of experience," Ms. Adams insists, "And even though they are retired, they still want to contribute while earning some extra money." Apparently, businesses agree Executive Temporary Services has doubled its business in just the last year. In fact, business is so good that they intend to expand their service to three other metropolitan areas in the state. Executive Temporary Services is located downtown next to the city offices and library, but most clients make requests by phone or e-mail. They answer their phones 24 hours a day, seven days a week because as they say: "Emergencies don't happen 9 to 6."

**5** What is the purpose of the article?

(A) To discuss a successful engineering firm

(B) To describe a local business

(C) To advertise a temporary service agency

(D) To report an emergency

**6** Why did Ms. Adams increase the number of temporary workers?

(A) More professionals retired.

(B) Two times the requests were received.

(C) Salaried workers had become too expensive.

(D) Retired professionals still needed to make a living.

**7** In the article, the word "notes" in line 2, is closest in meaning to

(A) states

(B) draws

(C) writes down

(D) relies on

**Business Herald of Detroit**

Detroit, September 5 - On Friday, Voralto Auto Inc., announced that it will acquire an England company, Dunlop Tire Co. The acquisition is part of Voralto Auto's attempt to increase its share in the car market in Europe and to reduce its costs for auto parts. Voralto Auto Inc., had tried to buy Dunlop Tire three years ago, but Michael Gordon, Dunlop Tire's then president, was not interested in selling it. Ronald Evans, CEO of Voralto Auto, held a press conference with reporters in Washington before flying to London to meet with Edmund Jackson, the current president of Dunlop Tire. "The acquisition will help Voralto Auto expand its line of offerings and bring in customers from all over the world," Evans said. He also noted Joe Peterson, vice president of Voralto Auto, is planning to resign from the company in October. Mr. Peterson is vacationing in Hong Kong and could not be reached for comment.

**8**   What is the purpose of the news article?

(A) To report on the purchase of a company

(B) To announce the retirement of a company president

(C) To introduce the newly appointed president

(D) To inform readers of rising auto parts prices

**9**   Who is Michael Gordon?

(A) A reporter at Business Herald of Hong Kong

(B) The CEO of Voralto Auto

(C) The former president of Dunlop Tire

(D) A well-known financial advisor

**10**   Where did Mr. Evans meet with Mr. Jackson?

(A) In Detroit

(B) In London

(C) In Washington

(D) In China

**11**   According to the article, what is Mr. Peterson going to do?

(A) Sign merger contract

(B) Buy a new plant

(C) Write a book

(D) Leave a job

**The Second Matrix Cookbook Is a Bit Flat**
**By Jennifer Green**

A good cookbook reflects our tastes, offering us many valuable ideas. After two years, Mark Andrews has finally released *The Second Matrix Cookbook*, the sequel to the 30-week bestseller, *The Matrix Cookbook* (Marshal Press. $38.50). He is a well-known chef of Tony Roma's, a long standing restaurant for almost three decades. As his previous book was brilliant, I eagerly anticipated opening his book. Although every cookbook opens possibilities that we could not have imagined, this book should be enjoyed as a wonderful commercial for his restaurant and not as a cookbook. Honestly, this book is far too technical and advanced to be of practical value to the average person. However, you may find most of the pictures fantastic. This lavishly designed book can be placed in the waiting room in a hospital, not on the kitchen counter. If you are an experienced cook, you don't need much time to find out that its recipes as outrageously unsuited for the domestic kitchen. I would borrow this book from the library and save my money to eat at the restaurant. That's what I should have done.

Dear Editor,

I've read Ms. Green's criticism last weekend. I don't think it was a fair review of my most recent book in your newspaper. The review indicated that my book is too "technical and advanced" for a general readership. I'd like to ask this question to Ms. Green. Did she read the introduction part of my new book? The introduction makes it clear that the intended market for the book is for people who already have experience and want to improve their cooking skills further. I also mentioned in the instruction that readers needing basic instruction can consult my first book.

Ms. Green gave some comments about the pictures of my book. She must have thought I hired some professional photographers; however, I was the photographer. My book is not an advertisement of the restaurant as she claims. Also, I didn't spend my valuable time writing a cookbook only to put it on the table in the waiting room.

I hope that you will take steps to improve the fairness of future articles. For example, you could require your writers to include the stated purpose of each book in their reviews.

Sincerely,
Mark Andrews

**12** What is the purpose of the article?

(A) To advertise an art exhibition

(B) To evaluate a recent publication

(C) To explain a food preparedness
technique

(D) To sell a local business

**13** How many years has the restaurant been
operating?

(A) Two years

(B) Ten years

(C) Twenty years

(D) Thirty years

**14** In the letter, the word "market" in paragraph 1,
line 4 is closest in meaning to

(A) theme

(B) collection

(C) buyers

(D) store

**15** When most likely was Ms. Green's article
published?

(A) This Monday

(B) Last Monday

(C) This Saturday

(D) Last Saturday

**16** What is true about the book?

(A) It can be only purchased in specialty
stores.

(B) The book is out of print.

(C) It has been used as a textbook at a
cooking school.

(D) The photographs were taken by the
author.

**Questions 17-21 refer to the following article and e-mail.**

Last Tuesday the first of three workshops began at the Princeton Conference Center to teach those working for the hospitality industry how to deliver first-class service to their customers. At the first three-hour session, consultant Mark Anderson led hotel clerks in exercises designed to teach courteous service. On Friday local restaurant managers attended a similar training session with Mark. The consultant will conduct the final two training sessions on September 12 and 15.

In an interview, Mark said, "The challenge of being a successful employee lies in treating customers with respect." To encourage employees to register the workshops, attendees will be eligible to receive coupons that can be redeemed at local stores and restaurants.

To: Mark Anderson <manderson@jobtraining.net>
From: Teresa Park <tpark@princetoncenter.com>
Date: September 17
Subject: Workshops

Dear Mr. Anderson

I am writing to express my sincere gratitude for your insightful lectures last Friday. I hope I can attend next year's workshop if you are planning to hold another workshop. I learned many valuable ideas that will help me in my work. I also wanted to say that I appreciate a complimentary coupon to the Bluesky Lounge Café.

Sincerely,

Teresa Park

**17** What is NOT true about the workshops?

(A) They are designed to improve customer
    service.

(B) They are held at the convention center.

(C) They are led by Mark.

(D) They are intended for hotel customers.

**18** In the article, the word "treating" in paragraph
2, line 1 is closest in meaning to

(A) delighting

(B) indulging

(C) dealing with

(D) cooking for

**19** Why did Ms. Park write an e-mail?

(A) To ask for information about a workshop

(B) To request a free coupon

(C) To sign up for the workshop

(D) To extend her appreciation to an
    instructor

**20** What job does Ms. Park probably have?

(A) College professor

(B) Business consultant

(C) Restaurant manager

(D) Guest speaker

**21** Why did Ms. Park most likely receive a gift
certificate?

(A) She attended a workshop.

(B) She was an employee of the month.

(C) She filled out a form at the Bluesky
    Lounge Café.

(D) She signed up for the next year's
    workshop.

Thousands of Vancouver citizens have volunteered to help at the Winter Olympics. The Olympic Committee of Vancouver wants to make sure that visitors are favorably impressed by what they see in Vancouver, so they have hired consultant Ryan Coolidge to train volunteers to be courteous and informative. Today was the first of four training sessions held at the Vancouver Convention Center. At this seminar, all those involved in food service were trained in how to give excellent service. Tomorrow, those volunteers involved in transportation will be invited to attend. Two more sessions are planned next week for the remainder of the volunteers.

Coolidge reminded the participants that the Olympics is just like a business. "You need to remember that the customer is always right," he encouraged those in attendance. Volunteers don't get paid of course for attending, but to entice them to attend, all participants will receive gift certificates donated by city businesses, and some lucky participants will win free tickets to the most popular events.

To: Ryan Coolidge
From: Sarah Ford
Date: November 15
Subject: Training seminar

Dear Mr. Coolidge:

Thank you so much for your informative and entertaining presentation. I was at the first session yesterday. I'm sure the Olympic experience for visitors to our city will be better because of your help. I am also excited about the gift certificate I got to the Renaissance Plaza Restaurant.

Sincerely,
Sarah Ford

**22** What is NOT true about the training sessions?

(A) They are led by Mr. Coolidge.

(B) They are intended for Olympic Committee members.

(C) They are designed to improve volunteer interaction with visitors.

(D) They are being held in the convention center.

**23** In the article, the word "entice" in paragraph 2, line 3, is closest in meaning to:

(A) invite

(B) encourage

(C) force

(D) remind

**24** Why did Ms. Ford write the e-mail?

(A) To ask for information about the seminar

(B) To register for a training session

(C) To offer additional advice

(D) To thank an instructor

**25** What job does Ms. Ford probably have?

(A) She is a consultant.

(B) She is a volunteer working with food service.

(C) She is a volunteer working with transportation.

(D) She is a customer.

**26** Why did Ms. Ford most likely receive a gift certificate?

(A) She attended a training seminar.

(B) She attended the additional seminars.

(C) She filled out a form for the Renaissance Plaza Restaurant.

(D) She treated the customers better than any other volunteer.

▶ ▶ ▶ 정답 및 해설 p57

# Unit 06 기타 양식

● 앞서 다루었던 비즈니스 관련 지문이나 기사 등을 제외하고, 상품 구매 및 서비스 이용 후 받게 되는 청구서 또는 송장에 관련된 지문들이 있다. 더 나아가서 전화 메시지, 서평, 사용 설명서, 평가서 등의 지문도 있다. 모두 우리 실생활과 밀접하게 관련된 내용으로 실용적인 영어라 할 수 있으므로 각각의 문제유형을 잘 파악하는 것이 중요하다.

## 기타 양식 빈출 표현

### ■ 초대 및 안내

You are cordially invited to ~ 귀하를 ~에 진심으로 초대합니다.

The company will hold a reception for ~ 회사에서 ~를 위한 연회를 개최할 것입니다.

### ■ 일정, 청구서 및 송장

Here are the final updates for the convention. 여기에 컨벤션을 위한 최종 일정이 있습니다.

Please send the payment no later than ~ 대금을 늦어도 ~까지 보내주세요.

The total charge is ~ 총액은 ~입니다.

### ■ 설문지 및 신청서

Please fill out this survey. 이 설문지를 작성해 주세요.

On-site registration is available for the conference. 컨퍼런스 현장 등록이 가능합니다.

### ■ 문자메시지와 온라인 채팅

Is there anything else I can help you with? 제가 도울 일이 없겠습니까?

Could you push back our appointment? 우리 약속을 미루어 주시겠습니까?

I'd like to reschedule the meeting. 미팅 일정을 다시 정하고 싶습니다.

I wish I could help you. 제가 당신을 도울 수 있길 바랍니다.

Can you get in touch with Mr. Strong and see what's going on? Strong 씨에게 연락해서 무슨 일이 있는지 알아보시겠습니까?

## ■ 주제나 목적 혹은 대상을 묻는 문제유형

**What is the purpose of the flyer?** 이 전단지의 목적은 무엇인가?

**What is the purpose of this chart/form?** 이 차트/양식의 목적은 무엇인가?

**For whom is this form intended?** 이 양식의 대상은 누구인가?

▶ 주제, 목적을 묻는 문제의 단서는 주로 지문의 첫 부분에 있다.

## ■ 구체적인 정보를 묻는 문제유형

**What question is asked about the shuttle bus?** 셔틀버스에 대한 질문은 무엇인가?

**What will happen if the payment is late?** 지불이 늦어지면 어떻게 될 것인가?

**When must the bill be paid?** 청구서가 언제까지 결제되어야 하는가?

**When was this form created?** 이 양식이 작성된 날짜는 언제인가?

**When was this invoice written?** 이 송장은 언제 쓰였는가?

**Which item contributed most to the total charge?** 총비용에서 가장 많이 차지하는 것은 무엇인가?

**Who will fill out this form?** 이 양식을 작성할 사람은 누구인가?

**Who will receive this form?** 이 양식을 받게 될 사람은 누구인가?

▶ 구체적인 정보를 묻는 문제의 단서는 주로 지문의 중간 부분이나 해당 키워드 주변에 있다.

## ■ 의도 파악을 묻는 문제유형

**At 11:10 AM, what does Ms. Abington most likely mean when she writes, "Yes, I'd say so"?**
오전 11시 10분에 Abington씨가 "네, 그렇습니다."라고 말한 의도는 무엇인가?

**At 3:55 PM, what does Mr. Smith most likely mean when she writes, "Just this one"?**
오후 3시 55분에 Smith씨가 "이것만"이라고 말한 의도는 무엇인가?

**At 10:05 AM, what does Ms. Anderson most likely mean when she writes, "Got it"?**
오전 10시 05분에 Anderson씨가 "알겠습니다"라고 말한 의도는 무엇인가?

**Questions 1-2 refer to the following fax.**

SENDER: Felix Cortez

RETURN NUMBER: 881-567-2145

DATE: February 18

RECIPIENT: Thomas Neely

SUBJECT: housing lease

NUMBER OF PAGES: 4 (including this cover sheet)

If you receive this facsimile message by mistake or the contents are incomplete, please inform the sender via fax using the contact number listed above.

Dear Mr. Neely,

Enclosed is a copy of my standard rental agreement form for your consideration. If you would like to see the property again, please let me know. I'll need to hear from you in the next three days if you intend to sign this contract, and we can discuss any questions you have then. Thank you,

F. Cortez

1   What does Mr. Cortez send to Mr. Neely?

   (A) A purchase order form
   (B) Blueprints for a house
   (C) A copy of a contract
   (D) A car lease document

2   What should Mr. Neely do if he does not receive all four pages?

   (A) Call Mr. Cortez
   (B) Only read the parts that he received
   (C) Sign the agreement
   (D) Inform Mr. Cortez by fax

**Questions 3-4 refer to the following product label.**

### ENERGY GUIDE LABEL

DO NOT REMOVE! Removal of this label before consumer purchase violates the Federal Trade Commission's Appliance Labeling Rule (16 C.F.R. Part 305).

Cool Max Corporation Refrigerator, Model E829
Capacity: 23 Cubic Feet
Refrigerator-Freezer
With Automatic Defrost, Side-Mounted Freezer, Through-the-Door-Ice Service
Available Colors: White, Bone, Gray
This Model Uses: 800 kWh/year*
*kWh/year (kilowatt-hours per year) is a measure of energy (electricity) use. Refrigerators using more energy cost more to operate.

This model's estimated yearly operating cost is: $65 year*
*Based on a 2000 U.S. Government national average cost of 8.034 per kWh for electricity. Your actual operating cost will vary depending on your local utility rates and your use of the product.

Energy use (kWh/year) range of all similar models:
Uses Least Energy ($685) – Uses Most Energy ($1,000)

**3**   At what time should this information be checked?

(A) When using this refrigerator at home

(B) When repairing this refrigerator

(C) When purchasing a refrigerator

(D) When manufacturing a refrigerator

**4**   Which of the following may affect the yearly operating cost?

(A) Sales tax at the time of purchase

(B) Local electricity rates

(C) The color of the product

(D) Increased sales of the product

| | |
|---|---|
| **Jenny Cook [11:13 AM]** | Hi, Ben. Ken and I are at the conference center. Where are you? |
| **Ben Jackson [11:15 AM]** | Waiting for a bus at the airport. The traffic is terrible. It'll probably take me at least an hour to get to the conference center. |
| **Jenny Cook [11:16 AM]** | We had the same problem yesterday. I think there's road construction in the area. |
| **Ben Jackson [11:19 AM]** | Do you know when Mark Benson is speaking? I'd like to attend his presentation on building designs for office complex. |
| **Ken Yamamoto [11:20 AM]** | At 12:00 noon. |
| **Ben Jackson [11:21 AM]** | I won't make it. Can one of you take notes for me? |
| **Ken Yamamoto [11:24 AM]** | Actually, all presentations are getting recorded. You can watch his talk on the conference Web site later. |

**5** At 11:21 AM, what does Mr. Jackson most likely mean when he writes, "I won't make it"?

(A) His flight was delayed.

(B) He will miss a presentation.

(C) His talk is not ready.

(D) He did not reserve a room.

**6** What does Mr. Yamamoto indicate about Mr. Benson's presentation?

(A) It is being rescheduled.

(B) It requires advance registration.

(C) It will soon be available online.

(D) It will be held in a hotel.

**Questions 7-9 refer to the following coupon.**

### SPECIAL COUPON
### HARCOURT BOOKSTORE
**Date of issue: March 1st, 2018**

Only members can use this coupon. Take ten percent off if you buy more than two books, and take five percent off all purchases except periodicals. Not valid with other coupons, discount, promotional offers or on previous purchases. Coupon is good at all Harcourt bookstores. This coupon can be used until the end of this month. Visit www.harcourtbookstore.com or our local stores.

**7**  By when can people use this coupon?

(A) March 1
(B) March 5
(C) March 10
(D) March 31

**9**  What is NOT offered at a discount?

(A) Novel
(B) Poetry
(C) Weekly magazine
(D) Biography

**8**  What is indicated about Harcourt bookstore?

(A) It will open a new store.
(B) It is open 7 days a week.
(C) It has more than one location.
(D) It offers this coupon to every customer.

**Questions 10-13 refer to the following Web page.**



**Lindberg Museum**
*Summer at the Lindberg Museum!*
Come celebrate summer with a visit to the Lindberg Museum. Operating hours during the summer will be extended to offer a longer, more enriching experience. Be sure to stop by and listen to one of our informative gallery talks, open to everyone.

**Museum Hours**
Tuesday, Thursday through Sunday, 10 AM – 6 PM
Wednesday, 10 AM – 10 PM
Closed on Monday

**Summer Exhibitions**
- Bruno Epstein: Spectrum
- Dominic Pryce: Exotic
- Contemporary Art: The Ronan collection

**Gallery Talks**
**June 25 at 6 PM**
Gerard Rizzo, curator of the Bonanza Museum in Greensboro, will be visiting us at to offer his expertise on sculptor Bruno Epstein's life and career, whose sculptures are currently on display at the Lindberg Museum.

**July 18 at 4 PM**
A Q&A panel will be held by Lindberg Museum curator Sasha Romero featuring local artist Dominic Pryce discussing his inspirations and work in landscape painting. There will be a special viewing of Mr. Pryce's unreleased artwork afterwards.

**August 12 at 4 PM**
Visiting scholar Simon Barnes will be speaking about the new Ronan collection that will be added to Lindberg's Museum's extensive collection of contemporary art. All the featured artwork will be on display in the modern section of the main gallery.

**10** What is indicated about the Lindberg Museum?

(A) It offers discounts to students.

(B) It is open late on Wednesdays.

(C) It features only foreign artists.

(D) It is closed on the weekends.


**11** What is NOT mentioned as a part of the Lindberg Museum's exhibits?

(A) Contemporary art

(B) Landscape painting

(C) Sculptures

(D) A photography collection


**12** Who is Mr. Pryce?

(A) A museum curator

(B) An art critic

(C) An art professor

(D) An artist


**13** What will the June presentation be about?

(A) An artist's life and career

(B) Painting inspirations

(C) Tips for beginning artists

(D) A Q&A panel

> **Nathan Chen (9:03 AM)**
> Can we meet up to discuss the apartment on 362 Mead St.? The owners would like to put it on the market before the end of this month.
>
> **Kenneth Rockwell (9:07 AM)**
> I have meetings all morning, but I'll be off at lunchtime. We can meet at the Laurel Café at 1 PM.
>
> **Nathan Chen (9:14 AM)**
> Excellent. I'll bring the property documents with me.
>
> **Kenneth Rockwell (9:19 AM)**
> By the way, don't stress too much. You'll close your first sale before you know it.
>
> **Nathan Chen (9:22 AM)**
> Thank you. I truly appreciate all you've done for me as my mentor.
>
> **Kenneth Rockwell (9:28 AM)**
> Sure thing. I'll see you at lunch then.

**14** What is most likely true about Mr. Chen?

(A) He is being trained by Mr. Rockwell.

(B) He is getting a promotion.

(C) He is moving at the end of this month.

(D) He is planning to buy an apartment.

**15** At 9:07 AM, what does Mr. Rockwell mean when he writes, "I'll be off"?

(A) He arrived late at the café.

(B) He left to go home.

(C) He wants to cancel the meeting.

(D) He will be done from attending meetings.

**Questions 16-18 refer to the following online chat discussion.**

| | |
|---|---|
| **Lance Nguyen (10:03 AM)** | This is Lance from Muller Tech. I'm contacting you in response to your desktop computer service request (MXI90). I can come between the hours of noon and 3 PM. Would that work for you? |
| **Rebekah Tandy (10:09 AM)** | Yes, although can you be more precise about the time? I'll be at work during those hours and would have to leave to go home. |
| **Lance Nguyen (10:11 AM)** | I will be doing a repair service in Brookdale and one in Fulton before yours. I'm not exactly sure how long those repairs will take, but I can give you a call afterwards with at least a 30 minute notice. |
| **Rebekah Tandy (10:12 AM)** | Yes, that works. |
| **Lance Nguyen (10:15 AM)** | Also, I'll be bringing a trainee with me to the service visit. I will be doing the repairs myself while he watches and learns how to replace a hard drive. |
| **Rebekah Tandy (10:18 AM)** | OK. That's fine. |
| **Lance Nguyen (10:20 AM)** | Your address is 422 Rosemead Lane, Stamford, right? |
| **Rebekah Tandy (10:21 AM)** | That's correct, see you in a bit. |

**16** Who most likely is Mr. Nguyen?

(A) A computer salesperson
(B) A repair technician
(C) A software developer
(D) A customer service representative

**18** What is mentioned about the trainee?

(A) He will oversee a procedure.
(B) He will help the trainer.
(C) He is observing a procedure.
(D) He will be doing the repair himself.

**17** What is indicated about Mr. Nguyen?

(A) He is unsure how to solve the issue.
(B) He is not at work today.
(C) He is new at this job.
(D) He has several appointments today.

**Questions 19-23 refer to the following letter and receipt.**

Wendy Granger, Manager
Willy's Stationery
258 Fifth Street
Los Angeles, CA

Dear Ms. Granger,

I recently purchased some items at your store. After a careful review of my receipt, I found that I was charged for extra staples and manila folders. I'm sure that I purchased only three items, but I didn't have chance to go back to your store since I was leaving town for a business trip the next day. When I paid for the purchase, I thought the cashier was very polite; however, she seemed unfamiliar with the cash register. I have been very satisfied with your service for the past 5 years. Because I am a regular patron of your store, I hope you will agree to correct this error. I would like to receive a store credit for the same amount toward a further purchase. I have enclosed my original receipt of purchase so that you can verify and process the credit. Please contact me at brsmith@hotmail.com if you have any further questions.

Sincerely,
Brendon Smith

---

**Receipt**

Time: 12:40 PM

Date: Thursday, July 15

**Thank you for shopping at Willy's.**

| | | |
|---|---|---|
| Staples | 1 box | $5.45 |
| Printing Paper | 2 boxes | $35.80 |
| Manila Folder | 20 | $8.50 |
| Pencil | 25 | $5.25 |
| Scissors | 2 | $4.20 |
| | | TOTAL $59.20 |

**WILLY'S STATIONERY**

258 Fifth Street

Los Angeles, CA

Tel: 286-5358 Fax: 286-5359

Open every day 9 AM - 9 PM

Cashier M. O'conner

**19** What is the purpose of Mr. Smith's letter?

(A) To cancel an order for office supplies

(B) To ask his money back

(C) To request a credit for an extra charge

(D) To give a travel itinerary


**20** When did Mr. Smith leave for a business trip?

(A) On July 14

(B) On July 15

(C) On July 16

(D) On July 17


**21** What most likely caused the problem?

(A) The cashier's inexperience

(B) An incorrectly marked price

(C) Mr. Smith's hurry to leave the store

(D) Faulty equipment at the store


**22** What is NOT on the receipt?

(A) The cashier's name

(B) The store's hours

(C) The manager's name

(D) The store's telephone number


**23** What can be inferred about Mr. Smith?

(A) He is working at a stationery store.

(B) He hasn't gone to Willy's store for years.

(C) He has received good service at the store before.

(D) He wasn't happy with the Willy's service.

Attention Ice Skating Fans!

Olympic figure skater Tina Mori will be performing live!

Mori will be performing a benefit routine for the Boys and Girls club.

Venue: Valley Ice Skating Rink

Dates: Thursday, January 10 and Saturday, January 12

Time: 8 PM

Cost: $20 adults / $10 children under twelve

Tickets can be obtained in advance at the Valley Ice Skating Rink or from local Foodtown stores by January 9. Cash, check, credit cards, or money orders will be accepted. You can also order tickets in advance through our Web site with a credit card. Tickets will be sold on the nights of the performance on a first come, first served basis. Cash will be the only form of payment accepted on performance nights.

For more information, please call 905-228-4747 or e-mail Trent Godford at tgodford@valleyice.com.

Trent Godford
Valley Ice Skating Rink
2420 Civic Center
Great Falls MT  72145

January 3

Dear Mr. Godford:

I was very excited to hear that Tina is coming to perform at our own ice rink. I watched her compete at nationals and in the Olympics on TV, but I have never seen her live.

I would like to purchase one adult ticket and 5 child tickets for my daughter and her friends for the first performance. They are all under 12 years old. I have enclosed a check to cover the cost. I will pick the tickets up next week at the rink on January 9.

Thank you.
Veronica Shelby

**24** How must payment be made after January 9?

(A) cash

(B) credit card

(C) check

(D) money order

**25** In the flyer, the word "form" in line 11 is closest in meaning to

(A) figure

(B) location

(C) means

(D) shape

**26** What is indicated in the flyer?

(A) Tickets are likely to sell out.

(B) Ms. Mori will likely be performing alone.

(C) One performance will be in the afternoon.

(D) The performances will be held at an Olympic venue.

**27** When does Ms. Shelby plan to attend the performance?

(A) On Thursday

(B) On Friday

(C) On Saturday

(D) On Sunday

**28** What is indicated about Ms. Shelby?

(A) She has never seen Ms. Mori in person.

(B) She has paid for the tickets by credit card.

(C) She will pick up the tickets on the day of the performance.

(D) She went to the Olympics to see Ms. Mori perform.

**Maytara Hotel Vacation Promotion**

Are you looking to make precious memories on your family vacation? Look no further! For a limited time only, we are offering a vacation package that includes a three-night stay with complimentary breakfasts, as well as free admission to two of the area's most popular tourist attractions, Nong Nooch Botanical Garden and Jomtien Beach. Also included is a photo package at the location of your choice.

To bring you this exciting offer, we have partnered up with Suay Photography. With this package, you will receive a USB of up to 30 professionally arranged photographs with one photo print with a complimentary souvenir frame.

If you have any questions or wish to make a reservation, please call 522-643-1387. To qualify for this offer, guests must be staying at the Maytara Hotel between 10 June and 24 August. Guests also must notify Suay Photography at least five days before the scheduled arrival for a photo shoot. Transportation to and from the airport can be arranged for an additional charge.

| | |
|---|---|
| **To** | Prija Niwat |
| **From** | Wisarut Songsorn |
| **Date** | 30 August |
| **Subject** | Maytara Hotel promotional photographs |
| **Attachment** | Suay Photography invoice |

Dear Ms. Niwat,

I wanted to inform you that I have finished editing and shipping out the photo packages from our promotion with your hotel guests and have attached the invoice for all our expenses as well. I want to bring to your attention the additional expense that I cleared with you on 2 August, which covers transportation expenses to and from the Pattaya Crocodile Farm. This is from the Tidarat family who requested to take photos at that location.

Also, twenty-four of the groups have selected Jomtien Beach for their photos while only three chose Nong Nooch Botanical Garden. If you decide to repeat the promotion, I'd suggest that you offer a different location than the botanical garden.

Sincerely,
Wisarut

**Suay Photography Invoice**

Jomtien Beach Office
Date: 30 August
Bill to: Maytara Hotel

| Category | Quantity | Rate | Subtotal |
|---|---|---|---|
| 1 hour photo shoot | 27 | $150 | $4,050 |
| Frames | 27 | $60 | $1,620 |
| Shipping | 27 | $10 | $270 |
| Transportation | 1 | $200 | $200 |

Total: $6,140

**29** According to the advertisement, what is NOT included in the promotional vacation package?

(A) A breakfast buffet

(B) A souvenir picture frame

(C) Transportation to the airport

(D) Admission to a tourist attraction

**30** What is suggested about the Tidarat family?

(A) They visited from another country.

(B) They contacted Suay Photography in July.

(C) They took photographs at Jomtien Beach.

(D) They ordered additional photographs from Mr. Songsorn.

**31** In the e-mail, the word "cleared" in paragraph 1, line 3, is closest in the meaning to

(A) emptied

(B) excused

(C) produced

(D) approved

**32** What does Mr. Songsorn recommend?

(A) That the promotion be extended.

(B) That the Maytara Hotel lower its prices.

(C) That a different tourist attraction be selected.

(D) That the vacation package be offered every year.

**33** Why was Maytara Hotel charged a fee of $200 by Suay Photography?

(A) Mr. Songsorn traveled to the Crocodile Farm attraction.

(B) Mr. Songsorn shipped the photographs to the hotel.

(C) The Tidarat family extended their stay at the hotel.

(D) The Tidarat family requested additional photo packages.

▶ ▶ ▶ 정답 및 해설 p61

# 빈출 어휘집

| Part 5 유형분석표 | | | |
| --- | --- | --- | --- |
| 문법 | 어휘 | | |
| | 기능어 | 내용어 | |
| | 전치사 | 어형(품사 형태) | 어휘(품사 의미) |
| | | 명사<br>형용사<br>부사<br>동사 | 명사<br>형용사<br>부사<br>동사 |
| 6문제 출제 | 3–5문제 출제 | 6–8문제 출제 | 10–14문제 출제 |

위에 나온 유형분석표에서 알 수 있듯이 Part 5에서 가장 중요한 것은 문법이 아니라 내용어에 속하는 어휘문제라는 것을 명확하게 알 수 있다. TOEIC 어휘는 단기간에 정복할 수 없으므로, TOEIC을 학습하는 기간 동안 지속적으로 학습해야 한다. 다음에 나오는 어휘 학습방법과 풀이방법을 익힌 후에 매일 활용하도록 하자.

## 어휘 학습방법

어떤 어휘를 알고 있다는 것은 그 어휘의 뜻을 알고 있는 것뿐 아니라 정확한 발음을 구사할 수 있고, 어휘를 문장 내에서 활용할 수 있는 것을 말한다. 아래의 어휘 학습방법을 확인하고 매일 꾸준하게 어휘를 학습하도록 하자.

**방법 1 ▶ 문맥을 통해서**

어휘 학습은 반드시 문맥을 통해서 이루어져야 한다. 어휘의 의미를 아는 것도 중요하지만 꼭 예문을 통해서 단어가 어떻게 쓰이는지 알아야 한다.

**방법 2 ▶ 정확한 발음**

글씨로 단어를 보면 이해하는데, 들으면 이해하지 못하는 경험을 해본 적이 있을 것이다. 이것은 어휘의 발음을 정확하게 듣고 연습하지 않았기 때문이다. 어휘 지식은 발음과 함께하는 지식이 되어야 한다. 다시 말하자면, 정확한 발음을 듣고 따라 하는 과정을 통해 음을 체득하고 말할 수 있어야 한다.

**방법 3 ▶ 반복의 법칙**

연구에 의하면 새로 접한 어휘를 학습자의 것으로 만들려면 12번 정도의 반복이 필요하다고 한다. 어휘 학습에 있어 반복은 필수적이다. 단기메모리(short-term memory)를 장기메모리(long-term memory)로 전환하는 것은 바로 반복의 횟수에 비례한다. 반복이 충분하지 못한 어휘는 우리의 기억에서 사라지고 충분한 반복을 통해서 체득된 어휘는 우리의 기억에서 사라지지 않는다.

**방법 4 ▶ 활용의 법칙**

언어의 소멸성(attrition) 이론에 의하면 우리가 암기한 단어라 할지라도 활용하지 않으면 기억 속에서 사라진다. 어휘력을 유지할 수 있는 최선의 방법은 암기한 어휘를 언어의 4대 영역인 읽기, 듣기, 쓰기, 말하기 등을 통해 반복적으로 활용하는 것이다.

## ■ 명사

① 선택지를 확인한다.

② 빈칸을 확인한 후, 빈칸이 문장에서 어떤 역할을 하는지 확인한다.

③ 형용사가 빈칸 앞뒤에 있을 경우, 형용사의 적절한 수식을 받는 명사를 선택한다.

④ 명사는 주어, 목적어, 보어 역할을 하므로 주어 자리에 왔을 경우에는 동사와의 관계를 따져보고, 목적어 자리에 나왔을 경우에는 동사와의 관계, 보어 자리에 나왔을 경우에는 주어와의 관계를 따져봐야 한다.

⑤ 명사는 전치사, 소유격, 관사, 지시형용사, 수량형용사 뒤에 나오므로 한정사와의 관계를 따져 문맥에 알맞은 명사를 선택한다.

### 예제 1

Sun Microsystems, Inc., announced the **promotion** of Susan Anderson to the position of Corporate Development Director yesterday.

(A) division    (B) intention    (C) permission  **(D) promotion**

Sun Microsystems사는 어제 Susan Anderson씨가 기업 개발 이사직으로 승진 했음을 발표했다.

**어휘**  division 부서 | intention 의향, 목적 | permission 허락, 허가 | promotion 승진

**해설**  '개발 이사직'이라는 표현이 문장에 쓰였으므로 문맥상 promotion이 가장 적절한 선택이다.

### 예제 2

In **preparation** for the upcoming monthly inspection, all staff members are asked to review and update their training records by Friday, March 20th.

(A) presentation             (B) determination
**(C) preparation**          (D) administration

다가오는 월별 점검에 대한 준비로, 모든 직원들은 자신들의 교육 기록을 3월 20일 금요일까지 검토하고 갱신하도록 요청 받는다.

**어휘**  upcoming 다가오는 | presentation 발표 | determination 결정 | preparation 준비 | administration 관리, 경영

**해설**  문맥상 '~에 대한 준비로 교육 기록을 검토하고 갱신하도록 요청 받는다'는 내용으로 완성해야 하므로, '~을 위한 준비로'라는 의미를 가진 in preparation for의 preparation이 정답이다.

## ■ 형용사

① 선택지를 확인한다.

② 빈칸이 보어 자리인지 아니면 명사를 수식하는 자리인지 확인한다.

③ 자리를 확인했다면, 수식하는 단어와의 관계를 따져서 문제를 해결한다.

④ 형용사는 한정사(관사, 소유격, 수량형용사, 지시대명사)와 명사 사이에 올 수 있으므로 한정사와 명사의 관계를 따져서 정답을 확인한다.

⑤ 전치사와 명사 사이에도 형용사가 나올 수 있으므로, 빈칸 앞뒤에 나오는 전치사와 명사의 문맥을 통해서 정답을 결정할 수 있다.

### 예제 1

Due to **unfavorable** weather conditions, the outdoor activity will be postponed until further notice.

(A) functional            (B) prompted
**(C) unfavorable**       (D) incomplete

궂은 날씨 때문에, 야외 활동은 추후 공지가 있을 때까지 연기될 것이다.

**해 설** 전치사와 복합명사 사이에는 형용사를 써야 한다. 빈칸 뒤에 나오는 복합명사인 weather conditions와 어울리는 형용사는 '형편이 나쁜, 순조롭지 않은'의 뜻을 가진 unfavorable이다.

## 예제 2

| | |
|---|---|
| Applicants for the position of marketing manager must possess a degree in marketing or a **related** field.<br><br>(A) probable　　(B) mutual　　**(C) related**　　(D) frequent | 판매부장 직책 지원자들은 마케팅 관련 분야나 마케팅 학위를 소지해야 한다. |

**어 휘** probable 있을 법한, 있음직한 | mutual 상호간의 | related 관계된 | frequent 빈번한

**해 설** 문맥상 '마케팅이나 관련된 분야에 학위를 소지해야 한다'는 내용으로 완성해야 하므로 related가 정답이 된다.

### ◼ 부사

① 선택지를 확인한다.
② 부사는 명사를 제외한 동사, 형용사, 다른 부사 혹은 문장 전체를 수식하므로 수식하는 단어를 빠르게 찾아서 문맥에 따라 정답을 결정한다.
③ 빈칸 뒤에 형용사가 있을 경우, 형용사를 수식하는 부사이므로 형용사를 적절하게 수식하는 부사를 선택한다.
④ 동사의 앞뒤에 나올 경우 동사와의 관계를 따져본다.
⑤ 부사는 부사를 수식할 수 있다는 것도 명심하자.

## 예제 1

| | |
|---|---|
| Since the restaurant has been **unexpectedly** busy, the owner is planning to recruit more staff.<br><br>**(A) unexpectedly**　　(B) attentively<br>(C) immediately　　(D) exactly | 식당이 예상외로 바빠서, 소유주가 더 많은 직원을 채용하려고 계획하고 있다. |

**어 휘** recruit 채용하다 | unexpectedly 예상외로, 뜻밖에 | attentively 조심스럽게, 정중히 | immediately 즉시 | exactly 정확하게

**해 설** 빈칸 뒤에 나오는 형용사 busy와 어울려 '예상외로 바빠서'라는 뜻이 되는게 자연스럽기 때문에 부사 unexpectedly가 가장 적절한 정답이다.

## 예제 2

| | |
|---|---|
| Miriam Hatfield was **originally** scheduled to be the first performer in tonight's music concert, but it was just announced that she will perform last.<br><br>(A) fluently　　(B) currently　　(C) confidently　　**(D) originally** | Miriam Hatfield가 원래 오늘 저녁 음악 콘서트에서 첫 번째 연주자로 일정이 잡혀있었는데, 그녀가 마지막에 공연할 거라고 막 발표되었다. |

**어 휘** be scheduled to ~하기로 되어있다 | fluently 유창하게 | currently 현재 | confidently 자신 있게 | originally 원래는, 본래는

**해 설** 문맥상 'Miriam Hatfield가 원래 오늘 저녁 음악 콘서트에서 첫 번째 연주자로 일정이 잡혀있었다'가 되어야 하므로 originally가 정답이다.

## ■ 동사

① 선택지를 확인한다.
② 동사 뒤에는 보어나 목적어나 나오므로, 빈칸 뒤에 나오는 명사와의 관계를 따져본다.
③ 동사가 수동태인 경우 주어와의 관계를 따져본다.

### 예제 1

The Geneva Inc. recently had to **increase** fees for the service of the new members due to rising expenses.

(A) pretend　　(B) remind　　(C) repair　　**(D) increase**

Geneva사는 최근 비용 증가 때문에 신입 회원들을 위한 서비스 수수료를 인상해야만 했다.

**어휘** pretend ~인 체하다 | remind 상기시키다 | repair 수리하다 | increase 인상하다, 증가하다

**해설** 빈칸 뒤에 나오는 목적어 'fees(수수료)를 인상해야만 했다'는 것이 가장 자연스럽기 때문에 increase가 정답이다.

### 예제 2

Please be sure to **include** your account number when mailing your monthly rent.

**(A) include**　　(B) direct　　(C) address　　(D) maintain

월 임대료를 보낼 때 당신의 계좌번호를 포함시키는 것을 명심하세요.

**어휘** be sure to ~을 확실하게 하다 | include 포함하다 | direct 지도하다, 지시하다 | address 연설하다, 문제를 해결하다 | maintain 유지하다

**해설** 빈칸 뒤에 나오는 목적어 your account number를 받을 수 있는 동사를 선택하는 문제다. 문맥상 '임대료를 보낼 때 계좌번호를 포함시키세요'라는 문장이므로 동사 include가 가장 적절하다.

**1 accommodation** 숙소, 편의, 적응

Typical **accommodations** for Case Legal Services' employees during foreign assignments are in company-owned apartments.

해외 업무 시 Case Legal Services 근로자들을 위한 일반적인 숙소는 회사 소유의 아파트이다.

**2 accomplishment** 업적, 성취

The many **accomplishments** listed on the applicant's résumé suggest that he would be a successful manager.

지원자의 이력서상의 많은 업적들은 그가 성공적인 관리자가 될 수 있으리라는 것을 시사한다.

**3 accordance** 일치, 수여

It is important that the job advertisement be written in **accordance** with the company's personnel recruitment guidelines.

채용 공고는 회사의 직원 채용 가이드라인과 일치해서 쓰는 것이 중요하다.

**4 advancement** 승진, 진보

Last year, ten people in the Sales Departments at Fujimoto Automotive were considered for **advancement** to management positions.

작년에 Fujimoto Automotive사의 판매부서에서 10명이 관리직 승진 대상으로 고려되었다.

**5 advances** 진전, 진보

The widespread **advances** in database networking have made it possible for scientists to access an unprecedented amount of information.

데이터베이스 네트워킹에서 널리 보급된 진전으로 과학자들이 유례없는 양의 정보를 취급하는 것이 가능해졌다.

**6 advantage** 이점, 우위

To take **advantage** of our offer of a free software-upgrade, customers should contact us before the end of June.

저희가 제공하는 무료 소프트웨어 업그레이드를 이용하시려면, 6월말 전에 저희에게 연락하셔야 합니다.

**7 allowance** 비용, 수당; 참작

The company's earnings may particularly not be impressive, but we have to make **allowances** for the costly investment.

회사의 수익이 특별히 훌륭하지 못할지는 몰라도, 돈이 많이 드는 투자에 대해 고려해야 한다.

**8 analysis** 분석

The **analysis** of monthly sales figures is essential to setting future revenue goals.

월별 판매 수치 분석은 앞으로의 소득 목표를 설정하는 데 필수적이다.

**9 anniversary** 기념일

This Friday marks the company's twentieth **anniversary** celebration.

이번 금요일은 회사의 20주년 기념 행사일이다.

**10  announcement** 공고, 발표

The manager put the **announcement** about changes in company holidays in the department newsletter.
그 경영자는 부서 소식지에 회사 휴일 변경에 관한 공고를 냈다.

**11  apology** 사과

Please accept our **apologies** for the delay in payment of $2,000 for the new computers we received last month.
지난달에 받은 새로운 컴퓨터 대금 2,000달러 지불 지연에 대해 사과드립니다.

**12  appointments** 약속, 임명

Patients who wish to reschedule their **appointments** must give advance notice of at least twenty-four hours to avoid being charged a penalty.
예약을 변경하길 원하는 환자들은 벌금이 부과되는 것을 피할 수 있도록 적어도 24시간 전에 말해야 한다.

**13  appraisal** 평가, 견적

Pacific Industries has ordered an **appraisal** to determine the market value of the Sheltered Oak property.
Pacific Industries는 Sheltered Oak사 자산에 대한 시장 가치를 결정하기 위해 평가를 요청했다.

**14  approval** 승인

Final **approval** from the marketing director is required for the new advertising campaign.
새 광고를 위해 마케팅 이사로부터의 최종 승인이 필요하다.

**15  architect** 건축가, 건축기사

Chang & Elgin Co. is looking for an **architect** to coordinate multifamily housing projects.
Chang & Elgin사는 다가구 주택 프로젝트를 조정할 건축가를 찾고 있는 중이다.

**16  agreements** 계약, 동의, 협정

Blare Corporation tried to cut down expenses by negotiating long-term **agreements** with the several local distributors.
Blare사는 몇몇 지역 유통업자들과 장기 계약을 협상함으로써 비용을 줄이려고 시도했다.

**17  arrangements** 정리, 배열

The manager of Wells Fargo Bank made **arrangements** to transfer the funds to Mr. Holland's accounts.
Wells Fargo 은행의 경영자는 Holland씨의 계좌로 자금을 이체시킬 일정을 잡았다.

**18  assistance** 도움, 원조

The community housing authority gives limited financial **assistance** to first-time buyers.
지역 주택 당국은 처음으로 주택을 구입하는 사람들에게 제한된 재정적 도움을 제공한다.

**19  assurance** 보장, 확신

Tickets sold at this station carry no **assurance** of seats on any particular train.
이 역에서 판매되는 티켓은 어느 특정 열차의 좌석을 보장해 주지 않는다.

**20  atmosphere** 분위기, 대기

Employees at the Grand Hotel create a warm **atmosphere** for clients by providing them friendly service.
Grand 호텔에 있는 직원들은 고객들에게 친절한 서비스를 제공해 따뜻한 분위기를 만든다.

**21  authority** 권위, 권한

As the senior officer in her department, Ms. Cook has the most **authority** on the committee.
부서 수석 관리자로서 Cook씨는 위원회에 최대 권한을 갖고 있다.

**22  benefits** 혜택, 이익

The **benefits** of Bright Fashion offers help the company to attract the best workers in the textile industry.
Bright Fashion이 제공하는 혜택으로 회사는 직물산업에서 가장 훌륭한 직원들을 유치할 수 있다.

**23  budgets** 예산, 예산안

As of July 4, General Motors will offer customers extra **budgets** to buy the new model sedan.
7월 4일부터 General Motors는 새로운 모델의 세단을 구입할 수 있도록 고객들에게 추가적인 예산을 제공할 것이다.

**24  candidates** 지원자, 후보자

**Candidates** for the crane operator position must obtain a certificate of competence from the Labor Department.
크레인 운전 일자리 지원자들은 노동부로부터 기능 자격증을 취득해야 한다.

● 빈칸에 해당하는 어휘와 뜻을 쓰시오.

1 _______________ 비용, 수당

2 _______________ 분석

3 _______________ 기념일

4 approval _______________

5 advancement _______________

● 빈칸에 들어갈 적절한 어휘를 선택하세요.

| access ability accomplishments accordance apologies act admission advantage advancement accommodations |
|---|

6 many _______________ 많은 업적

7 typical _______________ 일반적인 숙소

8 in _______________ with ~와 일치해서

9 Please accept our _______________. 저희의 사과를 받아주세요.

10 take _______________ of ~의 이점을 이용하다

● 각각의 문장을 완성할 수 있도록 알맞은 어휘를 선택하세요.

11 New employees must meet in person with the Human Resources Director arranging these (appointments/consequences).

12 Pacific Industries has ordered an (appraisal/asset) to determine the market value of the Sheltered Pines property.

13 Chang & Elgin Co. is looking for an (architecture/architect) to coordinate multifamily housing projects.

14 The manager of Wells Fargo Bank made (assurance/arrangements) to transfer the funds to Mr. Holland's accounts.

15 Employees at the Grand Hotel create a warm (atmosphere/assurance) for clients by providing them friendly service.

---

정답 **1.** allowance **2.** analysis **3.** anniversary **4.** 승인 **5.** 승진, 진보 **6.** accomplishments **7.** accommodations **8.** accordance
**9.** apologies **10.** advantage **11.** appointments **12.** appraisal **13.** architect **14.** arrangements **15.** atmosphere

 RC-2

**25 challenge** 도전

The **challenge** of being a successful architect lies in designing buildings that are both functional and aesthetically appealing.

성공적인 건축가가 되는 것에 관한 도전은 미학적으로 매력 있고 기능적인 건물을 디자인 하는 데 달려 있다.

**26 characteristics** 특징

We can classify people based on the individual **characteristics**, such as gender, age, and household income.

우리는 사람들을 성별, 나이, 가정 수입과 같은 개인적인 특징들에 기초해서 분류할 수 있다.

**27 circumstances** 상황, 환경

In light of unforeseen **circumstances**, the Bolshoi Dance Company was forced to cancel its performance tonight at the Hansen Theater.

예상치 못한 상황에 비추어 볼 때, Bolshoi Dance사는 Hansen 극장에서의 오늘 밤 공연을 취소하도록 강요받았다.

**28 competition** 경쟁, 시합

Rising **competition** from the overseas education market will force universities to be more aggressive in recruiting students.

해외 교육 시장의 치솟는 경쟁으로 대학들은 더 공격적으로 학생들을 모집해야 할 것이다.

**29 completion** 성취, 완성

Upon **completion** of the program requirements, participants will receive a certificate.

프로그램 요건을 달성하면, 참석자들은 자격증을 받게 될 것이다.

**30 compliance** 준수, 순응 (in compliance with ~에 따라서)

In order to be in **compliance** with safety standards, employees must wear protective gear while working in the factory.

안전 기준에 따르기 위해서 직원들은 공장 안에서 일하는 동안 안전 장비를 착용해야 한다.

**31 component** 부품, 성분, 구성요소

Most modern factory machines are designed so that worn-out **components** can be replaced easily.

대부분의 현대 공장 설비들은 마모된 부품들이 쉽게 교체될 수 있도록 설계된다.

**32 concentration** 집중, 밀집; 집단

Since the climate in the southern province is favorable for growing produce, it has the highest **concentration** of fruit orchards.

남쪽 지방의 기후가 농산물 재배에 알맞기 때문에 그 지역에 과수원이 가장 많이 집중되어 있다.

**33 conferences** 회의, 협의회

Doctors at Denver Valley Hospital attend **conferences** regularly to keep informed about medical advances.

Denver Valley 병원의 의사들은 의학 발전을 숙지할 수 있도록 정기적으로 회의에 참여한다.

**34  confidence** 자신(감), 신뢰

Even though the company experienced a 5 percent drop in earnings last year, analysts continue to express **confidence** in the future of Dickson Inc.

회사가 작년에 5%의 소득 하락을 경험했을지라도, 분석가들은 계속해서 Dickson사의 미래를 확신하고 있다.

**35  confusion** 혼란, 혼동

The manager has scheduled Quick Scan training sessions for all staff due to the **confusion** about the new system.

관리자는 새로운 시스템에 관한 혼란 때문에 모든 직원들을 위한 Quick Scan 교육 세션을 계획했다.

**36  congestion** 밀집, 혼잡

Airing every ten minutes during commute hours, KRTP's traffic reports help drivers avoid **congestion** on major roads and highways.

통근 시간 동안 매 10분마다 나오는 KRTP 교통 보고는 운전자들이 주요 도로나 고속도로에서 교통 체증을 피하도록 도와준다.

**37  conjunction** 접속사, 결합(in conjunction with ~와 함께)

This coupon may not be used in **conjunction** with any other discount, rebate, or promotional offer.

이 쿠폰은 다른 할인, 리베이트, 혹은 홍보용으로 제공된 것과는 함께 사용될 수 없다.

**38  consideration** 고려, 고찰

Melbourne Town Center will take the public's preference into **consideration** for selecting a new site for the city's community center.

Melbourne 타운 센터는 도시의 지역 센터를 위한 새 부지를 선정하는 데 있어서 주민의 기호를 고려할 것이다.

**39  contingency** 우발, 뜻밖의 일

Managers have drafted **contingency** plans to ensure that business can continue uninterrupted in the event of a loss of electrical power.

관리자들은 정전이 발생하는 경우 업무가 중단되지 않도록 하기 위해 비상(돌발사태에 대한) 계획을 수립했다.

**40  contributions** 기여, 기부

Director Packer would like to personally thank individuals who have made significant **contributions** to our charity fund.

Packer 이사는 우리의 자선사업기금에 상당히 기여한 사람들에게 개인적으로 고마움을 표현하고 싶어 한다.

**41  convention** 컨벤션, 집회, 협정

One of the most interesting workshops at the recent **convention** was about the entrepreneurial opportunities in international trade.

최근 컨벤션에서 가장 흥미 있는 워크숍 중 하나는 국제 무역에서의 기업 기회에 관한 것이었다.

**42  rationale** 논리적 근거, 근본적 이유

In advertising, it is important to present a clear **rationale** for selecting one product over another.

광고에 있어, 제품 선정을 위한 명확한 논리적 근거를 제시하는 것은 중요하다.

**43  cultivation** (관계) 구축, 경작, 양성

Thanks to the **cultivation** of new business partnership by Shopko's president, the stock price of the company has raised more than 20% in the past six months.

Shopko 사장에 의한 새로운 사업 관계의 구축 덕택에 회사의 주가가 지난 6개월 동안 20% 이상 증가했다.

**44** **delegation** 대표단, 위임

A **delegation** of officials from foreign countries stayed in Washington until the conference ended.
외국 공무원 대표단은 회의가 끝날 때까지 워싱턴에 머물렀다.


**45** **description** 묘사, 서술

The architect's report was not simply a technical **description**, but an essay on urban renewal.
그 건축가의 보고서는 단지 기술적인 묘사가 아니라, 도시 혁신에 관한 에세이였다.


**46** **difficulties** 어려움, 곤란

According to Mr. Anderson, the project deadline has been extended because of the **difficulties** with the new data analysis software.
Anderson씨에 따르면 프로젝트 마감일이 새로운 데이터 분석 소프트웨어와 관련된 어려움 때문에 연장되었다고 한다.


**47** **dimensions** 치수, 크기

Prior to issuing an estimate, a Clinton Painters representative will come to your home to measure the exact **dimensions** of the rooms that need to be painted.
견적서를 발행하기 전에 Clinton Painters 직원이 페인트가 칠해질 방의 정확한 치수를 재기 위해 귀하의 집에 방문할 것입니다.


**48** **disruption** 중단, 두절, 붕괴

The AT&T Telecommunication company apologizes for the **disruption** in its Internet service.
AT&T 통신사는 인터넷 서비스의 중단에 대해 사과한다.

● 빈칸에 해당하는 어휘와 뜻을 쓰시오.

**1**  challenge ______________

**4**  compliance ______________

**2**  ______________ 환경, 상황

**5**  components ______________

**3**  ______________ 경쟁, 시합

● 빈칸에 들어갈 적절한 어휘를 선택하세요.

| | | | | | |
|---|---|---|---|---|---|
| completion | components | concentration | conferences | confidence | congestion |
| confusion | conjunction | consideration | | | |

**6**  take the public's preference into ______________ 주민의 기호를 고려할 것이다.

**7**  due to the ______________ about the new system 새로운 시스템에 관한 혼란 때문에

**8**  It has the highest ______________ of fruit orchards. 과수원이 가장 많이 밀집되어 있다.

**9**  upon ______________ 완료 시

**10**  in ______________ with ~와 함께

● 각각의 문장을 완성할 수 있도록 알맞은 어휘를 선택하세요.

**11**  One of the most interesting workshops at the recent (convention/rationale) was about the entrepreneurial opportunities in international trade.

**12**  Thanks to the (contributions/cultivation) of new business partnership by Shopko's president, the stock price of the company has raised more than 20% in the past six months.

**13**  A (delegation/nomination) of officials from foreign countries stayed in Washington until the conference ended.

**14**  The AT&T Telecommunication company apologizes for the (disruption/distribution) in its Internet service.

**15**  Prior to issuing an estimate, a Clinton Painters representative will come to your home to measure the exact (dimensions/difficulties) of the rooms that need to be painted.

---

정답  **1**. 도전  **2**. circumstances  **3**. competition  **4**. 준수, 순응  **5**. 부품, 성분, 구성요소  **6**. consideration  **7**. confusion  **8**. concentration  **9**. completion  **10**. conjunction  **11**. convention  **12**. cultivation  **13**. delegation  **14**. disruption  **15**. dimensions

**49  duration** (지속되는) 기간, 지속

Flu-Aid reduces the **duration** of common influenza symptoms in older patients.
감기약은 나이 많은 환자들에게 일반적인 독감 증상들의 지속 기간을 감소시킨다.

**50  effectiveness** 유효성, 유효

Initial sales of the new product will depend heavily on the **effectiveness** of Corplex Agency's advertising campaign.
신제품의 초기 판매는 Corplex 대행사의 광고 캠페인 효율성에 상당 부분이 달려 있다.

**51  efficiency** 효율(성), 능률

Elwood Technology Group strives to enhance the **efficiency** of its clients' marketing and distribution activities.
Elwood Technology Group은 고객 마케팅과 유통 활동의 효율성을 높이기 위해 노력한다.

**52  emphasis** 주안점, 강조, 중점

At the Barton Cosmetics Company, the **emphasis** has always been on developing quality products rather than expanding operations.
Barton 화장품 회사의 주안점은 영업을 확장하는 것보다 양질의 제품을 개발하는 것이었다.

**53  environment** 환경, 주위

Due to the importance maintaining a quiet work **environment**, employees are asked to refrain from engaging in loud conversations.
조용한 작업 환경을 유지해야 하는 필요성 때문에 근로자들은 큰소리로 대화하는 것을 삼가도록 한다.

**54  equipment** 장비, 장치

New employees at Benson Labs are trained to use the laboratory's safety **equipment**.
Benson 실험실의 새로운 직원들은 실험실 안전 장비 이용을 위해 교육받는다.

**55  estimate** 견적, 평가

No repairs will be made before a written **estimate** has been signed by the customer.
견적서에 고객이 서명하기 전에는 어떠한 수리도 이루어지지 않을 것이다.

**56  evaluation** 평가

The floor manager requested a full **evaluation** of the efficiency in inventory within the new Mervin's Department Store.
층 매니저는 Mervin 신축 백화점 내에서의 재고 효율성에 대해 완전한 평가를 요청했다.

**57  evidence** 증거, 흔적

Students should obtain the appropriate certifications before applying to the internship program so that they can provide verifiable **evidence** that they possess the required expertise.
학생들은 인턴십 프로그램에 지원하기 전에 적절한 자격증을 취득해야 한다. 그래서 그들이 필수적인 전문적 지식을 소지하고 있다는 점을 입증할 수 있는 증거를 제공할 수 있어야 한다.

**58** **exception** 예외, 제외

All survey participants initially rated the new energy bar as good, or very good, with one **exception**, who gave a poor rating.

안 좋은 평가를 내린 한 명을 제외하고는, 모든 설문조사 참석자들은 처음에 새로운 에너지바를 훌륭하다고 평가하거나 매우 훌륭하다고 평가했다.

**59** **excursion** 여행, 소풍

Guests interested in next week's **excursion** to Treasure Island can purchase tickets online.

다음 주 보물섬으로의 여행에 관심 있는 손님들은 온라인에서 티켓을 구매할 수 있다.

**60** **expenses** 비용, 지출

Financial experts recommend keeping enough accessible savings to cover 4 months worth of living **expenses**.

재정 전문가들은 4개월의 생활 비용을 충당할 수 있을 정도의 충분한 저축을 유지할 것을 추천한다.

**61** **expansion** 확장, 팽창

Jameson Industry has announced the purchase of the several foreign-based companies, confirming reports of its **expansion** into global markets.

Jameson Industry는 몇몇의 외국 기반 회사들을 구매했음을 발표했는데, 그것은 회사가 국제시장으로 확장한다는 보고를 확인시켜주는 것이었다.

**62** **expertise** 전문지식

Because Ms. Patterson does not have the technical **expertise** needed to complete the project, the work has been outsourced to a local technology firm.

Patterson씨는 그 프로젝트를 완료하기 위해 필요한 기술적인 전문 지식이 없기 때문에, 그 작업은 지역 기술회사로 아웃소싱 되었다.

**63** **extension** 연장

In response to Laser Corp.'s request, the information technology department granted a two-week **extension** on the loan of the equipment.

Laser 기업의 요구에 응해서, 정보 기술 부서는 장비대여 연장을 2주간 허용해 주었다.

**64** **facilities** 시설

The Tower Apartments Complex is going to be completed next month, and it will accommodate a swimming pool and other **facilities**.

Tower 아파트 단지가 다음 달에 완성되면 수영장과 다른 시설들을 제공할 것이다.

**65** **failures** 실패, 부족

Due to unexpected **failures**, the development of new equipment is postponed until next month.

예상치 않은 실패 때문에, 새로운 장비의 개발은 다음 달까지 연기된다.

**66** **flexibility** 융통성

Candidates for the position of sales representatives must have the **flexibility** to travel on short notice to visit potential clients.

영업직 지원자들은 갑작스러운 통보에도 잠재 고객들을 방문할 수 있도록 여행할 수 있는 융통성을 가져야 한다.

**67** **fluctuation** 변동, 불안정

There has been so much **fluctuation** in the demand for high-prices wedding dresses that several designers are adding a greater variety of price options.

고가의 웨딩드레스 수요에 상당한 변동이 있어서 몇몇 디자이너들이 다양한 가격대의 옵션을 추가하고 있다.

**68 forecast** 예측, 예보

The latest economic **forecast** predicts that profits will continue to increase throughout the upcoming year.

최근 경제 예측은 다가오는 해 전반에 걸쳐 이윤이 계속해서 증가할 것이라고 예상한다.


**69 guidelines** 지침

The document written by the director of the Sales Division lists all of the **guidelines** that staff members should follow when preparing presentations.

영업부서장이 작성한 서류에는 발표를 준비할 때 직원들이 따라야 할 모든 지침이 나열되어 있다.


**70 handling** 취급

When accelerated **handling** is required by our clients, we offer an overnight shipping option for an additional fee.

고객에 의해 신속한 처리가 요구될 때 우리는 추가 비용을 받고 익일 배송 옵션을 제공한다.


**71 identification** 신분증

When you are in the Tanner Building, please make sure your **identification** is visible at all times.

당신이 Tanner 빌딩 안에 있을 때는 신분증을 항상 보이도록 해야 합니다.


**72 impression** 인상, 감명

If you get to the meeting well before the designated time, it may give others the **impression** that you have time to waste.

정해진 시간보다 너무 일찍 미팅에 도착하면 다른 사람들에게 시간이 남아 도는 사람이라는 인상을 줄지도 모른다.

● 빈칸에 해당하는 어휘와 뜻을 쓰시오.

**1** _______________ 인상, 감명

**4** guidelines _______________

**2** _______________ 신분증

**5** _______________ 변동, 불안정

**3** handling _______________

● 빈칸에 들어갈 적절한 어휘를 선택하세요.

flexibility　　failures　　facilities　　extension　　expertise　　expansion　　expenses　　excursion

exception　　evidence

**6** verifiable _______________ 입증할 수 있는 증거

**7** with one _______________, who gave a poor rating 안 좋은 평가를 내린 한 명을 제외하고는

**8** living _______________ 생활 비용

**9** the technical _______________ 기술적인 전문 지식

**10** due to unexpected _______________ 예상치 않은 실패 때문에

● 각각의 문장을 완성할 수 있도록 알맞은 어휘를 선택하세요.

**11** Flu-Aid reduces the (duration/effectiveness) of common influenza symptoms in older patients.

**12** Elwood Technology Group strives to enhance the (emphasis/efficiency) of its clients' marketing and distribution activities.

**13** Due to the importance maintaining a quiet work (environment/equipment), employees are asked to refrain from engaging in loud conversations.

**14** No repairs will be made before a written (evaluation/estimate) has been signed by the customer.

**15** The latest economic (forecast/emphasis) predicts that profits will continue to increase throughout the upcoming year.

정답　1. impression　2. identification　3. 취급　4. 지침　5. fluctuation　6. evidence　7. exception　8. expenses　9. expertise　10. failures
11. duration　12. efficiency　13. environment　14. estimate　15. forecast

**73 inception** 시초, 개시

We are seeking qualified candidates who can organize and manage a small business from its very **inception**.

우리는 조그만 회사를 맨 처음부터 관리하고 체계화할 수 있는 자격 있는 후보자들을 찾고 있다.

**74 indicator** 척도, 지표, 표준

At Provo Medical Center, we believe that patient satisfaction is an important **indicator** of quality health care.

Provo Medical Center에서는 환자의 만족이 질 높은 건강관리의 중요한 척도라고 믿습니다.

**75 initiatives** 계획, 자주성

The nutritional education program was so successful in Biddle Crossing that other municipalities are planning to introduce similar **initiatives**.

Biddle Crossing에서 영양 교육 프로그램이 매우 성공적이어서 다른 지자체들이 비슷한 계획을 도입하려고 계획하고 있다.

**76 inquiry** 문의, 조사, 질문

**Inquiries** about lost luggage should be made in the claims office behind Freeport Airline's baggage carousel.

분실 수하물에 관한 문의는 Freeport 공항 수하물 컨베이어 뒤편 수취 사무실에 해야 한다.

**77 interruption** 중단, 방해

There will be a brief **interruption** in the city's water service at 2 AM on Wednesday for scheduled maintenance.

예정된 보수 작업 때문에 수요일 오전 2시에 도시 상수도 공급에 일시적인 중단이 있을 것이다.

**78 invention** 발명, 발명품

The manager will deliver her presentation on the **invention** of a new manufacturing process.

부장은 새로운 제조 과정 발명에 대해 발표할 것이다.

**79 investigation** 조사, 연구

After a thorough **investigation**, officials at the Department of Safety found no evidence of safety violations in the accident site.

철저한 조사 후에도 안전 부서 당국자들은 사고 현장에서 아무런 안전 위반 증거를 발견하지 못했다.

**80 invitation** 초청, 초대장

Our entire advertising department has received an **invitation** to attend the awards ceremony.

우리 광고 부서 전체가 그 시상식에 참석하도록 초청을 받았습니다.

**81 issue** (잡지나 신문 같은 정기 간행물의) 호, 문제, 사안

The advertisement purchased last month by Sam's Club will be printed in the next **issue** of the magazine.

Sam's Club이 지난달에 구매한 광고가 잡지의 다음 호에 인쇄될 것이다.

**82 itinerary** 여행 일정, 여정

The **itinerary** for Mr. Ogawa's trip includes stops in San Francisco and Sacramento.
Ogawa씨를 위한 여행 일정에 샌프란시스코와 새크라멘토에서의 체류가 포함된다.

**83 journals** 학술지, 저널, 잡지

Hospital professionals regularly review multiple clinical **journals** to remain abreast of the medical advancements.
병원 전문가들은 의학 발전에 뒤처지지 않기 위해 정기적으로 많은 임상 학술지들을 검토한다.

**84 justification** 정당화, 변명

Recent technological advances offer strong **justification** for purchasing new equipment rather than repairing older equipment when it breaks down.
최근의 기술 진보는 오래된 장비가 고장 났을 때 수리하는 것보다 새 장비를 구매하도록 하는 강력한 정당성을 제공해준다.

**85 lapse** 결함, 실수, 과실

Even a minor **lapse** in product quality can cause previously loyal customers to change to a different brand.
제품 품질에 사소한 결함조차도 이전의 단골 고객들을 다른 브랜드로 옮겨 가게 하는 원인이 될 수 있다.

**86 maintenance** 유지 보수

Our company received a two-year contract for **maintenance** for the newly opened auto factory.
우리 회사는 새롭게 연 자동차 공장 유지 보수를 위한 2년간의 계약을 따냈다.

**87 majority** 대다수, 과반수

Survey results show that a **majority** of our customers would like a wider variety of fresh foods.
설문 결과는 우리 고객의 대다수가 다양한 종류의 신선한 음식을 좋아할 것이라는 것을 보여준다.

**88 management** 관리, 경영

One key to effective money **management** lies in setting specific timelines for accomplishing financial goals.
효율적인 금전관리에 대한 한 가지 열쇠는 재정 목표들을 달성하기 위한 구체적인 시간표를 정하는 데 있다.

**89 measures** 방법, 조치, 대책

While City Bank utilizes the latest security **measures**, password should still be changed frequently by online customers.
City 은행이 최신 보안 방법을 활용할지라도, 비밀번호는 온라인 고객이 자주 변경해야 한다.

**90 merchandise** 상품, 제품

Some **merchandise** displayed on the web site may not be available for sale at all store locations.
웹사이트에 보이는 일부 상품은 모든 상점에서 판매되지 않을 수도 있다.

**91 mission** 임무

The **mission** of Planter Institute is to identify suitable ways to improve soil quality for farmers.
Planter 협회의 임무는 농부들을 위해 토양의 질을 향상시킬 수 있는 적절한 방법을 규명하는 것이다.

**92 motivation** 동기부여, 자극

The greatest challenge of the manager is maintaining and sustaining employees' **motivation**.
매니저로서의 가장 큰 어려움은 직원들의 동기부여를 유지하고 지속시키는 것이다.

**93  negotiations** 협상

After months of **negotiations**, Anderson Enterprises has finally agreed to sponsor next year's exhibition of 16th century German art.

수개월간의 협상 끝에, Anderson사는 마침내 내년에 열리는 16세기 독일 예술 전시회를 지원하기로 동의했다.

**94  obligation** 의무, 구속

New tenants have no **obligation** to pay for any damage done to the apartment prior to their moving in.

새로운 입주자들은 이사 오기 전에 아파트에 가해진 손상에 대해서 지불할 의무가 없다.

**95  openings** 빈자리, 공석

The hospital has part time and temporary employment **openings** for certified nursing attendants.

병원에는 공인된 간호사를 위한 임시직과 시간제 일자리가 있다.

**96  output** 생산량, 산출량

The long growing season and the excellent soil may explain the region's high agricultural **output**.

충분한 발육 기간과 비옥한 토양이 이 지역의 높은 농업 생산량의 이유일지도 모른다.

● 빈칸에 해당하는 어휘와 뜻을 쓰시오.

**1** ______________ 시초, 개시

**2** investigation ______________

**3** ______________ 유지보수

**4** indicator ______________

**5** initiatives ______________

● 빈칸에 들어갈 적절한 어휘를 선택하세요.

| opportunities  openings  obligation  negotiations  motivation  mission  merchandise |
| measures  management  majority |

**6** a ______________ of our customers 대다수의 우리 고객들

**7** the latest security ______________ 최신 보안 방법

**8** The ______________ of Planter Institute Planter Institute의 임무

**9** New tenants have no ______________ 새로운 입주자들은 의무가 없다

**10** part time and temporary employment ______________ 임시직과 시간제 일자리

● 각각의 분상을 완성할 수 있도록 알맞은 어휘를 선택하세요.

**11** (Inquiries/Interruption) about lost luggage should be made in the claims office behind Freeport Airline's baggage carousel.

**12** The manager will deliver her presentation on the (invention/invitation) of a new manufacturing process.

**13** The advertisement purchased last month by Sam's Club will be printed in the next (issue/itinerary) of the magazine.

**14** Hospital professionals regularly review multiple clinical (journals/justification) to remain abreast of the medical advancements.

**15** Even a minor (majority/lapse) in product quality can cause previously loyal customers to change to a different brand.

정답  **1.** inception **2.** 조사, 연구 **3.** maintenance **4.** 척도, 지표, 표준 **5.** 계획, 자주성 **6.** majority **7.** measures **8.** mission **9.** obligation **10.** openings **11.** Inquiries **12.** invention **13.** issue **14.** journals **15.** lapse

**97  payment** 지불, 지급, 납입

**Payment** of the rent for the property at 200, on University Avenue is due on the first day of each month.

University가 200번지 건물에 대한 임대 비용 지불은 매월 첫째 날이다.

**98  perception** 인식, 지각

Customer service department had fewer complaints last month, challenging the **perception** that the quality of our software is deteriorating.

고객서비스 부서는 지난 달 더 적은 불평을 받았는데, 그것은 우리 소프트웨어의 품질이 저하되고 있다는 인식에 도전하는 것이다.

**99  permission** 허가, 면허

Without **permission** from the publisher, this book may not be reproduced in any way.

출판사 허가 없이, 이 책은 어떤 방식으로든 복제 되어서는 안 된다.

**100  persistence** 인내심, 고집, 지속

The position of marketing director requires **persistence** in the face of obstacles and a willingness to take on unforeseen responsibilities and challenges.

마케팅 이사의 직책은 보이지 않는 도전과 책임을 맡을 자발성과 난관에 직면했을 때의 인내심을 요구한다.

**101  perspectives** 관점, 시각

A feedback of production guidelines from the five panel members reflects a broad diversity of **perspectives**.

5명의 패널 멤버가 내놓은 생산 가이드라인의 피드백은 다양한 관점을 반영한다.

**102  popularity** 인기, 대중성

Domestic travel destinations are gaining **popularity** as international flights become more expensive.

국제 항공편이 더 비싸졌기 때문에 국내 관광지들이 인기를 얻고 있다.

**103  potential** 잠재력, 가능성

Organic farming has enormous **potential** to improve the environmental conditions around the world.

유기농 농사는 전세계 환경 상태를 개선할 막대한 잠재력을 지니고 있다.

**104  practice** 관행, 습관, 실행

Sending a letter of thanks immediately after a job interview is a highly recommended **practice**.

면접 직후에 감사의 편지를 보내는 것은 강력하게 추천되는 관행이다.

**105  preference** 기호, 선호도

If you plan to attend a charity luncheon, please indicate your food **preference** on the enclosed card and send it with the registration form.

자선행사를 위한 오찬에 참석하려고 계획하신다면, 귀하의 식사 기호를 동봉된 카드에 표시해서 등록양식과 함께 보내주세요.

**106  preparation** 준비, 각오

In **preparation** for the upcoming monthly inspection, all staff members are asked to review and update their training records by the end of the month.

다가오는 월별 점검에 대한 준비를 위해, 모든 직원들은 자신들의 교육 기록을 월말까지 검토하고 갱신하도록 요청된다.

**107  presence** 참석, 존재

The CEO has requested your **presence** in the regional meeting with our local contractors.

최고경영자는 우리 지역 계약자들과의 지역 미팅에서 당신의 참석을 요구했습니다.

**108  pressure** 압박(감), 압력

The publishers have been under a lot of **pressure** to get the newsletter printed in advance of the annual meeting in July.

출판업자들은 7월 연례 모임에 앞서 소식지를 인쇄해야 한다는 커다란 압박감에 시달려오고 있다.

**109  priority** 우선 사항, 우선

The company made a fundraising to Global Health Projects highest **priority** of this year.

회사는 올해의 우선 사항인 글로벌 헬스 프로젝트를 위해서 기금을 조성했다.

**110  procedure** 절차, 순서

All factory employees should follow the standard **procedure** when operating heavy machinery.

모든 공장 직원들은 중장비를 운전할 때 표준 절차를 따라야 한다.

**111  proportion** 크기, 비율

Twenty percent of participants in a recent survey reported spending a large **proportion** of their income on their children's education.

최근 조사에 참여한 20%의 참석자들은 아이들의 교육에 그들 수입 대부분을 소비한다고 보고했다.

**112  proximity** 근접, 접근

Because of its **proximity** to major tourist attractions, Kastraki Hotel in Athens is often fully booked.

주요 관광지에 대한 근접성 때문에, Athens에 있는 Kastraki Hotel은 자주 모두 예약된다.

**113  rating** 등급

The Harmon Travel Review has awarded its highest **rating** in customer satisfaction to Restful Suites.

Harmon Travel Review는 Restful Suites에 고객 만족도 최고 등급을 수여했다.

**114  reception** 환영회

A formal **reception** will be held on Saturday Evening to honor this year's winners of the Sarah Walter Achievement Award.

올해 Sarah Walter Achievement Award 수상자들을 치하하기 위해 공식 환영회가 토요일 저녁에 열릴 것이다.

**115  recognition** 인정, 인식

Sandra Krause, an instructor at Young Academy of Visual Arts, gained national **recognition** for her photographs of city skylines.

Young Academy of Visual Arts 소속 강사인 Sandra Krause는, 자신의 도시 스카이라인 사진에 대해 전국적인 인정을 받았다.

**116  recommendation** 추천, 권고

Mr. Garcia made a **recommendation** for Andrea to receive a bonus for successfully managing the project.

Garcia씨는 프로젝트를 성공적으로 관리한 것에 대해 Andrea가 보너스를 받도록 추천했다.

**117** reference 참고, 참조, 언급

Every employee should refer to the handbook for quick **reference** when they have questions about company policy.

모든 직원들은 회사 정책에 관한 질문이 있을 때 빠른 참고를 위해 지침서를 참조해야 한다.

**118** reliability 신뢰성

In its advertisements, the Fillmore Furniture guaranteed customer's satisfaction and **reliability** of its products.

광고에서, Fillmore Furniture는 고객의 만족과 그들 제품에 대한 신뢰성을 보장했다.

**119** removal 제거

**Removal** of this product's safety-information label is prohibited by law before customers purchase the product.

소비자들이 그 제품을 구매하기 전에 제품의 안전 정보 라벨을 제거하는 것은 법으로 금지되어있다.

**120** reputation 명성, 평판

Over the past twenty years, C & W Motors has developed a **reputation** for providing the best customer service in the automotive industry.

지난 20년 동안, C & W Motors는 자동차 산업에서 최고의 고객 서비스를 제공하는 것에 대해 명성을 쌓아왔다.

● 빈칸에 해당하는 어휘와 뜻을 쓰시오.

**1** _______________ 지불, 지급, 납입

**2** practice _______________

**3** _______________ 허가, 면허

**4** persistence _______________

**5** _______________ 인식, 지각

● 빈칸에 들어갈 적절한 어휘를 선택하세요.

| permission | persistence | potential | practice | presence | perspectives | popularity |
| preference | preparation |

**6** The CEO has requested your _______________. 최고경영자는 당신의 참석을 요구했습니다.

**7** in _______________ for the upcoming monthly inspection 다가오는 월별 점검에 대한 준비를 위해

**8** a highly recommended _______________ 강력하게 추천되는 관행

**9** enormous _______________ 막대한 잠재력

**10** your food _______________ 귀하의 식사 기호

● 각각의 문장을 완성할 수 있도록 알맞은 어휘를 선택하세요.

**11** The publishers have been under a lot of (pressure/ priority) to get the newsletter printed in advance of the annual meeting in July.

**12** Twenty percent of participants in a recent survey reported spending a large (procedure/ proportion) of their income on their children's education.

**13** Because of its (rating/proximity) to major tourist attractions, Kastraki Hotel in Athens is often fully booked.

**14** Mr. Garcia made a (recommendation/reference) for Andrea to receive a bonus for successfully managing the project.

**15** In its advertisements, the Fillmore Furniture guaranteed customer's satisfaction and (reliability/ removal) of its products.

정답 **1.** payment **2.** 관행, 습관, 실행 **3.** permission **4.** 인내심, 고집, 지속 **5.** perception **6.** presence **7.** preparation **8.** practice **9.** potential **10.** preference **11.** pressure **12.** proportion **13.** proximity **14.** recommendation **15.** reliability

**121 requirement** 필요 조건, 요구

Frequent overseas travel is a **requirement** for the senior marketing position.
빈번한 해외 여행은 중역 마케팅 직책에 필요 조건이다.

**122 responsibility** 의무, 책임

It is the client's **responsibility** to back up all computer files before system repairs are performed.
시스템이 수리되기 전에 모든 컴퓨터 파일을 백업해 놓는 것은 고객의 의무이다.

**123 sequence** 순서, 차례, 연속물, 연속적인 사건들

The proper **sequence** of steps must be followed to make sure the software works well.
소프트웨어가 잘 작동되게 하기 위해 적절한 단계의 순서가 올바르게 지켜져야 한다.

**124 series** 시리즈, 일련 (a series of 일련의)

Each year, the local university sponsors a **series** of public lectures given by prominent medical researchers.
매년, 지방대학은 저명한 의료 연구가에 의한 일련의 공공 강연을 후원한다.

**125 sessions** 회의

The human resources department scheduled several training **sessions** to explain the new company policies to the staff members.
인사부는 직원들에게 새로운 회사의 정책들을 설명하기 위해서 몇몇 교육 세션을 계획했다.

**126 shifts** 교대 근무, 변화

We are currently seeking individuals willing to work evening and weekend **shifts**.
우리는 현재 주말과 저녁 근무 조에서 기꺼이 일할 수 있는 사람들을 찾고 있다.

**127 shortage** 부족, 결핍

As the school-age population increases, the town will face a serious **shortage** of teachers.
취학아동 인구가 증가해서, 시는 심각한 선생님 부족을 직면할 것이다.

**128 signature** 서명, 사인

Please fill in all five pages of the employment application and provide a **signature** where indicated.
고용 신청서의 5페이지 전부를 작성하시고 표시된 곳에 서명하세요.

**129 solutions** 해결책, 용액

Authorities are looking for new technologies to control pollution, but they are afraid that the **solutions** may not be easy.
당국자들이 오염통제를 위해서 새로운 기술을 찾고 있지만, 해결책이 쉽지 않을 거라고 두려워하고 있다.

**130 speculation** 추측, 추론, 사색

Despite widespread **speculation** to the country, short-term interest rates will not rise this year.
나라 전역에 퍼진 추측에도 불구하고, 단기 융자 이자율은 올해 오르지 않을 것이다.

**131 subscribers** 구독자, 기부자

*Market Trend Worldwide* is one of the most well-known international business magazines, with **subscribers** in over 100 countries.

*Market Trend Worldwide*는 100개국 이상에서 구독자를 가지고 있는 가장 잘 알려진 국제 비즈니스 잡지중의 하나다.

**132 subscription** 구독

Preferred customers will receive a special gift if they renew their **subscription** to *Exercise Magazine*.

만약 우수 고객들이 *Exercise Magazine*의 구독을 갱신한다면 특별한 선물을 받을 것이다.

**133 subsidiary** 자회사

Before joining us here at our Sydney headquarters, Ms. Ross handled the Myers Broadcasting account at our **subsidiary** in Melbourne.

우리 Sydney 본사에 합류하기 전에, Ross씨는 Melbourne에 있는 우리 자회사에서 Myers Broadcasting 구좌를 취급했다.

**134 substitute** 대리, 대용 (**as a substitute for** ~에 대한 대용으로)

The new sweetener by Green Products is often used as a **substitute** for sugar in cold beverages because it dissolves quickly.

Green Products사가 만든 감미료는 빠르게 용해되기 때문에 종종 차가운 음료에서 설탕 대용으로 이용된다.

**135 suggestions** 제안, 암시

The Springville Visitors Bureau is holding a public meeting to collect **suggestions** from local residents on the best way to increase year-round tourism.

Springville Visitors Bureau는 연중 관광을 증가시키기 위한 최고의 방법에 관해 지역 주민들의 제안을 수렴하기 위해 공청회를 개최하고 있다.

**136 supervision** 감독, 관리

The training department has been under the **supervision** of Jane Anderson for the past three years.

지난 3년 동안에 걸쳐서 훈련 부서는 Jane Anderson의 감독 아래 있었다.

**137 supplies** 공급 (office supplies 사무 용품)

The administrative assistant is responsible for ordering staplers, pens, paper clips, and other office **supplies**.

행정 보조 담당자는 스테이플러, 펜, 종이, 클립과 그 밖의 다른 사무 용품 구매를 책임지고 있다.

**138 surplus** 잉여

The accounting office finally released figures showing a budget **surplus** that was totally unexpected.

회계 사무실이 기대치 않았던 예산의 잉여(흑자예산)를 보여주는 수치를 마침내 발표했다.

**139 technique** 기술, 기법, 수법

The local power plant has developed an effective **technique** for converting waste cooking oil into environmentally friendly diesel fuel.

지방 발전소는 소모된 쿠킹 오일을 환경 친화적인 디젤 연료로 바꾸는 효율적인 기술을 개발했다.

**140 template** 견본

A free **template** to help you write your first press release can be found on the Write Well Company's web site, www.writewell.com.

당신의 첫 번째 기사 작성을 위해 도움이 될 무료 견본이 Write Well사의 웹사이트인 www.writewell.com에 있다.

**141 transaction** 거래, 처리, 업무

All bank **transactions** that involve foreign currency must be authorized by a supervisor.
외화와 관련된 모든 은행 거래는 감독자에 의해 인가를 받아야 한다.

**142 transition** 변화, 전이

Green Technology has made a successful **transition** to new process technology.
Green Technology는 새로운 처리 기술의 성공적인 변화를 만들었다.

**143 vacancies** 빈자리, 빈방

The Workers Monthly Newsletter describes recent developments in the industry and lists current job **vacancies**.
Workers Monthly Newsletter는 최근 산업의 개발을 설명하며 현재의 일자리 목록도 게재한다.

● 빈칸에 해당하는 어휘와 뜻을 쓰시오.

**1**  surplus _______________

**4**  template _______________

**2**  _______________ 변화, 전이

**5**  _______________ 기술, 기법, 수법

**3**  _______________ 거래, 처리, 업무

● 빈칸에 들어갈 적절한 어휘를 선택하세요.

| surplus   supervision   suggestions   subsidiary   speculation   supplies   substitute<br>subscription   subscribers   solutions |
| --- |

**6**  despite widespread _______________ to the country 나라 전역에 퍼진 추측의 난무에도 불구하고

**7**  if they renew their _______________ 만약 그들이 구독을 갱신한다면

**8**  as a _______________ for sugar 설탕 대용으로서

**9**  under the _______________ of Jane Anderson Jane Anderson의 감독 아래

**10**  office _______________ 사무 용품

● 각각의 문장을 완성할 수 있도록 알맞은 어휘를 선택하세요.

**11**  We are currently seeking individuals willing to work evening and weekend (session/shifts).

**12**  It is the client's (responsibility/sequence) to back up all computer files before system repairs are performed.

**13**  The human resources department scheduled several training (series/sessions) to explain the new company policies to the staff members.

**14**  As the school-age population increases, the town will face a serious (shortage/signature) of teachers.

**15**  Market Trend Worldwide is one of the most well-known international business magazines, with (subscribers/subscription) in over 100 countries.

---

**정답  1.** 잉여 **2.** transition **3.** transaction **4.** 견본 **5.** technique **6.** speculation **7.** subscription **8.** substitute **9.** supervision **10.** supplies
**11.** shifts **12.** responsibility **13.** sessions **14.** shortage **15.** subscribers

**1 absolute** 절대적인, 완전한, 확실한

We have **absolute** confidence in Ms. Perry's ability to reorganize the layout of our fund-raising web site.

우리는 기금 조성 웹사이트의 레이아웃을 재구성할 Perry씨의 능력에 대한 절대적인 신뢰를 가지고 있다.

**2 accessible** 접근 가능한, 이용 가능한

The main train station located in the middle of the city is **accessible** from major bus routes.

시내 중심부에 위치하고 있는 중앙 기차역은 주요 버스 노선으로 접근이 가능하다.

**3 accurate** 정확한, 정밀한

The letter of recommendation should contain a concise and **accurate** description of the candidate's strengths and experience.

추천장은 후보자의 장점과 경험에 관해 간결하고 정확한 설명을 포함해야 한다.

**4 additional** 추가적인

Travelers should note that they will be charged **additional** fee for any item weighing more than the eighteen-kilogram unit.

여행객들은 18kg 보다 무게가 더 나가는 물건에 대해 추가적인 비용이 청구될 것이라는 것을 알아야 한다.

**5 efficient** 효율적인, 유능한

While it has some restrictions, it is now more **efficient** for workers to use their laptops rather than their home computers.

비록 제약은 따르지만, 작업자들에게 현재 그들의 가정에 있는 컴퓨터 보다는 노트북 컴퓨터를 사용하는 것이 더 효율적이다.

**6 affordable** (가격이) 알맞은, 입수 가능한

Because houses in American Fork are comparatively **affordable**, many people have moved there from the city.

American Fork에 있는 집들이 상대적으로 가격이 알맞기 때문에, 많은 사람들은 도시에서 그곳으로 이사했다.

**7 ambitious** 야심 있는, 야심적인

Meeting our **ambitious** production goal will require the cooperation of every staff member.

우리의 야심 찬 생산 목표를 달성하는 것은 모든 직원들의 협동을 요구할 것이다.

**8 anticipated** 기대하던, 대망의

On Friday, a marketing campaign will be launched in the United States for Snake River, a highly **anticipated** new novel.

금요일에, 미국에서 상당히 기대되는 새로운 소설 Snake River를 위한 마케팅 캠페인이 시작될 것이다.

**9 apparent** 명백한, 분명한

It became quite **apparent** that Mr. Perry needed more assistance after his team failed to finish their project on time.

그의 팀이 프로젝트를 제 시간에 끝마치는 것을 실패한 후에 Perry씨는 더 많은 도움을 필요로 한다는 것이 상당히 명백해졌다.

**10  applicable** 적용되는, 해당되는

The $100 appliance rebate is **applicable** toward the purchase of new HG Energy refrigerators and freezers for a limited time only.

100달러 가전제품 리베이트는 한정된 시간 동안 HG Energy사의 새 냉장고와 냉동고를 구매하는 것에만 적용됩니다.

**11  appropriate** 적절한

Sales people must consider the size of the space before recommending an **appropriate** air-conditioning system.

판매원들은 적절한 냉난방 장치를 추천하기 전에 공간의 크기를 고려해야 한다.

**12  available** 시간이 있는, 이용할 수 있는

Applicants for the store manager position must be **available** to work weekend shifts.

상점 매니저 지원자들은 주말 근무도 가능해야만 한다.

**13  beneficial** 이로운, 유익한

We have found it **beneficial** to request estimates from several contracts before we choose one.

우리는 업체를 선택하기 전에 몇몇 업체로부터 견적을 요구하는 것이 이롭다는 것을 깨달았다.

**14  brief** 간략한, 짧은, 잠시 동안의

Peter Manning will write a **brief** report on the research presented at the engineering conference.

Peter Manning은 엔지니어링 컨퍼런스에서 발표된 연구에 관해 간략한 보고서를 작성할 것이다.

**15  capable** ~을 할 수 있는, 유능한

The company was **capable** of handling its current difficulties by implementing new procedures.

회사는 새로운 절차의 적용을 통해서 현재의 어려움들을 처리할 수 있었다.

**16  committed** 헌신적인, 열성적인

Staff members of the Rosedale Medical Center are **committed** to serving the needs of the community with a full range of services.

Rosedale Medical Center의 직원들은 지역사회가 필요로 하는 것을 폭넓은 서비스를 통해 제공하는 것에 헌신적이다.

**17  common** 흔한, 보통의

It is fairly **common** for new restaurants in the city to take six months to twelve months to establish steady customer base.

그 도시에서 새로운 레스토랑이 자리 잡는데 6개월에서 12개월 걸리는 것은 상당히 흔한 일이다.

**18  comparable** 비교할 만한, 비슷한

Barak Construction is seeking alternative construction adhesive that is **comparable** in quality to the brand which is not available any longer.

Barak Construction은 더 이상 구매할 수 없는 상표와 품질에 있어 견줄만한 대체 건설용 접착제를 구하고 있다.

**19  competitive** 경쟁력 있는, 뒤지지 않는

Kempton Inc. is proud to offer our associates **competitive** compensation, comprehensive benefits, and outstanding opportunities for professional development.

Kempton사는 우리 직원들에게 경쟁력 있는 보상, 종합적인 복지, 그리고 뛰어난 전문적인 개발 기회를 제공하는 것에 자랑스러워하고 있다.

**20** **complete** 완료된, 완벽한, 완전한

When the copying process is **complete**, a small "Done" window appears on the computer screen.
복사가 완료되었을 때, "완료"라는 작은 창이 컴퓨터 화면에 나타날 겁니다.


**21** **complimentary** 무료의, 칭찬하는

Registered guests at the Wynn Hotel can now access **complimentary** Internet service in the business center 24 hours a day.
Wynn Hotel에 머물고 있는 손님들은 비즈니스 센터에서 24시간 무료 인터넷 서비스에 접속할 수 있다.


**22** **comprehensive** 종합적인, 포괄적인

Researchers at Roberson Inc., gather **comprehensive** data from international sources in order to forecast economic trends with great accuracy.
Roberson사의 연구원들은 상당한 정확성을 가지고 경제 추세를 예상하기 위해 국제 정보원으로부터 종합적인 자료를 얻는다.


**23** **confident** 확신하는, 자신감 있는

Given her dedication, competence, and expertise, I am **confident** that Ms. Helen will be a great asset to her future employer.
Helen의 헌신과 능력 그리고 전문성을 고려할 때, 나는 그녀가 장래 고용주에게 커다란 자산이 될 것이라고 확신한다.


**24** **confidential** 기밀의, 비밀의

Kingston Corporation employees must get a permission to enter the company's storage facilities because numerous **confidential** documents are filed there.
Kingston사의 근로자들은 보관실에 수많은 기밀 문서들이 보관되어 있기 때문에 회사의 보관실에 들어가기 위해 허가를 받아야만 한다.

● 빈칸에 해당하는 어휘와 뜻을 쓰시오.

**1** _______________ 절대적인, 완전한, 확실한

**2** confident _______________

**3** _______________ 종합적인, 포괄적인

**4** confidential _______________

**5** _______________ 무료의, 칭찬하는

● 빈칸에 들어갈 적절한 어휘를 선택하세요.

complete   competitive   comparable   common   brief   committed   capable   beneficial   appropriate   available

**6** an _______________ air-conditioning system 적절한 냉난방 장치

**7** Applicants must be _______________ to work weekend shifts. 지원자들은 주말 근무도 가능해야만 한다.

**8** We have found it _______________ to request estimates. 우리가 견적을 요구하는 것이 이롭다는 것을 깨달았다.

**9** Peter Manning will write a _______________ report. Peter Manning은 간략한 보고서를 작성할 것이다.

**10** _______________ compensation 경쟁력 있는 보상

● 각각의 문장을 완성할 수 있도록 알맞은 어휘를 선택하세요.

**11** The $100 appliance rebate is (applicable/apparent) toward the purchase of new HG Energy refrigerators and freezers for a limited time only.

**12** On Friday, a marketing campaign will be launched in the United States for Snake River, a highly (anticipated/ambitious) new novel.

**13** Because houses in American Fork are comparatively (affordable/common), many people have moved there from the city.

**14** While it has some restrictions, it is now more (additional/efficient) for workers to use their laptops rather than their home computers.

**15** The main train station located in the middle of the city is (absolute/accessible) from major bus routes.

정답 **1.** absolute **2.** 확신하는, 자신감 있는 **3.** comprehensive **4.** 기밀의, 비밀의 **5.** complimentary **6.** appropriate **7.** available **8.** beneficial **9.** brief **10.** competitive **11.** applicable **12.** anticipated **13.** affordable **14.** efficient **15.** accessible

**25 considerable** 상당한, 많은

We are putting in **considerable** effort to develop the new vaccine for the recently prevalent disease.
우리는 최근 유행하고 있는 질병에 대한 백신을 개발하기 위해서 상당한 노력을 기울이고 있다.

**26 continuous** 지속적인, 계속되는

Dell needs to provide year-round training for computer technicians due to **continuous** improvements in technology.
Dell은 기술의 지속적인 향상 때문에 컴퓨터 기술자들에게 일년 내내 연수를 제공해야 한다.

**27 convenient** 편리한

Wages are consistently higher for night shift workers than for those on the day shift since the required hours are less **convenient** for most people.
밤 근무 시간이 대부분의 사람들에게 덜 편리하기 때문에 밤에 근무하는 사람들의 임금이 낮에 일하는 사람보다 시종일관 더 높다.

**28 critical** 비판적인, 비난하는 (be critical of ~을 비평하다)

Customer service representatives should not be **critical** of customers who may not be satisfied with any of our products.
고객 서비스 담당자들은 우리 제품들에 만족하지 못하는 고객들을 비판해서는 안 된다.

**29 current** 현재의

All technology staff members need to follow strictly the **current** regulations on safety.
모든 기술 직원들은 안전에 관한 현재의 규정을 엄격하게 따라야 할 필요가 있다.

**30 declining** 감소하는

Hanson's president has resigned after being blamed for **declining** sales that have resulted in the loss of thousands of jobs nationwide.
Hanson의 사장이 전국적으로 수천 개의 일자리 손실을 야기시킨 판매 감소로 비난을 받은 후에 사임했다.

**31 decorative** 장식적인, 장식이 된, 장식용의

According to Mark Watts of *Landscaper Journal*, lights mounted around an outdoor deck or patio provide both safety and **decorative** benefits.
*Landscaper Journal*의 Mark Watts에 따르면, 야외 데크나 테라스 주변에 장착된 불빛은 안전과 장식적인 이점 둘 다를 제공한다고 한다.

**32 definitive** 최종적인, 확정적인, 최고의

The technological report is considered the **definitive** resource on reviewing the latest digital cameras, computers, cell phones, and all other products.
기술 보고서는 최근의 디지털 카메라, 컴퓨터, 휴대전화 그리고 모든 다른 제품의 검열에 관한 최종 자료로 간주된다.

**33 delicate** 민감한

The general manager assigned the account to Susan Nelson, who has a lot of experience in the **delicate** contract negotiation.
부장은 민감한 계약 협상에 많은 경험을 갖고 있는 Susan Nelson에게 그 일을 맡겼다.

**34  delicious** 맛있는

Our tour in Hong Kong offers a variety of **delicious** yet inexpensive food.

우리 Hong Kong 투어는 여러 종류의 맛있으면서 저렴한 음식을 경험하게 해준다.


**35  detailed** 상세한, 자세한

The monthly newsletter from Albertson provides **detailed** information about new products.

Albertson에서 발행되는 월간지는 신제품에 관한 상세한 정보를 제공한다.


**36  discontinued** 중단된

Our system does not contain a manual for pre-1998 models, as we do not retain such information for **discontinued** appliances.

우리 시스템은 1988년 이전 모델의 사용설명서를 포함하지 않습니다. 우리는 중단된 가전제품에 관한 정보를 유지하지 않기 때문입니다.


**37  discounted** 할인된

To encourage employees to attend the company soccer team's first game, **discounted** tickets are available in the personnel office.

직원들을 회사 축구팀의 첫 경기에 참석하도록 장려하기 위해 인사부서에 할인 티켓이 마련되어 있다.


**38  distinct** 뚜렷한

The manager of Smith grocery store plans to return the shopping bags she ordered because the lettering on them is not **distinct** enough.

Smith 식료품 가게의 매니저는 쇼핑백 위에 인쇄 문자가 뚜렷하지 않기 때문에 그녀가 주문한 쇼핑백을 반납하려고 하고 있다.


**39  diverse** 다양한

Pecan Hospital provides a **diverse** range of volunteer roles to suit all abilities, interests, and schedules.

Pecan Hospital은 능력, 관심도, 스케줄에 적합한 다양한 자원봉사 일을 제공한다.


**40  effective** 효율적인, 효과적인

The Marvel Fast Food Company has developed an **effective** advertising campaign in order to advertise its precooked pizzas.

Marvel Fast Food사는 그들의 데워먹을 수 있는 피자를 광고하기 위해서 효율적인 광고 캠페인을 개발했다.


**41  elegant** 품격 있는, 우아한

The recently remolded Grand Hotel contains over 100 **elegant** rooms.

최근에 리모델링한 Grand Hotel은 100개 이상의 품격 있는 방들을 포함하고 있다.


**42  eligible** ~을 할 수 있는 (be eligible to ~할 자격이 있는)

Any student whose GPA is over 3.7 will be **eligible** to receive scholarship in the coming school year.

학점이 3.7 이상인 학생은 다가오는 학년도에 장학금을 받을 자격이 있다.


**43  entertaining** 유쾌한, 재미있는, 즐거움을 주는

The success of the new laptop computer introduced by Circuit Electronics is due mostly to its **entertaining** advertisements.

Circuit Electronics에 의해 소개된 새로운 노트북 컴퓨터의 성공은 주로 유쾌한 광고 덕택이었다.

**44  enviable** 선망의 대상이 되는, 부러운

Mr. Johnson who is one of the most successful employees has an **enviable** customer service rating.
가장 성공적인 직원들 중의 한 사람인 Johnson씨는 선망의 대상이 되는 고객 서비스 평가 등급을 가지고 있다.

**45  essential** 필수적인

Versatility and flexibility are **essential** qualities for job candidates looking for higher-ranked jobs.
다재다능함과 융통성은 고위직 일자리를 구하는 일자리 후보자를 위한 필수적인 자질이다.

**46  exceptional** 이례적인, 예외적인, 훌륭한

The Employee of the Year Award is given annually to an employee who shows **exceptional** promise and contribution to the firm.
올해의 사원상은 회사에 이례적인 가능성과 기여를 보여준 직원에게 매년 주어진다.

**47  excessive** 과도한, 지나친

When preparing product shipments, warehouse personnel should avoid using **excessive** layers of packaging.
제품 배송을 준비할 때, 창고 직원들은 과도한 포장재의 이용을 피해야 한다.

**48  exclusive** 독점적인, 전용의

Unless otherwise stated, all content posted on this web site is the **exclusive** property of Johnson Pharmacy.
별도로 명시되어있지 않으면, 이 웹사이트에 게시된 모든 내용은 Johnson 제약사의 독점적인 자산이다.

● 빈칸에 해당하는 어휘와 뜻을 쓰시오.

**1** _______________ 독점적인, 전용의

**4** essential _______________

**2** excessive _______________

**5** _______________ 선망의 대상이 되는, 부러운

**3** _______________ 이례적인, 예외적인, 훌륭한

● 빈칸에 들어갈 적절한 어휘를 선택하세요.

> entertaining　　distinct　　eligible　　elegant　　effective　　diverse　　discontinued　　discontinued
>
> detailed　　delicious

**6** a variety of _______________ yet inexpensive food 여러 종류의 맛있으면서 저렴한 음식

**7** _______________ appliances 중단된 가전제품

**8** _______________ information about new products 신제품에 관한 상세한 정보

**9** a _______________ range of volunteer roles 다양한 자원봉사 일

**10** due mostly to its _______________ advertisements 주로 유쾌한 광고 덕택이었다

● 각각의 문장을 완성할 수 있도록 알맞은 어휘를 선택하세요.

**11** The general manager assigned the account to Susan Nelson, who has a lot of experience in the (eligible/delicate) contract negotiation.

**12** The Technological Report is considered the (definitive/decorative) resource on reviewing the latest digital cameras, computers, cell phones, and all other products.

**13** All technology staff members need to follow strictly the (current/critical) regulations on safety.

**14** Dell needs to provide year-round training for computer technicians due to (continuous/convenient) improvements in technology.

**15** We are putting in (considerable/elegant) effort to develop the new vaccine for the recently prevalent disease.

---

정답　**1.** exclusive　**2.** 과도한, 지나친　**3.** exceptional　**4.** 필수적인　**5.** enviable　**6.** delicious　**7.** discontinued　**8.** detailed　**9.** diverse
**10.** entertaining　**11.** delicate　**12.** definitive　**13.** current　**14.** continuous　**15.** considerable

**49** **expensive** 비싼

Jacamar City's public transportation system offers a less **expensive** alternative to maintaining a private car.

Jacamar 도시의 대중교통 시스템은 개인 차량을 유지하는 것보다 덜 비싼 대안을 제시한다.

**50** **experienced** 경험이 풍부한, 경험이 있는, 능숙한

Having been here at H & R Insurance for fourteen years, Ms. Helen is one of our more **experienced** workers.

H & R Insurance에서 14년 동안 일을 해온 Helen씨는 경험이 풍부한 직원 중 한 명이다.

**51** **extensive** 광범위한, 아주 넓은

With more than 40 train and bus lines Markham City has an **extensive** public transportation system.

40여 개의 기차와 버스 노선을 가지고 있는 Markham 시는 광범위한 대중 교통 시스템을 가지고 있다.

**52** **familiar** 익숙한, 친숙한

Many analysts **familiar** with the housing market predict that the house sales will increase over the next twelve months.

주택 시장에 익숙한 많은 분석가들은 앞으로 12개월에 걸쳐 주택 판매가 증가할 것이라고 예상한다.

**53** **fragile** 깨지기 쉬운, 손상되기 쉬운

SRO Transport handles **fragile** items with the utmost care to prevent any shipping damage.

SRO Transport는 어떠한 운송 피해도 예방하기 위해 깨지기 쉬운 물건을 세심하게 다룬다.

**54** **following** 그 다음의, 다음에 나오는

We ordered the computer last Monday, but it was not shipped until the **following** Friday.

우리가 지난 월요일에 컴퓨터를 주문했는데, 그 다음 금요일까지도 배송되지 않았다.

**55** **formidable** 어마어마한, 가공할

For many engineering firms, controlling access to design data can present a **formidable** challenge.

많은 엔지니어링 회사들에게 디자인 데이터 접근을 제한하는 것은 어마어마한 난관을 줄 수 있다.

**56** **timely** 시기 적절한

The mayor praises the detective for solving the difficult case in a **timely** manner.

시장은 어려운 소송을 시기 적절하게 해결한 수사관을 칭찬한다.

**57** **fortunate** 행운의, 운 좋은, 다행한

Darwin Laboratories is **fortunate** to have renowned microbiologist Dr. Espinoza on the research team.

Darwin 실험실은 유명한 미생물학자 Espinoza 박사가 연구팀에 있어 행운이다.

**58  frequent** 빈번한, 자주

The equipment manufacturer confirms that **frequent** inspections of the drive belts will ensure fewer breakdowns.

장비 제조업자는 드라이브 벨트의 빈번한 점검이 고장을 줄여줄 수 있다고 확인한다.


**59  genuine** 진품의, 진짜의

Homeowners are advised to use **genuine** Winthrop Electronics accessories in order to comply with the building regulations.

주택 소유주들은 빌딩 규정을 준수할 수 있도록 Winthrop Electronics 정품 액세서리를 사용하도록 충고 받았다.


**60  healthful** 건강에 좋은

At its next meeting, the Professional Nutrition Association will honor Greenlife Fistro for serving only **healthful** meals.

Professional Nutrition Association은 그들의 다음 미팅에서, 건강에 좋은 음식만 제공한 것에 대해 Greenlife Fistro에게 존경을 표할 것이다.


**61  helpful** 도움이 되는

When assessing the effectiveness of work procedures, it is often **helpful** to ask an efficiency advisor.

업무 절차의 효율성을 평가할 때, 흔히 능률 전문가에게 의견을 묻는 것은 도움이 된다.


**62  illegible** 읽기 어려운, 판독이 불가능한

Most documents are **illegible** because the printing press was not designed to handle the detailed graphic that the clients provided.

인쇄기기가 고객이 제공한 세부적인 그래픽을 다룰 수 있도록 고안되어있지 않아서 대부분의 서류는 읽기 어렵다.


**63  immense** 엄청난, 어마어마한

On the web site, subscribers have unlimited access to *Summerland Magazine*'s **immense** collection of product reviews.

구독자들은 웹사이트에서 *Summerland Magazine*의 엄청난 제품 리뷰 모음에 제한 없이 접할 수 있다.


**64  improper** 부적절한

Any **improper** transaction will be directed to the monitoring committee, which oversees all the processes of the banking business.

부적절한 거래들은 은행 비즈니스의 모든 과정을 감독하는 감독 위원회에 보내진다.


**65  incidental** 중요치 않은, 부수적인

When compiling the financial report, include only the essential information and omit **incidental** details.

재정 보고서를 편집할 때, 중요한 정보만 포함하고 중요치 않은 정보는 생략 하세요.


**66  incorrect** 부정확한

If your billing statement is **incorrect**, please call Customer Service at 555-0171.

만약에 청구서가 정확하지 않다면, 고객 서비스 555-0171로 연락하세요.


**67  increasing** 증가하는, 증가의

Because of the increase in transportation costs, Atlantic Courier has experienced an **increasing** need to increase shipping charges.

교통비의 증가 때문에, Atlantic Courier는 배송비 인상의 필요성을 계속 경험해왔다.

**68** **informal** 비공식적인

While official staff evaluations are done annually, supervisors may hold **informal** quarterly reviews with employees they oversee.

공식 직원 평가가 해마다 실시되지만, 관리자들은 그들이 관리하는 직원들에 비공식적인 분기별 평가를 할 수 있다.

**69** **informative** 유익한, 유용한 정보를 주는

Feedback from employees indicated that yesterday's presentation about the new software was long but **informative**.

직원들의 피드백은 어제 새로운 소프트웨어에 관한 발표가 길었지만 유익했다고 나타냈다.

**70** **initial** 초기의, 처음의

The **initial** shipment of books should arrive in stores three days before the title is released for sale to the public.

책의 초기 선적물은 판매를 위한 책의 제목이 대중에게 공개되기 3일전에 가게에 도착해야 한다.

**71** **innovative** 혁신적인

At the London Advertising Festival, the marketers of Herbal Body Full Shampoo were awarded first prize for their **innovative** television commercials.

London 광고 축제에서, Herbal Body Full 샴푸 광고 담당자들은 혁신적인 TV 광고로 대상을 받았다.

● 빈칸에 해당하는 어휘와 뜻을 쓰시오.

**1** _______________ 비싼

**2** familiar _______________

**3** _______________ 엄청난, 어마어마한

**4** fragile _______________

**5** _______________ 광범위한, 아주 넓은

● 빈칸에 들어갈 적절한 어휘를 선택하세요.

experienced    enviable    following    formidable    frequent    timely    fortunate    genuine

healthful    helpful

**6** It is often _______________ to ask an efficiency advisor. 능률 전문가에게 의견을 묻는 것은 도움이 된다.

**7** Homeowners are advised to use _______________ Winthrop Electronics accessories.
주택 소유주들은 Winthrop Electronics 정품 액세서리를 사용하도록 충고 받았다.

**8** in a _______________ manner 시기 적절하게

**9** a _______________ challenge 어마어마한 도전

**10** the _______________ Friday 그 다음 금요일

● 각각의 문장을 완성할 수 있도록 알맞은 어휘를 선택하세요.

**11** Most documents are (immense/illegible) because the printing press was not designed to handle the detailed graphic that the clients provided.

**12** Any (improper/incidental) transaction will be directed to the monitoring committee, which oversees all the processes of the banking business.

**13** If your billing statement is (informal/incorrect), please call Customer Service at 555-0171.

**14** Feedback from employees indicated that yesterday's presentation about the new software was long but (informative/obligated).

**15** At the London Advertising Festival, the marketers of Herbal Body Full Shampoo were awarded first prize for their (innovative/initial) television commercials.

---

정답  **1.** expensive  **2.** 익숙한, 친숙한  **3.** immense  **4.** 깨지기 쉬운, 손상되기 쉬운  **5.** extensive  **6.** helpful  **7.** genuine  **8.** timely  **9.** formidable  **10.** following  **11.** illegible  **12.** improper  **13.** incorrect  **14.** informative  **15.** innovative

**72** **instructional** 교육용의

**Instructional** videos will be available for employees needing to know how to operate the newly installed equipment.

새로 설치된 장비를 어떻게 작동하는지 알아야 할 필요가 있는 직원들을 위해서 교육용 비디오가 이용 가능하다.

**73** **integral** 필수적인, 필요 불가결한

In his presentation to the agricultural society, Dr. Jones explained how both farmers and scientists are **integral** to the success of local conservation efforts.

농경사회에 대한 그의 발표에서, Jones 박사는 지역 자연보존 노력의 성공을 위해서 학자와 농부 둘 다 어떻게 필수적인지 설명했다.

**74** **intended** ~을 위해 계획된, 대상으로 삼은

The attached files may contain information that is confidential and should be opened by the **intended** recipient only.

첨부된 파일은 기밀 정보를 포함하고 있으므로 받기로 되어있는 사람만 열어야 한다.

**75** **interactive** 상호적인, 쌍방향의, 상호작용을 하는

The newly redesigned web site has **interactive** features that allow users to spend their time more pleasantly.

새로 디자인된 웹사이트는 상호적인 특징들을 가지고 있어서 사용자로 하여금 그들의 시간을 좀더 기분 좋게 보낼 수 있도록 해준다.

**76** **invigorated** 기운 나게 한, 용기를 북돋우는

The speaker announced various exciting new strategies, which left the public relations team feeling **invigorated**.

연사는 홍보팀이 활기를 느끼게 해주는 많은 흥미로운 신규 전략을 발표했다.

**77** **leading** 선도적인, 가장 중요한

Medal Car Rental, a multinational corporation based in Sydney, is one of the **leading** companies in the rental vehicle industry.

Sydney를 기반으로 하는 다국적 기업인 Medal Car Rental사는, 차량 대여 산업에 있어서 선도적인 회사중의 하나다.

**78** **limited** 제한된

Hose Museum's display of Mexican silver crafts will remain open for a **limited** time only.

Hose 박물관의 멕시코 은 공예품의 전시가 제한된 시간 동안만 열릴 것이다.

**79** **memorable** 기억할 만한

Having a meal at the award-winning Five Star Bistro should be as **memorable** as attending a popular theater performance.

수상 경력이 있는 Five Star Bistro에서 식사를 하는 것은 인기 공연에 참석하는 것만큼이나 기억에 남는 것이다.

**80** **multiple** 다양한, 다수의, 복합적인

Traveling to **multiple** destinations in the United States is accomplished easily with Global Sightseeing Tours.

미국 내의 다양한 지역으로 여행하는 것은 Global Sightseeing Tours와 함께 쉽게 이뤄질 수 있다.

**81** **notable** 유명한, 주목할 만한

The lobby of the Mirage Hotel **is notable for** its use of extensive white marble.

Mirage Hotel 로비는 넓은 하얀 대리석을 이용한 것으로 유명하다.


**82** **numerous** 수 많은

Because of **numerous** problems we've had, we will switch to a new supplier as of next month.

우리가 겪은 수 많은 문제들 때문에, 다음 달부터는 새로운 공급업체로 변경할 것이다.


**83** **obsolete** 구식의, 한물간

Because personal computers are easier to use for most word-processing tasks, typewriters have become **obsolete** in many office settings.

개인용 컴퓨터가 대부분의 워드프로세싱 업무를 용이하게 해주기 때문에, 타자기는 많은 사무 환경에서 구식이 되었다.


**84** **occasional** 가끔의

Except for **occasional** light rain, the island's summer weather is characterized by sunshine and mild temperatures.

가끔씩 내리는 약간의 비를 제외하고, 그 섬의 여름 날씨는 햇빛과 온화한 온도로 특징지어진다.


**85** **ongoing** 계속되는, 계속 진행 중인

As a result of **ongoing** problems with the building site, the construction company introduced new safety measures.

건설 현장에서의 계속되는 문제의 결과로, 건설회사는 새로운 안전 대책을 소개했다.


**86** **optimistic** 낙관적인, 낙관하는

The spokesperson of the Johnson Corporation announced that the company is still **optimistic** about a successful outcome.

Johnson사의 대변인은 회사가 성공적인 결과에 대해서 여전히 낙관적이다라고 발표했다.


**87** **orderly** 정연한, 정돈된

Emergency exit doors will be opened after the performance to allow the audience to leave the concert hall **in an orderly** fashion.

공연이 끝난 후에 청중들이 콘서트 홀을 질서 정연하게 빠져나갈 수 있도록 비상 출구가 개방될 것이다.


**88** **outgoing** 떠나는, 나가는, 외향적인, 사교적인

The quality control manager must approve **all outgoing products** before they are packed for shipment.

품질관리 매니저는 제품이 배송을 위해 포장되기 전에 발송 준비가 된 모든 제품을 승인해야 한다.


**89** **outstanding** 뛰어난, 두드러진

Employees of World Interior ensure that clients receive **outstanding** decorating services.

World Interior의 직원들은 고객들이 뛰어난 장식 서비스를 받을 수 있도록 보장한다.


**90** **picturesque** 그림 같은

Ouachita Outdoor Retreats is located in **a picturesque** national park that features wooded trails and picnic areas ideal for hiking or biking.

하이킹과 바이킹에 이상적인 야유회 장소와 숲으로 우거진 오솔길을 갖추고 있는 그림 같은 국립공원에 Ouachita Outdoor Retreats가 위치하고 있다.

**91 pleasant** 기분 좋은

At Casco, we believe that a **pleasant** working environment is essential to the well-being of our staff.
Casco에서는 기분 좋은 근무 환경이 우리 직원들 복지에 필수적이라고 믿는다.

**92 positive** 긍정적인

*Myna City Magazine*'s annual poetry issue always receives a **positive** response from readers.
*Myna City Magazine*의 시집은 독자들로부터 항상 긍정적인 평가를 받는다.

**93 practical** 실용적인

Thrifty Interiors specializes in furniture that is innovative yet **practical** for the office.
Thrifty Interiors는 사무용으로 혁신적이지만 실용적인 가구를 전문으로 한다.

**94 previous** 이전의

The new kitchen stove by Colman, Inc., has performed so well that the **previous** model is being discontinued.
Colman사가 만든 신형 스토브의 성능이 아주 좋아서 이전 모델 판매가 중단될 것이다.

**95 productive** 생산적인

Everyone agreed that a great deal was accomplished at yesterday's meeting, and the marketing department in particular found it **productive**.
어제 미팅에서 상당한 거래가 성사되었다고 모든 사람들은 동의했고, 특별히 마케팅 부서는 미팅이 생산적이었다는 것을 알았다.

● 빈칸에 해당하는 어휘와 뜻을 쓰시오.

**1** limited ______________

**4** practical ______________

**2** ______________ 뛰어난, 두드러진

**5** ______________ 이전의

**3** ______________ 생산적인

● 빈칸에 들어갈 적절한 어휘를 선택하세요.

| | | | | | | | |
|---|---|---|---|---|---|---|---|
| positive | pleasant | outgoing | picturesque | orderly | optimistic | ongoing | occasional |
| numerous | obsolete | | | | | | |

**6** because of ______________ problems we've had 우리가 겪은 수 많은 문제들 때문에

**7** Typewriters have become ______________ in many office settings. 타자기는 많은 사무 환경에서 구식이 되었다.

**8** As a result of ______________ problems 계속되는 문제의 결과로

**9** the company is still ______________. 회사는 여전히 낙관적이다.

**10** in an ______________ fashion 질서 정연하게

● 각각의 문장을 완성할 수 있도록 알맞은 어휘를 선택하세요.

**11** Because of (numerous/outgoing) problems we've had, we will switch to a new supplier as of next month.

**12** The lobby of the Mirage hotel is (multiple/notable) for its use of extensive white marble.

**13** Having a meal at the award-winning Five Star Bistro should be as (memorable/limited) as attending a popular theater performance.

**14** The speaker announced various exciting new strategies, which left the public relations team feeling (limited/invigorated).

**15** (Instructional/Integral) videos will be available for employees needing to know how to operate the newly installed equipment.

---

**정답** **1.** 제한된 **2.** outstanding **3.** productive **4.** 실용적인 **5.** previous **6.** numerous **7.** obsolete **8.** ongoing **9.** optimistic **10.** orderly **11.** numerous **12.** notable **13.** memorable **14.** invigorated **15.** Instructional

**96 prompt** 신속한, 즉각적인

Hansford Utilities appreciates your **prompt** payment of the enclosed electric bill, which is due by January 31.
Hansford Utilities는 마감이 1월 31일까지인 동봉된 전기요금 청구서에 대한 당신의 신속한 결제에 감사드립니다.

**97 promising** 유망한, 전도유망한

This year's employment prospects will be more **promising** than last year because of the recovering economy.
회복되는 경제 때문에 금년도 고용전망은 지난해보다 더 유망할 것이다.

**98 protective** 보호하는, 보호용의

As a **protective** measure for the company, Johnson Corporation restricts employees from disclosing confidential product information to competitors.
회사에 대한 보호조치로서, Johnson사는 직원들에게 경쟁사에 제품의 비밀정보를 누설하는 것을 제한한다.

**99 qualified** 자격요건을 갖춘

Many highly **qualified** musicians auditioned to fill the open position with the symphony orchestra.
우수한 자격요건을 갖춘 많은 음악가들이 심포니 오케스트라에 공석을 채우기 위해 오디션을 받았다.

**100 reasonable** 합리적인, 타당한

Computer World offers a variety of customized computers at **reasonable** prices.
Computer World는 다양한 주문제작 컴퓨터를 합리적인 가격에 제공한다.

**101 related** 관련된

The construction company keeps all building permits and **related** paperwork in order for the future reference.
건설회사는 건물 허가증과 관련된 모든 업무서류를 미래에 참고할 수 있도록 보관한다.

**102 relevant** 관련 있는, 적절한

Professionals with a structural engineering degree and at least four years of **relevant** work experience are encouraged to apply for the position.
구조 공학 학위를 가지고 있고 최소 4년간의 관련 경험이 있는 전문가들은 이 직책에 지원하라고 권고받고 있다.

**103 reliable** 믿을 수 있는, 신뢰할 수 있는

We are committed to providing **reliable** products at an affordable price.
우리는 알맞은 가격에 믿을 수 있는 제품을 제공하는 것을 약속한다.

**104 reluctant** 꺼리는, 주저하는

We have found that the majority of customers are **reluctant** to make purchasing decisions before consulting online product reviews.
우리는 상당수의 고객들이 온라인에서 제품 리뷰를 보기 전에는 구매 결정 내리기를 꺼려한다는 것을 알아냈다.

**105　respective** 각각의, 각자의

All the articles of the magazine are the property of their **respective** authors and may not be copied.
잡지에 있는 모든 기사들은 각각의 작가 소유물이므로 복제되어서는 안 된다.

**106　responsible** ~을 책임지고 있는

As Mr. Mattel's assistant, you will be **responsible** for submitting his expense reports when he is out of the office in July.
Mattel씨의 비서로서, 그가 7월에 사무실을 비울 때 당신은 그의 비용 보고서를 제출할 책임을 지게 될 것이다.

**107　rigorous** 철저한, 엄격한

In order to ensure that call center staff respond effectively to customer inquiries, all new hires must complete a **rigorous** training program.
콜센터 직원들이 고객 문의에 효율적으로 응대하는 것을 확실히 하기 위해, 모든 신입사원들은 철저한 교육 프로그램을 이수해야만 한다.

**108　rising** 상승하는

**Rising** prices have not significantly affected automotive sales in Provo this year.
상승하는 가격은 올해 Provo에서 자동차 매출에 큰 영향을 끼치지 않았다.

**109　routine** 정례적인, 일상적인, 보통의

The **routine** laboratory safety inspections are conducted once every three months.
정례적인 실험실 안전 점검은 세 달에 한 번씩 실시되고 있다.

**110　scheduled** 예정된

The next regularly **scheduled** flight to Chicago's regional airport will depart tomorrow at 8 AM.
Chicago 지역 공항으로 향하는 규칙적으로 예정된 다음 비행편이 내일 오전 8시에 떠날 것입니다.

**111　screened** 선별된

Our company occasionally makes our customer's information available to carefully **screened** companies.
우리 회사의 고객정보는 이따금씩 신중하게 선별된 회사들에게 제공된다.

**112　sealed** 봉인을 한, 봉합된

Each job applicant should submit a letter of recommendation in a **sealed** envelope.
각각의 구직자는 봉인된 봉투에 추천장을 담아 제출해야 한다.

**113　secure** 안전한, 확실한, 안심하는

This document contains personal identity information that should remain confidential, so please keep it in a **secure** location.
이 서류는 기밀로 유지되어야 할 개인 신원 정보를 포함하므로, 안전한 장소에 보관해야 한다.

**114　sensitive** 민감한, 세심한

In order to retrain the privacy policy and the appropriate handling of **sensitive** client information, we must have a training session.
개인정보 보호정책을 재교육하고 민감한 고객정보의 적절한 취급을 위해서, 우리는 교육 세션을 가져야 한다.

**115  serious** 심각한, 진지한

<u>Even though no **serious** objections are anticipated</u>, we must be careful in dealing with employee related problems.

비록 심각한 반대가 예상되지 않을지라도, 우리는 직원에 관련된 문제점들을 다루는데 조심해야 한다.

**116  significant** 상당한, 중요한

When Mr. Ye was president of Mandalay Fruit Snacks Inc., <u>the company experienced **significant** growth.</u>

Ye씨가 Mandalay Fruit Snacks사의 사장이었을 때, 그 회사는 상당한 성장을 이뤘다.

**117  sincere** 진심 어린, 진실된

Please accept our **sincere** thanks for your outstanding work on last month's project.

지난달 프로젝트에 있어 당신의 뛰어난 업무에 대한 우리의 진심 어린 감사를 받아주세요.

**118  skilled** 숙련된, 노련한

Rosenberg Group is seeking **skilled** <u>workers</u> on its hotel project which is supposed to begin at the beginning of next year.

Rosenberg Group은 내년 초에 시작하기로 예정되어있는 호텔 프로젝트를 위한 숙련된 직원들을 찾고 있다.

**119  spacious** 넓은

Wynn Hotel's renovated convention center offers <u>more **spacious** meeting rooms</u> than the former center.

Wynn Hotel의 개조된 회의 센터는 이전 센터보다 더 넓은 회의실들을 제공한다.

● 빈칸에 해당하는 어휘와 뜻을 쓰시오.

**1** ________________ 보호하는, 보호용의

**2** promising ________________

**3** ________________ 신속한, 즉각적인

**4** related ________________

**5** ________________ 꺼리는, 주저하는

● 빈칸에 들어갈 적절한 어휘를 선택하세요.

| qualified   reasonable   relevant   reliable   respective   responsible   rigorous   rising |
| --- |
| routine   scheduled |

**6** the next regularly ________________ flight 규칙적으로 예정된 다음 비행편

**7** the ________________ laboratory safety inspections 정례적인 실험실 안전 점검

**8** All new hires must complete a ________________ training program.
모든 신입사원들은 엄격한 교육 프로그램을 이수해야만 한다.

**9** the property of their ________________ authors 각각의 작가 소유물

**10** ________________ products 믿을 수 있는 제품

● 각각의 문장을 완성할 수 있도록 알맞은 어휘를 선택하세요.

**11** As Mr. Mattel's assistant, you will be (responsible/spacious) for submitting his expense reports when he is out of the office in July.

**12** Rosenberg Group is seeking (skilled/significant) workers on its hotel project which is supposed to begin at the beginning of next year.

**13** Even though no (serious/sincere) objections are anticipated, we must be careful in dealing with employee related problems.

**14** In order to retrain the privacy policy and the appropriate handling of (secure/sensitive) client information, we must have a training session.

**15** Our company occasionally makes our customer's information available to carefully (reasonable/screened) companies.

---

정답 **1.** protective **2.** 유망한, 전도유망한 **3.** prompt **4.** 관련된 **5.** reluctant **6.** scheduled **7.** routine **8.** rigorous **9.** respective **10.** reliable
**11.** responsible **12.** skilled **13.** serious **14.** sensitive **15.** screened

**120 stringent** 엄격한

All engine parts are put through a **stringent inspection process** because of recent recalls.
최근 리콜 때문에 모든 엔진 부속품들은 엄격한 검사과정을 거쳤다.

**121 subsequent** 이 다음의, 차후의

Few people attended the movie festival for the first year, but aggressive advertisements attracted larger groups in **subsequent** years.
첫해에는 적은 숫자의 사람들이 영화 축제에 참여했지만, 다음 해의 적극적인 광고가 큰 단체들을 축제로 이끌었다.

**122 substantial** 상당한

During the month of September, the factory will undergo **substantial** renovations.
9월 동안에, 공장은 상당한 개량 공사를 겪을 것이다.

**123 sufficient** 충분한

The Provo Alternative Energy Plant will eventually produce **sufficient** electricity to power residences and businesses throughout the Wickenburg area.
Provo Alternative Energy Plant는 Wickenburg 지역에 걸쳐 기업과 주택에 공급하기에 충분한 전기를 생산할 것이다.

**124 superb** 뛰어난

Violinist Noritaka Mori impressed the audience with his **superb** technique at the Grand hall last night.
바이올린 연주가 Noritaka Mori는 지난밤 그랜드 홀에서 그의 뛰어난 기술로 청중들을 감동시켰다.

**125 surplus** 잉여의, 과잉의

**Surplus** grain is being stored in temporary silos until the trucks arrive.
잉여 곡물은 트럭이 도착하기 전까지 곡식 저장 탱크에 일시적으로 저장된다.

**126 sustainable** 지속 가능한

Investors in the Special Stationery Ltd. have wondered whether the company's impressive growth is **sustainable**.
Special Stationery사의 투자가들은 회사의 인상적인 성장이 지속 가능한지 여부에 대해 궁금해했다.

**127 temporary** 일시적인

We offer a **temporary** discount on office furniture to increase the number of companies we do business with in a regular basis.
우리는 정기적으로 함께 사업할 회사의 수를 증가시키고자 사무용 가구에 일시적인 할인을 제공하고 있다.

**128 tentative** 잠정적인

The computer workshop schedule is still **tentative**, and we will keep you posted on any changes.
컴퓨터 워크숍 일정은 아직 잠정적이어서, 변경이 있을 경우 당신에 공지하도록 하겠습니다.

**129 unanimous** 만장일치의

Executive board members were **unanimous** in their decision to print another edition of the guidebook by Scott Wesley.

이사회는 Scott Wesley가 쓴 안내 책자의 재판을 인쇄하는 그들의 결정에 만장일치를 보였다.

**130 unattended** 방치된, 주인이 없는

Cedarville Library is not responsible for personal items left **unattended** in the reading room.

Cedarville Library는 독서실에서 방치된 채로 남은 개인 물품에 대해 책임을 지지 않습니다.

**131 unavailable** 획득할 수 없는, 손에 넣을 수 없는

Zion Bank's Internet service will be **unavailable** to customers during the month of November because of the renovation of the system.

시스템 보수 때문에 고객들은 11월 한 달 동안 Zion Bank의 인터넷 서비스를 이용할 수 없다.

**132 unexpected** 예상치 못한

Dr. Graham's appointments for tomorrow have been canceled due to his **unexpected** delay in returning from a conference overseas.

Graham 박사의 내일 약속은 해외 회의로부터 돌아오는데 예상치 못한 지연 때문에 취소 되었다.

**133 unfamiliar** 익숙지 않은

When surveyed, most customers reported that they were **unfamiliar** with the new line of hybrid vehicles.

설문 조사를 실시했을 때, 대부분의 고객들은 하이브리드 차량의 새 라인에 익숙하지 않다고 보고했다.

**134 unfavorable** 좋지 않은, 형편이 나쁜

Due to **unfavorable** weather conditions, the outdoor activity will be postponed until further notice.

궂은 날씨 때문에, 야외 활동은 추후공지가 있을 때까지 연기될 것이다.

**135 unstable** 불안정한

The prices quoted in our catalogue are subject to change because the international market for gold is currently **unstable**.

금 국제 시장이 현재 불안정하기 때문에, 우리 카탈로그의 견적 가격은 변동되기 쉽습니다.

**136 upcoming** 곧 나올, 다가오는

John Smith has stayed in Senegal for the last six months doing research for his **upcoming** novel.

John Smith는 곧 나올 그의 소설을 위해서 지난 6개월 동안 Senegal에 머물렀다.

**137 urgent** 긴급한

Due to his **urgent** need for computers, the purchasing committee has been asked to expedite Mr. Krause's order.

Krause씨가 컴퓨터를 급히 필요로 하기 때문에, 구매 위원회는 그 사람의 주문을 더 신속히 처리하라고 요청 받았다.

**138 valid** 유효한

Our discount coupons are **valid** for one year, so you may use them one of our designated stores.

우리 할인쿠폰은 1년 동안 유효하기 때문에, 당신은 지정된 가게들 중 한 곳에서 쿠폰을 사용할 수 있습니다.

**139 various** 다양한

Section two of the owner's manual describes the procedure for loading **various sizes of paper** into JK Cannon printer.

사용자 매뉴얼 섹션2는 JK Cannon 프린터기에 다양한 사이즈의 종이를 넣는 절차를 설명해주고 있다.


**140 versatile** 다재다능한

Ms. Smith is **versatile enough** to provide administrative support to both the drug-manufacturing and packaging divisions.

Smith씨는 제약과 포장 부서 모두에게 행정적인 도움을 제공할 만큼 상당히 다재다능하다.


**141 vulnerable** 취약한, 연약한

Older storage systems that are more **vulnerable to damage** should be replaced as funds allows over the next six months.

더 손상을 입기 쉬운 오래된 저장 시스템은 다음 6개월 동안에는 자금이 허용되기 때문에 교체 되어야 합니다.


**142 wasteful** 소모적인, 낭비하는, 낭비적인

The e-mail outlined ways in which **the current procedures were wasteful** and suggested alternate strategies that would conserve the company's resources.

그 이메일은 현재 절차가 소모적이라는 내용과 회사의 자원을 절약해 줄 제안된 대체 전략의 방법들을 기술했다.

● 빈칸에 해당하는 어휘와 뜻을 쓰시오.

**1** ________________ 취약한, 연약한

**2** wasteful ________________

**3** ________________ 다양한

**4** versatile ________________

**5** ________________ 유효한

● 빈칸에 들어갈 적절한 어휘를 선택하세요.

> stringent    substantial    subsequent    tentative    timely    sufficient    superb    surplus
> sustainable    temporary

**6** All engine parts are put through a ________________ inspection process. 모든 엔진 부속품들이 엄격한 검사과정을 거쳤다.

**7** The computer workshop schedule is still ________________. 컴퓨터 워크숍 일정은 아직 잠정적이다.

**8** We offer a ________________ discount on office furniture. 우리는 일시적으로 사무용 가구 할인을 제공하고 있다.

**9** with his ________________ technique 그의 뛰어난 기술로

**10** The factory will undergo ________________ renovations. 공장은 상당한 개량 공사를 할 것이다.

● 각각의 문장을 완성할 수 있도록 알맞은 어휘를 선택하세요.

**11** The company is not making a lot of profits, but it should build an extra 20% into the budget to cover (unexpected/unfamiliar) contingencies.

**12** Due to (unstable/unfavorable) weather conditions, the outdoor activity will be postponed until further notice.

**13** John Smith has stayed in Senegal for the last six months doing research for his (recurrent/upcoming) novel.

**14** Due to his (urgent/unstable) need for computers, the purchasing committee has been asked to expedite Mr. Krause's order.

**15** Our discount coupons are (various/valid) for one year, so you may use them one of our designated stores.

---

정답  **1.** vulnerable  **2.** 소모적인, 낭비하는, 낭비적인  **3.** various  **4.** 다재다능한  **5.** valid  **6.** stringent  **7.** tentative  **8.** temporary  **9.** superb
**10.** substantial  **11.** unexpected  **12.** unfavorable  **13.** upcoming  **14.** urgent  **15.** valid

**1 absolutely** 전적으로, 틀림없이

It is **absolutely** essential that all employees follow safety regulations while on site.
모든 직원들이 현장에 있는 동안 안전 규정들을 따르는 것은 전적으로 필수적이다.

**2 accordingly** ~에 따라서, (상황에)부응하여

When cataloging plant specimens that require special handling, please mark the samples **accordingly**.
특별한 취급을 요하는 식물 표본을 분류할 때, 그에 따라 샘플들을 표시해 주세요.

**3 accurately** 정확히, 정밀하게

Mr. Ortega decided that the projected costs were not **accurately** estimated.
Ortega씨는 산출된 비용이 정확하게 견적되지 않았다고 결정했다.

**4 adequately** 적절하게, 충분히

Results from a survey of Bernardsville residents suggest that the city council did not **adequately** address concerns local business owners have about revised zoning laws.
Bernardsville 거주자들의 설문조사 결과는 시 위원회가 개정된 지역 법에 관해서 지역 사업 소유주들이 가지고 있는 관심사들을 적절하게 다루지 못했다는 것을 시사한다.

**5 adversely** 불리하게, 반대로

The drought **adversely** affected crops in the South, leading to higher prices in living expenses.
가뭄은 남부지역에서 작물에 악영향을 미쳤고, 더 높은 생활비를 야기시켰다.

**6 again** 다시, 한번 더

According to a survey conducted last year and **again** this year, customers are becoming more informed about making online purchases.
작년 그리고 올해 다시 실시된 설문조사에 따르면, 고객들은 마케팅 온라인 구매에 대해 더 많은 정보를 가지고 있는 것으로 나타났다.

**7 agreeably** 기분 좋게, 쾌활하게

Because it is situated on a white-sand beach, Delta Center is one of the most **agreeably** located sites in the country.
Delta Center는 백사장에 위치해 있기 때문에, 나라에서 가장 기분 좋게 위치한 장소 중 한 곳이다.

**8 all the more** 더욱 더, 오히려

The Alhambra project is **all the more** remarkable when you realize that it was completed on a very short schedule.
Alhambra 프로젝트가 굉장히 짧은 일정으로 완성되었다는 것을 고려할 때 더욱 더 훌륭합니다.

**9 already** 이미, 벌써

Employees who have **already** submitted an application form for the sales workshop should disregard the attached file.
판매 워크숍에 대한 신청 서류를 이미 제출한 근로자들은 첨부된 파일을 무시해도 됩니다.

**10  also** 또한

Although Mr. Benoit has signed the contract, he **also** needs to sign an official offer of employment.

비록 Benoit씨가 계약서에 서명했지만, 그는 또한 공식 고용 제안서에도 서명할 필요가 있다.


**11  altogether** 전적으로, 완전히

The outdoor markets in the center of the city have become so crowded with tourists that many local residents avoid downtown shopping **altogether**.

도시 중심에 있는 야외 시장은 관광객들로 붐벼서 많은 지역 거주민들이 시내에서 쇼핑하는 것을 전적으로 피하고 있다.


**12  always** 항상, 언제나

Company regulations state that safety goggles and a helmet must **always** be worn on the factory floor.

회사 규정은 공장 내에서 보호 안경과 안전모가 항상 착용되어야 한다고 명시하고 있다.


**13  anonymously** 익명으로, 저자 미상으로

Since the surveys are filled out **anonymously**, it is impossible to attribute answers to individual respondents.

설문조사가 익명으로 작성되었기 때문에, 개별 응답으로 보는 것은 불가능하다.


**14  anywhere** 어디에, 어디에서

At a towering 280 meters, the Callaway building can be seen from **anywhere** in the city.

280 미터 높이로 치솟은, Callaway 빌딩은 도시에 어디에서나 보인다.


**15  approximately** 대략적으로, 거의, ~가까이

Catering staff members will need **approximately** 30 minutes to rearrange the tables and seats for the group of conference attendees.

회의참석자 그룹을 위한 테이블과 의자를 재배치하기 위해 식당 종업원들은 대략 30분이 필요할 것이다.


**16  attentively** 조심스럽게, 정중히

The aim of next week's training session is to handle customer suggestions more **attentively**.

다음주 교육 세션의 목적은 고객들의 제안을 좀 더 조심스럽게 다루기 위함이다.


**17  briefly** 간단히, 짧게, 잠시

The new employee orientation manual **briefly** covers the industrial plant's layout and the department locations.

신입사원 오리엔테이션 매뉴얼은 산업 공장의 배치도와 부서 위치를 간략하게 포함하고 있다.


**18  broadly** 대략적으로

According to law professor Anya Myers, the candidates' foreign policy plans are still too **broadly** defined to illustrate their contrasting viewpoints.

법대교수 Anya Myers에 의하면, 후보자들의 외교 정책안들은 그들의 대비되는 관점을 보여주기에는 아직 너무 대략적으로 정의되어 있다고 한다.


**19  carefully** 신중하게

After **carefully** reviewing the plans for the new bottling facility, the team of the safety inspectors made some recommendations.

새로운 병 포장 시설에 대한 계획을 신중하게 검토한 후, 안전 검사관 팀이 몇 가지 제안사항을 만들었다.

**20**   **cautiously** 조심스럽게

Business analysts are **cautiously** predicting a merger between Grand Tech and Albertson Works Inc., based on recent news of top level negotiations.

비즈니스 분석가들은 최근 임원단 협상소식을 바탕으로 Grand Tech와 Albertson Works사 사이의 합병을 조심스럽게 예상하고 있다.

**21**   **clearly** 분명히, 또렷하게

The budget policy **clearly** states that each department is responsible for ordering its own supplies.

예산 정책은 각 부서가 자체 물품을 주문하는 것에 대해 책임이 있다고 분명히 명시하고 있다.

**22**   **cleverly** 솜씨 좋게, 영리하게, 실수 없이

The Bee Travel Luggage Company manufactures a suitcase with a **cleverly** concealed pocket for storing important documents.

Bee Travel Luggage사는 주요 문서들을 저장할 수 있는 솜씨 좋게 가려진 주머니가 있는 가방을 제조한다.

**23**   **closely** 면밀하게, 접근하여

The manufacturing process at Anderson Manufacturing is **closely** monitored by certified technicians.

Anderson Manufacturing의 제조 과정은 보증된 기술자들에 의해서 면밀하게 모니터 된다.

**24**   **completely** 완전히, 전적으로

The company offers potential customers an initial consultation **completely** free of charge.

회사는 잠재 고객들에게 초기 상담을 완전히 공짜로 제공한다.

● 빈칸에 해당하는 어휘와 뜻을 쓰시오.

**1** ______________ 불리하게, 반대로

**2** cautiously ______________

**3** accordingly ______________

**4** ______________ 대략적으로, 대략

**5** ______________ 전적으로, 틀림없이

● 빈칸에 들어갈 적절한 어휘를 선택하세요.

| accurately | again | agreeably | all the more | already | adequately | also | altogether |
| always | anonymously | | | | | | |

**6** We need to change our itinerary because the flight has ______________ fully booked.
비행기의 예약이 이미 완료 되었기 때문에 우리는 여행일정을 변경해야 한다.

**7** since the surveys are filled out ______________ 설문조사가 익명으로 직성되었기 때문에

**8** Safety goggles and a helmet must ______________ be worn on the factory floor.
공장 내에서는 항상 보호 안경과 안전모를 착용해야 한다.

**9** employees who have ______________ submitted an application form 신청 서류를 이미 제출한 근로자들은

**10** one of the most ______________ located sites in the country 나라에서 가장 기분 좋게 위치한 장소 중 한 곳이다.

● 각각의 문장을 완성할 수 있도록 알맞은 어휘를 선택하세요.

**11** According to a survey conducted last year and (again/adequately) this year, customers are becoming more informed about making online purchases.

**12** Mr. Ortega decided that the projected costs were not (briefly/accurately) estimated.

**13** According to law professor Anya Myers, the candidates' foreign policy plans are still too (broadly/seldom) defined to illustrate their contrasting viewpoints.

**14** All flights were (recently/briefly) delayed due to a small problem at the control tower.

**15** According to a business survey, the role of a manager has (recently/clearly) changed in the past ten years.

정답 **1.** adversely **2.** 조심스럽게 **3.** ~에 따라서, (상황에) 부응하여 **4.** approximately **5.** absolutely **6.** already **7.** anonymously **8.** always **9.** already **10.** agreeably **11.** again **12.** accurately **13.** broadly **14.** briefly **15.** clearly

**25 consistently** 지속적으로, 일관되게, 끊임없이

Because of his **consistently** strong performances as a sales representative, Mr. Monson is one of the most top candidates for promotion.

영업 사원으로서 지속적으로 훌륭한 실적 때문에, Monson씨는 가장 가능성이 있는 승진 대상자 중 한 명이다.

**26 continually** 계속적으로

To maintain Barrow Café's lead over the competition, employees must **continually** deliver superior customer service.

Barrow Café가 경쟁 우위를 유지하기 위해, 직원들은 계속적으로 우수한 고객 서비스를 제공해야만 한다.

**27 contractually** 계약상으로

Scriptwriter Ella Bloom is **contractually** obligated to write a new installment in her *Lost Creek adventure* series every eighteen months.

작가 Ella Bloom은 계약상 *Lost Creek adventure* 시리즈의 새로운 1회분을 18개월마다 써야 할 의무가 있다.

**28 conveniently** 편리하게

Delta Bookstore is opening a new store **conveniently** located on the corner of Wilson Street and University Avenue.

Delta 서점은 Wilson가와 University가의 모퉁이에 편리하게 위치한 새로운 가게를 개점한다.

**29 currently** 현재, 지금

We are **currently** looking for volunteers who are friendly and experienced in customer relations and sales.

우리는 현재 고객 관리와 판매에 있어서 경험 있고 친절한 자원봉사자들을 찾고 있다.

**30 deeply** 깊이, 크게

Sacramento Financial **deeply** appreciates the fine work done by the administrative staff in support of the recent company merger.

Sacramento Financial은 최근 회사 합병을 도와준 행정직원들의 훌륭한 업무에 깊은 감사를 표한다.

**31 definitely** 분명히, 확실하게

Our division leader announced that the new sales team will **definitely** reach its goal for this year.

우리 부서장은 새로운 판매팀이 올해 그들의 목표를 분명히 달성할거라고 발표했다.

**32 directly** 곧장, 직접적으로

Blankets and quilts ordered at Featherbed Supplies can be shipped **directly** from the warehouse to customers.

Featherbed Supplies에서 주문된 담요와 누비 이불이 창고에서 곧장 고객들에게 배송될 것이다.

**33 dramatically** 극적으로

Sales of TG television sets increased **dramatically** after the manufacturer dropped the price by 25 percent.

제조업자가 가격을 25% 절감한 후에 TG 텔레비전 판매가 극적으로 상승했다.

**34  early** 일찍, 이른, 쉽게

Ms. Strong will arrive **early** tomorrow to provide technical assistance to speakers who are giving multimedia presentations.

Strong씨는 멀티미디어 프레젠테이션을 하는 연사들에게 기술적인 지원을 제공하기 위해 내일 일찍 도착할 것이다.

**35  easily** 쉽게

The head librarian asked the employees to re-shelve books left on tables so that readers may find them **easily**.

도서관장은 독자들이 책을 쉽게 찾을 수 있도록 테이블 위에 있는 책들을 책장에 꽂도록 직원들에게 부탁했다.

**36  effectively** 효과적으로

In order for the assembly line to run **effectively**, we will need to hire more employees.

조립라인이 효과적으로 운영될 수 있도록, 우리는 좀더 많은 직원들을 고용해야 한다.

**37  eloquently** 설득력 있게, 감명 있게, 능변으로

Although the president gave plenty of presentations, he spoke most **eloquently** about remaining attentive to the firm's long-term goals.

비록 사장이 충분한 발표를 했음에도 불구하고, 그는 회사의 장기 목표에 주의를 기울이는 것에 관해 가장 설득력 있게 말했다.

**38  enough** 충분히

The company's yearly earnings were not impressive **enough** to attract attention of the executive members.

회사의 연간 소득은 중역들의 관심을 끌기에 충분히 인상적이지 못했다.

**39  especially** 특히, 특별히

Mr. Gray's vision for the corporation was unique and innovative, **especially** considering that he was twenty-six at the time of his founding.

특히 Gray씨가 회사를 설립할 당시 26살 이었던 것을 감안하면, 회사를 위한 그의 비전은 혁신적이고 독특했다.

**40  even** ~도(조차도), 훨씬(비교급 강조)

**Even** during peak travel months, Windstar Airlines continued to provide a special discount on air fare.

여행시즌이 최고조에 달하는 때조차도, Windstar 항공사는 계속해서 특가 항공료를 제공했다.

**41  ever** 언제라도, 항상

The application process for getting a loan became easier than **ever** because it eliminates unnecessary requirements.

불필요한 조건들을 제거했기 때문에 대출을 받기 위한 신청 과정은 과거 어느 때보다 더 쉬워졌다.

**42  exceptionally** 유난히, 특별하게

Mr. Manning's articles in the company newsletter are so **exceptionally** well written that all employees are looking forward to reading it.

사보에 실린 Manning씨의 기사가 유난히 잘 쓰여진 것이어서 모든 직원들은 그것을 읽기를 학수고대한다.

**43  enthusiastically** 열렬하게, 열광적으로

Members of the press **enthusiastically** applauded recent government decisions on tax codes.

기자단은 세금코드에 관한 최근 정부의 결정에 열렬하게 박수를 보냈다.

**44**  **exclusively** 오로지, 독점적으로

Lifetime Editions is a small publishing company <u>dealing almost **exclusively** with biographies</u>.

Lifetime Editions은 오로지 전기문만을 다루는 작은 출판사입니다.


**45**  **explicitly** 명쾌하게

Company policy regarding vehicle leasing is **explicitly** <u>outlined</u> in the business travel handbook.

차량 임대에 관한 회사 방침은 출장 핸드북에 명쾌하게 설명되어 있다.


**46**  **expressly** 분명히, 명확히

The requests for proposals **expressly** <u>stated</u> that the submissions for the library construction should be no longer than 20 pages.

도서관 건설을 위해 제출된 것들은 20페이지가 넘어서는 안 된다고, 제안을 위한 요청은 분명히 명시하고 있다.


**47**  **extensively** 광범위하게

Professor Robertson incorporated 80 hours of interviews into <u>her **extensively** researched study</u> of Italy's political system.

Robertson 교수는 80시간의 인터뷰를 그녀가 광범위하게 조사해온 이탈리아 정치 시스템 연구에 통합했다.

● 빈칸에 해당하는 어휘와 뜻을 쓰시오.

**1** _______________ 유난히, 특별하게

**2** consistently _______________

**3** _______________ 널리, 광범위하게

**4** _______________ 계속적으로

**5** enthusiastically _______________

● 빈칸에 들어갈 적절한 어휘를 선택하세요.

| contractually | currently | definitely | dramatically | easily | conveniently | deeply | directly |

early    effectively

**6** in order for the assembly line to run _______________ 조립라인이 효과적으로 운영될 수 있도록

**7** Sales of TG television sets increased _______________. TG 텔레비전 판매가 급격히 상승했다.

**8** Sacramento Financial _______________ **appreciates.** Sacramento Financial은 깊은 감사를 표한다.

**9** We are _______________ looking for volunteers. 우리는 현재 자원봉사자들을 찾고 있다.

**10** so that readers may find them _______________ 독자들이 책을 쉽게 찾을 수 있도록

● 각각의 문장을 완성할 수 있도록 알맞은 어휘를 선택하세요.

**11** Delta Bookstore is opening a new store (conveniently/contractually) on the corner of Wilson Street and University Avenue.

**12** The application process for getting a loan became easier than (even/ever) because it eliminates unnecessary requirements.

**13** Lifetime Editions is a small publishing company dealing almost (exclusively/explicitly) with biographies.

**14** The requests for proposals (expressly/early) stated that the submissions for the library construction should be no longer than 20 pages.

**15** Although the president gave plenty of presentations, he spoke most (early/eloquently) about remaining attentive to the firm's long-term goals.

---

정답  1. exceptionally  2. 지속적으로, 일관되게, 끊임없이  3. extensively  4. continually  5. 열렬하게, 열광적으로  6. effectively  7. dramatically
8. deeply  9. currently  10. easily  11. conveniently  12. ever  13. exclusively  14. expressly  15. eloquently

**48  finally** 마침내

After undergoing extensive renovations over the past three years, the Jackson Arts Center has **finally** reopened to the public.
지난 3년 동안 광범위한 수리를 겪은 후, Jackson Arts Center는 마침내 대중에게 다시 개장되었다.

**49  formally** 공식적으로

At a press conference this morning, Kevin Henderson **formally** announced the sale of the company he had founded to Lifetime Biotech.
오늘 아침 기자회견에서, Kevin Henderson은 그가 설립한 회사를 Lifetime Biotech에 매각하는 것을 공식적으로 발표했다.

**50  formerly** 이전에

Five building complexes and a hotel recently opened in the Greenwood district, which was **formerly** a residential area.
이전에 주거지역이었던 Greenwood 지역에 최근 5개의 빌딩 종합단지와 한 개의 호텔이 오픈했다.

**51  frequently** 자주, 종종

The emergency equipment is tested **frequently** to ensure that it is in good working condition.
응급 장비는 그것이 잘 작동되는 상태로 있는지 확실하게 하기 위해 자주 검사된다.

**52  generously** 관대하게

Mr. Graham has **generously** offered to make the restaurant reservations for next week's stockholder meeting in New York.
Graham씨는 다음 주 New York에서 있을 주주모임을 위해 식당 예약을 하도록 관대하게 제안했다.

**53  gradually** 서서히

Older Vehicles will **gradually** be phased out over the next two years until the transition to newer models is complete.
구형 차량들은 보다 새로운 모델로 변경이 완료될 때까지 앞으로 2년 간에 걸쳐서 서서히 퇴출될 것이다.

**54  habitually** 습관적으로

Customer service representatives who smile **habitually** when talking on the phone are more likely to receive positive feedback from clients.
전화상에서 습관적으로 웃는 고객 서비스 직원들은 고객들로부터 긍정적인 피드백을 받는 경향이 더 많다.

**55  hard** 열심히

We have been working **hard** on the highway construction project so that we can finish the job on time.
고속도로 건설 프로젝트를 정시에 마칠 수 있도록 하기 위해서 우리는 열심히 일해왔다.

**56  hardly** 거의 ~ 아니다

New computer games had **hardly** been on the store shelves for ten minutes before they sold out.
상점 진열대에 진열된 지 10분도 되지 않아 새로운 게임이 다 팔렸다.

**57  heavily** 아주 많이, 심하게

**Heavily** discounted airfare rates may seem attractive, but they have some restrictions.
아주 많이 할인된 항공료는 매력적으로 보이지만, 약간의 제약을 받는다.

**58  highly** 매우

The department's new recruits are **highly** trainable because of their motivation and previous experience.
그 부서의 신입 사원들은 그들의 이전 경험과 동기부여 때문에 매우 훈련시키기 쉽다.

**59  ideally** 이상적으로

Applicants for the position of senior researcher should submit the names of two references, **ideally** from more than one institution.
수석 연구원 직책 지원자들은 2명의 추천인 명단을 제출해야 하며, 한 기관 이상으로부터가 이상적이다.

**60  immediately** 즉시, 즉각적으로

Employees who haven't checked into the company's new security policy must do so **immediately**.
회사의 새로운 보안 정책을 확인하지 않은 직원들은 지금 즉시 확인해야 한다.

**61  incorrectly** 부정확하게

Ms. Kaiser's trip to Japan was delayed because her travel documents had been filed **incorrectly**.
Kaiser씨의 여행 서류가 부정확하게 작성되었기 때문에 그녀의 일본 여행은 지연되었다.

**62  indirectly** 간접적으로

The prime minister tends to speak very **indirectly** when he deals with delicate issues.
수상은 그가 민감한 문제를 취급할 때 매우 간접적으로 말하는 경향이 있다.

**63  individually** 개별적으로

Fresh cherries are **individually** wrapped and arrived in a decorative box this morning.
신선한 체리들은 장식된 상자에 개별적으로 포장 되어 오늘 아침에 도착했다.

**64  initially** 처음에, 초기에

Employees enrolling company-approved technology courses must **initially** pay all class fees but will be reimbursed upon successful completion of the program.
회사가 승인한 기술 교육에 등록하는 근로자들은 처음에 수업 비용을 내야 하지만 프로그램을 성공적으로 완료할 시 수업비를 돌려받을 것이다.

**65  just** 막, ~하는 순간에

The accounting office **just** released its annual sales figures at the stockholders meeting.
회계사무실은 주주 총회에서 그들의 연례 판매수치를 막 발표했다.

**66  largely** 대체로, 주로

Clients of Flowers Mill Bank have been **largely** unaffected by the installation of the new computer system in the customer service department.
Flowers Mill 은행의 고객들은 고객 서비스 부서의 새로운 컴퓨터 시스템 설치에 따른 영향을 대체로 받지 않았다.

**67  later** 나중에, 후에

The guest speaker for Jakarta Foundation's symposium will be announced **later** this week.
Jakarta 재단 심포지엄을 위한 초대 연사가 이번 주말에 발표될 것이다.

**68  less** 덜한, 더 적은

While most customers will find the GL 100 model easy to operate, those **less** familiar with digital cameras should read the owner's guide before use.

대부분의 고객들이 GL 100 모델이 작동하기 편하다고 여기지만, 디지털 카메라에 덜 익숙한 사람들은 사용 전에 사용자 가이드 북을 읽어야 한다.

**69  meticulously** 꼼꼼하게

Grandfield Travel Agency not only finds the best flights and accommodations, but also **meticulously** plans activities to ensure trouble-free excursions.

Grandfield Travel Agency는 최상의 비행편과 숙박 장소를 찾을 뿐만 아니라 문제없는 여행을 제공하기 위한 활동들을 꼼꼼하게 계획한다.

**70  moderately** 중간 정도로, 적당히

The installation of new traffic signals on Arlington Street has been only **moderately** successful in lowering traffic congestion.

Arlington가에 신규 교통 신호등을 설치한 것은 교통체증을 완화시키는데 단지 중간 정도로만 성공했다.

**71  more** 좀 더, 더 많은 수

Recent growth in Fixer Corporation's sales will allow the company to invest **more** in product development.

Fixer사의 최근 매출의 성장은 회사가 제품 개발에 좀 더 투자할 수 있도록 해줄 것이다.

● 빈칸에 해당하는 어휘와 뜻을 쓰시오.

**1** _______________ 중간 정도로, 적당히

**2** _______________ 대체로, 주로

**3** initially _______________

**4** _______________ 개별적으로

**5** _______________ 꼼꼼하게

● 빈칸에 들어갈 적절한 어휘를 선택하세요.

| more   less   later   just   indirectly   incorrectly   immediately   ideally   highly |
| --- |

**6** a _______________ profitable development project 아주 수익성 있는 개발 프로젝트에

**7** must do so _______________ 즉시 해야 한다

**8** because her travel documents had been filed _______________ 여행 서류가 부정확하게 작성되었기 때문에

**9** The prime minister tends to speak very _______________. 수상은 매우 간접적으로 말하는 경향이 있다.

**10** The accounting office _______________ released its annual sales figures.
회계사무실은 그들의 연례 판매수치를 막 발표했다.

● 각각의 문장을 완성할 수 있도록 알맞은 어휘를 선택하세요.

**11** After undergoing extensive renovations over the past three years, the Jackson Arts Center has (finally/ hard) reopened to the public.

**12** At a press conference this morning, Kevin Henderson (formerly/formally) announced the sale of the company he had founded to Lifetime Biotech.

**13** The emergency equipment is tested (frequently/generously) to ensure that it is in good working condition.

**14** Older Vehicles will (gradually/habitually) be phased out over the next two years until the transition to newer models is complete.

**15** New computer games had (hard/hardly) been on the store shelves for ten minutes before they sold out.

---

**정답** **1.** moderately **2.** largely **3.** 처음에, 초기에 **4.** individually **5.** meticulously **6.** highly **7.** immediately **8.** incorrectly **9.** indirectly **10.** just **11.** finally **12.** formally **13.** frequently **14.** gradually **15.** hardly

**72  mutually** 서로

We at Anderson Financial Planning welcome the opportunity to assist you in your business and look forward to a **mutually** beneficial relationship.

우리 Anderson Financial Planning사는 당신의 사업을 도울 수 있는 기회를 환영하고 서로 이익이 되는 관계를 고대합니다.

**73  nearly** 거의

Preparation is **nearly** complete for the second annual Lima Manufacturing conference.

제 2차 연례 Lima Manufacturing 회의 준비가 거의 완료되었다.

**74  necessarily** 반드시, 필연적으로

The survey indicates that customers will not **necessarily** purchase them again.

설문조사는 고객들이 그것들을 다시 구매하지 않을 것이라는 것을 나타내준다.

**75  never** 결코(한번도) ~ 하지 않다

The stockholders have been pleased because the fourth quarter profits have been **never** higher than they are now.

주주들은 4/4분기 이익이 현재보다 높았던 적이 결코 없었기 때문에 기뻤다.

**76  normally** 보통, 정상의

Because of the popularity among teenagers, tickets **normally** sell out in the first week.

10대들 사이에서의 인기 때문에, 티켓들은 보통 첫 주에 매진된다.

**77  now** 지금, 이제

Nominations are **now** being accepted for the annual Employee Excellence Award.

올해 근로자 상에 대한 추천을 지금 접수 받고 있습니다.

**78  occasionally** 때때로

In order to manage manufacturing tires and ensure adequate component supply, KH Cooperative **occasionally** enters into agreements with contract suppliers.

타이어의 제조를 관리하고 적절한 부속품의 공급을 확실하게 하기 위해서, KH Cooperative는 때때로 공급자와의 계약을 맺는다.

**79  often** 종종

The Malcolm Books **often** sends letters regarding special discounts to customers.

Malcolm Books는 고객에게 특별할인과 관련한 서신을 종종 보낸다.

**80  once** 한 번, 언젠가

Film Club members meet **once** a month to discuss future projects and activities.

영화 클럽 회원들은 앞으로의 프로젝트와 활동사항을 논의하기 위해 한 달에 한번씩 만난다.

**81  once again** 한 번 더, 또다시

The Symons Food Company will **once again** cater the annual sales awards banquet for Rowan Industries.

Symons Food사는 Rowan Industries를 위한 연례 시상식 연회장에 다시 한번 출장요리 서비스를 제공할 것이다.

**82  only** 오직, 유일하게

We recommend that the paint be used **only** on metallic surfaces because it will be absorbed into wooden surfaces.

이 페인트가 목재 표면에서는 흡수되기 때문에 오직 금속 표면에만 사용하도록 추천합니다.


**83  originally** 원래, 본래

Miriam Hatfield was **originally** scheduled to be the first performer in tonight's music concert, but it was just announced that she will perform last.

원래 Miriam Hatfield가 오늘 저녁 음악 콘서트에서 첫 번째로 공연하도록 일정이 잡혀있었는데, 그녀가 마지막에 공연할거라고 막 발표되었다.


**84  somewhat** 어느 정도, 약간, 다소

The magazine's plan for expansion has been only **somewhat** successful, as it is often difficult to break into the new market.

새로운 시장으로 진출하는 것이 때로 어렵기 때문에, 잡지사의 확장을 위한 계획은 어느 정도 성공적이었다.


**85  otherwise** 그렇지 않으면, 그 외에는

Mr. Morris expects to win a seat on the board, even though the election predictions indicate **otherwise**.

선거 예측이 다르게 예측되고 있긴 하지만, Morris씨는 이사회에서 한 자리를 확보할 것으로 기대하고 있다.


**86  particularly** 특히, 특별히

With a large roster of more than 500 active clients, Topper Analysts is a **particularly** busy market-research firm.

500명 이상의 활동 고객 등록부가 있는, Topper Analysts는 특히 분주한 마켓 리서치 회사이다.


**87  perfectly** 완벽하게

An enhanced facility is **perfectly** suited for your next event such as meetings, conferences, and banquets.

한층 강화된 시설이 미팅, 회의 그리고 연회와 같은 추후에 있을 당신의 이벤트를 위해 완벽하게 준비되어 있습니다.


**88  periodically** 주기적으로, 정기적으로

Career consultants advise their clients to reflect **periodically** on the approaches they take to a job search.

직업 상담가들은 고객들에게 그들이 직업 검색을 위해서 했던 접근들에 대해 주기적으로 회고해볼 것을 권유한다.


**89  personally** 개인적으로

At the Olive Garden, all dessert recipes are **personally** approved by a team of world-famous chefs.

Olive Garden에서는, 모든 후식 레시피가 세계적으로 유명한 주방장들에 의해서 개인적으로 승인된다.


**90  previously** 이전에

General Electric Company's growth is much stronger than **previously** expected.

General Electric Company의 성장은 이전에 예상했던 것보다 훨씬 강력했다.


**91  primarily** 주로

For the past six months, Johnson Industries' accountants have been working **primarily** on the annual financial report.

지난 6개월 동안, Johnson Industries의 회계사들은 주로 연례 재정 보고서에 관한 일을 해왔다.

**92  probably** 아마도

The problem with the door lock was **probably** due to an electronic malfunction.

문의 잠금 장치 문제는 아마도 전자장치의 오작동 때문일 것이다.


**93  prominently** 눈에 띄게, 두드러지게

Detour signs will be **prominently** placed on the road which is under construction so that drivers can take alternative routes.

우회도로 사인은 운전자들이 우회로를 이용할 수 있도록 공사중인 도로에 눈에 띄게 위치할 것이다.


**94  promptly** 신속하게

The online training manual was **promptly** revised after employees pointed out several errors.

근로자들이 몇몇 오류를 지적하고 난 다음에 온라인 교육 매뉴얼은 신속하게 수정되었다.


**95  properly** 적절하게

Managers need to visit the factory once a month to make sure that workers report working hours **properly**.

매니저들은 직원들이 작업시간을 적절하게 보고하는지 확실하게 할 수 있도록 한 달에 한번 공장을 방문할 필요가 있다.

● 빈칸에 해당하는 어휘와 뜻을 쓰시오.

**1** ________________ 반드시, 필연적으로

**2** mutually ________________

**3** ________________ 보통, 정상의

**4** occasionally ________________

**5** ________________ 원래, 본래

● 빈칸에 들어갈 적절한 어휘를 선택하세요.

> only    somewhat    once again    often    now    otherwise    particularly    perfectly
> periodically    personally

**6** ________________ approved by a team of world-famous chefs.
세계적으로 유명한 주방장들에 의해서 개인적으로 승인된다.

**7** An enhanced facility is ________________ suited for your next event.
한층 강화된 시설이 추후에 있을 당신의 이벤트를 위해 완벽하게 준비되어 있습니다.

**8** a ________________ busy market-research firm 특별히 분주한 마켓 리서치 회사

**9** ________________ successful 어느 정도 성공적인

**10** ________________ a month 한 달에 한번씩

● 각각의 문장을 완성할 수 있도록 알맞은 어휘를 선택하세요.

**11** Managers need to visit the factory once a month to make sure that workers report working hours (properly/promptly).

**12** The problem with the door lock was (probably/prominently) due to an electronic malfunction.

**13** For the past six months, Johnson Industries' accountants have been working (primarily/previously) on the annual financial report.

**14** Career consultants advise their clients to reflect (periodically/otherwise) on the approaches they take to a job search.

**15** We recommend that the paint be used (often/only) on metallic surfaces because it will be absorbed into wooden surfaces.

---

**정답** **1.** necessarily **2.** 서로 **3.** normally **4.** 때때로 **5.** originally **6.** Personally **7.** perfectly **8.** particularly **9.** somewhat **10.** once
**11.** properly **12.** probably **13.** primarily **14.** periodically **15.** only

**96 provisionally** 임시로, 일시적으로, 잠정적으로

Mr. Fillmore was **provisionally** appointed to serve as the director in the marketing department, but the position will not be filled permanently until next year.

Fillmore씨가 마케팅 부서장으로 일할 수 있도록 임시로 임명되었지만, 내년까지 그 자리는 영구적으로 채워지지 않을 것이다.

**97 punctually** 정각에, 엄수하여

Employees should arrive **punctually** for all safety-training sessions, because they will be starting on time.

안전 교육 세션이 정시에 시작하기 때문에, 근로자들은 정각에 도착해야 한다.

**98 quickly** 빠르게

The construction project is proceeding **quickly** now that the cold season has ended.

추운 계절이 끝났기 때문에 현재 건설 프로젝트는 빠르게 진행되고 있다.

**99 quite** 꽤, 상당히

Because the projector did not work properly, the client meeting ran **quite** late.

프로젝터가 제대로 작동하지 않았기 때문에, 고객 모임이 꽤 늦게 진행되었다.

**100 rapidly** 빨리, 신속히

Mr. Anderson recommended that the plant replace the faulty equipment as **rapidly** as possible for the safety purposes.

Anderson씨는 공장이 안전상의 목적을 위해 가능한 빨리 결함 있는 장비를 교체하도록 권했다.

**101 rarely** 드물게, 좀처럼 ~ 하지 않는

Branford National sells supplies for commercial kitchens and **rarely** stocks items intended for home use.

Branford National은 상업용 부엌 물품을 판매하며, 가정용 물품 재고는 거의 없다.

**102 reasonably** 합리적으로

Innovative and **reasonably** priced Italian food draws many local customers into the newly opened restaurant.

혁신적이고 합리적으로 가격이 책정된 이탈리아 음식이 새로 개점한 식당으로 많은 손님들을 끌어들인다.

**103 recently** 최근에

Delta Company **recently** announced that it will hire an outside consultant.

Delta사는 최근에 외부 상담사를 채용할 것이라고 발표했다.

**104 regularly** 정기적으로, 규칙적으로

A proposal to upgrade Raja Corps' computer server will be considered at the next **regularly** scheduled meeting of the technology committee.

Raja사의 컴퓨터 서버를 업그레이드 하기 위한 제안이 기술위원회의 차기 정기 모임에서 고려될 것이다.

**105  relatively** 비교적으로, 상대적으로

Profits from online advertising have been increasing, but they are still a **relatively** small part of the overall revenues of the company.

온라인 광고로부터의 수익이 증가하고 있지만, 아직까지 회사 총 수익에는 비교적 적은 부분이다.

**106  rapidly** 빠르게, 급격하게

The deadline for submitting shareholder proposals to Goblin International is **rapidly** approaching.

Goblin International사에 제출하는 주주 제안서 마감일이 빠르게 다가오고 있다.

**107  respectfully** 공손하게, 정중하게

Treating every employee **respectfully** is an important thing that business owners have in mind.

모든 근로자들을 공손하게 대하는 것은 사업 소유주가 명심해야 할 중요한 사항이다.

**108  seldom** 좀처럼(거의) ~ 않는

Employees commuting from outside the city center **seldom** arrive before 8 AM.

도심 외곽에서 통근하는 직원들은 좀처럼 오전 8시 전에 도착하지 않는다.

**109  separately** 별도로, 따로따로, 각기

When you submit a report of your expenses for your business trip, please list hotel expenses **separately** from the other expenses.

출장 경비 보고서를 제출할 때, 호텔 경비를 다른 경비와 별도로 나열해주세요.

**110  severely** 심하게, 엄하게

Renters will be required to pay a $25 replacement fee if the key to their apartment is **severely** damaged.

아파트 키가 심하게 훼손되면 세입자들은 25달러의 교체비를 지불해야 한다.

**111  sharply** 급격하게, 날카롭게

Executives at Propel Motors were surprised by how **sharply** the company's profits rose in the third quarter.

Propel Motors의 중역들은 3분기에 회사의 수익이 얼마나 급격하게 증가했는지에 대해 놀랐다.

**112  shortly** 곧, 얼마 안 되어

The exchange rate is not very good at the moment, but it is expected to improve **shortly**.

현재 환율이 그다지 좋지 않지만, 곧 나아질 것으로 기대된다.

**113  since** 그(때) 이후로

The minor concerns that arose during the testing phase of development have **since** been resolved, and the product is ready to progress to assembly.

개발 테스트 단계에서 일어난 사소한 문제들이 해결된 이후로, 제품은 조립을 위한 준비가 되었다.

**114  so** 매우, 대단히

The procedures for submitting travel-reimbursement forms were **so** complicated that many department managers found them difficult to follow.

출장비 상환 서류 제출에 대한 절차는 매우 복잡해서 많은 부서 매니저들은 그 절차를 따르기 어렵다고 생각했다.

**115 solely** 단독으로, 오로지

Mr. Hopkins announced that the company is planning to implement business strategies that won't rely **solely** on labor cost cutting.

Hopkins씨는 회사가 노동비용의 절감에만 단독으로 의지하지 않는 비즈니스 전략들을 적용할 계획을 하고 있다고 발표했다.

**116 sometime** 언제가

The date of completion for Novell's software installation will be **sometime** between May 15 and June 15.

Novell의 소프트웨어 설치 완료 날짜는 5월 15일부터 6월 15일 사이쯤이 될 것이다.

**117 soon** 곧, 머지 않아

Celebrity chef, Ryan Gilmore, will **soon** publish a new book, *Great Neighborhood Recipes*.

유명한 주방장 Ryan Gilmore는 새로운 책 *Great Neighborhood Recipes*를 곧 출간할 것이다.

**118 sparingly** 조금만, 절약하여, 삼가서

When adding new contents to the web site, please use highly technical terms and lengthy footnotes **sparingly**.

웹사이트에 새로운 내용을 덧붙일 때, 너무 어려운 기술적 용어와 긴 각주는 조금만 사용하세요.

● 빈칸에 해당하는 어휘와 뜻을 쓰시오.

1 ＿＿＿＿＿＿＿＿＿ 정각에, 엄수하여

2 ＿＿＿＿＿＿＿＿＿ 빨리, 신속히

3 ＿＿＿＿＿＿＿＿＿ 언제가

4 sparingly ＿＿＿＿＿＿＿＿＿

5 ＿＿＿＿＿＿＿＿＿ 오로지, 단독으로

● 빈칸에 들어갈 적절한 어휘를 선택하세요.

| provisionally | quite | reasonably | regularly | quickly | rarely | recently | relatively | rapidly |
| --- | --- | --- | --- | --- | --- | --- | --- | --- |

6 The deadline is ＿＿＿＿＿＿＿＿＿ approaching. 마감일이 빠르게 다가오고 있다.

7 a ＿＿＿＿＿＿＿＿＿ small part 비교적 적은 부분

8 at the next ＿＿＿＿＿＿＿＿＿ scheduled meeting 차기 정기 모임에서

9 innovative and ＿＿＿＿＿＿＿＿＿ priced Italian food 혁신적이고 합리적으로 가격이 책정된 이탈리아 음식

10 The construction project is proceeding ＿＿＿＿＿＿＿＿＿. 건설 프로젝트는 빠르게 진행되고 있다.

● 각각의 문장을 완성할 수 있도록 알맞은 어휘를 선택하세요.

11 Mr. Fillmore was (provisionally/rarely) appointed to serve as the director in the marketing department, but the position will not be filled permanently until next year.

12 Delta Company (seldom/recently) announced that it will hire an outside consultant.

13 Treating every employee (respectfully/separately) is an important thing that business owners have in mind.

14 Renters will be required to pay a $25 replacement fee if the key to their apartment is (sharply/severely) damaged.

15 The exchange rate is not very good at the moment, but it is expected to improve (shortly/since).

정답 **1.** punctually **2.** rapidly **3.** sometime **4.** 조금만, 절약하여, 삼가서 **5.** solely **6.** rapidly **7.** relatively **8.** regularly **9.** reasonably **10.** quickly **11.** provisionally **12.** recently **13.** respectfully **14.** severely **15.** shortly

**119 specially** 특별히, 특히

The Dyson vacuum cleaner was **specially** designed to remove even the smallest dust and dirt particles.

Dyson 진공 청소기는 심지어 미세 먼지와 먼지 입자들을 제거하도록 특별 제작되었다.

**120 strictly** 엄격하게, 철저하게

The number of prizes available for employee of the month is **strictly** limited, so only a few people will be selected.

이달의 사원을 위한 상의 숫자가 엄격하게 제한되어있기 때문에, 몇몇의 사람들만 선정될 것이다.

**121 strategically** 전략적으로

In order to compete **strategically** in a highly competitive market, we have to provide good services and products to the customers.

경쟁이 심한 시장에서 전략적으로 경쟁하기 위해서, 우리는 고객들에게 좋은 서비스와 제품을 제공해야 한다.

**122 still** 아직도, 여전히

The central accounting office has **still** not released the annual spending figures for last year.

중앙 회계 사무실은 아직도 지난 일년 동안의 지출 수치를 공개하지 않았다.

**123 subsequently** 그 후에, 뒤에, ~에 이어서

Ace Rentals won the New Business Customer Satisfaction Award last year and **subsequently** has gained a greater share of the consumer market.

Ace Rentals은 작년에 NCSA 상을 수상했으며 그 후에 고객 시장 점유율을 더 얻었다.

**124 suddenly** 갑자기

Overall customer sales of the companies in this region decreased because temperature dropped so **suddenly**.

온도가 갑자기 떨어졌기 때문에 이 지역 회사들의 전체 고객판매가 줄었다.

**125 surely** 확실히, 분명히

The high level of risk involved in purchasing an older building **surely** justifies a careful examination of the foundation and all electrical wiring.

오래된 빌딩을 구매하는 데 결부된 높은 위험도는 토대와 전기 배선에 대한 꼼꼼한 검사를 확실히 정당화 해줍니다.

**126 surprisingly** 놀랍게도

The *Europe Travel Magazine* hails Rome's Wynn Hotel as **surprisingly** inexpensive given its exceptional amenities and central location.

*Europe Travel Magazine*은 편의시설이나 중앙에 위치해 있다는 것을 고려했을 때 로마의 Wynn Hotel이 놀라울 정도로 저렴하다고 칭찬했다.

**127 systematically** 체계적으로, 구조적으로

The technicians **systematically** tested each circuit to ensure that the emergency lighting equipment was in working order.

기술자들은 비상 조명 장치가 작동하는지를 확실히 하기 위해 각각의 서킷을 체계적으로 점검했다.

**128 temporarily** 일시적으로

Until his computer is repaired, he will **temporarily** be using this office.
그의 컴퓨터가 수리될 때까지, 그는 일시적으로 이 사무실을 사용할 겁니다.

**129 there** 거기에, 그곳에서

Unfortunately, Mr. Clayton cannot attend the conference, but Mr. Cook will be able to represent the company **there**.
안타깝게도, Clayton씨는 회의에 참석할 수 없지만, Cook씨가 거기서 회사를 대표할 것이다.

**130 thereby** 그렇게 함으로써

Teachers at Dalton Academy must take ongoing professional development classes, **thereby** fulfilling state and national requirements.
Dalton Academy 소속 교사들은 진행중인 전문 개발 수업을 들어야만 하며, 그렇게 함으로써 지역과 국가 자격요건을 충족시켜야 한다.

**131 thoroughly** 철저하게

Ms. Scott **thoroughly** researched all the available data before finally presenting her findings to the board of directors.
Scott씨는 이사회에 그녀가 발견한 사실을 마지막으로 제출하기 전에 이용 가능한 모든 데이터를 철저하게 조사했다.

**132 too** 너무 (~한)

Mr. Hales will reorganize his schedule because he has **too** many appointments next month.
Hales씨는 다음 달 너무 많은 약속들이 있기 때문에 그의 일정을 다시 잡을 것이다.

**133 truly** 정말로, 진심으로

Ms. Holland seemed **truly** appreciative of our efforts to secure a good location for her trade-show exhibit.
Holland씨는 그녀의 무역 전시 쇼에 좋은 장소를 확보하기 위한 우리의 노력에 대해 정말로 고마움을 느끼는 것으로 보였다.

**134 unbearably** 참을 수 없게, 참을 수 없을 정도로

The **unbearably** high temperatures of the week have produced record crowds at the public pools.
이번 주 참을 수 없을 정도로 높은 온도는 공공 수영장에서의 기록적인 무리를 만들었다.

**135 unexpectedly** 예상외로, 뜻밖에

Since the restaurant has been **unexpectedly** busy, the owner is planning to recruit more staff.
식당이 예상외로 바빴기 때문에, 소유주가 더 많은 직원을 고용하려고 계획하고 있다.

**136 usually** 보통, 대개

Attendees arriving for late-afternoon sessions at the international trade fair are advised that roads in the vicinity are **usually** crowded at this time.
국제 무역 박람회에서 오후 모임을 위해 도착하는 참석자들은 이 시간에는 근처 길가가 붐빈다는 것에 대해 충고를 듣는다.

**137 very** 매우, 아주

Mr. Smith's bakery has been **very** successful in spite of the recent increase in the price of flour.
Smith씨의 제과점은 최근 밀가루 가격에 상승에도 불구하고 매우 성공적이었다.

**138 well** 잘, 만족스럽게

Even though it was Mr. Perry's first musical performance, he did it remarkably **well** yesterday.
비록 그것이 Perry씨의 첫 번째 음악 공연이었음에도 불구하고, 그는 어제 공연을 눈에 띄게 잘했다.

**139  widely** 널리, 폭넓게

The demand for the new products has increased rapidly recent years <u>since it has been **widely**</u>
<u>advertised throughout the country</u>.

전국적으로 널리 광고가 되었기 때문에 최근 새로운 제품을 위한 수요가 급격하게 증가했다.

**140  yet** 아직, 이제

The extent to which Mr. Holland will be involved in the petrochemical research division <u>is **yet** to be</u>
<u>determined</u>.

Holland씨가 석유화학 연구 분야에 어느 정도 개입할 것인지는 아직 결정되지 않았다.

● 빈칸에 해당하는 어휘와 뜻을 쓰시오.

1 ______________ 널리, 폭넓게

2 unexpectedly ______________

3 ______________ 보통, 대개

4 specially ______________

5 ______________ 엄격하게, 철저하게

● 빈칸에 들어갈 적절한 어휘를 선택하세요.

| strategically | still | subsequently | suddenly | systematically | surprisingly | surely | there |
| thereby | thoroughly |

6 in order to compete ______________ in a highly competitive market 경쟁력이 높은 시장에서 전략적으로 경쟁하기 위해서

7 Mr. Scott ______________ researched all the available data. Scott씨는 이용 가능한 모든 데이터를 철저하게 조사했다.

8 The technicians ______________ tested each circuit. 기술자들은 각각의 서킷을 체계적으로 점검했다.

9 ______________ inexpensive 놀라울 정도로 저렴한

10 because temperature dropped so ______________. 온도가 갑자기 떨어졌기 때문에

● 각각의 문장을 완성할 수 있도록 알맞은 어휘를 선택하세요.

11 The central accounting office has (still/very) not released the annual spending figures for last year.

12 Unfortunately, Mr. Clayton cannot attend the conference, but Mr. Cook will be able to represent the company (there/here).

13 Even though it was Mr. Perry's first musical performance, he did it remarkably (widely/well) yesterday.

14 Ms. Holland seemed (thereby/truly) appreciative of our efforts to secure a good location for her trade-show exhibit.

15 Until his computer is repaired, he will (temporarily/suddenly) be using this office.

---

정답 1. widely 2. 예상외로, 뜻밖에 3. usually 4. 특별히, 특히 5. strictly 6. strategically 7. thoroughly 8. systematically 9. surprisingly
10. suddenly 11. still 12. there 13. well 14. truly 15. temporarily

**1 accommodate** 수용하다

To **accommodate** the increasing number of visitors who park downtown, McCarthy Building Company will construct an additional parking facility.

시내에 주차하는 증가하는 수의 방문객을 수용하기 위해서, McCarthy 건축회사는 추가 주차시설을 건설할 것이다.

**2 account** 설명하다, ~을 ~이라고 생각하다

The recent unusual weather **accounts** for the increase in the price of coffee.

최근 이상한 날씨는 커피 가격의 상승의 (이유를) 설명해준다.

**3 acknowledge** 알리다, 인정하다

Please **acknowledge** the receipt of this document by notifying us through e-mail or fax as soon as possible.

우리에게 팩스나 이메일로 가능한 빨리 공지해서 이 서류의 수령을 알려주세요.

**4 acquire** 매입하다, 얻다, 취득하다

When Times Books **acquires** Hay House in October, several overlapping departments of the two publishing companies will be restructured.

Times Books가 10월에 Hay House를 인수할 때, 두 출판사의 몇몇 중복되는 부서들은 구조조정될 것이다.

**5 address** (문제 등을) 해결해다, 연설하다

Employees are expected to **address** customers' requests and complaints appropriately in accordance with company policy.

직원들은 회사의 정책에 따라서 고객들의 요청과 불평들을 적절하게 해결하도록 요구된다.

**6 administer** 관리하다, 처리하다, 지배하다

All applicants for a driver's license are required to pass a driving test **administered** by the transportation department.

자동차 운전 면허증 신청자들은 교통부가 주관하는 운전시험을 통과해야 한다.

**7 alleviate** 경감하다, 편하게 하다, 완화시키다

Decline in automobile imports has done little to **alleviate** concerns about the country's trade deficit.

자동차 수입의 감소가 국가 무역 적자에 대한 우려를 경감시키는데 제대로 역할을 하지 못했다.

**8 announce** 발표하다, 알리다

The editorial team intends to **announce** major changes to the magazine's image at the monthly meeting.

편집팀은 월례회의에서 잡지 이미지에 대한 주요한 변경사항을 발표하려고 한다.

**9 anticipate** 예견하다, 예상하다

The managers mistakenly **anticipated** that this year's budget would be sufficient to finance all the projects.

매니저들은 금년도 예산이 모든 프로젝트의 재원을 조달하기에 충분할 거라고 잘못 예견했다.

**10**  **appoint** 임명하다, 설립하다

Every year, the board of directors **appoints** a new chief financial officer to oversee the company's financial dealings.

매년, 이사회는 회사의 자금 거래를 감독할 수 있도록 새로운 재무담당 최고 경영자를 임명한다.


**11**  **approach** 다가가다, 접근하다

The deadline for submitting the report is rapidly **approaching**, so we have to work extra hours to finish it on time.

보고서 제출을 위한 마감이 빠르게 다가오고 있어서, 그것을 정시에 끝마칠 수 있도록 우리는 추가근무를 해야 한다.


**12**  **arrange** 마련하다, 정돈하다

Employees should call the local office to **arrange** ground transportation as soon as their plane arrives in New York.

근로자들은 그들의 비행기가 New York에 착륙하자마자 육로 교통 수단 준비를 위해 지사로 전화를 해야 한다.


**13**  **assess** 재다, 가늠하다, 평가하다

An electrician from Provo Utilities will arrive at the Benson Building at 11:45 AM tomorrow to **assess** the wiring problem.

Provo Utilities 소속 전기기술자가 전선 문제를 살펴보기 위해 Benson Building에 내일 오전 11시 45분에 도착할 것이다.


**14**  **assign** 할당하다, 배정하다

New accountants at Quran Financial Services must complete a three-month training course before they are **assigned** accounts to manage.

Quran Financial Services에서 신입 회계사들은 관리할 계정을 할당받기 전에 3개월 훈련 코스를 이수해야만 한다.


**15**  **assume** 맡다, 추정하다

Mr. Hampton will **assume** the title of director of natural resources next month.

Hampton씨는 다음 달에 천연 자원 부장 직책을 맡을 것이다.


**16**  **attempt** 시도하다, 기획하다

In his most recent book, Mr. Smith has **attempted** to blend realism and fantasy.

Smith씨는 최근 책에서 공상과 현실을 혼합하려고 시도했다.


**17**  **attract** 끌다, 끌어당기다

The organizers of the San Jose City Marathon are advertising locally in an effort to **attract** as many runners as possible.

San Jose City 마라톤 주최측은 가능한 한 많은 마라톤 참석자들을 끌어 모으기 위해 지역적으로 홍보하고 있다.


**18**  **attribute** ~의 덕분으로 돌리다

We **attribute** our success to your good advice on marketing strategies.

우리는 우리의 성공을 마케팅 전략에 관한 당신의 훌륭한 조언 덕택이라고 생각한다.


**19**  **authorize** 허가하다, 권한을 주다, 위임하다

The accounting department has **authorized** payment for the technical services provided by Auto Technology, Inc.

회계부서는 Auto Technology사에 의해 제공된 기술 서비스에 대한 지불금을 승인했다.

**20  become** ~이 되다

After opening as the first specialty shop, Raymond quickly **became** one of the most respected businesses in town.

첫 번째 전문점으로 개장한 후에, Raymond는 도시에서 빠르게 가장 평판 있는 사업체 중 하나가 되었다.

**21  break down** 고장 나다

Your signature indicates that you agree to call the Budget Car Rental service number if your vehicle **breaks down**.

당신의 서명은 당신의 차가 고장 나면 Budget Car Rental 서비스 전화번호로 연락하는 것에 동의한다는 것을 명시한다.

**22  cause** 야기하다

The major road construction on Parkway Drive has **caused** traffic delays throughout the downtown area.

Parkway Drive의 대형 도로 공사가 시내 지역에 걸쳐 교통 지연을 야기시켰다.

**23  charge** 청구하다

The park service **charges** camping fees for all vehicles that stay overnight in Nuns Park.

공원 서비스는 Nuns 공원에서 하룻밤 머무는 모든 차량들에게 캠핑 비용을 청구한다.

**24  coincide** 일치하다

The Jakarta conference date conveniently **coincides** with Mr. Han's business trip to Southeast Asia.

Jakarta 회의 날짜는 Han씨의 동남아시아 출장과 편리하게도 일치한다.

● 빈칸에 해당하는 어휘와 뜻을 쓰시오.

**1** _______________ ~이 되다

**4** _______________ 청구하다

**2** break down _______________

**5** coincide _______________

**3** cause _______________

● 빈칸에 들어갈 적절한 어휘를 선택하세요.

> assign　attempt　attract　attribute　arrange　appoint　assume　authorize　access
> approach

**6** The board of directors _______________ a new chief financial officer. 이사회는 새로운 재무담당 최고 경영자를 임명한다.

**7** The deadline is rapidly _______________ 마감이 빠르게 다가오고 있다.

**8** to _______________ ground transportation 육로 교통 수단 준비를 위해

**9** to _______________ the wiring problem 전선 문제를 살펴보기 위해

**10** We _______________ our success to your good advice. 우리는 우리의 성공을 훌륭한 조언의 덕택이라고 생각한다.

● 각각의 문장을 완성할 수 있도록 알맞은 어휘를 선택하세요.

**11** The accounting department has (authorized/attract) payment for the technical services provided by Auto Technology, Inc.

**12** Mr. Hampton will (assign/assume) the title of director of natural resources next month.

**13** The managers mistakenly (anticipated/alleviate) that this year's budget would be sufficient to finance all the projects.

**14** Employees are expected to (inform/address) customers' requests and complaints appropriately in accordance with company policy.

**15** Please (acknowledge/accommodate) the receipt of this document by notifying us through email or fax as soon as possible.

---

**정답**　1. become　2. 고장 나다　3. 야기하다　4. charge　5. 일치하다　6. appoints　7. approaching　8. arrange　9. assess　10. attribute
11. authorized　12. assume　13. anticipated　14. address　15. acknowledge

**25 collaborate** 공동으로 일하다, 공동으로 연구하다

The well-known graphic designer James Johnson **collaborated** with Image Horizon Corporation's marketing division to develop the advertising campaign for Image Horizon's new computer model.

유명한 그래픽 디자이너 James Johnson은 Image Horizon의 새 컴퓨터 모델의 광고 개발을 위해 Image Horizon Corporation의 마케팅 부서와 협력했다.

**26 commend** ~을 칭찬하다, 기리다, 찬양하다

Mr. Blake was **commended** by his manager for creating the advertising campaign that helped increase AKT Company's sales by 20 percent.

Blake씨는 AKT사의 판매를 20%까지 높이는데 도움을 준 광고 캠페인 제작에 대해 매니저로부터 칭찬을 들었다.

**27 compare** 비교하다, 견주어보다

**Compared** to last year, Duval Fashion's clothing exports are projected to have increased nearly 10 percent.

작년과 비교해서, Duval Fashion의 의류 수출은 거의 10% 증가했을 것으로 예상된다.

**28 complete** 완성하다, 이수하다

Job applicants must **complete** the Basic Computer Skills course before their application can be processed by our hiring committee.

구직자들은 그들의 지원서가 우리 고용 위원회에 의해서 처리되기 전에 기초 컴퓨터 코스를 이수해야 한다.

**29 conceive** 생각해내다, 착상하다

Author Susan Graham **conceived** the plot for her latest mystery novel, Black Mountain, during a climbing expedition last May.

작가 Susan Graham은 지난 5월에 등산 탐험을 하면서 그녀의 최신 미스터리 소설인 Black Mountain의 줄거리를 생각해냈다.

**30 conduct** 실시하다, 처신하다, 행동하다

The interior designers had to **conduct** a survey into the affects different colors had on employees in the workplace.

인테리어 디자이너들은 직장에서 각각의 다른 색들이 직원들에게 어떤 여향을 미쳤는지 조사를 실시해야만 했다.

**31 confirm** 확인하다, 승인하다

Ms. Anderson called to **confirm** her appointment with Mr. Peterson tomorrow at 3 o'clock at Red Rock Café.

Anderson씨는 내일 3시 Red Rock 카페에서 Peterson씨와의 약속을 확인하기 위해서 전화했다.

**32 congratulate** 축하하다, ~에게 축하의 말을 하다

The company president **congratulated** Mr. Johnson for securing the contract with Alta Airlines.

그 회사의 사장은 Alta 항공사와의 계약을 맺은 것에 대해 Johnson씨를 축하해주었다.

**33 conserve** 아끼다, 보호하다

One of the major advantages of this new washing machine is that it is designed to **conserve** energy.

이 새로운 세탁기의 주요한 장점들 중의 하나는 에너지를 절약할 수 있도록 고안되었다는 것이다.

**34** **consider** 고려하다, ~를 …로 생각하다

Any employee who is **considering** relocation to our branch office in Hawaii should attend tomorrow's meeting.

하와이에 있는 우리 지사로 옮기려고 고려하는 직원들은 내일 모임에 참석해야 한다.

**35** **consist** 이루어져 있다

Global Commercial Alliance **consists** of more than 1,000 organizations that are active in international trade.

Global Commercial Alliance는 국제 무역에서 활동적인 1,000개 이상의 단체로 이루어져 있다.

**36** **consult** 상의하다, 의견을 묻다

When designing the new products, try to **consult** with your colleagues for better ideas.

새로운 제품을 디자인할 때, 좀 더 나은 아이디어를 위해서 당신의 동료들과 상의하도록 하세요.

**37** **contain** 포함하다, 가지다

The recent publication **contains** information on companies that manufacture computer equipment.

최근의 출판물은 컴퓨터 장비를 제조하는 회사들에 관한 정보를 포함하고 있다.

**38** **contribute** 공헌하다, 기부하다, 주다

Upgrading the technological equipment at Benson Training Center may **contribute** to a better learning experience for the students.

Benson Training Center에 있는 기술적인 설비를 개선하는 것은 학생들을 위한 더 좋은 학습 경험에 공헌할 것입니다.

**39** **convene** 모으다, 소집하다

The board of directors will **convene** next week to approve the new construction project.

그 이사회는 새로운 건설 프로젝트를 승인하기 위해서 다음주에 모일 것이다.

**40** **convert** 전환시키다, 개장하다

City council members approved a plan yesterday to **convert** the old town hall into historical museum.

시의회 멤버들은 낡은 시청을 역사 박물관으로 전환시킬 계획을 어제 승인했다.

**41** **decrease** 감소하다, 줄다

Financial experts note that it is safer to invest in savings accounts than to invest in stocks, which can **decrease** in value.

재정 전문가들은 가치가 감소할 수 있는 주식에 투자하는 것 보다 예금 계좌에 투자하는 것이 더 안전하다고 명시했다.

**42** **deliberate** 숙고하다, 신중히 생각하다

The board of trustees **deliberated** for a full hour about proposed changes to the budget for educational programs.

이사회는 교육 프로그램을 위한 예산에 제안된 변경사항들에 관해서 1시간 내내 심사 숙고했다.

**43** **demonstrate** 보여주다, 설명하다, 논증하다

The technician will visit all local offices to **demonstrate** how the new telephone system works.

기술자는 새로운 전화 시스템이 어떻게 작동되는지 시범 보이기 위해서 모든 지역 사무실을 방문할 것 이다.

**44** **depart** 출발하다

The flight to Los Angeles is scheduled to **depart** at 10:30 AM from Mexico City International Airport.

LA로 가는 비행기가 Mexico City 국제공항에서 오전 10시 30분에 출발하기로 일정이 잡혀있다.

**45  determine** 결정하다

Mr. Covey is **determining** how to best utilize the company's strategy consultants.

Covey씨는 회사의 전략 컨설턴트들을 어떻게 최대로 활용할지 결정할 것이다.


**46  develop** 개발하다, 발달시키다

A team of five certified public accountants has been formed to **develop** the company's new accounting procedures.

회사의 새로운 회계 절차를 개발하기 위해서 5명의 공인 회계사 팀이 구성되었다.


**47  diagnose** 진단하다

Springville Hospital recently purchased several pieces of medical equipment that will enable doctors to **diagnose** illnesses more easily.

Springville 병원은 최근에 의사로 하여금 질병을 좀 더 쉽게 진단할 수 있는 몇몇의 의료 장비를 구입했다.


**48  direct** 보내다, 향하다

The deliveries should be **directed** to the attention of Finn Dunn, the Warehouse supervisor.

배송은 창고 감독관인 Finn Dunn에게 보내져야 한다.


**49  discontinue** 중단하다, 그만두다

Partum Securities is relocating and will be **discontinuing** its operations at its current location.

Partum Securities사가 이전하고 현재 장소에서의 회사 운영을 중단할 것이다.

● 빈칸에 해당하는 어휘와 뜻을 쓰시오.

**1** collaborate ______________

**4** congratulate ______________

**2** ______________ 완성하다, 이수하다

**5** ______________ 아끼다, 보호하다

**3** ______________ 실시하다, 처신하다, 행동하다

● 빈칸에 들어갈 적절한 어휘를 선택하세요.

| commended   contribute   compared   decrease   confirm   consult   contain   consist    convert   conceived |
| --- |

**6** Mr. Blake was ______________ by his manager. Blake씨는 매니저로부터 칭찬을 들었다.

**7** ______________ to last year 작년과 비교해서

**8** ______________ the plot 줄거리를 생각해냈다

**9** called to ______________ her appointment 약속을 확인하기 위해서 전화했다

**10** any employee who is ______________ relocation 옮기려고 고려하는 근로자

● 각각의 문장을 완성할 수 있도록 알맞은 어휘를 선택하세요.

**11** The board of directors will (convene/convert) next week to approve the new construction project.

**12** The board of trustees (demonstrate/deliberated) for a full hour about proposed changes to the budget for educational programs.

**13** The flight to Los Angeles is scheduled to (depart/determine) at 10:30 AM from Mexico City International Airport.

**14** A team of five certified public accountants has been formed to (diagnose/develop) the company's new accounting procedures.

**15** Partum Securities is relocating and will be (discontinuing/discouraging) its operations at its current location.

---

정답   **1.** 공동으로 일하다, 공동으로 연구하다   **2.** complete   **3.** conduct   **4.** 축하하다   **5.** conserve   **6.** commended   **7.** compared   **8.** conceived   **9.** confirm   **10.** considering   **11.** convene   **12.** deliberated   **13.** depart   **14.** develop   **15.** discontinuing

**50 disregard** 무시하다

Please **disregard** this notice if you have already mailed your annual membership fee.
만약 당신이 연례 멤버십 비용을 이미 우편으로 보냈다면 이 공지를 무시하세요.

**51 distract** 정신이 산만하게 하다, 주의를 딴 데로 돌리다

The keynote speaker was temporarily **distracted** by a buzzing noise from a loudspeaker while he was giving his speech.
기조 연설자는 그가 연설하고 있는 동안, 큰 스피커의 윙윙거리는 소음에 의해 잠시 정신이 산만해졌다.

**52 draw** 끌다, 이동하다

When the job market is tight, many individuals **draw** on their particular area of business and hire themselves out as consultants.
인력 시장의 상황이 좋지 않을 때, 많은 사람들은 그들의 특정 사업 영역을 이용하여 고문(상담역)으로 고용된다.

**53 emerge** 나타나다, 나오다

The release of the new products has been delayed due to a problem that **emerged** when they were tested.
새로운 제품의 출시는 그들이 테스트되는 동안에 나타난 문제 때문에 지연되었다.

**54 enable** ~에게 가능하게 하다 (enable A to B A로 하여금 B를 가능케 하다)

A new computer system would **enable** the research department to complete projects much faster.
새로운 컴퓨터 시스템은 연구부서가 프로젝트를 훨씬 빠르게 완성하는 것을 가능하게 했다.

**55 encounter** 맞닥뜨리다, 마주하다

Customers who **encounter** problems with Novel Software products are encouraged to call the company's technical support hotline.
Novel Software 제품으로 문제점에 직면하는 고객들은 회사의 기술 지원 핫라인으로 전화하도록 독려되었다.

**56 enhance** 올리다, 늘리다, 강화하다

Alex's plants are fascinating and will be guaranteed to **enhance** any landscape.
Alex의 식물들은 매혹적이며 그 어떤 경치도 한 층 더 향상시켜 줄 것을 보장한다.

**57 enlarge** 확장하다, 확대하다

The exhibition entitled Ancient Roman Sculpture will be held in the newly **enlarged** West Wing of the museum.
Ancient Roman Sculpture라는 이름의 전시회는 새롭게 확장된 박물관의 West Wing에서 열릴 것이다.

**58 enroll** 등록하다, 명부에 올리다

All new employees can **enroll** in the Employee Mentoring Program during the first year of employment.
모든 새로운 직원들은 고용 첫해 동안 직원 멘토링 프로그램에 등록할 수 있다.

**59  equip** 장비를 갖추다

All Miami Beach safeguards should ensure that their stations <u>are fully **equipped**</u> at the start of each shift.

모든 Miami 해안 구조요원들은 근무 교대 시 그들이 있는 장소에 장비가 완벽하게 갖추어졌음을 확실히 해야 한다.

**60  escort** 바래다 주다, 호위하다

As an usher at the New York Children's Theater, <u>Ms. Taylor was required to **escort** patrons to their seats.</u>

Taylor씨는 New York 아동 극장에서의 안내원으로서 고객들을 그들의 좌석으로 안내하도록 요구되었다.

**61  evaluate** 평가하다

<u>In order for us to **evaluate** Ms. Brown's suitability as a candidate</u>, we need to get her résumé and three recommendations from previous employers.

우리가 후보자로서 Brown씨의 적절성을 평가하기 위해서, 우리는 그녀의 이력서와 전 고용주로부터 3통의 추천서를 받아야 한다.

**62  exceed** 초과하다, 넘어서다

The finance department is predicting that <u>we will **exceed** yearly financial target well in advance.</u>

재정부는 연간 재정 목표치를 조기에 초과할 것이라고 예상하고 있다.

**63  expand** 확장하다

By acquiring Electrode Co., Morton Electronics <u>will **expand** its customer base across the country.</u>

Electrode사를 인수함으로써 Morton Electronics는 전국적으로 고객층을 확장할 것이다.

**64  expire** 만료되다, 만기가 되다

The warranty on your newly purchased television **expires** on December 31.

당신이 새로 구매한 텔레비전의 품질보증은 12월 31일 만료됩니다.

**65  express** 표현하다

The apartment manager has **expressed** <u>concerns</u> that many tenants are not maintaining the inside of their apartments.

아파트 관리자는 많은 입주자들이 그들의 아파트 내부를 관리하고 있지 않다는 우려를 표했다.

**66  extend** 연장하다, 확대하다

<u>Since the local library will be **extending** its hours</u>, residents will have increased access to the facility.

지역 도서관이 운영 시간을 연장할 것이기 때문에, 주민들은 높아진 도서관 접근성을 가지게 될 것이다.

**67  face** 향하다, 직면하다

To understand and monitor <u>the risks their organizations **face**</u>, it is important that the executives have access to appropriate information.

그들 조직이 직면하고 있는 위험을 이해하고 관찰할 수 있도록, 중역들이 적절한 정보를 이용할 수 있는 권한을 갖는 것은 중요하다.

**68  feature** 특징으로 삼다, 특징을 이루다

This year's Worldwide Gardening Show **features** <u>plants</u> from 35 different countries.

금년도 세계 원예 전시회는 각기 다른 35개국으로부터의 식물들을 선보였다.

**69  forward** 보내다, 전달하다

The researchers examined the slides and **forwarded** <u>the results to the management.</u>

연구원들은 슬라이드를 점검하고 결과를 경영진에게 보냈다.

**70  fulfill** 이행하다, 실행하다

We need to hire extra staff members in order to **fulfill** all of the orders by the end of the year.
우리가 연말까지 모든 주문을 완료할 수 있으려면 직원들을 충원할 필요가 있습니다.

**71  gain** 쌓다, 얻다, 획득하다

I would be pleased to start out as an entry-level loan officer until I **gain** the necessary experience.
필요한 경험을 쌓을 때까지 신입 수준의 대출 직원으로 일을 시작하는 것이 좋을 것이다.

**72  grant** ~를 주다, 수여하다

Slattern Company **grants** employees an extra week of vacation when they have worked for five years.
Slattern Company는 5년 근무를 한 직원들에게 1주 휴가를 추가적으로 제공한다.

**73  guarantee** 보장하다

In order to **guarantee** same day delivery, payment must be made in advance.
당일 배달을 보장할 수 있도록, 금액은 미리 지불되어야 한다.

● 빈칸에 해당하는 어휘와 뜻을 쓰시오.

**1** _______________ 초과하다, 넘어서다

**2** escort _______________

**3** _______________ 확장하다

**4** evaluate _______________

**5** _______________ 만료되다, 만기가 되다

● 빈칸에 들어갈 적절한 어휘를 선택하세요.

| disregard  draw  enable  enhance  enroll  distract  emerge  encounter  enlarge  equip |
| --- |

**6** All new employees can _______________ in the Employee Mentoring Program.
모든 새로운 직원들은 고용 첫해에 직원 멘토링 프로그램에 등록할 수 있다.

**7** customers who _______________ problems with Novel Software products
Novel Software 제품으로 문제점에 직면하는 고객들은

**8** Please _______________ this notice. 이 공지를 무시하세요.

**9** _______________ the research department to complete projects much faster.
연구부서로 하여금 프로젝트를 훨씬 빠르게 완성할 수 있도록 가능케 했다.

**10** the newly _______________ West Wing of the museum 새롭게 확장된 박물관의 West Wing

● 각각의 문장을 완성할 수 있도록 알맞은 어휘를 선택하세요.

**11** The researchers examined the slides and (fulfilled/forwarded) the results to the management.

**12** I would be pleased to start out as an entry-level loan officer until I (gain/equip) the necessary experience.

**13** Slattern Company (grants/handle) employees an extra week of vacation when they have worked for five years.

**14** In order to (emerge/guarantee) same day delivery, payment must be made in advance.

**15** To understand and monitor the risks their organizations (face/feature), it is important that the executives have access to appropriate information.

---

정답 **1**. exceed **2**. 바래다 주다, 호위하다 **3**. expand **4**. 평가하다 **5**. expire **6**. enroll **7**. encounter **8**. disregard **9**. Enable **10**. enlarged
**11**. forwarded **12**. gain **13**. grants **14**. guarantee **15**. face

**74** **hold** 개최하다, 붙들다, 잡다

The annual office party will be **held** in room 101 of the McKay Building.
연례 사무실 파티는 McKay 빌딩 101호에서 열릴 것이다.

**75** **hesitate** 주저하다, 망설이다, 머뭇거리다

If you have any further questions, please do not **hesitate** to telephone me.
만약 추가적인 질문이 있으시다면, 저에게 전화하는 것을 주저하지 마세요.

**76** **hire** 고용하다

The builder has to **hire** more carpenters to meet the scheduled deadlines.
건설업자는 예정된 마감일을 맞추기 위해서 더 많은 목수들을 고용해야만 한다.

**77** **implement** 시행하다, 수행하다

The human resources department has decided to **implement** a more rigorous training program for new employees.
인사부는 신입사원들을 위해 보다 강도 높은 연수 프로그램을 시행하기로 결정했다.

**78** **increase** 인상시키다, 증가하다

The company decided to **increase** the price of the finished products as a result of the rising cost in raw materials.
회사는 원자재 가격 인상의 결과로 완제품의 가격을 인상하기로 결정했다.

**79** **indicate** 보여주다, 나타내다

The results of our survey **indicate** a preference for full-size automobiles over compact ones because of safety reasons.
우리의 조사결과는 안전상의 이유 때문에 소형자동차에 비해 대형자동차를 선호하는 것을 보여준다.

**80** **induce** 유발하다, 설득하다

Research indicates that Breathe Right, a newly developed cold medicine, may **induce** sleep.
연구는 새로 개발된 감기약인 Breathe Right이 잠을 유발할 수 있다는 것을 나타낸다.

**81** **influence** 영향을 주다

The president of Lawton Appliances hopes that the new price reductions will positively **influence** consumer spending.
Lawton Appliances의 사장은 새로운 가격인하가 소비자 지출에 긍정적으로 영향을 끼치기를 희망한다.

**82** **inform** 알리다, 통지하다

Please **inform** the building manager that the finance committee will be out of conference room C by 2 PM.
오후 2시까지 금융 위원회는 C회의실을 나갈 것이라고 빌딩 관리자에게 알려주세요.

**83 inspect** 점검하다, 조사하다

All refurbished cameras <u>are thoroughly **inspected**</u> by certified service technicians before being resold.

새롭게 단장된 모든 카메라들은 재판매 전에 공인된 서비스 기술자에 의해 철저하게 점검된다.

**84 install** 설치하다

The new laser printer arrived yesterday, but <u>it has not been **installed** yet</u>, so please continue using the old one until further notice.

새 레이저 프린터가 어제 도착했는데 아직 설치되지 않았기 때문에, 추후공지가 있을 때까지 옛날 것을 계속해서 사용해주세요.

**85 intend** ~할 작정이다, ~하려고 생각하다

Before publishing in a journal, Mr. Anderson **intends** <u>to conduct a vigorous analysis of his study</u>.

학술지에 출간하기 전에, Anderson씨는 그의 연구의 심도 있는 분석을 실시할 작정이다.

**86 interact** 상호 작용하다

The ability to <u>**interact** effectively</u> with others is of great importance for managers.

다른 사람과 효율적으로 상호 작용할 수 있는 능력은 매니저에게 있어서 상당히 중요한 것이다.

**87 last** 지속하다, 계속하다

The synthetic materials developed by Olsen Labs <u>are guaranteed to **last** longer than those of competitors</u>.

Olsen Labs에 의해서 개발된 합성 원료는 경쟁자들의 제품보다 더 오래 지속되는 것이 보장된다.

**88 launch** 시작하다, 착수하다, 출시하다

Delta Automobiles <u>will **launch** an intense advertising campaign</u> to boost sales.

Delta Automobiles는 판매를 증가시키기 위해 집중 광고를 시작할 것이다.

**89 leave** 남기다, 떠나다

Prior to the meeting, <u>Mr. Manning **left** extra copies of the agenda</u> in his office.

회의 전에, Manning씨는 회의 안건 사본의 여분을 그의 사무실에 남겨두었다.

**90 limit** 제한하다

Seminars at the Marriot Business Center <u>will be **limited** to twenty people</u> to allow for interactive discussions and personalized attention.

Marriot Business Center에서의 세미나들은 상호호환적인 토론과 개인별 집중을 위해서 20명으로 제한될 것이다.

**91 locate** ~의 정확한 위치를 찾아내다, 가리키다

Hotel employees will be happy to help <u>guests **locate** a nearby restaurant or movie theater</u>.

호텔 직원들은 손님들이 근처 레스토랑이나 극장을 찾도록 기꺼이 도울 것이다.

**92 mandate** 지시하다, 명령하다

New safety standards approved last month <u>**mandate** all workers wear hard hats</u> in construction areas.

지난달에 승인된 새로운 안전 절차들은 모든 근로자들이 건설 지역에서 안전모를 착용해야 한다고 지시하고 있다.

**93  meet** (기대 등을) 충족시키다, ~을 만나다

Haydon Paper Company achieved a double-digit increase in quarterly earnings, but its profits did not **meet** analysts' expectations.

Haydon Paper Company는 분기별 소득에서 두 자리 수 증가를 달성했지만, 수익은 분석가들의 기대에 미치지 못했다.


**94  negotiate** 협상하다, 협의하다

Sports agent Mr. Amandine Haddad is known for skillfully **negotiating** contracts for the athletes he represents.

스포츠 에이전트인 Amandine Haddad씨는 그가 대표하는 운동선수들을 위한 계약을 기교 있게 협상하는 것으로 잘 알려져 있다.


**95  notify** 알리다, 신고하다

Call Mr. Davis from the airport, so he can **notify** his boss of your arrival.

Davis씨가 그의 상관에게 당신의 도착을 알릴 수 있도록, 공항에서 그에게 전화해주세요.


**96  obtain** 취득하다, 얻다, 획득하다

The UTA offers the hands-on instruction that students need to **obtain** a commercial driver's license.

UTA는 운전면허증을 취득하기 위해 학생들이 필요로 하는 실전 교육을 제공한다.


**97  occupy** 점유하다, 차지하다

The New Wave Department Store **occupies** an entire city block in the heart of the commercial district.

New Wave 백화점은 상업지구 중심의 시 전체 블록을 점유하고 있다.

● 빈칸에 해당하는 어휘와 뜻을 쓰시오.

**1** _______________ 취득하다, 얻다, 획득하다

**4** _______________ (기대 등을) 충족시키다, ~을 만나다

**2** _______________ 협상하다, 협의하다

**5** mandate _______________

**3** occupy _______________

● 빈칸에 들어갈 적절한 어휘를 선택하세요.

| locate | leave | interact | intends | inspect | limit | launch | last | installed | inform |
|---|---|---|---|---|---|---|---|---|---|

**6** Please _______________ the building manager. 빌딩 관리자에게 통보해주세요.

**7** it has not been _______________ yet 아직 설치되지 않았기 때문에

**8** Mr. Anderson _______________ to conduct a vigorous analysis of his study.
Anderson씨는 그의 연구를 심도 있게 분석을 실시할 작정이다.

**9** the ability to _______________ effectively 효율적으로 상호 작용할 수 있는 능력

**10** Delta Automobiles will _______________ an intense advertising campaign.
Delta Automobiles는 집중 광고를 시작할 것이다.

● 각각의 문장을 완성할 수 있도록 알맞은 어휘를 선택하세요.

**11** The annual office party will be (hesitate/held) in room 101 of the McKay Building.

**12** The human resources department has decided to (implement/hire) a more rigorous training program for new employees.

**13** The company decided to (increase/indicate) the price of the finished products as a result of the rising cost in raw materials.

**14** Research indicates that Breathe Right, a newly developed cold medicine, may (induce/influence) sleep.

**15** Hotel employees will be happy to help guests (meet/locate) a nearby restaurant or movie theater.

정답  **1.** obtain **2.** negotiate **3.** 점유하다, 차지하다 **4.** meet **5.** 지시하다, 명령하다 **6.** inform **7.** installed **8.** intends **9.** interact
**10.** launch **11.** held **12.** implement **13.** increase **14.** induce **15.** locate

**98 operate** 운행하다, 작동하다

Beginning on June 1 and continuing through August 25, the Diego Island Ferry will **operate** on its summer schedule, with five crossings daily.

6월 1일부터 시작해서 8월 25일 까지, Diego Island Ferry는 매일 5번 왕복운행을 하며 여름 스케줄대로 운행할 것이다.

**99 organize** 준비하다, 정리하다, 조직하다

Mr. Petra deserves credit for **organizing** successful social gatherings for clients of the Sherwood Construction Company.

Petra씨는 Sherwood Construction 회사 고객들을 위한 사교 모임을 성공적으로 준비한 것에 대한 공로를 인정받을 자격이 된다.

**100 outfit** 갖추어 주다

Each participant in the Lake Rabin canoe safety course will be **outfitted** with a flotation device.

Lake Rabin 카누 안전 코스에 참석하는 사람은 부양장비를 갖추게 될 것이다.

**101 pardon** ~를 용서하다

Please **pardon** the appearance of the hotel lobby while renovations are taking place.

개조 공사가 진행되는 동안 호텔 로비의 모습(어수선함)을 양해 바랍니다.

**102 peak** 최고조에 달하다

The price of heating oil **peaked** in November when suppliers were unable to meet demand.

공급업자들이 수요를 맞출 수 없었던 11월에 난방연료의 가격이 최고조에 달했다.

**103 personalize** 개인화하다

At Springville Realty, employees are encouraged to **personalize** their work area with photographs, souvenirs, and other decorative objects.

Springville Realty에서는 모든 직원들이 그들의 근무 공간을 사진, 기념품 그리고 다른 장식품들로 개인의 필요에 맞추도록 권장되었다.

**104 place** 놓다, 배치하다 (place an order 주문하다)

Provided you can ensure delivery within two weeks, we intend to **place** our orders with your textile company.

만약 당신이 2주안에 배달해 주실 것을 보장해 주신다면 우리는 당신의 직물회사에 주문할 의향이 있습니다.

**105 possess** 소지하다, 소유하다, 갖추다

Any employee who operates company vehicles must **possess** a valid driver's license.

누구든 회사 차량을 운전하는 직원은 유효한 운전면허증을 소지해야 한다.

**106 postpone** 연기하다

Due to poor weather conditions, the outdoor event will be **postponed** until further notice.

좋지 않은 기상 상황으로, 옥외 행사가 추후공지가 있을 때까지 연기될 것이다.

**107 present** 제시하다, 증정하다

To enter the Gresham hall, you must **present** your identification badge to the security guard at the door.

Gresham Hall에 들어가기 위해서는 문에서 보안 경비에게 신분증을 제시해야만 한다.

**108 prevent** 방지하다, 예방하다

Mr. Smith is asking the computer services department to take the necessary steps to **prevent** another computer system failure.

Smith씨는 또 다른 컴퓨터 시스템 고장을 방지하기 위해서 컴퓨터 서비스 부서에 필요한 조치를 취해달라고 부탁했다.

**109 proceed** 진행되다, 계속해서 ~을 하다, 나아가다

Negotiations on deciding prices for new warehouse facilities are **proceeding** very well.

새로운 창고 시설물들을 위한 가격을 정하는 협상이 매우 잘 진행되고 있다.

**110 process** 가공하다, 처리하다

Baby Johnson Company specializes in **processing** fresh fruits such as apples, bananas, and peaches into baby foods.

Baby Johnson사는 사과, 바나나, 복숭아 같은 신선한 과일을 유아 음식으로 가공하는 것을 전문으로 한다.

**111 prolong** 연장하다

We need to perform maintenance work on a regular basis to **prolong** the life of the equipment.

우리는 장비의 수명을 연장하기 위해서 정기적으로 보수유지 작업을 해야 한다.

**112 promote** 승진하다, 홍보하다

Ms. Helen has been **promoted** to manager of the Red Lotus Hotel and will be supervised by Mr. Ping.

Helen씨는 Red Lotus Hotel 매니저로 승진했고 Ping씨의 관리를 받게 될 것이다.

**113 propose** 제안하다

If you have ideas for merchandising new items that you would like to **propose** for next year, please give them to Mr. Anderson in the marketing department.

내년을 위한 새로운 상품 마케팅을 위해 당신이 제안하고 싶은 아이디어가 있다면 그것들을 마케팅 부서에 있는 Anderson씨에게 제출해 주세요.

**114 provide** 제공하다

The National Society of Economists will **provide** leadership training programs to develop experience for youth interested in the field.

국립 경제학자 단체는 관심이 있는 젊은이들이 경험을 발전시킬 수 있도록 리더십 연수 프로그램을 제공할 것이다.

**115 purchase** 구매하다

Some fans lined up outside of the box office for hours to **purchase** a ticket for the concert.

몇몇의 팬들은 공연 티켓을 구매하기 위해서 매표소 밖에서 수시간 동안 줄을 서 있었다.

**116 qualify** ~에게 자격을 부여하다

According to the brochure, any purchases over $500 **qualifies** for free shipping and handling.

소책자에 의하면, 500달러 이상의 구매는 무료 취급과 배달을 위한 자격이 있다.

**117　raise** 올리다, 들어올리다

Due to a significant increase in the price of paper, newspapers are being forced to **raise** subscription rates.

종이 가격의 상당한 상승 때문에 신문사들은 구독료를 올리라는 강요를 받아오고 있다.

**118　reach** 닿다, 도달하다, 도착하다

Heath Advertising uses street posters to help its clients **reach** an audience of young professionals living in urban area.

Heath Advertising은 길거리 포스터를 이용해서 고객들이 도심지역에 살고 있는 젊은 전문가들에게 다가갈 수 있도록 돕고 있다.

**119　recognize** 인정받다, 생각해내다, 인지하다

At last month's company banquet, thirty employees were **recognized** for having served the company for 20 years.

지난 달 회사 연회에서, 30명의 근로자들이 회사를 위해 20년 동안 일한 것에 대해 공로를 인정받았다.

**120　recommend** 권고하다, 추천하다

A bank **recommends** its customers to change their password at least three times a year.

은행은 고객들에게 그들의 비밀번호를 적어도 1년에 3번 교체하도록 권고한다.

**121　recruit** 고용하다

In anticipation of an increasing seasonal demand, Ms. Simpson decided to **recruit** ten additional customer service representatives.

증가하는 계절의 수요를 예상해서 Simpson씨는 10명의 추가 고객 서비스 담당자를 고용하기로 결정했다.

● 빈칸에 해당하는 어휘와 뜻을 쓰시오.

**1** organize ______________　　　　**4** peak ______________

**2** ______________ 갖추어 주다　　　　**5** operate ______________

**3** ______________ ~를 용서하다

● 빈칸에 들어갈 적절한 어휘를 선택하세요.

| personalize　place　possessing　postponed　prolong　present　prevent　proceeding |
| :-- |
| process　promote |

**6** Ms. Helen has been ______________ to manager. Helen씨는 매니저로 승진했다.

**7** specializes in ______________ fresh fruits into baby foods 신선한 과일을 유아 음식으로 가공하는 것을 전문으로 한다

**8** Negotiations are ______________ very well. 협상이 매우 잘 진행되고 있다.

**9** to ______________ another computer system failure 또 다른 시스템 고장을 방지하기 위해서

**10** The outdoor event will be ______________ until further notice. 옥외 행사가 추후공지가 있을 때까지 연기될 것이다.

● 각각의 문장을 완성할 수 있도록 알맞은 어휘를 선택하세요.

**11** Any employee who operates company vehicles must (possess/present) a valid driver's license.

**12** Provided you can ensure delivery within two weeks, we intend to (place/personalize) our orders with your textile company.

**13** Please (pardon/peak) the appearance of the hotel lobby while renovations are taking place.

**14** Each participant in the Lake Rabin canoe safety course will be (organize/outfitted) with a flotation device.

**15** Beginning on June 1 and continuing through August 25, the Diego Island Ferry will (operate/prolong) on its summer schedule, with five crossings daily.

정답　**1.** 준비하다, 정리하다, 조직하다　**2.** outfit　**3.** pardon　**4.** 최고조에 달하다　**5.** 운행하다, 작동하다　**6.** promoted　**7.** processing　**8.** proceeding **9.** prevent　**10.** postponed　**11.** possess　**12.** place　**13.** pardon　**14.** outfitted　**15.** operate

**122 regain** 되찾다, 회복하다

Gary Tea Company is relying on a new innovative advertising campaign in order to **regain** its former position in the market.

Gary Tea Company는 시장에서 과거의 위치를 되찾기 위해서 새로운 혁신적인 광고 캠페인에 의존하고 있다.

**123 reimburse** 상환하다, 변상하다, 배상하다

Employees wishing to be **reimbursed** for mileage need to submit travel expense forms with their time sheets.

마일리지를 상환받기를 원하는 직원들은 그들의 근무시간 기록표와 여행경비 양식을 제출해야 한다.

**124 reject** 거부하다, 거절하다 (be rejected by ~에 의해서 거절되다)

The publishing task force had to delay the project after the initial plan was **rejected** by the clients.

출판 전담팀은 초기 계획이 고객에 의해서 거부된 후 프로젝트를 연기했어야만 했었다.

**125 remain** 남다, 잔존하다

Business relations between the two companies **remain** harmonious despite some points of disagreement.

몇 가지 점에서 불일치 함에도 불구하고 두 회사의 사업관계는 여전히 좋다.

**126 remind** 상기시키다, 일깨우다

After he caught an employee making a personal phone call at work, Mr. Lewis **reminded** all employees that it is not allowed.

Lewis씨는 그의 직원이 직장에서 개인 전화를 하는 것을 목격한 후에, 모든 직원들에게 직장에서 전화하는 것이 허용되지 않는다고 상기시켜주었다.

**127 replace** 대체하다, 대신하다

An economic report indicated that due to its convenience, online shopping is gradually **replacing** traditional shopping methods.

경제 보고서가 명시하길 편리성 때문에, 온라인 쇼핑이 점차 재래적인 쇼핑 방법을 대체하고 있다고 했다.

**128 represent** 대표하다, 나타내다

MC Software Inc. plans to export its products to Italy and is looking for an agent who can **represent** the company in the country.

MC Software사는 자신의 제품을 이탈리아에 수출할 계획이며 그 지역에서 회사를 대표해줄 에이전트를 찾고 있다.

**129 require** 필요로 하다, 필요하다 (be required to ~하도록 요구되다)

Technicians are **required** to wear protective gloves and goggles at all times in the laboratory.

기술자들은 실험실 안에서 항상 보호 장갑과 안경을 착용하도록 요구된다.

**130 reserve** 예약하다

In order to **reserve** a table for the luncheon, you need to call at least 24 hours in advance.

점심 식사를 위한 테이블을 예약하기 위해서, 적어도 24간 전에 전화를 해야 한다.

**131 restore** 복원하다, 회복하다

The city has contracted with the local architectural firm to **restore** the historical Royal Mansion to its former glory.

시는 역사적인 Royal Mansion을 이전의 영광으로 복원하기 위해서 지방 건축회사와 계약을 체결했다.

**132 restrict** 제한하다

All mobile phones and personal electrical devices are **restricted** in all special care units of Orem hospital.

모든 휴대폰과 개인 전기 장비는 Orem 병원 내 중환자실에서 제한된다.

**133 resume** 재개하다

Factory production will **resume** as soon as the mechanic installs the new part.

공장 생산은 기계공이 새로운 부품을 설치하자마자 재개될 것이다.

**134 retain** 유지하다

In order to **retain** some of its original flavors and freshness, food should be kept in the refrigerator.

원래의 맛과 신선도를 유지하기 위해서 음식은 냉장고에 보관되어야 한다.

**135 rush** 서두르다, 돌진하다

The clerical support team **rushed** to finish the project because the audit and inspection sessions will be carried out within three days.

사무지원팀은 회계감사와 점검 세션이 3주안에 시행될 것이기 때문에 프로젝트를 마치기 위해서 서둘렀다.

**136 schedule** 일정을 잡다, 예정하다

Technology Director Peter Nelson has **scheduled** the next training seminar on the automated payroll system for May 20.

기술 이사인 Peter Nelson은 자동화 결제 시스템에 대한 다음 교육 세미나를 5월 20일로 잡았다.

**137 select** 선정하다, 고르다

Once the applicants submit their application, we can begin **selecting** candidates to interview.

지원자들이 지원서류를 제출하고 나면 우리가 면접할 후보 선정을 시작할 수 있게 된다.

**138 specialize** 전문적으로 하다, 전공하다

Data Max Inc., one of the city's newest businesses, **specializes** in database development and management.

그 도시의 신규 기업 중의 하나인 Data Max사는, 데이터베이스 개발과 관리를 전문으로 한다.

**139 substitute** 대체하다, 대신하다

In every recipe published in Easy Cooking magazine, you may **substitute** olive oil for butter.

Easy Cooking magazine에 출간된 모든 레시피들에 있어, 버터대신 올리브 오일로 대체할 수 있다.

**140 summarize** 요약하다

The responses to the survey on regional salary expectations for accountants are **summarized** in the following report.

회계사들을 위한 지역 희망 연봉 관련 설문조사에 대한 응답들이 다음 보고서에 요약되었다.

**141 take place** 일어나다, 발생하다, 개최되다

The Marketing Department's annual holiday party will **take place** next Thursday from 6 – 8 PM.

마케팅 부서의 연휴 파티는 다음 주 목요일 오후 6시~8시에 있을 것이다.

**142 raise** 올리다, 들어올리다

The export projections show that we will need to **raise** next year's production by 15 percent.

무역 예측은 우리가 내년 생산을 15% 올릴 필요가 있다는 것을 보여준다.

**143 transfer** 옮기다, 이동하다, 이전하다

Because Mr. Strong was not pleased with recent policy changes at City Bank, he has **transferred** his funds to Zion Bank.

Strong씨는 최근 City Bank의 방침 변경에 만족하지 못했기 때문에, 그의 자금을 Zion Bank로 옮겼다.

**144 turn off** 끄다

During the conference, please **turn off** mobile phones until the first session finishes.

컨퍼런스 동안에는, 첫 세션이 끝날 때까지 휴대폰을 꺼주십시오.

**145 unveil** 발표하다, 베일을 벗기다

Cannon will **unveil** at least four new products to the public at this year's technology expo.

Cannon은 올해 기술 엑스포에서 최소 4개의 신제품을 대중에게 발표할 것이다.

● 빈칸에 해당하는 어휘와 뜻을 쓰시오.

**1** ______________ 요약하다

**2** transfer ______________

**3** ______________ 올리다, 들어올리다

**4** take place ______________

**5** ______________ 발표하다, 베일을 벗기다

● 빈칸에 들어갈 적절한 어휘를 선택하세요.

> restrict　　resume　　retain　　retain　　rushed　　schedule　　selecting　　specializes　　substitute
>
> summarized

**6** The responses are ______________ in the following report. 응답들이 다음 보고서에 요약되었다.

**7** Data Max Inc., ______________ in database development and management.
Data Max사는 네이터베이스 개발과 관리를 전문으로 한디.

**8** We can begin ______________ candidates to interview. 우리가 면접할 후보 선정을 시작할 수 있게 된다.

**9** The clerical support team ______________ to finish the project. 사무지원 팀은 프로젝트를 마치기 위해서 서둘렀다.

**10** Factory production will ______________. 공장 생산은 재개될 것이다.

● 각각의 문장을 완성할 수 있도록 알맞은 어휘를 선택하세요.

**11** In order to (reserve/restore) a table for the luncheon, you need to call at least 24 hours in advance.

**12** MC Software Inc. plans to export its products to Italy and is looking for an agent who can (represent/require) the company in the country.

**13** After he caught an employee making a personal phone call at work, Mr. Lewis (replaced/reminded) all employees that it is not allowed.

**14** The publishing task force had to delay the project after the initial plan was (rejected/remained) by the clients.

**15** Gary Tea Company is relying on a new innovative advertising campaign in order to (reimburse /regain) its former position in the market.

---

**정답** 1. summarize 2. 옮기다, 이동하다, 이전하다 3. raise 4. 일어나다, 발생하다, 개최되다 5. unveil 6. summarized 7. specializes
8. selecting 9. rushed 10. resume 11. reserve 12. represent 13. reminded 14. rejected 15. regain

新 완전절친
TOEIC

# 실전모의고사

**101.** The assistant is ------- done entering all the data and will probably be able to finish a few hours before the deadline.

(A) actually
(B) almost
(C) already
(D) always

**102.** The designer presented two samples for the campaign poster, but the advertising chief had no -------.

(A) prefer
(B) preferable
(C) preferably
(D) preference

**103.** ------- beat the competitors and gain market share, the IT firm sped up the development of the new product.

(A) As long as
(B) In order to
(C) Regardless of
(D) So that

**104.** Mary Cain had to cancel her ------- to the business magazine when she was assigned to an overseas branch.

(A) preparation
(B) publication
(C) specification
(D) subscription

**105.** The selling point of the new vocabulary software for children is that it is educational and -------.

(A) amuse
(B) amusement
(C) amusing
(D) amusingly

**106.** The interoffice memo says that the customer survey results are being analyzed now and ------- circulated shortly.

(A) has been
(B) is
(C) will be
(D) would be

**107.** Comin' Home Estate has friendly and ------- agents who can help you find your ideal home in Mayville.

(A) acceptable
(B) comfortable
(C) enjoyable
(D) knowledgeable

**108.** ------- designed by French architect Jean André, the hotel offers elegance and luxury in the heart of the city.

(A) Unique
(B) Uniquely
(C) Uniqueness
(D) Uniquenesses

109. ------- next Monday, all the employees will be required to apply for vacation days via the intranet.

(A) Start
(B) Started
(C) Starting
(D) Starts

110. The aircraft manufacture's plan to relocate its main office was ------- with strong criticism from its stockholders.

(A) had
(B) met
(C) seen
(D) taken

111. While our headquarters are located in Louisville, we have offices in many cities all ------- the country.

(A) across
(B) beyond
(C) through
(D) within

112. According to local media, the toll hike on Highway Y7 is due to a significant increase in ------- costs.

(A) maintain
(B) maintainable
(C) maintained
(D) maintenance

113. The report shows that the unemployment rate in the state is expected to ------- decline in the next two years.

(A) countlessly
(B) exclusively
(C) gradually
(D) immediately

114. Not wanting to wait for the situation to calm down, the CEO decided to explain the allegations against him -------.

(A) instead
(B) rarely
(C) toward
(D) whereas

115. Due to a recently discovered system error, the video game developer will likely delay ------- the new software.

(A) launch
(B) launched
(C) launching
(D) to launch

116. Please complete the highlighted ------- of the attached form and bring it with you on your first day of employment.

(A) chapter
(B) example
(C) placement
(D) section

117. Kurt Stein, often ------- to as one of the greatest practicing conductors, will release his memoirs at the end of the month.

(A) refer
(B) referable
(C) referral
(D) referred

118. After long consideration, the personnel chief chose the candidate ------- major was electrical engineering.

(A) that
(B) which
(C) whom
(D) whose

119. The company is committed to creating a fair and inclusive workplace through open and ------- policies and practices.

(A) candid
(B) frank
(C) innocent
(D) transparent

120. ------- it finds a big sponsor, the non-profit organization will not be able to stay afloat for long.

(A) Since
(B) Unless
(C) Until
(D) When

*GO ON TO THE NEXT PAGE*

121. The major retail chain is planning to open
new stores in several cities in order to offer
more ------- priced goods to more people.

(A) competition
(B) competitive
(C) competitively
(D) competitor

122. The aim of this proposal is to ------- the
development of biomass for electricity
generation projects in developing countries.

(A) accelerate
(B) bring
(C) enforce
(D) perform

123. Tina's Kitchen offers a beautiful beachfront
setting and serves a variety of international
dishes ------- with local specialties.

(A) along
(B) beside
(C) ever
(D) though

124. Medical institutions cannot disclose any
personal health information to insurance
companies without ------- from the patient.

(A) authority
(B) authorization
(C) authorize
(D) authorized

125. The manager was surprised that the new
recruit's cost-reduction plan was -------
calculated.

(A) magnificently
(B) mannerly
(C) measurably
(D) meticulously

126. All the materials on this Web site can be
freely reproduced for non-commercial
purposes, ------- that the source is
acknowledged.

(A) provide
(B) provided
(C) provides
(D) to provide

127. HTO, Inc. has been designing and
manufacturing electrically ------- materials
for more than 30 years.

(A) conduct
(B) conducted
(C) conductive
(D) conductor

128. Hudson City Library patrons should be
aware that there will be a ------- of $100 for
each lost item.

(A) charge
(B) money
(C) pay
(D) price

129. Ken Willis left his umbrella on the train going
to work, and he had to buy ------- at the end
of the day.

(A) it
(B) one
(C) this
(D) that

130. ------- applicants number more than 500, we
will have to reserve a larger venue for the
event.

(A) If
(B) Despite
(C) Regarding
(D) Then

**Directions:** Read the texts that follow. A word, phrase, or sentence is missing in parts of each text. Four answer choices for each question are given below the text. Select the best answer to complete the text. Then mark the letter (A), (B), (C), or (D) on your answer sheet.

**Questions 131-134** refer to the following notice.

It's time once again for our yearly in-house _______ of discontinued items and slightly damaged
**131.**
returned items. This is your chance to acquire those dreamed-of products: lawn chairs,
gardening  tools, paint, lumber, and bathroom fixtures. These and many more items will be
available for employees to purchase at less than half of their retail price. _______ , the first 50
**132.**
employees through the door get an extra 15 percent off their total purchase. The sale will be
held at Warehouse No. 3 on Saturday, January 15th. _______ . There will be no returns, refunds,
**133.**
or exchanges during _______ after the event.
**134.**

131. (A) inspection
     (B) inventory
     (C) opening
     (D) sale

132. (A) For example
     (B) In addition
     (C) Of course
     (D) On the contrary

133. (A) All refunds or exchanges require an
         original receipt from the day of
         purchase.
     (B) All sales are final, so please check your
         goods carefully before purchasing.
     (C) Employees must show identification in
         order to process a merchandise return.
     (D) If you find any items have been
         damaged, come to the customer service
         counter.

134. (A) but
     (B) for
     (C) or
     (D) so

*GO ON TO THE NEXT PAGE*

Hi Jackson,

I have a request and you may not like it. ------- . I said I would check with you to see -------
135.                                                                                                                                          136.
that's possible. I know it's a big job collecting pictures and descriptions from various teams

and ------- to put it all together. If you could let me know what it would take to ------- that
137.                                                                                                                        138.
catalog drop any earlier, even a week, that would be great. If you need more help, I can assign

you a few temporary assistants.

Let me know by end of business today.

Thanks,

Russ

**135.** (A) I've just come from a meeting with the marketing team about the new product line.
(B) President Hughes asked if the catalog can be finished any sooner than November 15.
(C) We need the office you've been using for our new vice-president, Mr. Whitmore.
(D) You've been trying to get sales up in the Northwest region without much success.

**136.** (A) as
(B) if
(C) though
(D) when

**137.** (A) tried
(B) tries
(C) try
(D) trying

**138.** (A) make
(B) receive
(C) submit
(D) turn

---

### Training for Home Energy Raters

Home energy raters are employed by builders of Energy Plus certified homes. In order to become a rater, you need to complete the necessary training at any one of the Energy Plus offices ------- the region. ------- . Training topics cover the purpose and benefits of home
**139.**  **140.**
energy ratings and ------- to communicate those points to potential customers. You will also
**141.**
------- how to compile home energy ratings from building plans and field inspections. To learn
**142.**
more about the training locations and times, visit our Web site at www.energyplustraining.net.

---

**139.** (A) beyond
(B) over
(C) throughout
(D) to

**140.** (A) Energy Plus home energy raters act as liaisons between the builder and customer.
(B) The offices are all within St. Breem city limits and can be reached by train or bus.
(C) The training takes six hours and is a combination of reading, lectures, and tests.
(D) You can do the training from home using the Energy Plus online tutoring system.

**141.** (A) how
(B) what
(C) whether
(D) who

**142.** (A) consider
(B) learn
(C) suggest
(D) tell

*GO ON TO THE NEXT PAGE*

## Latest Hudsonville Resident Survey Results

The latest resident survey ------- out to the city of Hudsonville shows an unprecedented level
**143.**

of satisfaction in the quality of city services. The Hudsonville city council reviewed the -------
**144.**

at their Thursday meeting. Overall, the survey showed 92 percent of residents are satisfied

with city services. ------- . "Transportation, including repair of bridges and tunnels, and
**145.**

municipal education spending received the most ------- responses," she said. The survey also
**146.**

showed most residents are in favor of online voting for the next municipal election.

**143.** (A) send
(B) sending
(C) sent
(D) was sent

**144.** (A) application
(B) article
(C) estimate
(D) report

**145.** (A) All answers on the survey are anonymous, so please be honest in your assessment.
(B) Council member Katherine Long said there were especially high marks in some areas.
(C) The members discussed ways to increase resident satisfaction in the city's services.
(D) The survey will be distributed to local mailboxes and community centers next week.

**146.** (A) enthusiasm
(B) enthusiast
(C) enthusiastic
(D) enthusiastically

**Directions:** In this part you will read a selection of texts, such as magazine and newspaper articles, e-mails, and instant messages. Each text or set of texts is followed by several questions. Select the best answer for each question and mark the letter (A), (B), (C), or (D) on your answer sheet.

**Questions 147-148** refer to the following text message chain.

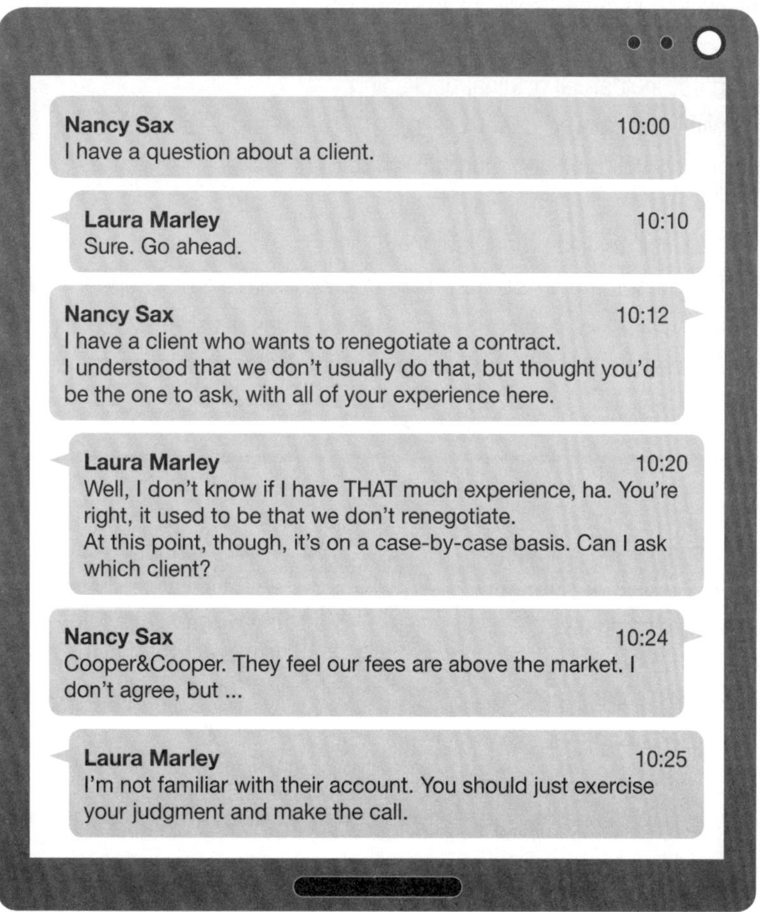


**147.** What is the purpose of Ms. Sax's inquiry?

(A) To disagree with Ms. Marley

(B) To get information about a policy

(C) To renegotiate a contract

(D) To request a contract

**148.** At 10:25, what does Ms. Marley mean when she writes, "make the call"?

(A) Ms. Sax should call her client.

(B) Ms. Sax should deny a new contract.

(C) Ms. Sax should make the decision.

(D) Ms. Sax should check with another colleague.

*GO ON TO THE NEXT PAGE*

If you are unsatisfied with any product, you may be eligible to receive a full refund. Contact customer support at 1-800-555-8787 (available 24/7). You may be asked to provide a brief message describing the issue and your e-mail address so we can issue a Return Authorization (RA).

The following conditions apply to ALL returns:
- A copy of the purchase receipt must accompany items.
- Items must include all original packaging.
- Items will be evaluated upon return prior to issuing a refund.
- RA's are only valid for one month from date of issue.

Your RA will list packaging and shipping instructions. Shipping is prepaid up to 50 lbs. For anything over 50 lbs., please contact customer support. Our full refund policy is available on our Web site. You may also return items at any of our retail locations, provided they include the original purchase receipt.

**149.** How can customers initiate a refund?
(A) By calling the correct department
(B) By e-mailing the company
(C) By shipping an item back
(D) Only by visiting a store in person

**150.** What information does a return authorization include?
(A) How to get a refund
(B) How to send a product back
(C) What should be included in a refund request
(D) Where to bring a damaged product

http://www.westernhealthcare.com 

# Western Health Care

## Providing health services for over 30 years.

Western Health Care was established in 1984 by a group of doctors who wanted to offer a new approach to health care. Today, we have three locations and over 100 staff. Our philosophy has not changed, however. We still believe in treating people as individuals. That's why most of our patients have been with us for over a decade.

We accept most insurance plans. New clients are always welcome. Choose any of our three conveniently located offices. Call today for an appointment for any of the following:

- Pediatrics
- Ear, Nose, and Throat
- Family Practice
- OB/GYN
- Orthopedics
- Physical Therapy

Western Health Care
1-800-555-7651
Locations: Silverdale, Kensworth, and Concordia

**151.** What kind of service does Western Health Care offer?

(A) Health insurance
(B) Medical research
(C) Medical treatment
(D) Prescription medicine

**152.** How does the Web site describe the Western Health Care's approach?

(A) Cutting-edge
(B) Personalized
(C) Scientific
(D) Unique

*GO ON TO THE NEXT PAGE*

> ### Please excuse our noise and the inconvenience!
>
> We are resurfacing our parking lot in order to better serve our customers. As a result, the parking lot will be closed from January 7th until January 10th. We will be open as usual during the process and our business hours will remain the same.
>
> Customers can park in the neighboring lots on the North side of the building, although parking is limited. Alternately, buses #35 and #50 stop right in front of our main entrance; so public transport is another option.
>
> We will have additional employees on hand during the construction in case customers require help bringing their purchases to their vehicles or the bus stop.
>
> We thank you for your patience and understanding!

**153.** Who is this notice targeted at?

(A) Constructors
(B) Customers
(C) Delivery staff
(D) Store clerks

**154.** How will extra staff help customers from January 7 to January 10?

(A) By answering questions or concerns
(B) By delivering purchases
(C) By offering help to their cars
(D) By providing valet parking

## As of January 1st, key company policies will change. Please make note of the following changes:

Hours for "full-time" status will change. Up to now employees who work 40 hours per week have been eligible for benefits. Now anyone who works 32 or more hours per week will be included. Employees affected by this change should speak to their HR representative for information regarding benefits.

PTO (paid time off) will be one designation only. Vacation and sick time can be accumulated together. Employees will still be able to cash out PTO, but 40 hours per year will still be the limit. Additional PTO must be used or it will reset at the end of the year.

Company travel will no longer include overtime pay. All travel arrangements must be made to fall under 40 hours per week. Additional requests for overtime may be considered on an individual basis in cases of unforeseen circumstances. All employees are expected to make every effort to adhere to these changes.

If you have questions regarding these policy changes, please contact your Human Resources representative.

**155.** How will employee benefits change?

(A) They will be changed to a new provider.

(B) They will be cut back by 20 percent.

(C) They will be dependent on seniority.

(D) They will be extended to more staff.

**156.** What is NOT true about paid time off?

(A) Employees can exchange it for pay.

(B) It will expire at the end of the year.

(C) The categories have been reduced.

(D) There are no exceptions to the new rules.

**157.** According to the information, who can request overtime?

(A) Employees who are engaged in a special task

(B) Employees who have an unexpected travel condition

(C) Employees who travel to a foreign country

(D) Only employees who work for the central office

*GO ON TO THE NEXT PAGE*

# MEMO

**To:**       All Employees
**From:**     John Logan, Site Manager
**Date:**     January 4
**Subject:**  Annual HQ Visit

We will have visitors on-site throughout next week from our corporate headquarters. While this may be disruptive to some departments, we absolutely must make every effort to accommodate our guests.

The Special Projects group will have at least three visitors, possibly more. I will let you know as soon as I find out. A lot of people want to see what you are working on, as it is some of the company's highest-profile research.

Planning and Operations will each have one specialist working in their department for the duration of the week. This person will function as an additional staff member; they don't expect any special treatment. It's the company's way of looking at department efficiency.

General Development will have a series of engineers visiting the department. Some will just observe. Some are scheduled to make presentations. More information will be provided as it becomes available. Some presentations for the GD group will most likely be useful for other departments, so attendance is encouraged.

There will be a happy hour on Monday after work in the meeting room to welcome the visitors. All are encouraged to attend.

---

**158.** How does the memo describe possible problems with the visit?

(A) It comes at a busy time.
(B) It may interrupt some work.
(C) It may shut down work completely.
(D) It will require additional overtime.

**159.** Which department will receive temporary additional staff?

(A) Engineering
(B) General Development
(C) Operations
(D) Special Projects Team

**160.** Who will be presenting to the General Development department?

(A) A planning specialist
(B) Some engineers
(C) Research specialists
(D) Their corporate head

<table>
<tr><td colspan="2" align="center">E-mail</td></tr>
<tr><td>To:</td><td>Frank Woods <frank-wo@bil.com></td></tr>
<tr><td>From:</td><td>Bob Landers <bob-la@bil.com></td></tr>
<tr><td>Date:</td><td>Monday, February 22</td></tr>
<tr><td>Subject:</td><td>Recommendation for you</td></tr>
</table>

Morning Frank,

Hope you had an enjoyable weekend and have gotten a good start to Monday. Just FYI, the suppliers are happy to go ahead with our proposal; I've set up a meeting for later today to discuss.

Remember my family moved last weekend? Well, we decided to get rid of some of the old kitchen stuff and buy fresh for the new place. But what to do with the used things? After hours of searching the Internet, I found this guy who offered us exactly what we were looking for. I called him straight away and he was there the next evening taking care of everything. And for a pretty decent price! The best part was it took a load off my mind and the move was a breeze since we didn't have as much stuff.

I know you said you wanted to invest in some new appliances, so if you are looking to get rid of your old things, maybe this could be an option for you guys too. The name of the guy is Rich Cooper and his number is 045-555-435.

Hope this helps!
See you later.

Bob

---

**161.** What is the purpose of Mr. Landers' e-mail?

(A) To advertise his business
(B) To ask for help moving
(C) To inform Mr. Woods about a meeting
(D) To recommend a business to Mr. Woods

**162.** What kind of service is Mr. Landers talking about?

(A) A buying service
(B) A fitting service
(C) A removal service
(D) A selling service

**163.** What did Mr. Landers like the most about the service?

(A) It made his move easier.
(B) It was cheap.
(C) It was easy to find.
(D) It was fast.

*GO ON TO THE NEXT PAGE*

**E-mail**

To:        Tom Dudson <tom_dudson@ac.jerzee.com>
From:      Nancy Low <nancy_low@ac.jerzee.com>
Date:      December 15
Subject:   A tech question

Hi Tom,

How was your weekend? Not too busy I hope!

I wonder if you could lend a hand with something? I've been racking my brain trying to figure out how to add a new group to my address book. I've searched everywhere on the program but so far have had no luck. — [1] —. I even looked it up on online, but it seems the system we are using is so old and out-of-date that there is no information about it.

— [2] —. I also couldn't input an appointment successfully or amend room bookings without going through a million steps. Perhaps we should speak to Mr. Greene about updating the software? That way, we could save time, energy, and effort and put them to use in much better places – like the accounts! — [3] —.

Anyway, it's not a big deal if you can't find the time — I'll just send each e-mail individually, but you'd be doing me a massive favor if you could help! — [4] —.

Kind regards,

Nancy

PS. Let me know when you want to try the New Deli around the corner. Patricia and I are ready when you are.

**164.** What is Mr. Dudson asked to do?

(A) Check on a system update
(B) Help Ms. Low update her address book
(C) Look through some old addresses
(D) Order lunch for his colleagues

**165.** According to Ms. Low, what caused her problem?

(A) A bug in the network
(B) Limited storage space
(C) The accounting software
(D) The old system

**166.** Who is most likely responsible for software updates?

(A) Mr. Dudson
(B) Mr. Greene
(C) Ms. Low
(D) Patricia

**167.** In which of the positions marked [1], [2], [3] and [4] does the following sentence best belong?

"That's not the only problem I've had."

(A) [1]
(B) [2]
(C) [3]
(D) [4]

# The Quantum Center Breaks Ground in February

Johnson Enterprises announced yesterday that their flagship project, The Quantum Center, would begin construction in February. The multifaceted project will "create a new urban core" for Harris City, according to a press release.

Designed as an "urban village," the center is the brainchild of Wanda Peterson, award-winning architect and engineer. The concept is to combine a mass-transit hub, retail center, and several residential options in one location. In addition, the fact that all of this development will take place in the center of the city is unprecedented. — [1] —.

Incentives from state and city government allowed this project to happen. — [2] —. "Much of our downtown area was outdated and in desperate need of repair. This project makes a lot of changes at one time," said Mayor William Benson.

Spanning an area of four city blocks, the center will have some buildings as high as 50 stories. A large green space is being created as well. — [3] —.

A time of completion estimate has not been announced yet, but no doubt city residents will watch the progress with interest. — [4] —.

**168.** What was NOT announced regarding the project?

(A) The architect
(B) The end date
(C) The nature of the facility
(D) The size of the center

**169.** How does the article describe the project?

(A) Common
(B) Overdue
(C) Pioneering
(D) Unfavorable

**170.** How was the project made possible?

(A) Corporate funding
(B) Government aid
(C) Tax increases
(D) Voter opinion

**171.** In which of the positions marked [1], [2], [3] and [4] does the following sentence best belong?

"This fills another need for the city, more public parks."

(A) [1]
(B) [2]
(C) [3]
(D) [4]

*GO ON TO THE NEXT PAGE*

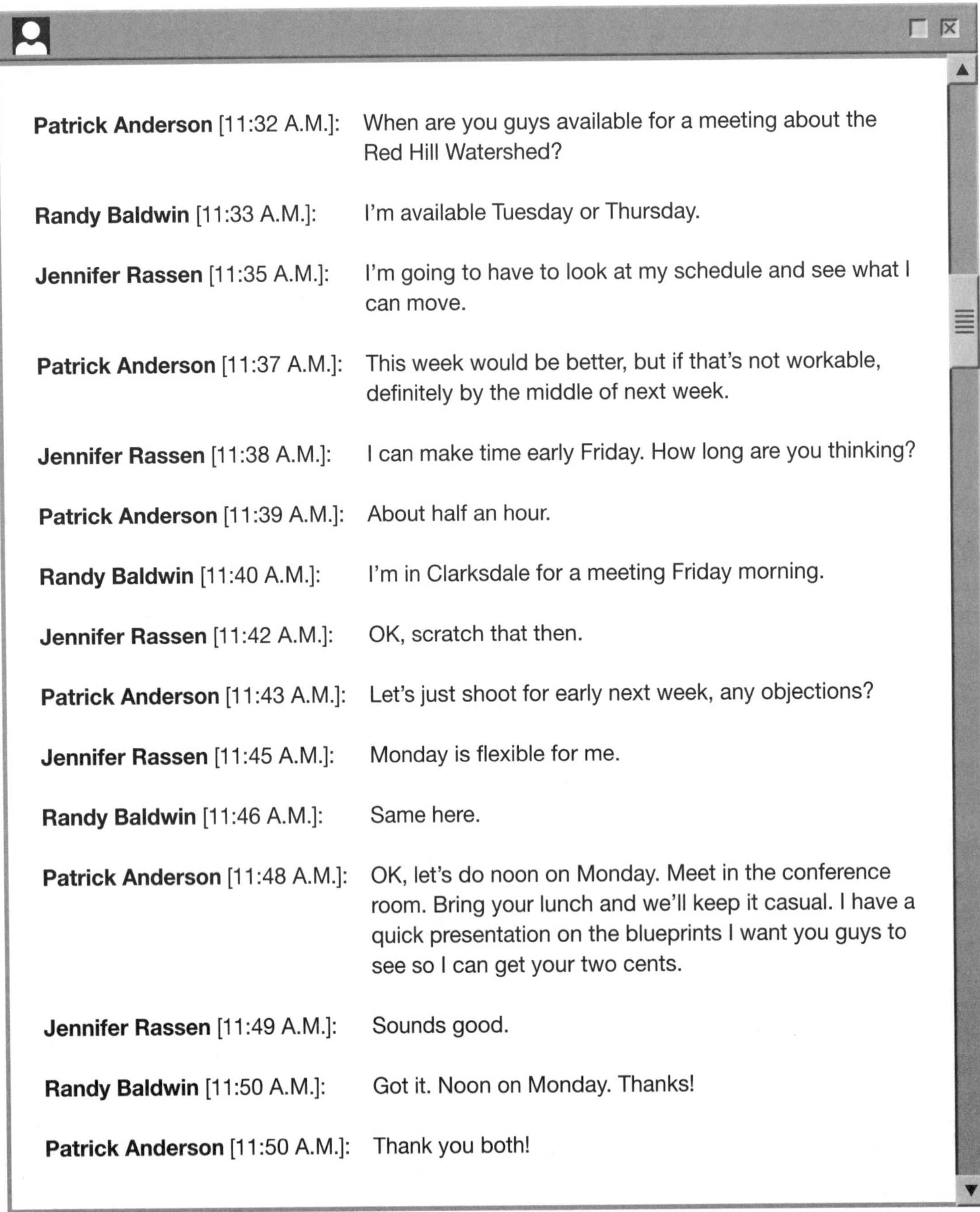


Patrick Anderson [11:32 A.M.]: When are you guys available for a meeting about the Red Hill Watershed?

Randy Baldwin [11:33 A.M.]: I'm available Tuesday or Thursday.

Jennifer Rassen [11:35 A.M.]: I'm going to have to look at my schedule and see what I can move.

Patrick Anderson [11:37 A.M.]: This week would be better, but if that's not workable, definitely by the middle of next week.

Jennifer Rassen [11:38 A.M.]: I can make time early Friday. How long are you thinking?

Patrick Anderson [11:39 A.M.]: About half an hour.

Randy Baldwin [11:40 A.M.]: I'm in Clarksdale for a meeting Friday morning.

Jennifer Rassen [11:42 A.M.]: OK, scratch that then.

Patrick Anderson [11:43 A.M.]: Let's just shoot for early next week, any objections?

Jennifer Rassen [11:45 A.M.]: Monday is flexible for me.

Randy Baldwin [11:46 A.M.]: Same here.

Patrick Anderson [11:48 A.M.]: OK, let's do noon on Monday. Meet in the conference room. Bring your lunch and we'll keep it casual. I have a quick presentation on the blueprints I want you guys to see so I can get your two cents.

Jennifer Rassen [11:49 A.M.]: Sounds good.

Randy Baldwin [11:50 A.M.]: Got it. Noon on Monday. Thanks!

Patrick Anderson [11:50 A.M.]: Thank you both!

172. When would Mr. Anderson like to see Mr. Baldwin and Ms. Rassen ideally?

(A) This week

(B) Next Monday

(C) Next Wednesday

(D) Next Friday

173. Why are they unable to have a meeting on Friday morning?

(A) Mr. Baldwin will be out of the office.

(B) Ms. Rassen has an appointment.

(C) The conference room will be occupied.

(D) The necessary data will not be ready by then.

174. At 11:46 A.M., what does Mr. Baldwin mean when he writes, "Same here"?

(A) He has the same objection.

(B) He is free on Monday.

(C) He knows nothing has changed.

(D) He supports Ms. Rassen's project.

175. What does Mr. Anderson want from Ms. Rassen and Mr. Baldwin?

(A) Their feedback on a visit to Clarksdale

(B) Their input on some plans

(C) Their plans for the Watershed

(D) Their revisions on some plans

GO ON TO THE NEXT PAGE

**Questions 176-180** refer to the following agenda and e-mail.

<table>
<tr><th colspan="3">GO GREEN'S ANNUAL CONFERENCE</th></tr>
<tr><td>09:00-09:30</td><td>REGISTRATION</td><td></td></tr>
<tr><td>09:45-10:15</td><td>Welcome Address</td><td>Jennifer Frezo, President of Go Green</td></tr>
<tr><td>10:15-10:50</td><td>The World's Green Awareness Level (GAL)</td><td>Richard Hatter, Researcher at Go Green</td></tr>
<tr><td>10:50-11:00</td><td>BREAK</td><td></td></tr>
<tr><td>11:00-12:00</td><td>How the GAL has changed</td><td>Daso Wend, Professor at the University of Finland</td></tr>
<tr><td>12:00-13:30</td><td>LUNCH</td><td></td></tr>
<tr><td>13:30-14:00</td><td>How we can increase the GAL</td><td>Rosie Pointer, Green Campaigner</td></tr>
<tr><td>14:00-14:30</td><td>Panel discussion with all speakers</td><td>Moderated by Kent Long, Environmentalist</td></tr>
<tr><td>14:30-15:00</td><td>Meet and Greet</td><td></td></tr>
<tr><td>15:00-15:15</td><td>Closing Address</td><td>Jennifer Frezo, President of Go Green</td></tr>
</table>

## E-mail

| | |
|---|---|
| To: | All members <newsletter@group.gogreen.co.uk> |
| From: | Jennifer Frezo <jennifer-president@gogreen.co.uk> |
| Date: | January 25 |
| Subject: | Annual conference |

Dear Colleagues and Fellow Go Greeners,

We are fast approaching this year's Go Green conference and preparations have gone well so far. The venue looks great—an improvement on last year, and we have more attendees than ever before. We have some extremely reputable speakers and are privileged to welcome Ms. Pointer, who has gained some excellent results in the field.

We were very much looking forward to Mr. Wend joining us but I was informed yesterday that due to the unstable weather conditions in Finland, he will be unable to come. This is most unfortunate, as Mr. Wend is a world-renowned expert in this subject and this part of our conference is vital in helping our attendees fully comprehend the declining environmental situation.

In light of this, if anyone knows a person who could be an adequate replacement speaker in this area, please get in touch. At the moment, we have one week until the conference goes ahead and are now down one of our key speakers.

I look forward to hearing from you.

Best regards,

Jennifer
President, Go Green

**176.** Who will appear first at the conference?

(A) Daso Wend

(B) Jennifer Frezo

(C) Richard Hatter

(D) Rosie Pointer

**177.** What will Ms. Pointer talk about at the conference?

(A) The changing green awareness level's source

(B) The green awareness level in the world now

(C) The way of getting the current green awareness level up

(D) The way the green awareness level has changed over the years

**178.** What does Ms. Frezo say about Mr. Wend?

(A) He is Filipino.

(B) He is internationally famous.

(C) He is very talented.

(D) He will join the conference.

**179.** What does Ms. Frezo request in her e-mail?

(A) Notify her about another suitable speaker

(B) Notify her of changes to the schedule

(C) Notify her of the location of the conference

(D) Notify her of the number of people attending

**180.** When will an alternative person most likely make a speech?

(A) At 10:15

(B) At 11:00

(C) At 13:30

(D) At 14:00

*GO ON TO THE NEXT PAGE*

### Horizon Mobile Technology
January 30th
Weekly Sales Report
Mobile phones and tablets — all locations

| Item | Mon | Tues | Wed | Thurs | Fri | Total |
|---|---|---|---|---|---|---|
| Z10 Tablet | 15 | 27 | 5 | 22 | 25 | 94 |
| Z25 Tablet | 10 | 15 | 10 | 20 | 22 | 77 |
| Geo Phone | 100 | 57 | 66 | 150 | 90 | 463 |
| Neo Phone | 120 | 120 | 121 | 120 | 120 | 601 |
| Neo Lite Phone | 220 | 200 | 175 | 150 | 150 | 895** |
| | 465 | 419 | 377 | 462 | 407 | 2130 |

Total % +/− from previous week: +18%
*Neo and Neo Lite price reduced all week.
**Neo Lite set new sales record.

---

**E-mail**

| | |
|---|---|
| To: | Michelle Collins <michellec@horizon.com> |
| From: | Wilson James <wilson@horizonretail.com> |
| Date: | January 31 |
| Subject: | Weekly Retail Sales Report — additional info |

Ms. Collins,

I hope you received the weekly retail sales report we sent out. Obviously, some of the results (the last row) were a pleasant surprise. Some others may indicate need for a shakeup.

It seems that the "lighter" models in both the Neo and the Z lines are outselling their higher-priced counterparts. Obviously, this is just one week's report, but I think it's worth looking at as a potential trend. People may be more inclined to sacrifice features they won't necessarily use to get a better deal.

The Geo numbers are unchanged from the past six weeks, so I think our current strategy, while effective, might require some sort of renewal.

Those are my observations from the retail division. I'd love to hear your input on any strategy for us if you have a moment to send me a few thoughts.

Thank you,

Wilson James
VP, Retail

**181.** According to the report, what is true about the Neo phone?

    (A) It had higher sales early in the week.

    (B) It had the most consistent sales.

    (C) It is the best deal available.

    (D) It outsold the Neo Lite.

**182.** When were the total sales lowest?

    (A) Tuesday

    (B) Wednesday

    (C) Thursday

    (D) Friday

**183.** What sales results surprised Mr. James?

    (A) The Geo

    (B) The Neo

    (C) The Neo Lite

    (D) The Z25

**184.** According to the e-mail, what can be assumed about the Z10?

    (A) It has more features than the Z25.

    (B) It is cheaper than the Z25.

    (C) It is newer than the Z25.

    (D) It is the best seller on the market.

**185.** What item does Mr. James think needs changes?

    (A) Geo Phone

    (B) Neo Phone

    (C) Z10 Tablet

    (D) Z25 Tablet

*GO ON TO THE NEXT PAGE*

# Three-Week Tax Specialist Course for Adults

Maybe you want to do your own taxes this year. Maybe you want to do the taxes for your small business or personal trust. Maybe you just want to make sure you're paying the right amount of tax.
Whatever your reason, our three-week Tax Specialist course will give you the tools to tackle your taxes like a pro!

This course covers reporting, deductions, exemptions, and all the tips a certified public accountant (CPA) would charge you a fortune for! The teacher, Linda Reed, is a CPA herself. Taxes are intimidating, but not complicated if you know the tools of the trade. This course is designed to give you enough of those tools so you don't pay the government any more than you have to.

Even if you're using tax software already, you may not be getting your full refund if you don't know what to look for. Increase your knowledge and get your money back from the government with this special course. Discounts available for CCC alumni.

Offered Tuesday and Thursday evenings, 7:00-9:00. Main campus. Miller Hall, Room 10.

## Adult Learning Course Application
Collins Community College

| Name | Mike Caswell | Phone | 202-555-4646 |
|---|---|---|---|
| Address | 2120 5th St, Collins, OR 97432 | E-mail | mc@w122.net |
| Course | Three-Week Tax Specialist | Ref # | Econ 22A |
| Dates | January 4 – January 25 | | |

| | |
|---|---|
| Are you currently a CCC student? | No |
| Are you a CCC graduate? | No |
| Are you interested in degree programs? | Not at this time |
| Do you require tuition assistance? | No |

Dear Mr. Caswell,

Thank you for your interest and application for our Tax Specialist course in our adult learning program. I'm sorry to reply to you so late, but the section of the course you applied for is full.

We offer this course throughout the winter (leading up to tax season), so if you would like to take it starting another week, I can enroll you using your current application. We have one starting the week after the one you applied for, and then one starting at the beginning of the next month, and the beginning of the month after that as well.

This course is very popular, so if you do want to enroll, I'd suggest doing so as soon as you are able. My direct number here is 212-555-0001. You can call me between 8:00 and 4:00 most days, or just e-mail me back when you are able.

Thank you again for your interest in Collins Community College.

Denise Wang
Assistant Registrar
Collins Community College

**186.** Who is Linda Reed?

(A) A college administrator

(B) A financial analyst

(C) A professional accountant

(D) An economist

**187.** How many sessions does one course have?

(A) 2

(B) 3

(C) 6

(D) 8

**188.** Why is Mr. Caswell ineligible for a price break on the course?

(A) He already has a college degree.

(B) He attended CCC.

(C) He has no accounting experience.

(D) He is not a former student of the college.

**189.** Which course is Mr. Caswell unable to take?

(A) The one starting on January 4

(B) The one starting on January 11

(C) The one starting on February 1

(D) The one starting on March 1

**190.** What should Mr. Caswell do to enroll in another section?

(A) Call Ms. Reed directly

(B) Contact Ms. Wang via e-mail

(C) Submit a new application

(D) Visit the registrar's office

*GO ON TO THE NEXT PAGE*

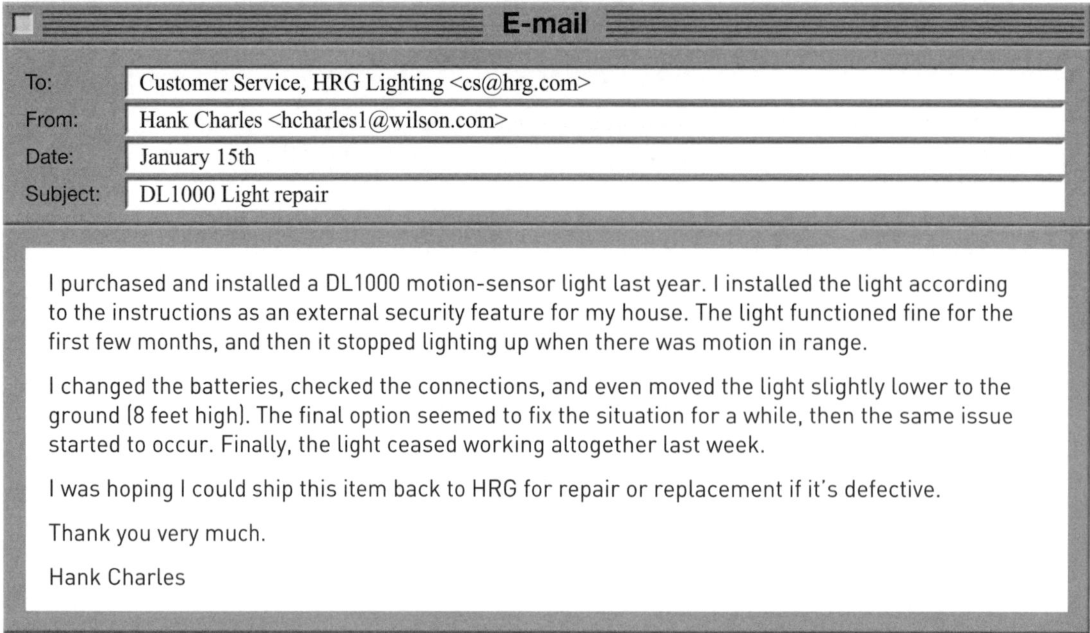

**E-mail**

| | |
|---|---|
| To: | Customer Service, HRG Lighting <cs@hrg.com> |
| From: | Hank Charles <hcharles1@wilson.com> |
| Date: | January 15th |
| Subject: | DL1000 Light repair |

I purchased and installed a DL1000 motion-sensor light last year. I installed the light according to the instructions as an external security feature for my house. The light functioned fine for the first few months, and then it stopped lighting up when there was motion in range.

I changed the batteries, checked the connections, and even moved the light slightly lower to the ground (8 feet high). The final option seemed to fix the situation for a while, then the same issue started to occur. Finally, the light ceased working altogether last week.

I was hoping I could ship this item back to HRG for repair or replacement if it's defective.

Thank you very much.

Hank Charles

**E-mail**

| | |
|---|---|
| To: | Hank Charles <hcharles1@wilson.com> |
| From: | Customer Service, HRG Lighting <cs@hrg.com> |
| Date: | January 15th |
| Subject: | Re: DL1000 Light repair |

Dear Mr. Charles,

I'm very sorry to hear that you had an issue with the performance of one of our products. Let me assure you that we want to take care of this right away. The DL1000 is, unfortunately, no longer in production. Repair would not be an option for that model. We no longer have the requisite materials.

Our new version of that light, the DL1500, is a marked improvement. It features an increased range, lower heat inside, and extended battery life. It mounts on the same bracket as the 1000, so you should be able to swap it out very easily with your current unit. You can also move it as high as 15 feet from the ground.

I've attached a pdf of a gift voucher for one DL1500. You can use this voucher at Home World, First Hardware, or any retailer that stocks HRG products. Just print out the voucher and take it to the store, or if you have a smartphone, some stores can just scan the bar code directly off the phone screen.

I hope that this takes care of the problem. Please let me know if there is anything else I can do.

Thank you,

Jim Hart
Customer Service

# HRG Lighting Gift Voucher

For use at any registered HRG retail dealer

This entitles the bearer to one:

DL1500

(Retail value: $39.99)

0  123456 789012

Not redeemable for cash or store credit

Expires: 12/31/2020

**191.** What is the main purpose of the first e-mail?

(A) To ask for a repair

(B) To ask how to return a product

(C) To complain about the design of a product

(D) To request a refund

**192.** How much higher can Mr. Charles move his light?

(A) A foot

(B) A few feet

(C) 7 feet

(D) 10 feet

**193.** What does Mr. Hart NOT mention about the new unit?

(A) Effective area

(B) Energy efficiency

(C) Light intensity

(D) Lower temperature

**194.** What is NOT true about the voucher?

(A) It can be used at several locations.

(B) It can be used only once.

(C) It is for any comparable unit.

(D) It is good for many months.

**195.** What is the price of the model HRG Lighting offers to Mr. Charles?

(A) About $40

(B) About $50

(C) About $80

(D) About $100

*GO ON TO THE NEXT PAGE*

# First Class Catering
## Your first choice for weddings, parties, and special events!

Chef Charlie Smith started First Class Catering in 2010. After 20 years in fine dining restaurants (Le Petit, Chamonix, La Fontana) he wanted to transition to a more personal experience. First Class Catering is the perfect vehicle to allow Charlie and his team to combine top-tier gourmet dining with a more personal, customized experience.

There is almost no menu that the First Class team cannot accommodate. Everything from white-linen French bistro to a seaside clambake is an option. International, fusion, gourmet, casual, the choice is yours.

Whether it's your wedding, a birthday party, or a corporate event, First Class can create a custom dining experience for you and your guests that will leave everyone astonished and amazed.

Call for a free consultation any time at 555-4962 or contact us online at www.FirstClassCatering.com.

---

### Menu proposal for Nakamura wedding (February 20 — Broadmoor Hotel)

**Hors d'oeuvres:** (Served after ceremony during cocktail hour)
Crab Cakes
Prosciutto-wrapped Asparagus
Bruschetta

**Salads:**
Mixed Greens with walnuts, pear, and Gorgonzola
Traditional Caesar
(Assorted house-baked bread served with salad course)

**Main:**
Grilled Ribeye Steak, Served with garlic mashed potatoes and roasted vegetables
Cedar-plank Salmon served with lentil hash and blanched broccolini

**Dessert:**
Cupcakes - 3 flavors:
S'more, Chocolate, Espresso

**E-mail**

| | |
|---|---|
| To: | Charlie Smith <charlie@firstclasscatering.com> |
| From: | Jennifer Nakamura <jen25@utech.com> |
| Date: | January 30 |
| Subject: | Nakamura/Holmes Wedding Menu |

Hi Charlie,

Thank you so much for sending the proposed menu over this morning. I looked it over and talked to some of my family, and we love it. I just have a few tweaks that we'd like, if you don't mind.

For the salad course, I don't really think we even need two options. The mixed greens will be fine.

For the appetizers, would it be possible to replace the crab cakes? I know people love them, but it seems like every event I go to has them, and I just think they've become somewhat boring. Thank you for indulging me. I know you'll come up with something else spectacular.

Finally, would it be possible to have an additional option for dessert? Perhaps sliced fruit and Yogurt or something like that? Some people might not want to have an indulgent, sweet dessert.

Let me know if these ideas would be possible.

Thank you!
Jennifer

---

**196.** In the advertisement, the word "vehicle" in paragraph 1, line 3, is closest in meaning to

(A) car

(B) force

(C) machine

(D) way

**197.** Who does Ms. Nakamura send the e-mail to?

(A) A company owner

(B) A customer service representative

(C) A wedding planner

(D) One of her friends

**198.** How long does Mr. Smith have to prepare for Ms. Nakamura's event?

(A) A week

(B) Two weeks

(C) Three weeks

(D) A month

**199.** Why does Ms. Nakamura want to change one of the appetizers?

(A) Her friend's wedding featured this appetizer.

(B) She feels the option is overused.

(C) She has a different appetizer in mind.

(D) Some guests have food allergies.

**200.** What would Ms. Nakamura like to remove from the menu?

(A) The bread

(B) The Caesar salad

(C) The dessert

(D) The ribeye steak

▶ ▶ ▶ 정답 및 해설 p68

- 토익 중급자들을 위한 기본서
- 신유형 완벽 분석 및 풀이 전략 제시
- 빈출어휘집과 mp3 파일 무료 제공

# 新 완전절친 토익

## 정답 및 해설

# RC

황장연 지음

더원 The One

# 新 완전절친 토익 RC

황장연 지음

## 정답 및 해설

| 1 (A) | 2 (C) | 3 (A) | 4 (A) | 5 (A) |
| --- | --- | --- | --- | --- |
| 6 (D) | 7 (A) | 8 (D) | 9 (C) | 10 (A) |
| 11 (C) | 12 (B) | 13 (C) | 14 (C) | 15 (A) |
| 16 (D) | 17 (A) | 18 (D) | 19 (A) | 20 (A) |
| 21 (A) | 22 (D) | 23 (B) | 24 (C) | 25 (C) |
| 26 (A) | 27 (D) | 28 (C) | | |

**1**

**해설** 문장에 쓰인 동사 have가 복수형 동사이므로 이와 수를 일치시켜 복수명사 Advances를 써야 한다.

**해석** 의학기술의 진보가 의사들로 하여금 과거보다 질병을 좀 더 정확하게 진단할 수 있도록 했다.

**어휘** allow A to B A로 하여금 B할 수 있도록 허용하다 | advance 전진, 발전; 나아가다 | advancement 진보, 발전, 승진

**2**

**해설** 빈칸은 관사와 형용사 다음에 나오는 명사 자리로 동사가 능동태로 쓰였으므로 사람명사 advisor를 써서 문장을 완성한다.

**해석** 신임 품질보증 자문은 결함 있는 대체 부속품의 최근의 문제점들을 조사할 것이다.

**어휘** investigate 조사하다 | defective 결점이 있는, 불완전한 | replacement parts 대체 부속품 | advisor 조언자 | advise 조언하다 | advice 조언

**3**

**해설** 문맥상 머리가 빠지는 것과 안전모의 재료는 연관성이 없다는 실험결과의 '분석'이므로 빈칸에 명사 Analysis가 알맞다.

**해석** 실험결과의 분석은 머리가 빠지는 것과 Anderson건설의 안전모에 사용된 재료와는 연관성이 없다는 것을 보여주었다.

**어휘** reveal 드러내다, 밝히다 | connection 관계, 관련 | hard hat 안전모, 헬멧 | analysis 분석 | analyst 분석가 | analyze 분석하다 | analytical 분석적인

**4**

**해설** 빈칸 앞에 부정관사와 형용사(an important)가 있으므로 빈칸에는 명사인 characteristic이 알맞다.

**해석** 말할 것도 없이, 야망은 모든 성공적인 비즈니스맨의 중요한 특성이다.

**어휘** characteristic 특성 | characterize 특성을 기술하다, 성격을 묘사하다 | characteristically 특질상, 특징으로서

**5**

**해설** 빈칸 앞에 종속접속사 although가 있고 동사 will be가 이어지므로 빈칸에는 주어 역할을 할 수 있는 명사 competition이 알맞다.

**해석** 비록 그 자리를 위한 경쟁이 치열할 것이지만, Smith씨는 선임 마케팅부장 자리를 얻을 수 있는 좋은 기회를 갖고 있다.

**어휘** fierce 사나운, 심한 | competition 경쟁 | compete 경쟁하다 | competitive 경쟁의, 경쟁적인 | competitively 경쟁적으로

**6**

**해설** 빈칸 앞에 형용사 numerous가 있으므로 뒤에는 복수명사 complaints를 써야 한다.

**해석** Better Business 사무국은 회사의 환불정책에 대해 많은 항의를 받았습니다.

**어휘** bureau 사무국 | numerous 수많은 | refund policy 환불정책 | complain 불평하다 | complainer 불평하는 사람 | complaint 불평, 항의

**7**

**해설** call for의 목적어 자리이므로 명사 confirmation을 써야 한다.

**해석** Garcia씨는 월요일에 보낸 소포가 도착했는지 확인하기 위해 오늘 아침 일찍 전화했다.

**어휘** confirmation 확인 | confirm 확인하다

**8**

**해설** 관사 다음에는 명사가 오는데, '중복되는 업무를 줄이기 위한 노력으로'라는 의미이므로 문맥상 duplication이 적절하다.

**해석** 중복되는 업무를 줄이기 위한 노력으로 Peninsula제조사의 처리부서와 선적부서는 통합될 것입니다.

**어휘** in an effort to ~하기 위한 노력으로 | duplicate 복사하다 | duplicator 복사기 | duplication 중복

**9**

**해설** 빈칸 앞에 부정관사가 있고 뒤에 형용사가 있으므로 명사 growth를 써야 한다. [such + a(n) + 형용사 + 명사] 구문의 순서를 기억해 두자.

**해석** Hallway전자의 최신 휴대전화에 대한 고객수요가 그렇게 빠르게 성장할 것이라고는 아무도 예상하지 못했다.

**어휘** anticipate 예상하다, 예기하다 | rapid 빠른 | demand 수요; 요구하다 | growth 성장, 생육, 발전 | grown 성장한

**10**

**해설** 빈칸 앞의 형용사 exceptional의 수식을 받는 명사가 오는 것이 가장 적절하다.

**해석** 대부분의 독일 차는 성능이 뛰어나고, 많은 운전자들은 독일 차로 경험하는 속도와 신뢰성을 선호한다.

**어휘** exceptional 뛰어난 | reliability 신뢰성 | performance 성능, 실행, 공연 | perform 수행하다 | performer 공연하는 사람

**11**

**해설** 동사 review의 목적어 자리이고 빈칸 앞에 관사 the가 있으므로 명사 proposal을 써서 문장을 완성해야 한다.

**해석** 새로운 안전수칙에 대한 제안서를 철저하게 검토하시고 변경을 원하는 것이 있으면 알려주세요.

**어휘** safety procedure 안전수칙 | thoroughly 철저히, 완전히 | proposal 제안(서) | propose 제안하다

## 12

**해설** 빈칸 앞에 소유격 your가 있으므로 뒤에 명사 signature를 써서 문장을 완성한다.

**해석** 주문하실 할 때에는 주문양식 아래에 꼭 서명을 해 주세요.

**어휘** place an order 주문을 하다 | include 포함하다 | signature 서명

## 13

**해설** 문맥상 '한 페이지 요약'을 뜻하므로 abstract를 써서 문장을 완성한다.

**해석** 모든 연구제안서는 컴퓨터로 제출되어야 하고, 예산과 기간, 한 페이지 요약을 포함해야 한다.

**어휘** submit 제출하다 | electronically 컴퓨터로 | budget 예산 | timeframe 기간 | abstract 개요, 발췌 | excursion 소풍, 짧은 여행 | belief 믿음 | meaning 의미

## 14

**해설** '~을 이용하다'라는 표현은 take advantage of를 쓴다.

**해석** 저희가 무료로 제공하는 소프트웨어 업그레이드를 이용하시려면, 고객께서는 6월말 전에 연락해 주셔야 합니다.

**어휘** take advantage of ~을 이용하다 | merit 장점 | improvement 개선, 향상

## 15

**해설** 문맥상 '예약'을 변경하길 원하는 환자들은 사전에 공지해야 한다는 내용으로 빈칸에는 appointments가 적당하다.

**해석** 예약변경을 원하는 환자들은 위약금을 무는 것을 피하기 위해 적어도 24시간 전에 사전공지를 해야 한다.

**어휘** give advance notice 사전공지하다 | avoid 피하다 | penalty 벌금, 위약금(= fine) | appointment 약속, 임명 | position 위치, 입장, 일자리 | assignment 할당, 임명, 숙제 | subscription 구독

## 16

**해설** 문맥상 자선사업기금에 상당한 '기여'를 한 개인들을 의미하므로 contributions를 써서 문장을 완성한다.

**해석** Smith이사는 자선사업기금에 상당히 기여한 사람들에게 개인적으로 고마움을 표현하길 원한다.

**어휘** significant 중대한, 상당한 | contribution 기부, 공헌, 기여 | evaluation 평가, 사정 | medicine 약, 의학 | attempt 시도

## 17

**해설** 문맥상 좋지 않은 기상 '상태'가 적절하므로 명사 condition이 알맞다.

**해석** 좋지 않은 기상 상태 때문에 셔틀 버스가 8시에 공항에 도착한다고 보장할 수 없습니다.

**어휘** unfavorable 호의적이지 않은, 형편이 나쁜 | weather condition 기상 상태 | condition ~을 알맞은 상태로 하다 | conditional 조건부의, 잠정적인

## 18

**해설** 문맥상 아파트 단지의 수영장과 다른 '시설물들'을 뜻하므로 facilities가 적절하다.

**해석** Tower 아파트 단지는 다음 달에 완성될 것이고, 수영장과 기타 시설들이 제공될 것이다.

**어휘** accommodate 수용하다 | facility 시설, 설비 | category 범주, 분야 | quality 특성 | convention 집회, 대회

## 19

**해설** 빈칸 뒤의 Exercise 매거진과 앞의 동사 renew와 어울리는 명사를 찾는다.

**해석** 우수고객이 Exercise 매거진 구독을 연장한다면 특별선물을 받을 것이다.

**어휘** subscription 구독 | prescription 조제 | description 묘사 | inscription 비명, 비문

## 20

**해설** 물건 대금 지불이 늦어진 것에 대해 '사과'하는 내용이다.

**해석** 지난달에 수령한 새로운 컴퓨터 대금 2,000달러 지불 지연에 대해 사과드립니다.

**어휘** accept 받아들이다 | delay 지연, 미룸 | apology 사과, 변명 | appreciation 감사, 감상 | description 기술, 서술적 묘사 | charge 청구 금액, 책임

## 21-24

Shine-Skin 화장품의 설립자인 Jacob Oaks가 시의 새로운 커뮤니티 센터에 10만 달러를 기부하겠다고 발표했다. 기금은 지난밤 그의 회사 매장에서 열린 파티의 티켓 판매에서 나온 것이다. Oaks씨는 내일 센터 개장식에서 센터에 수표를 선사할 것이다. 지난 10년 동안 Oaks씨는 자선사업 기관과 지역사회 서비스를 위해 자신의 매장에서 기금조성 행사를 여러 번 조직했었다. 지난밤 행사는 지금까지 가장 성공적인 것이었다.

**어휘** donate 기부하다 | derive from ~에서 유래[파생]하다 | opening ceremony 개업식 | fund-raising 기금 조성의 | thus far 이제까지는

## 21

**해설** 문맥상 '설립자'를 의미하는 founder가 적절하다.

## 22

**해설** 기금이 그의 회사의 행사에서 나온 것이라고 하므로 선택지 중 store가 가장 적절한 선택이다.

## 23

**해설** 현재완료 문장에서 시간의 기간을 나타내는 부사구 앞에는 전치사 for를 쓴다.

## 24

**해설** 바로 앞 문장에 지난 10년 간 몇몇의 이벤트를 조직했다는 내용이 나오므로 (C)가 문맥상 자연스러운 후속 문장이 된다.

 (A) 개회식은 오전 9시에 시작된다.
(B) 커뮤니티 센터는 성인과 아이들을 위한 수업을 제공한다.
(C) 지난밤 행사는 지금까지 가장 성공적인 것이었다.
(D) Oaks씨는 내년에 시애틀에 새로운 가게를 열 계획이다.

## 25-28

보낸 사람: Sam Krause 운영부 부사장
받는 사람: 전 직원
날짜: 3월 12일
제목: 급여 변경

4월 25일부터는 현재 급여절차에 많은 영향을 줄 수 있는 새로운 급여절차를 사용할 것입니다. 첫째, 주간 급여수표는 금요일 대신 수요일에 우편으로 발송됩니다. 급여 계좌입금도 이틀 일찍 처리됩니다. 둘째, 급여입금에 대한 명세서는 더 이상 이메일로 발송되지 않습니다. 대신, 모든 직원들은 온라인상으로 급여계좌에 접속하여 이 정보를 보실 수 있습니다.
다른 모든 절차는 동일합니다. 모든 타임카드는 계속해서 월요일 오후 8시까지 급여부서에 제출 마감입니다. 기존 타임카드 양식 또한 계속 유효합니다. 4월 1일 또는 그 이전에 직원들에게 개정지침이 배포될 것입니다. 그 전에 질문이 있으시면 내선 3344번 Kimball씨에게 연락하십시오.

**어휘** payroll 급여 | direct deposit 계좌입금 | pay stub 급여명세서 | access 접속하다 | distribute 배포하다 | ext.(extension) 내선전화

### 25
**해설** a number of 다음에는 복수명사인 processes가 알맞다.

### 26
**해설** 문맥상 모든 직원들이 이 정보를 '볼' 수 있을 것이라는 내용이므로 선택지 중 view가 가장 적절하다.
**어휘** view 보다 | correct 바로잡다 | reject 거부하다 | enter 들어가다

### 27
**해설** 빈칸 앞에 다른 모든 절차는 동일하다면서, 타임카드에 관해 언급하므로 이와 자연스럽게 연결될 수 있는 (D)가 정답이다.
**해석** (A) 날짜와 시간의 변경에 주의하십시오.
(B) 대부분의 직원들은 오전 8시에 작업을 시작합니다.
(C) 급여부서가 운영되지 않습니다.
(D) 기존 타임카드 양식 또한 계속 유효합니다.
**어휘** operational 사용 중인 | valid 유효한

### 28
**해설** 문맥상 직원들에게 '지침'의 개정된 목록을 배포할 것이라는 내용이 자연스러우므로 instructions가 적절하다.
**어휘** completion 완성 | instructions 지시, 지침 | distribution 배포

---

**Part 5 & 6 Unit 02 대명사** 본문 p.36

| | | | | |
|---|---|---|---|---|
| 1 (D) | 2 (B) | 3 (B) | 4 (C) | 5 (C) |
| 6 (B) | 7 (B) | 8 (D) | 9 (A) | 10 (B) |
| 11 (A) | 12 (C) | 13 (C) | 14 (B) | 15 (D) |
| 16 (B) | 17 (B) | 18 (D) | 19 (D) | 20 (C) |
| 21 (C) | 22 (C) | 23 (A) | 24 (D) | 25 (B) |
| 26 (C) | 27 (C) | 28 (B) | | |

### 1
**해설** those는 관계사절 앞, p.p.와 -ing 앞, 전치사구 앞에 사용하는 유일한 지시대명사이다. those는 일반사람을 나타낸다.
**해석** 사진이 부착된 유효한 신분증을 지참한 사람들만이 실험실에 들어갈 수 있다.
**어휘** photo identification 사진이 있는 신분증 | laboratory 실험실

### 2
**해설** 전치사의 목적어 자리에 오는 목적격을 찾는 문제로, 빈칸 뒤에 이어지는 to부정사의 의미상의 주어 자리이다.
**해석** 예산보고서를 검토할 준비가 되었을 때 이사회에 통보해 주세요.
**어휘** notify 통지하다, 신고하다 | budget report 예산보고서

### 3
**해설** 복수동사(are)를 받는 복수명사 주어 자리이므로 복수형 부정대명사 others가 정답이다.
**해석** 주간 철도통행권이 통근하는 사람들에게 가장 경제적인 선택이지만 다른 선택사항도 있다.
**어휘** economic 경제적인 | commuter 통근자 | available 이용할 수 있는

### 4
**해설** [one of the + 복수명사] 구조를 묻는 문제이다.
**해석** 그 그룹에 있는 음악가 중 한 사람은 줄리아드 음대를 다녔다.
**어휘** attend ~에 다니다

### 5
**해설** 빈칸 뒤에 명사 entry가 쓰였으므로 앞에는 소유격 his를 써야 한다.
**해석** Smith씨의 출품작이 가장 좋은 기사로 선정되었다는 것을 알리게 되어 아주 기쁩니다.
**어휘** pleasure 기쁨 | entry 참가, 출품작, 입장 | article 기사

### 6
**해설** 빈칸 뒤 복합명사 specialty handbags를 수식하는 소유격(소유 형용사)을 써야 한다.
**해석** Sonia Rivera는 그녀의 특제 핸드백이 독특하고 창조적으로 디자인되어서 판매가 쉽다는 것을 알게 되었다.

**어휘** specialty 전문, 특제품 | unique 독특한 | creative 창조적인

## 7
**해설** 빈칸 뒤에 이미 명사가 있으므로 소유격인 his를 써서 문장을 완성한다.

**해석** 부서에서 수십 명의 직원을 관리하는 Anderson씨는 최근 부사장으로 승진했다.

**어휘** oversee 관리[감독]하다 | vice-president 부사장

## 8
**해설** 문맥상 빈칸에 his portfolio가 자연스러운데 [소유격 + 명사] 대신 소유대명사를 쓸 수 있으므로 his가 가장 적절하다.

**해석** Kim씨는 자기의 것이라고 잘못 생각해서 Krause씨의 포트폴리오를 가져갔다.

**어휘** mistakenly 실수로, 잘못하여

## 9
**해설** 빈칸 뒤에 복합명사 telephone service가 있으므로 소유격 our가 정답이다.

**해석** 지난주에 발생한 전화서비스의 일시중단을 진심으로 사과드립니다.

**어휘** sincerely 진심으로 | apologize for ~을 사과하다 | temporary 일시적인 | failure 실패

## 10
**해설** 동사 made의 목적어가 필요하므로 목적격 대명사 her를 써야 한다.

**해석** Lucy Smith는 지역 병원에서 학생 자원봉사자로서 보낸 시간으로 인해 의과대학 진학에 흥미를 갖게 되었다.

**어휘** volunteer 자원봉사자 | medical school 의과대학

## 11
**해설** 빈칸 뒤에 명사 files가 있으므로 소유격 their를 써서 문장을 완성한다.

**해석** 모든 부장은 월례직원회의에 회사 합병에 관한 파일을 가져와야 한다.

**어휘** be requested to ~하도록 요청되다 | merger 합병

## 12
**해설** 빈칸 뒤에 명사가 있으므로 소유격을 써서 문장을 완성한다.

**해석** 전화 제조업체들은 일반인들에게 어떻게 전화를 사용하는지에 관한 설문조사에 답할 것을 요청했다.

**어휘** manufacturer 제조업자 | survey 설문조사

## 13
**해설** [형용사 + 명사] 앞에도 소유격 대명사를 쓴다.

**해석** 정부는 소득이 낮은 가정들을 위해 시 한복판에 저렴한 주택을 건설하는 새로운 계획을 밝혔다.

**어휘** unveil 발표하다, ~의 베일을 벗기다 | affordable (가격 등이) 알맞은, 감당할 수 있는 | housing 주택(공급) | income 소득

## 14
**해설** 빈칸 뒤에 명사 appointment가 있으므로 소유격을 써야 한다.

**해석** 약속 취소를 원하는 부모들은 적어도 2일 전에 학교에 알려야 한다.

**어휘** notify 공지하다, 알리다 | in advance 미리

## 15
**해설** 문맥상 주어 Magnum Electronics' toaster oven을 받을 수 있는 소유격 대명사 its가 가장 적절하다.

**해석** 최근에 출시된 Magnum 일렉트로닉스의 토스트 오븐은 동종 오븐에서 얻을 수 있는 최상의 요리 결과를 보장한다.

**어휘** guarantee 보장하다, 보증하다 | result 결과

## 16
**해설** 문장이 완전할 때 명사와 대명사 뒤에 강조용법의 재귀대명사를 쓸 수 있다.

**해석** Graham씨는 비서가 일정을 잡는 대신에 본인이 스스로 하는 것을 선호한다.

**어휘** prefer to ~을 선호하다 | instead of ~ 대신에

## 17
**해설** 전치사 by의 목적어 자리에 올 수 있는 대명사는 목적격 her나 재귀대명사 herself이다. 문맥상 '혼자서'를 뜻하는 by oneself가 적절하다.

**해석** Hanson씨는 Black씨가 도와줄 수 있기 전까지 예산요약에 관한 일을 혼자서 했다.

**어휘** budget 예산 | summary 요약 | by oneself 스스로, 혼자서

## 18
**해설** 문맥상 by oneself가 적절하며, 주어가 복수(respondents)이므로 themselves가 정답이다.

**해석** 조사의 신뢰도와 타당성을 높이기 위해 모든 응답자들은 스스로 질문에 답해야 한다.

**어휘** reliability 신뢰도 | validity 타당성, 유효성 | respondent 응답자

## 19
**해설** 전치사 뒤에는 목적격 대명사나 재귀대명사를 넣는다.

**해석** 안전을 위해서 기계가 당신의 반대 방향으로 향하게 하세요.

**어휘** purpose 목적 | make sure 확실하게 하다

## 20
**해설** a friend of mine은 '내 친구', a colleague of mine은 '내 동료'라는 표현이다.

**해석** 내 동료가 마케팅 총회에서 Sams사를 대표할 것이다.

**어휘** represent 대표하다

6월 17일

Sarah Lopez 이사
4000 OLD 브리즈번 Banksia가 B9 Nephi Architects

Lopez씨께
저의 상사인 Jane Smith는 최근 저에게 시드니 사무실에 있는 인테리어
전문가 자리가 공석인 것에 대해 얘기했습니다. 그녀는 제가 그 일자리에
최적일 것이라고 생각했습니다. 그래서 저는 당신이 제가 시드니 사무실로
전근을 가는 것에 대해 고려해 주셨으면 합니다. 이 전근으로 저는
시드니에 있는 인테리어 디자이너 관리자 Jamie Nelson과 다시 함께
일할 수 있을 것입니다. Nelson씨와 저는 그가 여기 브리즈번에 있을 때
함께 Marston Towers 프로젝트를 진행했습니다. Smith씨는 전근에
대해 전적으로 지지를 표했고, 그 지지를 당신에게 서면으로 보내주겠다고
했습니다. 제 이력서를 동봉했습니다. 감사합니다.

Jack Turner 인테리어 디자인 전문가
서류동봉

**어휘** supervisor 상사 | specialist 전문가 | request 요청 | transfer
전근 | opportunity 기회 | endorsement 지지, 보증 | enclose
동봉하다

## 21
**해설** 전치사 뒤에는 전치사의 목적격 대명사가 온다.

## 22
**해설** 첫 문장에서 상사인 Jane Smith가 시드니의 공석인 자리에 대
해 본인에게 이야기했다고 하며, 이어서 전근을 신청하는 내용
이 나온다. 따라서 이와 자연스럽게 연결될 수 있는 (C)가 가
장 적절하다.

**해석** (A) 그녀는 지난주 필요한 모든 과정을 마쳤습니다.
(B) 그녀는 지난달 회사가 많은 이익을 냈다고 언급했습니다.
(C) 그녀는 제가 그 일자리에 최적일 것이라고 생각했습니다.
(D) 그녀는 복리후생제도를 고려할 것이라고 말했습니다.

**어휘** mention 언급하다 | profit 이익 | state 말하다 | benefits
package 복리후생제도

## 23
**해설** be동사 앞 주어 자리이므로 주격 대명사 he가 정답이다.

## 24
**해설** 문맥상 상사가 전적인 지지를 '표했다'는 내용이 자연스러우므
로 expressed가 적절하다.

**어휘** rely 의지하다



7월 15일

Jason Fox
84601 유타주 오그덴 대학로 2260 Delta 부동산

Fox씨께
이 편지는 7월 30일에 만료 예정인 3000 Center가의 임대계약에 대한
것입니다. 저는 임대연장을 요청하고 싶습니다. 새 사무실이 8월 이전에
준비되지 않을 것 같습니다. 가능하다면 8월 30일까지 현재 공간을
사용하고 싶습니다. 어떤 선택사항이 있는지 알려 주십시오. 전화로 귀하와
이야기하거나 필요하다면 임대사무실로 방문하도록 하겠습니다.

Cynthia Helen
Helen 법률사무소

**어휘** property 부동산 | extension 연장 | lease 임대(계약) | occupy
차지하다, 사용하다

## 25
**해설** 문맥상 임대계약이 '만료' 예정이라는 내용이므로 expire가 적
절하다.

**어휘** install 설치하다 | expire 만료되다

## 26
**해설** 편지는 임대연장을 '요청'하는 내용이다. 따라서 request가 가
장 적절한 선택이다.

**어휘** prohibit 금지하다 | call off 취소하다 | request 요구하다 |
purchase 구매하다

## 27
**해설** 앞 문장의 주어가 I이므로 소유격 My가 정답이다.

## 28
**해설** 빈칸 앞에서 8월 30일까지 현재 공간을 사용하고 싶다고 하므
로 뒤에는 이에 대한 답을 요청하는 (B)가 가장 적절하다.

**해석** (A) 저는 Center가에서 이미 이사하기 시작했습니다.
(B) 어떤 선택사항이 있는지 알려 주십시오.
(C) 대학로에 있는 사무실을 보여 주세요.
(D) 아직 임대계약서 사본을 받지 못했습니다.

**어휘** agreement 합의, 계약서

| | | | | |
|---|---|---|---|---|
| **1** (B) | **2** (A) | **3** (C) | **4** (C) | **5** (C) |
| **6** (D) | **7** (D) | **8** (A) | **9** (D) | **10** (B) |
| **11** (D) | **12** (A) | **13** (C) | **14** (A) | **15** (B) |
| **16** (C) | **17** (D) | **18** (A) | **19** (D) | **20** (B) |
| **21** (D) | **22** (B) | **23** (A) | **24** (D) | **25** (A) |
| **26** (B) | **27** (C) | **28** (A) | | |

## 1

**해설** 문맥상 샌프란시스코가 승무원들 사이에서 최고의 휴양지 중 하나로 '남아 있다'라는 내용이 가장 자연스러우므로 remains 가 적절하다.

**해석** 한 설문조사에 의하면, 샌프란시스코는 승무원들 사이에서 최고의 휴양지 중 하나로 남아 있다고 한다.

**어휘** destination 목적지 | remain 남아 있다 | elect 선출하다 | receive 받다

## 2

**해설** 문맥상 문서의 사본을 '보관해야' 한다는 내용으로 retain이 적절하다.

**해석** 담보대출 중개인들은 기록을 위해 모든 매매문서의 사본을 보관해야 한다.

**어휘** mortgage broker 담보대출 중개인 | retain 보유하다, 간직하다 | imitate 모조하다 | support 후원하다 | resist 저항하다

## 3

**해설** 회사의 중복되는 부서가 구조조정이 되는 경우에 맞는 동사를 고른다.

**해석** Longman Books가 10월에 Princeton House Press를 인수하면 두 출판사의 중복되는 일부 부서들은 구조조정될 것이다.

**어휘** overlapping 중복되는 | restructure 구조를 조정하다 | acquire 획득하다 | merger 합병

## 4

**해설** [help + 목적어(small business owners) + 동사원형]의 어순이다. 마케팅 계획을 '발전시킬' 수 있도록 돕는다는 내용이 므로 develop이 정답이다.

**해석** 다음 주 워크숍은 영세 기업인이 마케팅 계획을 발전시키는 것을 돕기 위한 의도가 있다.

**어휘** intend 의도하다 | proceed 나아가다 | remark 언급하다 | persuade 설득하다

## 5

**해설** 빈칸 앞에 조동사가 있으므로 동사원형 receive가 정답이다.

**해석** Johnson씨는 오늘 오후에 업데이트된 파일을 이메일로 받아야 한다.

**어휘** receivable 돈을 받을, 미수[외상]의

## 6

**해설** 주어가 remarks인 수동태 문장이므로 misinterpreted를 써 서 문장을 완성한다.

**해석** 작가의 즉흥적인 말은 일부 독자들에 의해 잘못 해석된 것처럼 보였다.

**어휘** extemporaneous 즉석의, 임시의 | remark 발언 | misinterpret 잘못 해석하다 | misinterpretation 오해, 오역

## 7

**해설** 티켓을 '구매하기' 위해서 팬들이 줄을 서 있었다는 내용이므로 purchase를 써서 문장을 완성한다.

**해석** 몇몇의 팬들은 공연 티켓을 구매하기 위해서 매표소 밖에서 수시간 동안 줄을 서 있었다.

**어휘** line up 줄을 서다 | box office 매표소 | purchase 구매하다 | replace 교체하다 | achieve 성취하다

## 8

**해설** 조명기구를 '설치했다'라는 의미로 동사 installed가 적절하다.

**해석** Madrix사가 계단조명을 두 달 전에 설치했음에도 불구하고 전구들이 계속 깜박이고 있다.

**어휘** lighting 조명 | light bulb 전구 | install 설치하다 | enter 들어가다 | hire 고용하다

## 9

**해설** remain to be seen은 관용적 표현으로 '두고 볼 일이다'라는 의미이다.

**해석** 새로운 마케팅과 판촉 활동의 결과는 두고 봐야 하겠지만, 판매수치는 고무적이다.

**어휘** promotional 홍보의 | sales figures 매출액 | encouraging 고무적인, 유망한

## 10

**해설** 문맥상 선적물이 막 '도착했다'는 의미로 arrived가 적절하다.

**해석** 8월 선적이 우리 해외부서로부터 일정보다 1주 먼저 도착했으므로 귀사의 하역직원들에게 즉시 통보해 주세요.

**어휘** shipment 수송(품) | overseas 해외의 | notify 알리다 | unloading crew 하역직원 | immediately 즉시 | examine 조사하다

## 11

**해설** '주문하다'라는 의미로 명사 orders와 어울리는 동사는 place 이다.

**해석** 만약 2주 내에 확실히 배달해 주실 수 있다면, 저희는 당신의 직물회사에 주문할 의향이 있습니다.

**어휘** provided (that) 만약 | ensure 확실하게 하다 | delivery 배달 | place an order 주문하다 | cause ~의 원인이 되다 | elect 선출하다

## 12

**해설** 신분증을 '제시하다'라는 의미로 명사 identification과 어울리 는 동사는 present이다.

**해석** 모든 방문객들은 법정에 입장하기 전에 보안검색대에 사진이 부착된 신분증을 제시해야 한다.

**어휘** courthouse 법원 | present 제시하다 | assign 할당[배당]하다 | permit 허용하다

## 13

**해설** 사역동사 let의 목적보어 자리에는 동사원형을 써야 한다.

**해석** 사장은 최근 해외영업의 문제점이 회사의 장기적인 수출계획에 영향을 끼치지 않도록 결정했다.

**어휘** long-term 장기적인 | export 수출 | affect 영향을 미치다

## 14

**해설** notify A of B는 'A에게 B를 알리다'라는 뜻이다.

**해석** Davis씨가 그의 상관에게 당신의 도착을 알릴 수 있도록 공항에서 전화해 주세요.

**어휘** arrival 도착 | report 보고하다 | attend 참여하다

## 15

**해설** 명령문에서 please 다음에 올 알맞은 동사를 묻는 문제로, 지원서는 '제출하는' 것이므로 submit이 적절하다.

**해석** 인턴십 과정에 고려되길 원하시면, 감독에게 자기소개서와 이력서를 포함한 지원서를 제출해 주세요.

**어휘** application 지원(서) | cover letter 자기소개서 | submit 제출하다 | urge 강권하다 | comply ～을 준수하다

## 16

**해설** 빈칸 뒤에 전치사 to가 있으므로 빈칸에는 자동사를 써야 한다.

**해석** 부장은 회사가 취하고 있는 새로운 방향에 대해서 직원 개개인에게 말하고 싶었다.

**어휘** speak to ～에게 말하다

## 17

**해설** keep의 목적보어로 현재분사와 과거분사가 둘 다 가능하나, 직원들(employees)이 최선을 다하도록 고무되는 대상, 즉 수동의 의미이므로 과거분사가 적절하다.

**해석** 주간회의에서 고위 경영진은 직원들이 최선을 다하도록 고무될 수 있는 새로운 방법에 대해 논의했다.

**어휘** do one's best 최선을 다하다 | inspire 고무하다

## 18

**해설** 사역동사 have 뒤에 목적어로 사람이 나올 경우 목적보어 자리에는 동사원형을 쓴다.

**해석** 사장은 언론에 사용하기 전에 비서에게 연례회의 회의록을 기술하도록 시킬 것이다.

**어휘** minute 회의록, 의사록 | annual 연례의 | transcribe 기록하다

## 19

**해설** [keep + 목적어+ 목적보어]의 구조이며, 목적어(customers)가 만족감을 느끼게 하는 대상이므로 목적보어로 과거분사가 적절하다.

**해석** 고객만족 유지를 위해 그 식료품 가게는 몇 가지 냉동식품 샘플을 나누어 주었다.

**어휘** give out ～을 나누어 주다 | satisfy 만족시키다 | frozen food 냉동식품

## 20

**해설** [help + 목적어 + 동사원형/to부정사]의 구조이며, 사역동사 help 다음 빈칸에 목적격 대명사가 필요하다.

**해석** 고객이 새 차를 살 때, 판매원들은 종종 고객의 생활양식에 가장 알맞은 차를 고를 수 있도록 도와준다.

**어휘** sales associate 판매원 | vehicle 탈것

## 21-24

Springville 시립 도서관은 1월 2일부터 5월 말까지 보수작업을 시행할 것입니다. 이번 프로젝트로 증가하는 장서를 위한 저장공간을 늘릴 것입니다. 도서관은 보수작업 동안 계속 개방할 것입니다. 그러나 몇몇 도서관 장서는 일시적으로 현장 이용자들이 사용할 수 없을 것입니다. 이용불가 장서목록은 웹사이트 www. springvillelibrary.org에 공지될 것입니다. 이용자들은 방문 전 이 목록을 확인하거나 도서관에 연락하시기 바랍니다.

**어휘** renovation 수선, 수리, 혁신 | storage space 저장 공간 | collection 소장품 | inaccessible 접근하기 어려운

## 21

**해설** 앞으로 있을 일이므로 미래시제가 정답이다.

## 22

**해설** 빈칸 뒤에 이어지는 문장에서 그럼에도 몇몇 도서관 장서는 일시적으로 사용할 수 없을 것이라며 대조의 표현이 나오므로 (B)가 가장 적절한 선택이다.

**해석** (A) 저희는 도서관 장서를 확장하기 위해 기부금을 받을 것입니다.
(B) 도서관은 보수작업 동안 계속 개방할 것입니다.
(C) 보수하는 동안 도서관은 폐관될 것입니다.
(D) 도서관은 시의 협력에 감사드립니다.

**어휘** expand 확장하다 | cooperation 협력

## 23

**해설** 이어지는 문장의 inaccessible로 보아 빈칸에는 유사한 의미인 unavailable이 가장 적절하다.

## 24

**해설** 마지막 문장은 도서관 이용자들이 어떻게 해야 하는지 권하는 내용이다.

Carter 컨벤션 센터
출품자 입장

Carter 컨벤션 센터의 전시홀로 물품을 배송하는 업체들은 주차장으로 들어오는 Howard로 입구를 이용해야 합니다. 이 출입구는 3미터 높이입니다. 이 높이를 넘어서는 차량들은 주 하역장을 통해 배송해야 합니다. 귀사의 전시부스를 보충할 필요가 없도록 미리 계획하십시오. 행사기간 동안 하역장을 이용해야 하는 업체들은 상당한 대기시간을 겪게 될 것입니다.

**어휘** exhibitor 전시를 여는 사람 | vendor 노점상 | restock 다시 채우다 | in progress 진행 중인 | significant 상당한

**25**

**해설** 빈칸 앞에 조동사 should가 있으므로 빈칸에는 동사원형을 써야 한다.

**26**

**해설** 빈칸 앞에 출입구의 높이에 관해 언급하므로 선택지 중 (B)가 가장 적절한 연결이다.

**해석** (A) 민간차량만이 입구통과가 허용되며, 다른 차량은 주 하역장을 사용해야 합니다.
(B) 이 높이를 넘어서는 차량들은 주 하역장을 통해 배송해야 합니다.
(C) 재료를 배송하는 모든 차량은 밖에서 추가지시를 기다려야 합니다.
(D) 차량은 하역장 내부의 교통량을 줄이기 위해 시기적절하게 출입해야 합니다.

**어휘** civilian 민간인 | exceed 초과하다 | instruction 설명, 지시

**27**

**해설** 문맥상 어떤 상황을 피하도록 '미리' 계획하라는 내용으로 선택지 중 ahead가 가장 적절하다.

**28**

**해설** 빈칸 앞에 조동사 may가 있으므로 빈칸에는 동사원형을 써야 한다.

**어휘** face 직면하다

<table>
<tr><td>Part<br>5 & 6</td><td>Unit 04</td><td colspan="2">수동태와 능동태 본문 p.60</td></tr>
</table>

| 1 (D) | 2 (C) | 3 (C) | 4 (B) | 5 (A) |
|-------|-------|-------|-------|-------|
| 6 (B) | 7 (B) | 8 (B) | 9 (A) | 10 (C) |
| 11 (B) | 12 (D) | 13 (C) | 14 (C) | 15 (D) |
| 16 (D) | 17 (A) | 18 (C) | 19 (B) | 20 (B) |
| 21 (B) | 22 (C) | 23 (D) | 24 (D) | 25 (C) |
| 26 (B) | 27 (B) | 28 (D) | | |

**1**

**해설** 문장의 주어가 사물이고 빈칸 앞에 나온 조동사와 어울려서 [조동사 + be + 과거분사]의 형태로 써야 한다.

**해석** 모든 휴가 상품들은 고객이 가게에 들어오자마자 볼 수 있도록 가게 앞에 진열되어야 한다.

**어휘** merchandise 물품, 상품 | encounter 직면하다 | display 전시하다

**2**

**해설** 주절의 주어 Power가 사물이고 목적어가 없으므로 수동태 문장이다. when절의 시제가 과거(fell)이므로 이와 시제가 일치하는 was lost가 정답이다.

**해석** 나무가 전신주로 쓰러졌을 때 건물 전체의 전력이 끊겼다.

**어휘** fall against ~에 쓰러지다 | electric pole 전신주

**3**

**해설** 문장의 주어 Interviews가 사물이며 동사 conduct는 타동사이므로 수동태 문장이다.

**해석** 인터뷰가 3층 회의실에서 화요일 하루 종일 실시될 것이다.

**어휘** conduct 실시하다, 수행하다

**4**

**해설** 주어가 production이며, 빈칸 뒤에 목적어가 없고 행위자를 나타내는 전치사 by가 있으므로 수동태가 알맞다.

**해석** 기계고장으로 생산이 중단된 후, 제조팀은 주문을 제때 맞출 수 있도록 추가로 일해야 했다.

**어휘** mechanical failure 기계고장 | fill the order 주문을 맞추다 | on time 제때에, 정시에 | interrupt 중단시키다

**5**

**해설** 빈칸 뒤에 목적어가 없고 행위자를 나타내는 전치사 by가 있으므로 수동태가 알맞다.

**해석** 컴퓨터 훈련지침서가 기술부서에 의해 완전히 수정되었다.

**어휘** revise 개정하다 | revision 개정

**6**

**해설** 문장의 주어 The monthly staff meeting이 사물 주어이며 목적어가 없으므로 동사는 수동태가 알맞다.

**해석** 월례 직원회의는 7월 2일 주 회의실에서 열릴 것이다.

**어휘** hold 열다, 개최하다

## 7

**해설** 문장의 주어 An exhibition이 사물 주어이므로 수동태를 써야 한다.

**해석** Andrea Lenin의 그림 전시회가 Noya 화랑에서 열리고 있다.

## 8

**해설** that절의 주어 the main entrance가 사물 주어이므로 수동태 is located로 문장을 완성한다.

**해석** 주차장 정문이 건물의 동쪽에 위치하고 있다는 것을 명심하세요.

**어휘** main entrance 정문 | parking garage 주차장 | locate ~에 위치시키다

## 9

**해설** 접속사 that 뒤에 있는 주어 Ms. Anderson's order가 배송이 되는 사물이므로 동사는 수동태로 써야 한다.

**해석** Anderson씨가 오늘 일찍 퇴근할 것이기 때문에 주문품이 오후 5시 이전에 꼭 배송되어야 해요.

**어휘** deliver 배송하다

## 10

**해설** be designed to는 '~하도록 제작되다'라는 의미로 알아둔다.

**해석** Dyson 진공청소기는 미세먼지와 먼지입자들까지 제거하도록 특별히 제작되었다.

**어휘** vacuum cleaner 진공 청소기 | remove 제거하다 | dust 먼지 | dirt 먼지, 때 | particle 입자, 조각

## 11

**해설** 문장의 주어 Mr. Bush가 사람이지만 '추천을 받은' 대상이므로 동사는 수동태가 되어야 한다

**해석** Bush씨는 우리 고위임원 중 한 명에 의해 웹개발자 자리에 적극 추천받았다.

**어휘** position 직위 | senior executive 최고중역 | highly recommended 강력하게 추천되는 | recommendation 추천

## 12

**해설** 타동사인 postpone의 목적어가 없으므로 수동태가 가장 적절한 선택이다.

**해석** Taylor 빌딩 건설은 건축계획의 수정으로 인해 연기되었다.

**어휘** modification 변경, 수정 | architectural 건축학의, 건축학적인 | postpone 연기하다

## 13

**해설** be동사 뒤에서 목적어를 갖지 않는 타동사는 수동태로서 과거분사가 된다.

**해석** 모든 고객서비스 담당자는 제품서비스와 관련된 모든 전화를 처리할 수 있도록 철저히 교육을 받습니다.

**어휘** representative 대리인, 담당 직원 | thoroughly 철저히, 완전히

| handle 다루다, 처리하다 | regarding ~에 관하여

## 14

**해설** 빈칸 앞에 현재완료 시제가 쓰였고 '평가되는' 것이기 때문에 과거분사 형태가 쓰여야 한다.

**해석** Delta 사무실 건물은 원래 매입가격의 120퍼센트 이상으로 평가되었다.

**어휘** purchase price 매입가격 | appraise 평가하다

## 15

**해설** 동사 expand가 자동사로 쓰일 경우 능동태로 문장을 완성해야 한다.

**해석** 여전히 기존 방식이 사용되고 있지만 광고를 위한 소셜미디어 이용이 확대되고 있습니다.

**어휘** traditional method 기존 방식 | expand 확대되다

## 16

**해설** 주격 관계대명사 that 앞의 선행사 the evaluation form이 사물이므로 빈칸의 동사는 수동태로 완성한다.

**해석** 잘못 둔 평가서의 사본을 하나 더 출력하세요.

**어휘** copy 복사(본) | evaluation form 평가서 | misplace 잘못 놓다

## 17

**해설** 타동사 announce 뒤에 목적어가 없으며, 주어인 The special sale이 '발표된' 것이므로 수동태로 써야 한다.

**해석** 어제 문구류에 대한 특별 할인이 Write Best 웹사이트에 발표되었습니다.

**어휘** stationery 문구, 문방구

## 18

**해설** if 절에서 주어 updates는 '필요되는' 것이므로 수동태가 정답이다.

**해석** Moore씨는 업데이트가 필요한지 확인하기 위해 교육매뉴얼을 검토하는 중이다.

**어휘** review 검토하다 | training manual 교육매뉴얼

## 19

**해설** 문장의 주어가 Strict parking rules이고 빈칸 뒤에 목적어가 없으므로 수동태로 문장을 완성해야 한다.

**해석** 도심의 상업지구에는 엄격한 주차규칙이 시행됩니다.

**어휘** strict (규칙 등이) 엄격한 | business district 상업지역 | enforce 시행[집행]하다

## 20

**해설** be instructed to는 '~하도록 지시받다'라는 의미로 알아둔다.

**해석** 직원들은 복사기가 수리될 때까지 2층에 있는 복사기를 사용하도록 지시받았다.

**어휘** instruct 지시하다 | adjust 조정하다 | respond 응답하다 | respect 존중하다

날짜: 7월 8일
보낸 사람: Richards Scott 건물 관리인
대상: 전 직원
제목: 수리 업데이트

내일 에어컨 시스템 수리일정을 잡았습니다. 수리공들이 아침 일찍부터 시작해서 오후까지 계속될 것으로 예상됩니다. 그들은 사무실의 업무를 방해하지 않도록 최선을 다할 것입니다. 반대로 여러분도 그들이 작업할 수 있도록 해 주시기 바랍니다. 이 절차에 대한 어떠한 질문이든 제게 보내 주세요. 저는 작업의 진행상황을 점검하기 위해 내일 하루 종일 건물을 둘러볼 것입니다. 수리가 완료되면 알리도록 하겠으니 냉방에 관한 문제로 유지보수부서에 전화하는 것을 금해 주시기 바랍니다. 여러분의 협조에 감사드립니다.

**어휘** repair 수리 | in turn 번갈아 | supervise 감독하다 | inspect 검사하다 | refrain from ~을 삼가다

## 21

**해설** be expected to는 '~할 것으로 예상되다'라는 의미이다.

**어휘** visualize 상상하다 | specialize 전공하다 | establish 설립하다

## 22

**해설** 빈칸 뒤의 문장은 반대로 그들이 일할 수 있도록 해 달라는 대조의 내용이므로 이와 자연스럽게 연결될 수 있는 (C)가 정답이다.

**해석** (A) 수리공들은 오후 12시에 점심시간을 가질 것입니다.
(B) 그들은 수리를 도울 자원봉사자들을 데려 갈 것입니다.
(C) 그들은 사무실의 업무를 방해하지 않도록 최선을 다할 것입니다.
(D) 사무실은 수리하는 동안 폐쇄할 것입니다.

**어휘** disrupt 방해하다 | operation 작업, 운용

## 23

**해설** allow는 '~하도록 허용하다'라는 뜻으로 to부정사를 목적격 보어로 취한다.

## 24

**해설** 빈칸 앞에 주어 the repairs가 사물이므로 수동태가 알맞다.

**어휘** complete 완료하다



Megan Robinson
뉴욕시 브루클린 코텔류가 E 770

Megan씨께
옥스퍼드 대학출판사에서 발간한 흥미로운 새 잡지에 대해 알려 드립니다. Huntsman Journal of Public Health는 보건교육 및 보건연구와 관련된 문제에 초점을 맞춘 상호 심사 잡지로서 높게 평가되고 있습니다. 각 호에는 세계적으로 유명한 과학자들과 의료분야의 기타 선구자들이 쓴 장편 연구논문들이 실렸습니다. 주문서를 동봉했습니다. 이 양식을 작성해서 지금 구독하시면, 정가의 20퍼센트를 할인받으실 수 있습니다. 주문서를 보내주세요.

Parker Young 편집장
옥스퍼드 대학출판사

**어휘** peer 또래 | focus on ~에 주력하다 | feature 특징으로 삼다 | full-length 단축하지 않은, 장편의 | renowned 유명한 | subscribe 구독하다 | eligible ~을 할 수 있는

## 25

**해설** 관계대명사 which 앞에 사물 선행사 new journal이 있으며, 빈칸 뒤에 전치사 by가 이어지므로 수동태가 알맞다.

## 26

**해설** '높게 평가된다'라는 의미이므로 수동태가 쓰여야 한다.

## 27

**해설** 문맥상 '각각의 호는'이라고 문장을 완성해야 하므로 '호, 부'를 의미하는 issue가 정답이다.

**어휘** assignment 과제, 임무

## 28

**해설** 빈칸 뒤에 '이 양식 작성을 통해 지금 구독하시면, 정가의 20%를 할인 받으실 수 있습니다.'라는 내용이 나오므로 이에 선행하는 문장으로 (D)가 가장 적절한 선택이다.

**해석** (A) 당신이 Huntsman Journal을 검토해 줄 것을 요청합니다.
(B) 당신을 신뢰할 수 있는 회원으로 존경합니다.
(C) 다른 광고를 포함시켰습니다.
(D) 주문서를 동봉했습니다.

**어휘** enclose 동봉하다 | order slip 주문서

| 1 (B) | 2 (A) | 3 (C) | 4 (A) | 5 (C) |
|-------|-------|-------|-------|-------|
| 6 (D) | 7 (A) | 8 (B) | 9 (D) | 10 (D) |
| 11 (B) | 12 (B) | 13 (A) | 14 (B) | 15 (C) |
| 16 (A) | 17 (A) | 18 (C) | 19 (B) | 20 (B) |
| 21 (D) | 22 (C) | 23 (A) | 24 (D) | 25 (A) |
| 26 (D) | 27 (C) | 28 (B) | | |

**1**

해설 빈칸 앞에 주어 The directors가 복수이므로 동사의 복수형 regulate가 정답이 된다.

해석 중역들은 판촉광고를 위한 회사기금의 사용을 규제한다.

어휘 promotional 판촉의, 승진의 | regulate 규제하다, 조정하다

**2**

해설 빈칸 앞 관계대명사 that의 선행사 regulations가 복수이므로 빈칸에 동사의 복수형을 써야 한다.

해석 대부분의 도시들은 매일 얼마 만큼의 수자원이 소비되어야 할지를 결정하는 규정이 있다.

어휘 regulation 규정 | water resources 수자원 | determine 결정하다 | determiner 결정하는 사람

**3**

해설 빈칸은 annual의 수식을 받는 명사 자리이다. that절의 동사 have been rising은 주어가 복수형임을 나타낸다.

해석 사장은 회사의 연간 이익이 지난 2년 동안 꾸준하게 증가했다는 것을 듣고 아주 기뻤다.

어휘 steadily 꾸준하게 | profit 이윤 | profitable 이익이 많은

**4**

해설 that절에 있는 주어 its annual operating costs가 복수이므로 동사도 복수형으로 써야 한다. remain은 자동사이므로 수동태로 쓸 수 없다.

해석 회사는 디트로이트 공장의 연간 운영비가 지난해 비용과 비교해 일정하게 유지됐다고 발표했다.

어휘 operating cost 운영비 | steady 일정한 | compared with ~와 비교해서

**5**

해설 who가 주격 관계대명사이므로 빈칸에는 동사가 알맞다. 선행사인 customers가 복수이므로 동사도 복수형이 와야 한다.

해석 Johnson 일렉트로닉스에는 작은 아파트에 거주하는 고객들을 위해 고안된 일련의 새로운 소형 가전제품들이 있다.

어휘 compact 소형의 | appliance 가전제품 | reside 거주하다 | residence 주택, 주거 | resident 거주자

**6**

해설 빈칸 앞에 접속사 that이 있고 뒤에는 단수형 be동사가 있으므로 단수형 주어를 써서 문장을 완성해야 한다.

해석 지난달 소매 매출의 증가는 소비가 예상보다 빠르게 상승하고 있음을 나타낸다.

어휘 indicate 나타내다 | spending 소비, 지출 | spender 돈을 쓰는 사람

**7**

해설 it requires 앞에 목적격 관계대명사 which가 생략되었다. 따라서 주어는 ink cartridges이므로 복수형 be동사 are가 적당하다.

해석 우편실에 있는 프린터는 현재 필요한 잉크 카트리지가 없어서 작동이 안 된다.

어휘 currently 현재, 지금

**8**

해설 3인칭 단수 주어이므로 단수형 동사가 필요하다.

해석 Scarcella씨가 새로운 연구를 시작하기 전에 그의 이전 연구들은 알맞게 서류철이 되어야 한다.

어휘 previous 이전의 | properly 적절히 | file (문서를) 보관하다

**9**

해설 '~하도록 요구되다'를 뜻하는 be required to 구문으로 주어가 복수이므로 복수형 동사가 필요하다.

해석 지원자들은 일자리에 검토되어질 수 있도록 두 통의 추천서와 이력서를 제출하도록 요구된다.

어휘 applicant 지원자 | submit 제출하다 | recommendation 추천서

**10**

해설 동명사 주어 meeting은 단수로 취급한다.

해석 소형기기의 인기가 아주 빠르게 증가해서 새로운 게임을 위한 고객의 요구를 충족시키는 것은 도전으로 남아 있다.

어휘 popularity 인기 | handheld 손바닥 크기의 | rapidly 급속히 | meet 충족시키다 | demand 수요, 요구

**11**

해설 동사가 are이므로 주어도 복수형이 되어야 한다.

해석 목요일 저녁의 재즈 음악회 할인표는 Klein씨의 사무실에서 얻을 수 있습니다.

어휘 discount ticket 할인표

**12**

해설 문장의 동사가 단수이므로(was given) 단수 주어를 만드는 Each가 정답이다.

해석 각 직원들은 자신의 문서를 담아둘 파란색 파일 폴더를 받았다.

어휘 store 저장하다

## 13
**해설** 한정사와 명사의 수 일치 문제로 복수인 promotional items 와 짝을 이룰 수 있는 other가 정답이다.

**해석** 많은 광고주들이 다른 홍보제품 대신 연필을 나눠주는 것을 선호한다.

**어휘** advertiser 광고주 | give out 나눠주다(= distribute, hand out) | instead of ~ 대신에

## 14
**해설** 회사 이름은 복수형이어도 단수 취급을 한다.

**해석** Adobe Systems는 영업부서의 공석 두 자리를 채워줄 도전할 준비가 되어 있는 직원들을 찾고 있다.

**어휘** vacant 텅 빈 | division 분과, 부 | seek 찾다

## 15
**해설** 문장의 주어가 3인칭 단수이므로 동사도 단수형이 정답이다.

**해석** Ann Thompson은 자신의 주간 라디오쇼인 Trade Biz에서 세계 곳곳의 경제뉴스를 분석한다.

**어휘** all over the globe 전 세계에 | analyze 분석하다 | analysis 분석 |

## 16
**해설** 미래시제이며, 시간을 나타내는 부사절 while이 이끄는 절의 주어 it과 수 일치하는 동사를 고른다.

**해석** Bridgestone 웹사이트는 7월 20일 예정된 유지보수 동안 일시적으로 사용할 수 없습니다.

**어휘** temporarily 일시적으로, 임시로 | undergo 겪다

## 17
**해설** Since 뒤 주어 industry analysts가 복수형이므로 동사도 복수형이 정답이 된다.

**해석** 업계 분석가들이 내년에 자동차 구매가 증가할 것으로 예상하기 때문에 Buick Auto는 자사의 하이브리드 차량을 곧 판매할 것이다.

**어휘** industry analyst 업계 분석가 | predict 예측하다

## 18
**해설** 동사가 단수형 focuses이므로 주어 또한 단수형임을 알 수 있다. Research는 셀 수 없는 명사로 단수 취급하다.

**해석** DEC의 최신식 실험실에서 하는 연구는 주로 태양열 에너지에 초점을 맞추고 있다.

**어휘** laboratory 실험실 | primarily 주로

## 19
**해설** 현재시제이며, because절의 주어가 단수이므로 동사도 단수형이 정답이 된다.

**해석** Moore 전시회가 고대 유럽 공예품들을 선보이고 있기 때문에 학생들은 전시회에 참여하고 있다.

**어휘** ancient 고대의 | artifact 공예품

## 20
**해설** 의미상 several 뒤에는 복수명사가 와야 한다.

**해석** 지역에 건강보조식품을 판매하는 가게가 몇 개 있다.

**어휘** several 몇몇의 | health supplement 건강보조(식품)

## 21-24

받는 사람: Amanda Guzman
보낸 사람: welcome@linkmaster.ca
날짜: 8월 24일
제목: 링크 등록

Guzman씨께
선도적인 온라인 취업검색 서비스 Link Master 일자리 네트워크에 오신 것을 환영합니다. 귀하의 이메일 주소와 업무경험 및 취업선호도가 당사 데이터베이스에 기록되었습니다. 이 정보는 귀하와 같은 구직자를 찾고 있는 고용주를 식별하는 데 사용됩니다. 앞으로 귀하 지역의 공석인 일자리에 대해 정기적으로 공지를 받으실 것입니다.
저희에게 프라이버시는 중요합니다. 그러므로 저희는 귀하의 이름이나 주소를 누구와도 공유하지 않을 것입니다. 언제든지 이메일의 맨 하단에서 구독을 취소하거나 이메일 기본 설정을 변경할 수 있는 링크를 선택하실 수 있습니다.
등록해 주셔서 감사합니다. 질문이나 의견이 있으시면 언제든지 연락해 주십시오.

Link Master 기술팀

**어휘** registration 등록, 신고 | leading 선두적인 | preference 선호 | identify 확인하다, 알아보다 | job candidate 입사지원자 | periodic 정기적인

## 21
**해설** 문장의 주어가 복수이고 '기록이 되는' 대상이므로 복수형 수동태인 have been recorded가 정답이다.

## 22
**해설** 관계대명사 who 앞에 선행사 employers가 복수형이므로 동사 또한 복수형을 고른다.

## 23
**해설** 빈칸 앞 문장에서 프라이버시가 중요하다는 내용과 자연스럽게 연결될 수 있는 (A)가 가장 적절한 선택이다.

**해석** (A) 저희는 귀하의 이름이나 주소를 누구와도 공유하지 않을 것입니다.
(B) 귀하는 저희 네트워크에 가입해서는 안 됩니다.
(C) 저희 직원들이 귀하의 정보에 접근할 수 있을 것입니다.
(D) 민감하지 않은 정보만 공유하겠습니다.

**어휘** non-sensitive 민감하지 않은

## 24
**해설** 빈칸 앞의 주어가 2인칭이므로 동사는 receive를 써야 한다.

받는 사람: Harrison Gilbert 〈hgilbert@dtech.net.bm〉
보낸 사람: Tiffany Lawson 〈tlawson2014@mgmcorp.com.bm〉
제목: 정보
날짜: 11월 12일

Gilbert씨께
저는 지난 10월 당신이 라스베이거스에서 개최된 국제 비즈니스 박람회에서 연설을 할 때 관중석에 있었습니다. 저는 당신의 '직원 성공을 위한 동기 부여'라는 발표에 아주 감명을 받았습니다. 사실 그것은 저의 비즈니스 상호작용을 재평가하도록 해 주었습니다. 이것은 저희 사무실의 사기를 크게 향상시켰고, 수익도 증가했습니다! 5월에 Millan에서 열리는 유럽 서비스 산업회의에서 연설해 보시겠습니까? 1천 명이 넘는 업계 전문가가 참석할 것으로 예상됩니다. 추가 정보를 제공하는 전단지를 첨부했습니다.

Tiffany Lawson 마케팅 이사
MGM 그룹

**어휘** motivate 동기를 부여하다 | inspire 영감을 주다 | reassess 재평가하다 | interaction 상호작용 | morale 사기 | revenue 수익 | hospitality 환대 | attach 첨부하다 | flyer (광고용) 전단

**25**

**해설** 앞 문장에 대해 자세한 내용을 덧붙이는 내용이므로 '사실은'을 뜻하는 접속부사 In fact가 가장 적절한 선택이다.

**어휘** at first 처음에는 | on the contrary 반대로 | in the meantime 한편

**26**

**해설** 주어 자리에 단수(revenue)가 쓰였으므로 동사 또한 단수형이 와야 한다.

**27**

**해설** 앞 문장에서 새로운 행사에 대해 언급하며, 그다음 문장에서는 그 행사에 관한 전단지를 첨부하였다고 하므로 행사에 대한 일부 정보를 언급하는 (C)가 가장 자연스럽다.

**해석** (A) 당신의 발표에 정말로 감사드립니다.
(B) 우리 총회는 매진될 것입니다.
(C) 1천 명이 넘는 업계 전문가가 참석할 것으로 예상됩니다.
(D) 서비스 산업 회원들은 이 회의에서 좋은 결과를 기대하고 있습니다.

**어휘** professional 전문직 종사자

**28**

**해설** 빈칸은 a flyer를 수식하는 관계대명사가 필요한 자리이다. 또한 선행사가 단수이므로 동사는 단수형이 되어야 한다.

**어휘** provide 제공하다

---



| 1 (B) | 2 (C) | 3 (C) | 4 (A) | 5 (B) |
|---|---|---|---|---|
| 6 (D) | 7 (D) | 8 (B) | 9 (D) | 10 (B) |
| 11 (C) | 12 (A) | 13 (D) | 14 (D) | 15 (A) |
| 16 (C) | 17 (A) | 18 (C) | 19 (D) | 20 (A) |
| 21 (A) | 22 (C) | 23 (B) | 24 (C) | 25 (A) |
| 26 (C) | 27 (C) | 28 (B) | | |

**1**

**해설** 규칙적인 습관을 나타내는 표현 every Wednesday를 통해 현재시제임을 알 수 있다. 문장의 주어가 3인칭 단수이므로 단수형이 정답이 된다.

**해석** Jackson씨가 사무용품을 매주 수요일에 주문하므로 화요일까지는 주문서를 제출하셔야 합니다.

**어휘** submit 제출하다(= hand in) | order form 주문서

**2**

**해설** '최근에'를 뜻하는 부사 recently와 어울리는 시제는 과거시제 또는 현재완료다.

**해석** 최고경영자와 그 외 많은 회사의 중역들이 최근에 한 달간 유럽과 동남아시아에 있는 새로운 지사를 둘러봤다.

**어휘** executive 중역 | satellite 위성, 부속기관 | conduct (특정한 활동을) 하다

**3**

**해설** 현재의 시점을 나타내는 right now가 있으므로 현재진행시제를 써야 한다.

**해석** 북동부 지역의 매장들이 우리 브랜드의 가을 스웨터가 지금 매우 잘 팔린다고 보고하고 있다.

**어휘** report 보고하다

**4**

**해설** 형용사 important 다음에 나오는 that절의 동사는 동사원형을 써야 하므로 stay가 정답이다.

**해석** 직원들의 전체 생산성뿐만 아니라 개인의 안전을 보장하는 데 주의를 기울이는 게 중요하다.

**어휘** attentive 주의 깊은, 조심성 있는 | ensure 보장하다 | overall 전부의, 총체적인 | productivity 생산성

**5**

**해설** 미래진행시제를 써서 가까운 미래에 일어날 일에 대해 말할 수 있다.

**해석** 새로운 부사장인 Vieri씨가 10월 1일부로 업무를 시작한다고 발표하게 되어 기쁩니다.

**어휘** vice president 부사장

**6**

해설 미래를 나타내는 부사구 After the current model year가 있으므로 미래시제를 써서 문장을 완성한다.

해석 올해의 모델 후에 자동차 제조사들은 모든 4도어 세단 생산을 중단하고 새로운 모델의 스포츠카를 소개할 것이다.

어휘 manufacturer 제조재[사] | discontinue 중단하다

**7**

해설 시스템 고장을 '방지하기' 위해서 필요한 조치를 취하다는 내용이므로 prevent가 가장 적절하다.

해석 Smith씨는 또 다른 시스템 고장을 방지하기 위해 컴퓨터서비스부에 필요한 조치를 취해 달라고 부탁하고 있다.

어휘 take the necessary steps 필요한 조치를 취하다 | failure 고장 | prevent 막다, 방해하다 | upgrade (제품의 가격이나 등급을) 올리다 | ignore 무시하다

**8**

해설 빈칸은 문장의 주어 The new trade law 뒤 동사 자리이다. 단수 주어이므로 수 일치를 고려한다.

해석 새로운 무역법은 배급 지역을 넓히고, 제품의 품질을 향상시켰으며, 샌프란시스코의 경제에 큰 기여를 했다.

어휘 distribution 분배, 배급 | contribute to ~에 기여하다 | contributor 기부자 | contribution 공헌, 기여

**9**

해설 미래를 나타내는 부사구 next month가 있으므로 미래시제가 정답이다.

해석 엔지니어들은 다음 달에 유서 깊은 Vince 극장이 여전히 건축학적으로 안전한지 확인하기 위해 검사할 것이다.

어휘 architecturally 건축학적으로 | sound (건물이) 견고한

**10**

해설 주 어 The final fulfillment가 단 수 이 고, 시 제 는 과 거 (yesterday) 이므로 was가 정답이다.

해석 유명한 미스터리 시리즈물의 최종 주문이 어제 가게에 도착하기로 되어 있었지만, 예상치 못한 선적문제로 지연되었다.

어휘 fulfillment 고객의 주문처리[과정], 수행, 달성 | due 예정된 | unexpected 예상치 못한

**11**

해설 be동사 뒤 일반동사의 알맞은 형태를 고르는 문제다. 명사절을 이끄는 whether가 문장의 목적어 역할을 한다.

해석 우리는 늘어나는 고객을 수용하기 위해서 현재의 시설을 확장할지 아니면 이전할지 고려하고 있다.

어휘 relocate 이동시키다, 다시 배치하다 | facility 시설물 | accommodate 수용하다

**12**

해설 과거를 나타내는 부사구 Last weekend가 있으므로 과거시제를 써서 문장을 완성한다.

지난주 전 세계에서 온 영업자들이 콘퍼런스 센터에 모였다.

어휘 sales associate 영업사원 | convene 모이다, 회합하다

**13**

해설 미래의 시점을 표현하는 As of next month가 있으므로 미래 시제를 쓴다.

해석 다음 달부터 주 중 직원 휴게실은 오후 2시에 문을 닫을 것이다.

어휘 as of ~일자로

**14**

해설 주절에 과거시제 asked가 쓰였고 After가 이끄는 절의 시제는 주절보다 한 시제 앞서므로 빈칸에는 과거완료시제를 써야 한다.

해석 Noriko Tamaguchi가 업무에 필요한 기술들을 완전히 습득하자, 그녀의 관리자는 신입직원 훈련을 요구했다.

어휘 master ~을 완전히 익히다

**15**

해설 주어 the board of directors와 목적어 Mr. Krause 사이의 동사 자리에 알맞은 형태를 고른다.

해석 일에 대한 경험과 자격요건들을 고려하여, 이사회는 Krause씨에게 마케팅 부장직을 추천했다.

어휘 considering ~을 고려하여 | qualification 자격(증)

**16**

해설 과거 시점을 나타내는 in 2013이 있으므로 과거시제를 써야 한다.

해석 Janice Vochringer는 2013년 퇴직 전까지 신문이나 잡지에 스포츠 기사를 썼다.

어휘 retirement 퇴직

**17**

해설 빈칸은 that절을 목적어로 취하는 동사 자리이다.

해석 일기예보관들은 뉴욕에 하루 종일 많은 비가 내릴 거라고 예보했다.

어휘 throughout the day 하루 종일 | predict 예상하다 | prediction 예측 | predictable 예언할 수 있는 | predictably 예상대로

**18**

해설 과거를 나타내는 부사구 last quarter가 있으므로 과거시제가 와야 한다.

해석 James Tire&Wheel사는 경쟁사가 가격을 깎은 지난 분기에 판매의 어려움을 겪었다.

어휘 quarter 1년의 4분의 1, 1분기 | competitor 경쟁자 | suffering 고통, 괴로움 | suffer 고통받다

**19**

해설 '~이후로'를 의미하는 since는 현재완료시제와 어울린다.

해석 Reza Sherman 박사는 지난해 이후로 지칠 줄 모르고 교육정책의 개혁을 지지하는 사람이 되었다.

어휘 tireless 지칠 줄 모르는 | advocate 지지자; 옹호하다 |

educational policy 교육정책 | reform 개혁

## 20

**해설** 등위접속사 and는 앞뒤 등위구조를 이루는 문장으로, and 앞
의 동사 speak가 현재시제이므로 빈칸에도 현재시제를 쓴다.

**해석** 모든 후보자들은 몇 개 국어를 할 수 있고 어떤 학위를 땄는지를
표시해야 합니다.

**어휘** candidate 후보자 | degree 학위 | possess 소유하다

## 21-24

6월 20일

Ray Harrison
84602 아이다호주 오그덴 Howard Parkway 3000

Midvale 주민협회는 7월 20일 오후 2시부터 오후 9시까지 센트럴
파크에서 공원여름축제라는 여름행사를 엽니다. 공원여름축제에서는
가족친화적인 다양한 활동이 있을 것이며 맛있는 피크닉 만찬이 오후
7시에 제공될 것입니다. 1인당 5달러의 요금을 걷을 것입니다. 수익금은
주로 공원개선 프로젝트에 사용될 것입니다. 공원부지를 조경하기
위해 계약직을 고용할 계획이 있고, 일부 금액은 광고 캠페인에 지출할
것입니다. 이 행사로 큰 즐거움을 약속드립니다. 귀하께서 참석하실 수
있기를 바랍니다.

Midvale 주민협회 감독 Austin

**어휘** collect 수집하다 | proceeds 수익금 | enhancement 향상 |
contractor 계약자, 하청업자 | landscape 조경을 하다; 풍경 |
portion 일부

## 21

**해설** 공원여름축제를 연다는 발표를 하는 글이므로 announce가
가장 적절한 선택이다.

**어휘** admit 인정하다 | recall 상기하다 | state 말하다, 진술하다

## 22

**해설** 이후의 내용을 보면 수익금을 공원개선뿐만 아니라 광고 등에
도 지출할 것이라고 하므로 primarily가 가장 적절하다.

**어휘** entirely 전적으로, 전부 | primarily 주로

## 23

**해설** 주어가 3인칭 단수이며 곧 일어날 일에 대해 약속하는 내용이
므로 현재시제가 적절하다.

## 24

**해설** 편지의 목적은 공원여름축제를 열 계획이니 참석해 달라는 요
청이다. 따라서 참여를 독려하는 (C)가 가장 적절하다.

**해석** (A) 쓰레기 폐기를 통해서 도우실 수 있습니다.
(B) 공원은 75년 전에 설립되었습니다.
(C) 귀하께서 참석하실 수 있기를 바랍니다.
(D) Fern 공원은 일 년에 2만 명이 넘는 방문객을 끌어들입니다.

**어휘** dispose 처리하다 | rubbish 쓰레기 | establish 설립하다 |

attract 끌어들이다

## 25-28

날짜: 3월 20일
받는 사람: David Parker ⟨dparker@hotmail.com⟩
보낸 사람: Sam Roberts ⟨sroberts@epson.com⟩
제목: 제품 리콜

Parker씨께
근래 Epson ESP-2 카메라를 구입해 주셔서 감사합니다. 저희는 최근에
이 제품을 구입한 모든 분들께 연락하여 특정 모델의 수리를 위해 회수를
하고 있다고 알려 드리고 있습니다. 이 모델은 디지털로 빛을 변환하는
전자칩에 결함이 있습니다. 이 결함은 결국 이미지의 선명도를 방해할
것입니다. 카메라 밑면에 있는 일련번호를 확인하여 카메라에 이 문제가
있는지 확인하십시오. 일련 번호가 SPE 문자로 끝나면 수리가 필요합니다.
Epson은 귀하가 ESP-2를 보내는 데 필요한 모든 운송비를 지불합니다.
또한 무료로 수리해 드릴 것입니다.

Sam Roberts 고객서비스 관리자
Epson Industries

**어휘** recall 회수; 회수하다 | repair 수리, 보수 | conversion 전환 |
faulty 결함이 있는 | letter 글자 | shipping cost 운임

## 25

**해설** 다음 문장에서 최근 이 제품을 구입한 사람들에게 연락하고 있
다고 하므로 purchase가 가장 적절한 선택이다.

**어휘** purchase 구입 | demonstration 설명, 시위

## 26

**해설** 앞에서 제품의 특정한 결함에 대해서 언급하고 있으므로 이와
자연스럽게 연결될 수 있는 (C)가 가장 적절한 선택이다.

**해석** (A) 귀하가 앞으로 수년간 제품을 즐기시기를 바랍니다.
(B) 그것은 설명서의 문제해결 섹션에서 다룹니다.
(C) 이 결함은 결국 이미지의 선명도에 지장을 줄 것입니다.
(D) 이 특수기능은 일부 구형 모델에서는 사용할 수 없습니다.

**어휘** troubleshooting 중재, 문제해결 | defect 결함 | interfere with
~을 방해하다 | clarity 선명도

## 27

**해설** Please를 통해 이 문장이 공손한 명령문임을 알 수 있다. 명령
문에는 동사원형이 들어가므로 verify가 정답이다.

**어휘** verify 확인하다 | verification 조회, 입증

## 28

**해설** 타동사 repair의 목적어이며, Epson ESP-2를 대신하는 목적
격 대명사가 들어가야 적절하다.

| 1 (B) | 2 (B) | 3 (A) | 4 (C) | 5 (B) |
|---|---|---|---|---|
| 6 (D) | 7 (A) | 8 (B) | 9 (A) | 10 (B) |
| 11 (D) | 12 (D) | 13 (B) | 14 (B) | 15 (C) |
| 16 (B) | 17 (C) | 18 (C) | 19 (C) | 20 (A) |
| 21 (B) | 22 (A) | 23 (B) | 24 (D) | 25 (A) |
| 26 (B) | 27 (A) | 28 (D) | | |

**1**

**해설** be required to는 '~하도록 요구되다(= be asked to)'의 뜻으로 자주 쓰이는 표현이다.

**해석** 모든 측량사들은 지방 정부에 의해 주어진 안전매뉴얼에 명시된 규정들을 준수하도록 요구된다.

**어휘** surveyor 측량사, 감독관 | regulation 규정 | adhere 충실하다, 부착하다

**2**

**해설** 어떠한 목적을 위해 제도를 마련했다는 내용으로 빈칸은 to부정사의 부사적 용법이다.

**해석** 전문적인 이미지를 강화하기 위해서 Hewitt-Levy사의 사무관리자들은 새로운 복장규정을 만들었다.

**어휘** enhance 강화하다 | institute (제도를) 마련하다 | dress code 복장규정

**3**

**해설** 동사 plan은 to부정사를 목적어로 취한다. 따라서 빈칸에는 동사원형이 들어가야 한다.

**해석** Tommy&Associates는 외식사업을 확장하기 위해 몇몇의 부동산을 인수할 계획이라고 어제 발표했다.

**어휘** property 부동산, 소유물 | acquire 습득하다

**4**

**해설** would like나 want는 목적어(all staff members) 뒤에 to부정사가 온다.

**해석** Johnson&Johnson사는 모든 직원이 공동으로 작업해서 마감일까지 업무를 끝내기를 바란다.

**어휘** corporation 법인, 주식회사 | due date 마감일

**5**

**해설** [in an effort + to부정사]는 '~하려는 노력의 일환으로'라는 뜻으로 자주 쓰이는 표현이다.

**해석** 매출증가를 위한 노력으로 우리는 기존 고객들에게 우리 제품과 서비스에 관한 설문지를 보냈다.

**어휘** questionnaire 설문지 | previous 이전의 | improve 나아지다

**6**

**해설** 동사 ask는 to부정사를 목적어로 취한다.

**해석** 월간 명세서에 관한 질문이나 염려되는 부분이 있다면 사무실에 전화해서 계좌담당자에게 상담을 요청하세요.

**어휘** concern 걱정 | monthly statement 월간 명세서 | account representative 계좌담당자

**7**

**해설** 동사 place가 쓰인 명령문이며, 선택지 중 to be를 제외한 것은 동사이므로 빈칸에 쓸 수 없다. 서류는 '복사되는' 대상이므로 to부정사의 수동태 형태를 써야 한다.

**해석** 유리판 우측 상단에 복사할 서류를 앞면이 밑으로 향하게 놓아 주세요.

**어휘** place 두다 | document 서류

**8**

**해설** 목적의 의미로 쓰이는 to부정사의 부사적인 용법이다.

**해석** 충분한 휴식을 취하는 것은 가벼운 감기에서 회복하는 데 걸리는 시간을 크게 줄여줄 수 있다.

**어휘** sufficient 충분한 | rest 휴식 | decrease 감소하다 | minor 작은, 중요하지 않은 | recover 회복되다

**9**

**해설** plan은 to부정사를 목적어로 취한다.

**해석** 회사는 다가오는 회계연도에 200개 이상의 나라에서 주식을 구입할 계획이다.

**어휘** stock 주식 | upcoming 다가오는 | fiscal year 회계연도(= financial year)

**10**

**해설** 문맥상 '~하기 위해서'라는 목적의 의미를 갖는 to부정사가 적절하다.

**해석** Cineplex 극장은 50주년을 축하하기 위해 호텔에서의 연회를 마련했다.

**어휘** anniversary 기념일 | banquet 연회 | celebrate 축하하다

**11**

**해설** 동사 ask는 뒤에 목적어(his assistant)가 나올 경우 그다음에는 to부정사를 쓴다.

**해석** Park씨는 비서에게 내일 오후까지 보고서를 타이핑해달라고 부탁했다.

**어휘** assistant 조수 | type 타자기로 치다

**12**

**해설** 앞의 명사구 the most likely person을 수식하는 to부정사의 형용사적 용법에 해당한다.

**해석** Fred Cargas는 연구개발부의 부사장으로서 Maya Bruno를 잇기에 가장 적합한 사람으로 널리 간주된다.

**어휘** widely 널리 | succeed ~의 뒤를 잇다 | succession 연속, 계승 | successive 연속적인 | successor 계승자

## 13

**해설** 빈칸 뒤에 동사원형 find가 오므로 [only to + 동사원형] 구문으로 문장을 완성해야 한다. so as는 [so as to + 동사원형]의 형태로 써야 정답이 될 수 있다.

**해석** Provo시는 시의 주도로를 수리했지만, 결국 도로 아래에 있는 파이프들이 교체되어야 한다는 것을 알게 되었을 뿐이다.

**어휘** only to 결과적으로 ~뿐

## 14

**해설** 약이 치료하기 위해 사용되는 것이므로 목적을 나타내는 to부정사를 써야 한다.

**해석** 이 신약은 지역 전체에 널리 유행하는 끈질긴 독감 바이러스를 치료하기 위해서 사용되었다.

**어휘** medication 약물 | persistent 지속적인, 완고한 | prevalent 널리 퍼진 | throughout 도처에 | region 지역 | treat 치료하다

## 15

**해설** 빈칸 뒤에 동사원형이 쓰였으므로 In order to가 적당하다.

**해석** 적절한 유니폼을 받기 위해서 직원들은 자신의 유니폼 사이즈를 명시해야 한다.

**어휘** appropriate 적절한 | indicate 표시하다 | as if 마치 ~처럼 | in spite of ~에도 불구하고

## 16

**해설** [be able to + 동사원형] 구문이며, 빈칸 뒤에 목적어가 있으므로 능동형이 적절하다.

**해석** 통계학자들은 데이터 사용의 잠재적인 가능성을 규명할 수 있었다.

**어휘** statistician 통계학자 | potential 잠재적인 | define 규정하다

## 17

**해설** 빈칸 뒤에 동사원형이 나오므로 빈칸에 알맞은 것은 to부정사의 to임을 알 수 있다.

**해석** 우리는 Schmidt씨의 모든 동료로부터 얘기를 들을 때까지 Schmidt의 실적을 평가하려고 기다리는 중이다.

**어휘** evaluate 평가하다 | performance 실적, 성과 | colleague 동료

## 18

**해설** 빈칸 뒤에 동사원형 ensure가 오기 때문에 빈칸에는 to부정사가 들어가야 한다.

**해석** 회사정책의 업데이트를 전사적으로 확실히 배포하기 위해 관련 정보는 통신사무실에 있는 Gisele Durand에게 보내세요.

**어휘** relevant information 관련 정보 | by means of ~에 의하여

## 19

**해설** [in an effort to + 동사원형]은 '~하기 위한 노력으로'라는 의미이다.

**해석** 정확성을 보장하기 위한 노력으로 기술자들은 최소 두 번은 작업을 검토하라고 요구받는다.

**어휘** accuracy 정확성 | be encouraged to ~하도록 독려되다 | at least 적어도

## 20

**해설** 앞에 동사 help가 있고 뒤에는 to부정사가 있으므로, 빈칸은 목적어 자리이다.

**해석** 당신이 사업을 시작하는 것을 도울 수 있는 책들이 시중에 많습니다.

**어휘** on the market 시중에 나와 있는

## 21-24

받는 사람: 모든 부서장

보낸 사람: Rochester 재단 회장 Josie Palmer

날짜: 9월 5일

제목: 의사소통계획

당황스럽게도 일반대중이 입소문이나 인터넷 블로그만을 통해 Rochester 재단 조직의 구조조정에 관한 정보를 얻는 것으로 보입니다. 이러한 정보는 종종 정확하지 않습니다. 따라서 재단의 구조조정 과정에 대해 대중에게 올바른 정보를 제공하는 것이 최우선 과제입니다. 또한 대중이 우리가 재단의 핵심 사명을 바꾸려 하는 게 아니라는 것을 인식하는 것이 중요합니다.

이를 염두에 두고, Rochester 재단의 홍보위원회는 시기적절하게 미디어와 대중에 긍정적이고 정확한 정보를 전달하기 위한 의사소통계획을 위해 열심히 노력하고 있습니다. 다음 주에 언론보도 초안을 보시게 될 것입니다. 여러분의 생각과 제안을 환영합니다.

Josie Palmer

**어휘** to one's dismay 놀랍게도 | general public 일반대중 | restructuring 구조조정 | exclusively 독점적으로 | word of mouth 구전, 입소문 | inaccurate 부정확한 | top priority 최우선 | regarding ~에 관하여 | core 핵심 | rough draft 초고

## 21

**해설** top priority to 다음에는 동사원형을 쓴다.

## 22

**해설** 문맥상 대중이 우리가 재단의 핵심 사명을 '바꾸려' 하는 게 아님을 인식하는 것이 중요하다는 내용이 자연스럽다.

**어휘** oversee 감독하다

## 23

**해설** 문장의 동사는 is working이다. 따라서 빈칸에는 plan을 수식하는 to부정사가 가장 적절하다. 문맥상 정확한 정보를 '보여주는' 것은 어색하기 때문에 to show는 부적절하다.

**어휘** relay 전달하다

## 24

**해설** 앞 문장에서 다음 주에 나올 언론보도 초안을 언급하므로 그에 대한 의견을 구하는 (D)가 가장 적절한 선택이다.

**해석** (A) 우리의 성명을 언론에 자유롭게 공개하세요.
(B) 우리 직원들과 이야기할 경우 제게 알려 주십시오.
(C) 재단은 여러분 모두의 인내심에 감사드립니다.
(D) 여러분의 생각과 제안을 환영합니다.

**어휘** release 공개하다 | patience 참을성, 인내심

**25-28**

Ulster 은행조정부서
60234 워싱턴주 시애틀 Lincoln로 2200
www.ulsterbank.com

5월 15일
Susan Patterson
60234 워싱턴주 시애틀 Elm가 500

Patterson씨께
5월 4일 귀하의 요청에 따라 저희는 5월 2일 원격 입금 시스템을 통해
처리된 전자예치금 520달러를 검토했습니다. 이 항목은 실수로 다른
채널을 통해 입금이 두 번 처리되었습니다. 결과적으로 5월 5일에 저희가
조정을 했습니다. 그 날짜에 귀하의 계정에서 520달러를 공제했습니다.
중복된 항목에 대한 조정을 반영할 수 있도록 기록을 업데이트해 주세요.
오류에 대해 사과드리며 저희 은행을 이용해 주셔서 감사합니다. 질문이
있으시면 1-800-333-2323으로 전화하여 조정참조번호 B-77643을
언급해 주세요.

Ulster 은행조정부서

**어휘** deposit 예치금 | remote 먼, 원격의 | make an adjustment
조정하다 | duplicate 복사하다 | entry (장부 등의 개별) 항목 |
reference 참조, 조회

**25**

**해설** 빈칸 앞에 소유격 your이 쓰였으므로 뒤에는 명사 request가
와야 한다.

**어휘** request 요청; 요구하다

**26**

**해설** 과거에 있었던 사건에 대해 이야기하고 있으므로 과거시제를
써야 한다.

**어휘** deduct 공제하다

**27**

**해설** 부정사의 부사적 용법 중 목적을 나타내는 to reflect가 빈칸에
들어가야 한다.

**어휘** reflect 나타내다, 반영하다

**28**

**해설** 문맥상 잘못에 대해 사과하는 내용의 (D)가 자연스럽다.

**해석** (A) 고객께서는 매월 명세서로 문서를 확인하실 수 있습니다.
(B) Ulster 은행은 귀하의 모든 필요를 충족시키기 위해 수표 및 저축
계좌를 제공합니다.
(C) 서비스 담당자가 올바른 신용카드를 선택할 수 있도록 도와
드리고자 대기하고 있습니다.
(D) 오류에 대해 사과드리며 저희 은행을 이용해 주셔서 감사합니다.

**어휘** verify 확인하다 | patronage 후원, 애용

| 1 (C) | 2 (C) | 3 (D) | 4 (B) | 5 (D) |
|---|---|---|---|---|
| 6 (C) | 7 (C) | 8 (C) | 9 (B) | 10 (C) |
| 11 (D) | 12 (B) | 13 (D) | 14 (B) | 15 (D) |
| 16 (C) | 17 (C) | 18 (C) | 19 (B) | 20 (C) |
| 21 (B) | 22 (A) | 23 (C) | 24 (A) | 25 (B) |
| 26 (C) | 27 (A) | 28 (A) | | |

**1**

**해설** 빈칸 앞에 전치사 without이 있고 뒤에 빈칸의 목적어가 될 수
있는 명사가 쓰였으므로 동명사를 써서 문장을 완성한다.

**해석** Straights 항공사는 승객들에게 사전에 공지하지 않고 표값을 변경할
수 있는 권리가 있다.

**어휘** reserve the right 권리를 갖다 | passenger 승객 | notify
알리다 | notification 통지, 공고

**2**

**해설** 동사 avoid는 동명사를 목적어로 취하는 동사이다.

**해석** 최적화 성능을 위해 고르지 않은 표면에서는 음식처리기 작동을 피해
주세요.

**어휘** optimum 최적의 | performance 성능 | uneven 평평하지 않은,
울퉁불퉁한 | surface 표면

**3**

**해설** 빈칸 앞에 전치사 of가 있고 뒤에는 목적어가 될 수 있는 명사
구 the temperature가 있으므로 동명사가 알맞다.

**해석** BLS 산업은 온도조절이 더 잘될 수 있도록 기존 에어컨을 새것으로
교체할 것이다.

**어휘** existing 기존의 | regulate 조정하다, 규제하다 | regulator
규제자 | regulation 규정, 조절

**4**

**해설** 전치사 before의 목적어 자리이므로 선택지 중 동명사가 가장
적절하다.

**해석** Graham씨는 법률팀과 상의 전에 비서에게 계약서를 검토하도록
요청했다.

**어휘** contract 계약(서) | consult with ~와 상의하다

**5**

**해설** 빈칸 앞에 전치사 of가 있고 뒤에 나오는 목적어 customers를
받을 수 있는 동명사 attracting이 정답이 된다.

**해석** 후쿠오카에 있는 가장 큰 열차회사는 고객을 유치하기 위한 방편으로
몇몇 노선의 요금을 내리기로 결정했다.

**어휘** fare 요금 | route 길, 노선 | attract ~을 끌다 | attraction 매력,
명소 | attractive 매력적인

**6**

`해설` committed to의 to는 전치사이므로 빈칸은 전치사의 목적어 형태가 와야 한다.

`해석` Youth Networking은 비영리단체로, 학생들을 위한 시간제 일자리를 주선하는 데 전념한다.

`어휘` **nonprofit organization** 비영리단체 | **committed to** ~에 헌신적인, ~에 전념하는 | **arrange** 마련하다, 주선하다

**7**

`해설` 문맥상 고객이 만족할 수 있도록 '유지하는 것'이 가장 적절한 선택이다.

`해석` 우리의 고객이 만족하게끔 유지하는 것은 모든 직위의 직원들로부터 가장 높은 헌신을 요구한다.

`어휘` **commitment** 약속, 책임 | **keep** 유지하다 | **bring** 초래하다 | **promote** 장려하다

**8**

`해설` In addition to 뒤에는 명사나 동명사가 올 수 있다. 빈칸 뒤에 명사구 recent phone numbers가 있으므로 이를 목적어로 취하는 동명사가 적절하다.

`해석` 최근의 전화번호를 보여주는 것에 더하여, 최신 휴대전화의 콜백 메뉴는 가장 많이 사용되는 전화번호 목록을 포함한다.

`어휘` **in addition to** ~에 더하여 | **commonly** 흔히, 보통 | **dial** 전화를 걸다 | **display** 보여주다

**9**

`해설` 빈칸 앞에 쓰인 전치사 of의 목적어 자리이므로 선택지 중 동명사가 가장 적절하다.

`해석` 새로운 캠퍼스 환경클럽은 현재 조직을 위한 일련의 목표와 행사를 확립하는 과정에 있다.

`어휘` **in the process of** ~의 과정에서 | **a set of** 일련의 | **establish** 설립하다

**10**

`해설` 전치사 after 뒤에 명사구 the candidates가 있으므로 빈칸에는 동명사가 알맞다.

`해석` Smith씨는 선임회계사 자리에 누구를 고용할지 후보자들을 면접한 뒤에 최종결정을 내리길 원합니다.

`어휘` **accountant** 회계사

**11**

`해설` 전치사 뒤에는 동명사 또는 명사가 오는데, 선택지에 동명사밖에 없으므로 동명사 investing이 정답이 된다.

`해석` 회사는 지난해에 부동산에 투자해서 막대한 이익을 냈다.

`어휘` **make a huge profit** 막대한 수익을 올리다 | **real estate** 부동산 | **invest** 투자하다

**12**

`해설` 동사 suggest는 동명사를 목적어로 취한다.

`해석` 일부 고객이 토요일 밤에는 문을 늦게 닫으라고 제안했지만 직원들은 똑같은 시간을 지키기를 원한다.

`어휘` **prefer** 선호하다

**13**

`해설` 동사 consider는 동명사를 목적어로 취한다.

`해석` Centrum 제약회사의 사장은 본사를 몬트리올로 이전하는 것을 고려하고 있다.

`어휘` **pharmaceuticals** 제약회사 | **headquarters** 본사 | **relocate** 이전하다

**14**

`해설` 빈칸 뒤에 동명사의 목적어로 쓰일 수 있는 customers가 있으므로 동명사 encouraging이 가장 적절한 선택이다.

`해석` OfficeMax Stores 주식회사는 고객이 오래된 프린터를 새것으로 교체할 것을 독려하는 데 초점을 둔 광고를 시작했다.

`어휘` **launch** 착수하다 | **aim at** ~을 겨냥하다 | **trade in** 교환하다

**15**

`해설` 문맥상 온라인 콘텐츠를 '강화하는' 것이 더 많은 독자를 유치하는 가장 좋은 방법이라는 내용이므로 enhancing이 가장 적절한 선택이다.

`해석` The Orem Herald의 편집자들은 출판물의 온라인 콘텐츠를 강화하는 것이 더 많은 독자를 유치하는 가장 좋은 방법이라고 결정을 내렸다.

`어휘` **publication** 출판(물) | **compromise** 타협하다 | **represent** 대표하다 | **enhance** 높이다

**16**

`해설` 전치사 after가 앞에 나오고, 뒤에는 동명사의 목적어가 나오므로 빈칸에는 동명사가 들어가야 한다.

`해석` 최고경영자로의 승진을 수락한 이후, Nelson씨는 모든 부서에 걸쳐 직원의 수를 늘리려는 계획을 세우기 시작했다.

`어휘` **promotion** 승진 | **outline** ~의 윤곽을 그리다 | **accept** 받아들이다 | **acceptable** 용인되는

**17**

`해설` [by + 동명사]는 '~함으로써'라는 뜻의 동명사 관용표현이다.

`해석` 우수한 제품들을 값싼 가격에 제공함으로써 Eagle Housewares의 소유주는 회사를 지역에서 가장 좋은 회사 중 하나로 만들었다.

`어휘` **superior** 우수한 | **at a reasonable price** 합리적인 가격에 | **province** 지방

**18**

`해설` 빈칸은 문장의 주어 자리이므로 명사 Subscriptions가 정답이다. 동명사도 주어가 될 수 있지만 문맥상 어울리지 않는다.

`해석` Home Updates Magazine 구독은 온라인이나 전화로 연장할 수 있습니다.

`어휘` **renew** 갱신하다 | **subscription** 구독(료) | **subscribe** 구독하다 | **subscriber** 구독자

## 19

**해설** [by + 동명사]는 '~함으로써'라는 뜻의 동명사 관용표현이다.

**해석** Blachut 재단은 바람과 태양광 발전계획을 후원함으로써 청정 에너지 촉진을 목표로 하고 있다.

**어휘** sponsor 후원하다 | initiative (특정한 문제 해결 또는 목적 달성을 위한) 계획

## 20

**해설** 전치사 of 뒤에 올 수 있으며 명사구 the perfect location을 목적어로 하는 동명사가 적절한 선택이다.

**해석** Sasaki씨는 Davley사 야유회를 위한 완벽한 장소를 찾는 업무를 받았다.

**어휘** task 업무 | location 위치, 장소

## 21-24



**어휘** textile 직물 | take an order 주문을 받다 | responsibility 책무 | approval 승인, 인정 | previously 미리, 사전에 | take place 일어나다 | instead 대신에

## 21

**해설** [be busy + 동명사]는 '~하느라 바쁘다'라는 의미의 동명사 관용표현이다.

**어휘** present 소개하다, 제시하다

## 22

**해설** 본인이 없는 동안 동료들이 자기 업무의 일부를 '맡아' 한다고 하면서 다음 문장에서 업무를 대리하는 것에 대해 언급하므로 assume이 가장 알맞다.

**어휘** assume (책임을) 맡다 | determine 알아내다, 결정하다

## 23

**해설** 본인의 '부재중'에 남은 사람들의 업무분담에 대해 이야기하고 있으므로 absence가 가장 적절한 선택이다.

**어휘** absence 부재, 없음 | tenure 재임, 보유 | transition 변천, 추이

## 24

**해설** 빈칸 앞에 자신의 업무를 대리해 줄 고마운 직원들에 대해 언

급하고 있으므로 이와 자연스럽게 연결될 수 있는 (A)가 가장 적절한 선택이다.

**해석** (A) 가능한 한 그들에게 협조해 주세요.
(B) 저는 의사 진료약속이 있습니다.
(C) 제가 부재중에 직원들을 잘 지켜봐 주세요.
(D) Jason은 모니터링 영업에 탁월합니다.

**어휘** accommodate 협조하다, 수용하다 | appointment 약속, 임명 | keep a close watch 주의 깊게 관찰하다

## 25-28



**어휘** payment rate 급여 | benefits 복지 | specify 명시하다 | enclosed 동봉된 | address (문제 등을) 다루다 | direct ~으로 보내다

## 25

**해설** 문맥상 이미 면접을 본 사람에게 합격을 통지하는 내용이므로 offer가 적절하다.

**어휘** impress 감동을 주다

## 26

**해설** 편지를 쓴 3월 25일을 기준으로 4월 1일에 일어날 일은 미래시제이다.

## 27

**해설** 앞에서 언급한 업무 시작일과 함께 자연스럽게 연결될 수 있는 (A)가 가장 적절하다.

**해석** (A) 오전 9시에 출근하십시오.
(B) 추가적인 면접정보를 알고 싶으면 인사부에 연락하십시오.
(C) 저희 팀은 이 전체 채용과정 내내 긴밀히 연락할 것입니다.
(D) 저희 취업사이트에 추가로 채용정보가 게시될 것입니다.

**어휘** report to work 출근하다

## 28

**해설** look forward to 다음에는 동명사가 온다.

| 1 (C) | 2 (D) | 3 (B) | 4 (C) | 5 (B) |
|---|---|---|---|---|
| 6 (D) | 7 (D) | 8 (D) | 9 (D) | 10 (C) |
| 11 (C) | 12 (C) | 13 (C) | 14 (D) | 15 (C) |
| 16 (B) | 17 (B) | 18 (C) | 19 (D) | 20 (B) |
| 21 (A) | 22 (C) | 23 (C) | 24 (C) | 25 (C) |
| 26 (D) | 27 (B) | 28 (D) | | |

**1**

**해설** [the more + 주어 + 동사, the more + 주어 + 동사] 구문에서 the more 뒤의 품사는 그 절의 동사에 의해 결정된다. be동사가 쓰이면 형용사를, 일반동사가 쓰이면 부사를 쓴다.

**해석** Smith씨와 함께 일하면 할수록 회사에 대한 그의 헌신과 충성심에 더욱 감명받는다.

**어휘** commitment 헌신, 약속 | loyalty 충성 | impressed 감명을 받은 | impression 인상, 느낌, 감명

**2**

**해설** 빈칸 뒤의 목적어 residential area와 가장 잘 어울리는 동사는 developing이다.

**해석** 시 의회는 설탕공장이 있던 자리에 새로운 주거지역을 개발하고 있다.

**어휘** residential area 주거지역 | develop 개발하다 | revise 개정하다 | achieve 성취하다 | contribute 공헌하다

**3**

**해설** 명사를 뒤에서 수식하는 분사는 앞에 [관계대명사 + be동사]가 생략된 것으로 본다. Bayone Media Group, (which was) formerly known as one ~로 볼 수 있다.

**해석** 이전에 가장 전도유망한 회사 중 하나로 알려졌던 Bayone 미디어 그룹은 현재 거의 파산 직전에 있다.

**어휘** formerly 이전에 | promising 전도유망한 | on the verge of ~하기 직전에 | bankruptcy 파산 | be known as ~로 알려지다

**4**

**해설** 빈칸 앞에 완료시제를 나타내는 has가 나왔으므로 뒤에는 과거분사 형태가 와야 한다.

**해석** 회사의 사장은 모든 사람들이 휴가에서 돌아올 때까지 부서회의를 미루어야 한다고 제안했다.

**어휘** postpone 미루다, 연기하다(= delay, put off)

**5**

**해설** 주어인 All orders가 제출이 되어야 하는 대상이므로 수동태의 문장으로 완성해야 한다.

**해석** 제품을 다음 날 받으려면 모든 사무용품 주문들은 2시 전에 Krause씨에게 제출되어야 한다.

**어휘** office supply 사무용품 | following day 다음 날

**6**

**해설** 문장의 동사는 is expected이므로 빈칸에는 분사 형태가 알맞다. 빈칸 뒤에 수동태에서 행위자를 나타내는 전치사 by가 있으므로 과거분사가 적절하다.

**해석** 심한 바람을 동반한 천둥번개가 도시 전역에 영향을 미칠 것으로 예상된다.

**어휘** thunderstorm 천둥번개 | gusty 바람이 거센 | entire 전체의 | accompanied by ~에 의해 수반된

**7**

**해설** 빈칸 뒤에 by가 나오므로 by와 자연스럽게 어울리는 과거분사가 정답이 된다.

**해석** Nutley사는 리셉션 구역에서 계속되는 보수공사로 인한 불편함에 대해 사과드립니다.

**어휘** inconvenience 불편함 | ongoing 계속되는 | caused by ~에 기인한

**8**

**해설** As discussed는 '논의했던 것처럼'을 의미한다.

**해석** 전화에서 논의한 대로, Fox씨가 안전예방조치 점검을 위해 오늘 오후 귀사의 공장에 도착할 것입니다.

**어휘** go over 점검하다, 검토하다 | safety precaution 안전예방책 | discuss 논의하다

**9**

**해설** 명사구 the handbook을 뒤에서 수식하는 분사를 써야 한다. 지침서는 '주어지는' 것이므로 빈칸에는 과거분사가 적절하다.

**해석** 모든 SAMS 직원들은 오리엔테이션에서 받은 지침서를 읽고 회사정책에 익숙해지기 바랍니다.

**어휘** familiarize 익숙하게 하다 | policy 정책 | give out 나누어 주다

**10**

**해설** 빈칸 뒤의 복합명사 rate increase를 수식하는 분사형 형용사를 써야 한다. '예상되는' 요금인상이라는 의미이므로 과거분사 predicted가 알맞다.

**해석** 회사의 출장사무실은 예상되는 요금인상 전에 모든 영업사원들에게 다가오는 출장에 대해 예약하라고 요구했다.

**어휘** corporate 기업의 | predict 예상하다

**11**

**해설** 문맥상 '반복되는' 요청이라는 의미이므로 과거분사 repeated가 알맞다.

**해석** 지역주민들의 반복되는 요청 후에야, 시 위원회는 결국 시 기념비를 세우기로 동의했다.

**어휘** resident 거주민 | erect 세우다 | monument 기념비 | repeatedly 반복적으로 | repeat 반복하다

**12**

**해설** 문장의 동사는 should submit이고, 빈칸부터 expenses까지 주어 Employees를 수식하는 분사구이다.

**해석** 비즈니스 관련 경비의 상환을 원하는 직원들은 모든 영수증을 회계부서에 제출해야 한다.

**어휘** reimbursement 상환, 변제 | expense 비용 | seek 구하다

## 13

**해설** 명사 뒤에 이어지는 분사 자리로, 뒤에 전치사 by가 있으므로 수동의 의미를 갖는 과거분사가 정답이 된다.

**해석** 공항에서의 불필요한 요금을 줄이기 위해 관광부에 의해 제안된 계획은 아주 호응이 좋았다.

**어휘** reduce 줄이다 | unnecessary 불필요한 | fee 요금 | well-received 잘 받아들여지는

## 14

**해설** be동사 뒤에 올 알맞은 동사 형태를 고르는 문제로, 공간은 '차지되는' 것이므로 수동태 과거분사가 되어야 한다.

**해석** 두 개의 메인 주차장이 전부 차지 않으면 Krasner 빌딩 뒤에 있는 주차공간은 닫혀진 채로 있을 것입니다.

**어휘** unless ∼하지 않는 한

## 15

**해설** worrying consequences는 '걱정스러운 결과'를 뜻하는 표현으로 자주 쓰인다.

**해석** Sun Times는 지역의 관광산업 감소가 지역경제에 우려하는 결과를 가져올 수 있다고 발표했다.

**어휘** decrease 감소: 줄다 | tourism 관광산업 | consequence 결과 | worrying 걱정스러운

## 16

**해설** 명사구 the mailing label을 뒤에서 수식하는 분사가 필요하다. 주소라벨은 '제공되는' 것이므로 과거분사 형태가 와야 한다.

**해석** 대회 지원자들은 제공된 주소라벨을 사용해서 기술위원회에 지원서를 보내야 합니다.

**어휘** mailing label 수신인 주소라벨 | provide 제공하다

## 17

**해설** 문장의 동사는 complain이므로 주어 Travelers를 뒤에서 수식하는 분사가 필요하다. 지역 공항을 '이용하는' 여행자이므로 현재분사가 적절하다.

**해석** 라스베이거스 지역 공항을 이용하는 여행자들은 보안검색에 너무 많은 시간이 걸린다고 불평한다.

**어휘** security checkpoint 보안검사

## 18

**해설** 주어가 사물이고 빈칸 뒤에 목적어가 없으므로 수동태 과거분사가 되어야 한다.

**해석** The Western Courier Newspaper는 누가 쓴 편지든 환영하지만 서명이 안 된 편지는 싣지 않을 것이다.

**어휘** unsigned 서명이 안 된 | publish 출판하다 | publication 출판

## 19

**해설** leave의 목적어가 사람이므로 감정을 유발하는 동사 excite는 과거분사가 되어야 한다.

**해석** 보물섬으로의 여행은 그곳의 아름다움으로 방문객들을 상당히 들뜨게 할 것이다.

**어휘** excite 흥분시키다 | excitement 흥분, 자극 | exciting 재미있는 | excited 흥분한

## 20

**해설** 문맥상 역사적인 도심지가 '보존되다'라는 의미가 가장 자연스럽다.

**해석** 비록 근처에 쇼핑센터가 세워질 계획이지만, 기획당국은 역사적인 도심지가 보존될 것이라고 주민들을 안심시켰다.

**어휘** authorities 당국 | assure 확언하다 | construct 건설하다 | nearby 인근의 | preserve 보존하다 | observe 지켜보다 | prolong 연장시키다

## 21-24

받는 사람: Peter Kaminski 〈pkaminski@westfordmarketing.com〉
보낸 사람: Mei Ding 〈MDing@becofurniture.com〉
날짜: 4월 8일
제목: 새로운 마케팅 캠페인
첨부파일: 사진


Peter씨께
Beco 가구점은 조만간 하계 재고를 받을 것입니다. 그에 맞추어, 신제품 홍보를 위해 다른 인쇄 및 온라인 광고를 시작하려 합니다. Country Peak 옥외가구 라인은 100% 재활용 자재로 만든 것을 특징으로 알리고 싶습니다. Beco 가구점은 이 제품라인을 공급하는 단 두 군데 지역 소매업체 중의 한 곳입니다. 그래서 그 점을 광고에서 강조하고 싶습니다. 가구 사진 몇 장을 첨부했습니다. 이 이미지들을 자유롭게 사용하셔도 됩니다. 감사합니다.


Mei Ding 판매 부사장
Beco 가구점

**어휘** attachment 첨부파일 | inventory 재고 | shortly 곧 | feature 특징으로 삼다 | recycled material 재활용품 | retailer 소매상

## 21

**해설** 이메일은 가구점에서 여름을 맞이하여 '그에 맞추어' 제품을 홍보하고 싶다는 내용이다. 따라서 Accordingly가 가장 적절하다.

**어휘** accordingly 그에 맞추어 | likewise 마찬가지로 | moreover 게다가 | nevertheless 그럼에도 불구하고

## 22

**해설** 빈칸은 앞의 Country Peak outdoor furniture line을 수식하는 분사 자리로, 뒤에 전치사 from이 이어지므로 과거분사인 made가 정답이다.

**23**

해설 빈칸은 목적어 it을 수식하는 목적보어 자리로, 동사가 목적어와의 관계가 수동이므로 과거분사를 써야 한다.

어휘 emphasize 강조하다 | emphasis 강조

**24**

해설 앞 문장에서 가구 사진을 첨부했다고 했으므로 이와 자연스럽게 연결될 수 있는 (C)가 가장 적절한 선택이다.

해석 (A) Beco 가구는 귀하의 구매에 감사드립니다.
(B) 저희 상점의 이미지는 저희에게 매우 중요합니다.
(C) 이 이미지들을 자유롭게 사용하셔도 됩니다.
(D) 저희 광고는 재활용 과정을 강조해야 합니다.

어휘 at will 마음대로, 자유로이

**25-28**

Red 자동차 수리점은 월요일부터 금요일까지 오전 7시에서 오후 6시까지 개장합니다. 필요하다면 귀하의 차를 개장 시간 전이나 후에 가게에 두시면 됩니다. 사무실 문 옆에 가까이 위치한 카운터에서 봉투와 서비스 요청카드를 찾으실 수 있습니다. 차를 살펴보신 후 귀하의 이름과 낮시간 연락처, 그리고 간단하게 차의 문제를 기입해 주세요. 그러고 나서 봉투에 요청카드와 함께 차키를 동봉하시고 봉투를 사무실 문 특별함에 넣으세요. 귀하의 차를 철저하게 살펴보겠습니다. 그런 다음 저희가 발견한 사항과 알맞은 수리를 논의하기 위해 전화드리겠습니다.

어휘 automotive 자동차의 | conveniently 편리하게 | envelope 봉투 | brief 짧은 | description 기술, 묘사 | seal 봉인하다 | slot 가늘고 길쭉한 구멍

**25**

해설 카운터의 위치를 설명하는 부분으로, '위치시키다'를 뜻하는 동사 locate는 과거분사 형태가 되어야 한다.

**26**

해설 문맥상 봉투에 차키와 요청카드를 '함께' 동봉하라는 내용으로 along with가 적절하다.

**27**

해설 자동차 수리점의 안내글이고, 이어지는 문장에서 수리에 관해 전화로 논의하자는 내용이 나오므로 (B)가 가장 자연스러운 연결이다.

해석 (A) 저희 직원이 귀하의 차가 필요로 하는 추가 수리를 할 것입니다.
(B) 귀하의 차를 철저하게 살펴보겠습니다.
(C) 차량 검사내용을 우편으로 보내드리겠습니다.
(D) 저희 가게는 필요로 하는 고객들에게 렌터카를 제공합니다.

어휘 look over ～을 살펴보다 | vehicle 차량 | inspection 점검, 검사

**28**

해설 문장의 주어가 we이며, '우리의 발견들'라는 의미로 빈칸에는 소유격 our가 적절하다.

---

<table>
<tr><td colspan="5" align="center">Part 5 & 6  Unit 10  형용사　　본문 p.126</td></tr>
</table>

| | | | | |
|---|---|---|---|---|
| **1** (D) | **2** (D) | **3** (B) | **4** (A) | **5** (C) |
| **6** (B) | **7** (B) | **8** (A) | **9** (D) | **10** (D) |
| **11** (A) | **12** (B) | **13** (A) | **14** (B) | **15** (D) |
| **16** (B) | **17** (C) | **18** (B) | **19** (C) | **20** (C) |
| **21** (A) | **22** (C) | **23** (B) | **24** (B) | **25** (D) |
| **26** (A) | **27** (B) | **28** (C) | | |

**1**

해설 3달에 한 번 안전점검을 한다는 것은 '정기적인' 것과 일맥상통하므로 routine이 적절하다.

해석 일상적인 실험실 안전점검은 3달에 한 번 실시되고 있다.

어휘 laboratory 실험실 | routine 정례적인 | absent 부재의 | probable 있음직한 | eventual 궁극적인

**2**

해설 동사가 is이고 빈칸 앞에 최상급 표현인 the least가 있으므로 형용사 expensive가 정답이 된다.

해석 그들이 점검한 소프트웨어 프로그램 4개 중에서 Dell이 만든 제품이 가장 저렴하다.

어휘 expensive 비싼 | expend 소비하다, 쓰다 | expenditure 지출, 소비

**3**

해설 부정관사 a와 명사 hotel 사이에 쓸 수 있는 형용사가 필요하고, 문맥상 nearby가 정답이다. nearby는 형용사, 부사, 전치사로 기능한다. 선택지 중 closest는 최상급으로 정관사 the가 필요하고, next는 장소가 바로 옆을 의미할 때는 관사 the를 쓴다.

해석 충분한 수의 방이 사전에 예약되었음에도 불구하고, 몇몇 참가자들은 근처 호텔에 머무르기로 했다.

어휘 sufficient 충분한 | reserve 예약하다 | participant 참여자(= attendee)

**4**

해설 전치사 뒤에 오고 명사 works를 수식하는 형용사를 찾는다.

해석 이 주의 남은 기간에는 진품을 바탕으로 한 보석들이 미술관에 전시될 것이다.

어휘 jewelry 보석 | based on ～을 바탕으로 | remainder 나머지 | authentic 진짜의, 진품의 | authenticate 진짜임을 증명하다 | authenticity 진정성

**5**

해설 날씨가 좋지 않다는 내용이므로 복합명사 weather conditions와 어울리는 것은 unfavorable이다.

해석 궂은 날씨 때문에 야외활동은 추후 공지가 있을 때까지 연기될 것이다.

어휘 further notice 추후 통보 | unfavorable 호의적이 아닌, 불리한 |

functional 기능상의 | prompted 즉각적인 | incomplete
불완전한

**6**

**해설** 빈칸은 명사를 수식하는 분사가 올 자리로, '전문화된' 기술이
라는 수동의 관계가 성립하므로 specialized가 적절하다.

**해석** Allstate사는 회계에 전문화된 기술을 가진 이상적인 직원들을
적극적으로 찾고 있는 중이다.

**어휘** aggressively 적극적으로(= actively) | specialize 전문화하다 |
specialization 전문화, 한정

**7**

**해설** 빈칸 뒤의 fiscal year와 어울리며 문맥상 가장 자연스러운 형
용사는 current이다.

**해석** 금년 회계연도의 모든 비용보고서는 12월 31일까지 제출되어야 한다.

**어휘** fiscal year 회계연도 | current 현재의 | direct 직접적인, 직행의

**8**

**해설** 문맥상 집값이 상대적으로 '저렴하기' 때문에 이사를 오는 것이
므로 affordable이 적절하다.

**해석** Shady Dell 지역의 집값이 상대적으로 저렴하기 때문에 많은
사람들이 도시에서 이주해 갔다.

**어휘** comparatively 비교적 | affordable 감당할 수 있는 | potential
잠재력의 | directed 유도된, 관리된 | approximate 대략의

**9**

**해설** 복수명사를 수식하는 수량형용사 문제로, 문맥상 수리할 것이
'거의 없다'는 내용이므로 few가 정답이 된다.

**해석** 우리 투자 컨설턴트가 신규 부동산 건물이 관리하기가 쉽고 수리할
것이 없다고 상기시켜줬다.

**어휘** remind 상기시키다 | maintain 유지하다

**10**

**해설** be동사 are와 전치사 by 사이에는 분사 또는 형용사가 올 수
있다. 선택지 중 identifiable이 형용사이다.

**해석** 보안요원들은 밝은 청색 유니폼으로 신원을 확인할 수 있다.

**어휘** identifiable 신원을 확인할 수 있는 | identity 동일성, 일체성

**11**

**해설** 문맥상 '자격이 있는'이라는 의미의 형용사가 정답이다.

**해석** 영업부장 후보자 중에서 Johnson이 단연코 가장 경험이 많고 자격
요건도 갖춘 사람이다.

**어휘** by far 훨씬, 단연코 | qualified 자격요건을 갖춘 | conditional
조건부의 | requisite 필요한 | secured 보증된

**12**

**해설** 빈칸 뒤에 명사 emphasis를 수식하는 형용사가 와야 한다.

**해석** 이전 버전과 비교해서 새로운 버전은 품질에 더 큰 강조를 두었다.

**어휘** compared to ~와 비교해서 | previous 이전의 | place
emphasis on ~에 역점을 두다

**13**

**해설** 빈칸 뒤의 use는 동사가 아닌 명사이다. 따라서 빈칸에는 use
를 수식하는 형용사 economical이 적절하다.

**해석** 댈러스와 같이 빠르게 성장하는 도시에서 지난 10년에 걸쳐 실속
있는 사무공간의 사용이 증가되었다.

**어휘** rapidly 급속히 | economical 경제적인, 실속 있는 | economy
경제 | economist 경제학자 | economize 절약하다

**14**

**해설** that절 이하의 사실이 '명백해졌다'는 내용으로 apparent가 가
장 적절하다.

**해석** 팀이 프로젝트를 제때 끝마치지 못하자, Hernandez씨가 더 많은
도움이 필요하다는 것이 상당히 명백해졌다.

**어휘** assistance 도움 | apparent 명백한 | contingent ~에
의존하는 | negligible 무시할 수 있는 | prerequisite 필수적인

**15**

**해설** at all times는 관용적인 표현으로 '언제나'를 뜻한다.

**해석** 건설안전지침에서는 작업자들이 항상 장갑과 헬멧을 착용할 것을
권한다.

**어휘** full 가득 찬 | complete 완전한 | total 총계의

**16**

**해설** 빈칸에는 뒤에 오는 명사를 수식하는 형용사를 써야 한다.

**해석** 단지 3개월간 Anderson 컨설팅에서 일한 Smith씨는 자신이 매우
가치 있는 직원이라는 것을 보였다.

**어휘** valuable 가치 있는 | valuably 소중하게 | value 가치; 평가하다

**17**

**해설** 문맥상 기차역은 버스 노선들로부터 '접근할 수 있다'는 것으로
선택지 중 accessible이 가장 적절하다.

**해석** 시내 중심에 위치한 기차역으로 주요 버스 노선들이 지난다.

**어휘** accessible 접근이 가능한 | retainable 보유할 수 있는 |
presentable 남 앞에 내놓을 만한 | capable 역량 있는

**18**

**해설** 부사 newly와 명사 Benson Theater 사이에 분사가 필요하
다. 극장은 '개조되는' 것이므로 renovated가 적절하다.

**해석** 새롭게 개조된 Benson 극장에서 곧 상영될 오페라에 대한 오디션이
열릴 것이다.

**어휘** upcoming 다가오는(= forthcoming) | newly 새로이

**19**

**해설** 문맥상 제출해야 할 서류는 '작성을 마친' 서류일 것이므로
completed가 가장 적절하다.

**해석** 신입사원들은 작성을 마친 서류를 월말까지 인사부에 제출해야 한다.

**어휘** completed 작성한 | conclusive 결정적인 | absolute 완전한 |
exhausted 기진맥진한

## 20

**해설** 문맥상 '기밀문서'는 confidential documents라고 한다.

**해석** Kingston사의 직원들은 보관실에 수많은 기밀문서가 보관되어 있기 때문에 그곳에 들어가기 위해서는 허가를 받아야 한다.

**어휘** permission 허가 | storage facility 보관실 | confidential 기밀의 | limiting 제한하는 | proportionate 비례하는 | surrounding 주위의

## 21-24



**어휘** consideration 고려, 숙고 | appreciate 고맙게 생각하다 | mission 사명, 임무 | commitment 헌신, 열심

## 21

**해설** 전치사와 명사 사이이므로 형용사인 careful이 정답이 된다.

## 22

**해설** 일자리 제안을 거절하는 내용의 이메일이며, 문장 앞의 접속사 However로 보아 (C)가 가장 적절한 선택이다.

**해석** (A) 저는 마케팅 관리자 직책에 자격이 없다고 생각합니다.
(B) 고용절차를 진행하는 것이 가장 좋을 것 같습니다.
(C) 유감스럽지만 일자리 제안을 거절할 수 밖에 없습니다.
(D) 저는 이 새로운 기회로 인해 아주 기분이 좋습니다.

**어휘** proceed 진행하다

## 23

**해설** 문맥상 면접에서 논의할 것으로 가장 적절한 것은 그 회사의 '직책'일 것이다.

**어휘** contribution 기부금, 기여

## 24

**해설** 문맥상 by뒤에 따라오는 명사들(company's goals, mission and commitment)로 보아 '감명을 받았다'는 impressed가 가장 자연스럽습니다.

**어휘** relieved 안도하는

## 25-28



**어휘** issue ~을 지급하다 | refund 환불 | money-back guarantee 환불보장 | equipment 장비 | assist 돕다

## 25

**해설** 휴대전화를 구매해 준 고객에게 감사하는 내용의 앞 문장에 자연스럽게 연결될 수 있는 (D)가 가장 적절하다.

**해석** (A) T&T 모바일은 1990년부터 이웃에 봉사해 왔습니다.
(B) 최상의 직원복지를 제공하기 위해 최선을 다하고 있습니다.
(C) T&T의 일원이 되는 데 관심이 있으시면 본사에 문의하십시오.
(D) 저희는 저렴하고 신뢰할 수 있는 무선서비스를 제공하기 위해 최선을 다합니다.

**어휘** reliable 믿을 수 있는 | wireless 무선의

## 26

**해설** 관사 a와 명사 summary 사이에서 명사를 수식하는 형용사 detailed가 가장 적절한 선택이다.

## 27

**해설** be dissatisfied with는 '~에 불만이 있다'라는 뜻으로 자주 쓰인다.

**어휘** impulsive 충동적인 | dissatisfied 불만스러워 하는 | overstate 과장하다 | uncommon 드문

## 28

**해설** 빈칸 뒤의 명사 questions를 수식하는 형용사가 필요하다.

**어휘** further 추가의; 더 멀리; ~을 추진하다

# Unit 11 부사

본문 p.138

| | | | | |
|---|---|---|---|---|
| **1** (A) | **2** (B) | **3** (A) | **4** (B) | **5** (D) |
| **6** (C) | **7** (A) | **8** (C) | **9** (C) | **10** (D) |
| **11** (C) | **12** (C) | **13** (B) | **14** (A) | **15** (B) |
| **16** (A) | **17** (D) | **18** (A) | **19** (C) | **20** (B) |
| **21** (C) | **22** (D) | **23** (B) | **24** (D) | **25** (C) |
| **26** (A) | **27** (C) | **28** (D) | | |

**1**

**해설** 식당이 바빠서 직원을 더 고용하려는 상황으로 형용사 busy와 함께 어울리는 부사는 선택지 중 unexpectedly이다.

**해석** 식당이 예상치 못하게 바빠져서, 주인은 더 많은 직원을 고용하려고 계획하고 있다.

**어휘** recruit 모집하다(= hire) | unexpectedly 뜻밖에, 갑자기 | attentively 조심스럽게 | immediately 즉시 | exactly 정확하게

**2**

**해설** 어떤 장소로 모이라는 지시가 내려진 상황으로, 동사 report와 어울리는 부사는 선택지 중 promptly이다.

**해석** 모든 직원은 안전훈련을 위해 5시까지 신속히 강당에 모이라는 지시를 받았다.

**어휘** be instructed to ～하도록 지시를 받다 | auditorium 강당 | promptly 신속하게 | inwardly 마음속으로 | highly 매우, 고도로 | extremely 극도로

**3**

**해설** many를 수식하는 부사로, 문맥상 '너무' 많은 약속이 자연스러우므로 선택지 중 too가 적절하다.

**해석** Johnson씨는 다음 달에 약속이 많아서 일정을 재조정할 것이다.

**어휘** reorganize 재조정하다 | mostly 대부분

**4**

**해설** 수동태 문장에서 be동사와 과거분사 사이에 올 수 있는 것은 부사이다.

**해석** Novell Soft사는 국가에서 선도적인 소프트웨어 개발회사로 널리 평가되고 있다.

**어휘** be regarded as ～으로 간주되다 | leading 선두적인 | widely 널리 | widen 넓히다

**5**

**해설** 재킷의 재고가 '일시적으로' 떨어졌다는 내용으로, out of stock과 어울리는 부사는 선택지 중 temporarily이다.

**해석** Anderson씨가 주문하고 싶어 하는 재킷은 일시적으로 재고가 없다.

**어휘** out of stock 품절되어 | temporarily 일시적으로 | rapidly 빠르게

**6**

**해설** 기간 동안의 빈도를 나타내는 부사로 선택지 중 often이 가장 적절하다.

**해석** 공장개조 프로젝트를 하는 동안 Smith씨는 종종 일찍 와서 자정까지 사무실에 있었다.

**어휘** midnight 자정 | recently 최근에 | shortly 곧

**7**

**해설** 동사 announced를 수식하며 과거시제와 어울리는 부사는 선택지 중 recently가 적절하다.

**해석** Delta사는 최근 외부 고문을 채용할 것이라고 발표했다.

**어휘** financially 재정적으로 | hardly 거의 ～하지 않다 | permanently 영구적으로

**8**

**해설** 조동사와 동사원형 사이에 올 수 있는 것은 부사이다.

**해석** 도시계획자들은 콘퍼런스 센터를 건설하는 데 드는 비용을 줄일 방법을 신속히 찾아야 한다.

**어휘** quickly 빠르게 | quickness 신속, 민첩

**9**

**해설** 현재진행시제에서 be동사와 현재분사 사이에는 부사가 온다.

**해석** Seven Peaks 레크리에이션 센터는 급하게 정규직 수영강사를 찾고 있다.

**어휘** instructor 강사 | urgently 긴급하게 | urgency 긴급, 급박

**10**

**해설** 제품이 특정 여행자들을 위해 고안된 것으로 동사 design과 어울리는 부사는 선택지 중 specially이다.

**해석** 새 배낭은 크지만 가벼운 가방을 원하는 여행자들을 위해 특별히 고안되었습니다.

**어휘** lightweight 가벼운 | specially 특별히 | quite 상당히 | seldom 좀처럼 ～ 않는 | profoundly 심오하게

**11**

**해설** 피트니스 센터에서 운동장비를 점검한다는 내용으로 동사 check과 어울리는 부사는 선택지 중 regularly이다.

**해석** Springville 피트니스 센터의 운동장비는 청결과 안전을 위해 정기적으로 점검된다.

**어휘** regularly 정기적으로

**12**

**해설** 제과회사가 제품을 '지속적으로' 생산해 왔다는 내용이 가장 자연스럽다.

**해석** Winston 제과회사는 설립 이래 꾸준히 고품질의 빵을 생산해 왔다.

**어휘** found 설립하다 | consistently 지속적으로 | lightly 살짝 | briefly 간단히 | enormously 대단히

## 13

**해설** 부사는 다른 부사를 수식할 수 있다. 빈칸 앞에 extremely가 있으므로 more가 들어갈 필요는 없다.

**해석** 신규 컨벤션 센터에 대한 설계 계획은 시행 전에 몹시 신중하게 검토되어야 한다.

**어휘** implement 적용[시행]하다

## 14

**해설** 완료시제와 어울리는 부사로 선택지 중 already가 있다.

**해석** 참가자들이 도착했을 때 연례회의가 이미 시작했기 때문에 첫 번째 휴식시간까지 리셉션 구역에서 앉아 있어야 했다.

**어휘** participant 참가자 | be seated 앉아 있다 | break 휴식시간

## 15

**해설** 상품의 재고를 점검해야 한다는 내용으로, 동사 check와 어울리는 부사는 선택지 중 regularly이다.

**해석** 가장 바쁜 시즌이 다가오므로 직원들은 상품의 재고를 정기적으로 점검하기 바랍니다.

**어휘** now that ~ 때문에(= because, as, since) | at hand 가까이에 | merchandise 상품 | accessibly 접근하기 쉽게 | essentially 근본적으로 | primarily 본래, 주로

## 16

**해설** good enough, fast enough와 같이 enough는 형용사 뒤에 위치한다.

**해석** 맛도 좋고 건강에도 좋은 Sam's Bistro의 토마토 샐러드는 또한 주 요리로 제공될 만큼 상당히 크다.

**어휘** main dish 주 요리

## 17

**해설** 회사가 제공하는 서비스에 대한 내용으로, 빈칸 뒤 free of charge와 어울리는 부사는 선택지 중 completely이다.

**해석** 회사는 잠재 고객들에게 초기 상담을 완전히 무료로 제공한다.

**어휘** potential 잠재하는; 가능성 | initial 초기의 | consultation 상담 | free of charge 무료로 | completely 완전히 | continually 계속해서 | exclusively 배타적으로

## 18

**해설** 현재진행시제와 어울리는 부사로 currently가 있다.

**해석** Cordial사는 현재 처음 구매하는 고객 모두에게 가격을 할인해 준다.

**어휘** discounted 할인된 | currently 현재 | partially 부분적으로 | rarely 드물게, 좀처럼 ~하지 않는 | desirably 바람직하게

## 19

**해설** 문맥상 목재에서는 흡수되는 제품이므로 '오직' 금속표면에만 사용하라는 내용으로, 선택지 중 only가 가장 적절하다.

**해석** 이 페인트는 목재표면에서는 흡수되기 때문에 금속표면에만 사용하시길 권고합니다.

**어휘** metallic 금속성의 | absorb 흡수하다 | wooden 나무로 된 | doubly 두 배로 | nearly 거의

## 20

**해설** 빈칸 뒤의 부사 well을 수식하여 강조의 의미로 쓸 수 있는 부사 exceptionally가 적절하다.

**해석** 회사소식지에 실린 Manning씨의 글이 특히 아주 잘 쓰여져서, 전 직원이 그 글을 읽기를 기대한다.

**어휘** exceptionally 유난히, 특별히

## 21-24

8월 4일

Claude Hudson 부장

워싱턴 DC 4번가 350 Donnelly 네트워크

Hudson씨께

Donnelly 네트워크 기술부서의 보조 프로젝트 코디네이터에 대한 일자리 제안 감사합니다. 이번 기회와 현재 제가 가진 경력상의 목표를 신중하게 고려해 보았는데, 안타깝지만 거절하기로 결정했습니다. 귀사가 제게 보여준 환대에 정말 감사드립니다. 저는 Milton&Sons 회사의 연구부서 수석 자리를 이미 수락했습니다. 후보자로서 즐거운 시간이었으며, 앞으로 함께 일할 기회가 있기를 진심으로 바랍니다.

Maria Castro

**어휘** coordinator 코디네이터, 조정자 | career 경력, 이력 | decline 거절하다

## 21

**해설** 일자리를 제안해 준 상대에게 감사를 표하는 문장으로, position과 어울리는 명사 offer가 가장 적절하다.

**어휘** return 귀환, 반납 | acceptance 수락 | admission 입장, 가입

## 22

**해설** 전치사와 명사 사이에 있으므로 빈칸에는 형용사 careful이 들어가야 한다.

## 23

**해설** 일자리 제안을 거절하는 내용이며, Milton&Sons는 그다음 문장에서 언급하고 있으므로 (B)가 가장 적절한 선택이다.

**해석** (A) 귀사에서 일하는 것이 매우 힘들었습니다.
(B) 귀사에서 제게 보여준 환대에 정말 감사드립니다.
(C) 저는 이 회사에서 계속 성장할 수 있어 매우 기쁩니다.
(D) Milton&Sons는 제게 더 나은 임금을 제안했습니다.

**어휘** hospitality 환대 | wage 임금

## 24

**해설** 앞으로 '함께' 일할 기회가 있기를 바란다는 의미로 동사 work와 어울리는 부사로 together가 가장 적절하다.

**어휘** certainly 틀림없이

> Canyon Park는 총 3만 달러 이상을 Canyon Park 소사이어티에 기부한 많은 분들께 감사드리고 싶습니다. 이러한 기부자분들이 너무 많아서 여기에 나열할 수가 없습니다만, 저희 웹사이트 canyonpark.com에서 보실 수 있습니다. 이 첫 번째 기금 모금으로 도시 주민들이 수년간 요청해온 수많은 공원환경개선 프로젝트를 완료할 수 있을 것입니다. 개조작업은 정문을 업그레이드하는 것과 대형 공연장 주변에 인도를 만드는 것을 포함합니다. 여러분의 관대한 지원이 없이는 이러한 일을 진행할 수 없을 것입니다. 감사합니다!

**어휘** acknowledge 인정하다 | individual 개인(의) | contribute 기부하다 | fund 기금 | drive (자선 등) 모금운동 | pavilion 대형 공연장, 가설건물

**25**

**해설** 문맥상 모금된 '전체' 금액을 나타내는 부사 collectively가 가장 적절하다.

**어휘** collectively 집합적으로 | briefly 간단히 | annually 매년

**26**

**해설** 앞 문장에서 많은 사람들이 기부해 준 금액에 관해 언급하고 있고, 이어서 이러한 '기부자들'이 많다는 내용으로 이어지는 것이 자연스럽다. 따라서 선택지 중 donors가 가장 적절하다.

**어휘** donor 기부자 | concern 걱정 | developer 개발자

**27**

**해설** 문장에 이미 동사가 있으므로 빈칸에는 분사형태가 알맞다. 공연장 주변을 '둘러싼' 인도이므로 현재분사인 surrounding이 적절하다.

**어휘** surround 둘러싸다

**28**

**해설** 기부자들의 후원으로 인해 공원환경개선 프로젝트를 할 수 있다는 감사의 내용이므로 (D)가 가장 자연스럽다.

**해석** (A) 기금은 도시 주민들에게 고르게 배분될 겁니다.
(B) 현재 Canyon Parks 팀의 일원을 모집하고 있습니다.
(C) 저희 부서는 더 많은 자금을 모으기 위해 더 열심히 노력하고 있습니다.
(D) 여러분의 관대한 지원이 없이는 이러한 일을 진행할 수 없을 것입니다.

**어휘** distribute 분배하다 | evenly 균등하게 | raise (자금을) 모으다

---

<table>
<tr><td>Part<br>5 & 6</td><td>Unit 12</td><td>비교구문</td><td>본문 p.148</td></tr>
</table>

| 1 (B) | 2 (C) | 3 (C) | 4 (B) | 5 (A) |
|---|---|---|---|---|
| 6 (D) | 7 (A) | 8 (D) | 9 (C) | 10 (D) |
| 11 (C) | 12 (C) | 13 (A) | 14 (D) | 15 (A) |
| 16 (D) | 17 (A) | 18 (D) | 19 (A) | 20 (D) |
| 21 (C) | 22 (C) | 23 (B) | 24 (B) | 25 (D) |
| 26 (A) | 27 (D) | 28 (B) | | |

**1**

**해설** 비교급인 smaller와 짝을 이루는 than이 알맞다.

**해석** SAM의 최신 휴대전화는 경쟁 모델들에 비해서 작고 편리한 기능이 많다.

**어휘** competitor 경쟁자 | convenient 편리한 | feature 특성

**2**

**해설** three hours를 앞에서 수식하는 적절한 표현은 선택지 중 3시간 '이상'이라는 의미의 more than이다.

**해석** 로스앤젤레스에서 휴스턴으로 가는 Robinson씨의 비행기가 궂은 날씨로 3시간 이상 지연되었다.

**어휘** inclement weather 나쁜 날씨 | more than ~이상으로, ~보다 더(= over, in excess of) | now that ~ 때문에(= because, as, since)

**3**

**해설** 빈칸 뒤 비교급과 어울리는 than이 나왔으므로 faster가 정답이다.

**해석** 다른 회사와의 계속되는 경쟁 때문에 우리는 상품을 지난해보다 더 빨리 배달할 수 있는 방법을 찾아야 한다.

**어휘** ongoing 계속되는

**4**

**해설** 빈칸 앞에 최상급과 함께 어울리는 정관사 the가 있으므로 highest가 적절하다.

**해석** Provo City 레스토랑의 고객설문조사에 의하면 Debbie's Shrimp Delight가 최고의 해산물 음식을 제공한다고 한다.

**어휘** in accordance with ~에 따라서, ~와 일치하여

**5**

**해설** than과 짝을 이루는 형용사의 비교급 more difficult가 알맞다.

**해석** 불경기라서 회사의 재정상태는 그들이 예상했던 것보다 더 어려웠다.

**어휘** financial situation 재정상태 | recession 불경기

**6**

**해설** 비교급 앞에서 강조의 의미를 더하여 '훨씬'을 뜻하는 부사 much가 적절하다.

**해석** Ainsley 아레나는 Benson 컨벤션 센터보다 훨씬 더 커서 대형 행사에 더 적합하다.

**어휘** appropriate 적절한

## 7

**해설** 빈칸 앞뒤에 비교하는 두 대상이 나오므로 비교급 관용표현 rather than이 알맞다.

**해석** 주방직원들은 식기 세척 시 천이나 스펀지가 아닌 플라스틱 브러시를 사용해야 합니다.

**어휘** dishware 식기류 | personnel 직원들 | rather than ~보다는 | so that ~하기 위해서 | whereas 반면에 | although 비록 ~일지라도

## 8

**해설** [비교급 + than any other + 단수명사]는 '~보다도 더 ~한'의 의미이다.

**해석** HDS 200은 시중에서 구매할 수 있는 다른 어떤 습도감지기보다도 민감하다.

**어휘** sensitive 민감한 | humidity detector 습도 감지기

## 9

**해설** 빈칸 뒤 than과 짝을 이루는 비교급 lower가 정답이다.

**해석** 지난 분기 보고서는 Radio 일렉트로닉스의 소득이 기대보다 낮았다는 것을 보여줬다.

**어휘** quarterly 분기별의 | earnings 소득, 수입 | anticipate 기대[예상]하다

## 10

**해설** 빈칸 뒤에 비교급이 있으므로 이를 수식하는 even을 써서 문장을 완성해야 한다.

**해석** Allen씨는 생물학자로서 자신의 경력이 예상보다 더욱 보람 있었다고 언급했다.

**어휘** note ~을 언급하다 | biologist 생물학자 | rewarding 보람 있는

## 11

**해설** more than은 부사구로써 '~ 이상'이라는 뜻으로 문맥상 가장 자연스럽다.

**해석** 우리 회사가 국제시장으로 확장한 후에 수입이 두 배 이상이 되었습니다.

**어휘** revenue 수익 | double 두 배로 되다

## 12

**해설** 소유격 Thomas Security's 뒤에 명사 competitor가 있고 그 사이에는 명사를 수식하는 형용사가 올 수 있다. 문맥상 '가장 강력한' 경쟁자가 됐다는 의미가 자연스럽다.

**해석** Lewis사는 여러 해 동안 시장점유를 얻었고 지금은 Thomas 시큐리티의 가장 강한 경쟁자이다.

**어휘** market share 시장점유 | strength 힘, 기운

## 13

**해설** 금액의 수준을 나타내는 데 알맞은 형용사는 high와 low이다. 따라서 답은 highest이다.

**해석** 지난 분기에 회사는 거의 5년 만에 총수익을 가장 높은 수준으로 끌어올렸다.

**어휘** manage to (간신히) ~하다 | boost 신장시키다 | total income 총수입 | widest 가장 넓은 | gradual 점진적인

## 14

**해설** 비교급을 나타내는 than이 있고 빈칸은 동사 campaigned를 수식하는 부사 자리이므로 more energetically가 정답이다.

**해석** Alco사에서 Melcom Smith보다 인턴 프로그램 확장 운동을 더 활동적으로 벌인 사람은 없었다.

**어휘** energetically 활동적으로

## 15

**해설** 빈칸 앞의 동사 examine을 수식하는 부사를 써야 한다. 선택지 중 유일하게 부사를 포함하고 있는 비교급 more attentively가 정답이다.

**해석** 마케팅 부장은 고객만족을 위해 분석가들에게 보다 신중하게 유행을 조사하라고 요구했다.

**어휘** analyst 분석가 | examine 조사하다 | attentively 주의 깊게 | attentive 조심성 있는

## 16

**해설** 빈칸 앞에 비교급 longer가 있고 뒤에 대상이 있으므로 than이 정답이다.

**해석** 독립적으로 수행한 실험에서 Extra Wheelworks가 제조한 타이어가 경쟁업체의 타이어들보다 내구성이 좋다고 드러났다.

**어휘** independent 독립된 | reveal 드러내다, 보여주다 | manufacture 생산하다 | significantly 상당히, 크게

## 17

**해설** 동등비교인 as ~ as 구문으로, '~만큼 …한'을 의미한다.

**해석** 훌륭하게도 그 건축가들은 이 디자인의 미적인 요소에 집중하는 것만큼이나 기능적인 요소에도 주의를 기울였다.

**어휘** pay attention to ~에 주목하다 | functionality 기능성 | aesthetics 미학

## 18

**해설** than과 어울리는 비교급이면서, 동사 observe를 수식할 수 있는 부사가 적절하다.

**해석** Miller 디자인 컨설턴트 부장들은 고객서비스가 얼마나 향상될 수 있는지 결정하고자 이번 분기 직원실적을 보다 주의 깊게 관찰하고 있다.

**어휘** employee performance 직원실적 | determine 알아내다

## 19

**해설** 빈칸 뒤 than과 어울리는 비교급 higher가 정답이다.

**해석** 보강된 직물 과정이 Moore 텍스타일이 이전에 생산할 수 있었던

것보다 높은 품질의 직물을 생산하는 결과로 이어지고 있다.

**어휘** enhanced 강화한 | weave 짜다, 엮다 | result in ~의 결과를 낳다 | fabric 직물, 천 | previously 미리, 사전에

## 20

**해설** 빈칸은 be동사의 보어 자리로, 명사나 형용사를 쓸 수 있다. 명사가 올 경우 주어와 동격을 이루어야 하므로 정관사 the와 함께 쓰는 형용사의 최상급을 써야 한다.

**해석** 금융 모임의 회원 8명 중에서, Young씨가 새 회계 소프트웨어에 가장 박식하다.

**어휘** financial 금융의, 재정의 | knowledgeable 박식한

## 21-24



**어휘** make a move (일을) 시작하다 | bold 대담한 | eatery 음식점 | beverage 음료

## 21

**해설** 지역의 한 카페가 새로운 정책을 실시한 배경에 관한 내용으로 '항의가' 증가했다는 내용이 가장 적절하다.

**어휘** complaint 불평, 항의

## 22

**해설** 문맥상 '더 이상' 식사 중에 노트북을 사용할 수 없다는 내용이 가장 자연스럽다.

**어휘** no longer 더 이상 ~ 아닌 | latest 최신의

## 23

**해설** 이러한 카페의 정책은 손님이 테이블에서 보내는 시간을 '줄이는' 것이므로 less가 가장 적절한 선택이다.

## 24

**해설** 앞 문장에서 새로운 rule에 관한 내용을 다루었으므로 문장의 흐름상 (B)가 가장 적절한 연결이다.

**해석** (A) Ground Up 카페는 야외 좌석 또한 제공한다.
(B) 식당 손님들은 그들이 새로운 규칙을 받아들였음을 보여주었다.
(C) 관리자들은 직원교육을 늘리면 서비스가 향상될 것이라고 생각한다.
(D) 시범기간 동안 고객에게 무료로 차가 제공될 것이다.

**어휘** outdoor seating 실외 좌석 | approve of ~을 승인하다 | trial period 시범기간

## 25-28



**어휘** solid 다른 색깔이 전혀 섞이지 않은 | imprinted with ~가 새겨진 | work shift 근무교대 | applicable 적용되는 | administration 관리직, 행정부

## 25

**해설** 메모는 회사에서 직원들의 근무복장을 '변경하기로' 해서 이를 안내하는 내용이다.

**어휘** abolish (법률, 제도 등을) 폐지하다 | survey 조사 | revise 변경[수정]하다

## 26

**해설** 빈칸 앞에 무료로 제공하는 티셔츠에 대한 내용이 나온다. 또한 그다음 두 번째 문장에서 해당하는 경우 비용도 동봉해 달라고 안내하고 있으므로 (A)가 가장 적절한 선택이다.

**해석** (A) 추가 티셔츠는 장당 10달러에 구입하실 수 있습니다.
(B) 유일한 지불방법은 현금입니다.
(C) 모든 직원은 추가 셔츠를 구입해야 합니다.
(D) 복장규정을 따르고 싶지 않다면, 자유롭게 입을 것을 선택하세요.

**어휘** cash 현금

## 27

**해설** 첨부된 주문서에 사이즈와 희망 티셔츠의 장수를 표시해 달라는 내용으로, 동사는 '~하도록 요구되다'라는 의미의 be asked to가 적절하다.

## 28

**해설** no later than은 어떤 행동의 기한을 나타내는 표현으로 자주 쓰인다.

**어휘** no later than 늦어도 ~까지는

| 1 (B) | 2 (A) | 3 (A) | 4 (A) | 5 (C) |
|---|---|---|---|---|
| 6 (A) | 7 (D) | 8 (B) | 9 (C) | 10 (A) |
| 11 (C) | 12 (B) | 13 (C) | 14 (C) | 15 (D) |
| 16 (B) | 17 (D) | 18 (D) | 19 (B) | 20 (B) |
| 21 (A) | 22 (D) | 23 (D) | 24 (A) | 25 (C) |
| 26 (D) | 27 (A) | 28 (B) | | |

**1**

**해설** 빈칸 앞에 선행사가 있고, 뒤에 명사 advertisement가 있으므로 빈칸에는 소유격 관계대명사가 적절하다.

**해석** 조사된 대부분의 고객들이 TV와 인쇄 광고를 한 Albertson 푸드의 제품에 친숙했다.

**어휘** be familiar with ~에 익숙하다 | in print 인쇄된

**2**

**해설** 빈칸 앞에 선행사 project와 빈칸 뒤에 동사 will convert 사이에는 주격 관계대명사가 적절하다.

**해석** Mozy는 오래된 창고를 근대화된 실험실로 바꿀 프로젝트에 착수했다.

**어휘** embark 시작[착수]하다 | warehouse 창고 | convert A into B A를 B로 전환하다 | laboratory 실험실

**3**

**해설** 문장의 동사는 may suggest이다. 따라서 선택지 중 절을 이끌며 주어 역할도 할 수 있는 The fact that이 가장 적절하다.

**해석** 몇몇 제지업체들이 최근에 추가 구인광고를 했다는 사실은 그 산업이 성장 중이라는 것을 암시한다.

**어휘** advertise 광고하다 | suggest 시사[암시]하다 | growth 성장 | in keeping with ~와 일치[조화]하여 | under the condition ~의 조건으로 | in regard to ~에 관해서

**4**

**해설** 알맞은 관계대명사를 고르는 문제로, 빈칸 뒤에 명사가 나오므로 소유격 관계대명사가 알맞다.

**해석** Martinez 박사는 수많은 저널에 자신의 연구가 게재된 선도적인 화학자로 다음 주 총회에서 연설을 할 것이다.

**어휘** chemist 화학자 | give a speech 연설하다

**5**

**해설** 주격 관계대명사 that 앞에 있는 선행사 training folders가 복수이므로 관계절의 동사도 복수형으로 완성한다.

**해석** 모든 신입직원들은 직무에 관한 정보가 들어 있는 교육용 폴더를 받는다.

**어휘** assignments 임무, 과제 | contain ~이 들어 있다

**6**

**해설** 선행사 The new hospital을 받는 주격 관계대명사로 which를 써야 한다. 관계대명사 that은 콤마(,)가 쓰인 계속적인 용법에서는 사용이 불가능하다.

**해석** 7월 17일에 개원하기로 계획된 새 병원이 이제 거의 완성단계에 있다.

**어휘** be scheduled to ~하도록 일정이 잡혀 있다 | completion 완성

**7**

**해설** 빈칸 앞에 사람을 나타내는 명사 Managers가 선행사로 오고 뒤에는 동사 have가 있으므로 사람을 선행사로 하는 주격 관계대명사 who가 적절하다.

**해석** 시간이 있는 관리자들은 품질관리절차를 검토할 수 있도록 위원회에 봉사해야 한다.

**어휘** quality control 품질관리(Q.C.) | procedure 순서, 차례, 절차 | whoever 누구든지(= anyone who)

**8**

**해설** 빈칸 앞의 전치사 to의 목적어 자리에 올 수 있는 관계대명사는 whom이다. 또한 빈칸 뒤에 주어 the monthly reports와 동사 should be sent가 있으므로 목적격 대명사를 써야 한다.

**해석** 월간보고서를 받아야 할 부서장들의 이름이 지난 회의에서 배포된 메모에 포함되어 있었습니다.

**어휘** department head 부서장 | hand out 나눠 주다

**9**

**해설** 빈칸 뒤에 절 you requested가 있으므로 접속사를 써야 한다. 접속사와 대명사 역할을 하는 목적격 관계대명사 that이나 which가 정답이 될 수 있다. 선행사를 포함하는 관계대명사 what은 명사 다음에 쓸 수 없다.

**해석** 요청하신 지난주 예산 세미나의 노트를 동봉합니다.

**어휘** budget 예산을 짜다; 예산

**10**

**해설** 빈칸 앞의 선행사 Anyone과 동사 experiences 사이에는 주격 관계대명사 who가 가장 적절하다.

**해석** 비디오 장비에 문제가 있는 사람들은 유지보수 관리부에 연락해야 한다.

**어휘** maintenance department 유지보수부

**11**

**해설** 빈칸 앞의 선행사 customers가 사람이고 뒤에 동사 purchase가 있으므로 주격 관계대명사 who를 써야 한다.

**해석** Sears 웹사이트에서 상품을 구매하는 고객은 누구든 9월까지 10퍼센트 할인받을 것입니다.

**어휘** merchandise 상품

**12**

**해설** 선행사 the signed invoice와 동사 was included 사이에서 가장 알맞은 것은 선택지 중 주격 관계대명사 that이다.

**해석** 선적 패키지에 포함되어 있는 서명된 송장의 영수증을 확인해 주세요.

**어휘** receipt 영수증, 수취, 받음 | invoice 송장, 선적 서류

### 13 관계대명사(소유격)

**해설** 빈칸은 관계대명사 자리이며, 빈칸 뒤에 명사 résumés가 있으므로 소유격 whose를 써야 한다.

**해석** 새로운 직원을 찾을 때 고용주는 잘 쓰여졌고 분명히 정리된 이력서를 가진 지원자들과 면접을 보는 것을 선호한다.

**어휘** conduct a search 찾다 | clearly 분명히 | organized 정리된

### 14

**해설** 빈칸은 앞의 the artists를 수식하는 절을 이끄는 관계대명사가 필요한 자리이다. 뒤에 명사 paintings가 있으므로 소유격 whose를 써서 문장을 완성한다.

**해석** 현재 Vidhsla 갤러리에서 전시 중인 예술가 Michael Saders와 Olivia Lilm 둘 다 Brigham Young 대학을 다녔다.

**어휘** on display 전시 중인

### 15

**해설** 빈칸 뒤에 쓰인 명사의 소유격 역할을 하는 소유격 관계대명사 whose가 정답이 된다.

**해석** 프로젝트를 예상보다 일찍 끝내는 팀들은 부장에게 알려야 한다.

**어휘** earlier than expected 예정보다 빨리 | general manager 부장

### 16

**해설** 절과 절을 연결하며 절의 주어가 될 수 있는 주격 관계대명사가 필요한 자리이다.

**해석** Texco 기업의 사장이자 이사로 퇴직하는 Henri Valois를 대신할 사람으로 Jeanne Marlette가 선정되었다.

**어휘** select 선정하다 | retire 퇴직하다 | executive officer 중역

### 17

**해설** 콤마(,) 사이의 절을 이끌면서 앞의 명사를 수식하는 관계대명사를 골라야 한다. 빈칸 뒤에 명사 latest book이 왔으므로 소유격 관계대명사 whose가 적절하다.

**해석** 지난달에 책을 출간한 직업 컨설턴트인 William Manning이 오늘 오후 직업 박람회에서 연설할 것이다.

**어휘** job fair 직업 박람회

### 18

**해설** 관계대명사 who의 선행사로서, 빈칸 뒤 동사가 3인칭 단수이므로 단수로서 주어 역할을 할 수 있는 Anyone이 정답이다.

**해석** 12월 15일 세미나에 참여하고자 하는 사람은 누구든지 월요일까지 Gunderson씨에게 연락해야 한다.

**어휘** participate in ~에 참여하다(= take part in)

### 19

**해설** 빈칸 앞에 장소를 나타내는 a great city가 있으므로 이를 받을 수 있는 관계부사 where나 in which가 적절하다. in이 이미 제시되어 있으므로 which가 정답이다.

**해석** 시 의회는 기업인들에게 호의적인 세율을 제공하여 Mesa를 신규 사업을 시작할 수 있는 매력적인 도시로 만들고 있다.

**어휘** city council 시 의회 | entrepreneur 기업가, 기업인 | favorable 호의적인 | tax rate 세율

### 20

**해설** 문맥상 전화나 이메일 중에서 당신이 선호하는 것은 '어느 것이나' 연락하라는 의미이므로, 선택의 의미를 갖는 복합관계대명사 whichever를 쓸 수 있다. whichever you prefer는 '어느 쪽이든 원하는 대로'를 의미하는 말로 자주 쓰인다.

**해석** 저희의 신제품에 대해 더 많은 정보를 원하시면, 전화나 이메일 중에서 선호하시는 방법으로 연락주세요.

**어휘** whoever ~하는 사람은 누구나 | whichever ~하는 것은 어느 것이나 | however ~하는 방법은 무엇이나 | whatever ~하는 것은 무엇이나

### 21-24



**어휘** grant 보조금 | thanks to ~ 덕분에 | expansion 확장 | relief 안심 | commuter 통근자 | endure 견디다, 참다 | steadily 꾸준하게 | worsen 악화되다

### 21

**해설** 지역의 철도업체가 정부의 보조금을 받아 계획된 터미널 공사에 돌입할 것이라는 기대감에 관한 기사이다. 앞 문장에서 $50 million grant를 언급하므로 funding이 가장 적절하다.

**어휘** funding 자금 | strategy 전략

### 22

**해설** 빈칸 앞 문장에 철도시스템의 확장이 지역사회의 많은 사람들에게 좋은 소식임이 분명하다라고 하므로 이와 자연스럽게 연결될 수 있는 (D)가 가장 적절한 선택이다.

**해석** (A) 운전자는 더 이상 터미널에 차를 주차할 수 없다.
(B) 터미널 공사가 무기한 연기되었다.
(C) 월 열차 정기권의 가격이 상승할 것으로 예상된다.
(D) 이 프로젝트로 기차역에 약 100개의 정규직 일자리를 창출할 것이다.

**어휘** indefinitely 무기한으로 | permanent job 정규직

### 23

**해설** 빈칸 앞에 사람 선행사 James Brown이 있고, 뒤에는 이를 수식하는 동사로 시작하는 절이 있다. 따라서 빈칸에는 주격 관

계대명사 who가 필요하다.

## 24

**해설** for sometime은 '오랜 시간 동안'을 의미하는 표현으로 알아
둔다.

## 25-28



**어휘** promote 승진하다 | editorial 편집의 | oversee 감독하다 |
operation 운영

## 25

**해설** 편집부 직원의 승진을 알리는 내용으로, 편집위원회가 그녀의
승진을 '확정했다'는 내용이 자연스러우므로 confirmed가 적
절하다.

**어휘** reverse 뒤바꾸다, 반전시키다 | earn 벌다, 얻다 | intend
의도하다, 작정하다

## 26

**해설** (D)를 제외한 나머지 선택지는 기사의 내용과 대치되며, 문맥
상 Jenny Huston이 승진 이전에 했던 일에 관해 언급하는 것
이 가장 자연스럽다.

**해석** (A) 편집관리자 자리는 채워질 때까지 비어 있습니다.
(B) 워싱턴 타임즈는 이제 막 온라인판을 출시했습니다.
(C) 이사회 회원들은 Huston씨가 워싱턴 타임즈에 오신 것을
　　환영합니다.
(D) Huston씨는 3년간 편집보조로 일했습니다.

**어휘** fill 채우다 | assistant editor 보조편집자

## 27

**해설** 앞서 언급한 책무에 더하는 내용이 빈칸 뒤에 이어지므로
Additionally가 가장 적절한 선택이다.

**어휘** additionally 게다가 | otherwise 그렇지 않으면 | as a result
결과적으로

## 28

**해설** 빈칸에는 선행사 staff member를 수식하는 형용사절이 나와
야 한다. 뒤에 목적어가 이어지므로 주격 관계대명사 who와,
last year로 보아 과거시제 coordinated가 쓰인 (B)가 정답이
다.

**어휘** coordinate 조정하다, 조직화하다



---

<table>
<tr><td>Part<br>5 & 6</td><td>Unit 14</td><td>전치사</td><td>본문 p.175</td></tr>
</table>

| 1 (B) | 2 (A) | 3 (A) | 4 (D) | 5 (A) |
|---|---|---|---|---|
| 6 (A) | 7 (A) | 8 (D) | 9 (B) | 10 (A) |
| 11 (D) | 12 (C) | 13 (D) | 14 (D) | 15 (B) |
| 16 (B) | 17 (D) | 18 (D) | 19 (C) | 20 (B) |
| 21 (D) | 22 (C) | 23 (B) | 24 (A) | 25 (B) |
| 26 (C) | 27 (C) | 28 (A) | | |

## 1

**해설** 빈칸은 명사 prospective students 앞 전치사 자리이다. to부
정사 in order to be considered의 의미상 주어를 이끄는 전
치사로 for를 쓸 수 있다.

**해석** 예비생들이 경영학교 입학 고려대상이 되기 위해서는 신청서를 12월
30일까지 접수시켜야 합니다.

**어휘** prospective 장래의, 유망한 | admission 입장, 입학

## 2

**해설** 문맥상 일주일 '이내에' 배송한다는 흐름이 자연스러우므로
within이 가장 적절한 선택이다.

**해석** 저희 회사는 고객의 모든 주문을 요청 일주일 이내에 배송할 수
있습니다.

**어휘** underneath ～의 아래에

## 3

**해설** '예정된 것보다 일찍'이라는 의미로 ahead of schedule이라
는 표현을 쓴다.

**해석** 엔지니어팀의 고된 노동과 헌신 덕분에 그 프로젝트는 예정보다 일찍
완료되었다.

**어휘** dedication 헌신 | ahead of ～보다 앞서 | depending on ～에
따라 | in exchange for ～대신에, 교환으로 | aside from ～을
제외하고

## 4

**해설** 빈칸에는 명사구 Ms. King's absence를 이끄는 전치사가 필
요하다. 문맥상 King씨의 부재와는 '상관없이'라는 의미의
Regardless of가 적절하다.

**해석** King씨의 부재와 상관없이 마케팅팀은 5월 2일 클라이언트를 만날
것이다.

**어휘** regardless of ～에 상관없이 | nonetheless 그럼에도 불구하고
| insofar as ～하는 한에 있어서는 | simultaneously 동시에

## 5

**해설** 문맥상 퇴실 '전에' 카드키를 반납해야 한다는 내용이므로 전치
사 before가 가장 적절한 선택이다.

**해석** 호텔 투숙객들은 체크아웃 전에 모든 카드키를 반납해야 한다는 것을
명심하세요.

**어휘** remind 일깨우다 | check out 퇴실하다

**6**

해설 명사 the day 앞 전치사 자리로, '하루 온종일'이라는 의미로 throughout the day라는 표현을 쓴다.

해석 기온이 하루 종일 올라 섭씨 35도에 이를 것이다.

어휘 climb 올라가다 | degree 정도, (단위) 도 | Celsius 섭씨 | throughout ∼하는 동안, 내내 | considering ∼을 고려하면 | least 가장 적은

**7**

해설 문맥상 고객이 모든 미지불 금액을 지불할 '때까지'라고 하는 것이 가장 자연스러우므로, 빈칸에는 전치사이자 접속사인 until이 가장 적절하다.

해석 Martin 제조사는 고객이 남은 모든 금액을 지불할 때까지 추가배송을 미룰 권한이 있다.

어휘 reserve the right 권리를 갖다 | outstanding payment 미지불 대금

**8**

해설 문맥상 예정대로 오후 7시에 연설하는 '대신에' 오후 8시 30분에 연설할 것이라는 내용이므로 Instead of가 가장 적절하다.

해석 미리 예정된 대로 Tony Nesmith는 오후 7시에 연설을 하는 것 대신에 오후 8시 30분에 연설할 것이다.

어휘 deliver one's speech 연설을 하다 | beyond ∼을 넘어, 이상으로 | due to ∼ 때문에

**9**

해설 '∼을 할 목적으로'라는 의미로 for the purpose of라는 표현을 쓴다.

해석 고객서비스 직원들을 훈련시킬 목적으로 고객의 전화문의는 기록될 수 있습니다.

어휘 inquiry 문의, 연구 | record 기록하다, 녹음하다

**10**

해설 용기의 겉면 '위에' 잘 보여야 한다는 내용으로 전치사 on이 가장 적절한 선택이다.

해석 배송서류는 잘 보이도록 컨테이너 바깥 표면에 있어야 한다.

어휘 prominently 두드러지게 | container 용기, 그릇

**11**

해설 빈칸은 명사구 a full-service restaurant을 이끄는 전치사 자리이다. Just as(꼭 ∼처럼)와 In addition to(게다가) 중 문맥상 추가적인 의미를 나타내는 In addition to가 가장 적절하다.

해석 4층에 있는 풀서비스 레스토랑 외에도 1층에는 간단한 식사를 제공하는 식당이 있습니다.

어휘 casual fare 간단한 식사 | ground floor 1층 | otherwise 만약 그렇지 않으면

**12**

해설 선택지 중 7일 '이내의' 반응이라는 의미가 가장 자연스러우므로 within이 정답이다.

해석 광고가 7일 이내에 반응을 이끌어 내지 못한다면 소비자의 관심을 더 끌도록 수정하는 것을 고려해 보세요.

어휘 elicit (반응을) 끌어내다 | modify 수정[변경]하다 | interest 관심, 흥미 | apart from ∼ 외에는, ∼을 제외하고

**13**

해설 문맥상 어떤 것을 '제외하고' 모든 것을 제공한다는 내용이 자연스러우므로 전치사 except가 가장 적절하다.

해석 공구를 제외하고 자신만의 2단 침대를 만들기 위해 필요한 모든 것이 갖춰져서 세트가 제공된다.

어휘 kit 조립용품 세트 | complete with ∼이 완비된 | bunk bed 2단 침대 | unlike ∼와 다른 | despite ∼에도 불구하고

**14**

해설 다수의 사람들 '사이에서' 협력을 용이하게 한다는 내용으로, 선택지 중 among이 가장 알맞다.

해석 임원 연락담당자로서 Fujita씨의 일차적인 업무는 Dekan 기업의 수많은 이사들 사이에서 협력을 용이하게 하는 것이다.

어휘 liaison 연락, 연락담당자 | primary duty 일차적인 업무 | facilitate 용이하게 하다

**15**

해설 '허가 없이'라는 의미로 without authorization이 자주 쓰인다.

해석 Oaks 법률 사무실 직원들은 사전허가 없이 자신들의 차량을 제한구역에 주차하지 못하게 되어 있다.

어휘 be prohibited from -ing ∼하는 것이 금지되다 | restricted area 제한구역 | prior authorization 사전허가 | owing to ∼때문에(= because of, due to, on account of) | as opposed to ∼와는 대조적으로

**16**

해설 기간을 나타내는 the next six months 앞에 쓸 수 있는 전치사는 over이다.

해석 Modern Teen 어패럴은 앞으로 6개월에 걸쳐 전국 25개의 새로운 점포를 열 계획이다.

어휘 apparel 의류, 의복

**17**

해설 be integrated into는 '∼에 융화[통합]되다'라는 뜻으로 자주 쓰인다.

해석 Golden Hawk와 Pandey Airways가 점차 하나의 항공사로 합병되기 때문에 비행일정이 변경될 것이다.

어휘 gradually 점차적으로 | integrate 통합시키다

**18**

해설 far from은 '∼로 부터 먼'이라는 의미로 자주 쓰인다. 참고로 부정어가 문장의 앞에 위치하면 주어와 동사가 도치된다.

**해석** 고객과 점심식사 하러 가기에 훌륭한 장소인 Adorack Grill은 금융가로부터 멀지 않은 곳에 있다.

**어휘** financial district 금융가

## 19

**해설** 빈칸 뒤에 시점을 나타내는 9 AM이 있으므로 전치사 before가 정답이다.

**해석** Movie Air는 오전 9시 이전에 떠나는 비행기편 승객들에게 무료 아침식사를 제공한다.

**어휘** complimentary breakfast 무료 아침식사 | passenger 승객 | departing 출발하는

## 20

**해설** 빈칸 뒤에 복수명사 leading providers가 있으므로 빈칸에는 among이 적절하다.

**해석** Jerry-Maguire 에이전시는 탐험관광 패키지를 제공하는 선도적인 업체 중의 한 곳이다.

**어휘** provider 공급업자 | adventure 모험

## 21-24

> 받는 사람: 지원팀 전 직원
> 보낸 사람: Jeff Gilman 고객서비스 관리자
> 제목: 웹사이트 기능
> 날짜: 2월 4일
>
> 고객들이 우리 웹사이트를 사용하는 동안, 특히, 특정 웹사이트 링크를 클릭하려고 할 때 겪는 문제에 관한 최신 정보를 알려드리고 싶습니다. 기술팀은 문제의 원인을 알아내기 위해 작업하고 있으며, 하루 혹은 이틀 후에 바로잡을 것이라 생각합니다. 그 사이에 원활한 서비스를 위한 임시 해결책이 있습니다. 웹사이트 문제를 보고하는 고객의 전화는 영업관리자 사무실로 즉각 연결되어야 합니다. 그곳의 추가인력들이 이러한 전화에 대처하는 법과 고객이 가진 어떤 문제든 지원하는 법에 대해 교육을 받습니다.
> 협조해 주셔서 감사합니다.

**어휘** update 최근의 정보를 알려주다 | particularly 특히 | correct 바로잡다 | in the meantime 그사이에 | temporary solution 임시 해결책 | uninterrupted 중단되지 않는 | transfer 옮기다

## 21

**해설** 빈칸 뒤에 명사구 the problems를 이끄는 전치사가 필요하므로 regarding이 정답이다.

**어휘** regard ~을 간주하다

## 22

**해설** 빈칸 앞에서 고객들이 웹사이트 사용 중에 겪는 문제에 관해 알려주겠다는 내용이 있으므로 뒤따르는 문장으로 (C)가 가장 적절하다.

**해석** (A) 그들이 노트북을 설치할 때
(B) 그들이 기계적 문제를 해결하려고 할 때
(C) 특정 웹사이트 링크를 클릭하려고 할 때
(D) 시스템이 고장 났을 때

**어휘** set up 설치하다 | fix 고치다 | mechanical 기계로 작동되는 | attempt 시도하다 | crash (컴퓨터를) 고장 내다

## 23

**해설** 문맥상 문제를 보고하는 '고객으로부터의' 전화라는 내용이므로 전치사 from이 가장 적절하다.

## 24

**해설** 고객들이 갖는 '문제'에 관한 메모이므로 problems가 가장 적절한 선택이다.

**어휘** estimate 추정 | term 용어, 기간 | practice 연습

## 25-28

> 5월 20일
>
> Jefferson씨께
> 지난주에 귀하의 사무실을 방문할 수 있도록 해 주신 것 감사합니다. 저는 큰 지사의 운영을 관찰하는 것이 가치가 있음을 알았습니다. 저는 이미 귀하의 아이디어와 방법들에 대해 동료들에게 설명해 주었습니다. 우리의 실적을 향상시키는 데 이용할 수 있을 것이라는 희망에서입니다. 귀하의 직원에게도 저의 바쁜 일정을 정리해 줘서 감사하다고 전해 주십시오. 특히나 저의 여행준비를 도와준 귀하의 조수에게 감사합니다. 귀하가 곧 시애틀에 있는 저희 지사를 방문해 주시기를 희망합니다. 기꺼이 도시를 안내해 드리겠습니다.
>
> Robert Haddad 운영 매니저
> Rowles Industries-시애틀

**어휘** branch 지사, 분점 | method 방법 | relay (정보나 소식 등을) 전달하다 | gratitude 고마움 | agenda 협의 사항, 예정표

## 25

**해설** 다른 지사를 방문하고 보내는 감사의 편지로, 선택지 중 그 방문이 '가치 있었다'고 하는 것이 가장 자연스럽다.

**어휘** worthwhile 가치 있는 | amusing 재미 있는 | repetitive 반복적인 | relaxing 편안한

## 26

**해설** relay A to B는 'A를 B에 전달하다'라는 의미로 쓰인다.

## 27

**해설** 앞 문장에서 상대 지사의 직원에게 감사를 표하고 있다. 따라서 이와 자연스럽게 연결될 수 있는 (C)가 정답이다.

**해석** (A) 모든 것을 적절하게 계획하는 것은 매우 당황스런 과정이었습니다.
(B) 우리의 성과를 더욱 올리기 위해 귀하의 아이디어를 사용할 수 있기를 바랍니다.
(C) 특히나 저의 여행준비를 도와준 귀하의 조수에게 감사합니다.
(D) 귀하의 운영방식에 대해 더 알고 싶습니다.

**어휘** frustrating 불만스러운 | travel arrangement 여행준비 | run (사업체를) 운영하다

**[해설]** 선택지 중 미래시제와 어울리는 부사는 soon이다.

<table>
<tr><td colspan="5">Part 5 & 6　Unit 15　접속사　　본문 p.186</td></tr>
</table>

| 1 (B) | 2 (C) | 3 (B) | 4 (D) | 5 (A) |
|---|---|---|---|---|
| 6 (B) | 7 (C) | 8 (C) | 9 (D) | 10 (D) |
| 11 (C) | 12 (D) | 13 (A) | 14 (D) | 15 (A) |
| 16 (C) | 17 (A) | 18 (A) | 19 (D) | 20 (B) |
| 21 (B) | 22 (C) | 23 (D) | 24 (B) | 25 (A) |
| 26 (C) | 27 (D) | 28 (A) | | |

**1**

**[해설]** 빈칸 뒤에 앞 문장과 대조를 이루는 내용이 나오므로 등위접속사 but이 정답이다.

**[해석]** McDougal 인더스트리 직원들은 Brigham시에서 열리는 취업 박람회에는 참여하지만 Sun Valley에서 열리는 것에는 참여하지 않을 것이다.

**[어휘]** job fair 취업 박람회

**2**

**[해설]** 빈칸 뒤에 절 the company president delivers ~가 있으므로 선택지 중 유일한 접속사 once를 써서 문장을 완성해야 한다.

**[해석]** 오늘 밤 근로자 감사연회에서는 사장님의 말씀이 있고 나서 저녁이 제공될 것이다.

**[어휘]** appreciation 감사, 감탄 | banquet 연회, 만찬 | once 일단 ~하면

**3**

**[해설]** 빈칸 뒤에 the company's holiday ~ online까지가 절이므로 선택지 중 접속사 Since가 가장 적절하다.

**[해석]** 회사의 휴일달력이 온라인에 게시되기 때문에 인쇄본은 더 이상 배포되지 않을 것이다.

**[어휘]** in case of ~할 경우에(= in the event of) | besides 게다가

**4**

**[해설]** 빈칸 뒤에서부터 콤마(,)까지 절이므로, 절과 절을 잇는 접속사 While이 적절하다. 같은 의미의 전치사 During은 절을 이끌 수 없다.

**[해석]** 카페테리아를 보수하는 동안은 스낵바에서 샌드위치와 샐러드를 이용하실 수 있습니다.

**[어휘]** undergo 겪다, ~을 견디다

**5**

**[해설]** 문두에 Both가 있으므로 both A and B 구문이 쓰였음을 알 수 있다.

**[해석]** Pine가와 Orchard로 두 곳은 다음 주 화요일 수리공사를 하느라 폐쇄될 것이다.

**[어휘]** repair 수리

**6**

**[해설]** 선택지의 접속사를 모두 대입해봤을 때 '마치 전원 참석할 것처럼'이라는 흐름이 가장 자연스러우므로 as if가 알맞다.

**[해석]** 비록 나쁜 날씨 때문에 취소가 예상되지만 총회를 위한 우리의 준비는 마치 전원 참석할 것처럼 계속되어야 한다.

**[어휘]** cancellation 취소 | preparation 준비 | continue 계속되다 | attendance 참석 | as if 마치 ~인 것처럼 | if any 만약 있다면 | if only ~이면 좋을텐데

**7**

**[해설]** 빈칸 뒤에 절이 이어지므로 접속사 unless가 알맞다.

**[해석]** 가장 많이 대여된 자료는 다른 도서관 이용자가 요청하지 않는다면 두 번 갱신될 수 있다.

**[어휘]** borrow 빌리다 | material 자료 | renew 갱신하다 | likewise 똑같이, 비슷하게

**8**

**[해설]** 두 가지 사실을 비교·대조할 때 접속사 whereas가 적절하다.

**[해석]** 최근 연구에 의하면 사립대학의 등록이 하락하고 있으며, 반면 국립대학은 꾸준한 성장을 누리고 있다.

**[어휘]** recent 최근의 | enrollment 등록 | private 민간의 | decline 거절하다 | likewise 똑같이 | namely 즉 | indeed 정말

**9**

**[해설]** Now that은 '~ 때문에'를 의미하는 표현으로 as, since와 함께 자주 쓰인다.

**[해석]** Gunderson씨가 부서를 맡았기 때문에 매출이 증가할 것으로 기대된다.

**[어휘]** take over 인수하다, 인계받다

**10**

**[해설]** not only A but also B는 'A뿐만 아니라 B도'를 뜻하는 관용표현이다. 앞에 not only가 있으므로 빈칸에는 but also가 온다.

**[해석]** Brockton 극장은 Marienville에서 가장 오래되었을 뿐만 아니라 가장 큰 규모의 극장이다.

**[어휘]** playhouse 극장

**11**

**[해설]** 뒤에 or이 있으므로 'A혹은 B 둘 중의 하나'를 뜻하는 either A or B 구문이 쓰였음을 알 수 있다.

**[해석]** 인터넷 서비스는 T&C 커뮤니케이션이나 가입자에 의해 취소될 수 있다.

**어휘** subscriber 가입고객, 구독자

## 12
**해설** 문맥상 빈칸 전후로 두 개의 to부정사를 이어줄 등위접속사 and가 가장 적절하다.

**해석** 직원들은 오늘 은퇴식에 모여서 Emile Smith의 성과를 축하하고 그의 성공을 기원할 것이다.

**어휘** gather 모이다, 회합하다 | achievements 업적, 성취한 것 | wish somebody well ~의 (행복을) 바라다 | retirement 은퇴

## 13
**해설** 문맥상 차 소유를 입증할 수 있어야 한다는 조건을 나타내는 접속사가 적절하므로 빈칸에는 provided that이 알맞다.

**해석** 차 소유를 입증하실 수 있다면 귀하의 보조 차키는 대리점에서 주문하실 수 있습니다.

**어휘** replacement 교체(물) | dealership 대리점 | demonstrate 입증하다 | provided that ~라면(= if) | as though 마치 ~인 것처럼 | in fact 사실은 | rather than ~보다는

## 14
**해설** 주절의 현재완료시제와 어울리는 접속사는 '~이후로'를 뜻하는 Since이다.

**해석** 작년에 텔레비전 제조 부서를 없앤 이후로 Hwang 테크는 더 많은 자원을 신제품 개발에 쏟고 있다.

**어휘** eliminate 제거하다 | direct ~으로 향하다, 보내다 | resource 자원

## 15
**해설** 문맥상 어떠한 현상에 대한 원인을 나타내는 접속사 Because가 적절하다.

**해석** 인터넷은 자격을 갖춘 후보를 찾는 데 좋은 도구가 되기 때문에 많은 고용주들이 온라인상에 구직공고를 올린다.

**어휘** post 게시[공고]하다 | job opening 빈 일자리

## 16
**해설** [so + 형용사/부사 + that절] 구문으로 '너무 ~해서 that절 ~하다'의 의미이다.

**해석** Vincent Lang의 발표가 너무나 설득력이 있어서 수송위원회는 신속히 그의 계획을 승인했다.

**어휘** persuasive 설득력 있는 | swiftly 신속히

## 17
**해설** 명사절을 이끌면서 앞의 동사 ask와 어울리는 접속사는 선택지 중 whether이다.

**해석** Davis씨는 Adamson씨에게 12월에 있을 제품출시 행사파티 사진을 찍어줄 수 있는지 물었다.

**어휘** launch 출시 | whether ~인지 아닌지

## 18
**해설** 명사절을 이끌면서 앞의 동사 indicate와 어울리는 접속사는

선택지 중 that이다.

**해석** 오늘 발표된 연구는 Madara 선크림이 다른 브랜드들보다 피부를 더 오래 보호한다는 것을 보여준다.

**어휘** study 연구 | sunscreen 자외선 차단제 | protect 보호하다

## 19
**해설** 절을 이끄는 접속사 자리이며, 문맥상 다른 날짜를 잡을 수 있도록 '하기 위해'라는 목적의 의미이므로 so that이 가장 적절하다.

**해석** 워크숍 강사에게 예견되는 결석을 알려서 다른 날짜로 조정할 수 있도록 하세요.

**어휘** alternate 대안의

## 20
**해설** 문맥상 버스뿐만 아니라 택시도 이용할 수 있다는 내용이므로 빈칸에는 as well as가 알맞다.

**해석** 여행객들은 목적지에 가기 위해 오그던 터미널에서 택시뿐만 아니라 버스도 탈 수 있다.

**어휘** have access to ~에 접근할 수 있다 | get to a destination 목적지에 도착하다 | similarly 유사하게

## 21-24

해산물을 좋아하는 여러분, Macaroni 그릴이 이전했습니다! 이제 샌프란시스코에서 최상의 해산물을 먹으면서 멋진 바다 풍경을 보실 수 있습니다. Sand Alcove 해변에 새롭게 위치한 O'hana 그릴에서 음식과 주변 경관을 통해 해양의 즐거움을 만끽하세요. 안심하세요. 저희는 주소 그 이상의 것을 바꾸었습니다. Laurent Neville 주방장이 새로운 점심메뉴를 개발했습니다. 예를 들어, 그는 Sand Alcove 만에서 바로 잡히는 해산물로 준비한 가벼운 메뉴를 새롭게 선보일 겁니다. 이보다 더 신선할 수는 없습니다! 게다가 O'hana 그릴은 점심제공을 위해 이전보다 빠른 시간인 오전 11시에 문을 열 것입니다. 우리의 새로운 모습을 와서 보세요.

**어휘** spectacular 멋진, 굉장한 | dine 식사를 하다 | waterfront 해안가, 물가 | rest assured 믿어도 된다 | bay 만

## 21
**해설** 빈칸 뒤의 and로 보아 both A and B 'A와 B 둘 다' 구문이 쓰였음을 알 수 있다.

## 22
**해설** 빈칸 앞 문장에 주소 이상의 것을 바꾸었다고 하며, 이어서 새로운 메뉴에 관한 내용이 나오므로, 이와 자연스럽게 연결될 수 있는 문장은 (C)이다.

**해석** (A) 디자인팀은 San Alcove 해변을 강조한 뛰어난 일을 했습니다.
(B) 우리의 새로운 위치는 곧 우리 사이트에 게시될 것입니다.
(C) Laurent Neville 주방장이 새로운 점심메뉴를 개발했습니다.
(D) O'hana 그릴 방문에 실망하지 않을 것입니다.

**어휘** outstanding 뛰어난 | emphasize 강조하다

## 23
**해설** 앞서 언급한 내용에 추가하는 문장이 뒤에 나오므로 접속부사

In addition이 정답이다.

**어휘** in contrast 그에 반해서 | even if ~에도 불구하고

## 24

**해설** 빈칸 뒤에 동사 have made가 있으므로 주격 대명사 we가 정답이다.

## 25-28

연체 자료

모든 연체 자료에 대한 벌금은 하루에 20센트지만 고객들에게는 2일의 유예기간이 있습니다. 만약 반납일에서 2일이 지나기 전까지 반납하시면 벌금은 없습니다. 반납일이 지난 자료에 대한 벌금은 기록에 따라 계산되어야 합니다. 그러한 벌금이 발생하는 경우에 고객의 계정 정보가 그에 따라 업데이트되어야 할 것입니다. 추가로, 총액수가 15달러 이상일 경우 계정 정지가 이뤄집니다. 고객은 전화나 서면으로 대여권이 일시 정지되었다는 내용을 통보받아야 합니다.

**어휘** overdue (지불 · 반납 등의) 기한이 지난 | fine 벌금 | patron 고객, 후원자 | be entitled to ~할 자격이 주어지다 | grace period 유예기간 | assess (벌금 등을) 사정하다 | incur 발생하다 | account 계좌 | total 합계 ~이 되다 | hold 잡기, 억제 | in writing 서면으로 | temporary suspension 일시정지 | privileges 특권

## 25

**해설** 자료 반납과 연체료 규정에 관한 내용으로, 양보의 접속사 though가 가장 적절하다.

## 26

**해설** 문맥상 조건을 나타내는 접속사 If가 가장 적절하다.

## 27

**해설** 빈칸 앞뒤 문장은 모두 연체료에 관한 내용이다. 빈칸 뒤에 이어서 고객의 정보가 그에 따라 업데이트되어야 한다고 하므로, 기록에 관해 언급하는 (D)가 가장 자연스럽다.

**해석** (A) 추가 자료를 대여하기 전에 벌금 전액을 지불해야 합니다.
(B) 연체료를 지불하기 위해 프론트 데스크를 방문하거나 전화해 주세요.
(C) 저희는 손상된 자료에 대해서는 책임을 지지 않습니다.
(D) 반납일이 지난 자료에 대한 벌금은 기록에 따라 계산되어야 합니다.

**어휘** late fee 연체료 | damaged 피해를 입은 | caculate 계산하다

## 28

**해설** 빈칸 앞에 the temporary 가 있으므로 [관사 + 형용사 + 명사]에 맞추어 명사를 써야 한다.

**어휘** suspension 정직, 보류 | suspend 연기[유보]하다

| | | | | |
|---|---|---|---|---|
| **1** (A) | **2** (C) | **3** (D) | **4** (B) | **5** (B) |
| **6** (B) | **7** (D) | **8** (B) | **9** (D) | **10** (D) |
| **11** (A) | **12** (D) | **13** (B) | **14** (B) | **15** (C) |
| **16** (D) | **17** (C) | **18** (C) | **19** (A) | **20** (C) |
| **21** (A) | | | | |

## 1-2

받는 사람: Janine Chen
보낸 사람: Harry Dalton
날짜: 1월 19일
제목: 라스베이거스 컨퍼런스 건

저의 선임 판매원인 [2)]Jim Hawn으로부터 긴급한 집안 사정 때문에 회의에 참석할 수 없을 것이라는 연락을 방금 받았습니다. [1)]우리 회사 대표로 Nancy Moore를 대신 보냈으면 합니다. Nancy는 우리 회사에서 일한 지 거의 3년이 되었으며, 뛰어난 판매 기록을 보유하고 있습니다. 저는 그녀가 앞으로도 회사의 소중한 자산이 될 것이라 생각하며, 그녀를 이번 정보 관련 회의에 보내는 것이 우리에게 이득이 될 것이라 믿습니다. 저의 추천을 수락하신다면 내일 아침 직원 미팅에서 Nancy에게 임무를 알려줄 수 있도록 오늘 퇴근 전까지 알려주시기 바랍니다.

**어휘** emergency 긴급사태 | representative 대표(자) | remarkable 뛰어난 | continue 계속되다 | asset 자산, 이점 | benefit 혜택, 이득 | recommendation 추천(장) | assignment 과제, 임무

### 1

**해설** 메모의 목적은 회의에 Jim Hawn을 대신해서 Nancy Moore를 보내는 것에 대해 알리기 위함이다.

**해석** 이 메모의 주된 목적은 무엇인가?
(A) 대체할 사람을 알리기 위해서
(B) 컨퍼런스 참여를 철회하기 위해서
(C) Jim Hawn을 추천하기 위해서
(D) 직원 미팅을 취소하기 위해서

**어휘** replacement 교체, 대체 | withdraw 철수하다

### 2

**해설** 집안 사정이 있는 사람은 Nancy Moore가 아니고 Jim Hawn이다.

**해석** 다음 중에서 Nancy Moore에 관한 사실이 아닌 것은?
(A) 2년 이상의 경험을 가지고 있다.
(B) 좋은 판매기록을 가지고 있다.
(C) 급한 집안일이 있다.
(D) Dalton씨 직원의 일원이다.

## 3-5

**부재중 메모**

받는 사람: Nancy Owen
시각: 오후 3시 30분
누가: 속달 우편 서비스
메시지 접수: [5)]Sarah Doyle

메시지:
속달 우편 서비스 배달원이 오늘 Hanson Jewelers에서 보낸 특별 소포를 가지고 사무실을 찾아왔습니다. 제가 소포를 받고 서명할 수 없었습니다. 소포 속의 민감한 내용물 때문에 Hanson Jewelers에서는 본인이 직접 소포를 수령하고 서명해야 한다고 했습니다.
가장 가까운 속달 우편 서비스 센터는 Brookhurst가와 Palm가 모퉁이에 있으며, 오후 5시까지 열려 있습니다. 문 닫기 전에 서비스 센터에 들러서 소포를 수령하고 서명을 하거나, 내일 전화해서 배달을 부탁하든지 하면 됩니다.
또한, [3)]Hanson Jewelers의 Jonathon Crew가 소포에 관해 물어 보러 전화했습니다. [4)]즉시 그의 휴대전화로 연락해 달라고 했습니다.

**어휘** Postal Express Services 속달 우편 서비스 | courier 배달원, 택배원 | sensitive content 민감한 내용물 | authorized 권한을 부여받은, 공인된 | receipt 수령 | package 소포 | stop by ~에 들르다 | inquire ~을 묻다

### 3

**해설** 마지막 문단의 Jonathon Crew from Hanson Jewelers called to inquire about the package를 통해 (D)가 정답임을 알 수 있다.

**해석** Crew씨가 Nancy Owen에게 전화한 이유는 무엇인가?
(A) 배달을 요청하기 위해서
(B) 일자리에 지원하기 위해서
(C) 지불을 허가하기 위해서
(D) 배달에 관해 물어보기 위해서

### 4

**해설** 메모의 마지막 문장에서 call him back immediately on his cellular phone으로 미루어 보아 (B)가 정답이다.

**해석** Owen씨가 바로 해야 할 일은?
(A) 우편 익스프레스에 지원하기
(B) Jonathon Crew에게 연락하기
(C) 보석 소포를 배달하기
(D) 휴대전화를 구입하기

### 5

**해설** 메시지 접수한 사람이 Sarah Doyle이므로 메시지도 그녀가 남겼다는 것을 알 수 있다.

**해석** 이 메모를 쓴 사람은 누구인가?

**6-8**

날짜: 4월 25일
받는 사람: Roxanne Beale
보낸 사람: Cody Neilson
회신: 컴퓨터 사용 감시 건

8)지난해 이후로 생산성이 떨어지고 있습니다. 개인 PC 사용의 증가가 한 요인일 수 있다고 합니다. 아시다시피, 올해 초에 모든 컴퓨터가 인터넷에 접속할 수 있도록 성능이 향상되었습니다.
저는 이 문제에 대해 논의하기 위해 우리 회사의 네트워크 운영자들과 얘기를 나눴습니다. 이들은 불필요한 개인 PC 사용을 제한하는 계획을 세웠습니다. 7)5월 5일에 컴퓨터 담당 직원들이 각 컴퓨터에 소프트웨어를 설치하고 설정에 맞게 조정해 놓을 것입니다. 이제부터 웹검색과 이메일 사용을 감시할 것이므로 주의하시기 바랍니다. 직원들이 방문한 웹사이트와 시간경과기록이 만들어질 것입니다. 또한, 직원들은 이제 개인적인 용도를 위한 게임이나 메신저 서비스와 같은 소프트웨어 프로그램을 내려받을 수 없습니다. 7)일주일 후에 첫 번째 경과 기록을 평가하여 기준선을 정하려고 합니다.
6)이러한 중요한 변화에 관해 직원들에게 알려주기 바랍니다. 또한, 이러한 새로운 정책에 관하여 (사생활 보호의 문제와 같은) 우려하는 직원이 있다면, 그런 우려를 저에게 직접 전달하도록 해주시기 바랍니다.

**어휘** surveillance 감시 | productivity 생산성 | lag 뒤처지다 | administrator 운영자, 행정인 | address (문제를) 다루다 | restrict 제한하다 | install 설치하다 | make adjustment 조정하다 | monitor 감시하다 | log 기록, 일지 | evaluate 평가하다 | establish a baseline 기준선을 정하다

**6**

**해설** 마지막 문단의 notify your staff of these important changes 로 보아 새로운 정책을 발표하는 공지임을 알 수 있다.

**해석** 이 메모의 목적은 무엇인가?
(A) 사생활에 대한 우려를 표현하기 위해서
(B) 새로운 회사 정책을 발표하기 위해서
(C) 개인 PC 사용을 승인하기 위해서
(D) 새로운 소프트웨어 프로그램을 제안하기 위해서

**7**

**해설** 필요한 프로그램을 5월 5일에 설치하고 일주일 후에 첫 번째 경과 기록을 평가하여 기준선을 정한다는 내용이 있으므로 정답은 (D)이다.

**해석** 첫 번째 경과기록을 평가하는 날은 언제인가?
(A) 4월 25일　　　　(B) 5월 2일
(C) 5월 5일　　　　(D) 5월 12일

**8**

**해설** 메모의 첫 번째 문장에서 생산성이 떨어지고 PC 사용의 증가가 그 요인일 수 있다고 하므로 PC 사용의 제한을 통해 생산성을 높이기 위함이라는 것을 알 수 있다.

**해석** 컴퓨터 사용 제한의 목적은 무엇인가?
(A) 고객의 인터넷 선호도를 분석하기 위해서
(B) 직원의 생산성을 향상하기 위해서
(C) 직원의 사생활을 보호하기 위해서
(D) 컴퓨터의 사용을 좀 더 재미있게 만들기 위해서

**9-10**

받는 사람: 전 직원
보낸 사람: Tiffaney Nelson 인사관리 담당자
날짜: 11월 15일
제목: 휴가 정책

9)휴가철에는 휴가 요청서가 많이 제출되기 때문에 요청서를 미리 제출하도록 직원들에게 상기시켜 주고자 합니다. 정책상 특정 근무일에 5명 이상의 직원이 휴가를 쓸 수 없습니다. 온라인 신청서를 사용하십시오. 이달 말까지 휴가를 요청하지 않은 경우, 요청이 승인되지 않을 수 있습니다. 불편을 끼쳐 죄송합니다만, Miller 건설그룹의 유명한 양질의 업무를 제공하기 위해서는 현재 프로젝트에 일할 직원과 고객과 의사소통할 수 있는 직원이 충분해야 합니다. 10)궁금한 점은 직속 상관에게 직접 문의하십시오.

**어휘** request 요청; 요청하다 | submit 제출하다 | specific 구체적인 | application form 신청서 | apologize for ~에 대해 사과하다 | inconvenience 불편함 | essential 필수적인 | sufficient 충분한 | current 현재의 | immediate supervisor 직속 상관

**9**

**해설** 휴가철 휴가 신청에 관한 메모로, we would like to remind staff to submit requests로 보아 (D)가 정답이다.

**해석** 메모의 목적은 무엇인가?
(A) 절차 변경을 알리기 위해서
(B) 컴퓨터 응용 프로그램의 문제를 보고하려고
(C) 현재 프로젝트에 대한 정보를 요청하려고
(D) 휴가 계획에 대해 직원들에게 상기시키기 위해서

**어휘** publicize 알리다, 홍보하다 | remind 상기시키다

**10**

**해설** 메모의 마지막에 direct any questions to your immediate supervisor라는 내용이 있으므로 (D)가 정답이다.

**해석** 궁금한 점이 있는 직원들은 무엇을 해야 하나?
(A) 신청서를 다시 제출한다.
(B) Nelson에게 이메일을 보낸다.
(C) 공식 불만 사항을 작성한다.
(D) 그들의 관리자에게 연락한다.

## 11-13

받는 사람: Provo Financial Services 직원
보낸 사람: John Gray 최고경영자
제목: 중요 공지
날짜: 4월 21일

11) 여러분 중 일부는 아시다시피 현재 우리 회사의 홍보 부장인 Sarah Osteen씨가 뉴욕에 일자리를 얻었습니다. — [1] —. 우리는 Provo에서 Osteen씨의 마지막 날인 12) 5월 4일 금요일 오후 6시에 직원 휴게실에서 송별 모임을 가질 겁니다. 모두가 참석하시길 바랍니다. — [2] —. 11, 13) Sean Covey가 5월 8일에 우리 팀에 합류할 예정입니다. Covey는 이전에 Orem Financial과 A&T Financial Group의 홍보 부장으로 일하면서 다수의 리더십 및 서비스 상을 받았습니다. — [3] —. 저는 그가 우리 팀에 들어오는 것을 기쁜 마음으로 환영합니다.

Covey씨는 5월 8일 오전 10시에 회의실 100호에서 있을 회의에서 소개될 것입니다. 회의에서 그와 부사장 Sunny Kimball이 내년도 Provo에 대한 비전을 발표할 예정입니다. — [4] —. 회의는 모든 사람에게 열려 있지만, 부서장들은 반드시 참석해야 합니다.

**어휘** take a job 취직하다 | farewell gathering 송별 모임 | appoint 임명하다 | previously 이전에 | present 발표하다, 제시하다

### 11

**해설** 첫 번째 단락과 두 번째 단락에 기존 직원이 떠나고 새로운 직원이 채용되었다는 내용이 있으므로 (A)가 정답이다.

**해석** 메모는 무엇을 발표하고 있나?
(A) 인사 변경
(B) 회사 합병에 관한 뉴스
(C) 홍보 직원 구인
(D) 회의 의제 변경

### 12

**해설** 첫 번째 단락에 의하면 5월 4일에 Osteen씨를 위한 송별회가 있을 거라고 했으므로 (D)가 정답이다.

**해석** 메모에 따르면, 5월 4일에 어떤 일이 일어날 것인가?
(A) Gray씨가 인터뷰를 할 것이다.
(B) Kimball씨가 상을 탈 것이다.
(C) Covey씨가 회의를 이끌 것이다.
(D) Osteen씨가 모임에 참석할 것이다.

### 13

**해설** 두 번째 단락에서 Sean Covey will join us라고 하므로, 바로 앞서서 새로운 홍보 부장이 임명되었음을 알리는 것이 가장 적절하다. 따라서 정답은 (B)이다.

**해석** [1], [2], [3], [4] 중에서 다음 문장이 들어가기에 가장 적합한 곳은 어디인가?
"또한 새로운 홍보 부장이 임명되었음을 발표하고자 합니다."

## 14-16

받는 사람: Zion 은행 직원들
보낸 사람: James Perry, 정보기술팀 부장
날짜: 12월 8일
회신: Mail Pro 소프트웨어

1월 1일부터 모든 직원은 업무용 컴퓨터에서 최신 버전의 Mail Pro를 사용하여 전자 메일을 송수신해야 합니다. — [1] —. 14) 이 소프트웨어의 최신 버전에는 지난주에 발표된 Zion 은행의 기밀 정책 개정안을 준수하기 위해 사용해야 하는 안전 파일 자동 보관 기능이 있습니다. 또한, 이 버전은 비밀번호 재설정을 위한 보다 안전한 기능을 갖추고 있습니다. — [2] —. 컴퓨터에 프로그램이 설치되지 않았거나 올바르게 설정되었는지 확실하지 않은 경우, 서비스 요청 양식을 기술지원팀에 제출하십시오. — [3] —. 15) 기술지원팀은 앞으로 3~4주에 걸쳐 이러한 요청으로 바쁠 것이므로 귀하의 요청을 처리할 수 있도록 영업일 기준 약 10일의 기간을 주세요. — [4] —. 16) 날짜와 시간은 내선 4210번 Mark Peterson에게 문의하십시오.

**어휘** automatic 자동의 | secure 안전한 | archiving 파일 보관 | comply with ~을 준수하다 | confidentiality policy 기밀 정책 | revision 수정, 검토 | feature 기능 | configure 환경을 설정하다 | approximately 대략 | extension 구내전화

### 14

**해설** 첫 번째 단락에서 은행의 기밀 정책 개정안을 준수할 수 있는 기능(automatic secure archiving function)이 있다고 하므로 (B)가 정답이다.

**해석** 왜 직원들이 최신 버전의 Mail Pro를 사용하도록 요구되는가?
(A) Zion 은행 재무 고문들을 위해 독점적으로 설계되었기 때문에
(B) 특별히 기밀 이메일을 저장하도록 설계되었기 때문에
(C) 전사적인 사용으로 Zion 은행이 돈을 절약할 수 있기 때문에
(D) 이전 버전보다 오류가 발생할 가능성이 적기 때문에

**어휘** exclusively 독점적으로 | store 저장하다 | confidential 기밀의 | encounter 마주치다, 직면하다

### 15

**해설** 두 번째 단락에서 프로그램 설치에 대한 요청은 영업일 기준 약 10일의 기간을 주라는 내용이 있으므로 (C)가 정답이다.

**해석** 직원들이 기술지원팀의 응답을 받기까지의 시간은 대략 얼마나 걸릴 것인가?
(A) 3일
(B) 일주일
(C) 2주
(D) 한 달

### 16

**해설** [4] 뒤에 For dates and times, contact Mark Peterson은 제시된 문장 다음에 나올 문장으로 가장 적절하다.

**해석** [1], [2], [3], [4] 중에서 다음 문장이 들어가기에 가장 적합한 곳은 어디인가?
"Mail Pro 프로그램에 익숙하지 않은 직원은 2시간짜리 교육을 받을 수 있습니다."

## 17-21

| 식품 저장 지침 | | |
|---|---|---|
| 제품 종류 | 저장 방법 | 메모 |
| 농축 우유(캔) | 선반 상온 보관 | 개봉 후에는 뚜껑이 있는 플라스틱 병을 사용하여 냉장 보관하십시오. 얼리지 않는 것이 좋습니다. |
| 통조림 콩(캔) | 선반 상온 보관 | 개봉 후 뚜껑이 있는 플라스틱 그릇을 사용하여 냉장 보관하십시오. |
| 17) 닭고기(밀봉된 비닐봉지) | 냉동고 | 17) 사용하지 않은 부분은 기존 봉지에 재밀봉하여 보관하세요. |
| 냉동 생선(밀봉된 비닐봉지) | 냉동고 | 진공 포장 안에 보관한 채로 사용 전 냉장고에서 해동하십시오. |
| 냉동 야채(밀봉된 비닐봉지) | 냉동고 (준비 전까지 냉동 유지) | 사용하지 않은 부분은 기존 봉지에 재밀봉하여 보관하세요. |
| 과일(소량 포장) | 선반에서 상온 보관 | 말린 과일은 냉동은 필요하지 않습니다. |

**어휘** storage 저장 | condensed 농축된 | canned 통조림으로 된 | frozen 냉동된 | room temperature 상온 | refrigerate 냉장하다 | portion 일부 | reseal 다시 봉하다 | thaw 녹다 | vacuum-sealed 진공 포장된

**메모**

받는 사람: 연구원 및 창고 직원
날짜: 11월 11일 화요일
제목: Midwood 시설 식품 저장

알다시피, 우리 연구소가 멀리 떨어져 있으므로 식품의 장기 저장이 필요합니다. 모든 직원은 직원과 방문객들의 건강과 안전을 보장하기 위해 공식적인 식품 저장 지침을 준수해야 합니다. 다음은 일시적으로 해결해야 할 몇 가지 지침 변경 사항입니다.
1) 19) 현재 Midwood 냉각 시스템이 고장 났습니다. 이 시설에 저장된 모든 제품들은 18) 철저히 검사되어야 합니다. 그 후에 식품은 반드시 근처의 Queens 시설로 옮겨져야 합니다. 트럭은 오전 10시쯤에 도착할 겁니다. 수리가 즉시 시작될 것이며 이번 주 말까지 수리될 것입니다. 불편을 끼쳐 죄송합니다.
2) 20) 상한 식품들은 식품관리기록부를 확인하여 적절하게 폐기되어야 합니다. 재정 지원의 대부분은 정부와 사설 재단으로부터 이루어지기 때문에 이는 그들의 기록 보관 목적으로 필요합니다.

Allen Snyder 필드 프로그램 책임자

**어휘** facility 시설 | remoteness 멀리 떨어져 있음 | temporarily 일시적으로 | cooling 냉각(의) | thoroughly 철저하게 | transport 옮기다 | neighboring 근처의 | resolve (문제 등을) 해결하다 | spoiled 상한 | discard 버리다 | record-keeping 기록관리

## 17

**해설** 도표에서 닭고기 항목을 보면 sealed plastic이라고 나와 있다.

**해석** 도표에 의하면 닭고기는 어떻게 보관되는가?
(A) 캔      (B) 종이팩
(C) 밀봉된 비닐봉지      (D) 소량 포장

## 18

**해설** thoroughly는 carefully(조심스럽게)와 의미가 가장 비슷하다.

**해석** 메모의 두 번째 단락, 두 번째 줄의 thoroughly와 의미가 가장 가까운 단어는?
(A) 이전에      (B) 보통
(C) 조심스럽게      (D) 가볍게

## 19

**해설** 메모의 두 번째 단락, 1) 항목에서 Midwood 냉각 시스템이 고장 났기 때문에 그 시설에 저장된 모든 제품들은 검사받아야 하고 근처 시설로 옮겨야 한다고 하므로 (A)가 정답이다.

**해석** 메모에 의하면 왜 냉동고에서 모든 품목을 없애야 하는가?
(A) 일부 저장 장치가 고장 났다.
(B) 저장 장치가 비어 있다.
(C) 연구소가 보급을 기다리고 있다.
(D) 연구소가 이틀 동안 문을 닫는다.

## 20

**해설** 현재 냉동고가 고장 난 상태이고 냉동 보관을 해야 하는 품목은 (C)이다.

**해석** Midwood 저장 장치에서 어떤 항목이 제거되어야 하는가?
(A) 우유      (B) 콩
(C) 생선      (D) 과일

## 21

**해설** 메모의 2) 항목에서 식품관리기록부를 통해 상한 음식을 확인하며, 정부와 재단의 기록 보관을 위해서도 필요하다는 내용이 나오므로 (A)가 가장 적절한 선택이다.

**해석** 메모에서 식품관리기록부에 대해 시사된 것은 무엇인가?
(A) 음식이 어떻게 저장되는지에 대한 세부 정보를 추적하는 데 사용된다.
(B) 저장 유닛에 의해 감시된다.
(C) 정부만이 접근할 수 있다.
(D) 이윤을 추적하는 데 사용된다.

**어휘** track 추적하다 | profit 수익, 이윤

| | | | | |
|---|---|---|---|---|
| 1 (D) | 2 (C) | 3 (D) | 4 (C) | 5 (B) |
| 6 (C) | 7 (A) | 8 (D) | 9 (A) | 10 (B) |
| 11 (B) | 12 (A) | 13 (A) | 14 (B) | 15 (C) |
| 16 (B) | 17 (D) | 18 (B) | 19 (B) | 20 (D) |

## 1-2

미국 West Tel 주식회사
73023 텍사스주 휴스턴 Alta거리 800
날짜: 1월 5일

Kenneth Perry
94812 캘리포니아주 샌디에이고 노스베이거리 58

Perry씨께
5월 14일에서 16일까지 댈라스에 있는 Hilton 호텔에서 우리 회사 연례 회의를 가질 예정입니다. 올해 회의의 주제는 '직원들의 사기 진작을 최우선 순위로'입니다. 전국에 있는 20개 지사에서 200명에 달하는 직원이 참석할 예정입니다. **1)** 작년 연례 회의에서 귀하의 연설이 엄청난 성공과 인기를 거둔 점을 고려해서 저희는 올해 행사에도 귀하를 연사로 초대하고자 합니다. 이번에는 '사무실 정치'라는 주제로 연설해 주셨으면 합니다. 올해 지난 1년간의 성공적인 기금 모금 활동으로 귀하께 1,000달러를 드릴 수 있게 되었습니다. 이에 대해서 의견이 있으시면 저희에게 알려 주십시오. 귀하께서 참조하실 수 있도록 프로그램 초안을 동봉했으며, 이것은 변경될 수 있습니다. 귀하의 연설은 5월 16일로 예정되어 있습니다. 물론 귀하께서는 모든 행사에 참석하실 수 있습니다. 숙박을 준비할 수 있도록 계획을 미리 알려 주십시오. 숙박은 무료입니다. **2)** 그리고 시청각 장비가 필요하면 제가 호텔의 회의 준비팀에 예약할 수 있도록 알려 주시기 바랍니다.
연락을 기다리며, 초대에 응해 주셨으면 합니다.

Linda Beverly 전무이사

**어휘** morale 사기, 의욕 | priority 우선 사항 | branch 지사 | extend an invitation 초대하다 | fundraising 모금 | enclose 동봉하다 | draft 초안 | entire 전체의 | arrange 마련하다 | accommodation 숙박 | visual aids equipment 시청각 장비

## 1

**해설** 두 번째 단락에 we would like to extend another invitation to you to speak를 통해 행사의 연사를 초대하기 위한 편지임을 알 수 있다. 따라서 (D)가 정답이다.

**해석** 이 편지를 쓴 이유는?
(A) 회의 자리를 예약하기 위해서
(B) 호텔 숙박을 취소하기 위해서
(C) 연설 초대를 수락하기 위해서
(D) 연설해 줄 연사를 초대하기 위해서

## 2

**해설** 세 번째 단락 마지막에 시청각 장비에 관한 언급이 있다. let me know if you require any visual aids equipment를 통해 이 편지를 쓴 사람인 Linda Beverly에게 연락해야 한다는 것을 알 수 있다.

**해석** Perry씨가 시청각 장비를 필요로 한다면 누구에게 연락해야 하는가?
(A) Summit House 호텔　(B) 영업담당자
(C) Linda Beverly　(D) Ameri Tel 댈라스 지사

## 3-4

받는 사람: 전 직원
보낸 사람: Kari Fletcher
날짜: 3월 10일
제목: 직원 항목 입력

지난 회의에서 발표한 바와 같이 **3,4)** Eagle Gate 트래블은 오늘부터 서류 양식에서 전자 데이터베이스를 사용하여 고객 정보를 저장하는 방식으로 전환할 예정입니다.
아래는 데이터베이스에 정보를 입력할 때 사용할 템플릿의 예입니다. 체계적인 체제를 유지하고 현금 흐름을 추적하는 데 도움이 되므로 이 형식을 따르십시오.

| Eagle Gate 버스 투어 | Eagle Gate 버스 투어 |
|---|---|
| 이름: 성, 이름 | **4)** 이름: Chapman, Gary |
| 주소: 도로 주소 | 주소: 노스밸리가 483 |
| 시: 우편번호, 도시 | 도시: 84060 유타주 Park City |
| 국가: 국가 | 국가: 미국 |
| 전화번호: XXX-XXX-XXXX | 전화: 703-224-1565 |
| 지불 금액: XXX달러 | 지불 금액: 800달러 |
| 투어: XXXX | 투어: 3577 |

질문이 있으시면 언제든지 저에게 연락하십시오.

Kari Fletcher
Eagle Gate 트래블

**어휘** switch from A to B A에서 B로 전환하다 | effective today 오늘부터 | template 견본 | keep track of ~에 대해 계속 알다 | cash flow 현금 흐름

## 3

**해설** 첫 번째 문장에서 switching from paper forms to using the electronic database to store customer information을 통해 고객 정보 저장 방식을 바꾼다는 것을 알 수 있다. 따라서 (D)가 정답이다.

**해석** 회사는 최근 무엇을 변경했는가?
(A) 연락처 정보　(B) 여행 일정
(C) 채용 방식　(D) 데이터 기록 방식

## 4

**해설** 템플릿에 적힌 정보가 데이터베이스에 입력할 고객의 정보이므로 Chapman씨는 Eagle Gate 트래블의 고객이자 관광객임을 알 수 있다.

**해석** Chapman씨는 누구인가?
(A) 직원　(B) 비즈니스 파트너
(C) 관광객　(D) 투어 가이드

## 5-7

받는 사람: Pamela Redd
보낸 사람: Advance 일렉트로닉스
제목: 비밀번호
날짜: 2월 5일

Redd씨께
5) 이것은 귀하의 계정과 관련된 비밀번호가 변경되었음을 알려주는 알림 이메일입니다. 6,7) 변경하지 않은 경우, 즉시 24시간 이내에 (432) 775-1632로 전화하십시오. — [1] —. 계정 보호를 위해 이 이메일에 답장하거나 제3자에게 전달하지 마십시오. — [2] —. 정보를 변경하신 경우에는 이 메시지를 무시하십시오. — [3] —. 이 알림은 귀하의 안전과 보안을 보장하기 위한 지속적인 노력의 일환으로 전송됩니다. — [4] —.

Advance 일렉트로닉스

*당신이 필요한 모든 전자제품!
온라인에서 구매하시거나 저희 매장을 방문하십시오.
자세한 정보는 웹사이트 www.advancelectronics.com을 방문하십시오.

**어휘** notification 공지 | associated with ～와 관련된 | account 계정 | reply to ～에 답하다 | forward 보내다, 전달하다 | third party 제3자 | ignore 무시하다 | ongoing 계속 진행 중인

## 5

**해설** 첫 번째 문장에서 받는 사람의 계정과 관련된 비밀번호가 변경되었음을 알린다고 하므로 (B)가 정답이다.

**해석** Redd씨에게 이 이메일이 전송된 이유는 무엇인가?
(A) 새로운 정책에 대해 알리기 위해
(B) 최근 계정 활동을 알리기 위해
(C) 그녀가 보낸 이메일에 대한 응답을 위해
(D) 그녀가 한 구매를 확인하기 위해

## 6

**해설** 두 번째 문장 If you did not make this change, please call (432) 775-1632 immediately within the next 24 hours라고 하므로 (C)가 정답이다.

**해석** Redd씨가 해야 할 일은 무엇인가?
(A) 비밀번호 변경하기
(B) 주문 취소하기
(C) 변경하지 않았으면 전화하기
(D) 주소 변경하기

## 7

**해설** 고객 서비스 담당자가 상황을 파악하고 가능한 선택안을 검토하는 상황은 고객이 비밀번호를 변경하지 않아 전화를 했을 경우이다. 따라서 (A)가 가장 적절한 연결이 될 수 있다.

**해석** [1], [2], [3], [4] 중에서 다음 문장이 들어가기에 가장 적합한 곳은 어디인가?
"고객 서비스 담당자가 상황을 평가하고 가능한 선택안을 당신과 함께 검토할 것입니다."

**어휘** evaluate 평가하다 | go over 검토하다

## 8-10

받는 사람: Casey Natel ⟨c.natel@westtech.com⟩
보낸 사람: Nora Millet ⟨n.millet@vantageconference.com⟩
회산: 정보시스템 콘퍼런스
날짜: 6월 10일

Natel씨께
8) O'Leary 콘퍼런스 센터 개조로 인해 6월 11일에서 14일까지로 예정된 정보시스템 콘퍼런스가 7월 2일에서 5일까지로 연기될 것임을 알려드립니다. 저희 기록에 의하면 9) 귀하의 '모든 연령대를 위한 코딩' 워크숍은 6월 14일로 예정되어 있는데, 7월 3일로 일정이 변경될 예정입니다. 이로 인한 불편이 있으시다면 정중히 사과드립니다. 새 일정으로 가능한 한 원활하게 전환하기 위해 참가자의 일정을 조정하고 편의를 제공할 자원봉사자를 모집하였습니다. 10) 참여가 가능한지 알려 주시면 새로 업데이트된 일정은 물론 콘퍼런스에 관해 필요한 모든 정보를 보내 드리겠습니다.

Nora Millet, Vantage 콘퍼런스 진행자

**어휘** postpone 미루다 | renovation 개조, 수선 | transition (다른 상태나 조건으로의) 변경, 이행 | smooth 매끄러운 | recruit 모집하다 | assist 돕다 | participant 참가자 | regarding ～에 관한 | coordinator 진행자

## 8

**해설** 콘퍼런스 센터의 개조 공사로 정보시스템 회의가 연기될 것임을 알리는 이메일이므로 (D)가 정답이다.

**해석** 이메일의 목적은 무엇인가?
(A) 강당 예약                  (B) 호텔 예약 확인
(C) 개조 프로젝트 승인          (D) 일정 변경 안내

**어휘** auditorium 강당

## 9

**해설** Natel씨는 정보시스템 콘퍼런스에 참가하는 사람이며, '모든 연령대를 위한 코딩'이라는 워크숍을 진행하므로 (A)가 가장 적절하다.

**해석** Natel씨의 전문 분야로 알맞은 것은?
(A) 컴퓨터 프로그래밍          (B) 생명 공학
(C) 레크리에이션 관리          (D) 언어학

**어휘** expertise 전문 기술 | biotechnology 생명 공학 | linguistics 언어학

## 10

**해설** 요청에 관한 문제는 편지글의 마지막 부분에 나온다. 이 편지의 마지막 문장에서 let us know if you will still be able to participate라고 하므로 (B)가 정답이다.

**해석** Millet씨는 Natel씨에게 무엇을 하도록 요청하는가?
(A) 그의 워크숍 일정을 변경할 것
(B) 그가 시간이 되는지 확인할 것
(C) 그의 자료를 보낼 것
(D) 다른 연사를 대신해 줄 것

**어휘** availability 유효성 | substitute for ～을 대신하게 되다

## 11-15

받는 사람: gcarson@titanfurnishing.com
보낸 사람: dfullmer@titanfurnishing.com
날짜: 4월 12일
제목: 워크숍
첨부 파일: flyer.docx

Carson씨께
11) 제가 참석하고 싶은 워크숍 전단지의 사본을 첨부했습니다. 이 워크숍은 우리 회사의 제품과 서비스를 개선하는 데 도움이 될 것으로 믿습니다.

우리는 자사의 제품을 간단하고 쉽게 조립할 수 있도록 설계했지만, 설명서는 이것과 반대되는 인상을 주는 것으로 보입니다. 우리가 고객으로부터 받은 가장 공통적인 비판은 조립설명서가 불필요하게 길고 복잡하다는 것입니다. 13) 보다 12) 간결한 지침서를 작성하여 더 많은 고객에 어필함으로써 이 문제를 개선할 수 있다고 생각합니다.

이 워크숍에 참여하기 위해 예상되는 총 비용은 약 520달러입니다. 14) 등록비 115달러, 식사 및 숙박비 160달러, 교통비의 합계입니다. 이 요청을 고려해 주시고 이 워크숍에 참여하는 것이 우리 회사에 도움이 된다는 데 동의해 주시길 바랍니다. 시간을 내어 주셔서 감사합니다.

David Fullmer

**어휘** assemble 조립하다 | appear ~인 것 같다 | give off 풍기다 | criticism 비판 | concise 간결한 | estimated cost 견적가 | registration fee 등록비 | overnight 일박의 | beneficial 유익한

**비즈니스 교육 과정: 전문직을 위한 고급 기술 작문**
포틀랜드 Orchard로 276번지 Rogen 센터 / 9월 4~5일 / 오전 9시~오후 2시 30분
이 워크숍은 전문가들에게 복잡한 정보를 간결하고 이해하기 쉬운 방법으로 작성하는 방법을 가르치기 위해 고안되었습니다. 유지 보수 매뉴얼을 작성하는 것에서부터 기계 작동 안내서 또는 기타 기술문서에 이르기까지 모든 사람에게 유용합니다.
15) 주요 강사인 Kurt Allred씨는 기술 작문 분야에서 20년이 넘는 경험을 쌓은 노련한 전문가입니다. 그는 Lenco Electronics의 유지 보수 매뉴얼 작가로 경력을 시작했지만 지금은 포틀랜드 지역에서 프리랜서로 일합니다.
참가자들은 Rogen 센터의 모든 교육 과정의 강사로부터 일대일 피드백을 받게 됩니다. 컨셉 핸드북, 강의 계획 및 훈련 연습과 같은 추가 콘텐츠도 저희 웹사이트에서 24시간 편리하게 이용하실 수 있습니다.
14) 개인의 경우 워크숍 비용은 130달러입니다. 친구 또는 동료와 등록하여 120달러로 할인을 받으십시오. 등록하시려면 www. rogencenter.com을 방문하십시오.

**어휘** seasoned 노련한 | one-on-one 일대일의

### 11

**해설** 이메일에서 Fullmer씨는 간결한 지침서를 작성하기 위한 워크숍에 참석하고자 워크숍의 전단지를 첨부하고 그 필요성과 예상 비용을 언급하고 있다. 따라서 (B)가 가장 적절하다.

**해석** 이메일의 목적은 무엇인가?
(A) 피드백에 응답하기 위해
(B) 워크숍에 참석하기 위해
(C) 우려를 해결하기 위해
(D) 자금을 요청하기 위해

### 12

**해설** concise는 '간결한'이라는 뜻으로, 선택지 중 brief(간단한)와 의미상 가장 가깝다.

**해석** 이메일의 두 번째 단락, 네 번째 줄의 concise와 의미가 가장 가까운 단어는?
(A) 간단한 (B) 주요한
(C) 직접적인 (D) 초기의

### 13

**해설** 이메일에서 Fullmer씨는 현재의 제품 조립설명서를 개선하기 위해 워크숍에 참여하려 한다.

**해석** Fullmer씨에 대해 시사된 내용은 무엇인가?
(A) 워크숍에 참석하고 싶다.
(B) 프리랜서로 일한다.
(C) 전자 제품을 판매한다.
(D) 급여 인상을 원한다.

### 14

**해설** 두 개의 지문을 대조해서 풀어야 하는 문제로, Fullmer씨가 보낸 이메일에 등록 비용이 115달러라고 나와 있는데 광고에 개인 워크숍 비용이 130달러이며 할인받을 시 120달러라고 나와 있다. 따라서 (B)가 정답이다.

**해석** Fullmer씨는 워크숍에 대해 무엇을 잘못 이해했는가?
(A) 날짜 (B) 가격
(C) 가르치는 기술 (D) 위치

### 15

**해설** 광고의 중반에 Kurt Allred씨에 대하여 the main instructor is a seasoned expert라는 내용으로 보아 (C)가 정답이다.

**해석** Allred씨에 대해 시사된 것은 무엇인가?
(A) 온라인에서 제품을 리뷰한다.
(B) 잡지에 칼럼을 쓴다.
(C) 워크숍 참가자들을 훈련한다.
(D) 현재 Lenco Electronics에서 일하고 있다.

## 16-20

독자에게
16) 지역에서 가장 재능 있는 작가 중의 한 명이 곧 베스트셀러가 될 Dreamland라는 신간을 내놓을 것이라는 소식입니다! 20) 그리고 지역에서 300명에게만 보내는 초청장을 동봉했습니다. 17) Mark Davis는 〈런던타임즈〉의 유명한 칼럼니스트이며 폭넓게 인기를 얻은 소설 Blue Sunrise를 포함해 세 권의 책을 내놓았습니다. 〈뉴요커〉에 그의 글이 실렸고, 두 번이나 올해의 보스턴 비평가상의 최종 수상 후보자였습니다. 그의 글은 재밌으면서도 통렬하기까지 하다고 회자되었습니다. 그리고 그는 독자들이 그의 소설 중 한 권을 다 읽고 확실히 기억할 수 있는 독특한 스타일의 화법을 구사합니다. 그는 요크셔에 살고, 1월과 2월에 신간 홍보 차 유럽과 북미를 방문할 것입니다. Dreamland를 읽고 직접 판단해 보시기 바랍니다. 18) 수요일에 서점에 나오니 그곳에서 뵙겠습니다! 〈타임즈〉를 구독해 주셔서 감사합니다.

Joy Pearson 문학부 기자

**어휘** columnist (신문 등의) 칼럼니스트 | including ~을 포함해서 |

finalist 최종 후보자 | hilarious 유쾌한, 즐거운 | devastating 통렬한, 압도적인 | narrative 화술 | promote 홍보하다

> **Mark Davis를 만나러 오셔서 Dreamland 사인본을 받으세요!**
> 저희 기록에 의하면 귀하는 런던 지역에 살고 계십니다. [18)] 저희는 12월 16일 화요일 공개 책 사인회에 귀하를 정식으로 초대합니다. [19)] 이 초청장은 귀하가 사인을 받으실 수 있도록 보장하며 그 사인본을 먼저 받아 보실 수 있도록 준비하겠습니다! [18)] Dreamland는 하루를 더 기다려야 구입하실 수 있습니다만 이 초청장을 사용하셔서 책을 미리 구입하면 저자의 사인본을 받으실 수 있습니다!
> Davis가 자신의 책에서 일부를 발췌해 낭독할 것이며 그 후 짧은 질의응답의 시간이 있을 것입니다. 이 행사는 Crystal Ballroom에서 정오에 시작해서 약 3시간 동안 지속할 것입니다.
> 그곳에서 뵙기를 바라며 이 신간 소설을 재미있게 보시길 바랍니다!
> 〈타임즈〉

**어휘** spot 자리 | autograph 서명; 서명하다 | reserve 예약하다 | excerpt 발췌록, 인용구

## 16

**해설** 편지의 목적은 일반적으로 글의 초반에 나온다. 지역의 작가가 신간을 낸다는 소식을 알리고 있으므로 책을 홍보하려는 목적임을 알 수 있다.

**해석** 이 편지의 목적은 무엇인가?
(A) 책 사인회를 알리기 위해
(B) 출간되는 소설을 홍보하기 위해
(C) 신문을 알리기 위해
(D) 책 시상식을 홍보하기 위해

## 17

**해설** 편지의 첫 번째 단락에 Davis씨에 대해 a popular columnist in *The London Times*라고 소개하고 있다.

**해석** 이 편지는 Davis씨에 대해 무엇을 말하는가?
(A) 아프리카로 여행할 것이다.
(B) 가족과 함께 산다.
(C) 몇몇 성공적인 에세이를 썼다.
(D) 신문사 칼럼니스트이다.

## 18

**해설** 초대장에 책 사인회는 12월 16일 화요일이며 일반 출시는 다음 날 구입할 수 있다고 한다. 편지의 마지막 단락에도 수요일에 서점에 나온다고 하므로 12월 17일이 정답이다.

**해석** Davis의 신간 도서는 언제 출시되는가?
(A) 12월 16일          (B) 12월 17일
(C) 1월 4일            (D) 2월 22일

## 19

**해설** 초대장에서 it also reserves an early copy of the novel for you라고 쓰여 있으므로 (B)가 정답이다.

**해석** 초청장에 관해 사실인 것은?
(A) 질의응답 시간에 저자에게 한 가지 질문을 하는 데 사용될 수 있다.
(B) 작가가 사인한 책을 미리 받아 볼 수 있도록 보장한다.
(C) 〈타임즈〉를 무료로 받아 보는 데 사용될 수 있다.
(D) 책을 위한 무료 쿠폰이다.

## 20

**해설** 편지의 첫 번째 단락에서 300명에게만 초청장을 보냈다고 하므로 최소 300권이 준비되어야 한다.

**해석** 최소 몇 권의 초판이 행사장에 준비되어야 하는가?
(A) 20               (B) 100
(C) 200              (D) 300

---

### Part 7 | Unit 03 공지 & 발표문 본문 p.215

| 1 (A) | 2 (A) | 3 (B) | 4 (A) | 5 (C) |
|---|---|---|---|---|
| 6 (B) | 7 (D) | 8 (C) | 9 (B) | 10 (D) |
| 11 (A) | 12 (C) | 13 (B) | 14 (C) | 15 (A) |
| 16 (D) | 17 (C) | 18 (A) | 19 (C) | 20 (A) |
| 21 (D) | 22 (C) | 23 (B) | 24 (D) | 25 (A) |
| 26 (A) | | | | |

### 1-2

> **1)** 유레일 승차권으로 더 나은 여행을 하기 위한 간단한 팁
>
> **1)** 늦지 마십시오.
> 항상 열차를 탈 시간을 여유 있게 하십시오. **2)** 열차의 차장이 여러분에게 열차 시간표를 제공할 수 있습니다.
> **1)** 시간을 절약하십시오.
> 역에 가기 전에 돈과 승차권, 여권을 준비하십시오.
> **1)** 안전에 주의하십시오.
> 열차를 타고 내릴 때 벌어진 공간에 주의하십시오.
> **1)** 예의를 지켜주십시오.
> 라디오나 MP3 플레이어 이용 시 이어폰을 사용해 주십시오. 신속하게 좌석에 앉아 주시고, 소지품으로 통로를 막지 마십시오.
>
> 국철을 이용해 주셔서 감사합니다.

**어휘** pass 승차권, 정기권 | plenty of 많은 | conductor (기차의) 차장 | gap 갈라진 틈 | courteous 예의 바른 | block 막다, 방해하다 | aisle 통로 | belongings 소지품

## 1

**해설** 공지는 유레일을 이용하는 승객들에게 더 나은 여행을 위한 팁을 알리고 있으므로 (A)가 정답이다.

**해석** 이 공지의 목적은 무엇인가?
(A) 승객들에게 제안하기 위해
(B) 열차 승차권을 팔기 위해
(C) 탑승 시간을 재조정하기 위해
(D) 승객들에게 변경된 일정을 통보하기 위해

## 2

**해설** 승객들이 차장에게 받을 수 있는 것은 공지 초반에 The train conductor can provide you with the train schedule이라고 나온다.

**해석** 승객들이 열차 차장에게 얻을 수 있는 것은 무엇인가?
(A) 열차 시간표　(B) 탑승권
(C) 승차권　(D) 지도

## 3-6



**어휘** extensive 광범위한 | take over (일 등을) 이어받다 | degree 학위 | drop by 잠깐 들르다 | refurbish 재단장하다 | resident 거주자 | be equipped with ~을 갖추다 | ventilation 환기 | install 설치하다 | light fixture 조명기구 | enclosed (담 등으로) 에워싸인 | designated 지정된

## 3

**해설** 공지는 Jacksonvil 주민들에게 새로운 관리자인 Claudia Marino씨에 관한 정보를 전달하고 있으므로 (B)가 정답이다.

**해석** 이 정보의 목적은 무엇인가?
(A) 공석에 대해 광고하기 위해
(B) 거주자들에게 정보를 제공하기 위해
(C) 리모델링을 위한 자금을 모으기 위해
(D) 거주자들에게 새로운 강당 건축을 통보하기 위해

## 4

**해설** 공지 초반에 새로운 관리자를 찾다가 Claudia Marino씨를 적임자로 택했다고 하므로 (A)가 정답이다.

**해석** Claudia Marino는 누구인가?
(A) 새로 임명된 관리자
(B) Richvil 주택 단지의 사장
(C) Kingstown 대학의 현 학생 상담 교사
(D) Jacksonvil 공동체의 이전 관리자

## 5

**해설** 4월 30일이 언급되는 부분을 찾으면 drop by her apartment 25라고 나오므로 정답은 (C)이다.

**해석** 거주자들은 4월 30일 이전에는 Claudia Marino를 어디에서 만날 수 있는가?
(A) 아파트 8호　(B) 아파트 10호
(C) 아파트 25호　(D) 아파트 30호

## 6

**해설** Claudia Marino씨는 다른 도시로 이사 가는 것이 아니라 같은 건물의 다른 호실로 옮기는 것이므로 (B)가 정답이다.

**해석** 이 공지에서 언급된 것이 아닌 것은 무엇인가?
(A) 아이들을 위한 놀이터가 마련될 것이다.
(B) 관리자가 다른 도시로 이사할 것이다.
(C) 새로운 시설들이 강당에 추가될 것이다.
(D) 몇몇 조명기구가 설치될 것이다.

**어휘** facility 시설 | lighting equipment 조명기구

## 7-8



**어휘** agenda 회의, 안건 | edition (출간 횟수를 나타내는) 판 | submission deadline 제출 마감일

## 7

**해설** 〈제네바 타임즈〉에 행사를 무료로 알리려면 이메일이나 팩스, 편지를 보내라고 했으므로 (D)가 정답이다.

**해석** 이 공지는 무엇을 포함하고 있는가?
(A) 안건을 제정하기 위한 조언
(B) Oak Hills 행사 설명
(C) 〈제네바 타임즈〉의 사무실 길 안내
(D) 공지 내용을 보내는 것에 대한 안내

**어휘** description 서술 | directions 길 안내

## 8

**해설** (A), (B), (D)에 대한 내용은 공지 내용을 통해 사실이 아님을 확인할 수 있다. 이메일이나 팩스, 편지 외에 전화로 연락하라는 안내가 없기 때문에 (C)가 정답이다.

**해석** 〈제네바 타임즈〉에 대해 이 공지가 시사하는 것은?
(A) 엄격한 마감 기한 정책이 있다.
(B) 행사들을 매일 홍보한다.
(C) 제출물을 전화로 받지 않는다.
(D) Oak Hills에 위치하고 있지 않다.

**어휘** strict 엄격한

**9-12**

> **공지**
>
> 9) All-Pro 테니스 클럽은 회원들에게 내년도 회원권을 갱신할 시기가
> 되었다는 것과 연례 보수 작업 기간이 다가오고 있음을 알려드립니다.
> 다음 일정을 염두에 두시길 바랍니다.
>
> - 12월 1일~15일    회원권 갱신과 사물함 임대 갱신
> - 12월 16일         사물함 비우기 마감
> - 10) 12월 17일~25일 코트 재포장과 크리스마스 연휴 휴무
> - 12월 26일         클럽 재개장
>
> 내년 주요 행사와 날짜는 저희 홈페이지 www.allprotennis.com을
> 확인하시기 바랍니다. 11) 온라인에서 신용카드로 회원권을 갱신할
> 수 있으며 또는 12월 15일까지 서비스 센터 210호실을 방문하셔서
> 회원권을 갱신할 수 있습니다. 그 날짜까지 갱신된 회원권은 올해와
> 동일한 비용이 들 것입니다. 그러나 마감일까지 갱신하지 않은
> 회원들에게는 내년 회원권이 10% 인상될 것입니다. 12) 또한 마감일까지
> 개인 사물함을 비우지 않으면 개인 소지품을 되찾기 위해 50달러의
> 벌금을 물게 될 것입니다. 그러므로 위에 명시된 기한까지 회원권 갱신과
> 개인 사물함을 비우는 것을 명심하시기 바랍니다. 문의 사항이 있으면,
> 623-8814나 내선 번호 210으로 John Harper에게 연락 주시기
> 바랍니다.

**어휘** renew 갱신하다 | approach 다가오다 | cleanout 청소 |
resurface (표면을) 재포장하다 | patron 고객 | charge 청구하다
| fine 벌금

**9**

**해설** 공지가 회원권 갱신에 관한 안내이므로 클럽의 회원들을 위해
작성된 것임을 알 수 있다. 따라서 정답은 (B)이다.

**해석** 이 공지는 All-Pro 테니스 클럽의 누구를 위한 것인가?

(A) 강사들　　　　　　(B) 회원들
(C) 보수 작업 직원들　(D) 행정 직원들

**10**

**해설** 일정표에서 12월 17일부터 25일까지 Closed for resurfacing
courts라고 나오므로 (D)가 정답이다.

**해석** 보수 작업은 언제 시작하는가?

(A) 12월 1일　　　　(B) 12월 15일
(C) 12월 16일　　　(D) 12월 17일

**11**

**해설** 공지에서 직접 방문 또는 온라인상으로 갱신할 수 있다고 했으
므로 정답은 (A)이다.

**해석** 회원권은 어떻게 갱신되어야 하는가?

(A) 직접 방문 또는 인터넷상에서
(B) 오직 인터넷상에서만
(C) 전화로
(D) 팩스로

**어휘** in person 직접

**12**

**해설** 공지에서 마감일까지 사물함을 비우지 않으면 개인 소지품을
되찾기 위해 50달러의 벌금을 물게 될 것이라 했으므로 (C)가
정답이다.

**해석** 사물함이 12월 16일까지 비워지지 않는다면 무슨 일이 일어나는가?

(A) 갱신 비용이 10% 더 인상될 것이다.
(B) 다른 누군가에게 배정될 것이다.
(C) 물건을 회수하는 데 비용을 지불해야 할 것이다.
(D) 경고장이 보내질 것이다.

**어휘** assign 배정하다 | retrieve 회수하다 | warning notice 경고장

**13-16**

> **공지**
>
> 보낸 사람: 제네바 인더스트리
>
> 받는 사람: 모든 공장 관리자
>
> 날짜: 7월 20일
>
> 우리 전기 공급업체인 유타 유틸리티는 현재 폭염 때문에 유타 남부에서의
> 전기 수요가 극도로 높음을 우리에게 공지했고, 그들은 지역의 수요를
> 충족시키기 위해 애쓰고 있다고 합니다. 제네바 인더스트리 전체가 8월에
> 정전을 경험할 수도 있습니다.
> 지역 당국자들은 또한 모든 기업들이 이 기간 동안 정전을 피할 수 있도록
> 전력 사용을 줄여줄 것을 13) 요청했습니다. 따라서, 16) 우리는 엘리베이터
> 및 일부 공장 장비를 정지시킴으로써 자발적으로 사용을 줄일 것입니다.
> 14) 서점 및 문구점들과의 계약을 이행하기 위해, 공책 생산 시설은 계속
> 운영될 것입니다. 16) 모든 창문의 커튼과 블라인드를 닫아서 건물 내부가
> 더 낮은 온도를 유지할 수 있도록 협조해 주세요. 또한, 16) 우리는 모든
> 전구를 20% 적은 전력을 사용하는 전구로 교체할 것입니다. 15) 유지 보수
> 직원들이 도착하면, 이 작업을 완료할 수 있도록 도와주십시오. 덧붙여,
> 공장 근로자들은 예정대로 계속해서 직장에 출근해야 하며, 모든 지원
> 업무 담당 직원들은 이 기간 동안 재택근무를 권장합니다.
> 협조해 주셔서 감사합니다.

**어휘** provider 제공자 | extremely 극도로 | heat wave 폭염 |
struggle 애쓰다 | power outage 정전 | blackout 정전 | shut
down (기계의 작동을) 정지시키다 | fulfill (의무 등을) 이행하다 |
stationery 문구점 | replace A with B A를 B로 교체하다

**13**

**해설** requested는 '요청했다'를 뜻하므로 선택지 중 demanded가
의미상 가장 가깝다.

**해석** 두 번째 단락, 첫 번째 줄의 requested와 의미상 가장 가까운 단어는?

(A) 권고했다　　　　(B) 요구했다
(C) 관심을 끌었다　(D) 흥분시켰다

**14**

**해설** 두 번째 단락에 서점 및 문구점들과의 계약을 이행하기 위해
공책 생산 시설을 계속 운영한다는 내용으로 보아 (C)가 정답
이다.

**해석** 제네바 인더스트리는 어떤 회사인가?

(A) 전기 공급업체　　(B) 전구 회사
(C) 문구 제조업체　　(D) 청소 서비스

**15**

**해설** 두 번째 단락 후반부에 When maintenance employees
arrive, please help them complete this task라는 내용이
있으므로 (A)가 정답이다.

**해석** 직원들은 무엇을 하도록 요청받는가?

(A) 유지 보수 직원들이 작업할 수 있도록 도울 것
(B) 모든 전구를 새것으로 교체할 것
(C) 고객과 제작 마감일을 재조정할 것
(D) 예정보다 일찍 작업을 완료할 것

**어휘** rearrange 재조정하다

## 16

**해설** 문제의 선택지와 본문의 내용을 하나씩 대조해 보면 (D)를 제외한 모든 부분이 언급되어 있다.

**해석** 제네바 인더스트리가 전기를 절약하기 위해 계획하지 않은 것은?
(A) 창문 블라인드 닫기　　(B) 전구 교체하기
(C) 엘리베이터 끄기　　(D) 직원들에게 휴가 주기

## 17-21

자카르타 지역의 기상 악화와 악천후 때문에 올해 국제교육총회가 취소되었습니다. 17) 거의 일주일 동안 계속 비가 내렸고 파이프와 수로가 과거보다 심하게 범람하고 있습니다. 비가 멈추고 난 후에라도 도시 재개는 몇 달 지연될 것입니다. 18) 이러한 내용을 알리게 되어 유감이며, 각 회사에서 이미 지불하신 등록비를 환불해 드리도록 하겠습니다. 그리고 불편을 끼친 것에 대한 사과의 표시로 내년 총회에 대한 상품권을 제공하겠습니다.

공항과 기상청에 지속적으로 연락을 취하고 있으며, 상황이 점점 악화되고 있습니다. 상태가 불확실한 점을 고려할 때, 여러분의 항공 티켓이 환불이 안 될지라도, 저희는 이 지역으로의 여행을 강하게 권하지 않습니다. 다시 한 번 이번 총회 취소에 대해 사과드리며, 내년에 뵙기를 희망합니다!

**어휘** extreme weather condition 악천후 | worsen 악화되다 | forecast 예측 | steady 꾸준한 | rainfall 강우(량) | waterway 수로 | flooding 홍수 | set back 저지하다 | regret to ~하게 되어 유감이다 | voucher 상품권 | declining 쇠퇴하는 | nonrefundable 환불할 수 없는 | discourage 권장하지 않다

---

직원들에게

제가 방금 자카르타에 있는 국제교육총회의 대표단으로부터 이 공지를 받았습니다. 현재 그 지역은 매우 위험해 보입니다. 이번 행사는 특히 처음 참여하시는 분들이 기대했지만, 현재 우리가 할 수 있는 것은 아무것도 없습니다. 제 생각에 항공 예약을 취소하기는 이미 늦었지만, 여러분 7명 모두 회사의 보험약관상 환불받을 자격이 됩니다. 20) 그러나 항공사에서 티켓 비용을 상환해 주지 않는다는 것을 증명하는 서류를 보여줘야 할 것입니다. 제 비서 Ulrich씨에게 서류를 보내십시오.

호텔 예약이 회사 이름이 아닌 여러분의 이름으로 되어 있기 때문에 각자 자기 호텔 객실을 취소해야 합니다. 21) 제가 방금 Condor 호텔에 연락하려고 했는데 전화 연결이 안 되고 있습니다(아마도 폭풍 때문인 것 같습니다). 그래서 여러분은 이메일을 보내서 그쪽에서 이메일을 받아 볼 수 있기를 바라야 합니다. 가능한 빨리 〈lodging@condor.net〉으로 취소 요청을 보내시기 바랍니다. 19) 24시간 전에 통보받는 한, 취소 비용을 징수하지 않을 것입니다. 우리가 그들에게 연락을 못할 경우 기간 연장을 해 줄지는 모르겠습니다.

공지에 언급된 것처럼, 어떻게든 티켓을 활용하려고 생각하지 마십시오. 회사가 환불해 줄 것이며, 당장 그 지역으로의 여행은 상당히 위험합니다. 저는 여러분에게 무슨 사고가 생겨 책임 의식을 느끼는 것보다 차라리 약간의 금전적인 손실을 보겠습니다. 대신 이번 주는 휴무로 보내시고, 다음 주 월요일에 뵙겠습니다. 즐거운 휴가 보내십시오!

Jackie Studebaker 회장

---

**어휘** be entitled to ~할 자격이 있다 | insurance policy 보험약관 | prove 증명하다 | reimburse 상환하다 | down 작동이 안 되는 | cancellation fee 취소 수수료 | extend 연장하다 | get a hold of ~에게 연락하다 | risky 위험한

## 17

**해설** 첫 번째 공지에서 There has been a steady rainfall for almost a week and the pipes and waterways are flooding even worse라고 하므로 (C)가 정답이다.

**해석** 자카르타 날씨에 대해 위험한 것은?
(A) 허리케인　　(B) 토네이도
(C) 홍수　　(D) 고온

## 18

**해설** 첫 번째 공지에서 intend to refund each of your companies the registration fee라고 하므로 (A)가 정답이다.

**해석** 회사들은 총회의 주최측으로부터 무엇을 돌려받을 것인가?
(A) 등록비　　(B) 호텔 청구서
(C) 항공 운임　　(D) 내년 쿠폰

**어휘** airfare 항공 요금

## 19

**해설** 두 번째 이메일에서 호텔 취소에 관한 내용은 두 번째 단락에 나온다. As long as they receive notice twenty-four hours in advance, they do not charge a cancellation fee라고 하므로 (C)가 정답이다.

**해석** Condor 호텔의 취소 정책은 무엇인가?
(A) 회사가 별도로 방을 취소해야 한다.
(B) 취소 요청을 받지 않는다.
(C) 하루 전 취소 시에 비용이 없다.
(D) 팩스로 받은 정식 취소만 허용한다.

**어휘** separately 별도로

## 20

**해설** 두 번째 지문의 첫 번째 단락 마지막 부분에 항공사가 티켓 비용을 상환하지 않을 경우 서류를 자신의 비서에게 보내라는 내용이 있으므로 (A)가 정답이다.

**해석** 항공사가 티켓을 환불해 주지 않으면 직원들은 무엇을 해야 하는가?
(A) Studebaker씨의 비서에게 증명서 보내기
(B) 총회로부터 환불 요구하기
(C) Studebaker씨에게 전화하기
(D) Ulrich씨의 비서에게 묻기

**어휘** proof 증거, 입증

## 21

**해설** 첫 번째 공지는 총회가 열리는 지역이 위험하여 행사를 취소한다는 내용이고, 두 번째 이메일에서는 이 예약에 관해 취해야 할 행동들에 관해 언급되어 있다. 두 번째 단락에 호텔은 통화가 안 되고 있어서 전화가 아닌 이메일을 보내라는 내용이 나오므로 (D)가 정답이다.

**해석** 이메일의 목적이 아닌 것은 무엇인가?

(A) 직원들이 자신의 예약에 관해 무엇을 해야 할지 설명하기 위해

(B) 여행 안전에 관한 우려를 표현하기 위해

(C) 직원들에게 휴가를 주기 위해

(D) 직원들에게 즉각 Condor 호텔에 전화하라고 권하기 위해

## 22-26

**잉글랜드 전문가 협회**

잉글랜드 전문가 협회는 금년도 국가기여상 수상자를 발표하게 되어 자랑스럽게 생각합니다. 작가 Harrison Hunter는 30년 이상 성인 문맹률 퇴치와 역사 교육의 <sup>23)</sup>옹호자였습니다. 9월 13일 오후 6시 런던의 메리어트 호텔 연회장에서 Hunter씨를 축하하는 이벤트에 함께해 주세요. <sup>26)</sup>축하연 후에 Simpson 앙상블의 공연이 이어질 것입니다.

Harrison Hunter의 작품은 우리가 살고 있는 나라를 이해하는 데 귀중한 작품입니다. <sup>22)</sup>그의 첫 번째 소설인 London Rails는 1900년대의 변화와 확장을 철도가 어떻게 도왔는지를 보여주며, 상업 성장에서 철도의 역할을 강조합니다. 그의 다음 출판물인 The Boy of the River는 런던의 19세기 골드 러시에 대한 소년들의 시각을 제시하는 소설입니다. 그의 다음 소설인 The Photographs of the City는 런던의 초창기를 추적합니다.

이 행사의 자리를 예약하려면 www.marriothotellondon/epa.co.uk를 방문하십시오. 런던의 메리어트 호텔은 행사를 위해 특별 할인가로 객실을 따로 마련했습니다. 자세한 정보는 www.augustushotelmelbourne. co.uk를 방문하십시오.

**[어휘]** decade 10년 | advocate 옹호자 | literacy 글을 읽고 쓸 줄 아는 능력 | ballroom 연회장 | precious 소중한 | expansion 확장 | highlight 강조하다 | commerce 상업 | publication 출판 | perspective 관점, 시각 | trace 추적하다 | set aside 마련하다

---

http://www.marriothotellondon.co.uk

**특별 이벤트: 잉글랜드 전문가 협회 시상식**

9월 13일에 있을 시상식을 위해 지금 객실을 예약하십시오. <sup>24)</sup>참석자들은 9월 12일부터 9월 14일까지 할인된 가격으로 객실을 예약할 수 있으며, 이 요금에는 <sup>26)</sup>시상식의 저녁 식사와 오락 행사가 포함됩니다. 요금 및 객실 현황에 대한 자세한 내용은 (802)3388-5678번으로 문의하십시오. <sup>25)</sup>예약 시, 저희의 새로운 모바일 앱을 다운로드하고 메리어트 호텔 보상 프로그램에서 3천 포인트의 보상 포인트를 받으십시오. 이 앱은 귀하가 휴대전화로 쉽게 체크인하고 체크아웃할 수 있도록 해 줍니다. 이는 9월 30일까지 유효하며, 신규 및 기존 보상 프로그램 회원들이 이용하실 수 있습니다.

**[어휘]** attendee 참석자 | entertainment 오락 | established 기존의, 확립된

---

**런던 메리어트 호텔**

영수증 날짜: 9월 15일
손님: Alice Young
주소: IG11 8GG 런던 State가 500번지
체크인: 9월 13일
체크아웃: 9월 14일
호실: 705호
<sup>25)</sup>보상 포인트: 3,000(보너스 프로모션)
특별 가격: 150달러/1박(잉글랜드 전문가 협회) + 세금
총금액: 165.00달러
신용카드: 3789-2333-12-XXXX

저희 호텔에서의 체류가 즐거우셨기를 바랍니다!

## 22

**[해설]** 공지의 두 번째 단락에 작품 설명이 나와 있다. 소설의 특징으로 각각 언급된 내용(change and expansion in the 1900s, the country's nineteenth-century gold rush in London, the early years of London)으로 보아 공통적으로 포함된 내용은 (C)이다.

**[해석]** 나열된 Hunter씨의 모든 작품의 특징은?
(A) 강을 주제로 한 이야기   (B) 그 나라의 사진
(C) 영국 역사에 대한 초점   (D) 철도 기술 논의

## 23

**[해설]** 문맥상 advocate가 '옹호자, 지지자'를 뜻하므로 선택지 중 supporter가 의미상 가장 가깝다.

**[해석]** 공지문 첫 번째 단락 2행의 advocate와 의미상 가장 가까운 단어는?
(A) 고문          (B) 지지자
(C) 교사          (D) 트레이너

## 24

**[해설]** 웹페이지의 안내에 book rooms at a discounted rate available from 12 September to 14 September라는 내용이 있으므로 (D)가 정답이다.

**[해석]** 특별 객실 요금에 대해 명시된 내용은 무엇인가?
(A) 연례 행사의 일부다.
(B) 보상 프로그램 회원만 이용할 수 있다.
(C) 다른 할인과 함께 더 할인받을 수 있다.
(D) 제한된 시간 동안만 제공된다.

## 25

**[해설]** 영수증에 3천 포인트를 받은 내용이 있고, 웹페이지의 두 번째 단락에 download our new mobile app and receive 3,000 reward points라는 내용이 있으므로 (A)가 정답이다.

**[해석]** Young씨에 대해 알 수 있는 것은 무엇인가?
(A) 호텔의 모바일 앱을 다운로드받았다.
(B) 호텔에서 신용카드를 사용하는 데 문제가 있었다.
(C) 호텔의 보상 프로그램에 가입하지 않기로 결정했다.
(D) 9월 30일에 호텔로 돌아갈 계획이다.

## 26

**해설** 공지에서 A performance by Simpson Ensemble will follow the ceremony라고 했고, 웹페이지에서 this rate includes dinner and entertainment at the award ceremony라고 했으므로 (A)가 정답이다.

**해석** 시상식을 위해 예약된 방의 비용에 포함되는 것은?
(A) 음악 공연
(B) 지역 저자의 낭독
(C) 사진 전시 입장
(D) 호텔의 식당에서 점심 식사

**어휘** exhibit 전시

---

| Part 7 | Unit 04 | 광고 | 본문 p.226 |
| --- | --- | --- | --- |

| | | | | |
| --- | --- | --- | --- | --- |
| **1** (D) | **2** (B) | **3** (A) | **4** (A) | **5** (C) |
| **6** (B) | **7** (C) | **8** (C) | **9** (D) | **10** (B) |
| **11** (A) | **12** (C) | **13** (D) | **14** (C) | **15** (C) |
| **16** (C) | **17** (B) | **18** (B) | **19** (D) | **20** (B) |
| **21** (C) | **22** (A) | **23** (D) | **24** (D) | **25** (C) |
| **26** (B) | **27** (A) | | | |

### 1-2

Impact 주식회사에서는 주력 브랜드 홍보를 위한 18주간 여름 전국 여행을 이끌 의사소통 능력 및 홍보 이벤트 마케팅 수완이 뛰어나고 열의 있는 사람을 찾습니다. 6월 초에 출발하여 10월 초까지 여행할 수 있어야 합니다. 모든 여행 경비와 차량은 회사에서 부담합니다. 1) 홍보 담당 매니저로서 여행 내내 다른 사람들과 함께 다니셔야 합니다. 다음과 같은 요건을 갖춘 사람을 찾습니다.

- 1) 최소 6년의 견실한 홍보 경력
- 유효한 운전면허증 및 무사고 운전 경력
- 전국 라디오와 TV, 인쇄 매체와의 협업 전문
- 마케팅, 통신, 또는 홍보 관련 학사 학위(MBA 선호)

관심이 있는 분은 이력서와 사진을 홍보 담당 상무인 Marcus Glick에게 보내셔야 합니다. 1) '홍보 매니저 구인'이라는 제목으로 2) marcus@impact.com으로 이메일을 보내거나 1-888-837-0810 Marcus Glick 앞으로 팩스를 보내 주시면 됩니다. 전화는 받지 않습니다.

**어휘** motivated 의욕을 가진 | expense 비용 | vehicle 운송 수단 | cover (돈을) 대다 | criteria 기준 | minimum 최소한의 | solid 확실한, 연속된 | expertise 전문 지식 | bachelor's degree 학사 학위 | subject line 제목란

### 1

**해설** 구인 광고문으로서 브랜드를 홍보할 6년 이상의 경력을 지닌 홍보 담당 매니저를 구하고 있다.

**해석** 이 구인 목록은 어떤 일자리를 위한 것인가?
(A) 홍보 담당 상무
(B) 전국 가이드
(C) 마케팅 이사
(D) 홍보 매니저

**어휘** job listing 구인 목록

### 2

**해설** 마지막 단락에 이력서와 사진을 이메일이나 팩스로 보내라는 지침이 있으므로 (B)가 정답이다.

**해석** 일자리에 어떻게 지원해야 하는가?
(A) 개인적으로
(B) 이메일로
(C) 전화로
(D) 우편으로

### 3-5

**DELTA 비즈니스 센터**
3) 사업가를 위한 영국에서 가장 가치 있는 장소 4) (2010년 이후)
최상의 사업 위치(미국 및 일본 대사관과 금융 지역 근처)
24시간 출입 가능
5) 고속 인터넷 서비스를 위한 100MB E1 전용선과 IT 지원
영상 회의 시설을 갖춘 사무실과 회의실
사무실 간 LAN 시설
단기 및 장기 임차 가능

오늘 당신의 사업을 시작하십시오.
즉시 입주 가능!
801-3381로 지금 전화 주세요.
영국 WC1E 9BT 런던 옥스퍼드가 DELTA 비즈니스 센터
웹사이트: www.deltabc.com

**어휘** entrepreneur 사업가 | premier 최상의 | embassy 대사관 | finance district 금융 지역 | exclusive 독점적인 | board room (중역) 회의실 | term 기간

### 3

**해설** 사업가들을 대상으로 한 사무실 임대 광고라는 것을 쉽게 알 수 있다. 지문의 entrepreneurs를 business owners로 바꾼 (A)가 정답이다.

**해석** 이 광고는 누구를 대상으로 하는가?
(A) 사업주
(B) 관광객
(C) 임대주
(D) 대사관 직원

### 4

**해설** 언제 설립되었는지에 관해 구체적인 내용은 나와 있지 않지만, (Since 2010)으로 보아 선택지 중 (A)가 가장 적절하다.

**해석** 이 센터는 언제 설립되었는가?
(A) 2010년
(B) 2011년
(C) 2012년
(D) 2013년

### 5

**해설** 사우나 시설은 따로 언급되지 않았고, 금융가와 가깝다고 하며, 장기 계약과 단기 계약 모두 가능하다는 문구가 있다. IT support & 100MB E1 Exclusive Line for High Speed Internet Access를 통해 답이 (C)임을 알 수 있다.

**해석** 다음 중 광고에서 언급된 것은 무엇인가?
(A) 사우나 시설을 갖추고 있다.
(B) 금융가에서 멀리 떨어져 있다.
(C) 빠른 인터넷 접속을 보장한다.
(D) 장기 계약을 선호한다.

**6-8**

아시는 바와 같이 직원 연수는 귀하의 사업 잠재력을 극대화하는 데 아주 중요합니다. 사업 동료와 잠재 고객, 불만족한 사용자에게 서툴게 작성된 편지를 보내어 아주 큰 대가를 치를 수 있습니다. 6) 귀하의 직원들을 훈련하는 데 저희 잡지를 정기적으로 이용해 보시는 것이 어떠신가요? 저희 8) 계간지인 Effective Writing은 독자에게 좋은 편지와 나쁜 편지를 비교해 볼 수 있는 기회와, 수신인의 입장에서 그러한 서신을 받았을 때 느낄 수 있는 반응들을 스스로 평가할 수 있는 기회를 제공합니다. 귀하께서 저희 발행지를 좋아하실 것이라고 확신하며, 괜찮으시다면 구매하실지 반품하실지를 고민하기 전에 15일 동안 이 잡지를 살펴보고 읽어 보실 기회를 드립니다. 7) 동봉된 카드를 보내시면 Effective Writing 한 부를 즉시 보내 드리겠습니다. 돈은 보내실 필요 없습니다. 15일 뒤에 이 책을 계속 받아보시길 원하신다면 저희가 구매청구서를 보내드리겠습니다.

오늘 카드를 작성하세요.

**어휘** maximize 극대화하다 | potential 잠재력 | poorly 서툴게 | associate 동료 | dissatisfied 불만족한 | costly 대가가 큰 | periodically 정기적으로 | quarterly 연 4회 발행하는 | recipient 수신인 | correspondence 서신, 편지 | inspect 면밀하게 살피다 | make a commitment to ~하겠다고 약속하다 | enclosed 동봉된 | copy (책의) 권, 부

**6**

**해설** Why don't you use our magazine to train your employees periodically?라는 문장을 통해 직원 교육에 자기 잡지를 사용할 것을 권하고 있으므로 기업의 사장들을 대상으로 한 광고임을 알 수 있다.

**해석** 이 광고는 누구를 대상으로 하는가?
(A) 작문 수업 학생　　　　(B) 사장
(C) 대학교수　　　　(D) 출판사 직원

**7**

**해설** 광고에서 주문 방법은 전화 주문, 온라인 주문, 이메일 주문, 방문 등 다양하다. 광고의 후반에 동봉된 카드를 작성할 것을 부탁하고 있으므로 (C)가 정답이다.

**해석** 사람들은 잡지를 어떻게 시킬 수 있는가?
(A) 출판사에 전화한다.
(B) 근처 서점을 방문한다.
(C) 제공된 카드를 작성한다.
(D) 회사 연수 센터에 이메일을 보낸다.

**8**

**해설** 광고 초반에 해당 잡지가 계간지(quarterly magazine)라고 설명했으므로 3개월마다 발행됨을 알 수 있다. quarterly는 four times a year 또는 every 3 months 등으로 바꿔 표현한다.

**해석** 잡지는 얼마나 자주 출판되는가?
(A) 매주　　　　(B) 매월
(C) 3개월마다　　　　(D) 매년

---

**9-12**

### SRA EVENTS

35847 캘리포니아주 로스앤젤레스

팩스: 347-2568　 전화: 347-2560

SRA Events사는 역동적이고 성장하는 회사로서, 섬유산업 전문가들과 임원들에게 직업개발 관련 행사를 제공하고 있습니다. 10) 저희는 현재 본사를 뉴욕으로 옮기고 있으며, 동시에 영업 활동을 확장하고 있습니다. 11) 저희 기업은 마케팅 부서에서 일하실 마케팅 연구원들을 구하고 있습니다. 근무 시간은 월요일부터 금요일까지, 오전 9시에서 오후 6시까지입니다.

이 자리는 정규직이며 지원자는 다음과 같은 조건이 필요합니다.

- 경제학 전공의 학사 학위를 소지
- 분석적 추론 능력과 문제해결 능력
- 최소 2년 이상의 마케팅 경험
- 데이터베이스 경험

9) 스페인어가 가능하신 분 우대합니다. 관심 있는 지원자들은 현재 이력서와 자기소개서에 경력과 12) 희망 급여를 기재하여 sparker@sraevents.com으로 보내주십시오. 접수된 모든 지원서에 대해 답변드리지 못함을 죄송하게 생각합니다. 선발된 분들에게만 면접 2~3주 전에 연락이 갈 것입니다.

**어휘** textile-industry 섬유산업 | executive 임원, 경영진 | headquarters 본사 | simultaneously 동시에 | permanent position 정규직 | aptitude 능력, 적성 | analytical 분석적인 | reasoning 추론, 추리 | cover letter 자기소개서

**9**

**해설** 구인 광고에서는 must와 preferred라는 단어에 유의한다. preferred는 다른 지원자에 비해 유리하다는 의미지 필수 조건이 아니다. 따라서 스페인어 능력이 필수 조건에 포함되는 것은 아니므로 (D)가 정답이다.

**해석** 일자리에 대해 언급된 요구사항이 아닌 것은 무엇인가?
(A) 분석 능력　　　　(B) 대학 학위
(C) 관련 직업 경력　　　　(D) 언어 실력

**10**

**해설** 회사에 대한 소개는 전반부에 나와 있다. 역동적이고 성장하는 회사라고 밝혔지만 일류라는 평판을 지닌 회사인지는 알 수 없다. 현재 뉴욕으로 본사를 옮기고 있다고 밝혔으므로 (B)가 정답이다.

**해석** 회사에 관해 시사된 것은 무엇인가?
(A) 일류라는 평판을 갖고 있다.
(B) 이전하고 있다.
(C) 직업 알선 업체이다.
(D) 기술분야에 특화되어 있다.

**11**

**해설** 광고 초반에 마케팅 부서의 연구원(job openings in our marketing department for marketing researchers)을 구하고 있다고 밝혔으므로 (A)가 정답이다.

**해석** 어떤 일자리가 광고되고 있는가?
(A) 마케팅 연구원　　　　(B) 영업 부장
(C) 잡지 편집자　　　　(D) 프로그램 진행자

## 12

**해설** 이 메일에 희망 급여를 적으라는 highlighting their experience and salary requirements를 통해 (C)가 정답임을 알 수 있다. 지원자들 모두가 아니라 선발된 일부 지원자들이 2~3주를 기다리는 것이므로 (D)는 정답이 아니다.

**해석** 지원자들에게 요청되는 것은 무엇인가?
(A) 마감일 전에 추천서 보내기
(B) 연락 정보를 얻기 위해 회사 웹사이트 확인하기
(C) 받고 싶은 급여 적기
(D) 면접 요청 전까지 2주 기다리기

## 13-17

**Quick-n-Clean 카펫 서비스**

연휴 동안 손님들이 방문하기 전에 카펫을 반짝반짝 청소해 두세요. 저희가 13) 최신 장비로 여러분의 카펫을 새것처럼 만들어 드립니다. 저희 서비스는 다음과 같습니다.

- 먼지가 남지 않는 고성능 카펫 청소
- 13) 요청 후 3일 이내 제공하는 빠른 서비스
- 13) 능숙하고 친절하고 비흡연자인 기술자들

카펫 청소 비용 견적은 906-333-5454로 전화하시거나 906-333-5455로 팩스를 보내 주시기 바랍니다. 더 많은 정보는 웹사이트 http://www.quicknclean.com을 방문해 주십시오.

특별 서비스
16) 2개의 방을 청소하면 3번째 방은 무료로 청소해 드립니다. 견적서 요청 시 이 광고를 언급해 주세요. 이 특별 서비스는 12월 20일까지 유효합니다.

**어휘** sparkling 반짝이는 | up-to-date 최신의 | residue 잔여, 나머지 | estimate 견적서 | good through ~까지 유효한

**팩스**
날짜: 14) 11월 1일
받는 사람: Quick-n-Clean 카펫 서비스
보낸 사람: Nancy Williams
제목: 카펫 견적

내용: 카펫 청소 견적서를 받고 싶습니다. 14) 이달 말에 많은 아이들과 함께 파티를 할 예정이기에, 파티가 끝나고 크리스마스 전에 카펫을 청소하는 일정으로 잡고 싶습니다. 12월 3일이나 4일이 좋을 것 같습니다. 청소해야 될 방이 6개이고 계단이 있습니다. 광고에서 언급했던 것처럼 4개의 방에 대한 청소 비용을 결제할 시 방 2개를 무료로 해주는 것과 함께 계단도 무료로 해주실 수 있나요? 17) 전화 906-221-8545로 알려주시기 바랍니다. 감사합니다.
Nancy Williams

**어휘** quote 견적 | arrange 일정을 잡다 | promotion 광고 | consideration 고려, 이해

## 13

**해설** 광고에서 최신 기술로 카펫을 청소해 준다고 하므로 품질이 언급되었고, 요청한 지 3일 내로 서비스가 제공된다고 하므로 속도도 언급되었다. 청소 직원의 기술 또한 광고되었다. 따라서 (D)가 정답이다.

**해석** Quick-n-Clean 카펫 서비스에서 광고 되지 않은 것은?
(A) 서비스 속도
(B) 청소 직원의 기술
(C) 서비스 품질
(D) 다양한 서비스

**어휘** variety 다양성

## 14

**해설** 팩스 날짜가 11월 1일이고 팩스에서 having a party at the end of this month라고 하였으므로, 이 행사는 11월 말에 열리는 것임을 알 수 있다.

**해석** Williams씨의 행사는 언제 열리는가?
(A) 12월 초
(B) 크리스마스 즈음
(C) 11월 말
(D) 11월 초

## 15

**해설** 팩스에서 4개의 방 청소 비용을 결제할 때 방 2개를 계단 청소와 함께 무료로 해줄 수 있는지 여부를 묻고 있으므로 (C)가 정답이다.

**해석** Williams씨가 요구하는 것은 무엇인가?
(A) 서비스에 관한 정보
(B) 전화번호
(C) 추가 서비스
(D) 아이들을 위한 파티

## 16

**해설** 광고에서 2개의 방을 청소할 경우 3번째 방을 공짜로 청소해주는 할인 행사가 언급되었다. 그러나 두 번째 지문에서 Williams씨가 요청한 내용은 없기 때문에 (C)가 정답이다.

**해석** 왜 Williams씨는 할인받을 자격이 안 될 가능성이 있는가?
(A) 요청 일정이 너무 나중의 일이기 때문에
(B) 할인은 아이들을 위한 것이 아니기 때문에
(C) 할인에 포함 안 된 사항을 요구하고 있기 때문에
(D) 할인은 방 3개 이상에 대해서는 포함하지 않기 때문에

## 17

**해설** 팩스 끝에 자신의 전화번호를 알리면서 요청한 사항에 대한 정보를 얻기를 원하고 있으므로 (B)가 정답이다.

**해석** Quick-n-Clean 카펫 서비스는 Williams씨에게 어떻게 연락할 것인가?
(A) 팩스
(B) 전화
(C) 우편
(D) 대면

**18-22**



**어휘**  head ~을 이끌다 | unheard 유례없는 | examination 검사 |
dental procedure 치아 치료 | flavored 맛이 첨가된



**어휘**  appointment 약속 | be anxious to ~하기를 갈망하다

**18**

**해설**  광고에서 선착순 50명에게 무료 서비스가 제공된다는 내용이
있으므로 (B)가 정답이다.

**해석**  광고에서 언급되지 않은 것은 무엇인가?
(A) 선착순 50명만 무료 서비스를 받을 것이다.
(B) 선착순 50명만 20% 할인을 받을 것이다.
(C) 다음 달은 할인이 안 될 것이다.
(D) 아이들은 치아를 관리할 뭔가를 받을 것이다.

**19**

**해설**  anxious는 '열망하는'이라는 뜻으로 선택지 중 eager와 의미
상 가장 가깝다.

**해석**  이메일의 셋째 줄에 있는 anxious와 의미상 가장 가까운 단어는?
(A) 관심 있는          (B) 겁먹은
(C) 행복한             (D) 열망하는

**20**

**해설**  이메일에 Hammond씨의 가족들이 추천해 주었다는 내용이
나오므로 (B)가 정답이다.

**해석**  Hammond씨의 이메일은 James선생님에 관해 무엇을 암시하는가?
(A) 오랜 경험을 갖고 있다.
(B) 그녀의 친인척에게 치과 치료를 해줬다.
(C) Smithfield에 살고 있다.
(D) 예전에 그녀의 치아를 검사해 줬다.

**어휘**  relative 친인척

**21**

**해설**  개업일이 7월 1일이고, 이메일을 쓴 시점은 7월 5일이므로 선
착순 50명에게 제공하는 무료 서비스를 받을 가능성은 적다.
성인이므로 아이들에게 제공하는 무료 치약과 칫솔도 받을 수
없다. 이번 달 말까지 치료비의 20%를 할인받을 수 있으므로
(C)가 정답임을 알 수 있다.

**해석**  Hammond씨는 무슨 혜택을 받을 가능성이 있는가?
(A) 무료로 엑스레이 촬영을 받을 것이다.
(B) 무료로 검사를 받을 것이다.
(C) 최소한 할인은 받을 것이다.
(D) 무료 치약과 칫솔을 받을 것이다.

**22**

**해설**  광고를 통해 Pickford에 개원한다는 내용이 나오고, 이메일에
서는 본인이 Springville에서 살고 있지만 새 클리닉으로 가는
것이 더 편리할 것 같다고 하므로 (A)가 정답임을 알 수 있다.

**해석**  Hammond씨는 어디에서 치과 치료를 받고 싶어 하는가?
(A) Pickford             (B) Springville
(C) Smithfield           (D) Newburg

**23-27**



**어휘**  law firm 법률 회사 | ideal 이상적인 | previous 이전의 |
preferably 되도록 | greeting 인사, 응대 | clerical work 사무 |
occasional 가끔

**어휘** in response to ~에 응하여 | skillful 능숙한, 솜씨 있는 | asset
자산 | send in ~을 발송하다



**어휘** uncertain 확신이 없는 | routine 일상적인, 보통의 | impressive
인상적인 | benefit 유익하다 | go over 검토하다

## 23

**해설** 광고에서 접수담당자의 업무에 대해 Responsibilities
include greeting clients, answering phone calls,
processing mail, and other clerical work라고 하므로 (D)
가 정답이다.

**해석** 구인 광고에 의하면 접수 담당자의 직무는 무엇인가?
(A) 회의 일정 잡기　　　(B) 고객 컨설팅
(C) 사무 용품 구매　　　(D) 전화 응대

## 24

**해설** 광고는 시간제 아르바이트를 구하는 것이고, 첫 번째 이메일에
서 Iverson씨는 현재 박물관에서 접수담당자로 오전에 일하고
있지만 비는 시간을 채우기 위해 추가로 일을 구한다는 내용이

나와 있으므로 (D)가 가장 적절한 선택이다.

**해석** 이 일자리가 Iverson씨에게 가장 매력적인 이유는 무엇인가?
(A) 회사의 명성　　　(B) 시내 위치
(C) 직무　　　　　　(D) 직업 일정

**어휘** reputation 명성

## 25

**해설** 첫 번째 이메일에서 this would be my first job in a law
office라는 내용이 있으므로 (C)가 정답이다.

**해석** Iverson씨에 대해 무엇이 명시되었는가?
(A) 현재 자신의 작품을 미술관에 전시하고 있다.
(B) 화랑에서 일할 것이다.
(C) 전에 법률 사무소에서 일한 적이 없다.
(D) 시애틀로 이사할 것이다.

## 26

**해설** 두 번째 이메일의 받는 사람은 면접 패널이고, 초반에 Please
review the materials he submitted라고 요청하므로 (B)가
정답이다.

**해석** 두 번째 이메일의 목적은 무엇인가?
(A) 더 많은 면접관에게 패널 참여를 요청하기 위해
(B) 면접관에게 지원자의 자료를 검토하도록 요청하기 위해
(C) 면접이 취소되었음을 직원들에게 알리기 위해
(D) 교육과정에 대해 직원들에게 말하기 위해

## 27

**해설** 첫 번째 이메일에서 Iverson씨는 이력서와 그래픽 디자인 포
트폴리오를 보냈다. 두 번째 이메일에서 Konger씨는 제출 자
료를 보고 his skills seem impressive, and it would
benefit us라고 하였으므로 (A)가 정답이다.

**해석** Konger씨가 Iverson씨를 직책에 좋은 후보라고 생각하는 이유는
무엇인가?
(A) 그래픽 디자이너로서의 기술
(B) 연장 근로의 가능성
(C) 법률 사무소에서 일한 경험
(D) 컴퓨터 프로그래머로서의 전문성

**어휘** expertise 전문성

| 1 (B) | 2 (C) | 3 (D) | 4 (B) | 5 (B) |
|---|---|---|---|---|
| 6 (B) | 7 (A) | 8 (A) | 9 (C) | 10 (B) |
| 11 (D) | 12 (B) | 13 (D) | 14 (C) | 15 (D) |
| 16 (D) | 17 (D) | 18 (C) | 19 (D) | 20 (C) |
| 21 (A) | 22 (B) | 23 (B) | 24 (D) | 25 (B) |
| 26 (A) | | | | |

## 1-2

국가보건국에서는 현재 유람선 여행 중에 발생한 위장 질환을 관찰 중입니다. 10월 이후 미국 플로리다주를 오가는 유람선에서 위장병이 5건 발생했습니다. **1)** 이 모든 발병은 노워크 바이러스에 의한 것임이 확인되었습니다. 이 바이러스는 배설물이나 경구 노출을 통해 전파됩니다. 오염된 식수원이나 음식(예를 들면, 백합 조개나 굴과 같은 오염된 조개류), 그리고 노워크에 감염되어 있거나 노출되었던 사람이 손을 제대로 씻지 않고 만든 음식을 통해서 전염될 수 있습니다. 또한 오염된 배설물이나 다른 오염된 물질에 노출된 후에 입을 통하여 접촉한 경우 다른 사람에게 전염될 수 있습니다.
**2)** 손을 씻는 것이 바이러스 전염의 사슬을 끊는 방법이기 때문에 국가보건국에서는 유람선 여행자들에게 화장실을 사용한 후나 음식물을 다루기 전에 손을 씻도록 권하고 있습니다. 노워크 바이러스에는 백신이나 특별한 치료약이 없습니다. 일반적으로 이 바이러스는 하루에서 나흘 정도 계속되는 설사나 구토 같은 경미한 질병을 일으킵니다. 하지만 특히 어린이나 노약자에게는 탈수가 심각한 건강상의 위험이 될 수 있습니다.

**어휘** outbreak 발생 | gastrointestinal 위장(의) | spread 확산. 전파 | fecal 배설물의 | oral 구강의 | exposure 노출 | transmission 전염, 전달 | contaminated 오염된 | clam 백합 조개 | oyster 굴 | diarrhea 설사 | vomiting 구토 | dehydration 탈수

## 1

**해설** 기사의 첫 부분에서 위장에 관계된 질병이 유람선에서 발생했고 질병의 원인은 바이러스라고 나와 있으므로 (B)가 정답이다.

**해석** 최근 유람선들 사이에서 어떤 특별한 문제점이 규명되었는가?
(A) 충분하지 않게 조리된 굴  (B) 바이러스의 출현
(C) 백신의 부족  (D) 부적절한 치료

**어휘** shortage 부족 | improper 부적절한

## 2

**해설** 두 번째 단락에서 바이러스의 확산을 방지하기 위해 국가보건국에서 권하는 것은 to wash their hands after using the bathroom and before handling food 즉, 손을 씻는 것이므로 정답은 (C)이다.

**해석** 관광객들이 스스로 보호하기 위해 충고받는 것은?
(A) 탈수 방지약을 복용할 것
(B) 모든 유람선 관광을 취소할 것
(C) 식사 전에 손을 씻을 것
(D) 해산물을 먹는 것을 피할 것

## 3-4

**Do It Yourself Furniture 실패로 끝나다**

Conan Breeze 작성

**4)** Harvey Darnell의 수공예 가구점에서 몇 년 전에 테라스 가구 조립 세트를 구매했고, 쉽게 조립되는 점과 보기에도 근사했던 점이 마음에 들었다. 그래서 **3)** Harvey가 가구에 관한 책인 Do It Yourself Furniture (Wisdom출판사, 59.95달러)를 쓴다는 소식을 들었을 때, 그 책을 매우 읽고 싶었고, 그의 아이디어를 몇 가지 직접 시도해 보려고 했다. 그러나 나는 실망했다는 말을 해야겠다. 완성품은 근사해 보인다는 점은 인정한다. 그러나 최첨단 작업장을 가지고 있지 않다면, 또 선반과 홈을 파는 가구, 그 밖의 비슷한 것을 사용한 경험이 충분치 않으면, 이 책을 따라하는 것이 너무 복잡하다는 것을 알게 될 것이다. 내가 말하고자 하는 것은 보통 사람은 이 책에 압도되는 느낌을 받을 것이다. 전문 목수들은 아마도 그 절차들을 이해할 수 있겠지만, 우리 아마추어들은 혼란스럽기만 하다. 내가 하고 싶은 조언은 책 값을 아껴서 대신 Harvey의 수공예 가구점에서 근사한 가구를 사라는 것이다.

**어휘** patio 테라스, 안뜰 | try out 시도하다 | concede 인정하다 | state-of-the-art 최신의 | plenty of 많은 | lath 선반 | router 홈파는 기계나 기구 | sophisticated 정교한 | average 평균의 | overwhelm 압도하다 | carpenter 목수

## 3

**해설** 기사는 가구에 관한 어떤 책을 평가하는 내용이다. 따라서 (D)가 정답이다.

**해석** 이 기사의 목적은 무엇인가?
(A) 가구 만드는 방법을 설명하기 위해
(B) 수공예 가구를 판매하기 위해
(C) 테라스 가구를 만드는 것을 논하기 위해
(D) 최근에 출판된 책을 평가하기 위해

**어휘** evaluate 평가하다

## 4

**해설** 기사 첫머리에 I bought a patio furniture kit a few years ago from Harvey Darnell's handmade furniture store라고 했으므로 가구점에서는 가구 조립 세트를 판매한다는 것을 유추할 수 있다.

**해석** 기사가 가구점에 대해서 암시하는 것은 무엇인가?
(A) 잡지에서 홍보된다.
(B) 가구 조립 세트를 판매한다.
(C) 오랜 기간 영업해 왔다.
(D) 다른 가구점보다 저렴하다.

Prove City Business Monitor – 9월 14일 금요일
임시적이지 않은 임시직 서비스
Jamie Cook 작성
5) Executive Temporary Services는 Provo City 지역에서 영업 5주년을 자축하고 있다. 사장이자 소유주인 Sandra Adams는 회사 서비스의 특별한 점을 다음과 같이 7) 말한다. "보통 임시직 서비스 업체들은 주로 전문적이지 않은 근로자를 제공하지만, 저희는 회계사와 변호사, 건축가 같은 상당히 전문적인 근로자를 제공합니다." 그녀는 고객 대부분이 단기간의 프로젝트를 위한 전문가를 필요로 하고 있으며, 자신은 근래 은퇴한 많은 전문직 종사자에서 임시직 근로자로 제공한다고 설명한다. Adams씨는 "우리 전문직 종사자들은 풍부한 경험을 가지고 있습니다. 그들은 비록 은퇴했지만, 여전히 여윳돈을 벌면서 공헌하길 원합니다."라고 얘기한다. 6) 분명 업계에서는 Executive Temporary Services의 영업이 작년에만 거의 두 배로 늘었다는 데 동의한다. 사실 사업이 너무 잘돼서 이 회사는 그 주(洲)의 다른 대도시 세 곳으로 서비스를 확대하려 하고 있다. Executive Temporary Services는 도심지에서 시청과 도서관 옆에 위치하고 있는데, 대부분의 고객은 전화나 이메일로 요청을 한다. 이 회사는 하루 24시간 1주일 내내 전화에 응대한다. 왜냐하면 이들이 말하는 것처럼 '응급상황은 오전 9시에서 오후 6시 사이에 일어나지 않기' 때문이다.

**어휘** temporary 일시적인, 임시의 | unique 특별한 | non-skilled 미숙련의 | architect 건축가 | retired 은퇴한 | apparently 명백하게 | metropolitan 대도시의

## 5
**해설** 기사는 Executive Temporary Services라는 임시직 근로 제공 업체가 5주년을 축하하고 있다며 그간의 업적과 서비스의 특징에 대해 설명하고 있다. 따라서 (B)가 정답이다.

**해석** 이 기사의 목적은 무엇인가?
(A) 성공적인 엔지니어 회사에 대해 논의하기 위해
(B) 지역의 기업을 설명하기 위해
(C) 임시직 서비스 대행업체를 광고하기 위해
(D) 응급상황을 알리기 위해

## 6
**해설** 기사의 중반 이후에 businesses agree as Executive Temporary Services has doubled its business in just the last year라는 내용이 나오므로, (B)가 정답이다.

**해석** Adams씨는 왜 임시직 근로자의 수를 증가시켰는가?
(A) 더 많은 전문가들이 은퇴했다.
(B) 요청이 2배로 더 많아졌다.
(C) 급여를 받는 직원들(고정 근로자들)의 임금이 너무 비싸졌다.
(D) 은퇴한 전문가들이 계속 생계를 유지할 필요가 있었다.

## 7
**해설** 문맥상 notes의 의미는 '말하다, 언급하다'의 뜻으로, states가 의미상 가장 가깝다.

**해석** 둘째 줄의 notes와 의미상 가장 가까운 단어는?
(A) 말한다　　　　　(B) 이끈다
(C) 적는다　　　　　(D) 의존한다



**디트로이트 비즈니스 헤럴드**
9월 5일 디트로이트 – 8) 금요일 Voralto 오토는 영국 회사인 Dunlop 타이어를 인수할 것이라고 발표했다. 이번 인수는 Voralto 오토의 유럽 자동차 시장에서의 점유율을 높이고, 자동차 부품 비용을 줄이기 위한 시도의 일부이다. Voralto 오토는 Dunlop 타이어를 3년 전에 매입하려고 시도했으나, 9) 당시 사장이었던 Dunlop 타이어의 Michael Gordon이 회사 매각에 관심이 없었다. 10) Voralto 오토의 최고경영자 Ronald Evans는 Dunlop 타이어의 현재 사장인 Edmund Jackson과 만나기 위해 런던으로 가기 전, 워싱턴에서 기자들과 기자회견을 열었다. Evans는 "이번 인수는 Voralto 오토가 제품 라인을 확대하고 전 세계의 고객을 모으는 데 도움이 될 것입니다."라고 말했다. 그는 또한 11) Voralto 오토의 부사장인 Joe Peterson이 10월에 회사에서 물러날 것이라고 밝혔다. Peterson씨는 홍콩에서 휴가 중이어서 의견을 들을 수 없었다.

**어휘** acquire 인수하다, 획득하다 | share 지분 | auto parts 자동차 부품 | press conference 기자회견 | bring in 끌어들이다 | vice president 부사장 | resign 사임하다 | vacation ~에서 휴가를 보내다 | be reached 연락되다

## 8
**해설** 첫 번째 문장에 기사의 주요한 소식이 언급되어 있다. Voralto Auto Inc., announced that it will acquire an England company, Dunlop Tire Co.라고 하므로 (A)가 정답이다.

**해석** 뉴스 기사의 목적은 무엇인가?
(A) 회사의 매입을 보도하기 위해
(B) 사장의 은퇴를 발표하기 위해
(C) 새로 선임된 사장을 소개하기 위해
(D) 독자에게 오르고 있는 자동차 부품 가격을 알리기 위해

## 9
**해설** 기사의 넷째 줄에 but Michael Gordon, Dunlop Tire's then president라고 나오므로 정답은 (C)이다.

**해석** Michael Gordon은 누구인가?
(A) 홍콩 비즈니스 헤럴드의 기자
(B) Voralto 오토의 최고경영자
(C) Dunlop 타이어의 이전 사장
(D) 유명한 재정 고문

## 10
**해설** 두 사람의 이름이 함께 등장한 부분을 찾는다. Ronald Evans, ~ before flying to London to meet with Edmund Jackson이라고 밝혔으므로 (B)가 정답이다.

**해석** Evans씨가 Jackson씨를 만난 곳은?
(A) 디트로이트　　　　　(B) 런던
(C) 워싱턴　　　　　(D) 중국

## 11
**해설** 기사 후반에 Joe Peterson, ~ is planning to resign from the company라고 하므로 (D)가 정답이다.

**해석** 기사에 의하면 Peterson씨는 무엇을 할 것인가?
(A) 합병계약서에 서명하기
(B) 새로운 공장 매입하기

(C) 책 쓰기
(D) 일 그만두기

**어휘** merger 합병

## 12-16



**어휘** flat 김빠진, 맥없는 | release 출간하다 | sequel 속편 | decade 10년 | anticipate 기대하다 | commercial 광고 | advanced 고급의, 진보한 | lavishly 사치스럽게 | outrageously 터무니없이 | unsuited 부적절한 | domestic 가정의



**어휘** criticism 비평 | readership 독자층 | introduction 서론 | intended 의도한 | further 더욱 | instruction 사용설명서 | consult 참고하다 | fairness 공정성 | state 진술하다, 명시하다

## 12

**해설** 기사는 최근 출판된 책을 비평하고 있다.

**해석** 이 기사의 목적은 무엇인가?
(A) 미술 전시회를 광고하기 위해
(B) 최근 출판물을 평가하기 위해
(C) 음식 준비의 기술을 설명하기 위해
(D) 지역의 회사를 팔기 위해

## 13

**해설** 기사에서 알 수 있는 Mark Andrews에 대한 정보에 의하면 식당은 30년(three decades) 동안 유지되어 왔다고 한다.

**해석** 식당은 몇 년째 영업을 해오고 있는가?
(A) 2년 (B) 10년
(C) 20년 (D) 30년

## 14

**해설** 문맥상 책의 '의도된 시장(intended market)'은 책의 독자를 의미한다. 따라서 '구매자'를 뜻하는 buyers가 의미상 가장 가까운 단어이다.

**해석** 편지에서 첫 번째 단락, 네 번째 줄 market와 의미상 가장 가까운 단어는?
(A) 주제 (B) 수집물
(C) 구매자 (D) 상점

## 15

**해설** 기사에는 날짜가 나와 있지 않고, 편지의 첫 문장에 I've read Ms. Green's criticism last weekend라고 나와 있으므로 정답은 (D)이다.

**해석** Green씨의 기사는 언제 발표되었을 것 같은가?
(A) 이번 주 월요일 (B) 지난주 월요일
(C) 이번 주 토요일 (D) 지난주 토요일

## 16

**해설** 편지에서 I was the photographer라고 했으므로 요리책에 사용된 사진을 저자가 직접 찍었다는 것을 알 수 있다.

**해석** 책에 관해 사실인 것은 무엇인가?
(A) 전문 서점에서만 구입할 수 있다.
(B) 책이 절판되었다.
(C) 요리 학교의 교재로 사용되었다.
(D) 저자가 사진을 찍었다.

**17)** 지난 화요일, Princeton 콘퍼런스 센터에서는 서비스업 종사자를 대상으로 고객에게 일급 서비스를 제공하는 방법을 가르치는 세 강연 중 첫 번째 강연이 열렸습니다. 처음 세 시간 과정은 컨설턴트인 Mark Anderson이 호텔 직원들에게 정중한 서비스를 가르치도록 고안된 실습 과정을 이끌었습니다. **20)** 금요일에는 지역의 식당 지배인들이 Mark와 함께 유사한 훈련 과정에 참여하였습니다. 컨설턴트는 마지막 두 과정을 9월 12일과 15일에 실시할 것입니다. 인터뷰에서 Mark는 "성공적인 직원이 되기 위한 관건은 고객을 정중하게 **18)** 대하는 데 있다."고 말했습니다. **21)** 직원들의 강연회 등록을 권장하기 위해, 참석자들은 지역의 상점과 식당에서 사용할 수 있는 쿠폰을 받게 됩니다.

**어휘** hospitality industry (호텔, 식당 등의) 서비스업 | deliver 이행하다 | lie in ~에 있다 | treat 대하다 | register 등록하다 | be eligible to ~할 자격이 있다 | redeem (쿠폰 · 상품권 등을) 상품으로 바꾸다

받는 사람: Mark Anderson 〈manderson@jobtraining.net〉
보낸 사람: Teresa Park 〈tpark@princetoncenter.com〉
날짜: 9월 17일
주제: 강연회

Anderson씨께
**19, 20)** 저는 지난 금요일에 있었던 귀하의 통찰력 있는 강연에 진심 어린 감사를 표하기 위해 글을 씁니다. 혹시 귀하께서 다른 강연회를 계획하고 계신다면 내년에도 참석하고 싶습니다. 제 일에 도움이 될 소중한 아이디어를 많이 배웠습니다. Bluesky Lounge 카페의 무료 쿠폰 또한 감사드리고 싶습니다.
Teresa Park

**어휘** gratitude 감사 | insightful 통찰력 있는 | complimentary 무료의

**17**

**해설** 기사의 초반에 서비스 산업에 종사하는 직원들을 위한 강연회 라는 내용이 있으므로 강연의 대상이 호텔 고객이 아님을 알 수 있다. 따라서 정답은 (D)가 된다.

**해석** 강연회에 관해 사실이 아닌 것은 무엇인가?
(A) 고객서비스 향상을 위해 기획되었다.
(B) 컨벤션 센터에서 열렸다.
(C) Mark가 강연회를 이끌었다.
(D) 강연회는 호텔 고객을 대상으로 하였다.

**18**

**해설** 기사의 문맥상 treat는 고객을 '다룬다'는 의미이므로 deal with로 바꾸어 말할 수 있다.

**해석** 기사에서 두 번째 단락, 첫 번째 줄의 treating과 의미상 가장 가까운 단어는?
(A) 기쁘게 하다 (B) 탐닉하다
(C) ~을 다루다 (D) ~를 위해 요리하다

**19**

**해설** 이메일의 첫 번째 문장에서 글의 목적을 밝히고 있다. 내년에 열리는 강연회에도 참석하고 싶다고 했지만 아직 계획된 것이 아니므로 (A)나 (C)를 선택하지 않도록 한다.

**해석** Park씨는 왜 이메일을 썼는가?
(A) 강연회의 정보를 요청하기 위해
(B) 무료 쿠폰을 요청하기 위해
(C) 강연회에 등록하기 위해
(D) 강사에게 감사를 표하기 위해

**20**

**해설** 이메일에 의하면 Park씨는 지난 금요일에 강연회에 참석했다. 그리고 기사에는 금요일에 식당 지배인들이 훈련 과정에 참여 했다고 나와 있으므로 (C)가 답이라는 것을 알 수 있다.

**해석** Park씨의 직업은 무엇일 것 같은가?
(A) 대학교수 (B) 비즈니스 컨설턴트
(C) 식당 지배인 (D) 초청 연사

**21**

**해설** 기사에서 직원들이 강연회에 참석하는 것을 독려하기 위해 참 석자들에게 쿠폰을 준다고 밝히고 있으므로, Park씨가 강연회 에 참석했기 때문에 상품권을 받았다는 것을 알 수 있다.

**해석** Park씨가 상품권을 받은 이유는 무엇 때문인가?
(A) 강연회에 참석했기 때문
(B) 이달의 사원이었기 때문
(C) Bluesky Lounge 카페의 양식을 기재했기 때문
(D) 내년 강연회에 등록했기 때문



수천 명의 밴쿠버 시민들이 동계올림픽에서 도움이 되기 위해 자원봉사를 해왔다. 밴쿠버 올림픽 위원회는 방문객들이 밴쿠버에서 보는 것들에 꼭 좋은 인상을 받기를 원한다. 그래서 **22)** 위원회에서는 자원봉사자들이 예의 바르고 정보를 잘 제공할 수 있도록 교육해 줄 컨설턴트인 Ryan Coolidge를 고용했다. 오늘은 밴쿠버 컨벤션 센터에서 열리는 네 번의 교육 세션 중 첫날이었다. **25)** 이 세미나에서는 음식 서비스에 종사하는 모든 사람들이 훌륭한 서비스를 제공하는 법에 대해 교육받았다. 내일은 교통 관련 자원봉사자들이 참석하게 될 것이다. 다음 주에도 나머지 자원봉사자들을 위해 두 번의 교육 세션이 예정되어 있다. Coolidge는 올림픽은 하나의 사업과 같다는 것을 참석자들에게 상기시켰다. "여러분은 고객이 항상 옳다는 것을 명심할 필요가 있습니다."라며 참석자들을 **23)** 독려했다. **26)** 물론 자원봉사자들은 참석에 대한 급여를 받지 않지만, 참석 장려를 위해 모든 참석자들은 시의 기업들이 기부한 상품권을 받게 될 것이며, 몇몇 운 좋은 참석자들은 가장 인기 있는 경기의 무료 입장권을 받게 될 것이다.

**어휘** favorably 호의적인 | be involved in ~에 수반하다 | transportation 교통수단 | gift certificate 상품권

받는 사람: Ryan Coolidge
보낸 사람: Sarah Ford
날짜: 11월 15일
제목: 교육 세미나

Coolidge씨께
**24)** 유익하고 즐거웠던 프레젠테이션에 대해 감사드립니다. **25)** 저는 어제 첫 교육 세션에 참석했습니다. 귀하의 도움 때문에 방문객들이 우리 도시에서 체험할 올림픽 경험은 더욱 좋을 것이라고 생각합니다. 또한 르네상스 플라자 레스토랑에서 쓸 수 있는 상품권까지 받아서 상당히 즐겁습니다.
Sarah Ford

**어휘** informative 유익한 | entertaining 즐거운

## 22

**해설** 교육 세션에 관한 정보는 기사에 잘 나와 있다. 교육의 목적은 자원봉사자들이 올림픽 방문객들을 잘 도울 수 있도록 하기 위함이지, 올림픽 위원회 회원들을 위한 것은 아니다. 그러므로 (B)가 정답이다.

**해석** 교육 세션에 관해 사실이 아닌 것은?
(A) Coolidge씨가 주도한다.
(B) 올림픽 위원회 회원들을 위한 것이다.
(C) 자원봉사자들이 방문객들과 더욱 상호 작용하기 위해 마련되었다.
(D) 컨벤션 센터에서 열린다.

**어휘** interaction 상호 작용

## 23

**해설** entice는 '유혹하다, 부추기다' 등의 뜻으로, 선택지 중 '독려하다, 장려하다'를 뜻하는 encourage가 의미상 가장 가깝다.

**해석** 기사에서 두 번째 단락, 세 번째 줄 entice와 의미상 가장 가까운 단어는?
(A) 초청하다 　　　　(B) 장려하다
(C) 강요하다 　　　　(D) 상기시키다

## 24

**해설** 이메일은 교육 세미나에 참석했던 자원봉사자인 Ford씨가 강연자였던 Ryan Coolidge에게 감사를 표하는 내용이다. 따라서 (D)가 정답이다.

**해석** 왜 Ford씨는 이 이메일을 썼는가?
(A) 세미나에 관한 정보를 요청하기 위해
(B) 교육 세션에 등록하기 위해
(C) 추가적인 조언을 제공하기 위해
(D) 강사에게 감사를 표하기 위해

## 25

**해설** 이메일에서 Ford씨가 첫 교육을 들었다고 했으며, 기사에는 네 번의 교육 세션 중 첫날에 all those involved in food service were trained라고 나와 있다. 그러므로 (B)가 정답임을 알 수 있다.

**해석** Ford씨는 무슨 일을 하는가?
(A) 컨설턴트이다.
(B) 음식 서비스와 관련한 자원봉사자이다.

(C) 교통과 관련해 일하는 자원봉사자이다.
(D) 고객이다.

## 26

**해설** 기사의 마지막에 모든 참석자들은 도시의 사업체들이 기부한 상품권을 받게 될 것이라는 내용이 나오므로 (A)가 정답이다.

**해석** Ford씨는 왜 상품권을 받았는가?
(A) 교육 세미나에 참석했다.
(B) 추가적인 세미나에 참석했다.
(C) 르네상스 플라자 레스토랑을 위한 양식을 작성했다.
(D) 다른 자원봉사자들보다 고객에게 더 잘 응대했다.

<table>
<tr><td>Part 7</td><td colspan="2">Unit 06</td><td colspan="2">기타 양식</td><td>본문 p.250</td></tr>
</table>

| 1 (C) | 2 (D) | 3 (C) | 4 (B) | 5 (B) |
|-------|-------|-------|-------|-------|
| 6 (C) | 7 (D) | 8 (C) | 9 (C) | 10 (B) |
| 11 (D) | 12 (D) | 13 (A) | 14 (A) | 15 (D) |
| 16 (B) | 17 (D) | 18 (C) | 19 (C) | 20 (C) |
| 21 (A) | 22 (C) | 23 (C) | 24 (A) | 25 (C) |
| 26 (B) | 27 (A) | 28 (A) | 29 (C) | 30 (B) |
| 31 (D) | 32 (C) | 33 (A) | | |

## 1-2

보낸 사람: Felix Cortez
회신 번호: 881-567-2145
날짜: 2월 18일
받는 사람: Thomas Neely
주제: 주택 임대
페이지 수: 4장(표지 포함)

만약 당신이 이 팩스를 실수로 받았거나 **2)** 팩스의 내용이 불완전할 경우에는 위에 나와 있는 팩스 번호를 통해서 발신인에게 통보해 주세요.

Neely씨께
**1)** 동봉된 것은 당신이 고려해야 할 표준 임대 계약서의 사본입니다. 건물을 다시 보시길 원하신다면 제게 알려 주십시오. 이 계약에 사인할 의향이 있으시다면 제게 3일 안에 통보해 주십시오. 그때 궁금하신 점들에 대해 함께 얘기할 수 있을 것입니다. 감사합니다.
F. Cortez

**어휘** housing lease 주택임대차 | content 내용 | via ~을 통하여 (= by way of) | standard rental agreement form 표준 임대 계약서 | property 사유지, 재산

## 1

**해설** Enclosed is a copy of my standard rental agreement form을 통해 팩스와 함께 동봉된 것이 표준 임대 계약서라는 것을 알 수 있다.

**해석** Cortez씨는 Neely씨에게 무엇을 보냈는가?

    (A) 구매 주문서        (B) 주택 설계도

    (C) 계약서 사본        (D) 차량 임대 서류

**어휘** blueprint 청사진

## 2

**해설** 팩스의 내용이 불완전할 경우, please inform the sender via fax라고 하므로 (D)가 정답이다.

**해석** Neely씨가 4쪽을 모두 받지 못할 경우 해야 할 일은 무엇인가?

    (A) Cortez씨에게 전화한다.

    (B) 받은 부분만 읽는다.

    (C) 계약서에 사인한다.

    (D) 팩스로 Cortez씨에게 연락한다.

## 3-4

**에너지 사용 안내 라벨**

떼지 마세요! **3)** 소비자가 구매하기 전에 이 라벨을 떼어 내는 것은 연방거래위원회의 가전제품 라벨 규칙(16 C.F.R. Part 305)을 위반하는 것입니다.

Cool Max사 냉장고, 모델 E829
용량: 23 세제곱 피트
냉장냉동고
자동 성에 제거, 측면장착 냉동고, 도어 아이스 서비스
구비 색상: 백색, 상아색, 회색
모델 사용 전력: 연간 800 kWh*
*연간 kWh(연간 킬로와트–시간)는 에너지 (전기) 사용의 정도입니다. 많은 에너지를 사용하는 냉장고는 작동 비용도 많이 듭니다.

이 모델의 연간 사용료 추정치: 연간 65달러*
*2000년도 미국 정부 전국 평균 전기 비용은 kWh당 8.034 기준. **4)** 실제 작동 비용은 제품 사용 및 지역별 요금 체계에 따라 다를 수 있습니다.

유사 모델의 에너지 사용 범위(kWh/연): 최소 에너지 사용(685달러) ~ 최대 에너지 사용(1,000달러)

**어휘** remove 제거하다 | violate 위반하다 | federal 연방정부의 | capacity 용량 | defrost 성에 제거 | side-mounted 측면장착의 | measure 양, 정도 | operating cost 작동 비용, 운영비 | vary 서로 다르다 | utility 공공요금 | range 범위

## 3

**해설** 첫 단락의 Removal of this label before consumer purchase violates를 통해 구매 전 라벨을 떼어내는 것이 규칙을 위반하는 것임을 알 수 있다. 따라서 가전제품을 구입할 때 봐야 할 사항임을 알 수 있다.

**해석** 이 정보는 언제 확인해야 하는가?

    (A) 냉장고를 집에서 사용할 때

    (B) 냉장고를 수리할 때

    (C) 냉장고를 구입할 때

    (D) 냉장고를 제조할 때

## 4

**해설** 후반부 별표를 통해서 작동 비용이 제품 사용(your use of the product) 및 지역별 요금(local utility rates)에 따라 다를 것임을 알 수 있다. 따라서 (B)가 정답이다.

**해석** 다음 중에서 무엇이 연간 작동 비용에 영향을 미칠 수 있는가?

    (A) 구매 시 판매 세금      (B) 지역 전기 요금

    (C) 제품의 색상        (D) 제품의 판매 증가

## 5-6

| | |
|---|---|
| **Jenny Cook [오전 11:13]** | 안녕, Ben. Ken과 나는 콘퍼런스 센터에 있어. 어디야? |
| **Ben Jackson [오전 11:15]** | 공항에서 버스를 기다리고 있어. 교통체증이 최악인걸. 콘퍼런스 센터까지 최소 한 시간은 걸릴 것 같아. |
| **Jenny Cook [오전 11:16]** | 어제 우리도 그랬어. 그곳에 도로 공사가 있는 모양이야. |
| **Ben Jackson [오전 11:19]** | Mark Benson의 발표가 언제인지 알아? 사무실 단지 건물 디자인에 대한 그의 발표가 듣고 싶어. |
| **Ken Yamamoto [오전 11:20]** | 12시야. |
| **Ben Jackson [오전 11:21]** | **5)** 난 안 되겠군. 누구 필기해 줄 사람? |
| **Ken Yamamoto [오전 11:24]** | **6)** 사실 모든 발표가 녹화되고 있어. 나중에 콘퍼런스 웹사이트에서 발표를 볼 수 있어. |

## 5

**해설** Jackson씨가 오전 11시 15분에 콘퍼런스 센터까지 최소 한 시간이라고 했고, 발표가 12시임을 알았을 때 I won't make it은 발표를 들을 수 없다는 것을 의미한다.

**해석** 오전 11시 21분에 Jackson씨가 I won't make it이라고 쓴 것은 무엇을 의미하는가?

    (A) 비행기가 지연되었다.

    (B) 발표를 참여할 수 없을 것이다.

    (C) 연설이 아직 준비되지 않았다.

    (D) 방을 예약하지 않았다.

## 6

**해설** Yamamoto씨의 마지막 메시지를 통해 Benson씨의 발표가 웹사이트에 공개된다는 것을 알 수 있으므로 (C)가 정답이다.

**해석** Yamamoto씨가 Benson씨의 발표에 관해 언급한 것은 무엇인가?

    (A) 일정이 변경될 것이다.

    (B) 사전 등록이 필요하다.

    (C) 곧 온라인으로 제공될 것이다.

    (D) 호텔에서 계최될 것이다.

**특별 쿠폰**
**HARCOURT 서점**
7) **발행일: 2018. 3. 1.**

이 쿠폰은 회원님들만 사용하실 수 있습니다. 2권 이상의 책을 구입하실 경우 10%, 9) 정기간행물을 제외한 모든 구매에 5%의 할인을 받으실 수 있습니다. 다른 쿠폰, 할인권, 프로모션과 함께 사용하실 수 없으며, 이전 구매건에는 적용되지 않습니다. 8) 쿠폰은 모든 Harcourt 서점에서 유효합니다. 7) 이 쿠폰은 이달 말까지 사용하실 수 있습니다. www. harcoutbookstore.com이나 지역 내 서점을 방문해 주십시오.

**어휘** take ~ off (~만큼) 할인하다 | periodical 정기간행물, 잡지 | promotional 홍보용의 | offer 제공 가격 | good 유효한

## 7

**해설** 발행일은 3월 1일이고, 이달 말까지 사용할 수 있다고 하므로 (D)가 정답이다.

**해석** 사람들은 이 쿠폰을 언제까지 사용할 수 있는가?
(A) 3월 1일 (B) 3월 5일
(C) 3월 10일 (D) 3월 31일

## 8

**해설** 모든 Harcourt 서점에서 사용 가능하다는 것은 한 군데 이상의 영업 장소가 있음을 나타내는 것이므로 (C)가 정답이다.

**해석** Harcout 서점에 대해 암시된 것은 무엇인가?
(A) 새로운 서점을 열 것이다.
(B) 일주일 내내 개점한다.
(C) 한 곳 이상에 서점이 있다.
(D) 모든 고객에게 이 쿠폰을 제공한다.

## 9

**해설** 쿠폰이 정기간행물에는 적용되지 않는다고 했으므로 (C)가 정답이다.

**해석** 이 쿠폰이 적용되지 않는 것은 무엇인가?
(A) 소설 (B) 시집
(C) 주간 잡지 (D) 전기



◄ ► https://www.lindbergmuseum.ca

**Lindberg 박물관**
**Lindberg 박물관에서의 여름!**
Lindberg 박물관에 방문하셔서 여름을 즐기세요. 더 길고, 더 풍요로운 경험을 선사하기 위해 여름 동안은 운영 시간이 연장될 것입니다. 모두에게 열려 있는 유익한 갤러리 토크도 꼭 들어보세요.

**박물관 운영 시간**
화요일, 목요일~일요일, 오전 10시 ~ 오후 6시
10) 수요일, 오전 10시 ~ 오후 10시
월요일 휴관

**여름 전시**
- Bruno Epstein: 스펙트럼
- Dominic Pryce: Exotic
- 11) 현대 미술: Ronan 컬렉션

**갤러리 토크**
**6월 25일 오후 6시**
Greensboro에 있는 Bonanza 박물관 큐레이터인 Gerard Rizzo는 13) 조각가인 Bruno Epstein의 삶과 경력에 관한 전문지식을 제공하기 위해 우리 박물관을 방문할 예정이며, 11) Bruno Epstein의 조각품은 현재 Lindberg 박물관에 전시 중입니다.

**7월 18일 오후 4시**
Lindberg 박물관 큐레이터인 Sasha Romero가 12) 지역 예술가인 Dominic Pryce의 영감에 대한 이야기와 11) 풍경화 작업에 대한 질의응답 패널을 개최합니다. 이후 Pryce씨의 미공개 작품 특별 관람이 있습니다.

**8월 12일 오후 4시**
객원 학자 Simon Barnes는 Lindberg 박물관의 광범위한 현대 미술 컬렉션에 추가될 새로운 Ronan 컬렉션에 관해 연설할 예정입니다. 모든 주요 작품은 주 갤러리의 현대 섹션에 전시될 예정입니다.

**어휘** enriching 풍요롭게 하는 | exotic 이국적인 | contemporary art 현대 미술 | expertise 전문 지식 | on display 전시 중인 | inspiration 영감 | unreleased 미공개의 | afterwards 나중에 | extensive 광범위한

## 10

**해설** 박물관 운영 시간을 보면, 수요일은 평상시보다 4시간 늦은 오후 10시까지 운영한다.

**해석** Lindberg 박물관에 대해 시사된 것은 무엇인가?
(A) 학생들은 할인해 준다.
(B) 수요일에는 문을 늦게 닫는다.
(C) 외국 예술가의 작품들만 전시한다.
(D) 주말에는 문을 닫는다.

## 11

**해설** 안내에는 현대 미술인 Ronan 컬렉션과, Bruno Epstein의 조각품, Dominic Pryce의 풍경화가 언급되어 있다.

**해석** Lindberg 박물관의 전시물의 일부로 언급되지 않은 것은 무엇인가?
(A) 현대 미술 (B) 풍경화
(C) 조각품 (D) 사진 컬렉션

**12**

해설 7월 18일에 열리는 갤러리 토크에서 Pryce씨가 풍경화를 그리는 지역 예술가라는 내용이 있으므로 (D)가 정답이다.

해석 Pryce씨는 누구인가?
(A) 박물관 큐레이터　　(B) 예술 비평가
(C) 미술 교수　　(D) 예술가

어휘 critic 비평가

**13**

해설 6월 25일 프로그램은 Bruno Epstein의 삶과 경력(life and career)에 대해 다룬다는 내용이 있으므로 (A)가 정답이다.

해석 6월 발표는 무엇에 관한 것인가?
(A) 예술가의 삶과 경력　　(B) 미술품 영감
(C) 초보 예술가들을 위한 팁　(D) 질의응답 패널

**14-15**

**Nathan Chen (오전 9:03)**
만나서 Mead가 362번지에 있는 아파트에 대해 상의할 수 있을까요? 소유주들이 이달 말이 가기 전에 팔고 싶어 해요.

**Kenneth Rockwell (오전 9:07)**
15) 아침 내내 회의가 있지만 점심시간에는 괜찮아요. 오후 1시에 Laurel Café에서 만날 수 있어요.

**Nathan Chen (오전 9:14)**
좋아요. 제가 건물 서류를 가져갈게요.

**Kenneth Rockwell (오전 9:19)**
너무 스트레스 받지 마세요. 순식간에 판매하게 될 테니까요.

**Nathan Chen (오전 9:22)**
14) 고마워요. 제 멘토로서 저를 위해 해주신 모든 것에 진심으로 감사해요.

**Kenneth Rockwell (오전 9:28)**
얼마든지요. 그럼 점심에 봐요.

어휘 on the market (상품이) 시중에 나와 있는

**14**

해설 9시 22분 메시지에 all you've done for me as my mentor라고 한 것으로 보아 (A)가 정답이라는 것을 알 수 있다.

해석 Chen씨에 대해 가장 사실일 것 같은 것은 무엇인가?
(A) Rockwell씨에게 훈련을 받고 있다.
(B) 승진할 것이다.
(C) 이달 말에 이사할 것이다.
(D) 아파트를 살 계획이다.

**15**

해설 9시 7분 메시지에 I have meetings all morning, but I'll be off at lunchtime. We can meet ~으로 보아 점심시간에는 회의를 '끝내고' 나갈 수 있다는 뜻이다. 따라서 (D)가 정답이다.

해석 오전 9시 7분에 Rockwell씨가 I'll be off라고 쓴 것은 무엇을 의미하는가?

(A) 카페에 늦게 도착했다.
(B) 집에 가려고 떠났다.
(C) 회의를 취소하고 싶어 한다.
(D) 회의 참석이 끝날 것이다.

**16-18**

**Lance Nguyen (오전 10:03)**
Muller Tech의 Lance입니다. 16) 데스크톱 컴퓨터 서비스 요청(MXI90) 때문에 연락드립니다. 저는 정오부터 오후 3시 사이에 방문이 가능합니다. 괜찮겠습니까?

**Rebekah Tandy (오전 10:09)**
네, 더 정확한 시간을 알려주겠어요? 그 시간에는 직장에 있어서 집에 가려면 회사에서 나가야 하거든요.

**Lance Nguyen (오전 10:11)**
16, 17) 고객님 것을 수리하기 전에 저는 Brookdale과 Fulton에서 수리를 하고 있을 것입니다. 그게 얼마나 오래 걸릴지는 모르겠지만, 적어도 30분 전에 통보드리겠습니다.

**Rebekah Tandy (오전 10:12)**
네, 좋습니다.

**Lance Nguyen (10:15 A.M.)**
그리고 18) 방문할 때 제가 연수생 한 명 데려갈 겁니다. 제가 수리하는 동안 하드 드라이브를 교체하는 법을 보고 배울 것입니다.

**Rebekah Tandy (오전 10:18)**
예. 괜찮습니다.

**Lance Nguyen (오전 10:20)**
귀하의 주소가 Stamford, Rosemead가 422번지 맞습니까?

**Rebekah Tandy (오전 10:21)**
맞아요. 이따 봬요.

어휘 precise 정확한 | trainee 연수생, 수습직원 | replace 교체하다

**16**

해설 Nguyen씨의 첫 메시지에서 I'm contacting you in response to your desktop computer service request라고 하고, 이후 Nguyen씨의 두 번째 메시지에서 I will be doing a repair service라고 하는 것으로 보아 (B)가 정답이다.

해석 Nguyen씨는 누구일 것 같은가?
(A) 컴퓨터 영업 사원　　(B) 수리 기술자
(C) 소프트웨어 개발자　　(D) 고객 서비스 담당자

**17**

해설 10시 11분 Nguyen씨의 메시지에서 I will be doing a repair service in Brookdale and one in Fulton before yours라고 하므로 (D)가 정답이다.

해석 Nguyen씨에 대해 명시된 것은 무엇인가?
(A) 문제 해결 방법을 확신하지 못한다.
(B) 오늘 출근하지 않는다.

(C) 이 일을 시작한 지 얼마 안 됐다.
(D) 오늘 여러 개의 약속이 있다.

## 18

해설 10시 15분 Nguyen씨의 메시지에 he watches and learns how to replace a hard drive라는 내용이 있으므로 (C)가 정답이다.

해석 연수생에 관해 언급된 것은 무엇인가?
(A) 수리 과정을 감독할 것이다.
(B) 트레이너를 도울 것이다.
(C) 수리 과정을 관찰할 것이다.
(D) 직접 수리를 할 것이다.

## 19-23

Wendy Granger 매니저
캘리포니아주 로스앤젤레스 5번가 258 Willy 문구점

Granger씨께
저는 최근 귀하의 가게에서 물건을 구입했습니다. 제 영수증을 자세히 본 후 저는 스테이플러용 철침과 서류철이 추가 청구되었다는 것을 발견했습니다. 저는 확실히 세 개 물건만 샀습니다. 20) 하지만 제가 다음 날 시외로 출장을 갔기 때문에 귀하의 가게에 갈 기회가 없었습니다. 제가 물건에 대한 금액을 지불할 때 21) 계산하시는 분은 아주 친절했습니다만 금전등록기 사용에 익숙하지 않아 보였습니다. 23) 저는 지난 5년간 귀하의 가게의 서비스에 만족하고 있습니다. 저는 귀하의 가게 단골이기 때문에 귀하가 이 실수를 바로잡는 데 동의해 주시길 바랍니다. 19) 저는 그 금액을 다음에 구매할 때 사용할 수 있는 가게의 적립금으로 받았으면 합니다. 확인 후 적립금 처리를 할 수 있도록 구매 영수증을 동봉하였습니다. 다른 질문이 있으시면 brsmith@hotmail.com으로 연락주시기 바랍니다.
Brendon Smith

어휘 charge (요금을) 청구하다 | staple 스테이플러용 철침 | manila folder 서류철 | cash register 금전등록기 | patron 단골, 고객 | correct 수정하다 | store credit 가게 적립금 | verify 확인하다 | process 처리하다

**영수증**
시간: 오후 12시 40분
20) 날짜: 7월 15일 목요일

**Willy에서 쇼핑해 주셔서 감사합니다.**

| | | |
|---|---|---|
| 스테이플러용 철침 | 1박스 | 5.45 |
| 복사 용지 | 2박스 | 35.80 |
| 서류철 | 20 | 8.50 |
| 연필 | 25 | 5.25 |
| 가위 | 2 | 4.20 |
| | 총계 | 59.20 |

**WILLY 문구점**
캘리포니아주 로스앤젤레스 5번가 258
22) 전화: 286-5358 팩스: 286-5359
22) 매일 오전 9시 – 오후 9시까지 영업
22) 출납원 M. O'conner

## 19

해설 편지는 문구점 직원의 실수로 추가 청구된 금액에 대해 이야기하면서, 후반부에 I would like to receive a store credit, 가게 적립금으로 달라고 요청하고 있으므로 (C)가 정답이다.

해석 Smith씨의 편지의 목적은 무엇인가?
(A) 사무용품 주문을 취소하기 위해
(B) 환불을 요청하기 위해
(C) 초과 청구분에 대해 가게 적립금을 요청하기 위해
(D) 여행 일정표를 주기 위해

어휘 extra charge 초과 청구 | travel itinerary 여행 일정(표)

## 20

해설 영수증의 날짜가 7월 15일이고, 편지에서 다음 날 출장을 떠났다고 밝히고 있으므로 (C)가 정답이다.

해석 Smith씨는 언제 출장을 떠났는가?
(A) 7월 14일      (B) 7월 15일
(C) 7월 16일      (D) 7월 17일

## 21

해설 편지에서 계산하는 사람에 관해 she seemed unfamiliar with the cash register라고 밝히고 있으므로 (A)가 정답이다.

해석 문제의 원인이 된 것은 무엇일 것 같은가?
(A) 출납원의 경험 부족
(B) 잘못 표시된 가격
(C) Smith씨가 가게를 서둘러 나간 것
(D) 가게의 고장 난 장비

어휘 inexperience 경험 부족 | incorrectly 부정확하게 | faulty 결함이 있는

## 22

해설 영수증 끝의 사람 이름은 매니저의 이름이 아닌 출납원의 이름이다.

해석 영수증에 표시되지 않은 것은 무엇인가?
(A) 출납원의 이름      (B) 가게 영업시간
(C) 매니저의 이름      (D) 가게 전화번호

## 23

해설 편지의 중반부에 I have been very satisfied with your service for the past 5 years라고 하는 것으로 보아, 그간 문구점의 서비스에 대해 만족했음을 알 수 있다. 따라서 (C)가 정답이다.

해석 Smith씨에 대해 유추할 수 있는 것은 무엇인가?
(A) 그는 문구점에서 일한다.
(B) Willy에 여러 해 동안 가지 않았다.
(C) 전에 가게로부터 좋은 서비스를 받았다.
(D) Willy의 서비스에 만족하지 않았다.

## 24-28

아이스 스케이팅 팬 여러분!
26) 올림픽 피겨 스케이팅 선수 Tina Mori가 라이브 공연을 할 예정입니다!
Mori는 소년소녀 클럽을 위한 정기 자선행사를 위해서 공연할 것입니다.

개최지: Vally 아이스 스케이팅 링크

날짜: 27) 1월 10일 목요일, 1월 12일 토요일

시간: 오후 8시

비용: 성인 20달러 / 12세 미만 어린이 10달러

24) 티켓은 1월 9일까지 Vally 스케이팅 링크 또는 지역 내 Foodtown 점포에서 미리 구입하실 수 있습니다. 현금, 수표, 신용카드, 우편환으로 지불이 가능합니다. 또한 저희 웹사이트를 통해 신용카드로 미리 구매하실 수 있습니다. 티켓은 공연 당일 밤 선착순으로 판매될 겁니다. 24) 공연 당일 티켓 구매는 현금 25) 방식만 됩니다.
더 많은 정보는 905-227-4747로 연락하시거나, tgodford@valleyice.com.으로 Trent Godford에게 이메일을 보내주세요.

**어휘** benefit 자선 행사 | first come, first serred 선착순

---

Trent Godford
Vally 아이스 스케이팅 링크
72145 몬태나 Great Falls 2420 Civic 센터
1월 3일

Godford씨께
Tina가 우리 아이스 링크에서 공연을 하러 온다는 소식을 듣고 아주 기뻤습니다. 28) 텔레비전을 통해서 그녀가 올림픽과 국제 경기에서 경기하는 것은 봤지만, 실제로 보지는 못했습니다. 27) 저는 첫 번째 공연으로 성인 티켓 1장과 딸과 딸의 친구들을 위한 어린이 티켓 5장을 구매하고 싶습니다, 아이들은 모두 12살 아래입니다. 티켓 비용을 동봉했습니다. 티켓은 다음 주 1월 9일 링크에서 가져가도록 하겠습니다.
Veronica Shelby

**어휘** compete 경쟁하다 | pick ~ up ~을 ~에서 찾다, 가져오다

## 24

**해설** 전단지 정보에 의하면 예매는 1월 9일까지 가능하고, 공연 당일은 현금으로만 지불이 가능하다고 하므로 (A)가 정답이다.

**해석** 1월 9일 이후에는 어떻게 지불해야 하는가?

(A) 현금　　　　　(B) 신용카드
(C) 수표　　　　　(D) 우편환

## 25

**해설** 문맥상 form은 '방식'이라는 뜻으로 쓰였으므로, 선택지 중 means가 의미상 가장 가까운 단어이다.

**해석** 전단지의 11번째 줄 form과 의미가 가장 가까운 단어는?

(A) 모습　　　　　(B) 위치
(C) 방법　　　　　(D) 모양

## 26

**해설** 전단지 첫 부분에 Olympic figure skater Tina Mori will be performing live!라고 한 부분을 통해 Mori가 단독으로 공연한다는 것을 알 수 있다.

**해석** 전단지로 알 수 있는 것은 무엇인가?

(A) 티켓이 매진될 것 같다.
(B) Mori가 단독으로 공연할 것이다.
(C) 공연 하나는 오후에 있을 것이다.
(D) 공연은 올림픽 개최지에서 있을 것이다.

## 27

**해설** 전단지에서 공연이 1월 10일 목요일과 1월 12일 토요일에 열린다는 내용이 나오고, 편지에서 첫 번째 공연 티켓을 구매하고 싶다고 하므로 (A)가 정답이다.

**해석** Shelby씨는 언제 공연에 갈 계획인가?

(A) 목요일　　　　　(B) 금요일
(C) 토요일　　　　　(D) 일요일

## 28

**해설** 편지에서 Shelby씨가 I watched her ~ on TV, but I have never seen her live라고 언급한 것을 통해 그녀가 Mori를 실제로 본 적은 없다는 것을 알 수 있다.

**해석** Shelby씨에 대해 알 수 있는 것은 무엇인가?

(A) Mori를 실제로 본 적은 없다.
(B) 티켓 비용을 신용카드로 지불했다.
(C) 공연 첫날에 티켓을 가져갈 것이다.
(D) Mori의 공연을 보기 위해서 올림픽에 갔었다.

## 29-33

**Maytara 호텔 휴가 프로모션**

가족 휴가를 소중한 추억으로 남기고 싶습니까? 멀리 찾지 마십시오! 저희는 한정 기간 동안만 3박의 숙박과 무료 아침식사를 제공하는 휴가 패키지, 그리고 지역에서 가장 인기 있는 관광명소 두 곳인 Nong Nooch 식물원과 Jomtien 해변 무료 입장을 제공합니다. 또한 본인이 선택한 위치에서 찍을 수 있는 사진 패키지도 포함되어 있습니다. 이 신나는 상품을 제공하기 위해 저희는 Suay 사진과 파트너를 맺었습니다. 이 패키지를 이용하시면 전문적으로 다듬어진 최대 30개의 사진이 담긴 USB와 인화된 사진 한 장을 무료 기념 액자에 받으십니다. 궁금한 점이 있거나 예약을 원하시면 522-643-1387로 전화주십시오. 이 혜택을 받고자 하시는 손님들은 6월 10일에서 8월 24일 사이에 Maytara 호텔에 머무르셔야 합니다. 또한 30) 손님께서는 사진 촬영을 위해 도착하기 최소 5일 전에 Suay 사진에 알리셔야 합니다. 29) 추가 요금을 내시면 공항에 오는 교통편을 이용하실 수 있습니다.

**어휘** precious 소중한 | complimentary 무료의 | tourist attraction 관광지 | partner up with ~와 협동하다 | souvenir 기념품

**어휘**  edit 편집하다 | invoice 청구서 | clear 승인하다 |
transportation expenses 교통비 | botanical garden 식물원

---

**Suay 사진 청구서**

Jomtien 해변 사무실
날짜: 8월 30일
청구: Maytara 호텔

| 항목 | 수량 | 요금 | 소계 |
| --- | --- | --- | --- |
| 1시간 사진 촬영 | 27 | 150달러 | 4,050달러 |
| 사진 액자 | 27 | 60달러 | 1,620달러 |
| 배송 | 27 | 10달러 | 270달러 |
| 교통 | 1 | 33) 200달러 | 200달러 |

총: 6,140달러

**어휘**  quantity 수량 | rate 요금 | subtotal 소계 | shipping 배송

## 29

**해설**  광고의 마지막 부분에 Transportation to and from the airport can be arranged for an additional charge라는 내용이 있으므로, 공항 교통편은 추가 요금을 내야 한다는 것을 알 수 있다.

**해석**  광고에 의하면 프로모션 휴가 패키지에 포함되지 않은 것은 무엇인가?
(A) 아침 뷔페
(B) 기념품 액자
(C) 공항 교통편
(D) 관광 명소 입장

## 30

**해설**  광고 후반부에 사진 촬영을 위해 최소 도착 5일 전에 Suay 사진에 알려야 한다는 내용이 있고, 이메일의 첫 번째 단락에 Tidarat 가족에 대한 내용에서 8월 2일을 언급하고 있다. 따라서 (B)가 올바른 선택이다.

**해석**  Tidarat 가족에 대해 암시하는 것은 무엇인가?
(A) 다른 나라에서 방문했다.
(B) 7월에 Suay Photography에 연락했다.
(C) Jomtien 비치에서 사진을 찍었다.
(D) Songsorn씨로부터 추가 사진을 주문했다.

## 31

**해설**  문맥상 cleared는 비용을 '승인했다'이라는 의미로 쓰였으므로 (D)가 정답이다.

**해석**  이메일의 첫 번째 단락, 세 번째 줄 cleared와 의미상 가장 가까운 단어는?
(A) 비웠다
(B) 면제했다
(C) 생산했다
(D) 승인했다

## 32

**해설**  이메일의 마지막 문장 I'd suggest that you offer a different location than the botanical garden이라는 내용으로 보아 (C)가 정답이다.

**해석**  Songsorn씨는 무엇을 추천하는가?
(A) 프로모션이 연장되는 것
(B) Maytara 호텔의 가격을 낮추는 것
(C) 다른 관광 명소가 선정되는 것
(D) 휴가 패키지를 매년 제공하는 것

## 33

**해설**  청구서의 200달러는 교통편에 대한 요금이다. 이메일에서 Songsorn씨는 Pattaya 악어 농장을 오가는 데 든 경비를 언급하면서 이것은 그 장소에서 사진 촬영을 요청한 Tidarat 가족의 건이라고 덧붙이고 있다. (A)가 정답이다.

**해석**  Suay 사진이 Maytara 호텔에 200달러의 수수료를 부과한 이유는 무엇인가?
(A) Songsorn씨가 악어 농장으로 이동했다.
(B) Songsorn씨가 사진을 호텔로 발송했다.
(C) Tidarat 가족이 호텔 숙박을 연장했다.
(D) Tidarat 가족이 추가 사진 패키지를 요청했다.

| | | | | |
|---|---|---|---|---|
| **101** (B) | **102** (D) | **103** (B) | **104** (D) | **105** (C) |
| **106** (C) | **107** (D) | **108** (B) | **109** (C) | **110** (B) |
| **111** (A) | **112** (D) | **113** (C) | **114** (A) | **115** (C) |
| **116** (D) | **117** (D) | **118** (D) | **119** (D) | **120** (B) |
| **121** (C) | **122** (A) | **123** (A) | **124** (B) | **125** (D) |
| **126** (B) | **127** (C) | **128** (A) | **129** (B) | **130** (A) |

### 101 부사 어휘

**해설** 빈칸 뒤 '끝내다'라고 해석되므로 '거의' 끝냈다가 되어야 문장이 매끄럽다. 따라서 정답은 (B)이다.

**해석** 조수는 자료 입력이 거의 끝냈고 아마도 마감 몇 시간 전에 끝낼 수 있을 것이다.
(A) 실제로 　　　　(B) 거의
(C) 이미 　　　　(D) 항상

**어휘** assistant 조수 | deadline 마감시간

### 102 명사 어형

**해설** 문장에 접속사 but이 있고 동사는 presented와 had가 나와서 더 이상의 동사는 쓸 수 없다. 형용사 no의 수식을 받는 명사가 들어가야 하므로 정답은 (D)이다.

**해석** 디자이너는 두 개의 선거포스터 샘플을 제출하였지만, 광고부장은 선호하지 않았다.

**어휘** present 제시하다, 제출하다 | advertising 광고업 | chief 우두머리, 상사 | preference 좋아하는 | prefer ~을 선호하다 | preferable 바람직한 | preferably 가능하면

### 103 접속사, to부정사

**해설** 경쟁 업체를 이기고 점유율을 높이기 위함이라고 해석되므로 정답은 (B)이다.

**해석** 경쟁 업체를 이기고 시장 점유율을 높이기 위해 IT 회사는 신제품 개발을 가속화했습니다.
(A) ~하는 한 　　　　(B) ~하기 위하여
(C) ~에 상관없이 　　　　(D) ~하도록 하다

**어휘** competitor 경쟁자 | market share 시장 점유율 | development 개발, 발달

### 104 명사 어휘

**해설** 빈칸 뒤에 business magazine, 빈칸 앞에는 cancel이라는 힌트가 있다. 비즈니스 잡지의 '~을 해지했다'라고 해석이 돼야 하므로 정답은 (D)이다.

**해석** Mary Cain은 해외 지사로 발령받자 비즈니스 잡지 구독을 취소해야 했다.
(A) 준비, 대비 　　　　(B) 출판, 발행
(C) 설명서, 사양 　　　　(D) 구독(료)

**어휘** magazine 잡지 | assign (일, 책임 등을) 배정하다 맡기다 | overseas 해외의 | branch 지사

### 105 형용사 어형

**해설** 등위접속사 and는 앞뒤로 같은 역할을 하는 단어가 온다. and 앞, be 동사 뒤 형용사 educational이 왔으므로 같은 역할을 하는 형용사 (C)가 정답이다.

**해석** 아이들을 위한 새로운 어휘 소프트웨어의 고유 장점은 교육적이고 재미있다는 것이다.
(A) 미소 짓게 하다 　　　　(B) 재미
(C) 재미있는 　　　　(D) 재미나게

**어휘** selling point (상품의) 고유 장점 | vocabulary 어휘 | educational 교육적인

### 106 시제

**해설** 문장 끝의 shortly는 '곧'이라는 뜻을 가지고 있으며 아직 일어나지 않은 미래시제를 내포한다. 그러므로 미래시제 (C)가 정답이다.

**해석** 사내 메모에 의하면 고객 설문조사 결과가 분석되고 있으며, 조만간 회람될 것이라고 한다.

**어휘** interoffice memo 사내 메모 | analyze 분석하다 | circulate (편지 따위)를 회람시키다

### 107 형용사 어휘

**해설** 명사 agents를 꾸미는 형용사를 찾는 문제이다. '친절하고 유능한 중개인'이 해석상 가장 어울린다. 따라서 정답은 (D)이다.

**해석** Comin' Home Estate는 Mayville에서 당신의 이상적인 집을 찾도록 도와주는 친절하고 유능한 중개인들을 보유하고 있습니다.
(A) 용인되는 　　　　(B) 편한, 쾌적한
(C) 즐거운 　　　　(D) 유능한

**어휘** friendly 친절한 | agent 중개 대리인 | ideal 이상적인

### 108 부사 어형

**해설** Jean André까지 문장을 꾸며 주는 부사구를 이끌 수 있으며, 동사 designed를 수식할 수 있는 부사 (B)가 정답이다.

**해석** 프랑스 건축가 Jean André에 의해 독특하게 디자인된 이 호텔은 도시의 중심부에서 우아함과 호화로움을 제공한다.

**어휘** architect 건축가 | offer 제공하다 | elegance 우아함 | in the heart of ~의 한가운데에 | uniquely 독특하게 | uniqueness 유일함

### 109 동사 어형

**해설** 동사 start의 적절한 형태를 찾는 문제이다. 빈칸부터 콤마 전까지 문장 전체를 꾸미는 부사구이므로 동사 (A), (D)는 오답이다. '다음 주 월요일부터 시작'이라는 의미의 분사구문이 되어야 하므로 정답은 (C)이다.

**해석** 다음 주 월요일부터는 모든 직원이 사내 인트라넷을 통해 휴가 신청을 해야 합니다.

**어휘** employee 직원 | be required to ~하라는 요구를 받다 | apply for ~을 신청하다 | via ~을 통하여

### 110 동사 어휘

**해설** '비난, 비판을 맞닥뜨리다, 충돌하다'라는 의미로 이용할 수 있는 것은 meet의 과거분사인 met뿐이다. 따라서 정답은 (B)이다.

**해석** 본사를 이전하려는 항공기 제조 업체의 계획은 주주들로부터 강한 비난을 받았다.
(A) 갖다 　　　　(B) 충돌하다
(C) 보이다 　　　　(D) 가져가다

## 111 전치사 어휘

**해설** 문맥상 '전국 각지에'라고 해석되어야 한다. across the country는 '전국 각지에'라는 의미이므로 정답은 (A)이다.

**해석** 본사는 루이빌에 위치하지만, 전국 각지에 사무실이 있습니다

(A) 가로질러서 (B) 저편에, 너머에
(C) 관통하여 (D) 이내에

**어휘** headquarters 본사 | be located in ~에 위치하다

## 112 복합명사

**해설** 전치사 in 뒤에 명사 costs가 왔으므로 형용사 또는 명사가 와서 복합명사가 될 수 있다. maintenance cost는 '보수, 비용'이라는 뜻의 복합명사이다.

**해석** 지역 언론에 따르면, 고속도로 Y7의 통행료 인상은 유지 관리 비용이 크게 증가했기 때문으로 나타났다.

(A) 유지하다 (B) 계속할 수 있는
(C) 재정지원을 받는 (D) (건물 등의) 보수 유지

**어휘** toll (통행세) 요금 | hike 가격 따위의 인상 | a significant increase 상당한 증가

## 113 부사 어휘

**해설** 빈칸 뒤에는 증감을 나타내는 동사인 decline이 있다. (C) gradually는 증감 동사 수식 부사로 알맞다. 나머지는 해석이 어색하다.

**해석** 그 보고서는 향후 2년간의 실업률이 점차적으로 감소할 것으로 예상된다는 것을 보여준다.

(A) 무수하게 많이 (B) 독점적으로
(C) 점진적으로 (D) 즉시

**어휘** unemployment rate 실업률 | be expected to ~할 것으로 예상되다 | decline 감소

## 114 부사 어휘

**해설** 빈칸 뒤 명사가 없으므로 전치사 (C) toward는 오답이다. 또, 접속사도 올 수 없으므로 (D) whereas도 오답이다. 문맥상 (B) rarely보다는 (A) instead가 더 어울린다.

**해석** 상황이 진정되길 기다리고 있는 것은 아니었지만, 대신에 CEO는 그에 대한 혐의를 설명하기로 결정했다.

(A) 대신에 (B) 거의 ~않는
(C) ~을 향하여 (D) ~이기 때문에

**어휘** explain 설명하다 | allegation 혐의 주장

## 115 동명사

**해설** 동사 delay 뒤에 동사형태 (A)와 (B)는 올 수 없다. delay는 동명사를 목적어로 취하는 동사이므로 (C)가 정답이다.

**해석** 최근에 발견된 시스템 오류로 인해 비디오 게임 개발자는 새로운 소프트웨어 출시를 지연시킬 것으로 보인다.

**어휘** due to ~때문에 | discover 발견하다 | developer 개발자 | delay 지연하다 | launch 출시하다

## 116 명사 어휘

**해설** 관사 the와 전치사 of사이에 있으므로 형용사 highlighted의 수식을 받는 명사가 와야 한다. 강조된 부분을 작성해 달라는 문맥이 어울리므로 정답은 (D) 이다.

**해석** 첨부된 양식의 강조된 부분을 작성해 주시고, 첫 출근하시는 날에 가져오세요.

(A) (책의) 장 (B) 예시, 사례
(C) 배치 (D) 부분, 구획

**어휘** highlighted 강조된 | attached 동봉된 | form 양식 | employment 채용

## 117 동사 어형

**해설** 콤마(,) 사이에 있는 구는 Kurt Stein을 수식하고, 문맥상 '종종 가장 위대한 훈련 지휘자 중 한 명이라고 언급되는'이 매끄럽다. 따라서 분사형태인 (D)가 정답이다.

**해석** 종종 가장 위대한 훈련 지휘자 중 한 명이라고 언급되는 Kurt Stein의 회고록을 이달 말에 발표할 것이다.

(A) 언급하다 (B) 참조할 수 있는
(C) 위탁 (D) 언급된

**어휘** conductor 지휘자 | release 발표하다 | memoir 회고록

## 118 관계사

**해설** 빈칸 앞에 candidate가 있고 뒤에 명사와 동사가 있으므로 앞의 선행사 candidate를 꾸며 주어 '그의 전공이 전기공학인'의 뜻이 되는 소유격 관계대명사인 (D)가 알맞다.

**해석** 오랜 심사숙고 끝에 인사 부장은 전기공학을 전공한 후보자를 뽑았다.

**어휘** consideration 심사 숙고 | personnel chief 인사부장 | candidate 후보자 | electrical engineering 전기공학

## 119 형용사 어휘

**해설** policies는 '정책'을 뜻하며 and 앞의 형용사 open과 병렬을 이루어 '개방되고 투명한 정책'이라는 뜻을 이루는 (D)가 정답이다. (A)와 (B)는 같은 뜻으로 사용되므로 오답이다.

**해석** 이 회사는 개방적이고 투명한 정책 및 실천을 통해 공정하고 포괄적인 업무 공간 조성에 최선을 다하고 있다.

(A) 솔직한 (B) 솔직한
(C) 아무 잘못이 없는 (D) 투명한

**어휘** committed to ~에 전념하는 | fair 공정한 | inclusive 포괄적인 | policy 정책 | practice 실천, 관행

## 120 접속사 어휘

**해설** 해석상 '거대한 후원자를 찾지 못한다면'이 매끄러우므로 정답은 (B)이다.

**해석** 거대한 후원자를 찾지 못한다면, 비영리 단체는 오랫동안 운영되지 않을 것이다.

(A) 이래로 (B) ~하지 않는 한
(C) ~할 때까지 (D) ~에도 불구하고

**어휘** sponsor 후원자 | organization 조직, 단체, 기구 | afloat 뜬, 표류하여

## 121 부사 어형

**해설** 부사 more와 형용사 priced 사이에, 즉 부사의 수식을 받고 형용사를 수식할 수 있어야 하므로 부사인 (C)가 정답이다.

**해석** 주요 소매 체인점들은 좀 더 경쟁력 있는 가격의 상품들을 더 많은

사람들에게 제공하기 위해 여러 도시에서 새로운 매장을 열 계획이다.

(A) 경쟁 (B) 경쟁을 하는
(C) 경쟁적으로 (D) 경쟁자

**어휘** retail chain 소매 체인점 | competitively priced goods 경쟁력 있는 가격의 상품

## 122 동사 어휘

**해설** '개발을 가속화하다'의 의미가 가장 매끄러우므로 정답은 (A)이다.

**해석** 이 제안의 목적은 개발도상국의 전기발전 사업을 위한 바이오 매스 개발을 가속화하는 것이다.

(A) 가속화하다 (B) 가져오다
(C) 시행하다 (D) 수행하다

**어휘** aim 목적, 목표 | electricity generation 전기발전

## 123 전치사 어휘

**해설** 문장의 동사가 한 개이므로 접속사는 올 수 없다. 그래서 (D)는 오답이다. along with는 함께 쓰여 '~와 함께, ~에 따라'로 해석된다. 그러므로 정답은 (A)이다.

**해석** Tina's Kitchen은 아름다운 해변의 모습을 보여주고, 지역의 특산품을 사용해 다양한 종류의 세계 각국의 요리를 제공합니다.

(A) ~을 따라 (B) ~ 옆에
(C) 언제나 (D) ~에도 불구하고

**어휘** beachfront 해변, 해안지대 | international dishes 세계 각국의 요리 | local specialty 지역 특산품

## 124 명사 어형

**해설** 앞에 전치사 without이 있으므로 빈칸은 명사 자리이다. (C)와 (D)는 명사가 아니므로 오답이다. 문맥상 '권한 없이'보다 '허가 없이'가 더 알맞다. 따라서 정답은 (B)이다.

**해석** 의료 기관은 환자의 허가 없이 보험 회사에 개인 건강 정보를 공개할 수 없다.

(A) 권한 (B) 허가, 인가
(C) 권한을 부여하다 (D) 공인된

**어휘** medical institutions 의료기관 | disclose 밝히다, 폭로하다 | insurance 보험 | patient 환자

## 125 부사 어휘

**해설** 빈칸은 calculated를 수식해주는 부사 자리이다. '꼼꼼하게 계산된'이라고 해석해야 문맥상 매끄러우므로 정답은 (D)이다.

**해석** 매니저는 신입사원의 비용 절감 계획이 꼼꼼하게 계산된 것에 놀랐다.

(A) 장대하게 (B) 예절 바르게
(C) 측정할 수 있게 (D) 꼼꼼하게

**어휘** cost-reduction plan 비용 절감 계획 | calculate 계산하다

## 126 접속사

**해설** provided that은 '만일 ~이라면'이라는 뜻이다. '만일 출처를 밝힌다면 자료를 복사할 수 있다'는 의미로 (B)가 정답이다.

**해석** 이 웹사이트의 모든 자료는 출처를 밝힐 경우 비상업적 목적으로 자유롭게 복사할 수 있다.

**어휘** reproduce 복제하다, 복사하다 | non-commercial 비상업적인 | source 출처 | acknowledge 인정하다

## 127 형용사 어형

**해설** 빈칸 앞에는 부사 electrically가 있고 뒤에는 빈칸의 수식을 받는 명사 materials가 있다. 그러므로 형용사인 (C)가 정답이다.

**해석** HTO사는 30년 이상 전기 전도성 물질을 설계하고 제조하고 있다.

(A) 경영하다 (B) 경영했다
(C) 전도성의 (D) 지휘자

**어휘** manufacture 생산하다 | material 물질

## 128 명사 어휘

**해설** '100달러의 요금을 청구한다'가 되어야 한다. (C) pay는 노동의 대가인 임금의 뜻이 강하고, (D) price는 물건의 값을 나타낸다. (B) money는 '돈' 그 자체를 나타내므로 적절하지 않다. '~의 요금'이라는 의미가 되어야 하므로 (A) charge가 정답이다.

**해석** 허드슨 시립도서관의 고객은 분실된 물건에 대해 100달러의 요금이 부과됨을 알아야 한다.

(A) 요금, 대금 (B) 돈
(C) 지불, 보수 (D) 값, 가격

**어휘** patron 고객, 후원자 | aware 알아차린, 감지한

## 129 대명사

**해설** 기차에 우산을 두고 내렸기 때문에 하나 사야 하는 것이므로 잃어버린 우산은 그 전의 자기 것과 동일한 것이 아니다. 따라서 부정 대명사 (B)가 정답이다.

**해석** Ken Willis는 출근길에 자기 우산을 기차에 두고 내렸기 때문에 하루 일과가 끝날 때 새 우산을 사야 했다.

## 130 접속사 어휘

**해설** 빈칸 뒤 number는 '(숫자)에 도달하다'라는 의미로 동사로 사용되었다. '신청자 수가 500 이상이 되면'이라는 의미를 이루는 데 가장 적절한 접속사 (A) If가 정답이 된다. (B)와 (C)는 전치사이다.

**해석** 만약 지원자가 500명이 넘는다면 우리는 행사를 위해 더 넓은 장소를 예약해야 한다.

(A) 만약 ~라면 (B) ~에 대하여
(C) 비록 ~이지만 (D) 그때

**어휘** applicant 지원자 | reserve 예약하다 | venue 장소

## 131-134

다시 한 번 단종된 상품 또는 경미한 손상으로 반품된 상품을 판매하는 연례 사내 세일이 시작됩니다. 꿈꿔왔던 접이식 의자와 원예 도구, 페인트, 목재, 화장실 비품들을 얻을 수 있는 기회입니다. 이외에 더 많은 품목들을 소매 가격의 절반 이하의 직원가로 구입하실 수 있습니다. 여기에 처음 50명의 직원들에게는 총 구매액에서 15%를 할인해 드립니다. 이 장터는 1월 15일 토요일에 3번 창고에서 열릴 것입니다. 반품이 불가하므로, 구입 전에 신중하게 확인해 주십시오. 행사 중 또는 이후 반품이나 환불, 교환이 불가능합니다.

**어휘** in-house 내부의 | discontinued items 단종된 상품 | slightly damaged 경미한 손상 | acquire 습득하다 | lawn chair 접이식 의자 | lumber 목재 | fixture 시설, 비품 | purchase 구입하다 | retail price 소매 가격 | return 반품 | refund 환불

### 131 명사 어휘

**해설** 단종된 상품이나 경미한 파손으로 반품된 상품을 직원들에게 소매가의 반값에 판매한다는 공지이므로 정답은 (D)이다.

**해석** (A) 검사      (B) 재고 조사
(C) 개방      (D) 판매

### 132 부사구

**해설** 빈칸 앞에 가격이 소매 가격의 절반 가격이라 말하면서 빈칸 뒤에는 선착순 50명에게 추가 할인을 해준다고 한다. 이를 통해 원래의 혜택에 추가로 더 해준다는 의미가 되어야 하므로 정답은 (B)이다.

**해석** (A) 예를 들면      (B) 추가로
(C) 물론      (D) 반대로

### 133 문장 삽입

**해설** 빈칸 뒤에는 교환과 환불이 불가능하다고 말하므로, 앞에서 이에 관한 경고가 나올 것이라 생각할 수 있다. 따라서 정답은 (B)이다.

**해석** (A) 모든 환불 또는 교환은 구입일로부터의 원본 영수증이 필요합니다.
(B) 반품이 불가하므로, 구입 전에 신중하게 확인해 주십시오.
(C) 직원들은 상품을 반품하기 위해 신분증을 보여줘야 합니다.
(D) 손상된 상품이 발견되면 고객 서비스 카운터로 오십시오

**어휘** receipt 영수증 | process 처리하다

### 134 접속사

**해설** 선택지 중 '행사 중 또는 행사 후'라고 해석되는 (C)가 가장 적절하다.

**해석** (A) 하지만      (B) ~을 위해
(C) 또는      (D) 그래서

## 135-138

Jackson

당신에게 부탁할 것이 있는데 싫어할지도 모르겠어요. Hughes 사장이 11월 15일 이전에 카탈로그를 끝낼 수 있는지 물어봤습니다. 저는 가능한지 당신과 확인해 보겠다고 했어요. 제가 알기로 많은 팀에서 사진과 설명을 모으고 모든 것을 취합하는 게 큰 일이라고 알고 있습니다. 일주일 전이라도 카탈로그를 더 빨리 끝내도록 하는 데 걸리는 시간을 알려준다면, 정말 좋을 것 같아요. 도움이 필요하다면 임시 보조를 배정해 드릴게요.

오늘 업무 마감 전까지 알려주세요.

Russ

**어휘** description 서술, 묘사 | catalog 목록, 카탈로그 | assign 배정하다 | temporary 임시 | assistant 보조자

### 135 문장 삽입

**해설** 빈칸 뒤의 내용은 일이 어렵겠지만 가능한 빨리 끝낼 수 있는가에 대해 묻고 있다. 이를 토대로 앞서 일을 빨리 끝내라는 말을 들었다는 내용이 문맥상 매끄럽다. 따라서 정답은 (B)이다.

**해석** (A) 저는 방금 신제품 라인에 관한 마케팅 팀과의 회의에서 돌아왔습니다.
(B) Hughes 사장이 11월 15일 이전에 카탈로그를 끝낼 수 있는지 물어봤습니다.
(C) 새로 온 부사장 Whitmore씨를 위해 당신이 쓰는 사무실이 필요합니다.
(D) 그다지 성과가 없는 서북부 지역에서 판매량을 올리려고 노력하고 있습니다.

### 136 접속사 어휘

**해설** 빈칸 뒤에 절이 이어지므로 접속사가 필요하다. 동사 see와 어울리면서 '~인지'를 뜻하는 (B)가 가장 적절하다.

**해석** (A) ~와 같은      (B) 만약
(C) 그러나      (D) 언제

### 137 동사 어형

**해설** 등위접속사 and 앞의 collecting ~ various teams에 상응하는 어형이 와야 한다. 따라서 정답은 (D)이다.

### 138 동사 어휘

**해설** 빈칸 뒤에 목적어 that catalog가 오고, 목적격 보어로 동사원형인 drop이 이어진다. 따라서 5형식을 이루는 동사인 (A) make가 정답이다.

**해석** (A) 만들다      (B) 받다
(C) 제출하다      (D) 돌다

## 139-142

**가정 에너지 평가자 교육**

가정 에너지 평가자들은 Energy Plus 공인 주택 건설업체에 의해 고용됩니다. 평가자가 되기 위해서는 지역 전체의 Energy Plus 사무소 중 어느 한 곳에서 필수훈련을 수료해야 합니다. 훈련은 총 6시간이 걸리고 읽기와 강의, 시험을 합친 것입니다. 교육 주제는 가정 에너지 등급의 목적과 이점, 그리고 잠재 고객에게 이러한 점을 전달하는 방법에 대해 다룹니다. 여러분은 또한 건축 계획과 현장 검사로부터 가정 에너지 등급을 집계하는 방법을 배우게 될 것입니다. 교육 장소와 시간에 대한 자세한 내용은 웹사이트 www.energyplustraining.net을 방문하세요.

**어휘** certified 보증된 | complete 완료하다 | region 지역 | benefit 혜택, 이득 | potential customer 잠재 고객 | compile 집계하다 | field inspection 현장 검사

### 139　전치사 어휘

**해설** 빈칸 뒤에 명사 region과 어울리는 장소에 관한 전치사는 (A)와 (C)가 가능하며 '지역에 걸쳐서'라고 해석이 되어야 하므로 정답은 (C)이다.

### 140　문장 삽입

**해설** 빈칸 뒤에 교육 주제에 대해서 말하고 있다. 따라서 앞에는 교육 수료에 대한 정보인 (C)가 이어지는 것이 자연스럽다.

**해석** (A) Energy Plus의 가정용 에너지 평가는 건축가와 고객 사이에서 연락책 역할을 해야 합니다.
(B) 사무실은 모두 St. Breem 시에 있으며 기차 또는 버스로 갈 수 있습니다.
(C) 훈련은 총 6시간이 걸리고 읽기와 강의, 시험을 합친 것입니다.
(D) Energy Plus의 온라인 튜터 시스템을 통해 집에서도 훈련할 수 있습니다.

**어휘** liaison 연락 담당자

### 141　접속사

**해설** 문맥상 교육 주제로 어떠한 '방법'을 다룬다는 내용이 적절하다. 따라서 (A)가 정답이다.

### 142　동사 어휘

**해설** 목적어는 how to compile home energy ratings이며, 연수를 받는 사람이 방법에 대해 '배우는' 것이므로 정답은 (B)이다.

**해석** (A) 고려하다　　(B) 배우다
(C) 제안하다　　(D) 말하다

## 143-146

**Hudsonville 거주자 대상 최근 설문조사 결과**

Hudsonville시에 보내진 최근 설문조사에서, 도시 서비스 품질에 대해 전례 없는 수준의 만족도를 보였습니다. Hudsonville 시의회는 목요일 회의에서 그 보고서를 검토했습니다. 전반적으로 설문조사는 92퍼센트의 거주자들이 도시 서비스에 만족하는 결과를 보였습니다. 시의회의 Katherine Long은 특히 몇몇 분야에서 높은 점수를 받았다고 말했습니다. "교량과 터널 보수를 포함한 교통비와 지방 교육 지출이 가장 열렬한 반응을 받았습니다."라고 그녀는 말했습니다. 또한 이 조사는 대부분의 주민들이 다음 시의회 선거를 온라인 투표로 하는 것에 찬성하고 있음을 보여줍니다.

**어휘** latest 최근의 | survey 설문조사 | unprecedented 전례 없는 | city council 시의회 | resident 거주자 | municipal 지방자치제 | enthusiastic 열렬한, 열광적인

### 143　과거분사

**해설** 문장의 동사는 shows이므로 (A)와 (D)는 오답이다. 주어인 설문조사가 '보내진' 것이므로 과거분사인 (C)가 정답이다.

### 144　명사 어휘

**해설** 시 의회가 설문조사를 검토한다는 문맥이므로 설문조사와 의미가 상통하는 (D)가 정답이다.

**해석** (A) 적용　　(B) 기사
(C) 견적　　(D) 보고서

### 145　문장 삽입

**해설** 빈칸 다음 인용구를 말하는 사람이 she라고 나오는 것으로 보아, 빈칸의 문장에는 해당 인물이 언급되는 것이 자연스럽다. 또한 설문조사 결과에 대한 내용을 언급하고 있으므로 (B)가 가장 적절하다.

**해석** (A) 설문조사에 대한 모든 답변은 익명이므로 정직하게 평가해 주세요.
(B) 시의회의 Katherine Long은 특히 몇몇 분야에서 높은 점수를 받았다고 말했습니다.
(C) 회원들은 도시의 서비스 만족도를 높이기 위한 방안을 논의했다.
(D) 이 설문조사는 다음 주에 지역 우편함과 지역센터에 배포될 것이다.

**어휘** anonymous 익명의 | assessment 평가 | distribute 배분하다

### 146　형용사 어형

**해설** 관사 the와 명사 사이에 알맞은 것은 형용사이므로, 정답은 (C)이다.

**해석** (A) 열정　　(B) 열렬한 지지자
(C) 열광적인　　(D) 열정적으로

| | | | | |
|---|---|---|---|---|
| **147** (B) | **148** (C) | **149** (A) | **150** (B) | **151** (C) |
| **152** (B) | **153** (B) | **154** (C) | **155** (D) | **156** (D) |
| **157** (C) | **158** (B) | **159** (C) | **160** (B) | **161** (D) |
| **162** (C) | **163** (A) | **164** (B) | **165** (D) | **166** (B) |
| **167** (B) | **168** (B) | **169** (C) | **170** (B) | **171** (C) |
| **172** (A) | **173** (A) | **174** (B) | **175** (D) | **176** (B) |
| **177** (C) | **178** (B) | **179** (A) | **180** (B) | **181** (B) |
| **182** (B) | **183** (C) | **184** (B) | **185** (A) | **186** (C) |
| **187** (C) | **188** (D) | **189** (A) | **190** (B) | **191** (A) |
| **192** (C) | **193** (C) | **194** (C) | **195** (A) | **196** (D) |
| **197** (A) | **198** (C) | **199** (B) | **200** (B) | |

## 147-148

Nancy Sax (10:00)
고객에 대해 궁금한 게 있어요.

Laura Marley (10:10)
네, 물어보세요.

Nancy Sax (10:12)
계약을 재검토하고 싶어 하는 고객이 있어요. [147] 저는 우리가 보통 그렇게 하지 않는다는 것을 알지만, 당신이 이곳에서 가진 경험으로 딱 물어볼 사람이라고 생각했어요.

Laura Marley (10:20)
제가 그렇게 경험이 많은 건 아니지만, 맞아요. 우리는 재협상을 하지 않아요. 하지만 이 시점에서는 사례별로 다르겠죠. 어느 고객인지 물어봐도 될까요?

Nancy Sax (10:24)
Cooper&Cooper요. 저는 동의하지 않지만, 그들은 우리 수수료가 시장보다 높다고 느끼고 있어요.

Laura Marley (10:25)
전 그들의 장부를 잘 알지 못해요. 그저 당신이 판단력을 발휘해서 [148] 결정을 내려야 해요.

**어휘** renegotiate 재교섭하다 | contract 계약 | at this point 이쯤에서 | fee 수수료 | familiar 익숙한 | account 계좌, 장부 | judgment 판단(력) | make the call 결정하다

## 147

**해설** 10시 12분 문자에서 경험이 많은 Marley씨에게 일에 관해 물어볼 것이 있다는 취지로 이야기하고 있으므로 정책에 대한 정보를 얻기 위해서임을 알 수 있다. 따라서 정답은 (B)이다.

**해석** Sax씨의 질문 목적은 무엇인가?
(A) Marley씨와의 의견차이 때문에
(B) 정책에 대한 정보를 얻기 위해서
(C) 계약을 재협상하기 위하여
(D) 계약을 신청하려고

## 148

**해설** make the call은 '결정을 내리다'는 의미로, (C)가 정답이다.

**해석** 10시 25분에 Marley씨가 말한 make the call은 무엇을 뜻하는가?
(A) Sax씨는 고객에게 전화를 해야 한다.
(B) Sax씨는 새로운 계약을 거절해야 한다.
(C) Sax씨는 결정을 내려야 한다.
(D) Sax씨는 다른 동료에게 확인을 받아야 한다.

**어휘** deny 거절하다

## 149-150

제품에 만족하지 못하신다면, 전액 환불을 받으실 수 있습니다. [149] 고객지원센터 1-800-555-8787로 문의하시기 바랍니다. (연중무휴) 반품 승인(RA)을 발급할 수 있도록 문제에 관해 기술하는 짧은 메시지와 귀하의 이메일 주소를 요청할 수 있습니다.

모든 반품에 다음 조건이 적용됩니다.
− 구매 영수증 사본을 첨부해야 합니다.
− 모든 원본 포장을 포함해야 합니다.
− 환불 전에 물품을 반품해야 합니다.
− RA는 발행일로부터 한 달간 유효합니다.

[150] 귀하의 RA는 포장 및 배송 안내를 포함합니다. 배송료는 최대 50파운드까지 선불입니다. 50파운드 이상이면 고객지원팀에 문의하시기 바랍니다. 당사 웹사이트에서 전액 환불정책을 보실 수 있습니다. 정품 구매 영수증이 포함되어 있다면 당사의 소매점에서 반품하실 수 있습니다.

**어휘** eligible (조건이 맞아) ~을 할 수 있는 | following 다음의 | packaging 포장 | date of issue 발행일 | retail location 소매점

## 149

**해설** 고객지원센터에 연락하라고 하므로 정답은 (A)이다. customer support를 correct department로 바꾼 점에 주의한다. (D)에 관한 점도 지문 마지막에 나오지만 그것에만 국한된 것은 아니므로 (D)는 오답이다.

**해석** 고객은 어떻게 환불받을 수 있는가?
(A) 올바른 부서에 연락한다.
(B) 회사 이메일을 보낸다.
(C) 물품을 반송한다.
(D) 직접 상점을 방문한다.

## 150

**해설** Your RA will list packaging and shipping instructions를 통해 포장과 배송에 관한 안내를 포함한다는 것을 알 수 있다. 따라서 How to send a product back으로 말을 바꾼 (B)가 정답이다.

**해석** 반품 승인에는 어떤 정보를 포함하는가?
(A) 환불받는 방법
(B) 제품을 반품하는 방법
(C) 환불 요청 시 포함되어야 할 사항
(D) 손상된 제품을 가져오는 장소

## 151-152



**어휘** philosophy 철학 | believe in ~이 옳다고 생각하다 | individual 개인 | decade 10년 | insurance plan 의료 보험 | appointment 약속, 예약

### 151

**해설** 첫 문장 who wanted to offer a new approach to health care를 통해 (C)가 정답임을 알 수 있다.

**해석** Western Health Care는 어떤 서비스를 제공하는가?
(A) 건강 보험
(B) 의학 연구
(C) 의료
(D) 처방전

### 152

**해설** We still believe in treating people as individuals를 통해, 개개인 맞춤 치료를 하고 있다고 강조하고 있으므로 정답은 (B)이다.

**해석** 웹사이트에서는 Western Health Care의 접근법을 어떻게 묘사하는가?
(A) 최첨단이다.
(B) 개인에게 맞춘다.
(C) 과학적이다.
(D) 독특하다.

## 153-154



**어휘** resurface 재포장하다 | serve 응대하다 | as usual 평상시처럼 | neighboring 인접한 | limit 제한하다 | additional 추가적인 | on hand 구할 수 있는 | in case ~할 경우에 대비해

### 153

**해설** 주차장 재포장 공사로 인한 주차와 서비스 이용을 안내하는 공고문으로, 고객을 대상으로 하고 있으므로 정답은 (B)이다.

**해석** 이 공고문의 대상은 누구인가?
(A) 시공자
(B) 고객
(C) 배달 담당 직원
(D) 매장 점원

### 154

**해설** 세 번째 문단에서 in case customers require help bringing their purchases to their vehicles라고 하므로 도움을 주는 것을 offering help로 표현한 (C)가 정답이 된다.

**해석** 1월 7일부터 10일까지 추가 직원들이 어떻게 고객을 도울 것인가?
(A) 질문이나 용무에 대답한다.
(B) 구매품을 배달해 준다.
(C) 차량까지 도움을 제공한다.
(D) 대신 주차해 준다.

## 155-157



**어휘** make note of ~을 기록해 두다 | up to ~까지 | representative 담당자 | paid time off 유급 휴가 |

designation 지정, 명칭 | accumulate 축적하다 | reset
재시작하다 | unforeseen circumstances 예상치 못한 상황 |
adhere to ~을 충실히 지키다

## 155

**해설** 원래는 주 40시간 이상 근로자들만 복지제도의 혜택을 받았지
만 바뀐 정책에 의해 주 32시간 근무자들도 포함된다고 하므
로 혜택을 받는 직원이 늘 것이라는 말과 같다. 따라서 정답은
(D)이다.

**해석** 직원 복지제도는 어떻게 바뀌는가?
(A) 새 공급 업체로 바뀐다.
(B) 20퍼센트가 삭감될 것이다.
(C) 연공 서열에 따라 달라진다.
(D) 혜택을 받는 직원들이 늘어난다.

## 156

**해설** 두 번째 단락을 통해 (A), (B), (C)가 사실임을 알 수 있다.
(D)에 해당하는 정보는 나타나 있지 않다.

**해석** 유급 휴가에 대해 옳지 않은 것은 무엇인가?
(A) 직원들은 휴가를 돈으로 바꿀 수 있다.
(B) 연말에 만료된다.
(C) 카테고리가 축소되었다.
(D) 새로운 규칙에는 예외가 없다.

## 157

**해설** 세 번째 단락의 unforeseen circumstances가 unexpected
travel condition으로 바뀌어 표현된 (B)가 정답이다.

**해석** 정보에 따르면 누가 초과근무를 요청할 수 있는가?
(A) 특수 업무에 종사하는 직원
(B) 예상치 못한 출장을 가는 직원
(C) 외국으로 출장을 가는 직원
(D) 중앙 사무실에서 근무하는 직원

## 158-160

수신: 전 직원
발신: John Logan 현장 소장
날짜: 1월 4일
제목: 연례 본사 방문

다음 주 내내 본사에서 방문객이 옵니다. **158)** 일부 부서에 지장을 초래할
수 있지만, 반드시 방문객들의 편의를 위해 모든 노력을 다해야 합니다.
특별 프로젝트 그룹은 최소한 세 명이 방문할 것입니다. 그 이상일 수
있습니다. 알아내자마자 말씀드리겠습니다. 많은 사람들이 여러분이
어떻게 일을 하고 있는지 보고 싶어 합니다. 왜냐하면 회사에서 가장 높은
관심을 갖는 연구이기 때문입니다.
**159)** 기획팀과 운영팀은 주중에 근무하는 전문가가 부서당 한 명씩 있을
것입니다. 이 사람은 추가 인력으로 활동할 것이며, 특별 대우를 기대하지
않습니다. 이것은 부서 효율성을 살펴보는 회사의 방식입니다.
일련의 엔지니어들이 총개발부를 방문할 것입니다. **160)** 몇몇은 그냥
관찰만 할 것이고, 몇몇은 프레젠테이션을 할 예정입니다. 가능해지면
더 많은 정보를 제공해 드리겠습니다. GD그룹에 대한 몇몇 발표는 다른
부서에 유용할 것이고, 따라서 참석을 추천합니다.
월요일 업무 후 회의실에서 방문객들을 환영하는 시간이 있을 것입니다.
모두 참석하시기 바랍니다.

**어휘** disruptive 지장을 주는 | absolutely 전적으로 | specialist
전문가 | function 기능을 하다 | special treatment 특별 대우 |
efficiency 효율 | attendance 참석

## 158

**해설** 첫 번째 문단의 this may be disruptive를 interrupt로 표현
한 (B)가 정답이다.

**해석** 메모에서 방문과 관련해 가능한 문제점을 어떻게 묘사하는가?
(A) 바쁜 시간에 방문한다.
(B) 일부 작업에 방해가 될 수 있다.
(C) 작업을 완전히 폐쇄시킬 수 있다.
(D) 초과 근무가 필요할 것이다.

**어휘** interrupt 방해하다 | shut down 폐쇄하다

## 159

**해설** 세 번째 문단에서 기획팀과 운영팀이 전문가를 고용한다고 하
므로 정답은 (C)이다.

**해석** 어떤 부서가 임시 추가 직원을 받을 것인가?
(A) 공학부                    (B) 총개발부
(C) 운영부                    (D) 특별 프로젝트 그룹

## 160

**해설** 4번째 단락 Some are scheduled to make presentations
에서 some이 나타내는 것은 a series of engineers이다. 따
라서 정답은 (B)이다.

**해석** 누가 총개발부에 발표를 할 것인가?
(A) 기획전문가                (B) 몇몇 엔지니어들
(C) 연구전문가들              (D) 회사의 수장

**161-163**

수신: Frank Woods 〈frank-wo@bil.com〉
발신: Bob Landers 〈bob-la@bil.com〉
날짜: 2월 22일 월요일
제목: 추천서

좋은 아침, Frank
즐거운 주말을 보내고 월요일을 산뜻하게 출발하길. 그냥 참고만 해.
공급업체들이 우리의 제안을 기꺼이 받아들였어. 그래서 의논을 위해 오늘
이따가 회의를 준비했어.
지난 주말에 우리 가족이 이사한 것을 기억해? **162)** 우리는 오래된
주방용품을 치우고 새집에 새 물품을 사기로 했어. 하지만 중고물품은
어떻게 하겠어? 몇 시간 동안 인터넷을 검색하다가 우리가 찾고 있는 것을
정확하게 제시한 사람을 찾았어. 곧바로 전화했더니 그가 다음날 저녁에
모든 것을 처리해 주었지. 꽤 괜찮은 가격이었어! **163)** 가장 좋았던 것은 내
마음의 짐을 덜고 짐이 많지 않아서 이사가 식은 죽 먹기였다는 거야.
네가 새 가전제품을 사고 싶다고 말했잖아. **161)** 오래된 물건들을 치우려면
너희들에게 괜찮은 선택이 될 수 있을 거 같아. 그 남자의 이름은 Rich
Cooper고, 전화번호는 045-555-435번이야.
도움이 되길 바란다!

Bob

**어휘** FYI 참고해, 너를 위한 정보(For Your Information) | supplier
공급업체 | straight away 즉시, 지체 없이 | decent price
괜찮은 가격 | take a load off one's mind 마음의 짐을 덜다 |
breeze 식은 죽 먹기 | stuff 물건 | get rid of ~을 치우다

## 161

**해설** 자신이 사용했던 서비스를 소개하면서 세 번째 단락에서 좋은
선택이 될 것이라고 말하고 있다. 첫 단락에서 업무에 대해 이
야기하고 있지만 주요한 내용은 아니므로 (C)는 오답이다. 따
라서 정답은 (D)이다.

**해석** Landers씨가 이메일을 보낸 목적은 무엇인가?
(A) 자기 사업을 홍보하기 위해
(B) 이사 하는 데 도움을 요청하려고
(C) Woods씨에게 회의에 대해 알려주려고
(D) Woods씨에게 업체를 추천하려고

## 162

**해설** 두 번째 문단에서 get rid of some of the old kitchen stuff
를 통해 오래된 물건을 치우는 거래를 했다는 것을 알 수 있다.
판매했다는 정보는 없으므로 (D)는 오답이다. 따라서 정답은
(C)이다.

**해석** Landers씨는 어떤 종류의 서비스를 이야기하는가?
(A) 구매 서비스　　　(B) 피팅 서비스
(C) 제거 서비스　　　(D) 판매 서비스

## 163

**해설** 두 번째 문단 마지막 줄에서 물건 처리에 대한 마음의 짐을 던
것과 이사를 쉽게 할 수 있어서 좋았다고 한다. 따라서 정답은
(A)이다.

**해석** Landers씨가 서비스에 대해 가장 좋아했던 것은 무엇인가?
(A) 이사를 쉽게 했다.
(B) 값이 쌌다.

(C) 찾기 쉬웠다.
(D) 빨랐다.

**164-167**

수신: Tom Dudson 〈tom_dudson@ac.jerzee.com〉
발신: Nancy Low 〈nancy_low@ac.jerzee.com〉
날짜: 12월 15일
제목: 기술 질문

안녕, Tom
주말은 어떻게 보냈어요? 너무 바쁘지 않았으면 하네요!
**164)** 저 좀 도와줄 수 있어요? 주소록에 새 그룹을 추가하는 방법을
알아내려고 고심하고 있어요. 프로그램을 샅샅이 찾아봤지만 지금까지
운이 없네요. **165)** 온라인상에서도 찾아봤지만 우리가 사용하는 시스템은
너무 낡고 구식이어서 그런지 정보가 없어요.
**167)** 이 문제뿐만이 아니에요. 일정을 제대로 입력할 수도 없고, 방
예약을 변경하려면 손이 많이 가요. **166)** 소프트웨어 업데이트에 관해
Greene씨와 이야기해야 하지 않을까요? 그렇게 하면, 우리는 시간과
에너지와 노력을 아껴 계좌 같이 훨씬 더 나은 곳에 사용할 수 있을
거예요!
어쨌든, 시간이 나지 않으면, 괜찮아요. 이메일을 개별적으로 보내면 돼요.
하지만 도와주면 엄청나게 도움이 될 거예요!

Nancy

추신: 길 모퉁이에 있는 New Deli가 먹고 싶으면 언제든 알려주세요.
Patricia와 저는 당신이 좋다면 언제든지 준비가 되어 있어요.

**어휘** lend a hand 돕다 | rack one's brain 머리를 짜내다 | figure
out 생각해 내다 | address book 주소록 | individually
개별적으로 | massive 크고 묵직한 | favor 호의, 친절

## 164

**해설** I wonder if you could lend a hand with something?이
라고 말하며, 주소록에 새 그룹을 추가하는 것에 애를 먹고 있
다고 말하고 있다. 따라서 정답은 (B)이다.

**해석** Dudson씨가 부탁받은 것은 무엇인가?
(A) 시스템 업데이트 확인하기
(B) Low씨의 주소록을 업데이트하도록 돕기
(C) 오래된 주소 검토하기
(D) 동료들의 점심을 주문해 주기

**어휘** look through 검토하다

## 165

**해설** the system we are using is so old and out-of-date를 통
해 정답은 (D)이다.

**해석** Low씨에 따르면, 무엇이 문제를 일으켰는가?
(A) 네트워크의 버그
(B) 제한된 보관 공간
(C) 회계 소프트웨어
(D) 오래된 시스템

## 166

**해설** Perhaps we should speak to Mr. Greene about
updating the software?를 토대로 소프트웨어 업데이트는

Greene씨가 담당하는 것을 알 수 있다. 따라서 정답은 (B)이다.

**해 석** 누가 소프트웨어의 업데이트를 담당하는가?
(A) Dudson씨　　　　(B) Greene씨
(C) Low씨　　　　　(D) Patricia

## 167

**해 설** 주어진 문장 뒤에는 추가적인 문제점에 대해 밝히고 있을 가능성이 높다. [2]번 I also couldn't input ~ or amend ~라고 밝히고 있다. 따라서 정답은 (B)이다.

**해 석** [1], [2], [3], [4] 중에서 다음 문장이 들어가기에 가장 적합한 곳은 어디인가?
"이 문제뿐만이 아니에요."

## 168-171



**어 휘** break ground 공사를 시작하다 | construction 공사 | multifaceted 다각적인 | brainchild 발명품 | architect 건축가 | residential 주거의 | unprecedented 전례 없는 | outdated 낡은 | completion 완료 | estimate 추정

## 168

**해 설** 다섯 번 째 문단의 A time of completion estimate has not been announced yet을 통해 완료일이 발표되지 않았다는 것을 알 수 있다. 따라서 정답은 (B)이다.

**해 석** 프로젝트에 대해 발표되지 않은 것은?
(A) 건축가　　　　　(B) 완공 일자
(C) 시설물의 특성　　(D) 시설의 크기

## 169

**해 설** 두 번째 단락의 마지막 줄에 unprecedented가 pioneering으로 표현된 (C)가 정답이다.

**해 석** 기사에서 프로젝트를 어떻게 묘사하는가?
(A) 흔하다.　　　　　(B) 과도하다.
(C) 선구적이다.　　　(D) 비판적이다.

## 170

**해 설** 세 번째 단락 첫 문장에서 Incentives from state and city government allowed this project to happen을 통해 정부 기관의 도움이 있었음을 알 수 있다. 따라서 정답은 (B)이다.

**해 석** 프로젝트는 어떻게 성사되었는가?
(A) 기업의 자금　　　(B) 정부 보조금
(C) 세금 인상　　　　(D) 투표자 의견

## 171

**해 설** 주어진 문장에서 This가 나타내는 적절한 것을 찾는다. [3]번 앞에 A large green space is being created as well이라고 언급되고 있으므로 주어진 문장은 그다음이 자연스럽다.

**해 석** [1], [2], [3], [4] 중에서 다음 문장이 들어가기에 가장 적합한 곳은 어디인가?
"이 공간은 더 많은 공원에 대한 시의 요구를 충족시킵니다."

## 172-175



**어 휘** workable 실행 가능한 | scratch 제외하다 | objection 이의 | flexible 융통성 있는 | casual 격식을 차리지 않는 | blueprint 청사진 | two cents 의견, 견해

## 172

**해 설** 11시 37분 메시지 This week would be better를 통해 가장 이상적인 것은 이번 주임을 알 수 있다. 다음 주 월요일은 이들이 실제 만나는 날이다. 정답은 (A)이다.

**해 석** Anderson씨는 Baldwin씨와 Rassen씨를 언제 만나고 싶어 하는가?
(A) 이번 주
(B) 다음 주 월요일

(C) 다음 주 수요일
(D) 다음 주 금요일

**173**

해설 11시 40분 메시지 I'm in Clarksdale for a meeting Friday morning을 통해 Baldwin씨가 금요일 오전에 회의가 있다는 것을 알 수 있다. 따라서 정답은 (A)이다.

해석 왜 금요일 아침에 회의를 할 수 없는가?
(A) Baldwin씨가 이 사무실에 없어서
(B) Rassen씨가 약속이 있어서
(C) 회의실이 사용될 것이라서
(D) 그때까지 필요한 데이터를 준비하지 못해서

**174**

해설 11시 45분 Jennifer Rassen이 Monday is flexible for me 라고 말한 것에 동조한 것으로, Baldwin씨도 월요일이 시간이 된다고 말한 것과 같다. 따라서 정답은 (B)이다.

해석 11:46분에 Baldwin씨가 말한 Same here는 무엇을 뜻하는가?
(A) 똑같은 반대 의견을 가지고 있다.
(B) 월요일에 시간이 있다.
(C) 아무것도 변하지 않을 것을 알고 있다.
(D) Rassen씨의 프로젝트를 지원한다.

**175**

해설 11시 48분에 메시지에서 프레젠테이션 후 둘의 의견을 묻고 싶다고 한다. two cents가 input으로 표현된 (B)가 정답이다.

해석 Anderson씨는 Rassen씨와 Baldwin씨에게 무엇을 원하는가?
(A) Clarksdale 방문에 대한 의견
(B) 일부 계획에 대한 조언
(C) Watershed에 대한 계획
(D) 일부 계획에 대한 수정안

어휘 input 조언 | revision 수정

## 176-180

| | GO GREEN 연례 총회의 | |
|---|---|---|
| 09:00–09:30 | 등록 | |
| 09:45–10:15 | 환영사 | 176) Go Green 의장 Jennifer Frezo |
| 10:15–10:50 | 세계의 환경 인식 수준(GAL) | Go Green 연구원 Richard Hatter |
| 10:50–11:00 | 휴식 | |
| 11:00–12:00 | GAL의 변천사 | 180) 핀란드대 교수 Daso Wend |
| 12:00–13:30 | 점심 | |
| 13:30–14:00 | 177) 어떻게 GAL을 늘릴 것인가 | Green 운동가 Rosie Pointer |
| 14:00–14:30 | 모든 연설자들과 공개 토론 | 환경운동가 Kent Long 사회 |
| 14:30–15:00 | 친목 시간 | |
| 15:00–15:15 | 폐회사 | Go Green 의장 Jennifer Frezo |

어휘 panel discussion 공개 토론회 | moderate (토론에서) 조정하다

수신: 전 회원 〈newsletter@group.gogreen.co.uk〉
발신: Jennifer Frezo 〈jennifer-president@gogreen.co.uk〉
날짜: 1월 25일
제목: 연례 총회의

동료 및 Go Green 회원분들께
올해 Go Green 총회가 빠르게 다가오는 가운데, 지금까지 순조롭게 준비되고 있습니다. 장소는 작년보다 상당히 개선되었고, 그 어느 때보다도 많은 참석자들이 함께할 것입니다. 우리에게는 아주 평판이 좋은 발표자들이 있으며, 이 분야에서 뛰어난 성과를 거둔 Pointer씨를 환영하는 특권이 있습니다.
Wend씨가 합류하기를 기대했지만, 핀란드의 불안정한 날씨 때문에 오실 수 없다는 것을 어제 알았습니다. 178) Wend씨는 이 분야에서 세계적인 전문가이며, 총회의에서 이 부분은 참석자들이 쇠퇴하는 환경적 상황을 완전히 이해하도록 도움을 주는 데 있어서 매우 중요하기에 아주 불행한 일입니다.
이와 관련하여, 179, 180) 이 지역에서 적절한 교체 발표자가 될 수 있는 사람을 아신다면 연락해 주세요. 현재로서는 총회의 전까지 일주일이 남았고, 주요 발표자 중 한 명이 줄었습니다.
조속한 회신을 기대합니다.

Go Green 의장 Jennifer

어휘 approach 다가오다 | venue 장소 | privileged 특권을 가진 | unstable 불안정한 | vital 필수적인 | attendee 참석자 | comprehend 이해하다 | decline 쇠퇴하다 | in light of this ~로 비추어 볼 때 | adequate 충분한

## 176

**해설** 첫 번째 지문의 시간표를 보면 Jenifer Frezo가 환영사를 하는 것을 알 수 있다. 그러므로 정답은 (B)이다.

**해석** 총회의에 누가 처음 모습을 보일 것인가?
(A) Daso Wend
(B) Jennifer Frezo
(C) Richard Hatter
(D) Rosie Pointer

## 177

**해설** 첫 번째 지문에서 알 수 있는 Pointer씨의 발표 주제는 How we can increase the GAL이다. 따라서 increase를 get up으로 표현한 (C)가 정답이다.

**해석** Pointer씨는 회의에서 무엇에 대해 말하는가?
(A) 변화하는 환경 문제 인식 단계의 원천
(B) 현재의 세계적인 환경 문제 인식 수준
(C) 현재의 환경 인식 수준을 높이는 방법
(D) 수년간 환경 인식 수준이 변한 방식

**어휘** current 현재의

## 178

**해설** 이메일의 중반에 Mr. Wend is a world-renowned expert 라고 소개하고 있다. world-renowned를 internationally famous로 표현한 (B)가 정답이다.

**해석** Frezo씨가 Wend씨에 대해 뭐라고 말하는가?
(A) 필리핀 사람이다.
(B) 국제적으로 유명하다.
(C) 매우 재능이 넘친다.
(D) 회의에 참가할 것이다.

## 179

**해설** 이메일의 후반에 if anyone knows a person who could be an adequate replacement speaker in this area, please get in touch라고 말하고 있다. adequate replacement speaker가 another suitable speaker로 표현된 (A)가 정답이다.

**해석** Frezo씨는 이메일에서 무엇을 요청하는가?
(A) 다른 적합한 화자에 대해 통보할 것
(B) 변경 사항에 대해 통보할 것
(C) 회의 장소를 통보할 것
(D) 참석자 수를 알려줄 것

**어휘** notify 알리다

## 180

**해설** Wend씨를 대체하는 발표자이므로 첫 번째 지문에서 Wend씨의 연설 시간을 찾으면 된다. 따라서 정답은 (B)이다.

**해석** 교체 발표자는 언제 연설할 가능성이 높은가?
(A) 10:15
(B) 11:00
(C) 13:30
(D) 14:00

## 181-185

**Horizon Mobile Technology**

1월 30일

주간 판매 보고서

휴대전화 및 태블릿 — 전 지점

| 상품 | 월 | 화 | 수 | 목 | 금 | 총계 |
| --- | --- | --- | --- | --- | --- | --- |
| 184) Z10 태블릿 | 15 | 27 | 5 | 22 | 25 | 94 |
| 184) Z25 태블릿 | 10 | 15 | 10 | 20 | 22 | 77 |
| Geo 전화 | 100 | 57 | 66 | 150 | 90 | 463 |
| 181) Neo 전화* | 120 | 120 | 121 | 120 | 120 | 601 |
| 183) Neo Lite 전화* | 220 | 200 | 175 | 150 | 150 | 895** |
|  | 465 | 419 | 182) 377 | 462 | 407 | 2130 |

지난주 대비 총액 비율: 18% 상승

* 일주일 내내 Neo와 Neo Lite 가격 하락

**Neo Lite가 새 판매 기록을 세웠음

**어휘** previous 이전의

수신: Michelle Collins 〈michellec@horizon.com〉
발신: Wilson James 〈wilson@horizonretail.com〉
날짜: 1월 31일
제목: 주간 소매 판매 보고서 — 추가 정보

Collins씨

저희가 발송한 주간 소매 판매 보고서를 받으셨기를 바랍니다. 183) 확실히 몇몇 결과들(마지막 줄은 뜻밖의 기쁨이었습니다. 일부 다른 제품들은 재편성의 필요성을 볼 수 있습니다.
184) Neo제품군과 Z제품군 모두에서 '더 저렴한' 모델이 비싼 모델보다 많이 팔리고 있습니다. 분명 한 주짜리 보고서일 뿐이지만 저는 잠재적인 추세로 볼 가치가 있다고 생각합니다. 사람들은 더 나은 구매를 하기 위해 사용하지 않는 기능은 선택하지 않는 경향이 있습니다.
185) Geo 판매 수량은 지난 6주간 바뀌지 않아서, 현재 전략이 효과적이지만 리뉴얼 같은 것을 할 필요가 있다고 생각합니다.
이는 소매 부서 직원으로서 저의 관찰입니다. 잠시 몇 가지 아이디어를 보낼 시간이 있다면 회사를 위한 전략에 대해 조언을 듣고 싶습니다.
감사합니다.

Wilson James
리테일 부사장

**어휘** shakeup 대대적인 개혁 | outsell 더 많이 팔다 | counterpart 상대 | potential 잠재적인 | inclined ～하는 경향이 있는 | sacrifice 희생하다 | strategy 전략 | renewal 갱신

## 181

**해설** Neo 전화의 판매량은 큰 변화가 없는 것으로 보아 정답은 (B)이다.

**해석** 보고서에 따르면, Neo phone에 대해 사실은 무엇인가?
(A) 주 초에 매출이 더 높았다.
(B) 가장 일관된 매출을 올렸다.
(C) 가장 저렴한 제품이다.
(D) Neo Lite를 능가했다.

**어휘** consistent 일관된

## 182

**해설** 보고서에서 표의 맨 아래 칸이 요일별 총 판매 수량이다. 377개로 가장 적은 (B)가 정답이다.

**해석** 언제 총 매출액은 가장 낮았는가?

(A) 화요일
(B) 수요일
(C) 목요일
(D) 금요일

## 183

**해설** 이메일의 첫 번째 문단에서 some of the results (the last row) were a pleasant surprise라고 말하고 있다. the last row는 표에서 Neo Lite Phone을 나타내고 있다. 정답은 (C)이다.

**해석** James씨는 어떤 제품의 판매 결과에 놀랐는가?

(A) Geo
(B) Neo
(C) Neo Lite
(D) Z25

## 184

**해설** 보고서의 표에서 Z10이 Z25보다 판매 개수가 많은 것을 확인할 수 있다. 그리고 이메일의 두 번째 단락에 the "lighter" models in both the Neo and the Z lines are outselling their higher-priced counterparts로 보아 Z10이 Z25보다 저렴한 것을 알 수 있다. 따라서 정답은 (B)이다.

**해석** 이메일에 따르면, Z10에 대해 가정할 수 있는 것은 무엇인가?

(A) Z25보다 많은 기능이 있다.
(B) Z25보다 저렴하다.
(C) Z25보다 신제품이다.
(D) 시장에서 가장 잘 팔린다.

## 185

**해설** 이메일 3번 째 단락에서 언급된 Geo 제품에 대한 renewal이 문제에서는 changes로 바꿔서 표현되었다. 따라서 정답은 (A)이다.

**해석** James씨가 생각하는 교체해야 하는 기종은 무엇인가?

(A) Geo 전화
(B) Neo 전화
(C) Z10 태블릿
(D) Z25 태블릿

## 186-190

**성인을 위한 3주 세금 전문가 과정**

여러분은 올해 세금 업무를 직접 하고 싶으실 것입니다. 여러분은 작은 사업체나 개인 신탁을 위해 세금 업무를 보고 싶으실 것입니다. 여러분은 세금을 올바르게 지불하고 있는지 확인하고 싶으실 것입니다. 이유가 무엇이든지 간에, **187)** 3주간의 세금 전문가 코스는 여러분이 프로처럼 세금을 처리할 수 있는 수단을 제공할 것입니다.

본 과정을 통해 공인회계사(CPA)가 청구한 모든 정보를 보고, 공제, 면제 및 모든 팁을 받을 수 있습니다! **186)** 강사인 Linda Reed는 본인이 공인회계사입니다. 세금은 위협적이지만, 거래의 도구를 알고 있다면 복잡하지 않습니다. 이 과정은 여러분들이 필요 이상으로 돈을 내지 않도록 충분한 도구를 주도록 고안되었습니다.

이미 세금 소프트웨어를 사용하고 있다고 해도, 여러분이 무엇을 찾아야 할지 모른다면 전액 환불을 받지 못할 것입니다. 이 특별한 과정을 통해 지식을 넓히고 정부로부터 돈을 되찾으세요. **188)** CCC 졸업생들은 할인됩니다.

중앙 캠퍼스 Miller홀 10번 강의실에서 **187)** 화요일과 목요일 저녁 7시~9시에 진행됩니다.

**어휘** tackle 씨름하다 | deductions 공제 | exemption 면제 | intimidating 위협적인 | alumni 졸업생

---

**성인 교육 과정 신청서**

Collins 지역 대학

| 이름 | Mike Caswell | 전화 | 202-555-4646 |
|---|---|---|---|
| 주소 | 2120 5th St, Collins, OR 97432 | 이메일 | mc@w122.net |
| 과정 | 3주 세금 전문가 | 참조번호 | Econ 22A |
| 날짜 | **189)** 1월 4일 ~ 1월 25일 | | |

| 현재 CCC 학생입니까? | 아닙니다. |
|---|---|
| CCC 대학원생입니까? | 아닙니다. |
| 학위 프로그램에 관심이 있으십니까? | 현재는 아닙니다. |
| 수업료 지원이 필요합니까? | 아니오. |

---

Caswell씨

저희의 성인 교육 프로그램에 대한 세금 전문가 과정에 대한 귀하의 관심과 지원에 감사드립니다. 답장이 너무 늦어서 죄송합니다만, **189)** 신청하신 과목은 마감되었습니다.

저희는 겨울 내내 이 과정을 제공합니다(세금 시기까지). 따라서 다음 주부터 시작하시기 원한다면 현재 지원서를 사용하여 등록시켜 드리겠습니다. 신청하신 과정의 다음 주부터 시작하는 강좌와 다음 달 초부터 시작하는 강좌, 그리고 그다음 달 초부터 시작하는 과정도 있습니다.

이 과정은 매우 인기가 있기 때문에 등록하기를 원한다면 가능한 한 빨리 하시길 권합니다. 제 직통전화는 212-555-0001입니다. **190)** 8시부터 4시 사이에 전화해 주시거나, 가능하면 이메일로 연락 주시기 바랍니다. Collins 지역 대학에 관심을 가져 주셔서 다시 한 번 감사 드립니다.

Denise Wang 교무과 대리
Collins 지역 대학

**어휘** full 가득 찬 | enroll 등록하다 | registrar 교무과장

## 186

**해설** 첫 번째 지문에서 Linda Reed를 찾는다. a CPA herself라고 하므로 Linda는 공인회계사이다. 따라서 정답은 (C)이다.

**해석** Linda Reed는 누구인가?

(A) 대학 행정원
(B) 금융 분석가
(C) 전문 회계사
(D) 경제학자

**어휘** administrator 관리자, 행정인

## 187

**해설** 첫 번째 지문의 마지막에 Offered Tuesday and Thursday evenings, 7:00-9:00으로 보아, 주 2회이며, 이 과정은 3주 수업이다. 따라서 총 6개 수업으로 이루어진다고 계산되므로 정답은 (C)이다.

**해석** 하나의 강좌는 몇 개의 수업으로 이루어져 있는가?

(A) 2
(B) 3
(C) 6
(D) 8

## 188

**[해설]** 첫 번째 지문에서 Discounts available for CCC alumni라고 했으며, 두 번째 지문 양식에서 Caswell씨가 CCC에서 수업을 받은 적이 없다고 했기 때문에 할인을 받지 못한다. alumni가 former student로 표현된 (D)가 정답이다.

**[해석]** Caswell씨는 왜 강좌수강료를 할인받을 자격이 없는가?
(A) 이미 대학 학위를 가졌기 때문에
(B) CCC에 다녔기 때문에
(C) 회계 경험이 없기 때문에
(D) 그 대학을 다니지 않았기 때문에

**[어휘]** ineligible 자격이 없는 | price break 가격 인하

## 189

**[해설]** 이메일의 첫 문단에서 the section of the course you applied for is full이라고 했으며, 지원 양식상의 날짜는 January 4 – January 25로 표기되어 있으므로 1월 4일부터 시작하는 강좌를 수강할 수 없다. 따라서 정답은 (A)이다.

**[해석]** Caswell씨가 수강할 수 없는 과정은 무엇인가?
(A) 1월 4일부터 시작하는 과정
(B) 1월 11일부터 시작하는 과정
(C) 2월 1일부터 시작하는 과정
(D) 3월 1일부터 시작하는 과정

## 190

**[해설]** 이메일의 후반부에 You can call me between 8:00 and 4:00 most days, or just e-mail me back when you are able이라고 안내하고 있다. 따라서 정답은 (B)이다. Reed씨는 강사로서 수업 등록과는 연관이 없으므로 (A)는 오답이다.

**[해석]** Caswell씨가 다른 강좌에 등록하려면 어떻게 해야 하는가?
(A) Reed씨에게 직접 전화한다.
(B) 이메일을 통해 Wang씨에게 연락한다.
(C) 신규 신청서를 접수한다.
(D) 등록 사무실을 방문한다.

## 191-195

수신: 고객서비스부, HRG Lighting 〈cs@hrg.com〉
발신: Hank Charles 〈hcharles1@wilson.com〉
날짜: 1월 15일
제목: DL1000 라이트 수리

작년에 DL1000 모션 센서 라이트를 구입하고 설치했습니다. 저는 전등을 집의 외부 보안 기능에 따라 조명을 설치했습니다. 첫 몇 달 동안 잘 작동했고, 그 후로는 범위 내 움직임이 있을 때 불이 켜지는 것이 안 되었습니다.
배터리를 교체하고, 연결을 확인했으며, 192) 전등을 더 낮은 곳으로 옮겼습니다(8피트 높이). 최후의 선택으로 한동안 그 상황이 해결되는 것처럼 보였지만, 같은 문제가 발생하기 시작했습니다. 결국에는 지난주에 완전히 작동을 멈추었습니다.
191) 제품에 결함이 있다면 수리나 교체를 위해 HRG로 제품을 보내고 싶습니다.

Hank Charles

**[어휘]** install 설치하다 | function 기능하다 | cease 중단되다 | replacement 대체 | defective 결함이 있는

---

수신: Hank Charles 〈hcharles1@wilson.com〉
발신: 고객서비스부, HRG Lighting 〈cs@hrg.com〉
날짜: 1월 15일
회신: DL1000 라이트 수리

Charles씨께
저희 제품의 성능과 관련해 문제가 있으셨다니 매우 유감스럽습니다. 당장 처리해 드리고 싶다는 것을 알려드리고 싶습니다. 하지만 DL1000은 더 이상 생산되지 않습니다. 해당 모델은 수리가 선택사항이 아닙니다. 수리를 위한 필수 재료를 더 이상 가지고 있지 않습니다.
새로운 버전인 DL1500은 현저하게 개선되었습니다. 193) 범위가 넓어졌고, 내부 온도를 낮췄으며, 배터리 수명이 연장되었습니다. 1000과 동일한 받침대에 장착되므로 현재 제품에 손쉽게 교체하실 수 있습니다. 192) 또한 지상에서 15피트 높이에 설치하실 수 있습니다.
DL1500 선물 쿠폰을 pdf로 첨부했습니다. 이 쿠폰은 Home World, First Hardware 또는 HRG 제품을 보유하고 있는 소매점에서 사용하실 수 있습니다. 상품권을 인쇄하여 상점에 가져거나, 스마트폰이 있으시면, 일부 상점에서 휴대폰 화면의 바코드를 바로 스캔할 수 있습니다.
이것으로 문제가 해결되기를 바라며, 제가 할 수 있는 다른 일이 있다면 연락 주세요.

고객서비스부 Jim Hart

**[어휘]** performance 성능 | requisite 필요한 | extend 연장하다 | bracket 받침대 | swap 바꾸다 | attach 첨부하다 | voucher 상품권

---

**HRG 조명 선물 쿠폰**
등록된 HRG 소매점 어디서든지 사용 가능합니다.
194) 소지자에게 다음 권한을 부여합니다:

DL1500
195) (소매 가격: 39.99달러)

현금 또는 스토어 크레디트로 반환 불가
만료일: 2020년 12월 31일

**[어휘]** register 등록하다 | entitle 자격을 주다 | bearer 소지자 | expire 만료하다

## 191

**[해설]** 첫 번째 이메일의 마지막에 I could ship this item back to HRG for repair or replacement if it's defective를 통해 이메일의 목적을 알 수 있다. 따라서 정답은 (A)이다.

**[해석]** 첫 번째 이메일의 주된 목적은 무엇인가?
(A) 수리 요청
(B) 제품 반환 방법 질문
(C) 제품의 디자인에 대한 항의
(D) 환불 요청

## 192

**[해설]** 첫 번째 이메일의 중반에 even moved the light slightly lower to the ground (8 feet high)라고 했다. 그리고 두 번째 이메일에서 as high as 15 feet from the ground라고 하며 새 제품의 성능을 설명한다. 이를 바탕으로 지금보다 7피트는 더 높이 설치할 수 있음을 알 수 있다.

**해석** Charles씨는 라이트를 얼마나 높이 움직일 수 있는가?

(A) 1피트  (B) 약간의 피트
(C) 7피트  (D) 10피트

## 193

**해설** 두 번째 이메일의 두 번째 문단에서 Hart씨는 새로운 제품의 성능에 대해서 언급하고 있다. 빛의 밝기에 대한 언급은 하지 않았으므로 정답은 (C)이다.

**해석** Hart씨가 새 제품에 대해 언급하지 않은 것은?

(A) 유효 범위  (B) 에너지 효율
(C) 빛의 밝기  (D) 더 낮은 온도

**어휘** efficiency 효율 | intensity 강도, 세기

## 194

**해설** 상품권에서 This entitles the bearer to one: DL1500이라고 명시하고 있다. 이를 바탕으로 DL1500 제품에만 유효하다고 볼 수 있으므로 (C)가 옳지 않다.

**해석** 쿠폰에 대해 옳지 않은 것은?

(A) 여러 지점에서 사용할 수 있다.
(B) 한 번만 사용할 수 있다.
(C) 어떤 유사기종에도 사용할 수 있다.
(D) 여러 달 동안 유효하다.

**어휘** comparable 비교할 만한, 비슷한

## 195

**해설** 상품권의 바코드 위에 (Retail value: $39.99)로 보아 조명의 가격은 약 40달러라고 유추할 수 있으므로 정답은 (A)이다.

**해석** Charles씨에게 제공한 HRG 조명의 가격은 얼마인가?

(A) 약 40달러  (B) 약 50달러
(C) 약 80달러  (D) 약 100달러

## 196-200

**First Class Catering**

결혼식, 파티, 특별한 행사를 위한 당신의 첫 번째 선택!

**197)** 주방장 Charlie Smith는 2010년에 First Class Catering을 시작했습니다. 20년간 고급 식당(Le Petit, Chamonix, La Fontana)에서 일한 후, 좀 더 개인적인 경험을 쌓을 수 있는 옮기기를 원했습니다. First Class Catering은 Charlie와 그의 팀이 최고의 맛을 내는 노련한 요리와 맞춤형 체험을 결합할 수 있도록 해 주는 완벽한 **196)** 수단입니다. First Class 팀이 만들지 못할 메뉴는 거의 없습니다. 하얀 린넨의 프렌치 비스트로부터 해변의 해산물 파티까지 모든 것이 선택 사항입니다. 인터내셔널, 퓨전, 미식가, 캐주얼, 선택은 여러분의 몫입니다. 결혼식, 생일파티, 기업 행사 등 First Class는 여러분과 여러분의 손님들에게 깜짝 놀랄 만한 저녁 식사의 경험을 만들어 줄 수 있습니다. 555-4962번으로 언제든지 무료 상담을 받으시거나, 온라인 www.FirstClassCatering.com으로 문의하시기 바랍니다.

**어휘** transition 이행, 과도 | vehicle 수단 | combine 결합하다 | top-tier 일류의 | customize 주문 제작하다 | clambake 해산물 파티 | astonished 깜짝 놀란 | consultation 상의, 상담

---

**198)** **Nakamura 결혼식 메뉴 제안서 (2월 20일 – Broadmoor 호텔)**

**오브 되브르:** (결혼식 후 칵테일 시간에 제공)

게살 케이크
프로슈토를 싼 아스파라거스
브루스케타

**샐러드:**

**200)** 호두와 자두를 올린 혼합 녹색채소, 고르곤졸라
전통 시저 샐러드
(샐러드 코스와 함께 집에서 구운 갖가지 빵 제공)

**메인 요리:**

소 갈비살 스테이크, 마늘 으깬 감자와 구운 야채
렌틸 해시와 데친 브로콜리를 곁들인 연어

**디저트:**

컵케이크 – 3 가지 맛: 스모어, 초콜릿, 에스프레소

**어휘** assorted 갖가지 | blanch 데치다

---

**197)** 수신: Charlie Smith 〈charlie@firstclasscatering.com〉
발신: Jennifer Nakamura 〈jen25@utech.com〉
**198)** 날짜: 1월 30일
제목: Nakamura/Holmes 결혼식 메뉴

Charlie씨

오늘 아침에 메뉴 제안서를 보내주셔서 감사합니다. 메뉴 검토 후에 가족들과 이야기했고 만족했습니다. 괜찮으시다면 몇 가지 수정하고 싶은 게 있습니다.

**200)** 샐러드는 두 가지 옵션이 필요하다고 생각하지 않아요. 혼합 채소로 괜찮을 것 같아요.

전채 요리에서 게살 케이크를 대체할 수 있을까요? **199)** 사람들이 게살 케이크를 사랑한다는 것을 알지만 제가 갔던 모든 행사에 있었던 것 같아요. 그래서 그 메뉴는 때로 진부하다고 생각해요. 제가 의견을 내게 해 주셔서 감사해요. 다른 멋진 걸 생각해 내실 거예요.

마지막으로 디저트 선택을 추가할 수 있을까요? 깎은 과일과 요구르트나 그런 비슷한 것들로요. 어떤 사람들은 방종하고 단 디저트를 먹고 싶어 하지 않을 수도 있습니다.

이런 아이디어들이 가능하다면 알려 주세요.

Jennifer

**어휘** tweak 수정, 변경 | replace 교체하다 | indulge 마음껏 하도록 하다 | spectacular 멋있는, 장관을 이루는 | indulgent 관대한, 멋대로 하게 하는

## 196

**해설** 광고에서 perfect vehicle은 First Class Catering을 통해 사람들이 어떤 일을 하는 것이 가능해졌다는 것이다. 따라서 가장 적절한 의미는 (D)의 '수단, 방법'이라고 봐야 한다.

**해석** 광고에서 첫 번째 문단 3번째 줄의 vehicle과 뜻이 가장 가까운 단어는?

(A) 차  (B) 힘
(C) 기계  (D) 수단

## 197

**해설** Nakamura씨가 보낸 이메일의 수신자는 Charlie Smith이며, 광고를 통해 Charlie Smith가 First Class의 소유주임을 알 수 있다. 따라서 정답은 (A)이다.

**해석** Nakamura씨는 누구에게 이메일을 보냈는가?
(A) 회사 소유주
(B) 고객서비스 담당자
(C) 웨딩플래너
(D) 친구 중 한 명

## 198

**해설** 메뉴 제안서에서 결혼식이 2월 20일임을 알 수 있고, Nakamura씨가 Smith씨에게 보낸 이메일의 날짜는 1월 30일이다. 이를 바탕으로 약 3주 정도 준비한다고 볼 수 있으므로 정답은 (C)이다.

**해석** Smith씨가 Nakamura씨의 행사를 준비할 기간은 얼마나 되는가?
(A) 일주일
(B) 이 주일
(C) 삼 주일
(D) 한 달

## 199

**해설** 세 번째 지문의 중반에 it seems like every event I go to has them, and I just think they've become somewhat boring을 통해 정답이 (B)임을 알 수 있다.

**해석** 왜 Nakamura씨는 전채요리 중 하나를 바꾸고 싶어 하는가?
(A) 그녀의 친구 결혼식에서 이 전채요리를 제공했다.
(B) 그 메뉴는 지나치게 자주 사용된다.
(C) 다른 전채요리를 생각하고 있다.
(D) 몇몇 손님들이 음식 알레르기가 있다.

## 200

**해설** 세 번째 지문에서 I don't really think we even need two options라고 하면서 The mixed greens will be fine이라고 했으므로, 메뉴 제안서에서 혼합 채소 샐러드를 제외하면 남은 건 시저 샐러드이다. 따라서 정답은 (B)이다.

**해석** Nakamura씨가 없애고 싶은 메뉴는 무엇인가?
(A) 빵
(B) 시저 샐러드
(C) 디저트
(D) 소 갈비살 스테이크

# 新 완전절친

# 토익
# RC

- 고득점 달성을 위한 기본서
- 진단평가를 통한 실력 체크 & 약점 보완
- 신유형 완벽 분석 및 풀이 전략 제시
- 실제 시험과 유사한 실전문제 수록
- 빈출어휘집과 mp3 파일 무료 제공